Albert Schulz (1895–1974)

Historisches Forschungszentrum der Friedrich-Ebert-Stiftung
Reihe: Politik- und Gesellschaftsgeschichte, Band 73

Herausgegeben von Dieter Dowe und Michael Schneider

Meik Woyke

Albert Schulz (1895–1974)

Ein sozialdemokratischer Regionalpolitiker

Mit einem Vorwort von Helmut Schmidt

Gefördert von der Albert Schulz-Stiftung

Bibliografische Information der Deutschen Bibliothek

Die Deutsche Bibliothek verzeichnet diese Publikation in der Deutschen Nationalbibliografie;
detaillierte bibliografische Daten sind im Internet über *http://dnb.ddb.de* abrufbar.

ISBN-10: 3-8012-4166-1
ISBN-13: 978-3-8012-4166-7
ISSN 0941-7621

Copyright © 2006 by
Verlag J.H.W. Dietz Nachf. GmbH
Dreizehnmorgenweg 24, 53175 Bonn
Lektorat: Prof. Dr. Dieter Dowe, Bonn
Reihengestaltung: Just in Print, Bonn
Satz: Kempken DTP-Service, Marburg
Umschlagfoto: Privatarchiv Peter Schulz, Hamburg
Druck und Verarbeitung: dp Druckpartner Moser, Rheinbach
Alle Rechte vorbehalten
Printed in Germany 2006

Besuchen Sie uns im Internet: *http://www.dietz-verlag.de*

Inhalt

Vorwort von Helmut Schmidt 7

I Einleitung 9

II Kindheit und Jugend im Kaiserreich (1895–1914/18) 21
   1 Frühe Prägungen im Umfeld der Sozialdemokratie 21
   2 Wanderschaft, Lohnbewegung und Erster Weltkrieg 33

III Bewegte Zeiten: Parteiarbeit in der Weimarer Republik (1918–1933) .. 39
   1 Funktionär der SPD in Rostock 40
      1.1 *Die Allgemeine Ortskrankenkasse und der*
           Kapp-Lüttwitz-Putsch als Bewährungschancen 40
      1.2 *Vor neuen Aufgaben:*
           Erfahrungen zwischen Wahlkampf und Parteitag 47
   2 Mitglied im Landtag von Mecklenburg-Schwerin 56
      2.1 *Erste Schritte als junger Parlamentarier*
           und auf der Heimvolkshochschule in Tinz 56
      2.2 *Sozialpolitische Initiativen in der Opposition* 65
      2.3 *Regierungswechsel, Haushaltsberatungen und*
           Panzerkreuzer-Skandal 70
   3 Gauvorsitzender des Reichsbanners in Mecklenburg-Lübeck 78
      3.1 *Von der Gründung zur organisatorischen Konsolidierung* 78
      3.2 *»Reichsbanner, an die Front!«:*
           Antidemokratisches Denken als politische Gefahr 85
      3.3 *Zwischen Tolerierungspolitik und*
           zunehmender Radikalisierung 91
      3.4 *Eiserne Front, Reichstagsmandat und neue Hoffnung* 99

IV Im »Dritten Reich« (1933–1945) 113
   1 Die Zerschlagung der Arbeiterbewegung 113
   2 »... als Zigarrenhändler das Leben gefristet«:
      Resistenz und Opposition gegenüber dem NS-Regime 130

V Als Sozialdemokrat in der SED (1945/46–1949) 143
   1 Der Wiederaufbau der SPD in Rostock und
      Mecklenburg-Vorpommern 144
      1.1 *Vom »Befehl Nr. 2« zur Konstituierung des Landesvorstandes* ... 144

	1.2	Probleme während der Festigung der Parteistrukturen	162
	2	Gegen die Vereinigung mit der KPD	169
	2.1	Handlungsspielräume sozialdemokratischer Politik und wachsender Anpassungsdruck	169
	2.2	Die Gründung der SED als inszenierte Massenbewegung	179
	3	Kommunalpolitik unter schwierigen Bedingungen: Tätigkeit als Oberbürgermeister von Rostock	197
	3.1	Aufbauarbeit in einer zerstörten Stadt	197
	3.2	Verhaftung und überraschende Freilassung	211
	3.3	Die Fortführung der Amtsgeschäfte unter dem Eindruck der Kampagne gegen den »Sozialdemokratismus«	219
	4	Zwischen Machtlosigkeit und Anpassung: Mitglied der SED-Fraktion im Landtag von Mecklenburg	229
	5	Parteiverfahren, Amtsenthebung und Flucht	237
	5.1	Der Protest gegen die Zentralisierung der Energiewirtschaft	237
	5.2	Unbedingte Disziplin oder Selbstbehauptung?	244
VI	**Im Dienste der Partei (1949–1962/74)**		257
	1	An der Seite von Herbert Wehner: Sekretär der SPD-Bundestagsabgeordneten für Hamburg	261
	2	Leitender Bezirkssekretär der SPD in Schleswig-Holstein	272
	2.1	Die Südschleswig-Frage und andere innerparteiliche Auseinandersetzungen	272
	2.2	Organisationsreform und Wahlkampfarbeit	286
	2.3	Nach der Pensionierung: Gesteigerte Aktivitäten im NDR-Verwaltungsrat und für den Königsteiner Kreis	297
VII	**Zusammenfassung: Ein sozialdemokratisches Leben im 20. Jahrhundert**		303

Anhang

Abkürzungsverzeichnis 311
Quellen- und Literaturverzeichnis 314
Abbildungsnachweis 330
Personenregister 331
Danksagung 336

Vorwort

Albert Schulz habe ich, kurz nach seiner Flucht aus Rostock, 1949 in Hamburg kennen gelernt. Er war ein in der Wolle gefärbter Sozialdemokrat, er ist unserer gemeinsamen Partei im Jahre 1913 mit 18 Jahren beigetreten; er war unter der nationalsozialistischen Diktatur viermal, unter der kommunistischen Diktatur der sowjetischen Besatzungsmacht abermals eingesperrt gewesen. Ich selbst war um eine Generation jünger als Albert und der SPD erst Ende des Jahres 1945 beigetreten. Albert Schulz war seit 1946 gewählter und 1949 von den Kommunisten aus dem Amt gejagter Oberbürgermeister von Rostock gewesen; ich selbst dagegen hatte nur die Erfahrungen als Soldat und nach 1945 als Student. Diese enormen Unterschiede der Lebenswege führten mich zwangsläufig zu einem großen Respekt, gemischt mit Verehrung und Scheu, gegenüber diesem Mann, der seine Heimatstadt Rostock bei Nacht und Nebel hatte verlassen müssen.

Herbert Wehner ist wohl derjenige gewesen, der gegen Ende des Jahres 1949 in Hamburg für eine erste berufliche Anfangsstellung gesorgt hat. Im Herbst 1949 war der erste Bundestag gewählt worden; Herbert Wehner, Peter Blachstein, Hellmut Kalbitzer und einige andere Hamburger Sozialdemokraten waren gewählt worden, sie machten Albert Schulz zu ihrem gemeinsamen Sekretär. Ich habe ihn in den nächsten drei Jahren fast jede Woche einmal erlebt, weil nämlich die Hamburger SPD-Abgeordneten sich regelmäßig bei dem damaligen Wirtschaftssenator Karl Schiller trafen, um sich über die wirtschaftliche Lage und Entwicklung der jungen Bundesrepublik zu beraten (damals war ich ein Mitarbeiter Schillers).

Albert war ein Mann, der zuhören konnte. Aber die anderen hörten auf ihn, wenn er sprach, besonders dann, wenn die Rede auf die Lage in der damals entstehenden DDR, auf die Sowjets und auf die deutschen Kommunisten kam. Dabei hat er übrigens seine sehr mecklenburgische Sprachfärbung nicht mehr verloren, auch später nicht, als er zehn Jahre lang hauptberuflich in der Landesleitung der schleswig-holsteinischen Sozialdemokratie tätig war. Allerdings liegen ja die Dialekte der Lübecker, der Rostocker, der Holsteiner, der Mecklenburger und der Hamburger schon aus alten Zeiten nahe beieinander, besonders im Plattdeutschen.

Albert Schulz hat fest an die Vereinigung Deutschlands geglaubt, er hat sie leider nicht mehr erleben dürfen. Er hat gewusst, dass der Kommunismus ein Irrtum war, zwar zur Diktatur fähig, aber nicht zu viel mehr. Deshalb hat er sich 1946 der zwangsweisen Vereinigung von SPD und KPD in der sowjetisch besetzten Zone widersetzt. Der Widerstand gegen die Zwangsvereinigung ist leider heute fast vergessen. Ich halte die Erinnerung an die vorbildliche Haltung aufrechter Menschen unter der kommunistischen Diktatur jedoch für sehr wichtig. Denn jedermann braucht in Wahrheit Vorbilder, und Albert Schulz war ein Vorbild.

Helmut Schmidt

I Einleitung

Der 1895 geborene Albert Schulz war in fünf verschiedenen politischen Systemen und drei norddeutschen Ländern für die Sozialdemokratie tätig. Seine Wirkungsmöglichkeiten standen dabei stets in Abhängigkeit zur jeweiligen Staatsform. Politische Brüche und Systemwechsel boten ihm einerseits Gelegenheit für intensiveres Engagement, konnten ihn aber andererseits auch massiv in seinen Aktivitäten behindern: Aufgewachsen im Deutschen Kaiserreich in einem sozialdemokratischen Elternhaus, trat Schulz 1910 kurz nach Beginn seiner Lehrzeit als Maschinenbauer auf der Neptunwerft in Rostock der »Freien Jugend« bei. In dieser Arbeiterjugendorganisation fungierte er nacheinander als Kassenwart, Schriftführer und schließlich als Vorsitzender. Im Jahr 1913 schloss er sich der SPD an.

Nach dem Ersten Weltkrieg bestritt Albert Schulz zunächst durch Gelegenheitsarbeiten seinen Lebensunterhalt, bis er im Dezember 1919 eine Anstellung als Bürohilfsarbeiter bei der Allgemeinen Ortskrankenkasse in Rostock erhielt. Wenig später konnte er sich bei der Niederschlagung des Kapp-Lüttwitz-Putsches einen Namen machen. Als sehr aktives Mitglied der SPD wurde Schulz 1920 zum stellvertretenden Ortsvereinsvorsitzenden in Rostock gewählt. Im Jahr 1929 übernahm der engagierte Parteiarbeiter das Amt des Vorsitzenden und 1931 folgte seine Wahl in den SPD-Bezirksvorstand. Dem Landtag von Mecklenburg-Schwerin gehörte Schulz von 1921 bis 1933 an. Überdies saß er von Juli bis November 1932 im Reichstag. Als Belohnung für überdurchschnittliches Engagement durfte Schulz im Jahr 1923 die Heimvolkshochschule Tinz besuchen, wo er einen Kursus für Nachwuchsfunktionäre der Arbeiterbewegung absolvierte. Bald darauf zählte Albert Schulz zu den Gründern des Reichsbanners Schwarz-Rot-Gold in Rostock und Umgebung. Von 1924 bis zum Ende der Weimarer Republik war er als Vorsitzender dieses überparteilichen Kampfbundes im Gau Mecklenburg-Lübeck aktiv. In beruflicher Hinsicht konnte Schulz ebenfalls mit dem von ihm Erreichten zufrieden sein. 1926 bekam er das Angebot, als Redakteur bei der Mecklenburgischen Volks-Zeitung anzufangen. Schulz, der inzwischen eine befreundete Genossin geheiratet hatte, verließ die Ortskrankenkasse und trat in die Redaktion des Parteiblattes ein.

Die Machtübernahme der Nationalsozialisten beendete die öffentliche politische Tätigkeit von Schulz. Er wurde ähnlich wie viele andere Sozialdemokraten unter Polizeiaufsicht gestellt, mehrfach verhaftet und wegen der Verbreitung eines regimekritischen Zeitungsartikels vor der Reichstagswahl am 5. März 1933 zu einigen Monaten Gefängnis verurteilt. Aus der Haft entlassen, eröffnete Schulz gemeinsam mit seiner Frau einen Zigarrenladen, der sich in den folgenden Jahren zu einem informellen Treffpunkt für Angehörige und Sympathisanten der verbotenen Arbeiterbewegung entwickelte. Den Zweiten Weltkrieg erlebte Schulz bis 1940 als Soldat und seitdem dienstverpflichtet als Leiter einer Gebührnisstelle der Luftwaffe auf dem Fliegerhorst in Warnemünde. Schließlich wurde der Sozialdemokrat nach dem Attentat auf Adolf Hitler am 20. Juli 1944 im Rahmen der »Aktion Gewitter« verhaftet. Dass Schulz vom Widerstandskreis um Julius Leber wusste, blieb der Geheimen Staatspolizei trotz intensiver Ermittlungen verborgen. Im Oktober 1944 erfolgte die Freilassung aus der Haft, zumal das in Warnemünde ansässige Luftwaffenkommando seine Arbeitskräfte reklamierte.

Bald nach dem Untergang des »Dritten Reiches« wurde Albert Schulz wieder parteipolitisch aktiv. Er betrieb die Wiedergründung der SPD in Rostock und zusammen mit einigen anderen ehemaligen sozialdemokratischen Funktionären den Aufbau der Partei auf Landesebene. Als ihm seine Genossen anboten, den Vorsitz der SPD in Mecklenburg und Vorpommern[1] zu übernehmen, lehnte Schulz ab, da er die mit dem Amt verbundenen Vorgaben der Sowjetischen Militäradministration nicht akzeptieren wollte. Noch wesentlich kritischer stand er der Vereinigung von KPD und SPD gegenüber. Die von den Kommunisten mit Unterstützung der Besatzungsmacht forcierte Parteienfusion widersprach von Grund auf seinen politischen Vorstellungen. Obgleich er dezidiert für die Eigenständigkeit der Sozialdemokratie eintrat, wurde Schulz von der Sowjetischen Militäradministration im Februar 1946 zum Oberbürgermeister von Rostock ernannt. In diesem kommunalpolitischen Spitzenamt ging er – seit April 1946 doch Mitglied der SED – ideologisch motivierten Auseinandersetzungen mit der sowjetischen Kommandantur nur selten aus dem Weg, da er nach wie vor sozialdemokratischen Positionen verpflichtet war. Dies blieb nicht lange folgenlos. Im März 1947 wurde der Oberbürgermeister wegen vermeintlicher Sabotage verhaftet, und ein Sowjetisches Militärtribunal verurteilte ihn zu zehn Jahren Arbeitslager. Dabei genoss Schulz eigentlich Immunität, auch weil er einen Sitz im mittlerweile konstituierten Landtag von Mecklenburg erhalten hatte. Aber entgegen den schlimmsten Befürchtungen währte die Haft lediglich drei Monate, dann durfte Schulz seine Geschäfte als Oberbürgermeister wieder aufnehmen. Die Gründe für seine überraschende Entlassung wurden ihm nicht genannt. Im Juli 1949 eskalierte die angespannte Situation ein zweites Mal: Schulz wurde vom Landesvorstand der SED wegen seiner massiven Kritik an der Zentralisierung der kommunalen Energieversorgung verwarnt und seiner Ämter enthoben. Eine abermalige Verhaftung befürchtend, flohen Schulz und seine Frau daraufhin über Berlin nach Hamburg.

---

1 Neben den ehemals selbstständigen Ländern Mecklenburg-Schwerin und Mecklenburg-Strelitz umfasste dieses Gebiet nach dem Zweiten Weltkrieg auch den westlichen Teil der preußischen Provinz Pommern. Nach der offiziellen Auflösung des faktisch bereits nicht mehr existierenden Preußens durch den Alliierten Kontrollrat mit Wirkung zum 1. März 1947 wies die Sowjetische Militäradministration die mecklenburgische Landesregierung an, künftig auf den Zusatz »Vorpommern« zu verzichten. Siehe Wieden: Die mecklenburgischen Regierungen und Minister, S. 29 und 32 f.

Albert Schulz (1895–1974)

Mit der Ankunft in der Bundesrepublik Deutschland brach ein neuer Lebensabschnitt für die Familie an. Nach der Flucht hatte Albert Schulz zunächst Schwierigkeiten, im Westen Fuß zu fassen. Schließlich wurde der abgesetzte Oberbürgermeister bis 1952 als Sekretär der sozialdemokratischen Bundestagsabgeordneten für Hamburg beschäftigt. Im Anschluss an diese eher administrative Tätigkeit fungierte Schulz zehn Jahre lang als Leitender Bezirkssekretär der SPD in Schleswig-Holstein. In dieser Zeit befasste sich Schulz vor allen Dingen mit Organisationsfragen. Ein Mandat in einem Parlament konnte der erfahrene Abgeordnete trotz wiederholter Anläufe nicht mehr gewinnen. Unabhängig davon vertrat Schulz die SPD von 1955 bis 1970 im Verwaltungsrat des Norddeutschen Rundfunks. Sein bereits in Hamburg begonnenes Engagement im Königsteiner Kreis, das er bis zu seinem Tod im Jahr 1974 fortsetzte, wusste Schulz desgleichen im Interesse der Sozialdemokratie zu nutzen, wobei er auf die Überwindung der deutschen Teilung hoffte.

Die soeben nur knapp skizzierte Biographie lässt sich kaum eingehend und treffend nachzeichnen, ohne die Sozialisation von Albert Schulz im sozialdemokratischen Milieu von Rostock zu betrachten. Hierbei sollen besonders die Wertvorstellungen seiner Eltern, seine von Arbeitskämpfen in der Werftindustrie begleitete Lehrzeit und seine Einbindung in das lokale Vereinswesen der Arbeiterbewegung in den Blick genommen werden. Zu fragen ist, inwiefern Schulz in diesem Milieu politisch geprägt wurde, und welche anderen Faktoren sein Hineinwachsen in die Sozialdemokratie befördert haben könnten.[2]

Noch ausführlicher soll die politische Praxis von Albert Schulz als Multifunktionär der mecklenburgischen Arbeiterbewegung[3] dargestellt werden. Es geht folglich in erster Linie um Regionalpolitik. Nicht allein das Engagement von Schulz für die SPD in Rostock ist von Interesse, sondern auch seine parlamentarische Tätigkeit im Landtag von Mecklenburg-Schwerin. Besondere Aufmerksamkeit verdient in diesem Zusammenhang die Frage, wie es ein gelernter Werftarbeiter in verhältnismäßig jungem Alter schaffen konnte, mit solch verantwortungsvollen Funktionen wie einem Parlamentsmandat betraut zu werden. Ein weiteres Betätigungsfeld fand Schulz mit seinen Aktivitäten im Reichsbanner Schwarz-Rot-Gold, die Rückschlüsse auf seine tiefe Verwurzelung in der Sozialdemokratie zulassen. Wie deutlich gemacht werden soll, entsprang der Einsatz für die Republikschutzorganisation keinesfalls ausschließlich parteipolitischen Motiven. Im Vordergrund stand der Erhalt der demokratischen Ordnung, was sich auch mit Blick auf die Haltung von Schulz während der NS-Herr-

---

2   Zur Definition des Milieubegriffs siehe Lepsius: Parteiensystem und Sozialstruktur, S. 68. Die Erblichkeit der Milieubindung betont Tenfelde: Historische Milieus, S. 258 f. sowie ders.: Milieus, politische Sozialisation und Generationskonflikte, S. 13 f. und 20. Den Zusammenhang zwischen Lebenswelt, politischen Umfeldorganisationen und parteipolitischem Engagement behandelt Weichlein: Sozialmilieus und politische Kultur, S. 15 ff.
3   Siehe ders.: Multifunktionäre und Parteieliten, S. 183 f.

schaft zeigen lässt. Dabei sollen die tendenziell geringen Spielräume für oppositionelles Verhalten sorgfältig ermessen werden.

Ähnliches gilt für die Zeit nach 1945. Neben dem Wiederaufbau der SPD findet das Bemühen von Albert Schulz, die Vereinigung mit den Kommunisten wenigstens zu verzögern, spezielle Beachtung. Dann trat die Parteiarbeit zu Gunsten der Kommunalpolitik in den Hintergrund. Zu klären ist vor allem, warum der zum Oberbürgermeister gewählte Schulz, der einen Kommunisten als Stellvertreter und den Weisungen der sowjetischen Besatzungsmacht zu folgen hatte, nach seiner Verhaftung weiterhin als Stadtoberhaupt zur Verfügung stand. Eine nicht minder kritische Analyse bedarf die exponierte Rolle, die Schulz seit 1946 für die SED im Landtag von Mecklenburg spielte. Schließlich ist es erklärungsbedürftig, dass er offenbar in der Lage war, seine Abgeordnetentätigkeit mit seiner sozialdemokratischen Gesinnung zu vereinbaren, obgleich sich die SED sukzessive zu einer »Partei neuen Typus« transformierte.

Die Jahre von Schulz in Hamburg und Schleswig-Holstein sollen etwas weniger detailliert behandelt werden. Besonderes Augenmerk gebührt den keineswegs geringen Schwierigkeiten, denen der Sozialdemokrat nach seiner vergleichsweise späten Flucht aus der SBZ begegnete. Zwar gelang Schulz eine zweite Nachkriegskarriere, so einflussreiche Positionen wie in Mecklenburg waren für ihn jedoch kaum erreichbar.

Zudem bietet die Biographie von Albert Schulz eine Reihe von Anknüpfungspunkten für die Analyse von politischen Organisationen und Institutionen. Im Zentrum des Interesses steht die SPD in Mecklenburg, deren Politik von Schulz über Jahrzehnte erlebt, getragen und beeinflusst wurde. Auch die organisatorische Entwicklung und das politische Selbstverständnis des Reichsbanners Schwarz-Rot-Gold in Mecklenburg-Lübeck sollen intensiver thematisiert werden. Darüber hinaus ergeben sich Einblicke in die facettenreiche Arbeit des Landtags von Mecklenburg-Schwerin und in die pseudodemokratische Verfasstheit des nach 1945 konstituierten Parlaments.

Schließlich kann die Biographie von Albert Schulz als typisch für die Prägungen und politischen Optionen einer bestimmten Führungsgeneration in der Sozialdemokratie gelten. Trotz zahlreicher Gemeinsamkeiten, angefangen beim Elternhaus, wird in diesem Zusammenhang jedoch keinesfalls die Existenz einer homogenen sozialen Gruppe unterstellt. Der mit Bedacht zu verwendende Generationsbegriff[4] dient vielmehr als Instrument, um die Biographien von ausgewählten Sozialdemokraten, die in den 80er- und 90er-Jahren des 19. Jahrhunderts geboren wurden und in Mecklenburg verschiedene Führungspositionen bekleideten, vor dem Hintergrund gesellschaftlicher Umbrüche miteinander zu vergleichen: Nicht nur der Erste Weltkrieg, die No-

---

4 Grundlegend für die sozialwissenschaftliche Forschung ist vor allen Dingen die Arbeit von Mannheim: Das Problem der Generationen, besonders S. 168 ff. Siehe zudem Jaeger: Generationen in der Geschichte, S. 429 ff. Den Unterschied zwischen Arbeitergenerationen und Führungsgenerationen in der Arbeiterbewegung benennt Tenfelde: Milieus, politische Sozialisation und Generationskonflikte, S. 9.

vemberrevolution und das Krisenjahr 1923, sondern auch die nationalsozialistische Verfolgung und die Repressionen in der Sowjetischen Besatzungszone trafen Schulz und seine etwa gleichaltrigen Parteigenossen in derselben Lebensphase. Die Umbruchserfahrungen, die sich damit verbanden, konnten zweifellos in unterschiedlicher Intensität auftreten. Gerade in der Summe waren sie aber vermutlich so tief greifend, dass ihnen im Zusammenspiel mit einem frühen Bekenntnis zur SPD generationsbildende Kraft beigemessen werden kann. Um diese Annahme zu konkretisieren, soll mit Schwerpunkt auf Schulz ausgelotet werden, inwieweit die genannten ereignisgeschichtlichen Zäsuren formativ auf die hier näher in Augenschein genommene Führungsriege von Sozialdemokraten wirkten.

Allerdings besteht bei allem Bemühen um Differenzierung stets die Gefahr, individuelle Prägungen und heterogene Biographieverläufe ohne nennenswerten Erkenntnisgewinn zu verallgemeinern. Denn selbst die lockere Fixierung einer Generation – anhand einer weitest gehend identischen politischen Gesinnung, mit Blick auf markante historische Ereignisse, durch regionale Faktoren sowie in Abhängigkeit von der Positionierung in der innerparteilichen Hierarchie – stellt in erster Linie eine nachträgliche Konstruktion dar. Sofern dies bei der Analyse berücksichtigt wird, verspricht der generationelle Ansatz jedoch durchaus instruktive Erkenntnisse, die über die isolierte Betrachtung einer einzelnen Biographie hinausführen.[5]

So lässt sich am Beispiel von Mecklenburg zeigen, dass es in der Sozialdemokratie nicht bloß vor 1914 mehrere gängige Karrieremuster[6] gab. Der Begriff der Karriere soll dabei ausdrücklich nicht eigennütziges Streben nach persönlichem Erfolg und Gewinn meinen. Vielmehr wird er benutzt, um die Übereinstimmungen im beruflichen und politischen Aufstieg von Schulz und anderen Sozialdemokraten hervorzuheben. Diese Festlegung schließt allerdings keineswegs aus, dass manche Genossen bisweilen karrieristische Ziele verfolgten.

Neben der Biographie von Albert Schulz sollen unter der erläuterten generationellen Perspektive vor allem vier Führungsfiguren der mecklenburgischen Sozialdemokratie genauer betrachtet werden. Es handelt sich um Carl Moltmann (1884–1960), Margarete Ketelhohn (1884–1969), Wilhelm Höcker (1886–1955) und Willy Jesse (1897–1971).[7] Ähnlich sozialisiert und ursprünglich als Handwerker, Handlungsgehilfe oder Industriearbeiter tätig, profitierten diese Generationsgenossen ebenso wie Schulz von dem breiten Spektrum an Partizipations- und Betätigungsmöglichkeiten, das mit der Novemberrevolution für Sozialdemokraten entstand. Wie darzulegen ist, bewegten sich die seinerzeit noch jungen Politiker in den tradierten Aufstiegsschleu-

---

5   Siehe auch Reulecke: Generationen und Biografien im 20. Jahrhundert, S. 26 ff.
6   Für den typischen Verlauf sozialdemokratischer Karrieren im Kaiserreich siehe Tenfelde: Arbeitersekretäre, S. 12 ff.; Beier: Zum Problem der Arbeiteraristokratie, S. 14 ff.
7   Lediglich zu Wilhelm Höcker und Willy Jesse liegen bislang detailliertere Biographien vor. Der angestrebte Vergleich stützt sich ansonsten auf Archivmaterial, die Handbücher des Landtags von Mecklenburg-Schwerin und auf knappe biographische Skizzen.

sen innerhalb der Arbeiterbewegung. Um eine Karriere in der Sozialdemokratie zu machen, war es bereits seit dem Kaiserreich wichtig, sich auf bestimmten Tätigkeits- und Berufsfeldern im Umfeld der SPD zu bewähren. Dies konnten wie im Fall von Schulz die Arbeiterjugend und dann eine Allgemeine Ortskrankenkasse sein, bis eine Redakteursstelle bei einer sozialdemokratischen Zeitung erreichbar wurde. Manche der Genossen avancierten unter vergleichbaren Bedingungen nach 1918 zu Partei- oder Gewerkschaftssekretären. Zusätzliche Karrieremöglichkeiten boten die Konsumgenossenschaften und Arbeiterkulturorganisationen. Ohne überdurchschnittliche Leistungsbereitschaft, gepaart mit Ehrgeiz, Durchsetzungsvermögen und Glück, ließ sich ein solcher Aufstieg jedoch nicht verwirklichen. Zudem besaß die Fürsprache von einflussreichen Funktionären aus der vorangegangenen Generation besonderes Gewicht. Doch selbst unter den günstigsten Bedingungen verlief eine Karriere selten geradlinig. Zu groß waren die Unwägbarkeiten. Dennoch lässt sich eine beinahe junktimartige Verbindung zwischen dem beruflichen Fortkommen in der Sozialdemokratie und dem Einzug in ein regionales oder kommunales Parlament ausmachen, was ein Blick auf die ausgewählten Biographien verdeutlicht.[8]

Carl Moltmann war seit 1919 hauptamtlicher Sekretär im SPD-Unterbezirk Schwerin und zugleich Mitglied des Landtags. Zudem fungierte er als Verleger des Parteiorgans »Das freie Wort«. Im Jahr 1928 avancierte er zum Direktor des mecklenburgischen Landesarbeitsamtes, 1932 zog er in den Reichstag ein.[9] Im Unterschied dazu war Margarete Ketelhohn – eine der wenigen prominenten Sozialdemokratinnen in Mecklenburg – seit 1919 als Gewerkschaftsfunktionärin aktiv. 1920 erlangte sie als erste Frau überhaupt einen Sitz im Landtag von Mecklenburg-Schwerin. Fünf Jahre später wurde sie in den Bezirksvorstand der SPD gewählt. Obendrein gehörte sie dem Leitungsgremium der Arbeiterwohlfahrt in Mecklenburg-Lübeck an.[10] Wilhelm Höcker begann seine Karriere in der Sozialdemokratie derweil als Lagerhalter einer Konsumgenossenschaft und wurde 1921, nach erfolgreicher Wahl, zum Amtshauptmann von Güstrow ernannt. Darüber hinaus saß er für lange Zeit im Landtag.[11] Unterdessen amtierte Willy Jesse bis 1927 als Bezirksvorsitzender der SAJ. Im Anschluss an diese besoldete Funktion wurde er hauptamtlicher Parteisekretär im Unterbezirk Rostock. 1932 stieg er nach dem Tod eines älteren Genossen zum Bezirkssekretär der SPD in Mecklenburg-Lübeck auf. Erst wenige Monate zuvor war er in den Landtag eingezogen.[12]

---

8 Siehe Schröder: Politik als Beruf?, S. 47 ff.; vgl. Tenfelde: Arbeitersekretäre, S. 12 ff.
9 Vgl. Höppner: Erinnerungen an meinen Vater Carl Moltmann, S. 29 ff.
10 Siehe Schröder: Zur Geschichte der sozialdemokratischen Arbeiterjugendbewegung, Bd. 2, S. 46 f. (Erinnerungsbericht von Margarete Lange, Tochter von Margarete Ketelhohn, 25. Mai 1988).
11 Vgl. Höppner: Wilhelm Höcker, S. 4 ff.; Voß: Wilhelm Höcker, S. 149 ff. Für ein wesentlich differenzierteres Bild siehe Lude: Wilhelm Höcker (Magisterarbeit), S. 10 ff.
12 Siehe Stunnack: Willy Jesse, S. 3 ff.

Trotz solcher beruflichen und politischen Erfolge blieben die Spitzenpositionen in Partei, Staat und Verwaltung für gewöhnlich den vor 1880 geborenen Sozialdemokraten vorbehalten. Allein in den Vorständen des Reichsbanners Schwarz-Rot-Gold waren die jüngeren, im Ersten Weltkrieg als Soldaten eingesetzten und oftmals betont kämpferischen Genossen in der Mehrheit. Wie dargestellt werden soll, erwiesen sich die Karrieren von Albert Schulz und seinen Altersgenossen um die Mitte der 20er-Jahre als blockiert. Neben dem SPD-Vorsitz waren in Mecklenburg insbesondere Ministerämter und Reichtagsmandate für sämtliche Angehörige der Generation lange kaum erreichbar.[13] Diese Tendenz zur Überalterung der mächtigsten Funktionäre ließ sich auch in den sozialdemokratischen Führungsgremien auf Reichsebene beobachten. Am durchlässigsten waren noch die Grenzen, die es zu überwinden galt, um in den SPD-Bezirksvorstand gewählt zu werden. Dabei profitierten Schulz und seine Genossen von einem Generationswechsel in der mecklenburgischen Sozialdemokratie, der zu Beginn der 30er-Jahre seinen Höhepunkt fand.

Damit schienen für Albert Schulz und die übrigen Generationsmitglieder lang gehegte Hoffnungen unmittelbar vor der Erfüllung zu stehen. Immerhin verband sich die zunehmend realistischer werdende Übernahme eines Spitzenamtes mit der Aussicht auf größeren Einfluss zur Durchsetzung politischer Ziele. Aber die Machtübernahme der Nationalsozialisten bereitete nicht bloß der Karriere von Schulz ein jähes Ende. Die Sozialdemokraten mussten ihre politischen Ämter niederlegen und wurden von Staats wegen verfolgt. Nicht wenige der schikanierten Altersgenossen blieben ihrer Gesinnung durch oppositionelles Verhalten treu. Die Spannbreite dieser Repressions- und Widerstandserfahrungen soll ebenso beleuchtet werden wie die Handlungsoptionen, die sich der Generation nach 1945 in der Sowjetischen Besatzungszone boten. Zunächst überwogen offenbar die gemeinsamen parteipolitischen Interessen. Nur Margarete Ketelhohn beteiligte sich nicht sonderlich intensiv am organisatorischen Wiederaufbau der SPD in Mecklenburg-Vorpommern. Aber dann trennten sich die Wege der mittlerweile arrivierten Politiker. Carl Moltmann und Wilhelm Höcker zogen es vor, ihre Karrieren mit Hilfe der SED voranzutreiben. Unterdessen gerieten Willy Jesse und Albert Schulz immer heftiger mit den neuen Machthabern in Konflikt. Letztlich flüchteten beide in den Westen.[14]

Eine solche Biographie, die sich nicht bloß auf die individuellen Erfahrungen eines Politikers konzentriert, sondern auch strukturelle und generationelle Aspekte in den Blick nimmt, wird den Anforderungen der neueren Biographieforschung gerecht. Schließlich ist diese Textgattung seit längerem umstritten, und das mit triftigem

---

13 Allein der 1891 geborene Julius Leber kam etwas schneller voran. Der promovierte Nationalökonom zog bereits 1924 für den Wahlkreis Mecklenburg-Lübeck in den Reichstag ein. Siehe Beck: Julius Leber, S. 72 ff.
14 Vgl. Schwabe: Wurzeln, Traditionen und Identität der Sozialdemokratie, S. 69 ff.; siehe Woyke: Die »Generation Schumacher«, S. 87 ff.

Grund: Vor allem die Historische Sozialwissenschaft, die sich in den 60er-Jahren formierte, erhöhte den Legitimationsbedarf für biographische Darstellungen. Zu jener Zeit war in den fachinternen Diskussionen immer dezidierter von der Theoriebedürftigkeit der Geschichtsschreibung die Rede. Biographien erfüllten diesen Anspruch bloß selten und galten deshalb aus sozialwissenschaftlicher Perspektive als rückständig. Ihren Verfassern wurde in der Regel vorgeworfen, dem Historismus zu huldigen. Die Kritik zielte besonders auf das Individualitätsprinzip, das im Zentrum dieser seit dem 19. Jahrhundert führenden Wissenschaftskonzeption stand. Anstatt das Leben von vermeintlich großen Persönlichkeiten als Folge einer gesetzmäßigen Entwicklung zu beschreiben oder Ereignisse isoliert nachzuzeichnen, widmete sich die Historische Sozialwissenschaft anderen Fragestellungen. Der Fokus ruhte nunmehr auf gesellschaftlichen Strukturen und Prozessen. Zugleich rückten biographische Darstellungen in den Hintergrund. Für diese Gattung schien in einer theoriegeleiteten Geschichtswissenschaft kein Platz mehr zu sein.[15]

Doch im Abstand von mehreren Jahrzehnten stellen sich die Konfliktlinien weniger scharf dar. Das Schreiben einer Biographie und die Prinzipien der Historischen Sozialwissenschaft müssen sich nicht zwangsläufig ausschließen. Vielmehr lässt sich die Betrachtung von Personen und Ereignissen mit der Analyse von Strukturen und Prozessen kombinieren. Im Idealfall kann dabei die historische Bedeutung eines individuellen Lebens aufgezeigt werden, ohne einen Menschen in hagiografischer Manier zu überhöhen. Gleichzeitig sollte die prägende Kraft von gesellschaftlichen Faktoren zum Ausdruck kommen. Wird so verfahren, begegnet ein biographischer Text der Gefahr, eine teleologische Entwicklungslinie zu konstruieren. Das Leben einer Person folgt schließlich keiner inneren Notwendigkeit, die sich intuitiv verstehen und darstellen ließe. In Abgrenzung von einer solchen rein historischen Betrachtungsweise ist es von großer Wichtigkeit, den sozialen, politischen und ökonomischen Bedingungen des menschlichen Handelns nachzugehen. Allein auf diese Weise lässt sich die Komplexität einer Biographie angemessen beschreiben.[16]

Derweil besitzt der psychohistorische Ansatz kaum Überzeugungskraft. Unklar bleibt, welchen wissenschaftlichen Erkenntnisfortschritt es bringt, das Verhalten eines Menschen im Wesentlichen mit Hilfe von psychoanalytischen Theorien erklären zu wollen. Zudem reicht die Quellenlage für derart ambitionierte und äußerst tief greifende Analysen in der Regel nicht aus.[17]

Dies trifft auch für die Biographie von Albert Schulz zu. Ansonsten ist die Quellenlage jedoch durchaus als gut zu bezeichnen. Von zentraler Bedeutung ist der Nach-

---

15 Siehe Gestrich: Sozialhistorische Biographieforschung, S. 5 ff.; vgl. Oelkers: Biographik, S. 296 ff.
16 Siehe auch Raulff: Das Leben – buchstäblich, besonders S. 66 ff.
17 Vgl. Wehler: Zum Verhältnis von Geschichtswissenschaft und Psychoanalyse, S. 9 ff.; Röckelein: Biographie als Geschichte, S. 7 ff. Siehe dazu die kritischen Bemerkungen von Schulze: Die Biographie in der »Krise der Geschichtswissenschaft«, S. 511 ff.

lass des mecklenburgischen Sozialdemokraten. Neben wenigem Material aus der Zeit vor 1933 findet sich dort hauptsächlich Korrespondenz, die nach dem Zweiten Weltkrieg entstanden ist, aber mitunter Rückschlüsse auf die Geschehnisse während der Weimarer Republik zulässt. Von beinahe noch größerer Bedeutung sind die Erinnerungen, die Schulz kurz vor seinem Tod niedergeschrieben hat. Ursprünglich nicht zur Veröffentlichung bestimmt, erschienen sie im Jahr 2000 in Buchform, leider in einer methodisch nicht zuverlässigen Ausgabe. Daher erscheint es geboten, wörtliche Zitate gelegentlich dem 1972 abgeschlossenen Originaltyposkript zu entnehmen.

Für die Tätigkeit von Albert Schulz als Oberbürgermeister sind die Bestände im Archiv der Hansestadt Rostock von immenser Bedeutung. Ebenso wie viele andere herangezogene Dokumente waren sie zum Zeitpunkt der Einsichtnahme größtenteils noch unpaginiert. Das durch die Auswertung der Stadtverwaltungsakten gewonnene Bild wurde durch die Überlieferung in russischen Archiven vervollständigt. Die in Moskau liegenden Dokumente betreffen vor allen Dingen die Verhaftung von Schulz im Jahr 1947. Zudem wird anhand von politischen Beurteilungen deutlich, wie die Sowjetische Militäradministration das Stadtoberhaupt generell einschätzte.

Neben einer Reihe von Archiven zur Erhellung der parteipolitischen und parlamentarischen Tätigkeit von Schulz wurden etliche gedruckte Quellen durchgesehen, vor allem Zeitungen und Zeitschriften, aber auch Erinnerungsberichte und Dokumentensammlungen. Von besonderer Relevanz ist die Mecklenburgische Volks-Zeitung. Ohne die Auswertung dieses sozialdemokratischen Parteiblatts hätte sich die Informationslage über das Engagement von Schulz in der SPD und im Reichsbanner während der Weimarer Republik erheblich schlechter dargestellt. Um ein möglichst ausgewogenes Bild zu erhalten, wurde bei so umstrittenen Themen wie dem Kapp-Lüttwitz-Putsch auch die Presse der KPD und USPD herangezogen. Weitere Nuancierungen erlaubten Artikel aus den Zeitungen des bürgerlichen Lagers.

Der Forschungsstand ist als zufrieden stellend einzustufen. Abgesehen von einer biographischen Skizze, die Klaus Schwabe im Jahr 1995 vorgelegt hat, gibt es jedoch keine Arbeiten, die sich ausführlich mit Albert Schulz beschäftigen.[18] Dagegen ist die SPD in Mecklenburg in jüngster Zeit immer stärker in den Vordergrund des Interesses gerückt. Ein wichtiger Beitrag für eine umfassende Politik- und Organisationsgeschichte der Partei stammt von Werner Müller, Fred Mrotzek und Johannes Köllner und ist 2002 erschienen. Drei Jahre zuvor publizierte Klaus Schwabe eine Broschüre, die in erster Linie biographische Informationen über das Führungspersonal der mecklenburgischen SPD bündelt. Hinzu kommen Wahlstatistiken und eine Auflistung der abgehaltenen Parteitage, die allerdings mit einigen Fehlern behaftet ist. Wertvolles Material über den Kampf der Sozialdemokraten gegen den Nationalsozialismus enthält die 1989 an der Universität Rostock eingereichte Dissertation von Kerstin Urbschat. Demgegenüber ist eine von Robert Nespital im Auftrag der SED verfasste

---

18 Schwabe: Albert Schulz.

Schrift aus dem Jahr 1954 über die Geschichte der mecklenburgischen Arbeiterbewegung vor dem Ersten Weltkrieg nahezu gänzlich unbrauchbar. Der Zeitzeuge Nespital, einst Mitglied der SPD, übernahm die Verantwortung für einen Text, der vor allem wegen seiner ideologisch einseitigen und polemischen Darstellungsweise wenig Glaubwürdigkeit besitzt. Dieser Vorbehalt gilt übrigens keinesfalls für die gesamte Literatur, die in der DDR über die Sozialdemokratie erschienen ist. Zwar ist grundsätzlich Skepsis angebracht, weil die Geschichtsschreibung konsequent SED-Maximen folgte, doch außerhalb der marxistisch-leninistisch inspirierten Rahmenkapitel findet sich durchaus brauchbares Material.[19]

Besonders große Aufmerksamkeit hat die Vereinigung von KPD und SPD in der Forschung gefunden. Heinz Voßke nimmt ganz Mecklenburg-Vorpommern in den Blick, während sich Heinz-Gerd Rackow auf die Ereignisse in Rostock konzentriert. Beide Arbeiten sind lange vor 1989 entstanden und argumentieren aus der Sicht der SED. Dieser politische Hintergrund ist in einer von Günter Benser zum fünfzigsten Jahrestag der Parteienfusion im Jahr 1996 herausgegebenen Broschüre ebenfalls unverkennbar. Im selben Jahr wie dieses in Kooperation mit der PDS entstandene Heft[20] erschien eine vom SPD-Bundesvorstand zusammengestellte Publikation, darin werden die wesentlichen Schritte bis zur Zwangsvereinigung nachgezeichnet. Eine gleichfalls dezidiert sozialdemokratische Position vertreten die beiden in der DDR sozialisierten Historiker Klaus Schwabe und Marko Michels. Die letztgenannte, 1999 publizierte Arbeit ist jedoch allenfalls als Materialsammlung interessant, da sie zu einseitigen Urteilen neigt. Zudem werden Aussagen nicht oder nur unzureichend belegt.[21]

Die Frühgeschichte der SED in Mecklenburg bis Auflösung der Länder in der DDR behandelt die 1986 veröffentlichte »Geschichte der Landesparteiorganisation der SED«. Dabei handelt es sich um ein parteioffiziöses Werk, das in vergleichbarer Form auch für Brandenburg und Sachsen-Anhalt erschien. Acht Jahre nach dem Fall der Mauer publizierte Klaus Schwabe unter dem Titel »Arroganz der Macht« eine Monografie, die seine bisherigen Forschungsergebnisse zur Entwicklung der Einheitspartei zusammenfasst. Derweil verfolgen die Arbeiten von Detlev Brunner eine andere Zielrichtung. Ihm geht es insbesondere um das Verhältnis zwischen SED, Landesregierung und sowjetischer Besatzungsmacht. Im Jahr 2003 erschien im Rahmen die-

---

19 Müller/Mrotzek/Köllner: Die Geschichte der SPD in Mecklenburg und Vorpommern; Schwabe: Wurzeln, Traditionen und Identität der Sozialdemokratie; Urbschat: Die Arbeiterbewegung in Mecklenburg im Kampf; Nespital: Beiträge zur Geschichte der mecklenburgischen Arbeiterbewegung.
20 Voßke: Zum Kampf um die Vereinigung; Rackow: Die Vereinigung von KPD und SPD; Benser: Der Zusammenschluß von KPD und SPD.
21 Zwangsvereinigung von SPD und KPD in Mecklenburg-Vorpommern; Schwabe: Die Zwangsvereinigung; Michels: Einheitszwang oder Einheitsdrang?!.

ses Forschungsprojekts eine umfangreiche Dokumentation über die Arbeit der Landesverwaltung in Mecklenburg-Vorpommern von 1945 bis 1946.[22]

Kaum weniger bedeutend als die Literatur über die Parteien der Arbeiterbewegung ist das Reichsbanner Schwarz-Rot-Gold in Mecklenburg-Lübeck. Seine Geschichte war bisher kaum Gegenstand der Forschung. Einige Hinweise auf regionale Dimensionen finden sich in der 1966 publizierten Dissertation von Karl Rohe, die nach wie vor als Standardwerk gelten kann. Die Gründung der Eisernen Front hat Kerstin Urbschat in einem 1990 erschienenen Aufsatz konzise dargestellt.[23]

Der Landtag von Mecklenburg-Schwerin wird in der 1933 veröffentlichten Dissertation von Franz Ballerstaedt in Augenschein genommen. Von einer staatsrechtlichen Fragestellung ausgehend, zeichnet die Arbeit den Verlauf der insgesamt sieben Legislaturperioden nach. Die Funktion und Entwicklung des Parlamentarismus vor und nach der Novemberrevolution hat Heinz Koch zu Beginn der 80er-Jahre untersucht. Seine Prägung durch die SED ist offensichtlich. Deutlich instruktiver sind die nach 1989 verfassten Arbeiten von Uwe Heck und anderen.[24]

Zur Geschichte der Stadt Rostock nach 1945 gibt es zahlreiche Beiträge. Die meisten von ihnen sind in der DDR erschienen. Hierzu zählen die Arbeiten von Johannes Lachs, Friedrich Karl Raif, Heinz-Gerd Rackow, Lothar Elsner und Horst Sieber. Ihr Erkenntniswert jenseits der ideologisch gefärbten Passagen ist unterschiedlich groß.[25] Im Jahr 1999 kam in der Verantwortung von Karsten Schröder und Ingo Koch erstmals eine umfassende Chronik der Stadt Rostock heraus. Sie vermittelt einen guten Eindruck vom Leben in der Hansestadt im 20. Jahrhundert. Zudem ist ein Sammelwerkbeitrag von Bodo Keipke zu erwähnen. Der Text erschien 2003 und beschreibt ausführlich den Wiederaufbau der nach dem Zweiten Weltkrieg massiv zerstörten Stadt.[26]

Die Nachkriegsgeschichte der SPD in Hamburg und Schleswig-Holstein ist verhältnismäßig intensiv erforscht worden. Für Hamburg ist vor allen Dingen die sorgfältig recherchierte Arbeit von Walter Tormin aus dem Jahr 1994 zu nennen. Während sich Franz Osterroth nur skizzenhaft mit der Entwicklung der Sozialdemokratie in Schleswig-Holstein beschäftigt, hat Holger Martens 1998 eine zweibändige Disser-

---

22 Geschichte der Landesparteiorganisation der SED Mecklenburg; Schwabe: Arroganz der Macht; Brunner: Regieren auf Befehl und unter Führung »Der Partei«; Müller/Röpcke: Die Landesregierung in Mecklenburg-Vorpommern unter sowjetischer Besatzung.
23 Rohe: Das Reichsbanner Schwarz Rot Gold; Urbschat: Zur Bildung der Eisernen Front in Mecklenburg.
24 Ballerstaedt: Das Verhältnis von Landtag und Regierung in Mecklenburg-Schwerin; Koch: Funktion und Entwicklung des bürgerlichen Parlamentarismus in Mecklenburg-Schwerin; Schwabe: Zwischen Krone und Hakenkreuz; Kasten: Die Regierung Schröder auf der Suche nach einer parlamentarischen Mehrheit; Heck: Geschichte des Landtags in Mecklenburg.
25 Lachs/Raif: Rostock; Rackow: Zum Kampf um die Veränderung der Machtverhältnisse; Elsner: Rostock; Sieber: Vor 40 Jahren.
26 Schröder/Koch: Rostocker Chronik; Keipke: Die Stadt in der Nachkriegszeit.

tation über dieses Thema vorgelegt. Sie ist in erster Linie eine Organisationsgeschichte, lässt aber gesellschaftspolitische Aspekte nicht außen vor.[27]

Gestützt auf die genannten Quellen und mit Hilfe der vorhandenen Literatur soll die Biographie von Albert Schulz analytisch geleitet erzählt werden. Im Unterschied zu manch anderen Biographien, die jüngst über SPD-Politiker entstanden sind[28], gerät mit Schulz ein Sozialdemokrat aus der zweiten Reihe in den Blick, was Einsichten über die Mühen der Parteiarbeit auf regionaler Ebene verspricht. Anders als etwa Willy Brandt, Herbert Wehner und Helmut Schmidt bekleidete Schulz keine Spitzenpositionen auf Reichs- oder Bundesebene. Außerdem stand er niemals in der Regierungsverantwortung. Die Gliederung der vorliegenden Biographie ist chronologisch angelegt. Dabei wurde ein Kompromiss zwischen einer kontinuierlichen Zeitreihe und der Analyse von verschiedenen, gleichzeitig aktuellen Handlungsfeldern gesucht.

---

27 Tormin: Die Geschichte der SPD in Hamburg; Osterroth: 100 Jahre Sozialdemokratie in Schleswig-Holstein; Martens: Die Geschichte der Sozialdemokratischen Partei Deutschlands in Schleswig-Holstein.
28 Um nur eine Auswahl zu nennen: Merseburger: Willy Brandt; Leugers-Scherzberg: Die Wandlungen des Herbert Wehner; Soell: Helmut Schmidt.

II Kindheit und Jugend im Kaiserreich (1895–1914/18)

»Unsere Familie hat niemals zur ›Gesellschaft‹ gehört. Wir kommen ganz von unten aus der Masse des Volkes«[1], schrieb Albert Schulz zu Beginn der 70er-Jahre rückblickend. Berthold Schulz (1857–1926), sein Vater, dessen Eltern früh verstarben, erlernte von 1873 bis 1877 in Landsberg an der Warthe das Formerhandwerk[2] und war in diesem Beruf in verschiedenen Städten tätig. Im Jahr 1881 zog er in das südöstlich von Rostock gelegene Gnoien. Dort gewann er kurz darauf den Hauptgewinn der mecklenburgischen Klassenlotterie und heiratete, ein wohlhabender Mann geworden, ein junges Mädchen, das nicht aus einer Arbeiterfamilie kam. Außerdem erhielt er das Bürgerrecht.[3] Schlecht beraten verlor Berthold Schulz jedoch einen großen Teil des gewonnenen Geldes bei Spekulationen. Angesichts seiner prekären finanziellen Lage siedelte er schließlich 1890 mit seiner Frau und seinen vier Kindern nach Rostock über. Hier, in der größten Industriestadt von Mecklenburg, fand er Arbeit auf der Neptunwerft. Der geringe Lohn, der ihm bezahlt wurde, reichte gerade aus, um seine Familie zu ernähren.

Recht bald nachdem Berthold Schulz seine erste Ehefrau durch eine schwere Tuberkulose-Erkrankung verloren hatte, heiratete er ein weiteres Mal, auch um die Betreuung seiner minderjährigen Kinder sicherzustellen. Mit Auguste Krüger (1867–1903), die aus einem Dorf in der Nähe von Parchim stammte, hatte er zwei Söhne: Am 11. Oktober 1895 wurde Albert Schulz in Rostock geboren. Drei Jahre darauf folgte dessen Bruder Paul. Nach dieser Entbindung erholte sich Auguste Schulz nicht. Sie war fortwährend krank und verlor im Laufe der Zeit zunehmend das Vertrauen zu ihren Ärzten. Auf Linderung ihrer Beschwerden hoffend, ließ sie sich sogar von »Magnetiseuren und anderen Quacksalbern«[4] behandeln, dann starb sie.

1 Frühe Prägungen im Umfeld der Sozialdemokratie

Nach dem frühen Tod der Mutter wuchs Albert Schulz, versorgt von seiner Großmutter mütterlicherseits[5], zusammen mit seinem Bruder in der Kröpeliner-Tor-Vorstadt

---

1 NL Albert Schulz: Albert Schulz an Peter Schulz, 1. November 1971. Die folgenden Informationen über die Eltern sind vor allem diesem Schreiben entnommen.
2 NL Albert Schulz: Lehrzeugnis für Berthold Schulz, 24. April 1877.
3 NL Albert Schulz: Bürger-Schein No. 1053 für den Former August Berthold Schul[z], 28. Juni 1883.
4 NL Albert Schulz: Albert Schulz an Peter Schulz, 1. November 1971.
5 Ebd.

auf. In diesem westlich der Altstadt von Rostock gelegenen Viertel wohnten damals etwa 19.000 der 50.000 Einwohner der Hansestadt, die meisten von ihnen in vierstöckigen Mietshäusern mit begrünten Innenhöfen. Es gab zahlreiche Gaststätten und Geschäfte. Einer der Läden gehörte dem 1903 in der Hansestadt gegründeten Konsumverein. Die Wohnungen hatten in der Regel zwei Zimmer und keine Heizung. Bäder existierten ebenfalls nicht. Die Toiletten befanden sich im Keller, auf dem Dachboden oder auf dem Flur.

Abgesehen von einigen Handwerkern und anderen Gewerbetreibenden wohnten in der Kröpeliner-Tor-Vorstadt vor allem Arbeiter. Die besser situierte Bevölkerung war kaum vertreten. Viele der größtenteils bei der Brauerei Mahn & Ohlerich oder bei der nahe gelegenen Neptunwerft beschäftigten Arbeiter hatten in diesem Viertel nicht nur ihren Wohn- und Arbeitsort, sondern auch ihren Lebensmittelpunkt. Hier lagen die Verwaltungs- und Versammlungsräume mehrerer Arbeiterorganisationen und nahmen sozialdemokratische Demonstrationszüge ihren Ausgang.[6]

Politische Agitation konnte die SPD in Rostock jedoch nur in engen Grenzen betreiben. Denn seit 1851 galt in Mecklenburg-Schwerin ein restriktives Vereins- und Versammlungsrecht.[7] Gemäß dieser auch nach dem Auslaufen des so genannten Sozialistengesetzes gültigen Verordnung bedurfte sowohl das Abhalten von öffentlichen Versammlungen zu politischen Zwecken als auch die Gründung von politischen Vereinen einer Genehmigung des Innenministeriums. Unter solchen Bedingungen war der Aufbau einer sozialdemokratischen Parteiorganisation in Mecklenburg nur schwer möglich. Über das ganze Land verteilt gab es aber Zusammenschlüsse von Sozialdemokraten, die in loser Verbindung zueinander standen. Versammlungen fanden unregelmäßig und getarnt als geschlossene Zusammenkünfte von Abonnenten der Mecklenburgischen Volks-Zeitung statt. Obwohl die 1892 von einer Buchdruckerei in Rostock gegründete Zeitung in Absprache mit führenden Sozialdemokraten erschien, hatten die Behörden gegen solche Treffen rechtlich keine Handhabe.[8]

Allen staatlichen Repressionen zum Trotz formierten sich die mecklenburgischen Sozialdemokraten sukzessive zur Partei. Sie entsandten Delegierte zu den SPD-Parteitagen auf Reichsebene, und seit 1892 wurden in Lübeck alle ein bis zwei Jahre Landesparteitage abgehalten. Nur außerhalb der Grenzen von Mecklenburg war es möglich, politische Erfahrungen auszutauschen, organisatorische Fragen zu besprechen und Beschlüsse zu fassen. Nach längeren Diskussionen wurde beispielsweise entschieden, den Verlag der Mecklenburgischen Volks-Zeitung mit Hilfe des zentralen SPD-Vor-

---

6   MVZ, 15. Dezember 1926. Siehe Weber: Die Auswirkungen der Industrialisierung, S. 64 ff.; Wagner: Arbeiter und Arbeiterexistenz im Wandel, S. 125 ff. Eine Reihe von historischen Fotografien präsentieren Piechulek und Weber: Die Kröpeliner-Tor-Vorstadt.
7   Regierungsblatt für das Großherzogthum Mecklenburg-Schwerin, 1. Februar 1851 und 9. Mai 1877.
8   MVZ, 1. April 1930. Siehe auch Bernitt: Zur Geschichte der Stadt Rostock, S. 54 f.; Ritter: Die Arbeiterbewegung im Wilhelminischen Reich, S. 58 f.

standes von den bisherigen Inhabern zu erwerben und die Redaktion auf eigene Kosten zu betreiben.⁹

Aus Sicht der Sozialdemokraten besonders erfreulich war die seit 1890 kontinuierliche Verbesserung der bei den Reichstagswahlen erzielten Ergebnisse als wichtigster Gradmesser für die politische Stimmung im Land. Der erste und bis zum Ende des Kaiserreiches einzige in Mecklenburg gewählte sozialdemokratische Reichstagsabgeordnete war der Rechtsanwalt Joseph Herzfeld, der sich 1898 bei der Stichwahl im Wahlkreis Rostock-Doberan knapp gegen seinen Konkurrenten von der Freisinnigen Volkspartei durchsetzen konnte. In der Nähe von Düsseldorf als Sohn eines Fabrikbesitzers geboren, war der promovierte Jurist Herzfeld in Mecklenburg als Anwalt von Landarbeitern und Tagelöhnern zu Popularität gelangt.¹⁰

Die mecklenburgische Arbeiterbewegung hatte ihr Zentrum seit jeher in Rostock. Hier wurden politische Schriften gedruckt und seit 1898 die Reichstagswahlkämpfe organisiert.¹¹ Im Zuge der organisatorischen Konsolidierung der Sozialdemokratie wurde im April 1905 in der Kröpeliner-Tor-Vorstadt, unweit des Elternhauses von Albert Schulz, ein Parteisekretariat eingerichtet und mit Wilhelm Kröger besetzt. Dieser 1873 geborene Sozialdemokrat hatte auf der Neptunwerft das Tischlerhandwerk erlernt und sich bislang als Funktionär des Deutschen Holzarbeiterverbandes betätigt. Als Angestellter der in Mecklenburg verbotenen SPD erledigte Kröger hauptamtlich die in großer Fülle anfallenden Verwaltungsaufgaben und betrieb, mehr oder weniger geduldet von den zuständigen Polizeidienststellen, landesweit systematisch Agitationsarbeit.¹²

Die mit gesetzlichen Vorschriften nicht aufzuhaltende gesellschaftliche Etablierung der mecklenburgischen Sozialdemokratie dürfte vom jungen Albert Schulz kaum intensiv verfolgt worden sein. In seiner frühen Kindheit begeisterte er sich durchaus für die pompösen Inszenierungen militärischer Macht, die er am Kaisergeburtstag sowie am Sedantag zu sehen bekam. Nachdem Schulz die zweite Klasse der Volksschule absolviert hatte, kam er auf Veranlassung seines Lehrers auf die Realschule. Auf dieser Schule, die nicht sehr häufig von Arbeiterkindern besucht wurde, blieb

---

9   Siehe Bernitt: Zur Geschichte der Stadt Rostock, S. 274 f.; Müller/Mrotzek/Köllner: Die Geschichte der SPD in Mecklenburg und Vorpommern, S. 51 ff.; Schwabe: Wurzeln, Traditionen und Identität der Sozialdemokratie, S. 104. Vgl. Fricke: Handbuch zur Geschichte der deutschen Arbeiterbewegung, Bd. 1, S. 281.
10 Mecklenburger Nachrichten, 27. Juni 1898; MVZ, 1. April 1930. Siehe Schröder: Sozialdemokratische Parlamentarier, S. 505. Vgl. die biographische Skizze bei Schwabe: Wurzeln, Traditionen und Identität der Sozialdemokratie, S. 22 ff.
11 Siehe Elsner: Rostock, S. 91 ff. Vor 1898 wurden die Wahlkämpfe in Lübeck und von Berlin aus geplant. Vgl. Fricke: Handbuch zur Geschichte der deutschen Arbeiterbewegung, Bd. 1, S. 234 ff.
12 MVZ, 1. April 1930. Siehe auch Nespital: Beiträge zur Geschichte der mecklenburgischen Arbeiterbewegung, S. 55. Zur Biographie von Kröger siehe: MVZ, 15. Oktober 1932; Schröder: Sozialdemokratische Parlamentarier, S. 567.

er für vier Jahre. In seiner Freizeit traf sich Schulz oftmals mit seinem Onkel Hermann Krüger und zog mit ihm auf die Stoppelfelder in der Nähe von Rostock, um selbst gebaute Drachen steigen zu lassen. Dabei sprach der Bruder seiner Mutter gern über politische Themen, etwa über die Kriege im Vorfeld der 1871 vollzogenen Gründung des Deutschen Kaiserreiches.[13]

Politische Gespräche hat Schulz dagegen mit seinem Vater, der ein Sozialdemokrat[14], Mitglied des Deutschen Metallarbeiter-Verbandes, jedoch auch ein »im allgemeinen wortkarger Mann«[15] war, nie oder zumindest höchst selten geführt. Folglich hatte die Lektüre der von seinem Vater abonnierten und der Arbeiterbewegung nahe stehenden Zeitungen und Zeitschriften umso größere Bedeutung für seine Politisierung. Der wissbegierige Schulz studierte die Mecklenburgische Volks-Zeitung, die Metallarbeiter-Zeitung und außerdem das Satireblatt »Der wahre Jacob«, das ihn am stärksten beeindruckte. Obwohl er anfangs nicht immer alle Bilder und Textpassagen verstand, glitt er nach und nach »in die Gedankenwelt der kämpfenden Arbeiterschaft hinein.«[16]

Einen Arbeitskampf erlebte Schulz erstmals bewusst als Zehnjähriger. Weil sich die Direktion der Neptunwerft weigerte, die zugesicherten Akkordlöhne in voller Höhe auszuzahlen, traten die dort tätigen Schiffbauer im Dezember 1905 in den Streik, woraufhin die Werftleitung den erst acht Monate zuvor ausgehandelten Tarifvertrag aufkündigte. Von der zudem verhängten Aussperrung waren insgesamt weit mehr als 1.000 Arbeiter betroffen. Auch Berthold Schulz erhielt keinen Lohn und musste seine Kinder mit der knapp bemessenen Streikunterstützung des Deutschen Metallarbeiter-Verbandes ernähren. Zwangsläufig wurde bei der Familie buchstäblich »Schmalhans Küchenmeister«[17]. Albert Schulz beobachtete den Verlauf des Streiks interessiert und besuchte seinen Vater, wenn dieser als Streikposten eingeteilt war. Im April 1906 stellten die Gewerkschaften angesichts ihrer leeren Kassen schließlich die Zahlung von Unterstützungsgeldern ein. Der Streik endete mit einer Niederlage für die Arbeiterschaft.[18]

---

13 Siehe Schulz: Erinnerungen, S. 13. BAGS, Wiedergutmachungsakte von Albert Schulz, Bl. 14: Lebenslauf von Albert Schulz, etwa 1960. NL Albert Schulz: Albert Schulz an Peter Schulz, 1. November 1971.
14 NL Albert Schulz: SPD-Mitgliedsbuch von Berthold Schulz. Das Parteibuch wurde nachträglich ausgestellt. Aus ihm geht das genaue Eintrittsdatum nicht hervor. Es lässt sich aber vermuten, dass Berthold Schulz in den 90er-Jahren des 19. Jahrhunderts zur Sozialdemokratie fand.
15 Schulz: Erinnerungen, S. 13. Im Jahr 1913 war Berthold Schulz zehn Jahre oder länger Mitglied im DMV. Siehe: Geschäftsbericht des DMV, S. 146.
16 Schulz: Erinnerungen, S. 13. Siehe auch Achten: Der wahre Jacob.
17 Schulz: Erinnerungen, S. 13.
18 Siehe: Vom Werden und Wachsen der Neptunwerft, S. 13; vgl.: MVZ, 1. August 1931; Lachs/Raif: Rostock, S. 149.

1 Frühe Prägungen im Umfeld der Sozialdemokratie

Bis 1908 musste die Sozialdemokratie in Mecklenburg ihre Organisationsstruktur elastisch an die vom Gesetzgeber vorgegebenen Bestimmungen anpassen. Erst dann erhielten alle Reichsangehörigen durch das Reichsvereinsgesetz das Recht, Vereine zu bilden und sich zu versammeln. Genehmigungen des Innenministeriums brauchten nicht mehr eingeholt zu werden. Am 15. Mai 1908, am selben Tag, an dem das Reichsvereinsgesetz in Kraft trat, fanden in Mecklenburg insgesamt 38 öffentliche sozialdemokratische Versammlungen statt und wurden ebenso viele Ortsvereine der bisher verbotenen SPD gegründet. Am Ende des Jahres zählte die Partei in Mecklenburg 6.394 männliche und 1.001 weibliche Mitglieder in 58 Ortsvereinen.[19]

Im Oktober 1908 konnten die mecklenburgischen Sozialdemokraten erstmals einen Parteitag innerhalb der Landesgrenzen abhalten. Tagungsort war Rostock. Aus dem dortigen Ortsverein ging der Landesvorstand hervor. Das Amt des Vorsitzenden übernahm der Parteisekretär Wilhelm Kröger.[20]

Als Berthold Schulz zum dritten Mal heiratete, auf Wunsch seiner Ehefrau seine Arbeitsstelle kündigte und aus Rostock fortzog, blieb Albert Schulz nichts anderes übrig, als die Realschule zu verlassen. In Doberan, wo sein Vater vom Rest des in Gnoien erzielten Lotteriegewinns ein Haus mit Garten erwarb, besuchte er die Bürgerschule. Entgegen den Vorstellungen seiner Eltern ließ sich in dem kleinen, in der Nähe der Ostsee gelegenen Ort der Lebensunterhalt jedoch nicht allein durch den Fremdenverkehr bestreiten. Die Einnahmen aus der Vermietung von Zimmern, dem Waschen und Glätten der Kleidung der Badegäste und dem Verkauf von Obst waren gering, und Berthold Schulz sah sich gezwungen, wieder als Former auf der Neptunwerft anzufangen. Im Winter kam er nur am Wochenende nach Hause, im Sommer bewältigte er die mehr als zehn Kilometer lange Strecke zu seinem Arbeitsplatz täglich mit dem Fahrrad. Schließlich verkaufte er sein Haus in Doberan und ging mit seiner Familie nach Rostock zurück.[21]

Nach einer achtjährigen Schulzeit begann Albert Schulz im April 1910 auf der Neptunwerft eine Lehre als Maschinenbauer. Der Großbetrieb, seit 1890 eine Aktiengesellschaft, war seit der Jahrhundertwende wesentlich erweitert und modernisiert worden.[22] Der Expansionsdrang erreichte im Vorfeld des Ersten Weltkriegs durch die anlaufende Rüstungsproduktion einen weiteren Höhepunkt und stand im Gegensatz zu den Arbeitsbedingungen auf der Werft. Es gab kaum Wasch- und Entlüftungsanlagen, und die Werftdirektion gewährte keinen bezahlten Urlaub. Im Vergleich zu den anderen deutschen Werften lagen die Löhne weit unter dem Durchschnitt. Lehrlinge

---

19 MVZ, 1. April 1930. Vgl. Miller/Potthoff: Kleine Geschichte der SPD, S. 63.
20 Siehe Müller/Mrotzek/Köllner: Die Geschichte der SPD in Mecklenburg und Vorpommern, S. 78 f.; Polzin: Grundlagen und Geschichte der Maikundgebungen, S. 246 ff.
21 BAGS, Wiedergutmachungsakte von Albert Schulz, Bl. 14: Lebenslauf von Albert Schulz, etwa 1960. NL Albert Schulz: Albert Schulz an Peter Schulz, 1. November 1971.
22 Siehe Strobel/Dame: Schiffbau zwischen Elbe und Oder, S. 138; Vom Werden und Wachsen der Neptunwerft, S. 12 ff.; Stahl: Neptunwerft, S. 66 ff.

bekamen weniger als eine Mark pro Tag. Die tägliche Arbeitszeit von Schulz betrug, unterbrochen von einer Frühstücks- und einer zweistündigen Mittagspause, neuneinhalb Stunden. Nur sonnabends war die Schicht etwas kürzer. Viermal in der Woche hatte Schulz zudem bis spätabends Unterricht in der Gewerbeschule.[23]

Bestrebt sein Wissen zu erweitern, belegte Schulz dort neben den Pflichtfächern freiwillig Kurse in Aufsatz und Mathematik. Von seinem ersten Lehrlingsgeld kaufte er sich Werke von Friedrich Schiller, und zwar als günstige Heftchenausgabe. Außerdem besuchte Schulz mehrere Arbeiter-Unterrichtskurse, die unter der Leitung von Studenten der Universität Rostock stattfanden. Dieses Bildungsangebot war ein Vorläufer der Volkshochschule, und Schulz nutzte es, um sich mit Literatur und juristischen Fragen zu beschäftigen.[24]

Gleich nach dem Beginn der Lehre trat Albert Schulz der sozialdemokratischen »Freien Jugend« bei. Überdies schloss er sich dem Arbeiter-Turnverein an, womit er dem Rat seines Lehrgesellen folgte.[25] Die »Freie Jugend«, gegründet 1907 von dem Buchdruckerlehrling Paul Bugdahn und zwei weiteren jungen Rostockern, stand der Sozialdemokratie zwar nahe, war mit der SPD aber nicht organisatorisch verbunden, sondern wie die anderen zu dieser Zeit in Norddeutschland entstandenen freien Jugendorganisationen ein selbstständiger Verein, der sich als gewerkschaftsähnliche Interessenvertretung für Lehrlinge und jugendliche Arbeiter verstand. Geachtet wurde insbesondere auf die Einhaltung der nach dem Gesetz geltenden Arbeiterschutzbestimmungen.[26]

Ein weiteres Anliegen der »Freien Jugend« war die Bildungsarbeit, vor allem durch regelmäßige Vorträge zu Inhalten, die in der Volksschule nicht oder nur kursorisch vermittelt wurden. Der Chefredakteur der Mecklenburgischen Volks-Zeitung, Franz Starosson, ein gelernter Frisör, referierte zum Beispiel über geschichtliche Themen. Darüber hinaus verfügte der Verein seit 1908 im Hinterzimmer eines Lokals über eine Bibliothek, die sowohl Belletristik als auch theoretische Abhandlungen zur Geschichte und Programmatik der Arbeiterbewegung im Bestand hatte. Aktuelle Ausgaben verschiedener Partei- und Gewerkschaftszeitungen lagen ebenfalls zur Einsicht aus.[27] (☞ Abb. 1, S. 27)

---

23 Siehe Bernitt: Zur Geschichte der Stadt Rostock, S. 281 f.; Lachs/Raif: Rostock, S. 14; Schulz: Erinnerungen, S. 14 f. Vgl. Polzin: Grundlagen und Geschichte der Maikundgebungen, S. 124 f.
24 BAGS, Wiedergutmachungsakte von Albert Schulz, Bl. 14: Lebenslauf von Albert Schulz, etwa 1960. Zeitzeugenbericht von Peter Schulz, 13. Januar 2001. Siehe Schoßig: Die studentischen Arbeiter-Unterrichtskurse, S. 11 ff., 118 und 137.
25 Es war anscheinend durchaus üblich, in beide Organisationen gleichzeitig einzutreten. Siehe Schulz: Erinnerungen, S. 15; 100 Jahre Klassenkampf, S. 10 f.
26 Vgl. Eberts: Arbeiterjugend, S. 25 ff.; Schley: Die Sozialistische Arbeiterjugend Deutschlands, S. 11. Siehe Schmidt: Der gesetzliche Arbeiterschutz für Jugendliche, S. 25 ff.
27 Siehe Schröder: Zur Geschichte der sozialdemokratischen Arbeiterjugendbewegung, Bd. 1, S. 6 ff.

1 Frühe Prägungen im Umfeld der Sozialdemokratie

Abb. 1: Albert Schulz als junger Mann (etwa 1914).

Die bisweilen in Kooperation mit dem Arbeiter-Theaterverein und dem Arbeiter-Sängerbund von der »Freien Jugend« angebotenen kulturellen Veranstaltungen fanden regen Zuspruch bei den knapp 100 Vereinsmitgliedern. Gleiches galt für Tanzvergnügen und sonntägliche Wanderungen. Die Ausflüge führten zumeist in die Rostocker Heide, und die Jugendlichen schätzten diese Form der Freizeitgestaltung als willkommene Abwechslung.[28]

Satzungsgemäß durften von der »Freien Jugend« weder politische noch religiöse Zwecke verfolgt werden. Ein entsprechender Paragraph war bei der Gründung des Vereins in die Satzung aufgenommen worden, um nicht mit dem mecklenburgischen Vereins- und Versammlungsrecht in Konflikt zu geraten. Doch auch nach Inkrafttreten des Reichsvereinsgesetzes verlor er nicht an Relevanz. Während dieses Gesetz die Gründung der mecklenburgischen SPD erst ermöglichte, verbot es allen Personen, die noch nicht ihr achtzehntes Lebensjahr vollendet hatten, Mitglied in politischen Vereinen zu werden. Angesichts dessen entbrannte in der Sozialdemokratie eine Debatte über die Neuorganisation der Arbeiterjugendbewegung. Immerhin war die organisatorische Selbstständigkeit der Vereine in Parteikreisen schon immer skeptisch betrachtet worden. Insbesondere die Gewerkschaften, die zum Teil eigene Jugendabteilungen unterhielten, empfanden solche freien Zusammenschlüsse als Konkurrenz. Das Reichsvereinsgesetz diente somit als willkommener Vorwand, um für eine festere Anbindung der Jugend- an die Erwachsenenorganisationen zu sorgen und die eigenständige politische und gewerkschaftliche Tätigkeit der jungen Leute zu unterbinden.[29]

Im September 1908 wurde auf dem Parteitag der SPD in Nürnberg beschlossen, den Dachverband der norddeutschen freien Jugendorganisationen, dem auch die »Freie Jugend« angehörte, aufzulösen und reichsweit lokale Jugendausschüsse unter einer zentralen Dachorganisation einzusetzen. Diese Gremien sollten paritätisch aus Vertretern der Partei und der Gewerkschaften und aus Jugendlichen, die 18 Jahre oder älter waren, bestehen sowie Bildungs- und Freizeitarbeit zu ihren Hauptaufgaben machen. Als Forum diente ein Mitteilungsblatt namens »Arbeiter-Jugend«.[30]

Durch den Parteitagsbeschluss wurde die Existenz der örtlichen freien Jugendorganisationen allerdings zunächst nicht angetastet. Wie in anderen Städten bestanden auch in Rostock für eine Weile zwei Jugendgruppen, die sich der Sozialdemokratie verpflichtet fühlten, nebeneinander. Der in Opposition zur »Freien Jugend« ins Leben gerufenen Vereinigung der Abonnenten der »Arbeiter-Jugend« gehörten vor allem die Kinder der Parteifunktionäre und der in der Hansestadt beschäftigten Angestellten der Gewerkschaften und des Konsumvereins an. Aus der Mitte der beiden Gruppen wur-

---

28 Siehe Korn: Die Arbeiterjugendbewegung, S. 62; Schröder: Zur Geschichte der sozialdemokratischen Arbeiterjugendbewegung, Bd. 1, S. 8 ff. mit Anm. 49.
29 Siehe ebd., S. 6 f.; Korn: Arbeiterjugendbewegung, S. 104 ff.; Eberts: Arbeiterjugend, S. 37; Schley: Die Sozialistische Arbeiterjugend Deutschlands, S. 11 f. mit Anm. 9.
30 Siehe: Protokoll über die Verhandlungen des Parteitages der Sozialdemokratischen Partei Deutschlands, abgehalten in Nürnberg vom 13. bis 19. September 1908, S. 23 ff. und 450 ff.; Eberts: Arbeiterjugend, S. 32.

den von den Heranwachsenden die Vertreter für den lokalen Jugendausschuss gewählt.[31]

Dass die »Freie Jugend« und einige ihrer Mitglieder vom Polizeiamt der Seestadt Rostock überwacht wurden[32], hielt Albert Schulz nicht davon ab, sich während seiner Lehrzeit politisch zu betätigen. Wie die übrigen Lehrlinge auf der Neptunwerft, die sich der Arbeiterjugendorganisation angeschlossen hatten, fungierte er 1910 in einem Arbeitskampf als Kurier für die Gewerkschaften. Der Streik erstreckte sich auf die gesamte Schiffbauindustrie und war eine Aufsehen erregende Kraftprobe zwischen den Arbeitnehmervertretern und den Werftindustriellen. In dieser angespannten Situation versuchte die Direktion der Neptunwerft durch Presseerklärungen sowie »durch viel Lärm und Gedröhn auf den im Bau befindlichen Schiffen«[33], den Streikenden und der Öffentlichkeit in Rostock eine voll arbeitsfähige Werft vorzutäuschen. Die Zahl der Streikbrecher war indes gering. Schulz und die anderen Lehrlinge, die sich nicht am Streik beteiligten, da sie sonst ihre Lehrstelle riskiert hätten[34], hatten einen guten Überblick über den tatsächlichen Fortgang der Arbeiten und gaben ihre Eindrücke an die Streikleitung weiter. Nach einem achtwöchigen Arbeitskampf konnten die Gewerkschaften immerhin einen Teilerfolg verbuchen.[35]

Im Laufe der Zeit verstärkten nicht nur die Behörden, sondern auch die SPD den Druck auf die nach außen hin unpolitischen freien Jugendorganisationen. In Rostock entschlossen sich die Sozialdemokraten, der »Freien Jugend« den Bezug der Zeitschrift »Arbeiter-Jugend« zu sperren, da die nach dem Parteitag in Nürnberg konstituierte parteinahe Abonnentenvereinigung nicht den gewünschten Zulauf hatte. Um das Mitteilungsblatt der »Zentralstelle für die arbeitende Jugend«, das mit seinen Artikeln dem Bildungsbedürfnis der jungen Werktätigen entgegenkam, trotzdem weiterbeziehen zu können, gründeten die Mitglieder der »Freien Jugend« in der etwa 15 Kilometer von Rostock entfernt liegenden Kleinstadt Schwaan einen neuen Jugendverein, in dessen Namen die »Arbeiter-Jugend« beim Verlag in Berlin bestellt wurde. Bis 1911 widersetzten sich der Vorstand und die Mitglieder der »Freien Jugend« der Forderung, ihre Tätigkeit einzustellen, dann lösten sie ihre Organisation auf Vermittlung eines sozialdemokratischen Redakteurs auf und traten der Abonnentenvereinigung bei. Dieser lose Zusammenschluss der Jugendlichen entzog sich geschickt dem Zugriff staatlicher Stellen, da er nach den gesetzlichen Bestimmungen nicht als Verein galt.

---

31 Siehe Schröder: Zur Geschichte der sozialdemokratischen Arbeiterjugendbewegung, Bd. 1, S. 17 ff.; Schulz: Erinnerungen, S. 16.
32 Die Polizei nahm die Personalien von Mitgliedern auf, kontrollierte Sitzungsprotokolle und zensierte Liederbücher. Siehe Schröder: Zur Geschichte der sozialdemokratischen Arbeiterjugendbewegung, Bd. 1, S. 7 und 12.
33 Schulz: Erinnerungen, S. 15.
34 Siehe Schmidt: Der gesetzliche Arbeiterschutz für Jugendliche, S. 35.
35 Siehe: Vom Werden und Wachsen der Neptunwerft, S. 14; Polzin/Witt: Rostock, S. 92 ff.; Cattaruzza: Arbeiter und Unternehmer auf den Werften des Kaiserreiches, S. 204 ff.

Kapitel II • Kindheit und Jugend im Kaiserreich (1895–1914/18)

Offiziell gab es weder Statuten noch einen Vorsitzenden oder Mitgliedsbücher, und die Veranstaltungen der Vereinigung standen jedem offen.[36]

In den folgenden Monaten betrieb die Sozialdemokratie die Einrichtung eines Jugendheimes in Rostock. Mit Hilfe von Spenden aus der Arbeiterschaft und der Unterstützung einiger Handwerker gelang es, die Räumlichkeiten hierfür jugendgemäß auszubauen. Das Heim lag in der Zentralbibliothek der Arbeiter und somit in der gleichen Straße wie das Parteisekretariat. Als Wandschmuck dienten Porträts von Karl Marx und Friedrich Engels. In einem der drei Zimmer hing eine Kopie des Gemäldes von Eugène Delacroix »Die Freiheit führt das Volk an«. Jeden Sonntag von 16 bis 22 Uhr hatte das Heim für alle Jugendlichen der Stadt, insbesondere aber für die gut 200 Abonnenten der »Arbeiter-Jugend« geöffnet. Andere Öffnungszeiten waren gesetzlich nicht zulässig. Neben Büchern und Tageszeitungen gab es Schreibgelegenheiten sowie Schach- und weitere Brettspiele. Das Spektrum der hier stattfindenden Jugendveranstaltungen reichte von politischen Vortragsreihen über gesellige Abende bis zum Lesen von Dramen mit verteilten Rollen.[37]

Bei der Reichstagswahl im Jahr 1912 wurde Joseph Herzfeld nicht nur von den Arbeiterturnern und den bisweilen als »Rote Kavallerie« bezeichneten Angehörigen des Arbeiter-Radfahrvereins »Solidarität«, sondern auch von der fusionierten Arbeiterjugend unterstützt. Der ehemalige Abgeordnete hatte sein Mandat im Wahlkreis Rostock-Doberan fünf Jahre zuvor bei der so genannten Hottentottenwahl verloren. Zu den Aufgaben von Albert Schulz und den anderen Jugendlichen zählte es, sozialdemokratisches Agitationsmaterial in die weit im ländlichen Umfeld von Rostock verstreut liegenden Dörfer zu bringen.[38]

Als im ersten Wahlgang keiner der drei Kandidaten die Mehrheit erhielt, kam es zu einer Stichwahl. Wieder wurde Schulz für Herzfeld aktiv. Dieser immense persönliche Einsatz zahlte sich aus. Als sich die freiwilligen Helfer am Wahlabend im Rotations- und Packsaal der Mecklenburgischen Volks-Zeitung versammelten, erhielten sie »gut belegte Brote und heißen Kaffee oder auch Grog«, und ein Sieg der Sozialdemokratie zeichnete sich ab. Herzfeld zog nach 1903 erneut in den Reichstag ein.[39]

---

36 Siehe Korn: Arbeiterjugendbewegung, S. 163 f. und 205 ff.; Schröder: Zur Geschichte der sozialdemokratischen Arbeiterjugendbewegung, Bd. 1, S. 17; Schulz: Erinnerungen, S. 16. Den Namen des Redakteurs nennt Schulz nicht. Es könnte sich um Robert Nespital oder Franz Starosson gehandelt haben.

37 Siehe Schröder: Zur Geschichte der sozialdemokratischen Arbeiterjugendbewegung, Bd. 1, S. 23 f. Im Jahr 1911 hatten in Rostock 225 Personen die »Arbeiter-Jugend« abonniert, 1913 waren es 200. Siehe Fricke: Handbuch zur Geschichte der deutschen Arbeiterbewegung, Bd. 1, S. 581.

38 Siehe Schulz: Erinnerungen, S. 17 ff.; Müller/Mrotzek/Köllner: Die Geschichte der SPD in Mecklenburg und Vorpommern, S. 61 ff.; Ullrich: Die nervöse Großmacht, S. 215 ff.

39 Schulz: Erinnerungen, S. 18. Siehe Fricke: Handbuch zur Geschichte der deutschen Arbeiterbewegung, Bd. 2, S. 733.

Angesichts solcher Wahlerfolge und der aktiven Rolle, die die sozialdemokratischen Jugendlichen dabei spielten, blieben kirchliche und konservative Kräfte nicht untätig. Mehr und mehr setzte sich die Erkenntnis durch, dass die Arbeiterjugendbewegung nicht allein mit Verboten zurückzudrängen war und ihr selbstbewusst begegnet werden müsse. Zu den Organisationen, die sich bemühten, den Einfluss der SPD auf die jungen Werktätigen zu brechen, zählte in Rostock der evangelische christliche Jünglingsverein, der wie in vielen anderen Städten von einem Pastor geleitet wurde. Die insgesamt 28 Mitglieder des Vereins waren ausschließlich Lehrlinge, die in Kost und Logis standen und von ihren Meistern dazu angehalten wurden, an den Bibelkreisen gleichenden Treffen der Gruppe teilzunehmen.[40]

Eines Sonntags besuchte Albert Schulz, der zwar anscheinend konfirmiert, aber kein gläubiger Christ war[41], eine Veranstaltung des christlichen Jünglingsvereins. Mit dabei waren einige Freunde aus der Arbeiterjugend. Sie wollten gemeinsam für ihre Organisation werben und mit den Mitgliedern des Vereins diskutieren. Doch dazu, so resümierte Schulz in seinen Erinnerungen,

> »waren diese jungen Menschen praktisch gar nicht in der Lage. Die Diskussion entwickelte sich dann zwischen dem Pastor und uns. Seine Schäfchen saßen da wie eine Lämmerherde, in die der Wolf eingebrochen ist. Auch der Herr Pastor war kein großer Diskutierer. Sicher verstand er sein Fach ›Religion‹, aber außer Bibelsprüchen und Katechismus-Worten hatte er nichts zu bieten. Wir stellten bald fest, daß das Menschenmaterial im christlichen Jünglingsverein unsere Bemühungen nicht lohnte.«[42]

Wesentlich effizienter in seiner Arbeit als der von Schulz abschätzig kritisierte Jünglingsverein war der Jung-Deutschland-Bund, der für Jugendliche durchaus attraktiv war, weil er als Geländespiele deklarierte paramilitärische Übungen veranstaltete.

Der nationalistische Bund übernahm die Aufgaben eines Dachverbandes der bestehenden staatserhaltenden Jugendvereine, genoss das Wohlwollen der Behörden und war in erster Linie als Instrument zur sozialen Kontrolle von Lehrlingen und jungen Arbeitern gedacht. Diese sollten dem Einfluss der Sozialdemokratie nach Möglichkeit entzogen werden. Finanziert wurde der Bund aus den vom preußischen Staat seit 1911 zur Jugendpflege bereitgestellten Mitteln, die den Arbeiterjugendvereinen praktisch nicht zur Verfügung standen, weil sie die Voraussetzungen für die Bewilli-

---

40 Siehe Eberts: Arbeiterjugend, S. 36; Giesecke: Vom Wandervogel bis zur Hitlerjugend, S. 60; Schulz: Erinnerungen, S. 17.
41 NL Albert Schulz: Fotografie von Albert Schulz, vermutlich als Konfirmand, undatiert, etwa 1910. Eine Auswertung der einschlägigen Kirchenbücher im Archiv der Hansestadt Rostock blieb ohne aussagekräftiges Ergebnis.
42 Schulz: Erinnerungen (Typoskript), S. 5.

gung der Gelder nicht erfüllten. Förderung erhalten durften nur Organisationen, die als national zuverlässig galten.[43]

Im Frühjahr 1912 formierte sich in Rostock eine Ortsgruppe des Jung-Deutschland-Bundes. In der Gründungsversammlung waren nicht nur Offiziere, Lehrer und zahlreiche weitere Bürger, sondern auch fünf bis sechs Mitglieder der Arbeiterjugend anwesend. Unter ihnen befand sich Albert Schulz, der durch einige Kurse des Arbeiter-Stenographenbundes leidlich Kurzschrift beherrschte und sich während der Vorträge umfangreiche stenographische Notizen machte. Gegen Ende der Veranstaltung erklomm er das Rednerpult:

> »Unruhe in der Versammlung. Was will dieser blasse 17jährige Arbeiterjunge in einer so großen Versammlung der gutbürgerlichen Herren! Das erschien ihnen als Skandal. Als ich meine ersten Sätze gesprochen hatte, prasselte der Unmut los, durch Zwischenrufe, Zischen usw. Das war für mich ein Glück, konnte ich doch als Stenografie-Anfänger keinen Satz meiner Aufzeichnungen lesen. Die Unterbrechung meiner Rede aber gab mir Zeit zum Nachdenken. Ich mußte jetzt frei reden und kam glücklich an einer Blamage vorbei. Meine Arbeiter-Jugend-Bündler behaupteten sogar, ich hätte sehr gut gesprochen.«[44]

Die Aktionen beim christlichen Jünglingsverein und beim Jung-Deutschland-Bund, dem sich allein in Rostock rund 800 Jugendliche anschlossen[45], blieben keine Einzelfälle. Immer wieder brachte die Arbeiterjugend zum Ausdruck, dass sie mit dem herrschenden System nicht einverstanden war. Als Kaiser Wilhelm II. im August 1913 die Hansestadt besuchte, um dem dort garnisonierten Füsilier-Regiment seinen Namen zu verleihen, durchkreuzte Schulz mit seinen Freunden das Vorhaben des Gewerbeschuldirektors, seine Schüler beim Einzug des Kaisers Spalier stehen zu lassen. Argumentativ, durch Drohungen und mit von Arbeitskämpfen bekannten Straßensperren gelang es der Arbeiterjugend, die Gewerbeschüler von dem mit dem Direktor verabredeten Treffpunkt fernzuhalten.[46]

Über diese Aktivitäten hinaus hatte Schulz in der Arbeiterjugend verschiedene Funktionen inne. Er war Kassierer, Schriftführer und seit etwa 1913 Vorsitzender der

---

43 Siehe Schröder: Zur Geschichte der sozialdemokratischen Arbeiterjugendbewegung, Bd. 1, S. 24 f.; Saul: Der Kampf um die Jugend zwischen Volksschule und Kaserne, S. 118 ff.; Giesecke: Vom Wandervogel bis zur Hitlerjugend, S. 61 ff.; Eberts: Arbeiterjugend, S. 36 f.
44 Schulz: Erinnerungen (Typoskript), S. 6. Diese Passage fehlt in der gedruckten Ausgabe der »Erinnerungen«. – Als der Jung-Deutschland-Bund gegründet wurde, dürfte der im Oktober geborene Schulz erst 16 Jahre alt gewesen sein.
45 Siehe Schröder: Zur Geschichte der sozialdemokratischen Arbeiterjugendbewegung, Bd. 1, S. 25.
46 Rostocker Anzeiger, 10. und 12. August 1913. Siehe Schulz: Erinnerungen, S. 19; Schröder/Koch: Rostocker Chronik, S. 60.

Organisation.⁴⁷ Auf diese Weise sammelte er Erfahrungen, die ihm bei seiner späteren politischen Tätigkeit nützlich waren. Schulz lernte unter anderem, Resolutionen zu verfassen, Versammlungen zu leiten und Geschäftsordnungsdebatten zu führen. Weil ihm die Möglichkeit zum Meinungsaustausch in der Arbeiterjugend nicht genügte, gründete er zusammen mit einigen anderen Jugendlichen den Diskussionsklub »Freies Wort«. Einmal in der Woche wurde bis spät in die Nacht über aktuelle Themen gesprochen. Häufig drehten sich die Diskussionen um die Frage, welchen Gestaltungsspielraum die Sozialdemokratie angesichts der Übermacht des wilhelminischen Obrigkeitsstaates zukünftig haben würde.⁴⁸

Zehn Tage vor seinem achtzehnten Geburtstag trat Albert Schulz in die SPD ein. Um in eine Parteiversammlung, auf der Jugendfragen behandelt werden sollten, eingelassen zu werden, gab er an, am 1. Oktober 1895 geboren worden zu sein. Mit der Quittung seines Aufnahmescheines durfte er an der Veranstaltung teilnehmen und konnte sich an der Debatte beteiligen. Später hat er sein Geburtsdatum in seinem Parteibuch korrigieren lassen.⁴⁹

2   Wanderschaft, Lohnbewegung und Erster Weltkrieg

Im April 1914 war die Lehrzeit von Albert Schulz zu Ende. Entgegen dem üblichen Weg heuerte er nicht auf einem Dampfer als Maschinenassistent an, sondern ging als Geselle auf Wanderschaft. Seine Arbeitssuche führte ihn nach Lübeck, Hamburg, Bremen und Emden. In allen vier Städten fand er weder eine Anstellung auf einer Werft noch in einem anderen Industriezweig. Nur in Emden hatte er eine Stelle in Aussicht. Seit kurzem Mitglied des Deutschen Metallarbeiter-Verbandes, lehnte er es jedoch ab, einem unternehmerfreundlichen Werkverein beizutreten, was Voraussetzung für seine Einstellung gewesen wäre.⁵⁰

Dass Schulz dieser Forderung nicht nachkam, sprach für seine feste Verankerung im sozialdemokratischen Milieu, zumal die Mitgliedschaft in einem Werkverein einige Vorteile mit sich gebracht hätte. Zum Beispiel wäre er möglicherweise bei der Vergabe von Akkordlöhnen bevorzugt worden. Im Gegenzug hätte er jedoch in Arbeits-

---

47   Genaue Amtszeiten konnten nicht ermittelt werden. Die diversen Lebensläufe, die im Nachlass von Albert Schulz lagern, enthalten widersprüchliche Daten. Auch die Auswertung der Zeitschrift »Arbeiter-Jugend« führte zu keinem Ergebnis, da sich in dem Mitteilungsblatt zwar Berichte aus Hamburg, Kiel und Lübeck, nicht aber aus Rostock und dem übrigen Mecklenburg befinden.
48   Siehe Schulz: Erinnerungen, S. 19 f.
49   Die SPD-Versammlung fand am 5. Oktober 1913 statt. MVZ, 10. Oktober 1913. Siehe zudem Schulz: Erinnerungen, S. 20.
50   Nach den im seinen Nachlass vorhandenen Lebensläufen dürfte Schulz im März oder April 1914 in den DMV eingetreten sein. Siehe zudem Schulz: Erinnerungen, S. 21.

kämpfen als Streikbrecher fungieren müssen.[51] Den Unternehmern bei der Sicherung ihrer innerbetrieblichen Macht behilflich zu sein und dadurch den Interessen der Arbeiterschaft zu schaden, kam für ihn aber nicht in Frage.

Nach einem Abstecher nach Kiel, wo angeblich Maschinenbauer gesucht wurden, aber keine Arbeit zu bekommen war, reiste Schulz erneut nach Hamburg. Wieder war seine Suche erfolglos, und langsam wurde sein Geld knapp. Zusammen mit einem älteren Dreher, der aus Berlin stammte und ebenfalls Sozialdemokrat war, gelangte er schließlich nach Uelzen. Dort veranstaltete die örtliche SPD am Abend einen Ball, zu dem Schulz und sein Genosse freien Eintritt erhielten, als sie dem Festkomitee ihre Parteibücher vorzeigten. Noch wichtiger als die erfahrene Solidarität war der Hinweis, dass die Maschinenfabrik im benachbarten Bevensen dringend Metallarbeiter suchte.[52]

In der Bevenser Maschinenfabrik bekam Schulz am 12. Mai 1914 eine Stelle als Schlosser. Auch sein Kollege wurde beschäftigt. Das als Aktiengesellschaft geführte Unternehmen, das sich auf den Bau von Dreschmaschinen spezialisiert hatte[53], boomte und hatte in letzter Zeit etliche Arbeiter eingestellt. Nur mit Mühe war im dörflichen Bevensen eine Unterkunft zu finden. Die in geringer Zahl vorhandenen möblierten Zimmer waren alle schon besetzt. Schulz blieb nichts anderes übrig als in einem Gasthaus mit voller Verpflegung Quartier zu nehmen. Überdies musste er seine Wäsche waschen lassen und von seinem geringen Lohn die Partei- und Gewerkschaftsbeiträge zahlen. Großen finanziellen Spielraum gab es nicht, Schulz kam mit seinem Geld »gerade über die Runde.«[54]

Viele der Kollegen von Schulz waren in der gleichen Lage. Die Unzufriedenheit wuchs. Um Abhilfe zu schaffen, ergriff der erst achtzehnjährige Schulz die Initiative und bemühte sich, in Absprache mit dem in Hamburg sitzenden Bezirksleiter des Deutschen Metallarbeiter-Verbandes, die nichtorganisierten Arbeiter zum Eintritt in die Gewerkschaft zu bewegen. Wenig später wurde in Bevensen eine Lohnbewegung eingeleitet. Auf einer von der DMV-Bezirksleitung einberufenen Versammlung beschloss die Belegschaft der Maschinenfabrik, eine Lohnerhöhung von drei Pfennigen zu fordern. Ferner wurde eine dreiköpfige Verhandlungskommission gewählt. Schulz gehörte ihr trotz seines jugendlichen Alters an. In stundenlangen Schlichtungsverhandlungen mit dem Direktorium der Fabrik konnte schließlich eine Erhöhung des Lohnes um zwei Pfennige pro Stunde durchgesetzt werden. Für die Arbeiter war dieser Kompromiss ein beachtlicher Erfolg.[55]

---

51 Siehe Saul: Staat, Industrie und Arbeiterbewegung im Kaiserreich, S. 133 f.
52 Siehe Schulz: Erinnerungen, S. 21 f.
53 Siehe Reimers: Von der Schmiede zum Industriebetrieb, S. 10; Nagel: Die Fabrikarbeiter im Standardwerk Bevensen, S. 12.
54 NL Albert Schulz: Arbeitsbuch für Albert Schulz. Siehe Schulz: Erinnerungen (Typoskript), S. 11 f. (Zitat, S. 12).
55 Siehe Schulz: Erinnerungen, S. 22 f.

In Bevensen suchte Schulz nicht nur Kontakt zur Gewerkschaftsbewegung, sondern auch zur SPD. Dieses Milieu war ihm seit seiner Kindheit vertraut. Im relativ kleinen Ortsverein des Dorfes traf er auf gleich gesinnte Genossen, mit denen er sich über die aktuelle politische Entwicklung austauschen konnte. Viele waren angesichts des sich im Jahr 1914 abzeichnenden Krieges ratlos. Bei einem Ausflug nach Hamburg nahm Schulz in den ersten Augusttagen die dort im Gewerkschaftshaus herrschende patriotische Begeisterung deprimiert zur Kenntnis. Insbesondere das lokale Parteiblatt »Hamburger Echo« begrüßte den Krieg und übernahm die antizaristischen Parolen der Regierung. Auch die Metallarbeiter-Zeitung war nicht frei von Enthusiasmus und appellierte an das Gemeinschaftsgefühl und Nationalbewusstsein der Gewerkschaftsangehörigen. Als die Bevenser Maschinenfabrik nach dem Beginn des Ersten Weltkrieges ihre Produktion auf Munitions- und Proviantwagen umstellte, verlor Schulz seine Arbeit und fuhr zurück nach Rostock.[56]

Kurz darauf erfuhr Schulz aus der Zeitung, dass in Kiel Metallarbeiter aller Sparten gebraucht würden, und verließ abermals seine Geburtsstadt. Ab dem 3. September 1914 war er als Maschinenbauer und später als Schlosser auf der Germaniawerft in der U-Boot-Montage tätig. Die Werft befand sich seit 1902 im Besitz des Krupp-Konzerns und war eine der größten im Deutschen Reich. Schulz avancierte in Kiel rasch zum gewerkschaftlichen Vertrauensmann seiner Abteilung. Darüber hinaus war er in der örtlichen Arbeiterjugend engagiert und ging häufig zu SPD-Versammlungen. Bei einer solchen Gelegenheit traf Schulz auf den 1861 geborenen Eduard Adler. Der Chefredakteur der Schleswig-Holsteinischen Volks-Zeitung, ein begeisterter Turner und Förderer der Arbeiterjugendbewegung, erkannte offenbar die politische Begabung von Schulz. Jedenfalls saßen beide trotz des großen Altersunterschiedes fortan oftmals nach Veranstaltungen in einem Café am Bahnhof zusammen und diskutierten über aktuelle Fragen.[57]

Ein Gesprächsthema wird die Bewilligung der Kriegskredite gewesen sein. Die SPD-Reichstagsfraktion hatte am 4. August 1914 geschlossen für eine entsprechende Vorlage der Regierung gestimmt, um die materiellen und sozialen Errungenschaften der Arbeiterbewegung zu bewahren. Albert Schulz hielt die nicht zuletzt taktisch motivierte Burgfriedenspolitik der SPD-Führung ähnlich wie manch anderer Genosse für einen gravierenden Fehler. In Kiel stand das brisante Thema bald nach Kriegsbeginn in zwei sehr gut besuchten Mitgliederversammlungen im Gewerkschaftshaus zur Debatte. Schulz, gerade 19 Jahre alt, ergriff zumindest einmal das Wort und kritisierte

---

56 Siehe Ullrich: Die Hamburger Arbeiterbewegung vom Vorabend des Ersten Weltkrieges bis zur Revolution 1918/19, Bd. 1, S. 145 f.; Opel: Der Deutsche Metallarbeiter-Verband, S. 39; Reimers: Von der Schmiede zum Industriebetrieb, S. 10 f.; Schulz: Erinnerungen, S. 23. Schulz schied am 6. August 1914 aus der Fabrik aus. NL Albert Schulz: Arbeitsbuch für Albert Schulz.
57 Siehe Tenfelde: Krupp, S. 34; Gall: Krupp, S. 292 ff.; Wulf: Kiel wird Großstadt, S. 238; Schulz: Erinnerungen, S. 23, sowie: Vorwärts, 22. August 1974. Zur Biographie von Adler siehe Osterroth: 100 Jahre Sozialdemokratie in Schleswig-Holstein, S. 50 ff.

Kapitel II • Kindheit und Jugend im Kaiserreich (1895–1914/18)

die Bewilligung der Kredite als unkluges Paktieren mit den Trägern des monarchischen Systems.[58]

Mit zunehmender Kriegsdauer verstärkte sich in der SPD der Widerstand gegen die Burgfriedenspolitik. Die innerparteiliche Opposition, zu der auch der Parteivorsitzende Hugo Haase rechnete, nahm immer fester gefügte Formen an und erhob den Vorwurf, die Reichsleitung habe die Öffentlichkeit getäuscht, führe sie doch mitnichten einen Verteidigungskrieg. Nach einem vom ultralinken SPD-Flügel um Karl Liebknecht und Rosa Luxemburg verbreiteten Flugblatt musste die Anerkennung des Burgfriedens als »Kreuz auf dem Grabe des Klassenkampfes« verstanden werden. Falls die Parteispitze ihre Politik fortsetze, sei eine Spaltung der Arbeiterbewegung unabwendbar.[59]

Dem mochte Albert Schulz nicht zustimmen. Für ihn war die sich abzeichnende Spaltung der SPD ein Schreckensbild, das es mit aller Kraft zu verhindern galt. Am Fortbestand einer schlagkräftigen Arbeiterbewegung interessiert, hielt Schulz die etwas gemäßigtere Position von Eduard Bernstein, Hugo Haase und Karl Kautsky für angemessener. Diese prominenten Sozialdemokraten veröffentlichten im Juni 1915 eine Proklamation, die viel beachtet und auch von Schulz unterzeichnet wurde. Sie erteilte den wiederholt von konservativer Seite vorgebrachten Annexionsforderungen eine deutliche Absage und warnte zugleich vor den negativen Konsequenzen einer Parteispaltung. Die Alternative bestand laut Bernstein und seinen Genossen in einem baldigen Friedensschluss. Bei den hierfür notwendigen Verhandlungen dürften unter keinen Umständen neue Konflikte zwischen den Staaten provoziert werden.[60]

Die Auseinandersetzungen über die Burgfriedenspolitik führten im April 1917 zur Gründung der USPD. Auch im SPD-Bezirk Mecklenburg-Lübeck, der seit drei Jahren existierte und die Territorien Mecklenburg-Schwerin, Mecklenburg-Strelitz und die Hansestadt Lübeck umfasste[61], ließ sich eine Parteispaltung nicht verhindern. Die treibende Kraft war der Reichstagsabgeordnete Joseph Herzfeld, der zur USPD überwechselte. Unterdessen gehörten die Mitglieder des Bezirksvorstandes um Wilhelm Kröger mehrheitlich zu den Befürwortern der Kriegskreditbewilligung, weshalb sie das Verhalten von Herzfeld als Bruch der Parteidisziplin verurteilten.[62]

Im November 1915 war Albert Schulz von der Germaniawerft zur Firma Neufeldt und Kuhnke gewechselt. Sie hatte vor zwei Jahren ein neues Werksgelände erworben,

---

58 Siehe Miller: Burgfrieden und Klassenkampf, S. 68 ff. und 283 ff.; Schulz: Erinnerungen, S. 24.
59 Das Flugblatt ist abgedruckt bei Prager: Geschichte der U.S.P.D., S. 69 ff. (Zitat, S. 69). Siehe Ullrich: Die nervöse Großmacht, S. 451 f.
60 Siehe Schulz: Erinnerungen, S. 24; Prager: Geschichte der U.S.P.D., S. 72 ff.; Miller: Burgfrieden und Klassenkampf, S. 104 ff.
61 Siehe Fricke: Handbuch zur Geschichte der deutschen Arbeiterbewegung, Bd. 1, S. 281.
62 VPLA, BPA SED Rostock, Erinnerungsbericht von Wilhelm Hörning, Mai 1967, V/5/101. Siehe Müller/Mrotzek/Köllner: Die Geschichte der SPD in Mecklenburg und Vorpommern, S. 80 ff.; vgl.: Geschichte der Landesparteiorganisation der SED Mecklenburg, S. 30 f.

befand sich auf Expansionskurs und stellte vor allem Schiffselektrik her.[63] Die neue Arbeit war weniger anstrengend, aber nicht kriegswichtig, so dass Schulz nach nur zwei Wochen zum Kriegsdienst eingezogen wurde. Nach kurzer Ausbildung kam er als Feldartillerist zu einer an der Westfront stationierten Division. Seine Vorgesetzten entsprachen keineswegs dem Klischee des Monokel tragenden näselnden kaiserlichen Offiziers, das er aus dem »Wahren Jacob« und der übrigen Parteipresse kannte. Dieses Bild konnte er erheblich korrigieren. Im Jahr 1917 erkrankte Schulz an der Ruhr. Davor und nach seiner Genesung erlebte er die entsetzliche Brutalität des Krieges, ohne darüber jemals detailliert zu sprechen. Dies verband ihn mit zahlreichen anderen Sozialdemokraten seiner Generation, die sich nach Kräften bemühten, auch in der kaiserlichen Armee ihrer politischen Überzeugung treu zu bleiben.[64]

---

63 NL Albert Schulz: Arbeitsbuch für Albert Schulz. Siehe: 50 Jahre HAGENUK, S. 10 ff.; Wulf: Kiel wird Großstadt, S. 240.
64 NL Albert Schulz: Gesundheitspass für Flüchtlinge, ausgestellt vom Magistrat von Groß-Berlin, Abteilung für Sozialwesen, 31. August 1949. Siehe Schulz: Erinnerungen, S. 24 f.; Rathmann: Ein Arbeiterleben, S. 16 ff.; Seydewitz: Es hat sich gelohnt zu leben, Bd. 1, S. 50 ff.

III Bewegte Zeiten: Parteiarbeit in der Weimarer Republik (1918–1933)

Die Voraussetzungen für auf Reformen zielende Politik waren in Mecklenburg lange Zeit denkbar schlecht. Im Gegensatz zu allen anderen deutschen Staaten konnten die Großherzogtümer Mecklenburg-Schwerin und Mecklenburg-Strelitz den Übergang zum parlamentarisch-konstitutionellen System bis 1918 verhindern.[1]

Die Novemberrevolution veränderte die Verhältnisse abrupt. Kriegsmüdigkeit und die immer schlechter werdende Ernährungslage prägten die verworrene Situation. In den größeren mecklenburgischen Städten wurden ab dem 6. November 1918 Soldaten- und Arbeiterräte gebildet. Zwei Tage später versprach der unter Druck geratene Großherzog Friedrich Franz IV. die Einführung einer Verfassung für ganz Mecklenburg. Darin sollte das allgemeine, gleiche, geheime und unmittelbare Wahlrecht verankert werden. Bemüht seine Macht so weit wie möglich zu erhalten, besetzte der Großherzog das bisherige Staatsministerium kurzerhand mit vier sozialdemokratischen und zwei liberalen Politikern. Doch seine Strategie ging nicht auf. Auf Betreiben der neuen Minister, zu denen Franz Starosson gehörte, musste er am 14. November seine Abdankung unterzeichnen. Der Weg für eine tief greifende Umgestaltung des Staatswesens war frei.[2]

Albert Schulz erlebte die Novemberrevolution nicht in Mecklenburg, sondern in Schleswig-Holstein. Als Unteroffizier war er Mitglied des Soldatenrates seiner Kompanie, bis die Truppe im Dezember 1918 aufgelöst wurde.[3] Zurück in Rostock engagierte sich Schulz auf verschiedenen Ebenen für die Sozialdemokratie, zunächst für die Interessen der Arbeiterjugend. In zumeist bewegten Zeiten, die im Zeichen von ideologischen Auseinandersetzungen, wirtschaftlichen Krisen und politisch motivierten Straßenkämpfen standen, avancierte er schließlich zum Multifunktionär seiner Partei.

---

1 Siehe John: Die Entwicklung der beiden mecklenburgischen Staaten, S. 17 f. und 122; Botzenhart: Staatsbankrott oder Verfassungsoktroi?, S. 375 ff.
2 MVZ, 12. und 13. November 1918. Siehe Polzin: Novemberrevolution und Gründung der KPD in Rostock, S. 21 f.; Müller/Mrotzek/Köllner: Die Geschichte der SPD in Mecklenburg und Vorpommern, S. 83 ff.
3 Siehe Schulz: Erinnerungen, S. 25.

1 Funktionär der SPD in Rostock

1.1 Die Allgemeine Ortskrankenkasse und der Kapp-Lüttwitz-Putsch als Bewährungschancen

Der Übergang von der ständischen Monarchie zur demokratischen Republik vollzog sich in Mecklenburg in verhältnismäßig geordneten Bahnen. Der radikale Flügel der Rätebewegung hatte nur geringen Zulauf und kaum Einfluss auf die nach den revolutionären Ereignissen zu treffenden politischen Entscheidungen.[4]

Albert Schulz, der wie viele der aus dem Krieg zurückgekehrten Soldaten arbeitslos war, nutzte die ihm zur Verfügung stehende Zeit, um die SPD nach Kräften bei den Vorbereitungen für die rasch anberaumten Wahlen zu unterstützen. Zusammen mit Genossen, die er aus der Arbeiterjugend kannte, verteilte er Flugblätter und anderes Agitationsmaterial.[5]

Bei der Wahl zum Verfassunggebenden Landtag am 26. Januar 1919 erzielte die SPD in Mecklenburg-Schwerin das beste Ergebnis, verfehlte jedoch die erhoffte absolute Mehrheit. Mit 32 Mandaten errang sie genau die Hälfte der Sitze und bildete zusammen mit der DDP, die über 17 Abgeordnete verfügte, eine Koalitionsregierung. Die USPD war nicht zur Wahl angetreten. Den Vorsitz des Staatsministeriums, wie die Regierung anfangs weiterhin genannt wurde, übernahm der Liberaldemokrat Hugo Wendorff, ein promovierter Nationalökonom, Gutsbesitzer und erfahrener Politiker. Dass der kleinere Koalitionspartner den Ministerpräsidenten stellte, brachte zum Ausdruck, dass kaum einer der mehrheitssozialdemokratischen Funktionäre über weit reichende Erfahrungen in der Landesverwaltung verfügte.[6]

Wirtschaftlich ging es Albert Schulz in den ersten Monaten der Weimarer Republik schlecht. Obwohl er jede sich ihm bietende Arbeit annahm, war er immer wieder erwerbslos. Beschäftigungen, die seiner beruflichen Qualifikation entsprachen, waren nicht zu bekommen. Das Angebot seines Vaters, gemeinsam eine Büdnerei zu erwerben, lehnte er ab, da er zur landwirtschaftlichen Tätigkeit weder Neigung noch Fähigkeiten hatte. Infolgedessen verdiente Albert Schulz seinen Lebensunterhalt zunächst als Hilfsschlosser und dann bei einer Firma, die im Auftrag der Stadt Rostock große Mengen Holz, die dringend als Brennstoff benötigt wurden, aus einer nicht weit entfernten Waldlandschaft herbeischaffte. Da es an geeigneten Fahrzeugen fehlte, erfolgte der Transport mit Hilfe von Straßenwalzen. In der Regel musste Schulz schon um 4 Uhr morgens bei den mit Dampfkraft betriebenen Maschinen sein. Das frühe Aufstehen war für Schulz eine »bittere Sache«, wenn er – was oft vorkam – abends Parteiver-

---

4 Siehe Heck: Geschichte des Landtags in Mecklenburg, S. 94 ff.
5 Siehe Schulz: Erinnerungen, S. 27.
6 Siehe Heck: Geschichte des Landtags in Mecklenburg, S. 90 ff.; Schwabe: Zwischen Krone und Hakenkreuz, S. 18 f.

sammlungen besucht hatte. Nach einigen Wochen wurden die Holztransporte eingestellt, weil die schweren Walzen die ohnehin nicht guten Straßen weiter ruinierten. Wieder einmal verlor Schulz seine Arbeit und musste für eine Weile ohne regelmäßige Einkünfte auskommen.[7]

Trotz seiner desolaten finanziellen Situation hatten politische Gruppierungen links von der Mehrheitssozialdemokratie keine Anziehungskraft auf Schulz. Neben der USPD, die unterschiedliche Strömungen in sich vereinigte, bestand in Rostock seit den letzten Januartagen 1919 eine Ortsgruppe der KPD. Die Gruppe zählte mit ihren wenigen Mitgliedern bereits zu den größten in Mecklenburg.[8]

Schließlich erhielt Schulz im Dezember 1919 bei der Allgemeinen Ortskrankenkasse in Rostock durch die Fürsprache eines ihm bekannten Vorstandsmitgliedes eine Stelle als Bürohilfsarbeiter. Zunächst war sein Vertrag auf sechs Wochen befristet. Kurz vor Ablauf der Frist konnte Schulz eine Weiterbeschäftigung erwirken. Künftig erledigte er die ihm übertragenen Aufgaben noch sorgfältiger und bildete sich durch die Lektüre der 1914 in Kraft getretenen Reichsversicherungsordnung fort. Nachdem Schulz einige Vorschläge zur Optimierung der Verwaltungsabläufe in der Krankenkasse gemacht hatte, wurde er zu seiner Überraschung nach sechs Monaten zum Abteilungsleiter mit fester Anstellung befördert. Damit beschritt er einen der wenigen und zugleich typischen Aufstiegswege, die befähigten Arbeitern mit Volksschulabschluss und ohne fachspezifische Ausbildung damals offen standen.[9]

Politisch widmete sich Albert Schulz wie vor 1914 intensiv der Jugendarbeit. Zu seinem Ärger hatte die USPD großen Einfluss in der Arbeiterjugend von Rostock gewonnen hatte. Schließlich gelangt es Schulz zusammen mit seinem Freund Alfred Starosson »in heißen Redeschlachten«, eine drohende politische Aufspaltung der Arbeiterjugend zu verhindern und die Organisation wieder unter die Kontrolle der Mehrheitssozialdemokratie zu bringen.[10]

Die nach dem Fall des Reichsvereinsgesetzes mögliche und nun in Angriff genommene Umgestaltung der Arbeiterjugend in einen selbstständigen Verein verlief in Rostock zügig und zunächst ohne konkrete Vorgaben des zentralen SPD-Vorstandes. Während einer Veranstaltung im Februar 1919 skizzierte der Lehrer Rudolf Puls vor zahlreichen jungen Werktätigen das Programm der sich neu konstituierenden mehrheitsso-

---

7   NL Albert Schulz: Aufstellung »Mein Arbeitsleben«, nach 1962; ebd.: Albert Schulz an Peter Schulz, 1. November 1971. Siehe Schulz: Erinnerungen, S. 28 f. (Zitat, S. 29).
8   VPLA, BPA SED Rostock, Erinnerungsbericht von Johannes Warnke, Januar 1977, V/5/298. Siehe Polzin: Novemberrevolution und Gründung der KPD in Rostock, S. 29 f.
9   NL Albert Schulz: Versicherungskarte Nr. 1 für Albert Schulz, 16. Februar 1920; ebd.: Aufstellung »Mein Arbeitsleben«, nach 1962. BAGS, Wiedergutmachungsakte über Albert Schulz, Bl. 14: Lebenslauf von Albert Schulz, etwa 1960. Siehe Schulz: Erinnerungen, S. 29; Tenfelde: Arbeitersekretäre, S. 19 ff. Hagen Schulze bezeichnete die Krankenkassen als die »Unteroffiziersschulen der Sozialdemokratie«. Schulze: Otto Braun, S. 105.
10 Schulz: Erinnerungen, S. 28. Siehe Wasser: Das Wirken der Sozialdemokratischen Arbeiterjugend, S. 27.

zialdemokratischen Jugendorganisation. Sie hatte sich in bewusster Anknüpfung an die Tradition des 1911 aufgelösten Vereins den Namen »Freie Jugend« gegeben.

Ergänzt wurde dieser Vortrag von Albert Schulz, der dem Vorstand der örtlichen SPD seit wenigen Tagen als Vertreter der Jugend mit beratender Stimme angehörte und der – so die Mecklenburgische Volks-Zeitung – »selbst das Leid eines strebsamen, bildungshungrigen Arbeiterkindes durchlitten« hatte. Schulz verlangte ein Verbot der Sonntags- und Nachtarbeit und sprach sich dafür aus, Jugendliche nicht mehr als sechs Stunden pro Tag bei ausreichender Vergütung arbeiten zu lassen und ihnen einen vierzehntägigen Erholungsurlaub im Jahr zu gewähren. Des Weiteren müsse das Züchtigungsrecht des Lehrherrn endgültig abgeschafft und die Bildung von Schülerräten in den Gewerbeschulen ermöglicht werden. Eine entsprechende Resolution wurde von der Versammlung einstimmig angenommen und an die Stadtverordnetenversammlung von Rostock übermittelt.[11]

Die Veranstaltung, fand wie viele andere im Gewerkschaftshaus »Philharmonie« statt. Das Gebäude lag in der Kröpeliner-Tor-Vorstadt, befand sich samt Grundstück seit dem 1. April 1913 im Besitz der Arbeiterbewegung, wurde als Lokal genutzt, umfasste Büroräume und verfügte über den größten Festsaal in Mecklenburg. Die Initiative, die Immobilie zu erwerben, war unter anderem von Julius Asch als Leiter des Gewerkschaftskartells ausgegangen.[12]

Als im August 1919 der SPD-Bezirksparteitag in Malchin stattfand, ergriff Albert Schulz während der Aussprache über den Geschäftsbericht das Wort und machte sich für eine nachhaltige ideelle und finanzielle Förderung der mehrheitssozialdemokratischen Jugendbewegung stark. Zugleich warnte er vor den Bestrebungen der KPD und USPD, Jugendliche für sich einzunehmen und als Mitglieder zu gewinnen. Insgesamt wurde der Jugendfrage auf dem Parteitag, der dem im Alter von 45 Jahren verstorbenen Franz Starosson gedachte, jedoch nur wenig Raum eingeräumt.[13]

In jener Zeit wurde Albert Schulz vom Vorstand der SPD in Rostock immer öfter mit verantwortungsvollen Aufgaben betraut. Er kümmerte sich um die »Freie Jugend« und kam als Delegierter für Parteitage in Frage. Von nicht geringerer Bedeutung war seine Tätigkeit in der im August 1919 in Rostock gegründeten Jugendschutzkommission, die zu den ersten in Mecklenburg zählte. Zusammen mit seinem Bruder Paul, Alfred Starosson und weiteren jungen Sozialdemokraten traf er sich einmal wöchentlich in dem im ersten Stock der »Philharmonie« neu eröffneten Jugendheim, um über die eingegangenen Anfragen zu beraten. In der Regel beschwerten sich die jungen Werktätigen über zu lange Arbeitszeiten, schlechte Unterbringung im Haus des Lehr-

---

11 MVZ, 4. Februar 1919 (Zitat ebd.). Siehe Schulz: Erinnerungen, S. 28; Schröder: Zur Geschichte der sozialdemokratischen Arbeiterjugendbewegung, Bd. 1, S. 65.
12 MVZ, 25. Dezember 1926. Siehe auch Müller/Mrotzek/Köllner: Die Geschichte der SPD in Mecklenburg und Vorpommern, S. 73 f.
13 MVZ, 5. und 6. August 1919.

herrn und über Züchtigungen durch Meister oder Gesellen. Da nur wenige vergleichbare Einrichtungen bestanden, gingen Zuschriften aus ganz Mecklenburg ein. Prinzipiell bemühte sich die Kommission, die ihr vorgetragenen Streitigkeiten auf dem Wege der Verhandlung mit dem jeweiligen Arbeitgeber beizulegen, was jedoch meistens an der mangelnden Kooperationsbereitschaft der Unternehmer scheiterte.[14]

Jugendschutz hatte bei Schulz und seinen Mitstreitern einen hohen Stellenwert. Lebhaft wurde am 27. August 1919 während der Monatsversammlung der »Freien Jugend« diskutiert, wie die Einhaltung der für die Jugend erlassenen gesetzlichen Schutzbestimmungen zu erreichen sei und was junge Werktätige in ihrer Freizeit zur Erhaltung ihrer Gesundheit leisten könnten. Zur Prävention von Krankheiten erfuhren insbesondere sportliche Betätigungen wie Turnen, Schwimmen und Wandern eine positive Bewertung. Bei den folgenden Vorstandswahlen wurde Karl Brehmer in seinem Amt als Vorsitzender bestätigt. Neben dem gelernten Schmied Brehmer, der bei der örtlichen Konsumgenossenschaft als Lagerhalter tätig war und 1912 den Vorsitz der SPD in der Hansestadt übernommen hatte, wählten die etwa 120 anwesenden Jugendlichen unter anderem Albert Schulz und Margarete Ketelhohn in das Leitungsgremium.[15]

Margarete Ketelhohn war gut zehn Jahre älter als Albert Schulz und wie er in einem sozialdemokratischen Elternhaus aufgewachsen. Nach dem Besuch der Volksschule verfügte sie zunächst als Dienstmädchen und dann als gelernte Schneiderin über ein bescheidenes Einkommen. 1907 trat sie in die SPD ein. Zusammen mit dem Schlosser Paul Ketelhohn, der ebenfalls der Partei angehörte, hatte sie drei Töchter, die sie im Sinne der Arbeiterbewegung erzog. Bereits vor dem Ersten Weltkrieg politisch aktiv, leitete sie nach 1918 die sozialdemokratische Frauengruppe und den Zentralverband der Hausangestellten in Rostock.[16]

Nach der Wahl in den Vorstand der »Freien Jugend« profilierte sich Albert Schulz als Redner in öffentlichen politischen Veranstaltungen, an denen zahlreiche Jugendliche teilnahmen. In den zur Ankündigung der Versammlungen geschalteten Zeitungsannoncen wurde er immer häufiger namentlich genannt.[17] Zudem war Schulz gemeinsam mit Alfred Starosson überaus bemüht, die auf dem Lande lebende Jugend für die Mehrheitssozialdemokratie zu begeistern. Im Frühjahr 1920 unternahmen sie

---

14 MVZ, 31. August 1919. Siehe Schröder: Zur Geschichte der sozialdemokratischen Arbeiterjugendbewegung, Bd. 1, S. 71 ff.
15 MVZ, 31. August 1919. Für die Biographie von Brehmer siehe Schwabe: Wurzeln, Traditionen und Identität der Sozialdemokratie, S. 69 f.
16 VPLA, BPA SED Rostock, Erinnerungsbericht von Margarete Ketelhohn, ohne Datum, V/5/34. Siehe zudem Schröder: Zur Geschichte der sozialdemokratischen Arbeiterjugendbewegung, Bd. 2, S. 46 f. (Erinnerungsbericht von Margarete Lange, Tochter von Margarete Ketelhohn, 25. Mai 1988), und Schröder: Sozialdemokratische Parlamentarier, S. 545.
17 Siehe unter anderem: MVZ, 18. September 1919. Vgl. Schulz: Erinnerungen, S. 28.

ausgedehnte Agitationsreisen, hielten Informationsveranstaltungen in Gaststätten ab und riefen Arbeiterjugendvereine ins Leben.[18]

Nicht nur die Verfestigung der organisatorischen Strukturen im Jugendbereich, sondern das gesamte öffentliche Leben erfuhr im März 1920 durch den Kapp-Lüttwitz-Putsch eine empfindliche Störung. In Mecklenburg übernahm der ehemalige Kommandeur der deutschen Kolonialtruppen in Ostafrika, General Paul von Lettow-Vorbeck, als Befehlshaber der im Lande liegenden Reichswehrbrigade die Macht. Zum Regierungskommissar für Mecklenburg-Schwerin berief er den radikalkonservativen Gutsbesitzer Albrecht von Wendhausen.[19]

Die mecklenburgische SPD traf der Kapp-Lüttwitz-Putsch genauso unvorbereitet wie die Novemberrevolution. Am 13. März 1920 eilte Albert Schulz nach Dienstschluss umgehend zum Parteisekretariat. Dort herrschte gedrückte Stimmung. Abends fand im Gewerkschaftshaus eine Versammlung aller Funktionäre der Arbeiterbewegung statt. Neben Vertretern der USPD waren auch Angehörige der KPD erschienen. Nach langem Debattieren wurde einstimmig beschlossen, einem reichsweiten Aufruf aus dem Umfeld des SPD-Vorsitzenden Otto Wels zu folgen und in den Generalstreik zu treten. Als Leitungsinstanz bildeten die Gewerkschaften und die Vertreter der drei anwesenden Parteien einen Aktionsausschuss mit paritätischer Besetzung.[20]

Schulz verließ das Gewerkschaftshaus zusammen mit einem jungen Genossen vorzeitig, um im Auftrag der Versammlung zu erkunden, wie sich die Sicherheitspolizei zum Putsch stellte. Die Ordnungshüter hatten sich am Rande der Stadt verschanzt, befanden sich in Alarmbereitschaft und zeigten sich unentschlossen über das weitere Vorgehen. Den Informationen eines leitenden Offiziers zufolge war der Chef der mecklenburgischen Sicherheitspolizei und bekannte Republikaner, Oberst Hans E. Lange, seines Amtes enthoben und in Schwerin verhaftet worden. Schulz überbrachte diese Nachricht dem Aktionsausschuss und durfte an dessen nächtlicher Beratung im Dienstzimmer des Stadtrates Wilhelm Dittrich (SPD) teilnehmen.[21]

Während Schulz wie viele andere junge Sozialdemokraten direkt nach dem Ersten Weltkrieg wenig Neigung verspürt hatte, einer Aufforderung von Friedrich Ebert zu entsprechen und als Soldat einer demokratischen Volkswehr unter anderem gegen radikale Arbeiter vorzugehen, war er nun bereit, die staatliche Ordnung nötigenfalls mit

---

18 MVZ, 4. März 1920. Siehe Schröder: Zur Geschichte der sozialdemokratischen Arbeiterjugendbewegung, Bd. 1, S. 66 f.
19 Siehe Heck: Geschichte des Landtags in Mecklenburg, S. 109 f. Vgl. die apologetische Darstellung bei von Lettow-Vorbeck: Mein Leben, S. 184 ff.
20 MVZ, 31. März 1920. Die Teilnahme der KPD an der Veranstaltung bleibt bei Schulz unerwähnt. Siehe Schulz: Erinnerungen, S. 29 f.; Miller: Die Bürde der Macht, S. 377 ff.; Winkler: Von der Revolution zur Stabilisierung, S. 300 f.
21 Siehe Schulz: Erinnerungen, S. 30. Ob Oberst Lange tatsächlich verhaftet wurde, ist fraglich. Vgl. Polzin: Kapp-Putsch in Mecklenburg, S. 97.

1.1 Die Allgemeine Ortskrankenkasse und der Kapp-Lüttwitz-Putsch als Bewährungschancen

der Waffe in der Hand zu verteidigen. Deshalb bildete er zusammen mit den ihm bekannten militärisch ausgebildeten Angehörigen der Arbeiterjugend einen 25 Mann umfassenden Stoßtrupp, um auf einen etwaigen Kampf vorbereitet zu sein.[22]

Zur gleichen Zeit kümmerte sich der Aktionsausschuss um die Aufstellung einer Arbeiterwehr. In die zur Rekrutierung von Freiwilligen in der »Philharmonie« ausgelegten Listen trugen sich gleichermaßen Sozialdemokraten, Kommunisten und Gewerkschafter ein. Die Bedrohung von rechts schien ideologische Gegensätze vergessen zu machen. Eine dauerhafte Zusammenarbeit von SPD und KPD kam in Rostock jedoch bis 1933 niemals zustande, und die Angehörigen der beiden Parteien blieben trotz ihrer gemeinsamen Lebenswelt und mitunter ähnlichen Interessen auf Distanz.[23] Für die Verpflegung der zur Abwehr des Kapp-Lüttwitz-Putsches bereiten Arbeiter sorgte Margarete Ketelhohn. Vornehmlich das sozialdemokratische Organisationsgefüge demonstrierte seine Leistungsfähigkeit. Mit Hilfe des Konsumvereins und von jüngeren Mitgliedern der »Freien Jugend« gab es im Gewerkschaftshaus belegte Brote und täglich ein warmes Mittagessen.[24]

Im Laufe des 15. März wurde Schulz beauftragt, zusammen mit seinem Stoßtrupp und einer Gruppe der sich formierenden Arbeiterwehr möglichst viele Waffen vom Fliegerhorst in Warnemünde zu beschaffen. Unter größter Geheimhaltung erreichte er mit seinen Leuten unangefochten den kleinen Hafenvorort, überquerte die Warnow, überrumpelte auf dem Flugplatz die wenigen wachhabenden Soldaten und transportierte mit den vor Ort vorhandenen Lastwagen etliche Maschinengewehre und Karabiner in das zum Hauptquartier umfunktionierte Gewerkschaftshaus.[25]

Unterdessen ließen die abwartende Haltung der staatlichen Bürokratie, die unterschiedlichen politischen Vorstellungen der Putschisten und nicht zuletzt der Generalstreik den Kapp-Lüttwitz-Putsch von kurzer Dauer sein. Am 18. März gestand von Lettow-Vorbeck seine Niederlage ein und sagte sich von Kapp los. Wenig später wurde er vom Dienst suspendiert. Von Wendhausen, der kaum in Erscheinung getreten war, floh nach Bayern und blieb quasi unbestraft. Schließlich bestätigte der umgehend ein-

---

22 Siehe Schulz: Erinnerungen, S. 30 f.; Miller: Die Bürde der Macht, S. 182 ff.
23 In der Regel ließ sich der Zusammenhang zwischen Kommunisten und Sozialdemokraten in Rostock und auch in Mecklenburg als hasserfüllte Kontaktlosigkeit beschreiben. Siehe die Kategorisierung von Mallmann: Kommunisten in der Weimarer Republik, S. 383 ff. Ein eigenständiges kommunistisches Sozialmilieu gab es indes nicht, selbst als sich die politischen Fronten zwischen den beiden Arbeiterparteien um 1930 zunehmend verhärteten. Vgl. Schneider: Unterm Hakenkreuz, S. 7 ff.
24 Siehe Polzin: Kapp-Putsch in Mecklenburg, S. 119; Lachs/Raif: Rostock, S. 154. Zum Engagement von Ketelhohn siehe Schröder: Zur Geschichte der sozialdemokratischen Arbeiterjugendbewegung, Bd. 1, S. 77.
25 Siehe Lachs/Raif: Rostock, S. 154 f.; Schulz: Erinnerungen, S. 31 f. Vgl. Jahnke: Deutsche Arbeiterjugendbewegung, S. 133 ff.

berufene Verfassunggebende Landtag den Ministerpräsidenten Hugo Wendorff und die übrigen Staatsminister in ihren Ämtern.[26]

Derweil entbrannte ein Streit über die künftige Rolle der Arbeiterwehr. Speziell die Kommunisten wollten die Gelegenheit nutzen, um eine grundlegende Umgestaltung des Gemeinwesens in Gang zu setzen. Auf einer eilig telegraphisch einberufenen Konferenz der mecklenburgischen Aktionsausschüsse in Güstrow erwirkte der KPD-Politiker Hugo Wenzel am 5. April die Annahme einer Entschließung, die die Entwaffnung der gesamten Reichswehr und den systematischen Aufbau von Arbeiterwehren forderte. Für die meisten Sozialdemokraten waren die Güstrower Forderungen unannehmbar. Gewillt, sich von den Kommunisten nicht ausspielen zu lassen, kritisierten sie zum einen die späte Einladung zur Konferenz, die manchen Funktionären eine Teilnahme unmöglich gemacht hatte. Zum anderen beriefen sie sich auf einen von mehrheitssozialdemokratischer Seite eingebrachten und in Güstrow angenommenen Zusatzantrag, wonach die lokalen Aktionsausschüsse binnen dreier Tage eine endgültige Stellungnahme zu der von der KPD formulierten Entschließung abgeben sollten.[27]

Diesen Zusatzantrag hatte Carl Moltmann erdacht. Er war einer der profiliertesten Sozialdemokraten jener mehr und mehr in der politischen Verantwortung stehenden Generation, zu der auch der gut zehn Jahre jüngere Albert Schulz gehörte. Geboren in einem kleinen Dorf in der Nähe der mecklenburgischen Stadt Goldberg, besuchte Moltmann die Volksschule und musste vor und nach dem Unterricht in der väterlichen Ziegelei schwere körperliche Arbeit verrichten. In Parchim, wohin seine Eltern 1898 verzogen, erlernte er das Tischlerhandwerk. Beeinflusst durch einen sozialdemokratisch gesinnten Gesellen, der verhinderte, dass sein Meister ihn züchtigte, trat Moltmann 1902 in die SPD und in den Deutschen Holzarbeiterverband ein. Seine fünfjährige Wanderschaft führte ihn nach Österreich, in die Schweiz und nach Italien. Recht bald nach seiner Rückkehr, im Jahr 1907, wurde er in Parchim sowohl Vorsitzender seiner Partei als auch der für ihn zuständigen Gewerkschaft, was einerseits erahnen lässt, wie dünn die Personaldecke der Sozialdemokratie in Mecklenburg damals war. Auf der anderen Seite zeugte dieser rasche Aufstieg von einer überdurchschnittlichen organisatorischen Begabung, die Moltmann für Spitzenämter empfahl. 1911 siedelte er mit seiner inzwischen fünfköpfigen Familie nach Schwerin über und bezog dort eine anderthalb Zimmerwohnung mit schlechter Heizung und ohne Toilette. Sein Verdienst von 20 Mark pro Woche reichte nur für das Nötigste. An den Sonntagen versammelte er oftmals mit seiner Ehefrau, die sich 1908 der SPD angeschlossen hatte, seine Kinder um sich. Dann wurden gemeinsam Arbeiterlieder gesungen. Ein im Wohnzimmer hängendes Bild des fast schon legendären Parteiführers August Bebel brachte die tiefe Verwurzelung in der Sozialdemokratie symbolisch zum

---

26 Rostocker Anzeiger, 24. März 1920. Siehe Heck: Geschichte des Landtags in Mecklenburg, S. 110 f.; Schildt: Die Republik von Weimar, S. 34 f.
27 Volkswacht, 8. April 1920; MVZ, 11. April 1920.

Ausdruck. Wie Schulz eröffneten sich Moltmann nach dreijährigem Kriegsdienst und dem Zerfall der Monarchie vielfältige Betätigungsmöglichkeiten. Er wurde 1919 hauptamtlicher Sekretär im neu geschaffenen SPD-Unterbezirk Schwerin, alleiniger Verleger der speziell für die Agitation im südwestlichen Mecklenburg gegründeten Parteizeitung »Das freie Wort«, in den Verfassunggebenden Landtag gewählt und, obwohl er keinerlei parlamentarische Erfahrung besaß, sogleich Fraktionsvorsitzender seiner Partei.[28]

Am 6. April 1920 wurde in Schwerin, anscheinend ohne die KPD oder USPD maßgeblich zu beteiligen, zwischen dem Staatsministerium und dem Rostocker Aktionsausschuss von neuem über die Zukunft der Arbeiterwehr verhandelt. Schulz gehörte mittlerweile dem Ausschuss an und nahm an der Sitzung teil. Nach stundenlangen Beratungen sicherte das Staatsministerium zu, 200 Mann der Arbeiterwehr in geschlossenen Formationen in die Sicherheitspolizei der Hansestadt einzugliedern. Darüber hinaus wurde verabredet, Einstellungen bei der Polizei künftig von der republikanischen Gesinnung eines Bewerbers abhängig zu machen. Im Gegenzug verpflichtete sich der von der SPD dominierte Aktionsausschuss, in Rostock für Ruhe und Ordnung zu sorgen.[29]

Die Entscheidung darüber, ob die Güstrower oder die Schweriner Forderungen in die Tat umgesetzt werden sollten, blieb den Arbeitern vorbehalten. Während einer gut besuchten Versammlung, die am 9. April auf dem Hof einer Kaserne in Rostock stattfand, appellierten Schulz und der sozialdemokratische Stadtrat Robert Nespital unter wütenden Protesten der Kommunisten und mancher USPD-Mitglieder an die Vernunft der Versammelten. Beide brachten zum Ausdruck, dass auch ihnen an einer Säuberung der Reichswehr von demokratiefeindlichen Offizieren gelegen sei. Eine Auflösung der Truppenverbände komme jedoch nicht in Frage. Mit deutlicher Mehrheit wurden am Ende die in Schwerin ausgehandelten Punkte angenommen. Eine Wiederholung der Abstimmung einige Tage später änderte an diesem Ergebnis nichts.[30]

1.2 Vor neuen Aufgaben: Erfahrungen zwischen Wahlkampf und Parteitag

Albert Schulz hatte sich während des Kapp-Lüttwitz-Putsches als Führer eines Stoßtrupps der Arbeiterwehr und als Politiker bewährt und sich dadurch bei der Arbeiterschaft einen Namen gemacht. Der Vorstand der SPD in Rostock belohnte seinen un-

---

28 Siehe Höppner: Erinnerungen an meinen Vater Carl Moltmann, S. 29 f. Vgl. Schwabe: Wurzeln, Traditionen und Identität der Sozialdemokratie, S. 42 f.
29 Rostocker Anzeiger, 9. April 1920; Volkswacht, 10. April 1920; MVZ, 11. April 1920. Siehe auch Schulz: Erinnerungen, S. 34.
30 MVZ, 11. und 15. April 1920; Volkswacht, 11., 13. und 15. April 1920; Rostocker Anzeiger, 11. und 15. April 1920. Siehe Schulz: Erinnerungen, S. 34 f.

ermüdlichen Einsatz für die Sozialdemokratie und schlug ihn der alsbald tagenden Generalversammlung des Ortsvereins für das Ehrenamt des stellvertretenden Vorsitzenden vor. Schulz wurde nahezu einstimmig gewählt. Als Kandidat für die nächste Landtagswahl kam Schulz jedoch nicht in Betracht. Aus Rostock wurden vorzugsweise in Spitzenpositionen tätige Sozialdemokraten mit umfangreicher politischer Erfahrung aufgestellt. Dabei sollten unterschiedliche soziale Gruppen abgedeckt werden. Politiker, die ähnlich wie Schulz in den vergangenen Monaten an Profil gewonnen hatten, fanden allerdings durchaus Berücksichtigung. Einen sehr guten Platz auf der Wahlvorschlagsliste erhielten Margarete Ketelhohn und der beliebte Lehrer Paul Schroeder, der sich seit der Novemberrevolution als besoldeter Schuldezernent für die Interessen der Jugend einsetzte.[31]

Dass Schulz nicht zu den Nominierten zählte, war für ihn kein Grund, sich nicht mit großem Einsatz am Wahlkampf zu beteiligen. Nach dem gescheiterten Putsch hatte er seine Tätigkeit bei der Krankenkasse wieder aufgenommen und sich rasch mit einem inzwischen dort eingestellten jungen Mädchen namens Emma Munck angefreundet. In seiner Freizeit sprach Schulz häufiger auf Wählerversammlungen in verschiedenen Dörfern und beschwor insbesondere die anwesenden Frauen, zur Wahl zu gehen und für die SPD zu stimmen. Die von ihm jeweils am Schluss der Zusammenkünfte vorgenommenen Geldsammlungen erbrachten ansehnliche Beträge, die der sozialdemokratischen Werbearbeit zugute kamen. In Rostock leitete Schulz eine Veranstaltung mit dem mecklenburgischen Innenminister Johannes Stelling zur gegenwärtigen Wirtschaftspolitik – für einen vierundzwanzigjährigen Politiker gewiss eine besondere Herausforderung.[32]

Während des Wahlkampfes kam sich Emma Munck, die sich in diesen Tagen der SPD anschloss[33], mit Albert Schulz immer näher. Geboren 1901 in Damgarten als uneheliche Tochter einer Tagelöhnerin, wuchs sie zusammen mit ihren beiden älteren Geschwistern in Vorpommern auf, besuchte in Rostock die Handelsschule und war schließlich zunächst für einige Zeit im Buchhandel tätig. Die politische Arbeit ihres beinahe rastlosen Freundes unterstützte Emmi Munck selbstlos. Zu Fuß ging sie mit ihm zu ungezählten Agitationsveranstaltungen. Einmal, im südlich von Rostock gelegenen Dorf Kessin, übernahm sie sogar die Versammlungsleitung, weil ein Funktionär des Landarbeiter-Verbandes ausgefallen war.[34] (☞ Abb. 2, S. 49)

Am 17. Mai 1920 erfüllte der nach der Novemberrevolution gewählte Landtag die ihm übertragene Aufgabe und verabschiedete gegen die Stimmen der Deutschnationalen eine Verfassung für den Freistaat Mecklenburg-Schwerin. Im Vorfeld hatte die SPD

---

31 MVZ, 17. und 23. April sowie 4. und 5. Mai 1920.
32 MVZ, 13. und 21. Mai 1920. Siehe Schulz: Erinnerungen, S. 34.
33 NL Albert Schulz: SPD-Mitgliedsbuch von Emmi Schulz. Nach diesem nach 1945 ausgestellten Dokument gehörte Emma Munck der Partei seit Mai 1920 an.
34 NL Albert Schulz: Albert Schulz an Peter Schulz, 1. November 1971; ebd.: Trauerrede für Emmi Schulz, gehalten von Franz Osterroth, 6. März 1973. Siehe Schulz: Erinnerungen, S. 41 f.

1.2 Vor neuen Aufgaben: Erfahrungen zwischen Wahlkampf und Parteitag

Abb. 2: Friedrich Jenßen, Martha Planeth, Alfred Starosson, Paul Schulz, Emma Munck, Albert Schulz beim Wandern (1921).

nicht alle ihrer Vorstellungen verwirklichen können. Dennoch zählte die schließlich in Kraft gesetzte demokratische Verfassung zu den fortschrittlichsten in Deutschland.³⁵

Das Ergebnis der Landtagswahl am 13. Juni 1920 glich dem der eine Woche zuvor stattfindenden Wahlen zum Reichstag. Während das Bürgertum nach rechts beziehungsweise rechtsaußen driftete, wandten sich Teile der Arbeiterschaft von der Mehrheitssozialdemokratie ab und den beiden anderen Linksparteien zu. Im Vergleich zur Reichsebene hielten sich die Verluste der SPD in Mecklenburg-Schwerin mit 26 errungenen Sitzen allerdings noch in Grenzen. Die USPD konnte 7,7 Prozent der abgegebenen Stimmen auf sich vereinigen und bekam fünf Mandate. Nicht im Parlament vertreten war die KPD, für die lediglich 0,4 Prozent der Wähler votierten. Die Regierungsbildung gestaltete sich schwierig. Schließlich wurde der Historiker und ehemalige Rektor der Universität Rostock, Hermann Reincke-Bloch (DVP), zum Ministerpräsidenten einer Minderheitsregierung mit der DNVP gewählt.³⁶

Die beiden sozialdemokratischen Parteien machten sich nicht nur auf Landesebene erhebliche Konkurrenz, sondern ihre Auseinandersetzungen erstreckten sich auch auf die lokale Jugendpolitik in Rostock. In einer öffentlichen Versammlung, zu der die USPD-nahe Sozialistische Proletarierjugend zwei Monate nach den Wahlen eingeladen hatte, meldete sich Albert Schulz nach einem längeren Vortrag des Stadtverordneten Alfred Rebe zu Wort, um Punkt für Punkt auf die Ausführungen des USPD-Politi-

---

35 Siehe Schwabe: Verfassungen in Mecklenburg, S. 16 ff. und 50 ff.; Mrotzek: Die Verfassung des Freistaates Mecklenburg-Schwerin, S. 84 ff.
36 Siehe Schwabe: Zwischen Krone und Hakenkreuz, S. 180; Heck: Geschichte des Landtags in Mecklenburg, S. 114 ff.; Schildt: Die Republik von Weimar, S. 37 f. Für die Biographie von Reincke-Bloch siehe Wieden: Die mecklenburgischen Regierungen und Minister, S. 54 f.

kers einzugehen. Ebenso wie Rebe nahm Schulz Anstoß am Kinoprogramm, das seiner Meinung nach für Jugendliche schädlich war. Ansonsten sparte er nicht mit Kritik. In erster Linie bemängelte er, dass sich die USPD über die allgemeine Bildungsarbeit hinaus bemühe, die jungen Werktätigen parteipolitisch zu beeinflussen. Scharf rügte er das Publikationsorgan der Proletarierjugend, das sich erdreistet habe, die Mehrheitssozialdemokraten »in geradezu widerlicher Weise« als »Schlafmützen«, »Kapitalistenschranzen«, »Angsthasen«, »Postenjäger«, »Sesselkleber« und »Proletenparvenüs« zu beschimpfen. Außerdem stellte Schulz das Programm der »Freien Jugend« vor. Der Einsatz des Nachwuchspolitikers lohnte sich. Die Stimmung in der Versammlung kippte, und die »Freie Jugend« konnte an diesem Abend 15 Neuaufnahmen verzeichnen.[37]

Im Unterschied zu seinem Bruder hatte Paul Schulz kaum landespolitische Ambitionen. Er betätigte sich fast ausschließlich auf kommunaler Ebene. Große Verdienste erwarb er sich, als er Anfang der 20er-Jahre den Musikdirektor von Rostock dafür gewinnen konnte, Volkskonzerte im Gewerkschaftshaus zu veranstalten. Bislang war die Arbeiterschaft von solchen Veranstaltungen ausgeschlossen gewesen. Den Vorverkauf der vergleichsweise günstigen Eintrittskarten übernahm die »Freie Jugend«. Einige Tage vor den Konzerten fanden im kleinen Saal der »Philharmonie« gut besuchte Einführungsabende statt. Diese wurden von der Ehefrau des Musikdirektors geleitet. Sie erläuterte das Konzertprogramm und demonstrierte die Spieltechniken verschiedener Instrumente.[38]

Kurz vor einem der ersten Konzerte in der »Philharmonie« wurde im Vorstand der SPD in Rostock darüber diskutiert, welche Genossen an dem bald in Kassel tagenden Parteitag der Mehrheitssozialdemokratie teilnehmen sollten. Insgesamt durfte die SPD in Mecklenburg-Lübeck, die sich seit 1919 nicht mehr in Kreisvereine, sondern in vier Unterbezirke gliederte[39], zehn Delegierte entsenden. Davon entfielen drei Plätze auf Rostock. Nach Rücksprache mit den führenden Sozialdemokraten in Schwerin entschied sich der Ortsvereinsvorstand schließlich, aus Kostengründen nur zwei statt drei Delegierte nach Kassel reisen zu lassen. Gleichzeitig empfahl er für diese Aufgabe Karl Brehmer und Albert Schulz, der dadurch abermals für sein unbeirrtes Eintreten für die Belange der Sozialdemokratie belohnt wurde.[40]

Das Abstimmungsergebnis stellte für Schulz, der nicht übermäßig karriereorientiert, aber durchaus ehrgeizig und besonders politisch begabt war, einen beachtlichen Erfolg dar. Als Angestellter einer überwiegend von Sozialdemokraten geleiteten Krankenkasse dürfte er kaum Schwierigkeiten gehabt haben, für den Besuch des Parteitags beurlaubt zu werden. Am 10. Oktober 1920 traf Schulz mit einem überfüllten Son-

---

37 MVZ, 29. August 1920.
38 Ebd. Siehe Schröder: Zur Geschichte der sozialdemokratischen Arbeiterjugendbewegung, Bd. 1, S. 116 f. Zwei Programmzettel für die Volkskonzerte haben sich im Nachlass von Albert Schulz erhalten.
39 MVZ, 25. November 1919.
40 MVZ, 19. August und 18. September 1920.

derzug in Kassel ein.⁴¹ Am Abend wurde der Parteitag feierlich in der Stadthalle eröffnet. Die Begrüßungsrede hielt der prominente Sozialdemokrat Philipp Scheidemann als Oberbürgermeister von Kassel. Für Schulz war der Parteitag in Kassel ein »gewaltiges Erlebnis«. Bot sich ihm doch die Gelegenheit, eine Vielzahl der ihm nur aus der Zeitung geläufigen Parteiführer persönlich kennen zu lernen. Die Ansprache von Scheidemann faszinierte ihn und erstaunt sah er, wie dieser zum Schluss die gehaltene Rede einem Redakteur im Wortlaut überreichte. Dass jemand einen wörtlich ausgearbeiteten Text so wirkungsvoll vortragen konnte, deckte sich nicht mit seinen Erfahrungen in Mecklenburg und rief seine Bewunderung hervor. Musikalisch klang die Eröffnungsveranstaltung aus. Am nächsten Morgen begannen die regulären Verhandlungen.⁴² In einer Sitzungspause schrieb Schulz hochgestimmt einen Brief an sein »liebes Mädel«, Emma Munck, und ließ seine Eindrücke Revue passieren:

»Dann besteigt Scheidemann die Rednertribüne und begrüßt in wundervoller Rede den Parteitag. Er erzählt von den Kämpfen und Verfolgungen unserer Partei. Wie wir trotzdem oder vielleicht auch gerade deshalb groß und stark geworden sind und heute eine gewaltige Millionenpartei geworden sind[,] deren Herzen heiß und pulsend einer neuen besseren Welt entgegen sehen. Unser die Welt trotz alledem. Unter den Worten dieses gewaltigen Redners zuckt das Herz in wilden Schlägen und hinausschreien möchte man es in alle Welt, jawohl wir wollen kämpfen und werden siegen, wollen unsere ganze Kraft unter Hintansetzung des eigenen persönlichen Glückes für die große heilige Sache des Sozialismus einsetzen. Mein herzliebes Mädel verstehst Du[,] was mich in diesem Augenblicke beseelte?«⁴³

Inhaltlich ging es auf dem Parteitag unter anderem um die zurückliegende Regierungsbildung, die eine Koalition aus DDP, Zentrum und DVP zum Ergebnis gehabt hatte. Die Delegierten billigten ausdrücklich die Haltung der Reichstagsfraktion und des Parteivorstandes. Viele von ihnen waren froh, dass ihre Partei im Reich nicht mehr in der politischen Verantwortung stand und an ihrem Regierungshandeln gemessen werden konnte, und manche fielen in die im Kaiserreich jahrelang geübte Pose der Verweigerung zurück.⁴⁴

Auf Dauer waren die Verhandlungen anstrengend und strapazierten die Konzentrationsfähigkeit der Zuhörer. Schulz fühlte sich manchmal, als sitze er »fast begraben unter einer immer mehr anschwellenden Flut von Druckschriften«⁴⁵. Aber es gab auch

---

41 NL Albert Schulz: Albert Schulz an Emma Munck, 12. Oktober 1920.
42 Siehe Schulz: Erinnerungen, S. 36 (Zitat ebd.); Protokoll über die Verhandlungen des Parteitages der Sozialdemokratischen Partei Deutschlands, abgehalten in Kassel vom 10. bis 16. Oktober 1920, S. 4 ff.
43 NL Albert Schulz: Albert Schulz an Emma Munck, 12. Oktober 1920.
44 Siehe Osterroth/Schuster: Chronik der deutschen Sozialdemokratie, Bd. II, S. 73 f.
45 NL Albert Schulz: Albert Schulz an Emma Munck, 12. Oktober 1920.

gesellige Stunden. Eines Abends saß Schulz in einem Lokal mit einigen Genossen gemütlich beisammen. Anwesend waren neben Wilhelm Kröger, der in seiner Funktion als Parteisekretär am Parteitag teilnahm, auch Johannes Stelling und Hermann Beims, seit 1919 Oberbürgermeister von Magdeburg und zudem Mitglied des Reichstags.[46] Durch ihre langjährige Funktionärstätigkeit verfügten alle drei über einen reichen Fundus an politischen Erfahrungen und Anekdoten. Gebannt folgte Schulz den Gesprächen der Parteigrößen. Nicht nur auf ihn, sondern auf viele andere wirkte insbesondere die lebhafte Art von Stelling ansteckend.[47]

Solche Erlebnisse dürften Schulz in seinem Engagement für die SPD, die seiner Meinung nach »die größte Kulturpartei der Gegenwart«[48] war, bestärkt haben. Nach seiner Rückkehr aus Kassel informierte er die SPD-Mitglieder in Rostock über den Parteitag und betonte, dass dieser in ruhiger und sachlicher Weise gute Arbeit geleistet habe. In der gleichen Versammlung wurden die Anträge für den demnächst in Warnemünde stattfindenden Bezirksparteitag der Mehrheitssozialdemokraten diskutiert.[49]

Der im November 1920 in Warnemünde ausgerichtete Parteitag beschäftigte sich hauptsächlich mit Organisationsfragen, und es wurde deutlich, welchen beachtlichen Aufschwung die Mehrheitssozialdemokratie in Mecklenburg-Lübeck seit dem Wechsel des politischen Systems genommen hatte. Die durch den Ersten Weltkrieg und die Abspaltung des linken Parteiflügels bedingten Mitgliederverluste konnten ohne weiteres und vor allem durch Neuaufnahmen in den Revolutionstagen ausgeglichen werden. Während die Bezirksorganisation der SPD im Jahr 1914 rund 19.000 Mitglieder zählte, gehörten ihr mittlerweile mehr als 35.000 Personen an. Der Zuwachs beschränkte sich jedoch nicht auf die so genannten Novembersozialisten, allein im vorigen Jahr war die Zahl der Ortsvereine von zirka 120 auf über 200 gestiegen. Anlass zur Sorge bot indes die offensichtlich geringe Anziehungskraft der sozialdemokratischen Politik auf Frauen, die nur etwa 11 Prozent der gesamten Mitgliedschaft ausmachten.[50]

Auf dem Bezirksparteitag sorgte ein vom Ortsverein Rostock gestellter Antrag für kontroverse Diskussionen. Er postulierte zum einen, die Haltung der mehrheitssozialdemokratischen Verhandlungsführer bei den anlässlich der letzten Landtagswahl geführten Koalitionsgesprächen zu billigen. Zum anderen sollten Regierungsbündnisse auch künftig grundsätzlich nur mit der DDP geschlossen werden. Die anderen bürgerlichen Parteien in Mecklenburg seien demokratiefeindlich und nicht koalitionsfähig.[51] Diese auch von Albert Schulz unterstützte Forderung richtete sich in erster Li-

---

46 Ebenso wie Stelling hatte der 1863 geborene Hermann Beims eine typische SPD-Karriere hinter sich. Siehe Schröder: Sozialdemokratische Parlamentarier, S. 363 f.
47 AdsD, Dep. Fritz Heine, 31: Albert Schulz an Fritz Heine, 5. Juli 1973.
48 NL Albert Schulz: Albert Schulz an Emma Munck, 12. Oktober 1920.
49 MVZ, 22. Oktober 1920.
50 Freies Wort und MVZ, 9. und 10. November 1920. Siehe Fricke: Handbuch zur Geschichte der deutschen Arbeiterbewegung, Bd. 1, S. 377.
51 MVZ, 22. Oktober 1920.

nie gegen die DVP, denn ein Zusammengehen mit der rechtskonservativen DNVP zog kein Sozialdemokrat ernsthaft in Erwägung. Nachdem der Vorsitzende der SPD-Fraktion im Landtag von Mecklenburg-Schwerin, Carl Moltmann, die vorsichtig formulierte Erklärung abgegeben hatte, dass er eine Koalition mit der DVP nicht eingehen werde, solange eine beträchtliche Anzahl von Parteimitgliedern dagegen sei, wurde zum Bedauern von Schulz nur der erste Teil des Rostocker Antrags angenommen. Für den Fall einer Regierungsbildung standen der Mehrheitssozialdemokratie somit alle Optionen offen.[52]

Nicht nur die mecklenburgische SPD gewann in den ersten zwei Jahren der Weimarer Republik an Schlagkraft, sondern auch die mehrheitssozialdemokratischen Arbeiterjugendvereine konsolidierten sich. Im Bezirk Mecklenburg-Lübeck bestanden mehr als 20 Ortsgruppen mit ungefähr 1.500 Mitgliedern. Überdies verfügten die jungen Werktätigen mit dem »Jugend-Echo« über ein eigenes Publikationsorgan, das seit Dezember 1920 als Beilage der Mecklenburgischen Volks-Zeitung monatlich erschien. Die Schriftleitung übernahm Willy Jesse, später ging sie auf den ebenfalls in Rostock wohnenden Schlosser Heinrich Beese über.[53]

Der 1897 geborene Willy Jesse kam wie Albert Schulz aus einer sozialdemokratisch geprägten Familie und war ein noch engerer politischer Weggefährte von ihm als Carl Moltmann, der mittlerweile dem Bezirksvorstand der SPD in Mecklenburg-Lübeck angehörte.[54] Nach dem Besuch der Volksschule hatte Jesse sich entschieden, eine Maschinenbaulehre zu absolvieren. 1912 trat er der als Abonnentenvereinigung getarnten Arbeiterjugend und drei Jahre später der Partei bei. Während des Ersten Weltkrieges geriet Jesse in französische Gefangenschaft. Durch eine wagemutige Aktion gelang es ihm allerdings im Sommer 1919, aus dem Internierungslager zu entkommen und nach Rostock zurückzukehren.[55]

Obwohl Albert Schulz seinen politischen Schwerpunkt damals immer mehr auf die Landespolitik verlagerte, blieben ihm die Interessen der arbeitenden Jugendlichen stets ein Anliegen. Beispielsweise engagierte er sich weiterhin in der Jugendschutzkommission. Diese hatte Ende 1920 in Kooperation mit den Gewerkschaften erwirkt, dass die Arbeitszeit der Lehrlinge auf der Neptunwerft selbst an Tagen mit Gewerbeschulunterricht acht Stunden nicht überstieg. In enger Abstimmung mit Alfred Starosson versuchte Schulz daraufhin, die Einhaltung des 1918 eingeführten, aber nicht gesetzlich vorgeschriebenen Achtstundentags auch in anderen Betrieben von Rostock durchzusetzen.[56]

---

52 MVZ, 10. und 20. November 1920.
53 Siehe Schröder: Zur Geschichte der sozialdemokratischen Arbeiterjugendbewegung, Bd. 1, S. 67 und 100 f. mit Anm. 166.
54 MVZ, 20. November 1920.
55 Siehe Stunnack: Willy Jesse, S. 3; Schulz: Erinnerungen, S. 67.
56 MVZ, 3. Mai 1921. Siehe Schröder: Zur Geschichte der sozialdemokratischen Arbeiterjugendbewegung, Bd. 1, S. 72 f.; Winkler: Von der Revolution zur Stabilisierung, S. 77 und 393 f.

Im Oktober 1921 richtete die »Freie Jugend« ein Treffen der mehrheitssozialdemokratischen Arbeiterjugendvereine im Unterbezirk Rostock aus. Nach einer Eröffnungsfeier mit Chorgesang und Rezitationen führte Willy Jesse die Jugendlichen in die Grundlagen des von Karl Marx und Friedrich Engels konzipierten wissenschaftlichen Sozialismus ein. Albert Schulz trug ein Referat über die Geschichte der Arbeiterjugendbewegung vor und bezeichnete darin die auf Gewinnmaximierung zielende Produktionsweise als Ausbeutung. Abschließend machte Paul Schulz, der zu Beginn der Veranstaltung zum Unterbezirksleiter gewählt worden war, einige organisatorische Bemerkungen für das kommende Winterhalbjahr.[57]

Marxistische Phraseologie und konstruktive Reformpolitik waren auch für Albert Schulz kein Widerspruch. Gleichzeitig erteilte er Revolutionsphantasien, die vom linken Flügel der Arbeiterbewegung gepflegt wurden, eine deutliche Absage. Damit befand er sich auf der Linie des zwei Monate zuvor verabschiedeten Görlitzer Programms der SPD, wobei zumindest in Mecklenburg die meisten der mehrheitssozialdemokratischen Funktionäre seine Meinung geteilt haben dürften.[58]

Schulz war Realist genug, um zu wissen, dass die Durchsetzungskraft einer politischen Bewegung letztlich entscheidend von ihrer organisatorischen Stärke abhing. Deshalb betrachtete er es als eine vordringliche Aufgabe, sowohl der SPD als auch der »Freien Jugend« neue Mitglieder zuzuführen. Als sich gegen Ende des Jahres 1921 die Parteiaustritte häuften, weil viele Novembersozialisten ihre Revolutions- oder Karrierehoffnungen enttäuscht sahen, ermahnte er seine Genossen, diesem Phänomen kämpferisch zu begegnen. Jeder von ihnen sollte nach seinen Vorstellungen mindestens einen Bekannten zum Eintritt in die SPD bewegen. Damit einherzugehen habe eine gründliche Schulung der Neuaufgenommenen, die das Ziel verfolgen müsse, eine dauerhafte Bindung an die Partei zu erreichen.[59]

Im Vergleich zur Arbeit in der Partei hatte gewerkschaftliches Engagement für Albert Schulz eher untergeordnete Bedeutung. Obgleich er seit dem Bezirksparteitag in Warnemünde die Aktivitäten der mehrheitssozialdemokratischen Betriebsgruppen koordinierte, trat er nur gelegentlich in Gewerkschaftsversammlungen als Redner auf. Beträchtliche Sorgen bereiteten ihm nach wie vor die Zersetzungs- beziehungsweise Unterwanderungspläne der im Deutschen Metallarbeiter-Verband organisierten Kommunisten. Während Schulz dem DMV bereits seit mehreren Jahren angehörte, hatte er sich dem Zentralverband der Angestellten erst nach seiner Ernennung zum Abteilungsleiter bei der Allgemeinen Ortskrankenkasse angeschlossen. Ganz freiwillig erfolgte dieser Schritt nicht. Vielmehr war Schulz von seinen Kollegen aus politischen

---

57 MVZ, 19. Oktober 1921. Siehe Schröder: Zur Geschichte der sozialdemokratischen Arbeiterjugendbewegung, Bd. 1, Anm. 164 zu Kapitel 3.
58 MVZ, 11. November 1921. Vgl. Dowe/Klotzbach: Programmatische Dokumente der deutschen Sozialdemokratie, S. 203 ff.
59 MVZ, 18. Dezember 1921 und 15. April 1923.

Gründen gedrängt worden, auch in diese zur Sozialdemokratie zählende Gewerkschaft einzutreten.[60]

Bedingt durch die Auflösung der USPD im September 1922, kam es im Jugendbereich in den folgenden Monaten zu weit reichenden Umstrukturierungen. Während sich die radikaleren Mitglieder der Sozialistischen Proletarierjugend den Kommunisten zuwandten, vereinigte sich der rechte Flügel dieser Organisation mit den Mehrheitssozialdemokraten zur Sozialistischen Arbeiterjugend Deutschlands. Dieser Prozess fand in Mecklenburg und Lübeck seinen Abschluss auf einer Bezirkskonferenz, die im Februar 1923 in Wismar tagte und mit einem von Paul Schulz zusammengestellten Kulturprogramm eröffnet wurde. Für Willy Jesse ging sie mit einem beachtlichen Karrieresprung einher. Einstimmig zum Bezirksvorsitzenden gewählt, konnte er seit 1924 hauptamtlich beschäftigt werden. Er wollte den jungen Werktätigen in erster Linie ein Gefühl von Kameradschaft und Solidarität vermitteln. Dabei setzte er nicht nur auf Bildungs- und Freizeitangebote, sondern er kommentierte auch politische Fragen. Auf diese Weise entwickelte die SAJ unter seiner Ägide ein eigenes programmatisches Profil.[61]

Schwieriger gestaltete sich das Zusammenwachsen der beiden sozialdemokratischen Parteien in Mecklenburg-Lübeck. Nachdem der Bezirksvorstand der USPD mit einer Stimme Mehrheit beschlossen hatte, sich nicht mit der SPD zu vereinigen, erfolgte der Zusammenschluss zunächst auf lokaler Ebene, was in jedem Ortsverein gesonderte Beitrittsverhandlungen erforderte.[62]

Mit den Jahren hatte sich die Ausrichtung der politischen Tätigkeit von Albert Schulz geändert. Ebenso wie als weit gehend mittelloser Kriegsheimkehrer war er sich zwar nach wie vor nicht zu schade, Flugblätter im Wahlkampf zu verteilen oder die in den ländlichen Gebieten besonders mühsame Agitationsarbeit zu übernehmen. Seine Aktivitäten in der Arbeiterjugendbewegung schränkte er jedoch bei aller Verbundenheit mehr und mehr ein. Den Neuaufbau der »Freien Jugend« nach dem Ersten Weltkrieg und andere ihm übertragene Aufgaben hatte er mit großem Erfolg erledigt und sich dadurch als Parteitagsdelegierter und stellvertretender SPD-Vorsitzender empfohlen. Ein ebenso bestätigendes wie motivierendes Erlebnis dürfte für ihn der Parteitag in Kassel gewesen sein. Etwas später als der ältere Carl Moltmann und etwa zeitgleich mit Margarete Ketelhohn, die sich als Frau gegen eine Vielzahl männlicher Konkurrenten zu behaupten hatte, stand der Parteiarbeiter Schulz, der sein Leben beinahe ausschließlich der Politik widmete, abermals vor einer neuen Herausforderung: Seit 1921 war er das zweitjüngste Mitglied[63] der mehrheitssozialdemokratischen Fraktion im Landtag von Mecklenburg-Schwerin.

---

60 MVZ, 26. Februar 1922. Vgl. Schulz: Erinnerungen, S. 39.
61 MVZ, 22. Februar 1923. Siehe Schröder: Zur Geschichte der sozialdemokratischen Arbeiterjugendbewegung, Bd. 1, S. 103 ff.; Stunnack: Willy Jesse, S. 9 und 13.
62 MVZ, 11. und 29. Oktober 1922.
63 Vgl. Schwabe: Wurzeln, Traditionen und Identität der Sozialdemokratie, S. 69 ff.

2 Mitglied im Landtag von Mecklenburg-Schwerin

2.1 Erste Schritte als junger Parlamentarier und auf der Heimvolkshochschule in Tinz

Die nach der Landtagswahl im Juni 1920 in Mecklenburg-Schwerin gebildete Regierung unter der Führung von Hermann Reincke-Bloch (DVP) verfügte über keine parlamentarische Mehrheit und war deshalb nicht von langer Dauer. Im Januar 1921 trat sie zurück. Der nun einsetzende Wahlkampf war kurz und nicht sonderlich intensiv. In Rostock fand er seinen Höhepunkt, als Otto Wels im Gewerkschaftshaus »Philharmonie« eine etwa zwei Stunden lange Rede hielt. Mecklenburg charakterisierte der SPD-Vorsitzende als eines der stärksten Bollwerke des großagrarischen Junkertums, ohne jedoch auf landespolitische Fragen näher einzugehen.[64]

Aus der Landtagswahl am 13. März 1921 ging die SPD als stärkste Partei hervor. Sie erhielt 28 Mandate, zwei mehr als bei den letzten Wahlen. Die DVP verbesserte sich erneut und stellte zwölf Abgeordnete. Zufrieden sein konnte auch die DNVP, die 15 Sitze errang. Die DDP verschlechterte sich abermals und bekam drei Mandate. Dass die Mittelstandspartei und der Dorfbund ihr Wahlbündnis gelöst hatten, zahlte sich kaum aus, obschon sie ihren Stimmenanteil steigerten. Statt bisher fünf umfassten ihre Fraktionen nun insgesamt sechs Abgeordnete. Während die USPD mit 0,8 Prozent in die politische Bedeutungslosigkeit versank, zog die erstmals angetretene KPD mit drei Sitzen in das Parlament ein.[65]

Wieder hatte sich bei den Landtagswahlen weder eine Mehrheit für SPD und DDP noch für die Rechtsparteien ergeben. In dieser verfahrenen Situation schlug der SPD-Bezirksvorstand überraschend die Bildung einer Großen Koalition vor. Offenbar handelte er dabei auf Betreiben des zentralen Parteivorstandes in Berlin. Während der innere Führungszirkel der mehrheitssozialdemokratischen Landtagsfraktion den Vorschlag begrüßte, rief er vor allem den Protest der Genossen in Rostock hervor. Berührte er doch den 1920 auf dem Parteitag in Warnemünde kontrovers diskutierten Antrag zur Koalitionsfrage, der ein Zusammengehen mit der DVP kategorisch ausgeschlossen hatte, aber auf Intervention des Fraktionsvorsitzenden Carl Moltmann nicht verabschiedet worden war. Von einer eilig nach Schwerin zusammengerufenen Bezirkskonferenz wurde Anfang April 1921 über das weitere Vorgehen entschieden. Wilhelm Kröger präsentierte in seiner Eigenschaft als Bezirksvorsitzender eine neun Punkte umfassende Erklärung, deren Anerkennung von den potenziellen Koalitionspartnern gefordert werden sollte. Unter anderem ging es um ein Be-

---

64 MVZ, 8. März 1921. Siehe Ballerstaedt: Das Verhältnis von Landtag und Regierung in Mecklenburg-Schwerin, S. 53 ff.
65 Siehe Heck: Geschichte des Landtags in Mecklenburg, S. 117; Schwabe: Zwischen Krone und Hakenkreuz, S. 181.

kenntnis zur Landes- und Reichsverfassung, die Demokratisierung der Verwaltung, sozialpolitische Maßnahmen sowie um die Reform des Schulwesens. Gegen diese Lösung sprachen Robert Nespital, Albert Schulz, der promovierte Volkswirt und Redakteur des Lübecker Volksboten, Julius Leber, sowie Karl Moritz, ein gelernter Schmied aus Wismar.[66] Zu den Befürwortern zählte Johannes Stelling. Unterstützt wurde die Erklärung zudem von Franz Krüger, der als Vertreter des SPD-Parteivorstandes an der Konferenz teilnahm. Nach lebhafter und ausführlicher Debatte gaben schließlich die kleineren Ortsvereine bei der Abstimmung den Ausschlag. Gegen die Stimmen der Delegierten aus den Städten Rostock, Wismar und Waren erhielten der Fraktions- und Bezirksvorstand die Erlaubnis, Verhandlungen über eine Große Koalition aufzunehmen.[67]

Die Regierungsbildung ging vergleichsweise zügig vonstatten. Zum Ministerpräsidenten wurde der Sozialdemokrat Johannes Stelling gewählt. Albert Schulz erlebte das Zustandekommen der Großen Koalition – bisher bestand ein solches Regierungsbündnis nur im Kleinstaat Lippe – weitest gehend als Zuschauer. Diesmal hatte er zwar einen Platz auf der Wahlvorschlagsliste ergattern können, war aber im ersten Anlauf nicht in den Landtag gewählt worden. Auf der Liste der Ersatzkandidaten rangierte er jedoch an zweiter Stelle. Schließlich rückte Schulz im Mai 1921 in die Volksvertretung nach und wurde von seiner Fraktion bald darauf in den Hauptausschuss entsandt, obwohl er keinerlei Erfahrung in der Parlaments-, geschweige denn in der Ausschussarbeit besaß. Außerdem vertrat er seine Partei seit November 1921 im Ausschuss für die Förderung des Volksbüchereiwesens, wobei ihm seine Bildungsbeflissenheit zugute gekommen sein dürfte.[68]

Der Eintritt in den Landtag von Mecklenburg-Schwerin war für Schulz nicht nur ein großer politischer Erfolg, sondern lohnte sich trotz der beginnenden massiven Inflation auch finanziell. Schulz bekam für seine Anwesenheit im Parlament monatlich 900 Mark, wobei sich die Kaufkraft wegen der rapiden Geldentwertung in Grenzen hielt. Keine Zahlungen gab es während der Parlamentsferien im Juli und August. Die Teilnahme an Ausschusssitzungen, die nicht an Sitzungstagen stattfanden, wurde zusätzlich mit jeweils 100 Mark vergütet; das Fernbleiben von einer Vollsitzung dahingegen mit einer Strafe in derselben Höhe geahndet. Als Abgeordneter genoss Schulz

---

66 Siehe Beck: Julius Leber, S. 34 und 36 f.; Schröder: Sozialdemokratische Parlamentarier, S. 622.
67 MVZ, 5. April 1921. Siehe auch die erhellende Darstellung bei Schulz: Erinnerungen, S. 37 f.
68 MVZ, 8. und 15. Februar 1921. Siehe Ballerstaedt: Das Verhältnis von Landtag und Regierung in Mecklenburg-Schwerin, S. 56 ff.; Winkler: Von der Revolution zur Stabilisierung, S. 450 f. Bekanntmachung vom 19. März 1921 betreffend die Neuwahlen zum Landtag. Abgedruckt im Regierungsblatt für Mecklenburg-Schwerin, 22. März 1921. Verhandlungen des Mecklenburg-Schwerinschen Landtages II, Bd. 1, Sp. 981 f. Die Sitzungsprotokolle des Ausschusses für die Förderung des Volksbüchereiwesens sind nicht überliefert. Vgl. Schulz: Erinnerungen, S. 38.

zudem freie Fahrt auf allen mecklenburgischen Eisenbahnstrecken, und das Landtagsbüro bezahlte ihm ein Abonnement des Regierungsblattes.[69]

Da die Sitzungen des Hauptausschusses nicht öffentlich, Presseberichte über die Beratungen jedoch erlaubt waren, informierte Schulz als Ausschussmitglied die Mecklenburgische Volks-Zeitung über die in diesem Gremium behandelten Fragen und verabschiedeten Beschlüsse. Nach kurzer Zeit bat ihn die Redaktion, auch die Berichterstattung über die Landtagssitzungen zu übernehmen. Im Gegensatz zum Rostocker Anzeiger, der sich besonders in konservativ-großagrarischen Kreisen eines breiten Inserentenstammes erfreute[70], konnte es sich die sozialdemokratische Zeitung nicht leisten, einen eigenen Korrespondenten nach Schwerin zu entsenden. Bisher hatte sich das Blatt mit sporadischen Berichten begnügen müssen, während der Rostocker Anzeiger regelmäßig mit seinem Chefredakteur und zwei weiteren Journalisten auf der Besuchertribüne des Landtags vertreten war. Besorgt um die Konkurrenzfähigkeit und das Renommee der Mecklenburgischen Volks-Zeitung, erklärte sich Schulz schließlich dazu bereit, künftig auch die Artikel über die Debatten im Plenum zu verfassen:

»Mein Bericht – handgeschrieben – nahm oft eine halbe Zeitungsseite ein. Nach der Landtagssitzung saßen die Fraktionskollegen im Hotel plaudernd zusammen oder gingen ins Theater. Ich musste meinen Bericht noch machen und bis Mitternacht zum Bahnhof bringen, damit er per Eilboten morgens in der Redaktion war. Das war eine sehr große Arbeitsbelastung, da ich bald auch im Plenum als Berichterstatter oder als Fraktionsredner eingesetzt war. Einige Fraktionskollegen waren oft nicht einverstanden mit meinem Bericht über ihre Ausführungen im Landtag. Natürlich hatte ich das Wichtigste nicht gebracht. Da ich meinen eigenen Bericht nach Möglichkeit schon in der Sitzung schrieb und abends dann nur das Stimmungsbild, half ich mir so, dass ich den Fraktionskollegen nach ihrer Rede Papier gab, ihnen sagte, wieviel Zeilen sie schreiben dürften, und sie schrieben. Ich erleichterte mir dadurch die Arbeit und ersparte mir Ärger. Allerdings musste ich das von den Rednern Geschriebene oft noch korrigieren. Mancher konnte zwar ganz gut reden, aber in 10 bis 20 Zeilen darüber zu berichten, wurde ihm schwer.«[71]

Die Große Koalition blieb bei den Mehrheitssozialdemokraten in Mecklenburg und Lübeck umstritten. In Rostock führte sie sogar zum vorübergehenden Rücktritt des Parteivorsitzenden Karl Brehmer, da sich sein Eintreten für die Linie des Bezirksvorstandes nicht mit der Stimmung in der Mitgliedschaft vereinbaren ließ. Als stellvertre-

---

69 MLHA, 5.11-2, 110, Bl. 20: Gesetz betreffend die Aufwandsentschädigung für die Mitglieder des Landtages (Entwurf), angenommen am 15. Dezember 1921; ebd., 102, Bl. 20: Das Landtagsbüro an die Eisenbahn-General-Direktion in Schwerin, 23. Mai 1921.
70 Siehe Bernhard: Zeitungen und Zeitschriften in Mecklenburg, S. 94; Keipke: Carl Gustav Wilhelm Boldt, S. 53 ff.
71 Siehe Schulz: Erinnerungen (Typoskript), S. 30.

tender Vorsitzender stand Albert Schulz dem Regierungsbündnis mit der DVP, die sich offen zur Monarchie bekannte, dagegen immer noch skeptisch gegenüber. Ein Boykott der Beratungen in der mehrheitssozialdemokratischen Fraktion, wie ihn einige Genossen seines Ortsvereins forderten, kam für ihn jedoch unter keinen Umständen in Frage – dafür war ihm die Parteidisziplin zu wichtig.[72]

Am 1. Juni 1921 leistete Albert Schulz im Rahmen der dritten Lesung des Haushaltsplanes für das Rechnungsjahr 1921/22 einen ersten knappen Wortbeitrag im Plenum des Landtags.[73] Gut einen Monat später hielt er seine erste längere Rede. Ausgangspunkt war die Entlassung von 430 Arbeitern und Angestellten auf der Neptunwerft, die KPD und SPD durch eine gemeinsame Interpellation auf die parlamentarische Tagesordnung gebracht hatten.[74] Der Kommunist Hans Kollwitz übernahm es, die unter anderem von Carl Moltmann, Schulz und Margarete Ketelhohn unterzeichnete Anfrage zu begründen. Er sprach in betont sachlicher Form und wies darauf hin, dass die Werftdirektion nicht nur Personal entlassen, sondern darüber hinaus auch die Einführung von Kurzarbeit in Aussicht gestellt habe, falls die schlechte Nachfrage weiterhin anhalte. Die Antwort der Regierung erteilte Ministerpräsident Stelling, der die Entlassungen vor dem Hintergrund der momentan insgesamt krisenhaften Wirtschaftslage betrachtete. Er machte darauf aufmerksam, dass die entlassenen Arbeiter und Angestellten nur befristet eingestellt gewesen waren und dies bei Vertragsbeginn akzeptiert hatten. Ein Verstoß gegen das Arbeitsrecht dürfe der Werftleitung also nicht angelastet werden. Vielmehr sei es vordringlicher, die wirtschaftliche Not der mecklenburgischen Schiffbaubetriebe zu lindern. Nach einer von Moltmann beantragten Besprechungspause bestieg Schulz das Podium. Seine Kritik richtete sich vor allem gegen die Begleitumstände der Entlassungen, die offenbart hätten, dass die Instrumente der innerbetrieblichen Mitbestimmung auf der Neptunwerft nicht anerkannt würden. Die Missachtung, die namentlich vom Syndikus des Unternehmens, Griesinger, dem Betriebsrat und dem Schlichtungsausschuss entgegengebracht werde, provoziere die Arbeiterschaft und erschwere eine einvernehmliche Lösung des Konfliktes.

> »Die Herrschaften sollen sich gesagt sein lassen, daß alle ihre Provokationen, die sie jetzt gegen die Arbeiterschaft inszenieren, letzten Endes auf sie selbst zurückfallen werden. Wenn die Werftgewaltigen heute glauben, daß sie einen Kampf gegen die Arbeiterschaft führen können, wenn sie damit rechnen, daß sie durch die Zerrissenheit der Arbeiterschaft die Möglichkeit haben, der Arbeiterschaft eine entschei-

---

72 MVZ, 26. April und 22. Mai 1921 sowie 23. April 1922. Siehe Schildt: Die Republik von Weimar, S. 23.
73 Verhandlungen des Mecklenburg-Schwerinschen Landtages II, Bd. 1, Sp. 433.
74 MLHA, 5.11-2, 374: Interpellation von KPD und SPD (Drucksache Nr. 36), 23. Juni 1921. Für den Verlauf der Debatte siehe: Verhandlungen des Mecklenburg-Schwerinschen Landtages II, Bd. 1, Sp. 758 ff.

dende Niederlage beibringen zu können, dann sollen sich die Herrschaften gesagt sein lassen, daß diese Rechnung doch noch ein Loch hat. Das Vorgehen der Unternehmer gegen die Arbeiterschaft wird diese, die heute zerrissen dasteht, wieder zusammenschweißen. Dann wird der Tag kommen, an dem den Scharfmachern vom Schlage der Werftgewaltigen sowie allen ihren Trabanten und willfährigen Werkzeugen vom Schlage eines Griesinger und Konsorten noch das Grauen kommen wird über ihre Provokation der Arbeiterschaft gegenüber. Dann wird die Arbeiterschaft den Herrschaften eine Rechnung präsentieren, daß ihnen darüber die Haare zu Berge stehen.«[75]

Diese Kampfansage, geprägt von der Enttäuschung über die Spaltung der Arbeiterbewegung, ließ die beiden nachfolgenden Redner unbeeindruckt. Nachdem der ehemalige Innenminister Heinrich Erythropel (DVP) um Verständnis für die Situation der Unternehmer geworben hatte, setzte Kollwitz zu einer Entgegnung an. Im Kontrast zu seinen einleitenden Bemerkungen mäßigte er sich diesmal nicht, sondern erhob massive Anschuldigungen gegen die Bourgeoisie und den internationalen Kapitalismus. Grundsätzlich hielt Kollwitz es für unrealistisch, die ökonomischen Bedingungen auf parlamentarischer Grundlage ändern zu wollen. Sein Ziel war die »endgültige Erledigung des Kapitalismus«[76], und andeutungsweise nahm er dafür auch den Einsatz von Gewalt in Kauf. Den übrigen Parteien standen solche Pläne fern. Deshalb folgten sie einem Vorschlag des Ministerpräsidenten. Stelling hatte die Bildung einer Kommission angeregt. Sie sollte sich aus Vertretern der Regierung, Landtagsabgeordneten, Industriellen und Arbeitnehmern zusammensetzen und Konzepte zur Senkung der Arbeitslosigkeit entwickeln.

Während die SPD einerseits von der Großen Koalition nicht abrückte, setzte sie andererseits ihre partielle Kooperation mit den Kommunisten fort. Angesichts erneuter Entlassungen auf der Neptunwerft brachten die beiden Arbeiterparteien im November 1921 abermals eine gemeinsame Interpellation in den Landtag ein.

Unüberbrückbare Gegensätze in politischen Fragen ließen die Große Koalition in Mecklenburg-Schwerin letztlich doch auseinander brechen. Die DVP schied aus der Regierung aus. Dennoch verfügte das von Johannes Stelling geführte Regierungsbündnis noch über eine recht komfortable Mehrheit von sieben Stimmen.[77]

Als Albert Schulz im November 1922 erstmals über die Verhandlungen des Hauptausschusses vor dem Landtag berichtete, stand seine Rede im Zeichen der rapide ansteigenden Inflationsrate. Die Geldentwertung schritt dermaßen rasant voran, dass im Landtag von Mecklenburg-Schwerin wiederholt über Nachträge zum Haus-

---

75 Ebd., Sp. 773.
76 Ebd., Sp. 785.
77 Ebd., Sp. 1113 ff. Siehe Ballerstaedt: Das Verhältnis von Landtag und Regierung in Mecklenburg-Schwerin, S. 58 ff.

haltsplan für das laufende Rechnungsjahr beraten werden musste. Ebenso wie die anderen sozialdemokratischen Mitglieder des für den Etat zuständigen Hauptausschusses bemühte sich Schulz bei solchen Gelegenheiten, die Versorgungslage der sozial Schwachen wenigstens für den Augenblick zu verbessern. Diese zumeist steuerpolitischen Maßnahmen wurden aber nicht nur von der DVP und der DNVP, sondern desgleichen vom Dorfbund und der Mittelstandspartei mit Rücksicht auf ihre jeweilige Wählerklientel abgelehnt – ein Vorgang, der die Brüchigkeit der Regierungskoalition abermals offenbarte.[78]

Im Frühjahr 1923 betrug der Wert eines Dollars rund 20.000 Mark[79], und das Lohnniveau blieb vergleichsweise niedrig. Selbst Grundnahrungsmittel wie Zucker, Butter und Milch waren für die Mehrheit der Bevölkerung kaum noch erschwinglich. Wie viele andere erblickte Schulz in der schlechten Ernährungslage eine Gefahr für die Volksgesundheit und damit für die wirtschaftliche Leistungskraft in Deutschland. Die Preisgestaltung der Lebensmittelerzeuger grenzte in seinen Augen an Wucher. Dass eine Minderheit sich aufgrund ihrer Monopolstellung auf Kosten der Allgemeinheit schamlos bereichern könne, empörte Schulz und brachte für ihn den »ganzen Wahnsinn der kapitalistischen Gesellschaftsordnung« zum Ausdruck. Die Überwindung des Systems zog er nach wie vor jedoch lediglich theoretisch in Erwägung. Stattdessen versprach er sich von der Wiedereinführung der Zwangswirtschaft eine gerechtere Verteilung der überteuerten und lebenswichtigen Nahrungsmittel.[80]

Zur Regierungsspitze und zur Fraktionsführung hatte Albert Schulz guten Kontakt. Als Deputierter des Landtags fuhr er im Mai 1923 zusammen mit Ministerpräsident Johannes Stelling zur 75-Jahrfeier der Verfassunggebenden Nationalversammlung von 1848. Wie auf dem Parteitag in Kassel unterhielt Stelling seine Mitreisenden während der Zugfahrt mit Schwänken und Anekdoten. Die Jubiläumsveranstaltung in der Frankfurter Paulskirche wurde von Friedrich Ebert eröffnet und war ein Bekenntnis zum Parlamentarismus, der in Deutschland im Gegensatz zu anderen europäischen Ländern keine besonders ausgeprägte Tradition besaß.[81] Den Fraktionsvorsitzenden Carl Moltmann kannte Schulz aus der gemeinsamen Parteiarbeit. Mit ihm verband ihn ein freundschaftliches Verhältnis, und beide standen der von der KPD erstmals Anfang 1921 aus taktischen Gründen verkündeten Aktionseinheit der Arbeiterparteien und Gewerkschaften äußerst skeptisch gegenüber. Ein derartiges Bündnis hätte zwar die selbst gewählte Isolierung der Kommunisten durchbrochen, war aber

---

78 Verhandlungen des Mecklenburg-Schwerinschen Landtages II, Bd. 2, Sp. 2554 ff. MLHA, 5.11-2, 403: Antrag an die Staatsregierung, gezeichnet von Albert Schulz, 8. November 1922.
79 Siehe Schildt: Die Republik von Weimar, S. 44 ff.
80 Verhandlungen des Mecklenburg-Schwerinschen Landtages II, Bd. 3, Sp. 4256 ff. (Zitat, Sp. 4260).
81 AdsD, Dep. Fritz Heine, 31: Albert Schulz an Fritz Heine, 5. Juli 1973. Für den Ablauf der Feier siehe Rebentisch: Friedrich Ebert und die Paulskirche, besonders S. 9 ff. und 29.

vor allem dazu gedacht, speziell die Mehrheitssozialdemokraten als angeblich nicht kooperationsbereit und reformunwillig bloßzustellen.[82]

Für Albert Schulz war es derweil nach wie vor charakteristisch, dass er sich stets bemühte, seine Bildung zu vervollkommnen. Als ihm der Vorsitzende der SPD in Mecklenburg-Lübeck, Wilhelm Kröger, im Sommer 1923 den Vorschlag unterbreitete, den nächsten Kursus der Heimvolkshochschule Tinz zu besuchen, zögerte er nicht lange und nahm das Angebot an.[83] Die Bildungseinrichtung lag bei Gera in Thüringen und war speziell für politisch aktive Arbeiter mit geringer Schulbildung geschaffen worden. In einem parteiinternen Bewerbungsschreiben, das ungeachtet der Unterstützung von Kröger verlangt wurde, skizzierte Schulz dem Bezirksvorstand in erster Linie seine jahrelange Tätigkeit in der Arbeiterjugend, verwies aber auch auf sein Engagement als stellvertretender Ortsvereinsvorsitzender und in der sozialdemokratischen Landtagsfraktion. Nicht zuletzt versprach er, die Kenntnisse, die er in Tinz zu erwerben gedachte, auf jeden Fall »im Dienste d[er] Arbeiterbewegung«[84] zu verwerten.

Erwartungsgemäß war Schulz mit seiner Bewerbung, die der Bezirksvorstand an den zentralen Bildungsausschuss der SPD weiterleitete, erfolgreich und er wurde zu dem alsbald beginnenden fünften Männerkursus der Heimvolkshochschule Tinz eingeladen. Problemlos erhielt er von seinem Arbeitgeber, der Allgemeinen Ortskrankenkasse in Rostock, für den Zeitraum der Teilnahme vier Monate unbezahlten Urlaub. Die Reise- und Lehrgangskosten übernahm die Partei. Der Verdienstausfall wurde nicht ersetzt. Neben einem Gesundheitszeugnis und einem handgeschriebenen Lebenslauf musste Schulz zudem vorab einen kurzen Aufsatz einreichen.[85] Das Thema »Was ich von ›Tinz‹ erwarte« dürfte ihm von der Schulleitung vorgegeben worden sein:

»Dem in d[er] Tagesarbeit innerhalb d[er] Arbeiterbewegung stehenden Genossen fehlt in der Regel die Zeit[,] um sich eingeh[end] mit theoretischen Studien zu beschäftigen. Die dadurch in d[er] Bildung entstehende Lücke wird um so fühlbarer in je jüngeren Jahren man in die Tagesarbeit hineingerät.
Die theoretischen Kenntnisse[,] die man sich in kurz bemessenen Studien aneignen kann, müssen unter diesen Umständen Bruchstücke bleiben.
Von dem Besuch d[er] Volkshochschule Tinz erwarte ich nun die Verbindung d[ieser] Bruchstücke zu einem organischem Ganzen. Ich gebe mich allerdings nicht d[er] Hoffnung hin[,] nun in Tinz eine allumfassende Bildung zu erhalten. Dazu

---

82 MVZ, 29. Juli 1923; Volkswacht, 31. Juli 1923. Siehe Winkler: Von der Revolution zur Stabilisierung, S. 508 f. und 570 ff.
83 Siehe Schulz: Erinnerungen, S. 42.
84 Thüringisches Staatsarchiv Greiz, Heimvolkshochschule Tinz, Akte Nr. 11, Bd. 5, Bl. 371a: Albert Schulz an den Bezirksvorstand der SPD in Mecklenburg-Lübeck, 2. Juli 1923.
85 Ebd., Bl. 373: Ärztliche Bescheinigung, 17. August 1923. Entgegen seinen Ausführungen dürfte Schulz das Lehrgangsgeld nicht selbst getragen haben. Siehe Schulz: Erinnerungen, S. 42 f.; Feigenspan: Die Heimvolkshochschule Tinz, S. 74 und 79; Walter: Schloß Tinz, S. 431.

ist die Zeit von 4 Monaten natürlich viel zu kurz. Trotzdem hoffe ich in Tinz, losgelöst von d[er] Tagesarbeit und nur dem Studium hingegeben, meine Kenntnisse wesentlich zu vermehren. Ich erhoffe nicht nur eine innere Bereicherung für mich, sondern vor allen Dingen eine Be[?] meiner Tätigkeit innerhalb d[er] Arbeiterbewegung. Braucht doch auch die praktische Arbeit die Theorie als Kompaß.«[86]

Außerordentlich froh, sein mitunter lückenhaftes theoretisches Wissen ungestört von den täglichen Anforderungen in Beruf und Partei vertiefen zu können, reiste Schulz im August 1923 nach Tinz. Die Heimvolkshochschule war formal eine staatliche Schule und nach ihrem Selbstverständnis keine Parteischule, sondern eine sozialistische Bildungsstätte. Ihre Schüler stammten sowohl aus der Arbeiterjugend, den Arbeiterparteien und den Gewerkschaften als auch aus Betriebsräten und Arbeiterkulturvereinen. Grundlegend für den Unterricht war eine marxistische Analyse der Gesellschaft, die soziale Ungerechtigkeiten zu Tage befördern und die Zusammenhänge zwischen Politik, Wirtschaft und Kultur offen legen sollte. Der Lehrplan für den viermonatigen Kursus, den Albert Schulz besuchte, zeichnete sich durch ein breites Themenspektrum aus. Es reichte von Wirtschaftslehre und Soziologie über die Geschichte der Arbeiterbewegung und arbeitsrechtlichen Fragestellungen bis zur Naturkunde, Geografie, Kunstgeschichte, Literaturkunde und Gesundheitspflege. Die für den Marxismus zentrale Mehrwerttheorie und die Akkumulation des Kapitals wurden ebenso behandelt wie die Entstehung des Weltalls oder die Funktionsweise von Atmung und Blutkreislauf. Überdies erhielt Schulz regelmäßig Unterricht in Stillehre und übte das Verfassen schriftlicher Arbeiten.[87]

Der Unterricht in Tinz war für Albert Schulz, wie von ihm vermutet, eine Bereicherung. Außer bei dem austromarxistisch orientierten Lehrer Otto Jenssen, der ihn als sehr aktiven, aber nicht radikalen Genossen einschätzte, hörte er Veranstaltungen bei Alfred Braunthal und Oskar Greiner. Der Österreicher Braunthal, der die Schule bis 1928 leitete, wurde in seinen Stunden nicht müde, vor einer Mythologisierung des Revolutionsgedankens zu warnen und die Überwindung der kapitalistischen Gesellschaftsordnung als langfristigen, nur auf dem Wege der Gesetzgebung voranzutreibenden Prozess zu beschreiben. Greiner kam unterdessen wie Jenssen aus der USPD. Er übernahm es, die allesamt nicht akademisch vorgebildeten Schüler in die Techniken geistigen Arbeitens einzuführen, und ermutigte sie zum kontinuierlichen Selbststudium.[88]

---

86 Thüringisches Staatsarchiv Greiz, Heimvolkshochschule Tinz, Akte Nr. 11, Bd. 5, Bl. 372: Albert Schulz: »Was ich von ›Tinz‹ erwarte«, undatiert.
87 Siehe Gr.[einer]: Zehn Jahre Tinz, S. 113; Brock: Vom Fürstenschloß zur Arbeiterhochschule, S. 143 und 147; Feigenspan: Die Heimvolkshochschule Tinz, S. 137 ff.; Winkler: Der Schein der Normalität, S. 615 f.
88 Siehe Walter: Schloß Tinz, S. 432 f.; Schulz: Erinnerungen, S. 42 ff.

Mit seinen 28 Jahren zählte Albert Schulz zu den ältesten Schülern seines Lehrganges. Auch Angestellte waren relativ selten. Trotzdem dürfte er gut in die Gruppe gepasst haben, nicht zuletzt weil er als ehemaliger Werftarbeiter die Lebenssituation und Probleme der Arbeiterschaft bestens kannte. Beim gemeinsamen Essen und in den Abendstunden wurden häufig die im Unterricht begonnenen Diskussionen fortgesetzt. Sportangebote, Theateraufführungen und musikalische Darbietungen standen ebenfalls auf dem Programm. Einen wichtigen Platz im Gemeinschaftsleben nahm der Arbeitsdienst ein. Jeder der Schüler war verpflichtet, mindestens sechs Stunden in der Woche am Erhalt der als Internat geführten Schule mitzuwirken. Durch diese Mithilfe in der Küche, im Garten oder auf dem Feld konnten Kosten in beachtlicher Größenordnung gespart werden.[89]

Der von Albert Schulz belegte Kursus fiel in eine bewegte Zeit. Es war die letzte Phase der Inflation, und im Oktober 1923 ging die Reichswehr, ermächtigt durch eine Verordnung des Reichspräsidenten Friedrich Ebert, gegen die von SPD und KPD gestellte sächsische Regierung vor, weil diese sich von der verfassungsmäßigen Ordnung des Reiches entfernt hatte. Die rapide Geldentwertung machte Schulz und den übrigen Lehrgangsteilnehmern zu schaffen. Mittlerweile überstieg der Wert eines Dollars vier Billionen deutsche Mark.[90] Dementsprechend wertlos waren die bescheidenen Geldsendungen, die die Schüler gelegentlich von ihren Angehörigen erhielten, wenn sie mit der Post in Tinz eintrafen. Als in Thüringen, wo ebenfalls eine Linkskoalition regierte, die Furcht vor einem militärischen Eingriff angesichts der Reichsexekution gegen Sachsen immer größer wurde, beschloss Schulz mit seinen Mitschülern, zur eigenen Sicherheit eine Abwehrgruppe zu bilden, und übernahm die Leitung dieser mit Holzknüppeln bewaffneten Truppe. Ihm zur Seite stand der kräftige und hoch gewachsene Schlosser Franz Neumann, nach 1945 Vorsitzender der SPD in Berlin.[91]

Zusätzliche Brisanz erhielt die Situation durch offen republikfeindliche Vorgänge in Bayern. Dort hatte die Landesregierung im September 1923 den Ausnahmezustand verkündet und den ehemaligen Ministerpräsidenten Gustav Ritter von Kahr, von dem die Wiedereinführung der Monarchie erwartet wurde, zum Generalstaatskommissar mit diktatorischen Vollmachten gemacht. Trotz dieser ungeheuerlichen Provokation verhielt sich die von Friedrich Ebert zum Handeln berechtigte Reichswehrführung im Gegensatz zu ihrem Vorgehen in Sachsen abwartend, wodurch sich die Gefahr eines reichsweiten Umsturzversuches von rechts vergrößerte.[92] Vor diesem Hintergrund schrieb Albert Schulz Ende Oktober 1923 einen beschwichtigenden Brief an seine besorgte Freundin Emmi Munck. Zugleich lieferte er eine hellsichtige Analyse der aktuellen politischen Lage:

---

89 Siehe Greiner: Heimvolkshochschule Tinz, S. 424 ff.
90 Siehe Schildt: Die Republik von Weimar, S. 44.
91 Siehe Schulz: Erinnerungen, S. 43; Peukert: Die Weimarer Republik, S. 84.
92 Siehe Schildt: Die Republik von Weimar, S. 49 ff.

»Mir geht es hier noch immer gut. Die Gefahr für uns hier ist meiner Ansicht vorüber. Die Bayern werden sich bei ihrer gegenwärtigen Lage schön hüten und vorwärts marschieren.
Mit den Preisen ist es ja augenblicklich wahnsinnig. Wie Ihr überhaupt leben könnt, bei diesen Zuständen[,] ist fast ein Rätsel. Aus diesen Zuständen ist natürlich auch die Anziehungskraft d[er] K.P.D zu verstehen. Wir werden bei den nächsten Wahlen schwere Schlappen als Partei bekommen, da wir in d[er] Regierung sind und von einer gewissenlosen Agitation für Alles verantwortlich gemacht werden. Zweifellos sind auch von unserer Partei schwere Fehler gemacht, aber sie waren wohl unvermeidbar. Die gegenwärtige Politik unserer Partei ist eine weitere schwere Belastung d[er] Agitation, die uns die Massen nach links oder rechts treibt. Und wir sitzen schön in d[er] Mitte und werden von links und rechts verhauen.«[93]

Wie sich herausstellte, waren die von Schulz in Tinz gehegten Befürchtungen begründet. Die Bedrohung des Staatswesens hielt an. Zur Erleichterung von Schulz blieb seine Abwehrgruppe jedoch von einer gewaltsamen Auseinandersetzung verschont, obgleich die Heimvolkshochschule aus ihrer sozialistischen Orientierung keinen Hehl machte.[94]

Im Dezember 1923, kurz vor Weihnachten, endete der von Schulz in Tinz belegte Kursus mit einer Abschlussbesprechung, zu der ein Vertreter des SPD-Parteivorstandes anreiste. Wie manch anderer Lehrgangsteilnehmer verstand Schulz seinen Aufenthalt in der Heimvolkshochschule zeitlebens als Privileg. Aus den Reihen der mecklenburgischen Sozialdemokratie war es zuvor nur Willy Jesse ermöglicht worden, die sozialistische Bildungsstätte zu besuchen.[95]

2.2 Sozialpolitische Initiativen in der Opposition

Die Wahlen zum dritten Ordentlichen Landtag von Mecklenburg-Schwerin am 17. Februar 1924 brachten einen deutlichen Rechtsruck. Die DNVP steigerte ihren Stimmenanteil um gut sechs Prozentpunkte und erhielt 15 Abgeordnete. Über enge Beziehungen zu den Deutschnationalen verfügte die Völkische Arbeitsgemeinschaft, die mit vier Mandaten erstmals in den Landtag einzog. Neu im parlamentarischen Gefüge war auch die Ende 1922 als Abspaltung der DNVP gegründete Deutschvölkische Freiheitspartei. Mit 13 Sitzen schnitt sie bloß geringfügig schlechter ab als die

---

93 NL Albert Schulz: Albert Schulz an Emma Munck, 26. Oktober 1923.
94 Siehe Schulz: Erinnerungen, S. 43; Winkler: Von der Revolution zur Stabilisierung, S. 671.
95 Siehe Schulz: Erinnerungen, S. 43 f. Eine (nicht vollständige) Übersicht über die Teilnehmer der einzelnen Kurse an der Heimvolkshochschule Tinz befindet sich im: AdsD, NL Franz Osterroth, 6.

SPD und avancierte auf Anhieb zu einer der stärksten politischen Kräfte in Mecklenburg-Schwerin.[96] Nachdem DNVP und DVP in intensiven Verhandlungen erreicht hatten, dass sie von den beiden völkischen und grundsätzlich antiparlamentarischen Parteien toleriert wurden, bildeten sie im März 1924 eine Minderheitsregierung. Das Amt des Ministerpräsidenten übernahm der Deutschnationale Joachim Freiherr von Brandenstein, ein studierter Jurist und Gutsbesitzer. Seine Bereitschaft, im Sinne der demokratischen Gesellschaftsordnung zu wirken, hielt sich in Grenzen.[97]

Auf den sechsten Platz der sozialdemokratischen Wahlvorschlagsliste nominiert, zog Albert Schulz erneut in den Landtag ein. Im Gegensatz zur Mehrheit der in der Heimvolkshochschule Tinz ausgebildeten Schüler war ihm nach seiner Rückkehr aus Thüringen die Arbeitslosigkeit erspart geblieben. Verabredungsgemäß hatte er seine Tätigkeit bei der Allgemeinen Ortskrankenkasse bei gleicher Bezahlung wieder aufgenommen. Daneben konnte Schulz noch genügend Zeit für die parlamentarische Arbeit erübrigen. Er vertrat seine Partei weiterhin im Hauptausschuss und als Redner im Plenum, wobei er im Laufe der Jahre zunehmend an Profil gewann.[98]

Gleich zu Beginn der Legislaturperiode brachte die DVFP ein ganzes Bündel von Anträgen ein, was mit Blick auf ihre antiparlamentarische Haltung überraschen konnte. Schon bald nach der Landtagswahl entspann sich eine kontroverse Debatte über die Zukunft des Achtstundentages. Obwohl die DVFP grundsätzlich jedwede Mehrarbeit als »Frondienst für das internationale jüdische Leihkapital«[99] ablehnte, wie ihr Abgeordneter Friedrich Hildebrandt erklärte, setzte sie sich für eine flexiblere Regelung der Arbeitszeit ein, vor allem um den spezifischen Erfordernissen der von der Witterung abhängigen Landwirtschaft und den Besonderheiten manch anderer Produktionszweige stärker Rechnung zu tragen.[100] Prinzipiell hatte dieser Vorschlag durchaus etwas für sich. Dies stellte auch Albert Schulz in seiner Replik nicht in Abrede. Aus Gründen der Glaubwürdigkeit schien es ihm aber geboten, nicht mit der ebenso völkischen wie judenfeindlichen Partei zusammenzuarbeiten. Deswegen formulierte er einige Zusatzanträge, von denen er sicher sein konnte, dass sie den Interessen der DVFP zuwiderlaufen würden. Überdies rief Schulz in Erinnerung, warum die Sozialdemokratie den Achtstundentag seit Jahrzehnten für erstrebenswert hielt:

»Wenn wir den Antrag auf Beibehaltung des Achtstundentages gestellt haben und weiter gehen als die Deutschvölkischen, so tun wir es nicht deshalb, weil wir eine

---

96 Siehe Heck: Geschichte des Landtags in Mecklenburg, S. 120 ff.; Schwabe: Zwischen Krone und Hakenkreuz, S. 181; Wulff: Die Deutschvölkische Freiheitspartei, S. 10 ff.
97 Siehe Ballerstaedt: Das Verhältnis von Landtag und Regierung in Mecklenburg-Schwerin, S. 60 f.; Wieden: Die mecklenburgischen Regierungen und Minister, S. 41, 52 und 61.
98 Freies Wort, 12. Januar 1924. Siehe Brock: Vom Fürstenschloß zur Arbeiterhochschule, S. 152. Verhandlungen des Mecklenburg-Schwerinschen Landtages III, Bd. 1, Sp. 19 f.
99 Ebd., Sp. 179.
100 MLHA, 5.11-2, 224: Anträge der DVFP (Drucksache Nr. 5), 18. März 1924.

Prämie auf die Faulheit setzen wollen, wie so mancher der Herren vom Bürgertum, die noch nie im Leben acht Stunden gearbeitet haben, immer behauptet, sondern wenn wir als organisierte Arbeiterschaft immer für den Achtstundentag gekämpft haben, so haben wir deshalb dafür gekämpft, weil wir wollen, daß auch die unteren Schichten des Volkes emporsteigen, weil wir wollen, daß auch sie teilhaben sollen an allem Schönen und Großen der deutschen Kultur. [...] Die Arbeiterschaft, die über mangelhafte Volksschulbildung verfügt, muß Zeit haben, wenn sie sich mit diesen Dingen beschäftigen soll, sie darf ihre ganze Zeit nicht dazu verwenden, lediglich zu arbeiten. Ich glaube, alle diejenigen von Ihnen, die von völkischer Erneuerung träumen, müßten ganz konsequent auch hierbei uns unterstützen, müßten mit dafür sorgen, daß auch der Arbeiter nicht nur das Lasttier ist, dem nur so viel Zeit zum Schlafen und Essen gelassen wird, um am nächsten Tage wieder seinen Frondienst beginnen zu können, sondern daß er ein Mensch ist, der auch Anspruch hat auf die Errungenschaften der deutschen Kultur.«[101]

Der Kommunist Hugo Wenzel, der sich während des Kapp-Lüttwitz-Putsches als gewiefter Politiker erwiesen hatte und inzwischen dem Landtag angehörte, sprach sich ebenfalls für den Achtstundentag aus, erging sich ansonsten aber in wüsten und mitunter sogar antisemitisch gefärbten Angriffen gegen die Rechtsparteien. Die DNVP-Fraktion unterstützte hingegen die Pläne der DVFP; und auch der DVP-Abgeordnete Theodor Huchthausen signalisierte das Einverständnis seiner Partei. Den Sozialdemokraten blieb nichts anderes übrig, als sich in ihre Oppositionsrolle zu fügen. Widerstrebend mussten sie mit ansehen, wie die deutschvölkischen Abgeordneten ihre Vorstellungen durchsetzen konnten.[102]

Im Mai 1924 nutzte Albert Schulz die Generalversammlung der SPD in Rostock, um die Arbeit der amtierenden Landesregierung vehement zu kritisieren. Gleichzeitig prangerte er die parlamentarische Unerfahrenheit der DVFP-Fraktion an. Trotz vorhandener Mittel habe es die Regierungskoalition bislang versäumt, finanzielle Hilfen für sozial Schwache bereitzustellen. Den nächsten Wahlen sah Schulz zuversichtlich entgegen. Seiner Meinung nach würde die DVFP außerstande sein, ihre vollmundigen Versprechungen, mit denen sie sich im letzten Wahlkampf auch Sympathien in der Arbeiterschaft erworben hatte, in die Tat umzusetzen. Darüber hinaus sollten die Sozialdemokraten durch behutsame Agitation erhebliche Stimmengewinne aus den Reihen der Nichtwähler erzielen.[103]

In den folgenden Monaten versuchte die SPD-Landtagsfraktion unentwegt, die Interessen ihrer Klientel zu befördern. Sie plädierte beispielsweise für die Anhebung der produktiven Erwerbslosenfürsorge und empfahl die reichsweite Einführung einer

---
101 Verhandlungen des Mecklenburg-Schwerinschen Landtages III, Bd. 1, Sp. 182.
102 Ebd., Sp. 182 ff. MLHA, 5.11-2, 224: Antrag der SPD (Drucksache Nr. 8), 18. März 1924.
103 MVZ, 25. Mai 1924.

als Selbstverwaltungskörperschaft organisierten Arbeitslosenversicherung. Außerdem regte sie an, den Milchpreis durch Subventionen zu senken. Erfolg war Albert Schulz und seinen Genossen allerdings zumeist nicht beschieden, denn kaum einer der sozialdemokratischen Anträge wurde angenommen.[104]

Eine die Parteigrenzen überwindende Kooperation kam nur äußerst selten zu Stande. Zu diesen Ausnahmen gehörte die Bewilligung eines Darlehens in Höhe von 500.000 Mark für die Neptunwerft, die sich im Frühjahr 1925 einmal mehr in akuter Finanznot befand. Die Direktion des größten mecklenburgischen Schiffbaubetriebs war mit ihren fachlichen Obliegenheiten überfordert und wurde ihrer sozialen Verantwortung nicht gerecht. Gleichwohl zählte die Neptunwerft zu den mit Abstand bedeutendsten Arbeitgebern im wenig industrialisierten, überwiegend agrarisch strukturierten Mecklenburg. Deshalb blieb den politischen Entscheidungsträgern im Interesse des Gemeinwohls häufig nichts anderes übrig, als den gelegentlichen Kreditforderungen der Werftleitung nachzukommen. Prinzipiell betrachteten es die im Landtag vertretenen Parteien nicht als Aufgabe des Staates, einzelnen in Not geratenen Unternehmen unter die Arme zu greifen, wie Albert Schulz im April 1925 als Berichterstatter des Hauptausschusses in der Debatte über den aktuellen Fall betonte. Würde die Neptunwerft stillgelegt, entstünden der aus Landesmitteln finanzierten Erwerbslosenfürsorge jedoch pro Jahr fast 275.000 Mark an zusätzlichen Kosten. Der Zinsverlust, mit dem die Staatskasse durch die Bereitstellung des großzügigen Darlehens belastet würde, sei hingegen wesentlich geringer.[105]

Am 29. Mai 1925 heiratete Albert Schulz seine langjährige Freundin Emma Munck, die sich ihm politisch wie privat als verlässliche Partnerin erwiesen und mittlerweile selbst eine beachtliche Aktivität in der Sozialdemokratie entfaltet hatte. Ebenso wie Willy Jesse und ihr Schwager Paul Schulz gehörte sie seit April 1923 dem Bildungsausschuss der SPD in Rostock an, und gemeinsam mit Margarete Ketelhohn saß sie im Vorstand der örtlichen Frauengruppe der Partei. Zudem übernahm sie im August 1925 auf der ersten sozialdemokratischen Frauenkonferenz, die jemals im Bezirk Mecklenburg-Lübeck stattfand, die Schriftleitung.[106]

Zu den Themen, mit denen sich der Landtag von Mecklenburg-Schwerin immer wieder beschäftigen musste, zählte die Erwerbslosigkeit. Ende 1925 waren landesweit rund 11.000 Personen ohne Arbeit. Die Regierung Brandstein und die sie tragenden Parteien gaben zwar vor, die Dringlichkeit des Problems zu erkennen, verhielten sich aber eher abwartend und entwickelten, abgesehen von ihrem Engagement für die Neptunwerft, keine nennenswerten Gegenstrategien. Indessen verlangte Albert Schulz, der

---

104 MLHA, 5.11-2, 409: Diverse Anträge der SPD. Verhandlungen des Mecklenburg-Schwerinschen Landtages III, Bd. 1, Sp. 2023.
105 Ebd., Bd. 2, Sp. 2218 f. Siehe Haack: Arbeitergeschichte als Gesellschaftsgeschichte, S. 704 und 713 f.
106 NL Albert Schulz: Heiratsschein von Emma Munck und Albert Schulz, 29. Mai 1925. MVZ, 15. April 1923 und 17. Juli 1924; Freies Wort, 31. August 1925.

knapp vier Monate nach seiner Heirat am SPD-Parteitag in Heidelberg teilgenommen hatte[107], unter anderem die Einrichtung von Suppenküchen, die Bereitstellung von Heizmaterial für Minderbemittelte und die Durchführung von Schulspeisungen. Der Illusion, dadurch die Ursachen der Arbeitslosigkeit beseitigen zu können, gab er sich jedoch nicht hin. Auch Arbeitsbeschaffungsmaßnahmen betrachtete er lediglich als Mittel zur Linderung der ärgsten Not. Seiner Meinung nach war die hohe Erwerbslosigkeit strukturell bedingt und eine unvermeidliche Begleiterscheinung des kapitalistischen Wirtschaftssystems, die durch das gegenwärtig besonders ausgeprägte Profitstreben vieler Unternehmer immer extremere Formen annehme.[108]

Durch das auf dem zurückliegenden Parteitag beschlossene Heidelberger Programm revidierte die SPD ihren vier Jahre zuvor in Görlitz eingeschlagenen Kurs, vor allem um die ehemaligen USPD-Mitglieder zu integrieren. Dass sich die Sozialdemokraten mit ihrem neuen Grundsatzprogramm betont klassenkämpferisch gaben und von einer sozialen Öffnung zur Volkspartei kaum noch die Rede war, bedeutete keineswegs, dass sie sich vollständig aus der politischen Verantwortung zurückzogen. Jenseits aller Revolutionshoffnungen und einer marxistisch gefärbten Sprache, die sich auch bei Schulz ausmachen ließ, blieb die republikanische Staatsform für viele in der SPD die geeignete Basis für moderate demokratische Reformen.[109]

Inzwischen schon fast fünf Jahre Mitglied des Landtags, hatte sich Albert Schulz im Laufe der Zeit einen Namen als glaubwürdiger Politiker gemacht und war in die Führungsspitze seiner Fraktion aufgerückt. Mit dieser Entwicklung ging eine Erweiterung seines Aufgabenspektrums einher. Außer die Parlamentsarbeit betraf dies vor allen Dingen die Wahlkämpfe. Über seine bisherige Agitationstätigkeit hinaus meldete sich Schulz nun verstärkt an exponierter Stelle zu Wort, nicht zuletzt in der sozialdemokratischen Presse.[110]

Dass die Regierung Brandenstein nicht zu den stabilsten gehörte, war bereits im Mai 1924 deutlich geworden, als ein Misstrauensantrag von deutschvölkischer Seite den vorübergehenden Rücktritt des Kabinetts bewirkt hatte. Ziemlich genau zwei Jahre später versagte die DVFP dem Regierungsbündnis endgültig die Unterstützung, weil sie die Interessen der Gutspächter und Landarbeiter besser vertreten sehen wollte. Vor allem waren die deutschvölkischen Abgeordneten jedoch nicht in der Lage, ihre maßlosen Wahlversprechen in die Tat umzusetzen. Als dies, wie Schulz es vorausgese-

---

107 Siehe: Sozialdemokratischer Parteitag 1925 in Heidelberg, S. 318 ff.; MVZ, 26. September 1925.
108 Ein entsprechender Antrag der SPD, gezeichnet am 24. November 1925, liegt im: MLHA, 5.11-2, 224. Verhandlungen des Mecklenburg-Schwerinschen Landtages III, Bd. 2, Sp. 3152 ff. und 3246 ff.
109 Siehe Dowe/Klotzbach: Programmatische Dokumente der deutschen Sozialdemokratie, S. 211 ff.; Winkler: Der Schein der Normalität, S. 320 ff.
110 Siehe beispielsweise: MVZ, 9. Januar 1926.

hen hatte, vornehmlich zu Verdruss bei ihrer junkerlichen Wählerschaft führte, wälzten sie die Verantwortung auf die Regierungsparteien ab.[111]

2.3 Regierungswechsel, Haushaltsberatungen und Panzerkreuzer-Skandal

Aus der vorgezogenen Wahl zum vierten Ordentlichen Landtag von Mecklenburg-Schwerin ging die SPD am 6. Juni 1926 als Siegerin hervor. Derweil musste die DNVP eine herbe Niederlage verkraften. Wieder einmal ließ sich aus dem Wahlergebnis kein klarer Regierungsauftrag ableiten. Weder eine Rechts- noch eine reine Linksregierung war rechnerisch möglich. Eine Große Koalition kam für die SPD mit Blick auf die Stimmung an der Parteibasis von vornherein nicht in Frage.[112]

Bis zur Eröffnungssitzung des Landtages im Juli 1926 blieb die künftige Zusammensetzung der Regierung ein geeigneter Gegenstand für Spekulationen. Vor allem der DNVP-nahe Rostocker Anzeiger, seit 1924 offizielles Organ des großagrarisch orientierten Landbunds[113], verstieg sich in immer neue Mutmaßungen, wobei er die Niederlage der Deutschnationalen ausschließlich mit der intransigenten Haltung der DVFP während der vergangenen Legislaturperiode erklärte.[114] Kurzfristig brachte das rechtskonservative Blatt sogar Albert Schulz, dessen Vater vor fünf Monaten an einer Lungenembolie gestorben war[115], als Finanzminister einer sozialdemokratischen Minderheitsregierung ins Gespräch. Zugleich zeichnete die Zeitung ein düsteres Bild von der Zukunft:

> »Nun interessiert natürlich am meisten, wen die Sozialdemokratie morgen in die Regierung schicken wird. Selbstverständlich sind die roten Auguren verschwiegen wie noch nie. Die Tatsache aber, daß heute nicht Paul Schroeder, der Rostocker Stadtrat a.D., wieder zum Landtagspräsidenten gekürt wurde, besagt, daß er zu einem gewichtigeren Posten vorbehalten ist. Dementsprechend saß er heute auch ganz hinten! Ob er wirklich Ministerpräsident wird? Wahrscheinlich nicht; Kultus- und Justizminister ist auch eine schöne Sache [...]. Hennecke denkt scheinbar nicht daran, wieder Finanzminister zu spielen. Den Rummel kennt er. Und hinter v. Oertzen ist das ohnehin schon ein Leim, zumal der auch obendrein noch Fraktionsführer der deutschnationalen Opposition ist. Doch als Ministerpräsident, das

---

111 Siehe Ballerstaedt: Das Verhältnis von Landtag und Regierung in Mecklenburg-Schwerin, S. 61 f.; Heck: Geschichte des Landtags in Mecklenburg, S. 124 f.
112 Siehe Ballerstaedt: Das Verhältnis von Landtag und Regierung in Mecklenburg-Schwerin, S. 62 f.
113 Siehe Keipke: Carl Gustav Wilhelm Boldt, S. 55.
114 Rostocker Anzeiger, 8. Juni und 20. Juni 1926.
115 NL Albert Schulz: Albert Schulz an Peter Schulz, 1. November 1971.

ist eine andere Sache. Da könnte er den Genossen-Finanzminister – wahrscheinlich wird das der unlängst bei Severing in Preuß'sch-Berlin in die rote Minister-Brutausbildungsanstalt geschickte Schulz-Albert aus Rostock sein müssen – auch ohnehin ganz gut im Sinne von Oberlehrer Dr. Moeller und der Steuerpädagogik am roten Bändchen halten.

So wird nunmehr also [das] Land Mecklenburg wohl sein rotes Wunder erleben müssen. Leider auch gleich für drei ausgewachsene Jahre! Denn umsonst und wieder nichts wurde der noch so jugendliche Güstrower Amtshauptmann Genosse Wilhelm Höcker nicht zum roten Landtagspräsidenten gewählt. Er soll nur die gut funktionierende Dekorationsstaffage abgeben. Zur eigentlichen Handlung jedoch werden morgen voraussichtlich wohl Hennecke und Paul Schroeder auf der parlamentarischen roten Stilbühne tagen, die als dritten im Bunde ihren roten Fraktionseleven – er soll übrigens geistig der regsamste trotz seiner Jugend sein – an verkürzter Kabinettslonge am Gängelbande mit sich führen werden.«[116]

Der Rostocker Anzeiger zeigte sich jedoch nicht nur bei seinen Bemerkungen über die Ausbildung des »roten Fraktionseleven« Albert Schulz schlecht informiert, sondern irrte auch bei seiner Vorhersage, welche Spitzenpolitiker die als rote Gefahr dämonisierte Sozialdemokratie für die Ministerposten in Vorschlag bringen würde. Entgegen der Meldung des Blattes wurde Paul Schroeder zum Ministerpräsidenten einer von der KPD und der Gruppe für Volkswohlfahrt tolerierten Minderheitsregierung gewählt. Auch bei den beiden anderen Ministerien lag der Rostocker Anzeiger daneben. Finanzminister wurde mitnichten Schulz, sondern der nunmehrige Geschäftsführer der Konsumgenossenschaft in Rostock, Julius Asch, der zudem das Ministerium für Landwirtschaft, Domänen und Forsten übernahm. Der Justiz- und Kultusminister wurde von der DDP gestellt. Richard Moeller, langjähriger Oberlehrer am Lyzeum in Rostock und seit 1920 Landesvorsitzender seiner Partei, erfreute sich im linken politischen Spektrum großer Beliebtheit.[117]

Der neue Landtagspräsident, Wilhelm Höcker, gehörte dem Parlament seit 1921 an. Ebenso wie der etwas jüngere Albert Schulz stammte er aus einem sozialdemokratischen Elternhaus. Insbesondere durch seinen Vater, der in der ostmecklenburgischen Kleinstadt Woldegk als Zimmermann arbeitete, kam er schon früh mit den Ideen der Arbeiterbewegung in Berührung. Da Höcker zu den besten Schülern seiner Klasse zählte, finanzierten ihm seine Eltern, nachdem er 1901 die Volksschule absolviert hatte, unter einigen Mühen eine Ausbildung zum Handlungsgehilfen in der Textilbranche. In seiner Freizeit und während seines zweijährigen Militärdienstes las er

---

116 Rostocker Anzeiger, 9. Juli 1926.
117 Siehe Heck: Geschichte des Landtags in Mecklenburg, S. 124 f.; Schulz: Erinnerungen, S. 45 f.; Schwabe: Wurzeln, Traditionen und Identität der Sozialdemokratie, S. 69; Wieden: Die mecklenburgischen Regierungen und Minister, S. 50.

mit Vorliebe die Schriften von Joseph Herzfeld, der die Sozialdemokratie damals im Reichstag vertrat. Nach kurzer beruflicher Tätigkeit in Hamburg schloss sich Höcker im Jahr 1911 der SPD an und wurde bald darauf mit dem Aufbau einer Konsumgenossenschaft in Güstrow beauftragt. Zur Seite stand ihm dabei seine Frau Grete, die eine aktive Sozialdemokratin gewesen sein dürfte. Den Ersten Weltkrieg verbrachte Höcker als Zahlmeister in einem Reserve-Jäger-Bataillon auf dem Balkan, in Frankreich und Italien. Annexionistische Parolen machte er sich im Gegensatz zu manch anderem Sozialdemokraten nicht zu Eigen. Die Novemberrevolution erlebte Höcker wieder zurück in Güstrow als Mitglied des dortigen Arbeiterrates. In der folgenden Zeit betätigte er sich unter anderem als Vorsitzender der lokalen Behörde für Volksernährung. 1921 wurde er zum Amtshauptmann von Güstrow gewählt. Zugleich Mitglied des Landtags, hatte er eine immense Arbeitsbelastung zu bewältigen.[118]

Drei Monate nach der für die Sozialdemokratie günstig ausgegangenen Landtagswahl wechselte Albert Schulz den Beruf. Zuletzt hatte er die Allgemeine Ortskrankenkasse in Rostock bei allerlei Streitfällen vor dem städtischen Versicherungsamt vertreten.[119] Als bei der Mecklenburgischen Volks-Zeitung eine weitere Redakteursstelle geschaffen wurde, weil das von Carl Moltmann verlegte Parteiorgan »Das freie Wort« aus Kostengründen künftig in Rostock produziert und als Kopfblatt erscheinen sollte, trat Schulz mit Wirkung zum 15. September 1926 in die Redaktion des traditionsreichen sozialdemokratischen Blattes ein.[120] Die Büroräume der Zeitung befanden sich zusammen mit einer inzwischen aufgebauten Verlagsbuchhandlung immer noch in der Kröpeliner-Tor-Vorstadt. Durch umfangreiche Modernisierungsmaßnahmen war der ursprünglich kleine Pressebetrieb nach und nach zu einem leistungsstarken Unternehmen angewachsen.[121]

Finanziell war es für Schulz anfangs nicht sonderlich attraktiv, seine Position als Abteilungsleiter bei der Ortskrankenkasse aufzugeben. Um wenigstens das gleiche Gehalt zu erhalten, wurden ihm bei der Mecklenburgischen Volks-Zeitung sieben Dienstjahre in der Arbeiterbewegung angerechnet. Diese Regelung kam seinen gewiss auch vorhandenen materiellen Interessen entgegen, denn offiziell galt eine Krankenkasse keineswegs als genuin sozialdemokratische Einrichtung. Überdies steigerte sich sein großzügig auf 405 Mark festgesetztes Einstiegsgehalt jedes Jahr um einen be-

---

118 Siehe Lude: Wilhelm Höcker (Magisterarbeit), S. 10 ff.; Schröder: Sozialdemokratische Parlamentarier, S. 510 f. Vgl. Höppner: Wilhelm Höcker, S. 4 ff.; Schwabe: Wurzeln, Traditionen und Identität der Sozialdemokratie, S. 43 f.
119 AdsD, SPD-Landesorganisation Hamburg, 1953: Albert Schulz an die Arbeitsbehörde der Hansestadt Hamburg, z. Hd. des Leitenden Regierungsdirektors Johannes Birckholtz, 15. November 1949.
120 NL Albert Schulz: Anstellungs-Vertrag der Mecklenburgischen Volks-Zeitung, 16. September 1926. Siehe ferner Schulz: Erinnerungen, S. 46 f.
121 Siehe Bernitt: Zur Geschichte der Stadt Rostock, S. 277; Schröder: Druckerei- und Verlagsgebäude der »Mecklenburgischen Volkszeitung«, S. 166 f.

stimmten Prozentsatz, bis er schließlich 450 Mark pro Monat verdiente. Während einer Freiheitsstrafe, die im Zusammenhang mit seiner Berufstätigkeit stand, sollte ihm sein Gehalt ohne Abzüge weiterbezahlt werden. In einem solchen Fall hatte er Anspruch auf einen Rechtsbeistand und genoss Kündigungsschutz. Die ihm vertraglich zugesicherte Lohnfortzahlung erstreckte sich außerdem auf etwaige Delegationen im Dienste der Sozialdemokratie und auf die Ausübung eines parlamentarischen Mandats. Im Gegenzug verpflichtete sich Schulz, vor der Kandidatur um einen Abgeordnetensitz die Genehmigung der Geschäftsleitung einzuholen. Gleichzeitig war er auch in redaktioneller Hinsicht an die Beschlüsse der SPD gebunden.[122]

Eigentlich als Landesredakteur eingestellt, bearbeitete Schulz zunächst den Lokalteil der Mecklenburgischen Volks-Zeitung und betreute die Beilage »Für unsere Frauen«. Darüber hinaus kümmerte er sich einmal in der Woche um die von ihm geschaffene »Gesundheits-Umschau«, die zum Beispiel über aktuelle Änderungen im Versicherungsrecht oder über das richtige Verhalten an heißen Tagen informierte. Später verfasste Schulz hauptsächlich Artikel zu landespolitischen Themen. Die Berichterstattung über die Verhandlungen des Landtages hatte er ohnehin nach seinem Eintritt in die Redaktion fortgesetzt.[123]

Lange hatte die sozialdemokratische Minderheitsregierung keinen Bestand. Am 3. März 1927 lehnte die KPD den von Finanzminister Julius Asch vorgelegten Haushaltsplan ab. Damit war die Regierung gestürzt, denn auch die um die Gunst ihrer mittelständischen Wählerschaft besorgte Wirtschaftspartei verweigerte dem Etat ihre Zustimmung und stellte sich hinter den Misstrauensantrag, den die Kommunisten in der gleichen Sitzung einbrachten. Durch die Wahlen zum fünften Ordentlichen Landtag von Mecklenburg-Schwerin am 22. Mai 1927 veränderten sich die Mehrheitsverhältnisse nur unwesentlich. Mehr oder weniger geduldet von der KPD, setzte letztlich die bisherige Regierung ihre Tätigkeit fort, wobei sie gerade in den ersten Monaten abermals auf wechselnde Mehrheiten angewiesen blieb.[124]

Nach der Eröffnung des Landtages wurde Albert Schulz zum vierten Mal in Folge von seiner Partei in den Hauptausschuss entsandt. Wie schon in den vergangenen Jahren gehörte er überdies dem Ausschuss für die Förderung des Volksbüchereiwesens an. Während Schulz im Laufe der Zeit reichlich parlamentarische Erfahrung gesammelt hatte und zu den prominenten Stützen der SPD-Fraktion zählte, trat Margarete Ketel-

---

122 NL Albert Schulz: Anstellungs-Vertrag der Mecklenburgischen Volks-Zeitung, 16. September 1926. Vgl.: Handbuch des Vereins Arbeiterpresse, S. 17. Siehe Schulz: Erinnerungen, S. 47.
123 AdsD, SPD-Landesorganisation Hamburg, 1953: Handgeschriebener Lebenslauf von Albert Schulz, undatiert, etwa 1949; ebd.: Albert Schulz an die Arbeitsbehörde der Hansestadt Hamburg, z. Hd. des Leitenden Regierungsdirektors Johannes Birckholtz, 15. November 1949. Die »Gesundheits-Umschau« erschien erstmals am 5. Juli 1928. Siehe Schulz: Erinnerungen, S. 38 f.
124 Siehe Ballerstaedt: Das Verhältnis von Landtag und Regierung in Mecklenburg-Schwerin, S. 64 ff.; Kasten: Die Regierung Schröder auf der Suche nach einer parlamentarischen Mehrheit, S. 157 ff.; Heck: Geschichte des Landtags in Mecklenburg, S. 126 f.

hohn im Parlament kaum in Erscheinung. Seit 1925 nicht nur Stadtverordnete in Rostock, sondern auch Mitglied im Vorstand der SPD in Mecklenburg-Lübeck, setzte sie sich neben ihrer Abgeordnetentätigkeit nach wie vor in erster Linie für die Belange der Frauen ein. Dabei zeigte sich oftmals die begrenzte Durchlässigkeit einer von Männern dominierten Organisationsstruktur, die es den Sozialdemokratinnen schwer machte, einflussreiche Führungspositionen zu erreichen.[125]

Schon bald nach dem Zusammentritt des Landtages entbrannte eine hitzige Debatte über die Finanz- und Steuerpolitik der Regierung Schroeder. Im Februar 1928 konnten die Sozialdemokraten schließen einen Nachtragsplan zum aktuellen Haushalt mit den Stimmen der KPD zur Verabschiedung bringen, was auch von Schulz, der im November 1927 erstmals Vater geworden war[126], gutgeheißen wurde.

Auch nach der Geburt seiner Tochter Lisel widmete Schulz viel Zeit der Politik und wurde nicht müde, sich als Etatredner der sozialdemokratischen Fraktion für eine Konsolidierung der Staatsfinanzen einzusetzen. Der auf Beschluss des Landtags von der Regierung Schroeder in die Wege geleiteten Berufung eines externen Sparkommissars stand er jedoch skeptisch gegenüber. Nach seinem Dafürhalten konnten Einsparpotenziale durchaus aus eigener Kraft erkannt werden. Beispielsweise zog er in Betracht, die mecklenburgische Justizverwaltung auf das Reich übergehen zu lassen. Weitere Möglichkeiten, die Zahl der vom Land beschäftigten Beamten im größeren Umfang zu verringern, sah er allerdings kaum. Eher bescheidene Synergieeffekte erwartete er von der Zentralisierung und Rationalisierung kommunaler Behörden, wobei er sich dafür stark machte, die Umzugskosten so niedrig wie möglich zu halten. In ökonomischer Hinsicht hatte für Schulz hingegen die Schaffung von Arbeitsplätzen hohe Priorität. Seit sich die SPD wieder in der Regierungsverantwortung befand, hielt er sich mit kapitalismuskritischen Äußerungen zurück. Stattdessen argumentierte er noch ausgeprägter als früher systemimmanent. Für eine wenigstens vorübergehende Senkung der Erwerbslosigkeit bedurfte es seiner Meinung nach umfangreicher Arbeitsbeschaffungsmaßnahmen, die nötigenfalls durch eine zusätzliche Verschuldung des Staates finanziert werden sollten.[127]

Aufgrund seiner soliden Sacharbeit, die nicht vor behutsamen Einsparungen im Kulturbereich Halt machte[128], kam Albert Schulz im Vorfeld der im Mai 1928 stattfindenden Reichstagswahlen kurzzeitig als Kandidat für das höchste deutsche Parlament ins Gespräch. Letztlich wurde an seiner Stelle jedoch Paul Schroeder nominiert. Auf dem ersten Platz der Liste stand Wilhelm Kröger, der dem Reichstag seit 1919 unun-

---

125 MVZ, 3. Dezember 1924; Freies Wort, 1. September 1925. Verhandlungen des Mecklenburg-Schwerinschen Landtages V, Bd. 1, Sp. 7 f.
126 NL Albert Schulz: Geburtsschein für Lisel Emmi Schulz, ausgestellt am 18. November 1927.
127 Verhandlungen des Mecklenburg-Schwerinschen Landtages V, Bd. 1, Sp. 678 ff. MLHA, 5.11-2, 417: Antrag der SPD, die mecklenburgische Justizverwaltung betreffend, gezeichnet von Albert Schulz, 7. März 1928.
128 Verhandlungen des Mecklenburg-Schwerinschen Landtages V, Bd. 1, Sp. 990.

terbrochen angehörte. Ihm folgte Julius Leber. Nach mehr als 50 Jahren fand erstmals auch eine Frau Berücksichtigung. Überraschenderweise kandidierte aber nicht Margarete Ketelhohn oder eine andere profilierte mecklenburgische Sozialdemokratin, sondern die aus Schleswig-Holstein stammende und dort aktive Nanny Kurfürst, die im SPD-Bezirk Mecklenburg-Lübeck bislang nicht sonderlich häufig in Erscheinung getreten war. Den vierten Rang belegte Carl Moltmann. Ebenso wie der ohnehin als Ministerpräsident unabkömmliche Schroeder hatte er – im Gegensatz zu Nanny Kurfürst – keine besonders guten Aussichten, in den Reichstag gewählt zu werden.[129]

Mit dem Ausgang der Reichtagswahl konnte die SPD zufrieden sein. Sie stellte abermals die stärkste Fraktion. In Mecklenburg-Schwerin erhielt sie fast 10.000 Stimmen mehr als bei der letzten Landtagswahl. Erwartungsgemäß zog neben Wilhelm Kröger und Julius Leber auch Nanny Kurfürst in den Reichstag ein. Nach langwierigen Verhandlungen kam schließlich eine Große Koalition zu Stande. Reichskanzler wurde der SPD-Vorsitzende Hermann Müller. Die erste Bewährungsprobe des fragilen Zweckbündnisses ließ nicht lange auf sich warten. Als Müller im August 1928 ebenso wie die drei weiteren sozialdemokratischen Kabinettsmitglieder unter anderem auf Druck der Rechtsparteien für den von der Reichsmarine betriebenen Bau des seit geraumer Zeit umstrittenen Panzerkreuzers A stimmte, um ein Auseinanderfallen der noch jungen Regierung zu verhindern, entfesselte dies in der SPD einen Sturm der Entrüstung. Viele Genossen sahen die Glaubwürdigkeit ihrer Partei in Gefahr, denn nur wenige Monate zuvor hatten die Sozialdemokraten im Reichstagswahlkampf mit der Parole »Kinderspeisung statt Panzerkreuzer – Fort mit dem Panzerschiff« geworben.[130]

In Rostock stand die spektakuläre Entscheidung im September 1928 zur Debatte. Während Parteisekretär Wilhelm Kröger die in der Regierungsverantwortung stehenden Genossen mit Hinweis auf ihre Zwangslage in Schutz nahm und an ihre insgesamt erfolgreiche Arbeit erinnerte, empörte sich Albert Schulz in der gleichen Versammlung über das eigenmächtige Vorgehen der Minister, das weder mit der Reichstagsfraktion noch mit einer anderen Parteiinstanz abgestimmt gewesen sei. Seiner Meinung nach war es versäumt worden, die Panzerkreuzer-Frage im Rahmen der Koalitionsverhandlungen zu regeln. Mit Blick auf die Vergangenheit zeigte er sich überzeugt, dass das von ihm abgelehnte Militärprojekt auch künftig keine Unterstützung bei den sozialdemokratischen Reichstagsabgeordneten finden werde. Abschließend bescheinigte er dem in Opposition zur Partei geratenen Reichskanzler Müller sowie dessen Kollegen, immerhin nach bestem Gewissen gehandelt zu haben. Einmal mehr traf Schulz mit seinen längeren Ausführungen bei seinen Genossen auf Zustimmung. Die meisten von ihnen hatten wie er seit jeher Zweifel am politischen Nutzen einer Großen Koalition. Den-

---

129 MVZ, 17. März und 13. Mai 1928; Freies Wort, 20. März 1928. Siehe Schröder: Sozialdemokratische Parlamentarier, S. 574.
130 Siehe Schildt: Die Republik von Weimar, S. 75; Schwabe: Wurzeln, Traditionen und Identität der Sozialdemokratie, S. 99; Winkler: Der Schein der Normalität, S. 533 f. und 541 ff.

noch zeichnete sich ihre offizielle Reaktion im Vergleich zu anderen Ortsvereinen durch Besonnenheit aus. In einer mit großer Mehrheit angenommenen Resolution tadelten sie zwar das Verhalten der zum Kabinett gehörenden SPD-Mitglieder, die Notwendigkeit für einen Rücktritt der Minister sahen sie jedoch nicht gegeben. Vielmehr hielten sie es im Interesse der Arbeiterschaft für außerordentlich wichtig, den Einfluss der Sozialdemokratie auf die Regierungspolitik zu erhalten. Die Stellungnahme der SPD in Rostock entsprach fast wörtlich dem Beschluss, den die sozialdemokratische Reichstagsfraktion gut zwei Wochen zuvor gemeinsam mit dem Parteiausschuss gefasst hatte. Teilweise war es in dieser Sitzung lediglich mit Mühe gelungen, weiter gehende Anträge der besonders erzürnten Linken abzuwehren.[131]

Gegen Ende der 20er-Jahre zog Albert Schulz mit seiner Familie an den Rand der Kröpeliner-Tor-Vorstadt. Dort lag der »Starosson-Block«. Er gehörte einer gemeinnützigen Wohnungsbaugesellschaft und wurde überwiegend von Sozialdemokraten bewohnt. Im begrünten Innenhof dieses Häuserzuges stand ein Gedenkstein für den einstigen Chefredakteur der Mecklenburgischen Volks-Zeitung, Franz Starosson, der nach kurzer Tätigkeit als Staatsminister bereits 1919 verstorben war. Der Umzug veranschaulichte den bescheidenen Wohlstand, den sich die Familie Schulz erarbeitet hatte. Immerhin verfügte die Neubau-Wohnung über ein vergleichsweise geräumiges Wohnzimmer, ein separates Schlafzimmer, eine große Küche und ein Badezimmer mit Boiler. Der kleinste Raum, in dem wie bei Moltmanns ein Bebel-Porträt hing, diente Albert Schulz als Arbeitszimmer. Hier saß er manchmal bis spät in die Nacht, erledigte Parteiangelegenheiten, verfasste Artikel oder bereitete sich auf Landtagssitzungen vor. Trotz dieser recht komfortablen Lebenssituation ging Schulz das Verständnis für die Sorgen und Nöte der Arbeiterschaft offenbar nie verloren. Er wusste um seine Herkunft, und soziale Ungerechtigkeit empörte ihn noch immer. Die »kochende Volksseele« – unter diesem Spitznamen war der ehemalige Werftarbeiter in Rostock bekannt. Sofern es seine Zeit erlaubte, saß Schulz gern abends im Gewerkschaftshaus »Philharmonie« und diskutierte mit Genossen, wobei ihn seine Zuhörer als Gesprächspartner schätzten.[132]

Zudem pflegten Emma und Albert Schulz ihre kulturellen Interessen. Sie waren Mitglied in verschiedenen Bücherkreisen und lasen gemeinsam Werke von Johann Wolfgang von Goethe, Friedrich Schiller oder Heinrich Heine. Auch die in der Internationalen Bibliothek erschienenen Bände standen in ihrem gut sortierten Bücherschrank.[133]

Unterdessen verschlechterte sich das politische Klima in Mecklenburg-Schwerin nochmals merklich. Verantwortlich für diese zunächst im außerparlamentarischen

---

131 MVZ, 6. September 1928. Siehe Winkler: Der Schein der Normalität, S. 544 ff.
132 Zeitzeugenbericht von Peter Schulz, 13. Januar und 3. Februar 2001, und schriftliche Auskunft von Peter Schulz, 20. Oktober 2002. Zeitzeugenbericht von Grete Beese, 20. September 1999.
133 Zeitzeugenbericht von Peter Schulz, 3. Februar 2001.

Raum besonders ausgeprägte Entwicklung war zum einen Friedrich Hildebrandt. Als Gauleiter der NSDAP und überzeugter Gefolgsmann Hitlers untergrub er, ausgehend von einem Gutshof bei Wismar, die republikanische Staatsform mit immer wirkungsvolleren Methoden.[134] Zum anderen hatte sich im Sommer 1926 – bald nach dem Scheitern der Regierung Brandenstein – eine demokratiefeindliche »Herrengesellschaft« in Mecklenburg konstituiert. Dies geschah auf Initiative des einflussreichen Junkers Wilhelm von Oertzen. Als Vorbild diente der zwei Jahre zuvor in Berlin gegründete »Deutsche Herrenklub«. Von Beginn an mit dem rechten Flügel der DNVP sympathisierend, wurden in dem elitären Zirkel neben radikalkonservativem Gedankengut zunehmend auch völkisch-antisemitische Ideen gepflegt.[135]

Dass die politische Auseinandersetzung schärfere Formen annahm, bekam auch Albert Schulz zu spüren. Als ein außerordentlich hartnäckiger Gegner erwies sich der in Ehmkenhagen wohnende Domänenpächter Paul Bade, der gegen ihn eine Privatklage wegen Beleidigung und übler Nachrede anstrengte. Da Schulz durch seine Abgeordnetentätigkeit Immunität genoss, wandte sich das in dieser Sache zuständige Amtsgericht Ribnitz seit Oktober 1928 mehrfach an das Präsidium des Landtags, ohne jemals die Genehmigung zur Eröffnung eines Strafverfahrens zu erhalten.[136]

Wie schon die beiden Vorgänger stellte auch der fünfte Ordentliche Landtag von Mecklenburg-Schwerin seine Arbeit vor Ablauf der regulären Legislaturperiode ein. Für die politisch interessierte Öffentlichkeit kam der im Mai 1929 mit Unterstützung der SPD durchgesetzte Auflösungsbeschluss keineswegs überraschend. Denn seit Monaten zeichnete sich ab, dass die NSDAP mit ihrer Klage gegen ein für sie hinderliches Gesetz, das unmittelbar vor den letzten Wahlen verabschiedet worden war, um Splitterparteien den Einzug ins Parlament zu erschweren, beim Staatsgerichtshof erfolgreich sein würde. Als Konsequenz eines solchen Urteils hätte der Landtag auf Anordnung der Justiz aufgelöst werden müssen. In Anbetracht dieser Situation schien es den sozialdemokratischen Abgeordneten geboten, sich einem der zahlreichen von der DNVP eingebrachten Misstrauensanträge anzuschließen. Nur so ließ sich, wie Schulz und andere prominente Genossen betonten, der mit hoher Wahrscheinlichkeit bevorstehende Triumph der Nationalsozialisten noch vereiteln respektive dessen propagandistische Wirkung begrenzen.[137]

---

134 Siehe Jahnke: Friedrich Hildebrandt, S. 237 ff.; Behrens: Mit Hitler zur Macht, S. 49 ff.
135 Siehe Elsner: Die Herrengesellschaft, S. 15 ff.; Niemann: Mecklenburgischer Großgrundbesitz im Dritten Reich, S. 236 ff.
136 MLHA, 5.11-2, 228: Das Mecklenburg-Schwerinsche Amtsgericht Ribnitz an das Präsidium des Landtags, 24. Oktober 1928; ebd.: Das Präsidium des Landtags an das Mecklenburg-Schwerinsche Amtsgericht Ribnitz, 29. November 1928. Für ähnliche Schreiben siehe ebd., 114, Bl. 4 und 23, datiert auf den 7. September 1929 beziehungsweise 16. September 1930.
137 MVZ, 12. und 14. Mai 1929. Siehe Ballerstaedt: Das Verhältnis von Landtag und Regierung in Mecklenburg-Schwerin, S. 68; Behrens: Mit Hitler zur Macht, S. 83 ff.

Für einen überzeugten Demokraten wie Albert Schulz dürfte die jüngste politische Entwicklung überaus schmerzhaft gewesen sein. Die Art und Weise, wie die Auflösung des Landtages zu Stande gekommen war, grenzte an Selbstaufgabe. Gleichzeitig rückten die demokratischen Parteien jedoch enger zusammen. Schon seit mehreren Jahren verfügten sie mit dem Reichsbanner Schwarz-Rot-Gold über eine gemeinsame Organisation, die neben geselligem Charakter vor allen Dingen paramilitärische Züge trug. Als Gründungsvorsitzender dieses republikanischen Kampfbundes im Gau Mecklenburg-Lübeck stellte Schulz nicht nur sein Organisationstalent unter Beweis, sondern machte sich darüber hinaus um die Republik verdient.

3 Gauvorsitzender des Reichsbanners in Mecklenburg-Lübeck

3.1 Von der Gründung zur organisatorischen Konsolidierung

Die Wurzeln des Reichsbanners Schwarz-Rot-Gold reichten in Mecklenburg genauso wie im übrigen Reichsgebiet bis zum Kapp-Lüttwitz-Putsch zurück. Allerdings bestanden die damals in Rostock und anderen Städten zur Verteidigung der freiheitlichen Ordnung gebildeten Arbeiterwehren allesamt nur für wenige Monate. Zu einer Beruhigung der politischen Lage kam es indessen nicht. Vor allem die spektakulären Morde an dem führenden Zentrumspolitiker Matthias Erzberger und dem deutschen Außenminister Walther Rathenau ließen es in den folgenden Jahren geraten erscheinen, für einen besseren Schutz der Republik zu sorgen.[138]

Des Weiteren inszenierten die Kommunisten verstärkt Störmanöver, um den Ablauf sozialdemokratischer Versammlungen ins Wanken zu bringen. Auch die SPD in Rostock blieb von dieser Strategie nicht verschont. Zum Teil mussten Veranstaltungen sogar unter Polizeischutz stattfinden. Diese als Zeichen von Schwäche interpretierbare Vorsichtsmaßnahme missfiel Albert Schulz und anderen Genossen außerordentlich:

»Die zunehmende Aggressivität der Kommunisten wirkte sich auch in den öffentlichen Versammlungen der Partei aus. Einen Höhepunkt erreichte sie in einer Versammlung, in der unser Redner sich einfach nicht mehr verständlich machen konnte. Mikrophon und Lautsprecheranlage gab es ja damals noch nicht. Die störenden Kommunisten hatten sich hauptsächlich auf der großen Galerie des Gewerkschaftshauses festgesetzt. Unser Vorsitzender hatte Polizeischutz erbeten, der dafür bereit stand. Als es einen Augenblick ruhig wurde, brüllte er in den Saal: ›Ich bitte unsere Genossen die Galerie zu räumen.‹ Er wollte die Polizei auf die Galerie

---

138 Siehe Rohe: Das Reichsbanner Schwarz Rot Gold, S. 29 f.; Sabrow: Die verdrängte Verschwörung, S. 66 ff.

schicken. Unsere Genossen im Saal, die über die Störungen empört waren, verstanden das völlig falsch. Sie meinten, sie sollten die Galerie von den Krakeelern räumen. Einige Dutzend handfeste Genossen stürmten auf die Galerie und warfen die Krakeeler die Treppe hinunter. Unten standen weitere Genossen, die sie mit Hieben in Empfang nahmen. Die heute so oft aufgeworfene Frage nach der Verhältnismäßigkeit der Mitte[l] wurde von keinem erörtert. In fünf Minuten war die ganze Aktion beendet. Die Polizei brauchte nicht mehr einzugreifen, die Versammlung ging weiter.«[139]

Nicht zuletzt in Anbetracht dieser auf das Jahr 1922 zu datierenden Geschehnisse hielt es Schulz für politisch unklug, zum Schutz von öffentlichen Versammlungen weiterhin auf die Polizei zurückzugreifen. Deshalb setzte er in den folgenden Wochen gegen heftige Widerstände im örtlichen Parteivorstand die Gründung eines sozialdemokratischen Ordnerdienstes durch. Rasch erklärten sich mehrere Hundert Genossen zur Mitwirkung in der von Schulz systematisch aufgebauten Selbstschutzorganisation bereit. In Gruppen gegliedert, besaßen sämtliche Mitglieder eine an militärische Abzeichen erinnernde Armbinde, die sie – falls es während einer Veranstaltung zu Tumulten kam – auf Zuruf anlegen konnten.[140]

Im Februar 1924 nahm Albert Schulz an der in Magdeburg stattfindenden Gründungsversammlung des Reichsbanners Schwarz-Rot-Gold teil. Offiziell als »Bund deutscher Kriegsteilnehmer und Republikaner« ins Leben gerufen, verstand sich das Reichsbanner als überparteiliche Interessengemeinschaft. Neben Sozialdemokraten gehörten ihm sowohl Sympathisanten der DDP als auch des Zentrums an. Die Gliederung des Reichsbanners Schwarz-Rot-Gold entsprach allerdings weitest gehend der Einteilung der sozialdemokratischen Parteibezirke. Den Aufbau des Bundes im Gau Mecklenburg-Lübeck übernahm Albert Schulz, der für diese Aufgabe besonders geeignet war, nicht zuletzt weil er am Ersten Weltkrieg teilgenommen hatte. Zudem konnte Schulz aufgrund seiner bisherigen politischen Tätigkeit auf zahlreiche Kontakte im gesamten Landesgebiet zurückgreifen. Darüber hinaus hatte er sich seit jeher für eine straffe Organisation der SPD und der ihr nahe stehenden Vereine stark gemacht. Zurück in Rostock bezeichnete Schulz das Reichsbanner in einer gut besuchten Parteiversammlung als Damm zum Schutz der republikanischen Staatsordnung. Dieser solle der in ganz Deutschland auszumachenden reaktionären Welle trotzen.[141]

Bis sich das Reichsbanner im Gau Mecklenburg-Lübeck formierte, vergingen einige Wochen. Die Gründungsveranstaltung dürfte im Mai 1924 stattgefunden haben,

---

139 Schulz: Erinnerungen (Typoskript), S. 31 f.
140 NL Albert Schulz: Lebenslauf von Albert Schulz, etwa 1950. Siehe Schulz: Erinnerungen, S. 40.
141 MVZ, 16. März 1924. Siehe Rohe: Das Reichsbanner Schwarz Rot Gold, S. 39 f., 45 und 67 ff.; Schulz: Erinnerungen, S. 44 f. und 144. Vgl. Gotschlich: Zwischen Kampf und Kapitulation, S. 13 ff.

denn in diesem Monat trat Schulz dem Bund formal bei.[142] In der sechsköpfigen Gauleitung saßen vorerst ausschließlich Sozialdemokraten. Aus Rostock gehörten ihr neben Schulz, der als Vorsitzender fungierte, noch zwei weitere Genossen an. Hierbei handelte es sich um den stellvertretenden Kassierer der SPD, Wilhelm Knoop, und den für die Verwaltung zuständigen Hermann Janzen. Darüber hinaus entsandten die drei anderen Unterbezirke der mecklenburgischen Sozialdemokratie jeweils einen Vertreter. Abgesehen von dem langjährigen Expedienten des in Schwerin ansässigen Parteiorgans »Das freie Wort«, Wilhelm Haller, oblag dieses Amt dem Bürgerschaftsabgeordneten Otto Passarge (Lübeck) sowie dem gelernten Schmied Karl Bartosch, der sich nach dem Ersten Weltkrieg als Vorsitzender des Arbeiterrates in Neubrandenburg einen Namen gemacht hatte.[143]

Abb. 3: Der Vorstand des Reichsbanners im Gau Mecklenburg-Lübeck. Rechts neben Albert Schulz: Hermann Janzen (1924 oder später).

---

142 NL Albert Schulz: Mitgliedsbuch von Albert Schulz für das Reichsbanner Schwarz-Rot-Gold, ausgestellt am 1. April 1929. Zuvor gab es Mitgliedskarten.
143 MVZ, 3. Juni 1924. Für die biographischen Informationen siehe Schröder: Sozialdemokratische Parlamentarier; Schwabe: Wurzeln, Traditionen und Identität der Sozialdemokratie, jeweils passim. Vgl.: MVZ, 10. November 1920 und, speziell für Haller, unter anderem 13. August 1924.

Anfang Juni 1924 grenzte sich die frisch konstituierte Gauleitung des Reichsbanners in einem ihrer ersten öffentlichen Aufrufe in aller Deutlichkeit von den paramilitärischen Organisationen des konservativen Spektrums ab. Zugleich machten Schulz und seine Genossen darauf aufmerksam, dass sie nicht länger gewillt waren, den ebenso pompösen wie massenwirksamen Demonstrationen dieser Wehrverbände tatenlos zuzusehen. Die erschreckende Stärke der Verfassungsfeinde beruhte ihrer Ansicht nach auf dem Langmut und der Lauheit der Republikaner.[144]

Genau zwei Jahre nach dem Mord an Walther Rathenau, am 24. Juni 1924, veranstaltete das Reichsbanner Schwarz-Rot-Gold in Mecklenburg-Lübeck seine erste Kundgebung. Unter den Anwesenden waren nicht nur zahlreiche Repräsentanten der SPD, sondern auch das Arbeiter-Sportkartell und die Freien Gewerkschaften nahmen an der Veranstaltung teil. Überdies hatte die DDP ihre Anhänger mobilisiert. Die Kommunisten blieben der Zeremonie hingegen bewusst fern. Allerdings waren sie ohnehin nicht erwünscht, zumal ihnen das Reichsbanner-Statut eine Mitgliedschaft ausdrücklich verbot. In der Folgezeit schritt der Aufbau des Reichsbanners zügig voran. Allein innerhalb von zwei Wochen im Juli 1924 wurden in 14 westmecklenburgischen Städten und Dörfern neue Ortsgruppen gegründet.[145]

Im Dezember 1924 nutzte Albert Schulz die erste Gaukonferenz des Reichsbanners Schwarz-Rot-Gold in Mecklenburg-Lübeck, um eine Zwischenbilanz der bisherigen Arbeit zu ziehen. Er diagnostizierte einen rapiden Aufstieg der Organisation, der sich an der beachtlichen Zahl von mittlerweile 80 Ortsvereinen festmachen lasse. Besonders die große Resonanz aus der Landbevölkerung sei positiv zu bewerten. Gleichwohl müsse auch die Agitation auf den Dörfern ohne Einschränkungen fortgesetzt werden. Mit Blick auf das Verhalten der Mitglieder stellte Schulz offensichtlich aus gegebenem Anlass klar, dass das Reichsbanner es nicht als seine Aufgabe verstehe, Zusammenstöße mit gegnerischen Organisationen herbeizuführen. Vielmehr habe die Verhinderung von gewaltsamen Auseinandersetzungen höchste Priorität. Gegen Ende der Konferenz wurde schließlich der amtierende Gauvorstand mit Schulz an der Spitze einstimmig bestätigt, und zwar auf Vorschlag von Wilhelm Höcker, der sich wie Moltmann und Jesse von Beginn an im Reichsbanner engagierte.[146]

Beinahe jede Zusammenkunft des Reichsbanners hatte ebenso feierlichen wie unterhaltsamen und somit gemeinschaftsstiftenden Charakter. Auch die in Rostock inszenierte Gründungs- und Gedenkfeier zum einjährigen Bestehen des Kampfbundes, an der Albert Schulz nicht teilnehmen konnte, weil er den Gau Mecklenburg-Lübeck auf der zentralen Kundgebung in Magdeburg vertrat, machte im Februar 1925 keine Ausnahme. Neben dem geradezu obligatorischen Fackelzug spielte Musik eine wichti-

---

144 MVZ, 3. Juni 1924. Siehe Schildt: Konservatismus, S. 155 f.
145 MVZ, 26. Juni und 19. Juli 1924. Siehe Rohe: Das Reichsbanner Schwarz Rot Gold, S. 49; Gotschlich: Zwischen Kampf und Kapitulation, S. 19.
146 MVZ, 24. Dezember 1924.

ge Rolle. Schon seit einigen Monaten verfügte das Reichsbanner über eine eigene Kapelle, die vor allem Märsche spielte.[147]

Auch die zahlreichen republikanischen Abende, die das Reichsbanner von Rostock aus im Vorfeld der Reichspräsidentenwahl im April 1925 veranstaltete, hatten allesamt eine ähnliche inhaltliche Ausrichtung. Den Höhepunkt bildete fünf Tage vor der Wahl eine Kundgebung mit Otto Hörsing in der »Philharmonie«. Jeder Teilnehmer musste ein Eintrittsgeld von 20 Pfennig entrichten. Mit Rücksicht auf den prominenten Gast fungierte Albert Schulz als Versammlungsleiter, während sein Bruder als Rezitator auftrat. Der Bundesvorsitzende Hörsing bezeichnete den Präsidentschaftskandidaten des rechten Lagers, Paul von Hindenburg, in seinem einundhalbstündigen Referat als Platzhalter für einen Monarchen und nannte ihn einen Greis. Abschließend appellierte er an seine Genossen, parteipolitische Bedenken zurückzustellen und bei dem bevorstehenden zweiten Wahlgang für den Zentrumspolitiker Wilhelm Marx zu votieren. Doch weder dieser eindringliche Aufruf noch eine weitere groß angelegte Kundgebung konnte letztlich den insgesamt recht knappen Erfolg Hindenburgs über seinen politischen Kontrahenten verhindern.[148]

Die zahllosen Feste des Reichsbanners, deren Programme zu einem beträchtlichen Teil von den sozialdemokratischen Umfeldorganisationen getragen wurden, konnten nur bedingt über die politische Realität hinwegtäuschen. Bei der Mehrheit der Bevölkerung stieß die republikanische Schutztruppe auf mehr oder minder offene Ablehnung. Selbst das Interesse der DDP hielt sich zum gegenwärtigen Zeitpunkt in engen Grenzen.

Regelrechter Hass schlug dem Kampfbund aus der Justiz entgegen, wie der Prozess von Grevesmühlen ab September 1925 zeigte. Auslöser war eine wüste Schlägerei zwischen Reichsbannerleuten und Angehörigen des Freikorps Roßbach am Vorabend der Reichstagswahl im Dezember 1924. In der Folge nahm Albert Schulz mit Empörung zur Kenntnis, dass nur gegen seine Männer ein strafrechtliches Verfahren wegen Landfriedensbruchs und Körperverletzung eröffnet wurde. Um die immensen Kosten der gerichtlichen Auseinandersetzung zu decken, organisierte er den Verkauf von Unterstützungsmarken und bat um weitere Geldspenden. Nach sieben Verhandlungstagen wurden sämtliche Angeklagten zu mehrwöchigen Gefängnisstrafen verurteilt. Das höchste Strafmaß betrug einundhalb Jahre ohne Bewährung. Lediglich ein Reichsbannermann erhielt einen Freispruch, wobei zu Recht vermutet werden durfte, dass diese Entscheidung mit seinem überhasteten Wechsel ins völkische Spektrum im Zusammenhang stand.[149]

---

147 MVZ, 24. Februar 1925.
148 MVZ, 17., 21., 23. und 28. April 1925.
149 MVZ, 15. und 20. September 1925; Freies Wort, 26. September und 1. bis 14. Oktober 1925; Das Reichsbanner, 15. Oktober 1925.

Für das Reichsbanner, das im Verlauf des Verfahrens immerhin eine Vielzahl neuer Mitglieder gewann, stellte das in Grevesmühlen gefällte Urteil einen Skandal dar. Im Namen der Gauleitung kündigte Schulz umgehend Berufung an und ersuchte die Ortsgruppen durch Zeitungsanzeigen, beim Verkauf der – so wörtlich – »Justizopfermarken« nicht zu erlahmen. Knapp einen Monat später, im November 1925, sah er sich mit dem Vorwurf konfrontiert, durch seinen Spendenaufruf gegen das Pressegesetz verstoßen zu haben. Die Attacke, die offenbar auf das Konto rechter Kreise ging und desgleichen Carl Moltmann als Verleger des »Freien Wortes« betraf, gipfelte in einer Anzeige bei der Staatsanwaltschaft am Landgericht von Mecklenburg-Schwerin. Wie in solchen Fällen allgemein üblich wurde die Immunität der beiden sozialdemokratischen Landtagsabgeordneten jedoch nicht aufgehoben. Allerdings scheiterte Schulz mit einem Antrag im Hauptausschuss, einen Regierungskommissar als Prozessbeobachter zu den im Februar 1926 beginnenden Berufungsverhandlungen zu entsenden. Nachdem das Landgericht das umstrittene Urteil in zweiter Instanz bestätigt hatte, diagnostizierte Schulz noch Jahre später einen »Reichsbannerkoller« in weiten Teilen der Justiz.[150]

Mitten »in dieser politisch so sehr bewegten Zeit« fand im Dezember 1925 die zweite Gaukonferenz des Reichsbanners Schwarz-Rot-Gold für Mecklenburg-Lübeck statt. Nach einer musikalischen Eröffnung durch den Buchdrucker-Gesangverein »Typographia« ließ Albert Schulz im Gewerkschaftshaus in Rostock das vergangene Jahr Revue passieren. Dabei konstatierte er eine gesteigerte Tätigkeit der von ihm geleiteten Schutztruppe. Insgesamt seien fast 100 Fahnenweihen und republikanische Abende beziehungsweise 78 öffentliche Versammlungen durchgeführt worden. Überdies habe sich der Mitgliederbestand mehr als verdoppelt. Für die indes schlechte Finanzlage machte Schulz, der wie schon bei früheren Gelegenheiten konkrete Zahlenangaben anscheinend bewusst vermied, die zunehmende Arbeitslosigkeit und den von nicht wenigen Großagrariern ausgeübten Lohndruck verantwortlich. Schließlich warnte er davor, das Reichsbanner zu einem Sammelbecken für Unorganisierte werden zu lassen. Denn bei aller Wertschätzung für den überparteilichen Charakter des Kampfbundes hielt er eine parteipolitische Bindung der Mitglieder für durchaus wünschenswert, solange sie sich in demokratischen Bahnen bewegte.[151]

Auf Beschluss der Gaukonferenz konzentrierte sich das Reichsbanner in der folgenden Zeit auf einige wenige Großveranstaltungen. Es begann eine Phase der Konsolidierung und des inneren Ausbaus. Die anfangs ohnehin nicht besonders ausgeprägte paramilitärische Ausbildung trat in den Hintergrund. Politische Erziehungsarbeit ge-

---

150 Freies Wort, 6. und 17. Oktober 1925. MLHA, 5.11-2, 111, Bl. 105: Der Vorsitzende des Landtags an den Ersten Staatsanwalt, 24. November 1925; ebd., 413: Antrag der SPD-Fraktion, gezeichnet von Albert Schulz, 23. Februar 1926. Verhandlungen des Mecklenburg-Schwerinschen Landtages V, Bd. 1, Sp. 985.
151 MVZ, 8. Dezember 1925 (Zitat ebd.). Siehe Ziemann: Republikanische Kriegserinnerung, S. 369 f.

wann an Bedeutung. Vor allen Dingen die mutmaßlich für Denkimpulse besonders empfänglichen Jugendlichen sollten zu staatstreuen republikanischen Persönlichkeiten ausgebildet werden, wie Gausekretär Hermann Janzen im August 1926 in der Mecklenburgischen Volks-Zeitung ausführte. Dabei ging es ihm keineswegs darum, in Konkurrenz zu den Jugendorganisationen der demokratischen Parteien zu treten. Vielmehr verstand sich die erst kürzlich gegründete Reichsbannerjugend als ergänzendes Angebot.[152]

Gründungsfeier, Verfassungsfeier, Generalversammlung – das war auch der Rhythmus, der die Tätigkeit des Reichsbanners in den Jahren 1927 und 1928 bestimmte. In organisatorischer Hinsicht war die Einsetzung von zehn Kreisleitern und eines Gaujugendleiters berichtenswert. Überdies signalisierte eine Erweiterung des bislang ausschließlich sozialdemokratisch besetzten Vorstandes eine deutliche Öffnung zu Gunsten der DDP. Zu den neuen Mitgliedern gehörten der in Rostock praktizierende Arzt Hans Lindenberg und sein liberaldemokratischer Parteifreund Richard Moeller. Gleichzeitig hielten die Probleme mit den Behörden an. Weder wurde dem Reichsbanner an seinem Gauvorort die Aula der Oberrealschule überlassen, noch durften die städtischen Beamten an den republikanischen Veranstaltungen teilnehmen.[153]

Ein außergewöhnliches Ereignis mit beinahe religiös anmutendem Charakter war das zweitägige Gautreffen des Reichsbanners, das im September 1928 vor dem Holstentor in Lübeck bei Fackelschein eröffnet wurde. Nach einer kurzen Ansprache von Albert Schulz und einem großen Zapfenstreich ehrten die Teilnehmer in feierlicher Atmosphäre die Toten des zurückliegenden Weltkrieges. Unter den Klängen des Liedes vom guten Kameraden wurde ein voluminöser Lorbeerkranz mit einer schwarz-rot-goldenen Schleife auf dem städtischen Friedhof niedergelegt. Am nächsten Tag begannen frühmorgens sportliche Vergleichswettkämpfe. Trotz mancher Erfolge der aus Rostock stammenden Athleten konnte die dem Reichsbanner in Lübeck angegliederte Schutzsportabteilung das Kräftemessen letztlich für sich entscheiden. Sodann begrüßte Schulz zusammen mit dem sozialdemokratischen Bürgermeister des Veranstaltungsortes, Paul Löwigt, sowie mit Ministerpräsident Paul Schroeder den mittlerweile eingetroffenen Reichsinnenminister Carl Severing. Dessen Festrede wurde zwar mit lang anhaltendem Beifall aufgenommen, beschäftigte sich jedoch ziemlich detailliert mit dem wenige Tage zurückliegenden Panzerkreuzer-Skandal und wirkte deswegen vermutlich nicht erst im Nachhinein unpassend.[154]

---

152 MVZ, 15. August 1926. Siehe Rohe: Das Reichsbanner Schwarz Rot Gold, S. 74.
153 MVZ, 14. August 1927 sowie 17. April, 11. und 14. August 1928.
154 MVZ, 18. September 1928; Illustrierte Republikanische Zeitung, 6. Oktober 1928.

3.2 »Reichsbanner, an die Front!«: Antidemokratisches Denken als politische Gefahr

Nach der Selbstauflösung der Regierung Schroeder veröffentlichte der von Albert Schulz geführte Gauvorstand im Mai 1929 einen eindringlichen Aufruf in der Mecklenburgischen Volks-Zeitung. Unter der Überschrift »Reichsbanner, an die Front!« wurde darüber informiert, dass in dem unmittelbar bevorstehenden Wahlkampf alle festlichen Veranstaltungen auszufallen hätten. Vielmehr müsse sich jeder Kamerad uneingeschränkt für die Agitationsarbeit zur Verfügung stellen. Nur dann konnte nach der Einschätzung von Schulz ein Wahlsieg der als Einheitsliste antretenden Rechtsparteien verhindert werden.[155]

Von kommunistischer Seite drohte den Sozialdemokraten hingegen momentan geringere Gefahr. Wenige Tage zuvor war der im Sommer 1924 von der KPD gegründete Rote Frontkämpferbund reichsweit verboten worden. In den Augen von Albert Schulz musste dies eine unnötige Verschärfung des Wahlkampfes bewirken. Dabei spielte der kommunistische Wehrverband in Mecklenburg-Schwerin keine nennenswerte Rolle.[156]

Obschon die SPD bei den am 23. Juni 1929 stattfindenden Wahlen zum sechsten Ordentlichen Landtag von Mecklenburg-Schwerin nur leichte Verluste hinnehmen musste, reichte das Ergebnis nicht für eine Fortsetzung der bisherigen Regierungskoalition. Schließlich wurde eine Minderheitsregierung unter Führung des deutschnationalen Großgrundbesitzers Karl Gustav Eschenburg gebildet. Zuvor hatten sich die beiden nationalsozialistischen Abgeordneten bereit erklärt, die Regierung zu tolerieren.[157]

Bald nach dem Zusammentritt des Landtags hatte die SPD in Rostock einen herben Schlag zu verkraften. Im Oktober 1929 starb Karl Brehmer, langjähriger Ortsvereinsvorsitzender und Unterbezirkssekretär der Partei. Mit dem lediglich 53 Jahre alten Genossen verlor die mecklenburgische Sozialdemokratie einen ihrer profiliertesten Funktionäre. Die Mecklenburgische Volks-Zeitung würdigte ihn voller Pathos als »Getreuesten der Treuen«, der »sein Leben der Arbeiterschaft geweiht« und »im Kampfe um die Befreiung des Menschengeschlechts«[158] gestanden habe. Wenig später widmete Albert Schulz ihm anlässlich einer Mitgliederversammlung der SPD einen Nachruf, und es wurde auf Vorschlag des Vorstandes einhellig beschlossen, mit der Wahl eines neuen Parteivorsitzenden bis zur nächsten Generalversammlung zu warten.[159]

---

155 MVZ, 30. Mai 1929.
156 MVZ, 12. Mai 1929. Siehe Krieck: Zur Geschichte des Roten Frontkämpferbundes in Mecklenburg, S. 120 ff. und 254 f.; Schuster: Der Rote Frontkämpferbund, S. 36, 222 ff. und 246.
157 Siehe Ballerstaedt: Das Verhältnis von Landtag und Regierung in Mecklenburg-Schwerin, S. 68 f.; Schwabe: Zwischen Krone und Hakenkreuz, S. 182 f.; Behrens: Mit Hitler zur Macht, S. 85 und 87 f.
158 MVZ, 19. Oktober 1929.
159 MVZ, 27. Oktober 1929.

Die Generalversammlung der Sozialdemokraten in Rostock tagte Ende Januar 1930 im Gewerkschaftshaus »Philharmonie« und war angesichts der auf der Tagesordnung stehenden Vorstandswahl überdurchschnittlich gut besucht. Anstelle von Brehmer erstattete Albert Schulz den Geschäftsbericht, wobei er sich insgesamt mit der Entwicklung der Partei zufrieden zeigte. Über die Aktivitäten der Frauengruppe berichtete Margarete Ketelhohn, die spätestens seit 1928 zum Bezirksvorstand der Arbeiterwohlfahrt gehörte.[160] Ihre Ausführungen galten vor allen Dingen den Besichtigungsfahrten der Sozialdemokratinnen zu Industrieanlagen und Museen. Die grundsätzliche Erfahrung, dass lehrreiche Vorträge stets wesentlich schlechter besucht waren als Treffen mit ausschließlich gemütlichem Charakter[161], teilte sie mit Paul Schulz, der – mittlerweile Stadtverordneter[162] – die Veranstaltungen des Bildungsausschusses kurz resümierte. Wie er mit Genugtuung feststellte, erfreuten sich die von ihm vor einem Jahrzehnt initiierten Volkskonzerte und Theatervorstellungen, die inzwischen zusammen mit den Freien Gewerkschaften realisiert wurden, nach wie vor großer Beliebtheit.[163] Bei der am Ende der Zusammenkunft vorgenommenen Vorstandswahl gab es keine Überraschungen. Einstimmig wählte die Generalversammlung den fest in der Partei verankerten Albert Schulz zum Vorsitzenden des Ortsvereins. Sein Stellvertreter wurde der langjährige Akquisiteur der Mecklenburgischen Volks-Zeitung und bisherige Kassierer Wilhelm Knoop. Neu im Vorstand war Willy Jesse. Er hatte Brehmer in den letzten drei Jahren im Sekretariat für den Unterbezirk Rostock unterstützt und saß seit 1928 in der Stadtverordnetenversammlung.[164]

Neben seiner anspruchsvollen beruflichen Tätigkeit bei der Mecklenburgischen Volks-Zeitung hatte Albert Schulz als Vorsitzender eines der bezirksweit größten SPD-Ortsvereine sowie als tonangebendes Mitglied der sozialdemokratischen Landtagsfraktion und Spitzenfunktionär des Reichsbanners eine erhebliche Arbeitsbelastung zu bewältigen. Freizeit blieb ihm jenseits des politischen Engagements kaum; er führte gleichsam ein Leben in der Sozialdemokratie. Im Frühjahr 1930, als seine Frau zum zweiten Mal hochschwanger war, bereitete er zum Beispiel das demnächst in Rostock stattfindende Reichsbanner-Gautreffen vor, weshalb er einmal mehr nur selten zu Hause gewesen sein dürfte.

---

160 Siehe Schröder: Sozialdemokratische Parlamentarier, S. 545.
161 MVZ, 6. Februar 1929.
162 Paul Schulz gehörte der Stadtverordnetenversammlung von Rostock seit 1928 an. Er war Mitglied im Ausschuss für Schulverwaltung und in dem entsprechenden Gremium für Musik und Theater. MVZ, 15. November 1927 und 11. Januar 1928.
163 Siehe: Unser Weg, S. 28; MVZ, 6. Juli 1927 und 20. Januar 1929.
164 Siehe zu Knoop: Handbuch des Vereins Arbeiterpresse, S. 535, und zu Jesse: MVZ, 1. April 1930; Stunnack: Willy Jesse, S. 14. Für die Generalversammlung: MVZ, 2. Februar 1930.

3.2 »Reichsbanner, an die Front!«: Antidemokratisches Denken als politische Gefahr

Gut drei Wochen nachdem Emmi Schulz ihren Sohn Peter geboren hatte[165], wurde im Mai 1930 das Gautreffen traditionell mit einem quer durch die Stadt führenden Fackelzug eröffnet. Bei der anschließenden Kundgebung trat zunächst Albert Schulz vor das neuerdings vorhandene Mikrophon. Das Hauptreferat hielt nach einer Pause von fünf Jahren erstmals wieder Otto Hörsing. Seiner Meinung nach ließ sich in Deutschland ein Gärungsprozess im politischen Leben beobachten. In Anbetracht des seit knapp zwei Monaten bestehenden Präsidialregimes von Heinrich Brüning bezeichnete es Hörsing als die vordringliche Aufgabe des Reichsbanners, den auf einen baldigen Umsturz hoffenden Feinden der Republik noch entschlossener und unter Hintanstellung jeglichen Parteihaders zu begegnen. Nur so könne das parlamentarische System, das dem Volk trotz mancher Unzulänglichkeiten weit reichende Einflussmöglichkeiten biete, auf Dauer erfolgreich verteidigt werden.[166]

Obwohl Heinrich Brüning große Hoffnungen auf eine konservative Wende und eine Stärkung seines Präsidialkabinetts gesetzt hatte, erlitt er bei der Reichstagswahl im September 1930 eine empfindliche Niederlage. Für Aufsehen sorgte jedoch vor allem das Abschneiden der NSDAP. Sie konnte ihren Stimmenanteil versiebenfachen und verfügte nun über 107 Abgeordnete. Damit stellte sie nach der SPD die zweitstärkste Fraktion im Reichstag.[167]

Der durch das Wahlergebnis ausgelöste Schock saß bei Albert Schulz und seinen Genossen tief. Zwar hatte die SPD im Bezirk Mecklenburg-Lübeck verglichen mit anderen Wahlkreisen verhältnismäßig gut abgeschnitten, jedoch verlor auch sie ein Mandat und durfte künftig mit Wilhelm Kröger und Julius Leber nur noch zwei statt bisher drei Abgeordnete in den Reichstag entsenden. Obgleich Schulz versuchte, das mit Sorge zur Kenntnis genommene Abschneiden der Nationalsozialisten auf einer Parteiversammlung lapidar als »politische Inflationserscheinung« abzutun, war er sich der Gefahr, die von der NSDAP für das parlamentarische System ausging, sehr wohl bewusst. Um Schlimmeres zu verhindern, verlangte er von der Arbeiterschaft, sich den antidemokratischen Kräften mit aller Kraft entgegenzustellen.[168]

Dabei sollte das Reichsbanner eine besondere Rolle spielen. Begleitet von stürmischen Beifall und Bravorufen, spornte Schulz die Delegierten der im Oktober 1930 in Rostock tagenden Generalversammlung des Reichsbanners an, speziell Jugendliche für die republikanische Schutztruppe zu werben und den Weimarer Staat »aus dem Dunkel der Tage« herauszuführen. Aller Bestürzung zum Trotz konnte Schulz der an ein Desaster grenzenden Reichstagswahl zumindest in einer Beziehung etwas Positives

---

165 NL Albert Schulz: Geburtsschein für Peter Albert Berthold Schulz, ausgestellt am 29. April 1930.
166 MVZ, 18. und 20. Mai 1930; Rostocker Anzeiger, 20. Mai 1930; Mecklenburgische Blätter, Nr. 10, Mai 1930.
167 Siehe Schildt: Die Republik von Weimar, S. 93 ff. Vgl. Winkler: Der Weg in die Katastrophe, S. 189 f.
168 MVZ, 5. Oktober 1930 (Zitat ebd.). Siehe Winkler: Der Weg in die Katastrophe, S. 190; Schröder: Sozialdemokratische Parlamentarier, passim.

abgewinnen. Mit Blick auf die erfreulich stabile Mitgliederentwicklung im Gau äußerte er sich zuversichtlich, dass die Republikaner, die sich bislang keiner Organisation angeschlossen hatten, infolge der angespannten Situation aufgerüttelt und zuhauf in das Reichsbanner eintreten würden. Ein Ärgernis waren für Schulz die mutmaßlich von der Industrie und interessierten Großagrariern stammenden immensen finanziellen Mittel der rechten Kampfverbände. Im Gegensatz zum Stahlhelm und den nationalsozialistischen Sturmabteilungen verfügte das Reichsbanner nicht über die Gelder, um potenzielle Teilnehmer von Aufmärschen mit Aufwandsentschädigungen anzulocken und auf diese Weise propagandistisch wirksamen Massenbesuch zu erreichen.[169]

Nach den Reichstagswahlen im September 1930 militarisierte sich das Reichsbanner zusehends. Von Anfang an beides: Überwiegend sozialdemokratischer Verein und Kampfbund, führte es auf Geheiß von Albert Schulz im Gau Mecklenburg-Lübeck bereits seit Ende der 20er-Jahre verstärkt paramilitärische Übungen im Gelände durch, um für die mittlerweile beinahe zur Tagesordnung gehörenden Saal- und Straßenschlachten mit den Nationalsozialisten gewappnet zu sein. Weil sich bald herausstellte, dass die zwar weltkriegserfahrenen, aber aufgrund ihres fortgeschrittenen Alters mitunter wenig belastbaren Männer den braunen Sturmtruppen hoffnungslos unterlegen waren, fasste Schulz die jüngeren Reichsbannerleute in einer so genannten Technischen Abteilung zusammen. Ihre Mitglieder wurden nach dem Wahlerfolg der NSDAP in eine auf Anregung des Bundesvorstandes gegründete Schutzformation überführt. Die Aus- und Fortbildung dieses kurz »Schufo« genannten, als uniformierte Eliteorganisation aufgezogenen Kampfverbandes übernahmen in erster Linie jene Sozialdemokraten, die sich im Zuge des Kapp-Lüttwitz-Putsches in der Rostocker Arbeiterwehr engagiert und daraufhin die Gelegenheit bekommen hatten, in die Sicherheitspolizei einzutreten. Neben Grundkenntnissen in Orientierungskunde, Signaltechnik und Nachrichtenwesen vermittelten sie auch den Umgang mit Kleinkaliberwaffen. Zur Ausrüstung ihrer größtenteils jugendlichen Schützlinge gehörten darüber hinaus einige unter Missachtung der Gesetze aus Magdeburg beschaffte belgische Pistolen. Das Reichsbanner in Lübeck besaß sogar einen in Eigenarbeit gezimmerten Schießstand, bei dessen Einweihung die Gauführung zugegen war. Außerdem ließ Schulz, als die bei den Zusammenstößen mit den Nationalsozialisten zu beklagenden Schädelverletzungen erheblich zunahmen, spezielle Kopfschützer anfertigen. Sie bestanden aus gehämmertem Aluminium, das auf der Innenseite mit Filz beklebt war. Unter der Reichsbannermütze getragen, hielten die Kopfschützer selbst gezielte Schläge mit einem Spaten aus.[170]

---

169 MVZ, 28. Oktober 1930. Mindestens bis 1932 hielten sich die Zuwendungen an die NSDAP jedoch in Grenzen. Siehe Peukert: Die Weimarer Republik, S. 226; Schildt: Die Republik von Weimar, S. 117 f.
170 AdsD, NL Franz Osterroth, 138: Franz Osterroth an Karl Rohe, 14. Februar 1961. Siehe Osterroth: Chronik der Lübecker Sozialdemokratie, S. 76 und 79; Schulz: Erinnerungen, S. 49; Winkler: Der Weg in die Katastrophe, S. 303 f.

3.2 »Reichsbanner, an die Front!«: Antidemokratisches Denken als politische Gefahr

Zu den Befürwortern der im Reichsbanner auszumachenden Militarisierung zählte Julius Leber. Als er Ende Oktober 1930 im überfüllten Gewerkschaftshaus in Rostock sprach, waren unter den Besuchern des von der SPD organisierten Abends auch einige Nationalsozialisten. Von dem Angebot des Ortsvereinsvorsitzenden und Versammlungsleiters, Albert Schulz, sich nach dem Referat von Leber, das der NSDAP die Verrohung der politischen Auseinandersetzung anlastete, zu Wort zu melden, machten sie keinen Gebrauch. Stattdessen störten sie durch Zwischenrufe und warfen Stinkbomben, obwohl die Schutzformation des Reichsbanners bereitstand, um auf Kommando von Schulz für Ruhe und Ordnung zu sorgen.[171]

Gut fünf Wochen nach dem Reichstagsabgeordneten Julius Leber konnte Albert Schulz mit Theodor Haubach einen weiteren dezidiert militanten Sozialdemokraten in Rostock als Redner begrüßen. Als Freiwilliger im Ersten Weltkrieg mehrfach verwundet und hoch dekoriert, hatte er 1923 bei dem Philosophen Karl Jaspers eine Promotion abgeschlossen und war gegenwärtig für den Berliner Polizeipräsidenten Albert Grzesinski als Pressereferent tätig. Wie Haubach im Dezember 1930 bei der Reichsbanner-Kundgebung in der Hansestadt unter Beweis stellte, verband ihn mit Schulz das Bestreben, politische Versammlungen so abwechslungsreich wie möglich zu arrangieren. Die jeweiligen Teilnehmer sollten durch schmissige Militärmusik und pointierte Formulierungen mitgerissen und für die republikanische Staatsform begeistert werden. Einmal mehr schmückten Dutzende von schwarz-rot-goldenen Fahnen die »Philharmonie«, und ein kurzes Pfeifensignal markierte den Beginn der Veranstaltung. Die NSDAP ließ Haubach in seiner immer wieder von Beifall unterbrochenen Rede wissen, dass schon der für das Sozialistengesetz verantwortliche Otto von Bismarck den Widerstand der Arbeiterschaft nicht hätte brechen können. Insofern brauche sich »der kleine G[oe]bbels« bei seiner Zersetzungsarbeit keine Hoffnung auf Erfolg zu machen. Als die anwesenden Nationalsozialisten auf die ihnen wiederum angebotene Gegenrede verzichteten, brachte Schulz nach einigen anfeuernden Bemerkungen von Haubach ein begeistert aufgenommenes »Frei Heil!« auf die Republik aus.[172]

Gewillt, der aufstrebenden NSDAP nicht kampflos das Feld zu überlassen, bereiste Albert Schulz ab 1931 teilweise weit auseinander liegende Kleinstädte, Ortschaften und Dörfer, um für das Reichsbanner Schwarz-Rot-Gold zu werben. Dabei legte er mehrere Hundert Kilometer zurück und gönnte sich keine längeren Pausen. Mitunter bestritt er an einem Wochenende zwei öffentliche Versammlungen hintereinander. Außer in Grevesmühlen, Neustadt-Glewe und Parchim sowie im Umkreis von Rostock sprach Schulz auch in Mecklenburg-Strelitz. Das Interesse an seinen Ausführungen hätte kaum besser sein können. Sämtliche der häufig unter dem reißerischen Titel »Demokratische Republik oder faschistischer Zuchthaus-Staat« firmierenden Veranstaltungen

---

171 MVZ, 31. Oktober 1930. Siehe auch Beck: Theodor Haubach, Julius Leber, Carlo Mierendorff, Kurt Schumacher, S. 116 f.
172 MVZ, 9. Dezember 1930. Siehe Zimmermann: Theodor Haubach, S. 31 ff.

waren überfüllt und mussten deswegen bisweilen durch die Polizei geschlossen werden. Der Erfolg der von Schulz mit Bedacht geplanten Agitationsreisen konnte allerdings nicht darüber hinwegtäuschen, dass die Nationalsozialisten auf dem Vormarsch waren und sich dabei die grassierende Wirtschaftskrise geschickt zu Nutze machten.[173]

Seit Anbeginn seiner parlamentarischen Tätigkeit ununterbrochen Mitglied des Hauptausschusses, nutzte Albert Schulz die Etatberatungen im Frühjahr 1931, um abermals auf die politische Voreingenommenheit der mecklenburgischen Justiz aufmerksam zu machen. Dabei verwies er unter anderem auf eine in dem Dorf Below abgehaltene Veranstaltung des Stahlhelms, in deren Folge fünf Arbeiter tagelang in Untersuchungshaft behalten worden waren, weil sie angeblich die zum Versammlungsort führende Überlandleitung manipuliert haben sollten. Während gegen links sehr scharf vorgegangen werde, so beklagte sich Schulz, würde das rechte Lager von der Staatsanwaltschaft »mit Glacéhandschuhen« angefasst.[174]

Des Weiteren konfrontierte Schulz die NSDAP mit den nicht zu übersehenden Ungereimtheiten ihrer Politik. Besonders demaskierend schien ihm das widersprüchliche Verhalten der Nationalsozialisten gegenüber der Regierung zu sein. Denn während sich Friedrich Hildebrandt einerseits in Parteiversammlungen oder im Niederdeutschen Beobachter kompromisslos gab, war er andererseits bereit, die von Karl Gustav Eschenburg geführte Minderheitskoalition in entscheidenden Situationen fast bis zur Selbstaufgabe zu unterstützen. Dabei war das Mindestprogramm, das die NSDAP nach der letzten Landtagswahl zur Bedingung für einen regierungsfreundlichen Kurs gemacht hatte, noch weit von seiner Umsetzung entfernt, obwohl seit der Wahl des Ministerpräsidenten inzwischen mehr als eineinhalb Jahre vergangen waren. Für Schulz ging diese Erfolg- und Tatenlosigkeit auf das Konto des einflussreichen DNVP-Politikers Dietrich von Oertzen. Er hatte es seiner Einschätzung nach im Interesse einer halbwegs soliden Regierungspolitik verstanden, sämtliche nationalsozialistischen Forderungen abzublocken.[175]

Doch der ehemalige Finanzminister Dietrich von Oertzen untergrub nicht nur die Pläne der NSDAP. Vielmehr ließ er keine Gelegenheit ungenutzt, um auch die Sozialdemokratie zu attackieren. Als er ihr während der Etatverhandlungen vorwarf, durch die Tolerierung der Regierung Brüning zum Sozialabbau beizutragen, kam Albert Schulz in Begründungszwang, zumal er mit der Politik der Parteiführung um Hermann Müller und Otto Wels seine Schwierigkeiten hatte. Immer schon ein Gegner von Koalitionen oder sonstigen Bündnisabsprachen mit Parteien rechts von der DDP, war es für ihn einerseits nicht leicht zu akzeptieren, dass sich die SPD nach der Reichstagswahl vom September 1930 entschlossen hatte, den mit Hilfe von Notverordnun-

---

173 MVZ, 4. Januar 1931; Das Reichsbanner, 7. März 1931. Siehe Peukert: Die Weimarer Republik, S. 248 f.
174 Verhandlungen des Mecklenburg-Schwerinschen Landtages VI, Bd. 2, Sp. 2368 ff.
175 Ebd., Sp. 2373 f.

gen regierenden Reichskanzler zumindest partiell zu unterstützen. Auf der anderen Seite war Schulz ein großer Freund von Parteidisziplin. Zudem beurteilte er die politische Lage pragmatisch. Infolgedessen sah er sich veranlasst, die Haltung der sozialdemokratischen Reichstagsfraktion als letztlich alternativlos zu verteidigen. Ein Oppositionskurs gegen Brüning, daran bestand für ihn kein Zweifel, hätte zwangsläufig zu einer Auflösung des Reichstags geführt, woraufhin ein weiteres Erstarken der Nationalsozialisten wahrscheinlich geworden wäre. Obendrein stand die Zerschlagung der durch den Sozialdemokraten Otto Braun gelenkten preußischen Regierung zu befürchteten. Diese Gefahren, verbunden mit einem Machtgewinn des DNVP-Vorsitzenden Alfred Hugenberg, wollte Schulz nicht in Kauf nehmen. Durch ihre Tolerierungspolitik leistete die Sozialdemokratie jedoch dem schleichenden Funktionsverlust des Parlaments beträchtlichen Vorschub. Neben der zersetzenden Kraft der NSDAP fielen zudem die antidemokratischen Ressentiments in weiten Teilen der Bevölkerung besonders stark ins Gewicht. Noch größere Bedeutung hatte die in der Umgebung des Reichspräsidenten offen zu Tage tretende Republikfeindschaft. So wurde das Ansehen der Volksvertretung spätestens seit dem Amtsantritt von Brüning systematisch zerstört, und das parlamentarische System verkam zur Fassade.[176]

3.3 Zwischen Tolerierungspolitik und zunehmender Radikalisierung

Genauso wie Albert Schulz betrachteten auch die meisten anderen der im Bezirk Mecklenburg-Lübeck führenden Sozialdemokraten die Tolerierung der Regierung Brüning als notwendiges Übel. Einer von ihnen war Julius Leber, der im April 1931 in der gut besuchten »Philharmonie« über dieses Thema sprach. Während seines Referats erinnerte er an einen Satz des wenige Tage zuvor verstorbenen ehemaligen Reichskanzlers Hermann Müller: Ein Politiker müsse imstande sein, die Manuskripte früherer Zeiten zu verbrennen und zu neuen Handlungen vorzustoßen. Dementsprechend begrüßte Leber die unkonventionelle Taktik, die sich die sozialdemokratische Reichstagsfraktion angesichts der veränderten Situation nach den Septemberwahlen von 1930 auferlegt hatte. Seiner Meinung nach durften politische Entscheidungen keinesfalls ausschließlich nach den Maßstäben doktrinärer Programmliebe getroffen werden. Vielmehr gelte es, sich von ewigen Grundsätzen zu lösen und im gegebenen Moment den richtigen Entschluss zu fassen. Dieses pragmatische Politikverständnis war für Leber typisch. Als einer der jungen Rechten in der SPD hielt er es nur für konsequent, dass die weit überwiegende Mehrheit der im Reichstag vertretenen Sozialdemokraten kürzlich dem von der Regierung vorgelegten Wehretat zugestimmt hatte, um ein Auseinanderbrechen des Präsidialkabinetts zu verhindern. Dabei enthielt das

---

176 Ebd., Sp. 2670 f. MVZ, 1. Februar 1931. Siehe Winkler: Der Weg in die Katastrophe, S. 207 ff.; Schildt: Die Republik von Weimar, S. 108 f.

Zahlenwerk einige Unzumutbarkeiten, etwa den Bau des Panzerkreuzers B. Auch in den Augen von Schulz ließ es sich durch nichts rechtfertigen, dass neun sozialdemokratische Parlamentarier die Fraktionsdisziplin gebrochen und mit der KPD gestimmt hatten. Aus diesem Grund legte er den im Gewerkschaftshaus versammelten Genossen zusammen mit Leber eine vom örtlichen Parteivorstand entworfene Resolution vor. Demnach sollte jeder sozialdemokratische Reichs- oder Landtagsabgeordnete, der in Zukunft ohne Genehmigung anders als seine Fraktion votierte, aus der SPD ausgeschlossen werden. Offensichtlich brachte dieser Antrag die an der Parteibasis vorherrschende Stimmung zum Ausdruck, wurde er doch bei lediglich zwei Gegenstimmen angenommen.[177]

Desgleichen beschäftigte sich der im Mai 1931 in Rostock zusammengekommene SPD-Bezirksparteitag mit der politischen Lage im Reich. Für das Hauptreferat hatte der ehemalige mecklenburgische Ministerpräsident und jetzige Sekretär beim zentralen Parteivorstand, Johannes Stelling, gewonnen werden können. Er zählte wie Julius Leber und Albert Schulz zu den Befürwortern der sozialdemokratischen Tolerierungspolitik und schilderte die von den Nationalsozialisten ausgehende Bedrohung in alarmierender Weise. Zu den weiteren Themen, die ausführlich auf dem Bezirksparteitag besprochen wurden, gehörte die sozialdemokratische Werbetätigkeit. Schon seit der Jahreswende galten diesem Feld unter der unablässig wiederholten Parole »Wo bleibt der zweite Mann, wo bleibt die zweite Genossin?« verstärkte Bemühungen. Die gesteigerte Aktivität der Sozialdemokraten im Bezirk Mecklenburg-Lübeck zeigte im Vergleich mit anderen Parteigliederungen durchaus rasche Wirkung.[178]

Durch die gezielte Werbearbeit, so glaubte Albert Schulz, würde es gelingen, einer Konjunkturpartei wie der NSDAP wirkungsvoll entgegenzutreten, zumal die Sozialdemokratie traditionell über eine hohe Mitgliederbeständigkeit verfügte. Noch zwei Monate vor dem Bezirksparteitag hatte er in der festlich geschmückten »Philharmonie« drei Genossinnen und 17 Genossen mit einer Ehrennadel auszeichnen können, weil sie der SPD in Rostock seit mindestens 25 Jahren angehörten. Bereits vor geraumer Zeit war in der Mecklenburgischen Volks-Zeitung in einem anderen Zusammenhang zu lesen gewesen, dass die Partei »ein tiefes, sozusagen religiöses Erleben« biete und quasi jedes Mitglied von seiner politischen Überzeugung »wie von einem Heiligtum« durchdrungen sein müsse.[179] So sah es auch Schulz, weshalb er die jüngeren Sozialdemokraten in seiner Rede anlässlich der Feierstunde voller Pathos aufforderte, ihr Leben der Parteiarbeit zu widmen. Unter den Jubilaren befanden sich der stellvertretende Ortsvereinsvorsitzende und Reichsbanner-Funktionär, Wilhelm Knoop, und der Gewerkschaftssekretär August Lettow. Er dankte Schulz für die freundlichen Wor-

---

177 MVZ, 19. April 1931. Siehe Winkler: Der Weg in die Katastrophe, S. 288 ff.; Beck: Julius Leber, S. 82 f.
178 MVZ, 12., 13. und 23. Mai 1931. Siehe Winkler: Der Weg in die Katastrophe, S. 584 f.
179 MVZ, 24. Dezember 1924.

te und versicherte, dass alle Geehrten gedachten, weiterhin »als Soldaten der Partei« ihre Pflicht zu erfüllen.[180]

Für Schulz, der im Landtag schon einmal darauf hinwies, »nur ein einfacher Arbeiterjunge«[181] zu sein, markierte der Bezirksparteitag einen weiteren Höhepunkt in seiner politischen Karriere. Während Willy Jesse jetzt offiziell als Unterbezirkssekretär fungierte und erwartungsgemäß für den verstorbenen Karl Brehmer in den Bezirksvorstand nachrückte, wurde Schulz anstelle eines altersschwachen Genossen in das Spitzengremium gewählt. Auch diese Entscheidung war vorhersehbar gewesen, immerhin saß Schulz der SPD in Rostock vor. Zu den weiteren Mitgliedern des insgesamt dreizehnköpfigen Bezirksvorstandes gehörten Carl Moltmann, Margarete Ketelhohn und Karl Bartosch. Den Vorsitz bekam der schwer erkrankte Wilhelm Kröger in Abwesenheit übertragen. Mittlerweile war er 26 Jahre im Amt und damit der dienstälteste sozialdemokratische Parteisekretär in ganz Deutschland.[182]

Knapp einem Monat nach dem Bezirksparteitag, Anfang Juni 1931, kam es während des Rostocker Pfingstmarktes wiederholt zu Tätlichkeiten zwischen Reichsbannerleuten und NSDAP-Mitgliedern. Da die Polizei kein sonderliches Interesse an den Vorfällen zeigte, ließ Albert Schulz von seinen Männern umfangreiche Ermittlungen anstellen. Wie sich herausstellte waren die Nationalsozialisten in Gruppen über den Markt gezogen und hatten wahllos Reichsbanner-Mitglieder angerempelt und sie aufgefordert, das Abzeichen des Kampfbundes abzulegen. Ein Republikaner, der sich wie viele andere weigerte, dieser Aufforderung nachzukommen, war mit einem Handstock krankenhausreif geschlagen worden. Dabei erlitt er eine schwere Kopfwunde. Nach der Aussage unparteiischer Zeugen hatte er zuvor bei dem Versuch, sich mit seinem Taschenmesser zu verteidigen, zwei der nationalsozialistischen Rädelsführer verletzt.[183]

Als der Reichspräsident Paul von Hindenburg am 5. Juni 1931 eine weitere Notverordnung zur Sicherung der Wirtschaft und Finanzen unterzeichnete, wurden die Anhänger der sozialdemokratischen Tolerierungspolitik auf eine harte Probe gestellt. Denn das auf Artikel 48 der Weimarer Reichsverfassung beruhende Gesetz übertraf ihre schlimmsten Erwartungen. Neben einer Reihe von sozialen Härten sah es allein Vergünstigungen für die Großlandwirtschaft und die Montanindustrie vor.[184]

Auch von den Rostocker Sozialdemokraten wurde die Tolerierungspolitik in diesen Tagen von neuem kontrovers diskutiert. Die SPD befand sich in einer Zwangslage. Einerseits war sie bemüht, die demokratische Ordnung so lange wie möglich zu erhalten, andererseits musste sie dafür Maßnahmen, die dem parlamentarischen Gedanken zuwiderliefen, notgedrungen in Kauf nehmen. Nicht wenige der Anwesenden hatten mit

---
180 MVZ, 8. März 1931.
181 Verhandlungen des Mecklenburg-Schwerinschen Landtages VI, Bd. 2, Sp. 2718.
182 MVZ, 12. Mai 1931. Zu Kröger siehe: MVZ, 1. April 1930.
183 MVZ, 3. und 14. Juni 1931; Niederdeutscher Beobachter, 1. Juni 1931.
184 Siehe Winkler: Der Weg in die Katastrophe, S. 338 ff.

der von der SPD getragenen politischen Entwicklung im Reich ihre Schwierigkeiten. Dies konnte die Mecklenburgische Volks-Zeitung, die sich in solchen Situationen stets um vorsichtige und mitunter sogar verschleiernde Formulierungen bemühte, nur schlecht kaschieren und trat in der Diskussion über eine von Albert Schulz und den übrigen Vorstandsmitgliedern vorgelegte Entschließung besonders deutlich zu Tage. Schließlich siegte die Parteidisziplin über die Empörung. Die Resolution fand die uneingeschränkte Zustimmung sämtlicher Versammlungsteilnehmer, damit hatte die Ortsvereinsführung um Schulz einen drohenden Eklat abgewendet.[185]

Für die »Volkswacht«, dem Organ der mecklenburgischen Kommunisten waren die Meinungsverschiedenheiten in der Rostocker SPD ein willkommener Anlass, um die sozialdemokratische Tolerierungspolitik eingehend zu kritisieren. Dabei sparte das Blatt die geschönte Berichterstattung der Mecklenburgischen Volks-Zeitung nicht aus. Ebenfalls erwähnt wurde Albert Schulz, der auch bei anderen Versammlungen mit dem Versuch gescheitert sei, die aufgebrachte Parteibasis von der Richtigkeit seiner Position zu überzeugen. Durch die weit gehend widerspruchslose Hinnahme der Notverordnung hatte sich die SPD-Führung nach Ansicht der »Volkswacht« endgültig als Scheinopposition entlarvt und die Interessen der Arbeiterschaft verraten.[186]

Gesundheitlich angegriffen unternahm Albert Schulz im Juli 1931 eine etwa vierzehntägige Kreuzfahrt, um die politischen Ärgernisse und Sorgen für eine Weile zu vergessen. An Bord der »M.S. Fulda«, einem Schiff des in Bremen ansässigen Norddeutschen Lloyd, führte ihn die Reise von Antwerpen aus ins Mittelmeer.[187] Voller Begeisterung genoss er den Anblick der Meerenge von Gibraltar und die Weiterfahrt nach Barcelona und Genua. Seinen Vorsatz, sich während seines Urlaubs von keiner Nachricht aus Deutschland behelligen zu lassen, konnte Schulz allerdings nicht wahr machen. Im Radio hörte er von dem Zusammenbruch der deutschen Banken[188], der auf die Weltwirtschaftskrise zurückging und durch den Bankrott des korrupten Nordwolle-Konzerns begünstigt worden war. Bedrückt, in dieser kritischen Zeit von seiner Familie getrennt zu sein, schrieb er hastig an seine Frau Emmi:

»Mein liebes Mädel, hoffentlich bist Du finanziell noch nicht in Schwierigkeiten gekommen. Nach den uns hier vorliegenden Nachrichten, wirst Du ja von Deiner Bank auch gegen Scheck kein Geld bekommen haben. Ich will aber nicht, daß Ihr während meiner Abwesenheit irgendwie Schwierigkeiten haben sollt.
Wenn Du von der Bank kein Geld bekommen kannst, so gehe bitte zu Schröder (Geschäftsführer d. M.V.Z.) und sage ihm, ich ließe ihn bitten, Dir einen Vor-

---

185 MVZ, 21. Juni 1931.
186 Volkswacht, 23. Juni und 1. Juli 1931.
187 Laut mündlicher Auskunft durch Klaus Pidde vom 16. Juli 2002 sind über diese Reise keine Unterlagen im Archiv der HAPAG Lloyd AG überliefert.
188 Siehe Winkler: Der Weg in die Katastrophe, S. 366 ff. und 382 ff.

schuß von 100 M auf mein Augustgehalt auszuzahlen. Sollte auch die Meckl. Volkszeitung wieder erwarten dazu nicht in der Lage sein, so gehe bitte zu Herrn Jenßen. Sage ihm, ich ließe ihn bitten Dir von unserem Reichsbanner-Postscheckkonto einen Betrag von 50 – 100 M anzuweisen. Dafür gibst Du ihm dann einen entsprechend hohen Scheck auf Deine Bank. Sollte auch dieser Weg nicht gangbar sein, so kannst Du Herrn Buddenhagen vielleicht bitten, Dir gegen einen Scheck Geld auszuzahlen. Für alle Fälle lege ich diesem Brief 20 M bei. Ich hoffe, daß alles klappen wird.«[189]

Bevor Schulz gegen Ende des Monats nach Rostock zurückkehrte und sich von neuem seinen politischen Verpflichtungen widmete, bekannte er seiner Emmi, mit der er nun schon eine Zeit lang verheiratet war, anlässlich ihres dreißigsten Geburtstages liebevoll und mit Dankbarkeit:

»Wohl weiß ich immer was Du mir bist, aber man muß einmal aus dem ewigen Trott des Alltags mit seinem Ärger und Sorgen auf politischen Gebiet herausgerissen sein, muß sich einmal auf sich selbst besinnen können, um mit messerscharfer Deutlichkeit den vollen unaussprechlich hohen Wert Deiner Liebe zu mir zu erkennen. Liebe Emmi! Ich weiß, ich bin nicht immer ein angenehmer und bequemer Lebensgefährte. Ich weiß, ich bin eine unruhvolle und unrastvolle Natur, in der unter mehr oder minder glatter Oberfläche oft Stürme wehen. Mengt sich doch in mir faustischer Erkenntnisdrang mit Peer Gynt'scher Sehnsucht nach fremden, fernen Dingen, bin ich doch ein leider sehr unausgeglichenes Gemisch von Phantasten und nüchternen Wirklichkeitsmenschen.
Und dennoch bin ich überzeugt, daß meine Liebe zu Dir und mein guter Will[e] Dich entschädig[en] für alle menschlichen Schwächen und Gebrechen[,] die mir anhaften.«[190]

In Anbetracht der erwartungsgemäß auch noch im August 1931 anhaltenden wirtschaftlichen Not sollte die Verfassungsfeier des Reichsbanners Schwarz-Rot-Gold weniger üppig begangen werden als in den vorangegangenen Jahren. An dem Ablauf der traditionell zweitägigen Zeremonie änderte sich jedoch kaum etwas. Die Festrede hielt der gut erholte Albert Schulz, der wie seine Kollegen im übrigen Reichsgebiet nach den Reichstagswahlen vom September 1930 immer häufiger als Gauführer bezeichnet wurde. Spätestens seit jenen Tagen versuchte das Reichsbanner, dem rechten Lager und speziell den Nationalsozialisten das Monopol für bestimmte politische Be-

---

189 NL Albert Schulz: Albert Schulz an Emma Schulz, 18. Juli 1931. Der gelernte Schmied Hermann Buddenhagen war seit 1919 Geschäftsführer des Gewerkschaftshauses »Philharmonie«. Siehe: Handbuch des Vereins Arbeiterpresse, S. 535.
190 NL Albert Schulz: Albert Schulz an Emma Schulz, 21. Juli 1931.

griffe zu entreißen. Dazu gehörten so gefühlsbeladene und massenwirksame Prägungen wie »Vaterland«, »Nation« oder »Volksgemeinschaft«. Hinter dieser bewusst veränderten Wortwahl stand eine richtige Erkenntnis. Mit dem ohnehin nur noch vereinzelt gepflegten marxistischen Vokabular ließen sich weite Teile der republikanischen Bevölkerung nicht erreichen. Ein möglicherweise gut situiertes Mitglied der DDP dürfte von einer auf Klassenkampf zielenden Rhetorik eher abgeschreckt als für die Interessen des Reichsbanners eingenommen worden sein.[191]

Recht bald nachdem der Domänenpächter Paul Bade mit seiner Klage wegen Beleidigung und übler Nachrede endgültig gescheitert war, sah sich Albert Schulz abermals mit solchen Anschuldigungen konfrontiert. Den Ausgangspunkt bildete ein Artikel mit der Überschrift »Nazi-Steinfatt M.d.L.«, den sowohl die Mecklenburgische Volks-Zeitung als auch das »Freie Wort« im Juli 1931, während der Erholungsreise von Schulz, gedruckt hatte. In dem kurzen Text hieß es unter anderem:

> »Wie wir hören, spukt der Nazi-Abgeordnete des Schweriner Landtages, Steinfatt, im Lande herum, indem er auf die Juden und ›Verjudung‹ und dergleichen lospaukt.
> Der sozialdemokratische Standpunkt ist bekannt: uns gilt nur der Mensch. Daß einer Jude ist, setzt ihn in unserer Achtung nicht herauf und nicht herab. [...] Wir bekämpfen den Kapitalismus, aber nicht die Religion, und da ist uns der jüdische Börsenjobber genau so unsympathisch wie der christliche Börsenjobber.
> Daß indessen ausgerechnet Herr Steinfatt sich zum lautesten Rufer im Streit, sich zum Stock-Antisemiten macht, das ist sehr eigenartig. Denn nämlich dieser Hakenkreuzler ist selbst jüdischer Abstammung, und zwar in allernächster Linie. Seine Mutter ist die Tochter einer Jüdin, seine Großmutter mütterlicherseits war direkte Jüdin.
> Wie gesagt, das ist menschlich völlig gleich; aber nur wenn so einer sich als Hakenkreuzler-Nazi besonders antisemitisch hervortut, dann wirkt der Fall sehr – nun, sagen wir: sehr eigenartig. Das liegt wohl auf der flachen Hand!«[192]

Anfang September 1931 erhielt das Landtagsbüro ein Schreiben des Amtsgerichts Schwerin. Beigefügt war die Abschrift einer Privatklage, die der Rechtsanwalt und NSDAP-Politiker, Friedrich Steinfatt, gegen den für die mecklenburgische SPD-Presse verantwortlich zeichnenden Redakteur Albert Schulz erheben wollte. Die dreiseitige Klageschrift bezichtigte Schulz der üblen Nachrede und befand mit Paragraf 186 des Strafgesetzbuches, dass der Zeitungsartikel geeignet sei, den nationalsozialistischen Abgeordneten in der öffentlichen Meinung herabzuwürdigen. Da Schulz wegen seiner Abgeordnetentätigkeit unter dem besonderen Schutz der Verfassung stand,

---

191 MVZ, 20. Mai 1930 und 11. August 1931. Siehe Winkler: Der Schein der Normalität, S. 382 f.
192 MVZ und Freies Wort, 23. Juli 1931.

3.3 Zwischen Tolerierungspolitik und zunehmender Radikalisierung

ersuchte Steinfatt die Parlamentsverwaltung, die rechtlichen Voraussetzungen für eine Strafverfolgung zu schaffen.[193] Derartige Anträge waren in Mecklenburg-Schwerin äußerst selten und in der Regel nur bei kommunistischen Abgeordneten erfolgreich. Schulz blickte einem Prozess indes gelassen entgegen und gab sein Einverständnis für die Durchführung der Klage. Deshalb schlug der Ältestenrat des Landtags im Oktober 1931 dem Plenum vor, bei der nun fälligen Abstimmung für die Aufhebung der Immunität von Schulz zu votieren. So geschah es. Das Strafverfahren zog sich über mehrere Monate hin. Selbst in der nächsten Legislaturperiode wurde es fortgesetzt, ohne dass jemals ein Urteil ergangen wäre.[194]

Die Amtsvertreterwahlen am 1. November 1931, bei denen die NSDAP in neun von zehn Ämtern stärkste Kraft wurde und durch die zum Leidwesen von Albert Schulz auch Wilhelm Höcker seinen Posten verlor[195], gingen mit einer bis dahin beispiellosen Brutalisierung der politischen Auseinandersetzung einher. Genauso wie die Nationalsozialisten verstand es auch der Stahlhelm, die Sozialdemokraten in ihrem Wahlkampf zu behindern. In zahlreichen Ortschaften musste die SPD ihre Veranstaltungen unter freiem Himmel abhalten, weil ihr die dortigen Wirte unter dem vor allem wirtschaftlichen Druck des rechten Lagers keinen Saal zur Verfügung gestellt hatten.[196]

Vier Tage vor den Wahlen eskalierte die angespannte Situation vollends. In dem kleinen Dorf Hastorf bei Rostock sprengten zirka 80 SA-Mitglieder eine öffentliche Veranstaltung der SPD. Die zur Absicherung der Zusammenkunft aufmarschierte und mit Stöcken bewaffnete Schutzformation des Reichsbanners war zahlenmäßig weit unterlegen und infolgedessen machtlos. Genau 20 der im Kampfbund organisierten Männer wurden so schwer verwundet, dass sie sich in ärztliche Behandlung begeben mussten. Noch in der Nacht eilte Albert Schulz nach Hastorf, um den Ort des Geschehens in Augenschein zu nehmen.

Neben den körperlichen Blessuren entstand dem Kampfbund ein erheblicher Sachschaden. Bei der Begleichung der daraus resultierenden immensen Kosten verhielt sich die sozialdemokratische Arbeiterbewegung solidarisch. Nachdem das Personal der Mecklenburgischen Volks-Zeitung zunächst 100 Reichsmark als Soforthilfe gegeben hatte, spendete es in den nächsten Tagen insgesamt das Dreifache. Vom SPD-Bezirksvorstand kamen ebenfalls 300 Mark. Die von Margarete Ketelhohn geleitete

---

193 MLHA, 5.11-2, 114, Bl. 39: Amtsgericht Schwerin, Abteilung 3, an den Herrn Direktor des Landtages, 5. September 1931.
194 Verhandlungen des Mecklenburg-Schwerinschen Landtages VI, Bd. 2, Sp. 3091. Siehe auch: Freies Wort, 17. Oktober 1931. Im August 1932 wurde die Immunität von Schulz abermals aufgehoben. MLHA, 5.11-2, 115: Das Büro des Landtags an das Amtsgericht Schwerin, 10. August 1932 (Entwurf).
195 MVZ, 7. November 1931. Siehe Müller/Mrotzek/Köllner: Die Geschichte der SPD in Mecklenburg und Vorpommern, S. 149; Urbschat: Mecklenburg-Schwerin in den letzten Jahren der Weimarer Republik, S. 94 f.
196 Das Reichsbanner, 7. November 1931.

sozialdemokratische Frauengruppe und die Zahlstelle des Fabrikarbeiter-Verbandes in Rostock schlossen sich mit 100 beziehungsweise 10 Reichsmark an.[197]

Weitere blutige Zusammenstöße folgten oder konnten durch die Polizei der Stadt Rostock nur mit Mühe verhindert werden. Speziell die nach den Erfahrungen in Hastorf mit Handspaten ausgerüstete Schutzformation des Reichsbanners befand sich auf Geheiß von Albert Schulz und den übrigen Ortsvorstandsmitgliedern in erhöhter Alarmbereitschaft. Noch war der Gipfel der Gewalt keineswegs erreicht. An Brutalität nur schwer zu übertreffen waren die Morde, die ein SA-Sturmführer in der Nacht vor den Amtsvertreterwahlen an zwei kommunistischen Arbeitern in Bad Doberan verübte. Genauso wie viele andere Mecklenburger zeigte sich Schulz erschüttert von diesem brutalen Verbrechen. Sonst beileibe kein Freund der KPD und selbst auf schriftliche Einladung nicht bereit, einer ihrer Unterorganisationen als Diskussionsredner zur Verfügung zu stehen, gedachte er der beiden Ermordeten anlässlich einer Veranstaltung mit dem Polizeipräsidenten von Altona und SPD-Reichstagsabgeordneten, Otto Eggerstedt, und geißelte den überhand nehmenden nationalsozialistischen Terror. Die Teilnehmer der sozialdemokratischen Versammlung ehrten die toten Kommunisten, indem sie sich schweigend von ihren Sitzen erhoben.[198]

Bald darauf standen die Geschehnisse auch im Landtag von Mecklenburg-Schwerin zur Debatte. Nachdem Albert Schulz die zurückliegenden politisch motivierten Auseinandersetzungen minutiös vor dem Plenum rekonstruiert und im Namen der sozialdemokratischen Fraktion auf das Schärfste verurteilt hatte, bestieg unter anderem Friedrich Hildebrandt die Rednertribüne. Der Gauleiter der NSDAP verstieg sich in seiner von Tumulten begleiteten Landtagsrede in der Behauptung, der Wirt des Versammlungslokals in Hastorf habe die SA zu Hilfe gerufen, weil er von den Sozialdemokraten bedroht worden sei. Zudem wusste Hildebrandt zu berichten, dass die Nationalsozialisten in sämtlichen Streitfällen ausschließlich in Notwehr gehandelt hätten. Dann wandte er sich an Schulz und bezichtigte ihn wegen dessen Kritik an Hitler der Volksverhetzung:

»Herr Schulz, lassen Sie sich das eine gesagt sein, wenn sie den obersten Führer der nationalsozialistischen SA in einer niederträchtigen Weise und mit den schmutzigsten Mitteln angreifen und ihm Dinge in die Schuhe schieben, die nicht stimmen, wie die Staatsanwaltschaft in München festgestellt hat, dann richten Sie sich damit selbst. Sie haben bisher noch keine Gelegenheit genommen, die maßlosen Anwürfe zurückzunehmen. Sehen Sie, Herr Schulz, wenn die Hetze in Ihrem ›Frei-

---

197 MVZ, 30. und 31. Oktober sowie 1. November 1931. Verhandlungen des Mecklenburg-Schwerinschen Landtages VI, Bd. 2, Sp. 4282 ff.
198 MVZ, 27. September und 7. November 1931; Das Reichsbanner, 7. November 1931. Siehe Urbschat: Die Arbeiterbewegung in Mecklenburg im Kampf, Bd. 1, S. 44 f. und 87 f.

en Wort‹ dauernd so weitergeht, wollen Sie sich dann wundern, wenn ein Heißsporn meiner SA-Kameraden einmal über das Ziel hinausschießt?«[199]

Am selben Tag, an dem die denkwürdige Landtagsdebatte mit der handfesten Drohung gegen Schulz stattfand, erschien in der mecklenburgischen SPD-Presse ein Mahnruf des Reichsbanner- Gauvorstandes. Die republikanische Bevölkerung dürfe sich von den Nationalsozialisten, »dieser Bürgerkriegsgarde der Reaktion«, nicht einschüchtern lassen, hieß es in dem jeweils auf der Titelseite der beteiligten Zeitungen veröffentlichten Text. Jeder wehrfähige männliche Republikaner müsse umgehend der demokratischen Schutztruppe beitreten. Speziell die jungen Arbeiter, »die ihr gut gewachsen seid und von Kraftgefühl strotzt«, wurden nachdrücklich ermutigt, diesen Schritt zu vollziehen. Die älteren Bürger ersuchte der Reichsbanner-Vorstand unter der Führung von Schulz dagegen um Geldspenden. Beinahe die Hälfte der Kameraden sei momentan arbeitslos und deshalb beitragsfrei gestellt. Dadurch werde der Kampfbund massiv in seiner Handlungsfähigkeit beeinträchtigt.[200]

Nur wenig später schien es Schulz aus gegebenem Anlass geboten, alle mecklenburgischen Ortsgruppen des Reichsbanners eindringlich vor einer Zusammenarbeit mit den Kommunisten zu warnen. Die Aufforderung der KPD, zur Eindämmung der von den Nationalsozialisten entfesselten Terrorwelle einen gemeinsamen Kampfausschuss zu bilden, diente seiner Meinung nach nur einem Ziel: der Zersetzung der im Gau Mecklenburg-Lübeck überwiegend sozialdemokratischen Republikschutzorganisation. In Anbetracht der von der NSDAP ausgehenden Gefahr habe die deutsche Arbeiterschaft wahrhaftig andere Sorgen als den alten Streit zwischen der Sozialdemokratie und den Kommunisten.[201]

3.4 Eiserne Front, Reichstagsmandat und neue Hoffnung

Die im Dezember 1931 reichsweit beginnende Konstituierung der Eisernen Front zeigte einmal mehr, wie verhärtet die Fronten zwischen den beiden Arbeiterparteien waren. Weder die sozialdemokratischen Funktionäre noch die Spitzenpolitiker der KPD hatten ein wirkliches Interesse an einer wie auch immer gearteten Kooperation. In der Rostocker Sozialdemokratie wurde die Bildung einer schlagkräftigen Abwehrfront gegen den Nationalsozialismus seit den ersten Dezembertagen eingehend diskutiert – mit dem Ziel, möglichst breite Resonanz bei der sozialdemokratischen Arbeiterschaft zu finden.[202]

---

199 Verhandlungen des Mecklenburg-Schwerinschen Landtages VI, Bd. 2, Sp. 4325.
200 MVZ und Freies Wort, 6. November 1931.
201 Freies Wort, 7. und 29. November 1931. Vgl. Schulz: Erinnerungen, S. 49 f.
202 MVZ, 6. Dezember 1931. Vgl. Urbschat: Zur Bildung der Eisernen Front in Mecklenburg, S. 82 f.

Als Gauführer des Reichsbanners nahm Albert Schulz an dem in Berlin stattfindenden Gründungsaufmarsch der Eisernen Front teil. Seinen Beobachtungen zufolge ging ein Ruck durch die der SPD nahe stehenden Arbeiterschaft. Dass der langjährige Bundesvorsitzende Otto Hörsing wegen seiner ständigen Eskapaden von Karl Höltermann abgelöst worden war, ließ ihn ziemlich gelassen. Zwar erfreute sich Hörsing bei den Reichsbannerleuten einiger Beliebtheit, den größeren Kampfgeist strahlte jedoch der fast 20 Jahre jüngere Höltermann aus. Er konnte nicht nur mitreißend reden, sondern besaß auch Organisationstalent, wie er bei dem rasch voranschreitenden Aufbau der Eisernen Front unter Beweis zu stellen vermochte.[203]

Ein entscheidender Hintergrund für die Bildung eines erweiterten republikanischen Kampfbündnisses war die so genannte Harzburger Front, zu der das sich als nationale Opposition verstehende rechte Lager im Oktober 1931 zusammengefunden hatte. Zu den Mitgliedern zählten die NSDAP, die DNVP und Teile der DVP sowie der Stahlhelm und viele andere gleichfalls demokratiefeindliche Verbände. Finanzielle Unterstützung erhielt die extreme Rechte von einflussreichen Gönnern aus Wirtschaftskreisen.[204]

Die offizielle Gründung der Eisernen Front im Gau Mecklenburg-Lübeck ließ bis Mitte Januar 1932 auf sich warten. Abgesehen von den Weihnachtsfeiertagen, an denen selbst bei Albert Schulz das politische Engagement in den Hintergrund trat, dürfte die verhältnismäßig lange Zeitspanne zwischen den ersten organisatorischen Vorbereitungen und ihrer praktischen Umsetzung noch anderen Faktoren geschuldet gewesen sein. Offenbar wollten die Bezirksorganisationen der mecklenburgischen Sozialdemokraten die seit längerem schwelenden Kompetenzstreitigkeiten zwischen Karl Höltermann und dem zentralen Parteivorstand geklärt sehen, bevor sie die Bildung der Eisernen Front in den üblichen Presseorganen bekannt gaben. Im Gegensatz zum Reichsgebiet oblag die Führung in Mecklenburg-Lübeck dem Reichsbanner und damit seinem Gauvorsitzenden Schulz, der zugleich jedoch auch den Bezirksvorstand der SPD repräsentierte. Die Bildung der Ortsgruppen sollte bis zum Ende des laufenden Monats vollzogen sein.[205]

Zu den Unterzeichnern der gleichzeitig als Gründungsaufruf dienenden Bekanntmachung gehörten außer dem Reichsbanner auch die Freien Gewerkschaften, der Landarbeiter-Verband und die Arbeitersportbewegung, wobei die Interessenvertretung der Beamten zunächst fehlte. Obwohl ihre Repräsentanten bei der vorbereitenden Sitzung zugegen gewesen waren, trat sie der Eisernen Front erst mit fast viermonatiger Verspätung bei. Überhaupt verhielten sich die sozialdemokratisch geprägten

---

203 Siehe Schulz: Erinnerungen, S. 50. Hörsing war dafür bekannt, dass er seine Reden nicht mit seinem engsten Umkreis abstimmte. Überdies hatte er mit dem SPD-Vorstand gravierende Differenzen in wirtschaftspolitischen Fragen. Siehe Rohe: Das Reichsbanner Schwarz Rot Gold, S. 379 ff.
204 Siehe Schildt: Die Republik von Weimar, S. 113 f.
205 MVZ und Freies Wort, 14. und 15. Januar 1932.

Gewerkschaften zum Leidwesen von Schulz überwiegend passiv. Auch die Deutsche Staatspartei, wie sich die DDP mittlerweile nannte, gab vorerst keine formelle Beitrittserklärung für die Eiserne Front ab. Die Träger des neuen Kampfbündnisses waren im Gau Mecklenburg-Lübeck somit vor allem das Reichsbanner, die SPD und die Arbeitersportler.[206]

In den folgenden Wochen überzog die Eiserne Front den Gau wie geplant mit einer Vielzahl von Gründungsversammlungen. Albert Schulz sprach unter anderem in Güstrow und im Amtsbezirk Schwerin.[207] Beraten durch den Exilrussen und Psychologen Sergej Tschachotin entwickelte die Eiserne Front einen eigenen Propagandastil, der sich deutlich von den teilweise überkommenen Werbemethoden der Sozialdemokratie unterschied. Der Schüler des Nobelpreisträgers Iwan Pawlow vertrat die These, dass viele Menschen ihre Wahlentscheidungen in erster Linie gefühlsmäßig treffen würden. Deshalb setzte er auf kurze einprägsame Parolen und entwarf drei von rechts oben nach links unten zielende Pfeile als Erkennungszeichen der Eisernen Front und zur Abgrenzung vom nationalsozialistischen Hakenkreuz.[208]

Eine zweite Versammlungswelle der Eisernen Front in Mecklenburg-Lübeck folgte umgehend. Die Gauführung deklarierte die ersten Februartage 1932 auf Anregung der zentralen Reichskampfleitung zur Rüstwoche, in der mehr als 30 Veranstaltungen in ganz Mecklenburg stattfanden. Albert Schulz trat an drei Abenden hintereinander in Röbel an der Müritz, Rostock und in dem nur unweit entfernt gelegenen Laage auf. Zur Seite standen ihm in weiteren Städten und Ortschaften unter anderem der ehemalige Ministerpräsident Paul Schroeder, Julius Leber, Wilhelm Höcker, Alfred Starosson, Carl Moltmann sowie Willy Jesse. Margarete Ketelhohn oder andere parteipolitisch erfahrene Frauen kamen nicht zu Wort. Die Eiserne Front zählte ebenso wie das Reichsbanner oder der Stahlhelm zu den nahezu ausschließlich als Männersache betrachteten Kampfbünden.[209]

Den mit rund 2.000 Zuhörern weitaus größten Besuch hatte die Versammlung in Rostock zu verzeichnen. Selbst ein Nebensaal der »Philharmonie« musste geöffnet werden, die Reden wurden durch Lautsprecher übertragen. Das Reichsbanner-Spielmannkorps musizierte, und über die Bühne projizierte Lichtbilder warben für die Eiserne Front. Nach einem Trompetensignal begrüßte Albert Schulz als Gauführer die anwesenden Republikaner. Während der Veranstaltung wurden die sich im gesamten Reichsgebiet häufenden politisch motivierten Morde angeprangert. Schließlich verkündete der einstige Kultusminister Richard Moeller, dass sich die Deutsche Staatspartei in der Hansestadt einmütig der Eisernen Front angeschlossen habe. Dieser Entschluss

---

206 Siehe Urbschat: Zur Bildung der Eisernen Front in Mecklenburg, S. 85 f.; Schulz: Erinnerungen, S. 50.
207 MVZ, 19. Januar 1932; Freies Wort, 26. Januar 1932.
208 Siehe Winkler: Der Weg in die Katastrophe, S. 515 f.
209 Freies Wort, 27. und 31. Januar sowie 7., 9. und 10. Februar 1932. Siehe Ziemann: Republikanische Kriegserinnerung, S. 374 f. mit Anm. 46.

brachte ihm die gehässige Kritik des Rostocker Anzeigers ein. Für den arrivierten Oberlehrer Moeller, der seit 1928 im Reichsbanner-Gauvorstand saß, war die Verteidigung der Republik im Verein mit der sozialdemokratischen Arbeiterschaft jedoch eine Selbstverständlichkeit.[210]

Der intensivierte Kampf der Eisernen Front gegen den Nationalsozialismus – zum Beispiel der Druck eines monatlich erscheinenden und von Willy Jesse redigierten Sonderblattes gegen Faschismus und Terror[211] – verschlang ungeheure Geldmittel, die nach den Vorstellungen der Gauführung durch Spenden aus der Mitgliedschaft und von nahe stehenden Bevölkerungskreisen aufgebracht werden sollten. Zu diesem Zweck ließen Albert Schulz und seine Leute spezielle von der Reichskampfleitung herausgegebene Sammellisten im gesamten Gau kursieren. Die Auslegung von Eisernen Büchern, wie sie in Berlin und anderen Großstädten zur Einbringung von freiwilligen Zuwendungen und darüber hinaus zur symbolischen Bindung an das Kampfbündnis üblich waren, verzögerte sich um mehr als zwei Wochen, da der Gauvorstand aufgrund logistischer Schwierigkeiten zunächst vollständig auf dieses Propagandamittel verzichten wollte. Als sich dann doch ein Weg fand, die Eisernen Bücher in die Kleinstädte und ländlichen Gebiete zu transportieren, rief Margarete Ketelhohn vornehmlich die sozialdemokratisch orientierten Frauen dazu auf, einen möglichst ansehnlichen finanziellen Beitrag zu leisten. Denn in ihren Augen war die Abwehr der nationalsozialistischen Gefahr eine unabdingbare Voraussetzung für die wirtschaftliche, politische, rechtliche und kulturelle Freiheit des weiblichen Geschlechts.[212]

Als Anfang März 1932 der rund vier Monate zurückliegende nationalsozialistische Überfall auf die SPD-Versammlung in Hastorf vor dem Großen Schöffengericht in Bad Doberan verhandelt wurde, stieß dies in der Öffentlichkeit auf breites Interesse. Noch einige Tage zuvor hatte Albert Schulz die bedenklich stimmenden Ereignisse in einer Landtagsrede ausführlich thematisiert.[213] Obgleich außer Frage stand, dass die mit Spaten und anderen gefährlichen Gegenständen bewaffneten nationalsozialistischen Sturmtruppen die Versammlung in Hastorf mit brutaler Gewalt vorsätzlich gesprengt hatten, fiel das in einem Schnellverfahren gefundene Urteil verhältnismäßig milde aus. Zwar wurden die SA-Leute zu Gefängnisstrafen zwischen drei und elf Monaten verurteilt, auf Landfriedensbruch erkannte das Schöffengericht trotz eines dahin gehenden Plädoyers des Rostocker Oberstaatsanwaltes Robert Ackermann jedoch

---

210 MVZ, 7. Februar 1932; Mecklenburgische Blätter, Nr. 4, Februar 1932.
211 Das Sonderblatt, das sich speziell an die republikanische Bevölkerung richtete, wurde seit Februar 1932 im Betrieb der MVZ gedruckt. Zwei Exemplare befinden sich im: MLHA, 5.12-3/1, 21160.
212 Freies Wort, 14. Februar 1932; MVZ, 25. und 27. Februar 1932.
213 Verhandlungen des Mecklenburg-Schwerinschen Landtages VI, Bd. 2, Sp. 4639 f.

nicht. Die Reichsbanner-Mitglieder erhielten dagegen jeweils drei Monate Gefängnis wegen unerlaubten Waffenbesitzes. Nur zwei von ihnen wurden freigesprochen.[214]

Die für den 13. März 1932 angesetzte Reichspräsidentenwahl stellte die Sozialdemokraten vor ein Dilemma: Wenn sie einen Sieg des überraschend kandidierenden Adolf Hitler verhindern wollten, mussten sie Paul von Hindenburg als Kandidat des konservativ-monarchistischen Spektrums unterstützen. In Mecklenburg fanden allein in den fünf Tagen vor dem Wahlgang weit mehr als 50 öffentliche Veranstaltungen statt. Auf einer von ihnen sprach der Reichstagspräsident Paul Löbe, der von Hindenburg im überfüllten Rostocker Gewerkschaftshaus zum politisch integeren und unparteiischen Staatsoberhaupt stilisierte. Nach Löbe ergriff Albert Schulz das Wort. In Anbetracht der immer weiter erstarkenden NSDAP sah auch er keine Alternative zu Hindenburg. Bei früheren Versammlungen hatte er bereits dargelegt, dass ein Kandidat der Arbeiterschaft kaum durchzubringen sei. Die Verantwortung dafür trage die KPD, die zwar von einer Einheitsfront spreche, aber wie sieben Jahre zuvor kompromisslos auf Ernst Thälmann setze. Mit dem Aufruf, von Hindenburg trotz mancher Bedenken unter allen Umständen zu wählen, entfernte sich Schulz, den Zwängen der sozialdemokratischen Tolerierungspolitik gehorchend, ebenso wie viele andere führende Genossen beträchtlich von seiner bislang in dieser Frage eingenommenen Position. Gleichwohl gelang es ihm, die mitunter überaus skeptische Parteibasis in seinem Sinne zu beeinflussen.[215]

Trotz erheblicher Stimmenzahlen für Hitler wurde der greise von Hindenburg schließlich im zweiten Wahlgang am 10. April 1932 für nochmals sieben Jahre zum Reichspräsidenten gewählt. Die paradox wirkende sozialdemokratische Taktik war aufgegangen. Vorerst blieb Hitler der Zugang zu einem der höchsten und damit einflussreichsten Ämter im Staat verschlossen.[216]

Im Mai 1932, knapp einen Monat nach Hindenburgs Erfolg, kamen die mecklenburgischen Sozialdemokraten in Rostock zu einer Konferenz zusammen, um die notwendigen Vorbereitungen für die in wenigen Wochen anstehende Landtagswahl zu treffen. Die Stimmung der Delegierten war kämpferisch, aber zugleich gedrückt. Ein Wahlsieg der Nationalsozialisten schien trotz der Öffnung der Sozialdemokratie zu den bürgerlichen Mittelschichten kaum noch abwendbar zu sein. Der ehemalige Amtshauptmann Wilhelm Höcker sah nicht zuletzt die kommunale Selbstverwaltung in Gefahr; er hatte nach seinem Ausscheiden aus dem Verwaltungsamt einen Versor-

---

214 MVZ, 2., 3., 4. und 5. März 1932. Niederdeutscher Beobachter, 2. und 4. März 1932. Ein von den Nationalsozialisten beantragter Berufungsprozess, während dem der Reichsbanner-Funktionär Hans Lindenberg als medizinischer Gutachter auftrat, brachte keine wesentliche Änderung der vor dem Schöffengericht ergangenen Urteile. MVZ, 8., 9., 11. und 12. Juni 1932.
215 MVZ, 25. Februar sowie 4. und 10. März 1932. Siehe Schulz: Erinnerungen, S. 51; Urbschat: Die Arbeiterbewegung in Mecklenburg im Kampf, Bd. 1, S. 148 ff.
216 Siehe Winkler: Der Weg in die Katastrophe, S. 511 ff.; Schildt: Die Republik von Weimar, S. 118 ff.

gungsposten im Bezirkssekretariat der Sozialdemokraten erhalten.[217] Indessen mutete denn die Parole, die Willy Jesse für die Agitation ausgab, recht bescheiden an. Das oberste Ziel müsse es sein, eine absolute Mehrheit der NSDAP zu vereiteln.

Nach Carl Moltmann und Paul Schroeder wurde die mit wenigen Gegenstimmen verabschiedete Wahlvorschlagsliste von Albert Schulz angeführt. Als Ortsvereinsvorsitzender der SPD in Rostock, verantwortlicher Redakteur der Mecklenburgischen Volks-Zeitung, Mitglied des Bezirksvorstandes und Gauführer des Reichsbanners sowie der Eisernen Front zählte er in jener Zeit zu den profiliertesten mecklenburgischen Sozialdemokraten der jüngeren Generation. Schulz befand sich auf dem vorläufigen Höhepunkt seiner Karriere. Wie beliebt er bei seinen Genossen war, zeigte sich in Versammlungen, bei denen er häufiger mit minutenlangen Ovationen empfangen wurde.[218]

Wie schon bei der Reichspräsidentenwahl betrieb die NSDAP einen aufwändigen Wahlkampf. Nachdem Adolf Hitler letztmalig 1926 in Rostock öffentlich gesprochen hatte, fand dort eine Woche vor der kommenden Landtagswahl eine groß angelegte Kundgebung mit ihm statt. Das Interesse war enorm. Mehrere Zehntausend Menschen aus ganz Mecklenburg und Lübeck reisten in die Hansestadt und suchten den an der »Alten Rennbahn« gelegenen Versammlungsplatz auf. Im Anschluss an den Regierungspräsidenten von Braunschweig redete der Gauleiter der NSDAP, Friedrich Hildebrandt, der seine Zuhörer beschwor, am Wahltag »die Herrenmenschen über die Untermenschen« siegen zu lassen. Dann ergriff Hitler das Wort. Kaum hatte er seine Ausführungen begonnen, erschien ein Flugzeug am Himmel. Es warf ein von Albert Schulz verfasstes Flugblatt in großer Zahl über den Versammlungsort und in der näheren Umgebung ab. Die Veranstaltung musste für einige Minuten unterbrochen werden. Jeder wollte einen der Zettel ergattern, um etwas über seine Herkunft und seinen Inhalt zu erfahren.

Die Sozialdemokraten frohlockten. Ihre Genossen Willy Jesse, Walter Schultz und Richard Uplegger hatten das Flugzeug gegen viel Geld bei der Arbeitersportorganisation »Sturmvogel« in Berlin gemietet[219] und waren mit der Strategie erfolgreich, die politische Wirkung der nationalsozialistischen Zusammenkunft zu mindern. Als Aufhänger für das Flugblatt diente Schulz das ziemlich hohe Eintrittsgeld, das die NSDAP von den Versammlungsbesuchern für einen Tribünensitzplatz verlangte. Spöttisch titelte er: »Hitler läßt sich für Geld sehen«. Weitere Veranstaltungen der Nationalsozialisten folgten. So prominente NSDAP-Größen wie Joseph Goebbels, der ehemalige thüringische Innenminister Wilhelm Frick oder der mit einer Mecklenburgerin verheiratete Kronprinz August Wilhelm sprachen in Wismar, Güstrow, Par-

---

217 Siehe Schröder: Sozialdemokratische Parlamentarier, S. 511.
218 MVZ, 8. und 10. Mai 1932.
219 VPLA, BPA SED Rostock, Erinnerungsbericht von Walter Schultz, Dezember 1975, V/5/611. Zur Praxis des Flugblattabwerfens siehe Ferberg: »Sturmvogel – Flugverband der Werktätigen e.V.«, S. 189.

chim, Neukloster, Schwerin und Waren. Von dem sofort durch die Landesregierung ergangenen Verbot, öffentliche Versammlungen mit Flugzeugen zu überfliegen, zeigte sich Schulz gänzlich unbeeindruckt. Für eine zweite Aktion dieser Art fehlten der Sozialdemokratie ohnehin die finanziellen Mittel.[220]

Die letzte Veranstaltung des in den ersten Junitagen endenden Wahlkampfes bestritten der faktisch als Bundesführer der Eisernen Front amtierende Karl Höltermann und Albert Schulz zu gleichen Teilen. Wieder wurde im Gewerkschaftshaus von Rostock gegen die »Nazibrut« gewettert. Die einen Tag zuvor durch den Reichspräsidenten ernannte Präsidialregierung des ultrakonservativen Monarchisten Franz von Papen beurteilte Höltermann zutreffend als »Monokel-Kabinett«, saßen in ihm doch überwiegend parteilose adlige Verwaltungsfachleute. Nahezu sämtliche der von Schulz und Höltermann im Zuge der Wahlversammlung geäußerten Befürchtungen sollten sich in den nächsten Monaten bestätigen. Was für einen Politikstil der neue Reichskanzler vertrat, zeigte sich nur wenig später, als von Papen seine Regierungserklärung nicht im Reichstag, sondern im Rundfunk verlas.[221]

Bei den Wahlen zum siebten Ordentlichen Landtag von Mecklenburg-Schwerin am 5. Juni 1932 erlebten die Sozialdemokraten ein Desaster. Zwar verlor die SPD bloß zwei von bisher 20 Mandaten, schwerer wog jedoch das sensationelle und in dieser Deutlichkeit nicht erwartete Abschneiden der Nationalsozialisten. Die NSDAP schnellte von zwei auf 30 Mandate empor und verfügte fortan über die absolute Mehrheit im Parlament. Somit hatten die mecklenburgischen Genossen ihr von Willy Jesse und Albert Schulz formuliertes Wahlziel verfehlt.[222]

Schließlich wurde der Gutsverweser Walter Granzow mit den Stimmen der Nationalsozialisten zum Ministerpräsidenten gewählt. Er gehörte der NSDAP erst seit gut einem Jahr an und hatte sich nach der Novemberrevolution als Führer von rechtsradikalen Einwohnerwehren einen Namen gemacht. Das von ihm für den Industriellen Günther Quandt in der Nähe von Parchim verwaltete Anwesen »Severin« diente Hitler und anderen nationalsozialistischen Funktionären als Hauptquartier, wenn sie sich zum Wahlkampf in der Gegend aufhielten.[223]

Die Eiserne Front in Rostock reagierte auf den dramatischen Wahlsieg der Nationalsozialisten und die Ernennung von Papens zum Reichskanzler mit einer gewaltigen

---

220 MVZ, 31. Mai 1932 (beide Zitate ebd.); Niederdeutscher Beobachter, 30. Mai 1932. Siehe Schulz: Erinnerungen, S. 54; Behrens: Mit Hitler zur Macht, S. 57, 77 und 129. Für den Versammlungskalender der NSDAP siehe: Illustrierte Republikanische Zeitung, 28. Mai 1932; Die Tagebücher von Joseph Goebbels. Sämtliche Fragmente, Teil I, S. 177 ff.
221 MVZ, 5. Juni 1932 (beide Zitate ebd.). Siehe Rohe: Das Reichsbanner Schwarz Rot Gold, S. 397; Schildt: Die Republik von Weimar, S. 126 ff.
222 Siehe Schwabe: Zwischen Krone und Hakenkreuz, S. 183 f.; Heck: Geschichte des Landtags in Mecklenburg, S. 135 f.
223 Siehe Ballerstaedt: Das Verhältnis von Landtag und Regierung in Mecklenburg-Schwerin, S. 70; Wieden: Die mecklenburgischen Regierungen und Minister, S. 15; Heck: Geschichte des Landtags in Mecklenburg, S. 136; Behrens: Mit Hitler zur Macht, S. 135 und 173.

Demonstration, die an verschiedenen Stellen der Stadt ihren Ausgang nahm und zu einem zentralen Treffpunkt führte. Laut der Mecklenburgischen Volks-Zeitung war der straff organisierte Sternmarsch ein »aufpeitschendes Erlebnis der Massensolidarität, eine überwältigende Sinfonie sozialistischer Symbole«. Die angeblich mehr als 10.000 Teilnehmer des Demonstrationszuges legten demnach ein eindrucksvolles Bekenntnis für die Sozialdemokratie und zur republikanischen Staatsform ab.

Nach einem Trompetensignal ergriff Albert Schulz das Wort. Er erinnerte an die auf den Tag genau zehn Jahre zurückliegende Ermordung von Walther Rathenau und analysierte die damalige Situation. Die Arbeiterschaft habe sich in Anbetracht der bedrohten Republik weder zu hysterischen Racheakten noch zu hirnlosen Gewalttaten hinreißen lassen. Ein solches Verhalten, das von ruhiger Entschlossenheit gekennzeichnet gewesen sei, wollte Schulz von seinen Genossen auch in der sich verschärfenden Auseinandersetzung mit dem Nationalsozialismus sehen. Außer der Verteidigung der pluralistischen Ordnung forderte er die Errichtung eines sozialen Volksstaates. Dieser sollte von dem Ideal einer abwehrbereiten und im Vergleich zum gegenwärtigen Zustand schlagkräftigeren Demokratie getragen werden.[224]

Der alsbald einsetzende Reichstagswahlkampf war von kurzer Dauer, aber ziemlich intensiv und ging mit einer weiteren Verschlechterung des innenpolitischen Klimas einher. Am 20. Juli 1932 ließ Franz von Papen die von dem Sozialdemokraten Otto Braun geführte preußische Regierung, die seit der letzten Landtagswahl über keine parlamentarische Mehrheit mehr verfügte, gleichsam in einem Staatsstreich für abgesetzt erklären. Als Vorwand für diese spektakuläre Aktion dienten insbesondere die nicht lange zurückliegenden und eindeutig von der SA provozierten Straßenkämpfe in Altona. Zwar stellten die mehrere Menschenleben kostenden Auseinandersetzungen in der zu Preußen gehörenden Stadt eine Gefahr für die Ruhe und Ordnung dar, aber die Verantwortung hierfür trugen in erster Linie die Nationalsozialisten und nicht – wie von Papen und andere interessierte Kreise glauben machen wollten – die entmachtete sozialdemokratische Landesregierung.

Ebenso wie für zahllose weitere Sozialdemokraten grenzte der nach dem »Altonaer Blutsonntag« erfolgte »Preußenschlag« für Albert Schulz an eine Katastrophe. Im Gegensatz zu dem Polizeipräsidenten von Berlin, Albert Grzesinski, und dem Bundesführer des Reichsbanners, Karl Höltermann, befürwortete er jedoch keine aktive Gegenwehr. Während einer eilig nach Magdeburg einberufenen Sondersitzung der Gauvorsitzenden der Republikschutzorganisation war Schulz einer der wenigen, die sich mit ihrer Meinung auf der Linie von Otto Braun und des zentralen SPD-Vorstandes befanden, und seine Überlegungen besaßen durchaus einige Plausibilität. Für ein Losschlagen fehlte es dem Reichsbanner an militärischer Erfahrung und vor allen Dingen an Waffen. Zudem stand ihm eine Übermacht aus preußischen oder zumindest auswärtigen Polizeieinheiten, SA, Stahlhelm und nicht zuletzt der Reichswehr gegenüber. Auch ein Ge-

---

224 MVZ, 26. Juni 1932.

neralstreik, wie er beim Kapp-Lüttwitz-Putsch erfolgreich gewesen war und seitdem von Teilen der Arbeiterbewegung glorifiziert wurde, schied angesichts der immens hohen Arbeitslosigkeit bei nüchterner Betrachtung der Lage als probates Kampfmittel aus.[225]

Bei der Abschlusskundgebung der Eisernen Front in Rostock, die zwei Tage vor der Reichstagswahl im Arbeitersportstadion von Rostock stattfand, erwähnte Schulz die unerfreulichen Ereignisse in Preußen bemerkenswerterweise mit keinem Wort. Anstatt die passive Haltung der SPD zu rechtfertigen, erging er sich in pauschalen Anschuldigungen gegen das kapitalistische Wirtschaftssystem. Die von Industriellen und ostelbischen Junkern protegierten Nationalsozialisten schilderte er lediglich als schwer zu beherrschende Naturgewalt, als heranrollende Woge, gegen die von der Arbeiterschaft feste Wellenbrecher und unüberflutbare Deiche gebaut werden müssten. Für Schulz befand sich die Eiserne Front in der entscheidenden Phase eines beispiellosen Freiheitskampfes. Eindringlich verwies er am Ende seiner bisweilen etwas langatmigen Rede auf das aus drei Pfeilen bestehende Erkennungszeichen des Kampfbündnisses und verlangte – dem Symbol entsprechend – von seinen anscheinend überwiegend aus der Sozialdemokratie stammenden Zuhörern: »Aktivität, Disziplin und Einigkeit!«[226]

Die Wahlkampagne der SPD in Mecklenburg-Lübeck wurde von der an sich überparteilichen Eisernen Front getragen und dürfte zum Teil durch den von den Konsumgenossenschaften organisierten Verkauf so genannter EIFRO-Zigaretten finanziert worden sein. Überdies gab es für 20 Pfennig zu erwerbende Kampffondsmarken, auf denen Porträtfotografien von Carl Moltmann, Julius Leber und Albert Schulz zu sehen waren.[227] Trotz solcher modern anmutenden Werbebemühungen konnten die Sozialdemokraten ein weiteres Erstarken der NSDAP bei den Reichstagswahlen am 31. Juli 1932 nicht verhindern. Während die meisten bürgerlichen Parteien herbe Verluste hinnehmen mussten, verdoppelten die Nationalsozialisten ihr im September 1930 erzieltes Rekordergebnis. Nicht ganz so hart wie die DVP oder die Wirtschaftspartei traf es die Sozialdemokraten, die allerdings im Vergleich zur letzten Wahl reichsweit mehr als 600.000 Stimmen einbüßten.[228] Aus der Sicht der mecklenburgischen SPD erfreulich war der Gewinn eines dritten Mandats. Gemeinsam mit dem langjährigen Abgeordneten Leber zog Moltmann in das höchste deutsche Parlament ein. Er hatte anstelle des im Sterben liegenden Wilhelm Kröger kandidiert. Hinzu kam der erstmals angetretene Schulz, der von den im Wahlkreisverband mit Pommern genutzten Reststimmen profitierte. Dieser von der Parteipresse ausgiebig gefeierte Erfolg konnte jedoch nicht darüber hinwegtäuschen, dass die Sozialdemokraten in Mecklenburg-Lübeck gemes-

---

225 Siehe Schulz: Erinnerungen, S. 51 f.; Winkler: Der Weg in die Katastrophe, S. 646 ff.; Schildt: Die Republik von Weimar, S. 128 ff.
226 MVZ, 31. Juli 1932.
227 Siehe Schreiber: Zwischen Hakenkreuz und Holstentor, S. 10. Vgl. auch Rohe: Das Reichsbanner Schwarz Rot Gold, S. 77. NL Albert Schulz: Pressekarte für den Landtag von Mecklenburg-Schwerin, 20. Juli 1932 (mit aufgeklebter Kampffondsmarke).
228 Siehe Winkler: Der Weg in die Katastrophe, S. 684.

sen an der knapp zwei Monate zurückliegenden Landtagswahl zwar leicht gewonnen, insgesamt aber seit 1919 kaum jemals schlechter abgeschnitten hatten.[229]

Abb. 4: Albert Schulz als Reichstagsabgeordneter (1932).

Im Reichstag musste Schulz aufgrund der hohen Wahlbeteiligung mit einem Notsitz vorlieb nehmen. Bei der ersten Sitzung zogen die Nationalsozialisten wie schon im Oktober 1930 in SA-Uniform und geschlossener Formation in das Plenum ein.[230]

---

229 MVZ, 2. August 1932. Vgl. Schwabe: Wurzeln, Traditionen und Identität der Sozialdemokratie, S. 98 f.
230 Siehe Schulz: Erinnerungen, S. 54 f.; Winkler: Der Weg in die Katastrophe, S. 723 f.

Zwei Tage später schrieb Schulz, der sich auf seinen Visitenkarten als »Redakteur M.D.R. und M.D.L.« auswies, auf offiziellem Abgeordnetenpapier an seine Frau Emmi. Diese hielt sich zu jener Zeit mit ihren beiden Kindern und deren Großmüttern in dem an der Ostsee gelegenen Luftkurort Arendsee auf.

»Liebe Emmi,
ich bin noch immer in Berlin. Auch für heute (Donnerstag) war noch wieder eine Funktionärssitzung einberufen[,] um die politische Lage gründlich zu diskutieren. Ich hoffe aber, daß wir heute abend fertig werden und daß ich heute abend oder spätestens Freitagmorgen nach Rostock fahren kann.
Freitagabend muß ich in Rostock in einer Parteiversammlung sprechen. Am Samstagmorgen komme ich zu Euch. Bis dahin herzl[iche] Grüße und Küsse[,] Dein Alli«[231]

Während der Parteiversammlung, die gut besucht in der »Philharmonie« stattfand, ging Schulz auf die aktuelle politische Situation ein. Die Nationalsozialisten hatten seiner Meinung nach den Zenit ihrer Macht überschritten. Weitere spektakuläre Wahlerfolge der NSDAP hielt er für beinahe ebenso unwahrscheinlich wie einen von Adolf Hitler initiierten Putschversuch. Den Kommunisten lastete Schulz zu Recht an, dass der Sozialdemokrat Paul Löbe nicht zum Vizepräsidenten des Reichstages gewählt worden war. Überhaupt fehle es der KPD an Verantwortungsgefühl. Solange die Arbeiterbewegung gespalten sei, werde es den Nationalsozialisten bei den gegenwärtigen Mehrheitsverhältnissen problemlos gelingen, die Reichspolitik beträchtlich zu beeinflussen. Auf die demokratischen Parteien des bürgerlichen Lagers setzte Schulz keine großen Hoffnungen mehr, da jene vollkommen arbeitsunfähig seien. Grundsätzlich stellte er sich auf eine lange Oppositionszeit ein, doch sein in den letzten Monaten an Schärfe gewonnenes Ziel, eine andere und dann von vornherein sozialistische Republik zu errichten, verlor für ihn deswegen nicht an Bedeutung.[232]

Der zweiten Sitzung des Reichstages, im September 1932, blieb Schulz anscheinend fern. Jedenfalls beteiligte er sich im Gegensatz zu den meisten seiner Fraktionskollegen nicht an der namentlichen Abstimmung, die von den Kommunisten beantragt wurde, um der Regierung Papen wegen einer weiteren besonders in sozialer Hinsicht einschneidenden Notverordnung das Misstrauen auszusprechen. Schließlich wurde der Reichstag kurzerhand aufgelöst, wodurch der politisch schwer angeschlagene von Papen einen mehr als zweifelhaften Sieg errang.[233]

---

231 NL Albert Schulz: Albert Schulz an Emma Schulz, 1. September 1932.
232 MVZ, 4. September 1932.
233 Verhandlungen des Reichstags. VI. Wahlperiode 1932, Bd. 454, besonders S. 19. Vgl. die nicht ganz zutreffende Darstellung bei Schulz: Erinnerungen, S. 55. Zum tatsächlichen Ablauf der Ereignisse siehe Winkler: Der Weg in die Katastrophe, S. 730 ff.

In den folgenden Wochen widmete sich der abermals für den Reichstag kandidierende Albert Schulz den Wahlkampfverpflichtungen. Sie standen in diesem Jahr zum wiederholten Male an. Abgesehen von einer Funktionärskonferenz der Eisernen Front in Malchin sprach Schulz zwei Tage vor der Reichstagswahl einmal mehr in der »Philharmonie«. Der KPD warf er in seiner Rede erneut vor, den Aufstieg der NSDAP verantworten zu müssen. Es sei doch bezeichnend, dass sich die Parolen der beiden republikfeindlichen Parteien auf verblüffende Weise ähneln würden. Oft wäre vor Wahltagen kaum zu erkennen gewesen, ob ein kommunistischer oder nationalsozialistischer Lautsprecherwagen durch die Straßen fahre. In den Augen von Schulz durfte lediglich die Eiserne Front als Sammlungsbewegung der Arbeiterschaft fungieren. Jedwede Verbrüderungsangebote der KPD lehnte er kategorisch ab. Nur in der Demokratie sah er einen Weg zum Sozialismus, dessen Ideen er im Vergleich zu früheren Jahren wieder häufiger in seinen Reden bemühte.[234]

Nach einer detaillierten Zusammenstellung von Willy Jesse, der wenige Tage vor dem Tod von Wilhelm Kröger im Oktober 1932 das Amt des Bezirksparteisekretärs offiziell übertragen bekommen hatte[235], führte die SPD in Mecklenburg-Lübeck allein innerhalb der zwei Wochen vor der Reichstagswahl rund 410 öffentliche Kundgebungen durch. Überdies wurde das Sonderblatt der Eisernen Front in mehreren Hunderttausend Exemplaren verteilt. Zufrieden diagnostizierte Jesse einen Stimmungsumschwung bei den Handwerkern und landarmen Bauern, die von der nationalsozialistischen Politik enttäuscht seien und deshalb in die Veranstaltungen der Sozialdemokratie strömen würden.[236]

Bei der Reichstagswahl am 6. November 1932 wurde Albert Schulz im Gegensatz zu Julius Leber und Carl Moltmann nicht wiedergewählt. Die Zahl der pommerschen Reststimmen war zu gering. Ungeachtet der abermaligen Verluste für die SPD schien Schulz das Ergebnis wie »ein Silberstreif am politischen Horizont«, denn im Vergleich zur Juliwahl büßten die erstmals in der Wählergunst gesunkenen Nationalsozialisten mehr als zwei Millionen Stimmen ein.[237]

Mit dem Ableben von Wilhelm Kröger und anderen führenden Genossen vollzog sich ein Generationswechsel in der mecklenburgischen Sozialdemokratie. Er führte jedoch nicht zu einer grundlegenden Änderung des politischen Kurses. An die Stelle der Verstorbenen traten Willy Jesse und nicht zuletzt Albert Schulz, die zunehmend größere Verantwortung für die Politik der SPD trugen. Der knapp zehn Jahre ältere Carl Moltmann hatte schon vor 1914 als Partei- und Gewerkschaftsvorsitzender in Schwerin zwei wichtige Führungspositionen bekleidet und war nach dem Ersten Weltkrieg rasch in der innerparteilichen Hierarchie aufgestiegen. Während sich

---

234 MVZ, 4. und 12. Oktober sowie 5. November 1932.
235 MVZ, 12. und 15. Oktober 1932.
236 MVZ, 5. November 1932.
237 Siehe Schulz: Erinnerungen, S. 55; Winkler: Der Weg in die Katastrophe, S. 774.

Schulz schon als Lehrling unter den repressiven Bedingungen des Kaiserreiches in der Arbeiterjugend engagiert hatte, steigerte die ebenfalls zu dieser Nachwuchsgeneration zählende Margarete Ketelhohn ihre politische Aktivität erst angesichts der neuen Partizipations- und Betätigungsmöglichkeiten in der Weimarer Republik. Alsdann gelang ihr eine für eine Sozialdemokratin beachtliche Karriere, ohne jemals eine hauptamtliche Stelle mit Hilfe der Arbeiterbewegung zu erhalten. Schließlich gehörte auch die SPD zu den männlich dominierten Organisationen. Einen anderen Weg ging Wilhelm Höcker, der sich zunächst auf seine nach der Novemberrevolution aufgenommene Tätigkeit in der kommunalen Selbstverwaltung und sein Landtagsmandat konzentrierte. Für Parteiämter im engeren Sinne stand er relativ spät, nämlich erst nach seinem Ausscheiden als Amtshauptmann zur Verfügung.

Im Dezember 1932, wenige Tage nach der Ernennung von Kurt von Schleicher zum Reichskanzler, publizierte Albert Schulz einen gegen die Nationalsozialisten gerichteten Artikel in der Bundeszeitung des Reichsbanners. Der Beitrag erschien unter dem Titel »Nazi-Dämmerung in Mecklenburg«. Als Aufhänger diente der Austausch von leitenden Beamten, den die von Friedrich Hildebrandt geführte NSDAP systematisch vornahm. Zum besonderen Ärger von Schulz war auch der einst mit ihm in der sozialdemokratischen Jugendbewegung aktive Landesschulrat Rudolf Puls von dieser ausschließlich politisch motivierten Maßnahme betroffen. Im Gegenzug wurden viele der in die frei werdenden Spitzenämter nachrückenden Nationalsozialisten zu Ministerialräten oder sogar -direktoren ernannt, obwohl sie als junge Assessoren in der Regel bloß ungenügende Verwaltungskenntnisse besessen haben dürften. Auch über die sonstige Politik der Regierung Granzow zeigte sich Schulz entsetzt. Seiner Meinung nach waren sämtliche Wahlversprechen der Nationalsozialisten nicht erfüllt worden. Als Beispiele nannte er die nach wie vor hohe Zahl der Erwerbslosen, ein großspurig angekündigtes, aber kaum umgesetztes Siedlungsprogramm sowie die miserable Haushaltslage, die der Ministerpräsident zum Anlass genommen hatte, um die Gehälter der Beamten und staatlichen Angestellten empfindlich zu kürzen. Für Schulz war deshalb klar: Nochmals würde die NSDAP nicht mit so großer Mehrheit gewählt werden. Optimistisch ließ er seine Leser wissen:

»Die Regierungspraxis der Nazis erteilt der Bevölkerung in Mecklenburg-Schwerin einen Anschauungsunterricht von schneidender Schärfe. Die Naziwähler erkennen mit Schrecken, welcher Widerspruch zwischen der großmäuligen Agitation und den Regierungstaten der Nazis besteht. Die Medizin, die der mecklenburgischen Bevölkerung heute in Zeichen der Nazi-Regierung gereicht wird, ist gewiß unendlich bitter; hoffen wir, daß sie ebenso heilsam wirken möge!«[238]

---

238 Das Reichsbanner, 17. Dezember 1932. Siehe auch: MVZ, 12. Oktober 1932.

Das Jahr 1933 sollte nach dem Willen von Albert Schulz mit neuer Kraft begonnen werden. Auf der im Januar in der »Philharmonie« stattfindenden Generalversammlung der SPD in Rostock zog er eine im Ganzen positive Bilanz der vergangenen fünf Wahlkämpfe und ihrer Ergebnisse. Trotz mancher Wunden und schmerzenden Narben habe die Sozialdemokratie die Belastungs- und Zerreißproben der letzten Monate glänzend bestanden.[239]

Einen ähnlichen Tenor wie die Generalversammlung der SPD hatte eine Woche später das Jahrestreffen der in Rostock existierenden Reichsbanner-Gruppe. Die Berichte erstatteten die beiden Vorstandsmitglieder Heinrich Beese und Alfred Starosson, der seinen Kameraden für ihren »beispiellosen Kampf- und Opfermut« dankte. Bei den sodann auf der Tagesordnung stehenden Wahlen sah sich Albert Schulz zu seinem Bedauern gezwungen, von seinem Amt als Ortsvereinsvorsitzender zurückzutreten, da er andernfalls die mit seinen zahlreichen politischen Funktionen verbundenen Arbeiten kaum noch hätte bewältigen können. An seine Stelle trat sein bisheriger Stellvertreter Starosson. Der Gauvorsitz wurde von dieser Regelung nicht berührt.[240]

Am 30. Januar 1933 hielt sich Albert Schulz bei Karl Höltermann in Magdeburg auf, um mit dem Bundesführer des Reichsbanners das weitere politische Vorgehen zu besprechen. Die Regierung Schleicher hatte sich als glücklos erwiesen und war rasch zwischen die Fronten geraten. Selbst die Reichswehr stand nicht mehr auf der Seite des ambitionierten Generals. Während Schulz mit Höltermann zusammensaß, traf die Nachricht ein, dass Adolf Hitler zum Reichskanzler ernannt worden sei. Nachdem Höltermann umgehend Maßnahmen ergriffen hatte, um das Kapital der Republikschutzorganisation vor dem Zugriff der neuen Machthaber zu schützen, begleitete Schulz ihn im Wagen nach Berlin. Dort erlebten sie, wie die Nationalsozialisten ihren Triumph mit einem gewaltigen Fackelzug feierten. Eines war in der unübersichtlichen Situation klar: Für die Arbeiterbewegung brachen harte Zeiten an. Bedrückt fuhr Schulz mit dem Nachtzug nach Schwerin, wo in den nächsten Tagen eine Sitzung des Landtages stattfinden sollte.[241]

---

239 MVZ, 22. Januar 1933.
240 MVZ, 29. Januar 1933.
241 Siehe Schulz: Erinnerungen, S. 56; Schildt: Die Republik von Weimar, S. 147 ff.

IV Im »Dritten Reich« (1933–1945)

Mit der Machtübertragung an Adolf Hitler änderten sich die politischen Betätigungsmöglichkeiten von Albert Schulz und aller übrigen Funktionäre der Arbeiterbewegung grundlegend. In rascher Folge betrieben die Nationalsozialisten die Umgestaltung des republikanischen Staatswesens in eine autoritäre und Menschen verachtende Diktatur. Abgesehen von der jüdisch gläubigen Bevölkerung war die SPD nach den Kommunisten besonders stark von den restriktiven Maßnahmen der neuen Machthaber betroffen. Dennoch oder gerade deshalb hatte der sozialdemokratische Milieuzusammenhang zunächst Bestand. Erst nach mehreren Wochen begann ein massiver Erosionsprozess, von dem sich die SPD und ihre Umfeldorganisationen niemals wieder erholen sollten.

1 Die Zerschlagung der Arbeiterbewegung

Nachdem Albert Schulz am Morgen des 31. Januar 1933 in Schwerin angekommen war, schrieb er bald an seine Frau Emmi, weil er nicht wollte, dass sich jemand zu Hause um ihn sorgte:

> »damit Du beruhigt bist, teile ich Dir mit[,] daß ich gesund und munter in Schwerin gelandet bin. Auf ›Adolf den Großen‹ werde ich vor dem Schlafengehen heute abend einen ›Großen‹ trinken. Zu Donnerstagabend habe ich zur Besprechung d[er] politischen Situation eine Funktionärs-Versammlung einberufen. Am Mittwochabend komme ich zurück.«[1]

Diese beinahe heiteren Zeilen waren für die Familie gedacht, denn ansonsten verfolgte Schulz die Geschehnisse mit großem Ernst, wozu es auch allen Grund gab. Am 1. Februar 1933 machte sich die NSDAP im Landtag von Mecklenburg-Schwerin ihre absolute Mehrheit zu Nutze. Sie verabschiedete eine Neufassung der Geschäftsordnung, die bereits seit dem vorigen November vorlag und die parlamentarische Arbeit von KPD und SPD gezielt erschwerte.[2]

Auf außerparlamentarischem Feld folgte das zunächst befristete Verbot von sozialdemokratischen und kommunistischen Publikationsorganen. So musste die Mecklen-

---

[1] NL Albert Schulz: Albert Schulz an Emma Schulz, genannt »Peterlein«, 31. Januar 1933.
[2] Siehe Heck: Geschichte des Landtags in Mecklenburg, S. 139.

burgische Volks-Zeitung ihr Erscheinen zusammen mit ihrem Kopfblatt »Das freie Wort« wiederholt für mehrere Tage einstellen. In Anbetracht der Verbote beriet Albert Schulz die Handlungsoptionen mit Karl Schröder und den anderen Geschäftsführern und Redakteuren der in Mecklenburg erscheinenden sozialdemokratischen Presse. Die Runde kam überein, die Produktion der Zeitungen selbst unter den erschwerten Bedingungen so lange wie möglich fortzusetzen.[3]

»Die rote Front sind wir!«, titelte die Mecklenburgische Volks-Zeitung, als sie im Februar 1933 über eine Kundgebung der Eisernen Front in Rostock berichtete. Im Zuge dieser angeblich von mehr als 10.000 Menschen besuchten Veranstaltung kritisierte Albert Schulz die jüngst durch Notverordnungen erfolgte massive Einschränkung der Grundrechte. Letztlich gab er sich jedoch optimistisch, dass es weder Hitler noch dem neuen Wirtschaftsminister Alfred Hugenberg gelingen werde, das »Rad der Entwicklung« aufzuhalten beziehungsweise den »Sinn der Weltgeschichte« zu korrigieren. Derart teleologische Formulierungen in Reminiszenz an Karl Marx mochten Hoffnung spenden und sollten unüberlegten Aktionen vorbeugen. Eindringlich ermahnte Schulz seine Genossen, sich im laufenden Reichstagswahlkampf besonnen zu verhalten und selbst bei Provokationen durch den politischen Gegner auf den Einsatz von Gewalt zu verzichten. Der nationalsozialistische Terror dürfe nach wie vor ausschließlich mit gesetzlichen Mitteln bekämpft werden. Ungewohnt waren die patriotischen und überdies unterschwellig kriegsverherrlichenden Töne, die Schulz gegen Ende seiner Rede anschlug. Schon im Kriege hätten die Sozialdemokraten ihr geliebtes »deutsches Vaterland« mit ihrem Blute verteidigt. Nun gelte es, die demokratischen Freiheitsrechte über den Wahlkampf hinaus zu schützen und ein – offenbar nach sozialistischem Verständnis – »wahrhaftes Vaterland der Arbeiterschaft« zu errichten.[4] In der Regel verzichtete Schulz allerdings fast gänzlich auf militärisches Gehabe. Bei einer in jenen Wochen in der Illustrierten Republikanischen Zeitung erscheinenden Fotostrecke war er einer der wenigen Gauvorsitzenden des Reichsbanners, die sich nicht in Uniform ablichten ließen.[5]

Selbst nach dem Machtwechsel zu Gunsten der NSDAP kam für Schulz ein Zusammengehen mit der KPD, das von den Sozialdemokraten unbequeme Kompromisse gefordert hätte, kaum in Frage. Dafür waren die politischen Auseinandersetzungen vor 1933 zu hart und unerfreulich gewesen. Eine aus der Bedrohung durch die Nationalsozialisten resultierende Annäherung der beiden Arbeiterparteien, wie sie sich in der mecklenburgischen Stadt Goldberg beobachten ließ, blieb die Ausnahme.[6]

---

3   Freies Wort, 8., 15. und 21. Februar 1933. Siehe Schulz: Erinnerungen, S. 56.
4   MVZ, 9. Februar 1933 (alle Zitate ebd.).
5   Illustrierte Republikanische Zeitung, 18. Februar 1933.
6   MVZ, 11. und 12. Februar 1933. AdsD, NL Franz Osteroth, 138: Franz Osteroth an Karl Rohe, 14. Februar 1961.

1 Die Zerschlagung der Arbeiterbewegung

Im Februar 1933 drangen in Rostock etwa 20 SA-Männer gewaltsam in die »Philharmonie« ein. Während im großen Saal des Gewerkschaftshauses eine Konzertveranstaltung des örtlichen Arbeiter-Bildungsausschusses stattfand, zerschlugen die Nationalsozialisten das Mobiliar im Speiseraum und Glasscheiben. Dann zogen sie weiter zum Büro des Deutschen Metallarbeiter-Verbandes, das zusammen mit den Räumlichkeiten des gewerkschaftlich-genossenschaftlichen Versicherungsunternehmens »Volksfürsorge« nur wenige Häuser entfernt lag. Hier setzten die SA-Männer ihr Zerstörungswerk fort.[7]

Unter solchen Bedingungen war ein geordneter und effektiver Wahlkampf kaum möglich. Als mehrere SA-Leute am folgenden Tag etwa 15 sozialdemokratischen Funktionären in der Kröpeliner-Tor-Vorstadt auflauerten und den Vorsitzenden der Zahlstelle des Fabrikarbeiter-Verbandes, Helmuth Diederich, durch einen Schuss in die Brust lebensgefährlich verletzten, sandte Albert Schulz gemeinsam mit Willy Jesse, der mittlerweile dem Landtag angehörte, am 25. Februar 1933 ein Telegramm an »den Herrn Reichspräsidenten«. Darin forderten sie ihn auf, den Schutz der republikanischen Bevölkerung sicherzustellen. Ein inhaltlich gleich lautendes Fernschreiben ging an den Vizekanzler Franz von Papen.

»Hochverehrter Herr Reichspräsident! [...]
Donnerstag abend wurde in Rostock Gewerkschaftshaus ›Philharmonie‹ von SA. überfallen, die dort schlimmer als in Feindesland hausten.
Freitag abend wurde in Rostock eine Anzahl von sozialdemokratischen Funktionären von SA. überfallen, u.a. wurde der örtliche Vorsitzende des Fabrikarbeiter-Verbandes durch einen Schuß schwer verletzt.
Polizei offenbar machtlos! Ersuchen dringend um ausreichenden Schutz der republikanischen Bevölkerung.
Der Bezirksvorstand der Sozialdemokratischen Partei.
I.A.: Willi Jesse, MdL.
Das Reichsbanner Schwarz-Rot-Gold.
I.A.: Albert Schulz, MdL.«[8]

Ohne dass Schulz und Jesse eine befriedigende Antwort erhalten hätten, rückte die für den 5. März 1933 angesetzte Reichstagswahl näher. In den letzten Tagen vor dem Urnengang wurde eine Kundgebung der Eisernen Front vom Polizeiamt der Seestadt Rostock verboten, weil sie angeblich eine unmittelbare Gefahr für die öffentliche Sicherheit bedeutete. Als gesetzliche Grundlage diente die Notverordnung »zum Schutz von Volk und Staat«, die Reichspräsident von Hindenburg umgehend nach

---

7   MVZ, 25. Februar 1933. Vgl.: Der antifaschistische Widerstandskampf unter Führung der KPD in Mecklenburg, S. 63.
8   Freies Wort, 26. Februar 1933.

dem Reichstagsbrand erlassen hatte. Mit ihr wurden die politischen Grundrechte der Weimarer Verfassung bis auf weiteres, de facto jedoch für immer außer Kraft gesetzt.[9]

Abermals auf Platz drei der sozialdemokratischen Liste für die Reichstagswahl nominiert[10], erfuhr Albert Schulz am Wahltag durch den bereits gleichgeschalteten Rundfunk, dass der langjährige preußische Ministerpräsident Otto Braun das Reich verlassen habe. Weil die Meldung über die Flucht des prominenten SPD-Politikers permanent in kurzen Abständen wiederholt wurde, schrieb Schulz ein Flugblatt, das die Nationalsozialisten der Lüge bezichtigte und die Sozialdemokraten vor Stimmenverlusten bewahren sollte. Später musste er zu seinem Bedauern erfahren, dass die Rundfunknachricht zutraf. Der von einer Verhaftung bedrohte Braun war tatsächlich einen Tag vor der Wahl in die Schweiz geflohen, auch um dort seine schwer kranke Ehefrau zu unterstützen. Für Schulz war dieser spektakuläre Schritt unentschuldbar, konnte er doch von der NSDAP weidlich propagandistisch ausgeschlachtet werden. Genossen, die derart lange an der Spitze der Partei standen, durften nach der Auffassung von Schulz keineswegs so handeln, sondern mussten Disziplin im Interesse der Gesamtheit üben.[11]

Das Ergebnis der Reichstagswahl fiel weniger deutlich aus als es sich die Nationalsozialisten angesichts ihrer massiven Repressionen zu Lasten des politischen Gegners erhofft hatten. Obschon die NSDAP ihren Stimmenanteil um etwas mehr als zehn Prozentpunkte steigerte, verfügte sie lediglich mit Hilfe der »Kampffront Schwarz-Weiß-Rot«, in der die DNVP und einige bislang parteilose Politiker aufgegangen waren, über eine absolute Mehrheit. Die Sozialdemokraten blieben dagegen relativ konstant. Im Gegensatz zur KPD verringerte sich ihre Fraktion bloß um ein Mandat.[12]

Obwohl Julius Leber und Carl Moltmann wiederum in den Reichstag einzogen, boten sich den Sozialdemokraten im Bezirk Mecklenburg-Lübeck kaum noch Handlungsmöglichkeiten. Wie viele andere Genossen sah es Albert Schulz jetzt als seine vordringlichste Aufgabe an, die SPD-Mitglieder so weit wie möglich vor dem Zugriff der nationalsozialistischen Machthaber zu schützen. In aller Schnelle wurden die in Rostock gelagerten übergroßen Mitgliedskartikarten der Partei in zwei Exemplaren abgeschrieben und nach vollbrachter Arbeit mit Eisen beschwert in einem See versenkt. Die beiden Kopien sollten von vertrauenswürdigen Freunden für die Zeit der NS-Herrschaft verwahrt werden. Auf Anfrage ließ Schulz überdies für Dutzende von Genossen um Jahre vordatierte Austrittsbescheinigungen ausstellen. Besonders Beam-

---

9 MVZ, 1. März 1933; Freies Wort, 2. März 1933. Siehe Tyrell: Auf dem Weg zur Diktatur, S. 21.
10 MVZ, 11. Februar 1933.
11 Siehe Schulz: Erinnerungen, S. 57; Braun: Von Weimar zu Hitler, S. 450 ff.; Schulze: Otto Braun, S. 785 ff.
12 Siehe Tyrell: Auf dem Weg zur Diktatur, S. 21; Winkler: Der Weg in die Katastrophe, S. 884.

te und Angestellte waren auf ein solches Dokument angewiesen, um ihren Arbeitsplatz nicht zu verlieren.[13]

Mitte März 1933 verbot die Landesregierung von Mecklenburg-Schwerin das Reichsbanner, die Eiserne Front sowie die SAJ und weitere Umfeldorganisationen der SPD wie die Arbeiterwohlfahrt mit sofortiger Wirkung. Zudem sollten sämtliche sozialdemokratischen Amtshauptleute und sonstige Kommunalpolitiker aus ihren Ämtern entfernt und durch nationalsozialistische Beamte oder regimetreue Angestellte ersetzt werden.[14] Das in der Kröpeliner-Tor-Vorstadt gelegene Gau- und Ortsbüro des Reichsbanners wurde aufgelöst. Bei Hausdurchsuchungen in Warnemünde zogen die staatlichen Stellen zahlreiche Broschüren und Ausrüstungsgegenstände der örtlichen Eisernen Front ein. Außerdem hatten die Musiker ihre Instrumente, Noten und Fahnen abzugeben.[15]

Am 20. März 1933 wurde Albert Schulz zusammen mit Willy Jesse verhaftet. Laut einer wenig präzisen Meldung eines SPD-fernen Nachrichtendienstes, die auch der Rostocker Anzeiger brachte[16], fußte diese Maßnahme auf belastendem Material, das einige Tage zuvor bei einer Razzia im Verlagsgebäude der Mecklenburgischen Volks-Zeitung sichergestellt worden sei. In der Hauptsache gehe es um Flugblätter mit Beleidigungen gegen den Reichskanzler und seinen Minister Hermann Göring. Weitere Einzelheiten wollte die Heimat-Korrespondenz, so der Name der Agentur, im Interesse der Untersuchung vorerst nicht bekannt geben.

Statt den Vorfall als Skandal zu behandeln, betonte die in ihrer Existenz bedrohte Mecklenburgische Volks-Zeitung, dass Schulz und Jesse sich nicht in politischer Schutzhaft befänden, sondern lediglich sistiert worden seien. Dem Bericht zufolge hatte Verdunkelungsgefahr bestanden, sobald alle erforderlichen Vernehmungen abgeschlossen seien, müssten die beiden Politiker entlassen werden.[17] Drei Tage später hieß es, die Sistierung sei in Schutzhaft umgewandelt worden. Somit konnte Jesse nicht an der nächsten und seit längerer Zeit überfälligen Sitzung der Stadtverordnetenversammlung von Rostock teilnehmen, obgleich er der SPD-Fraktion in diesem Gremium vorsaß und ebenso wie Schulz zudem als Angehöriger des Landtags Immunität genoss.

---

13 Dokumentations- und Gedenkstätte des BStU, Rostock: Erinnerungsbericht von Grete Beese, 11. Januar 2000. Siehe Schulz: Erinnerungen, S. 58.
14 Siehe: Der antifaschistische Widerstandskampf unter Führung der KPD in Mecklenburg, S. 77 f.; Zur Mühlen: Die SPD zwischen Anpassung und Widerstand, S. 93.
15 AHR, 1.1.12.2., 1289: Funksprüche zwischen dem Rat der Stadt Rostock, der SA und den örtlichen Polizeidienststellen, 21. bis 24. März 1933. MLHA, 6.11-1, 188: Aufstellung des im Jahr 1933 in Rostock beschlagnahmten Arbeitervermögens, etwa 1948.
16 Rostocker Anzeiger, 22. März 1933.
17 MVZ, 22. März 1933. Diese Verhaftung wird von Schulz nicht erwähnt oder allenfalls in der Retrospektive verzerrt dargestellt. Vgl. Schulz: Erinnerungen, S. 58 ff. Dass Schulz bereits am 8. März 1933 verhaftet wurde, wie gelegentlich in biographischen Nachschlagewerken behauptet wird, ist kaum wahrscheinlich – fehlen hierfür doch sämtliche Belege. Vgl. Schwarz: MdR, S. 756; Der Freiheit verpflichtet, S. 300.

Abgesehen von Jesse fehlten sämtliche kommunistischen Stadtverordneten, und erwartungsgemäß wurde der Verlauf der Sitzung von den Nationalsozialisten bestimmt. Mit Unterstützung der DNVP-Vertreter und der anderen bürgerlichen Parteien brachten sie kurzerhand einen Antrag zur Annahme, der darauf zielte, der Mecklenburgischen Volks-Zeitung und ihrem Kopfblatt »Das freie Wort« die wirtschaftliche Existenzgrundlage zu zerstören. Ab sofort durften in der sozialdemokratischen Presse keine amtlichen Inserate der Stadtverwaltung und der ihr angegliederten Unternehmen mehr erscheinen. Überdies war es den städtischen Dienststellen künftig untersagt, die SPD-Blätter im Abonnement zu beziehen. Lediglich für solche Instanzen, die polizeiliche – oder genauer: politische – Überwachungsaufgaben hatten, galt das Verbot nicht.[18]

Gegen Ende der nur knapp eine Stunde dauernden Zusammenkunft der Stadtverordneten betraten zwei Polizisten den Sitzungssaal und verhafteten den sozialdemokratischen Mandatsträger Paul Schulz. Während die immer noch auf Besonnenheit bedachte Mecklenburgische Volks-Zeitung nicht über diesen Vorfall berichtete, weideten sich die Redakteure des Niederdeutschen Beobachters an der Unbill, die der »Bruder des Zeitungsschreibers und Reichsbannergenerals« erleiden musste. Über den Anlass für diese angeblich von den übrigen Sozialdemokraten apathisch hingenommene Aktion gab es kaum etwas zu erfahren. Offensichtlich stand sie im Zusammenhang mit dem Verfahren gegen Albert Schulz, der – wie das Blatt triumphierend vermerkte – weiterhin »hochverräterischer Umtriebe« verdächtigt wurde.[19]

Obwohl es in der Regel verständlich war, dass die Sozialdemokraten möglichst jeden Konflikt mit den an Machtmitteln fraglos überlegenen Nationalsozialisten vermeiden wollten, konnte der Legalitätskurs der SPD bisweilen groteske Züge annehmen. In den ersten Apriltagen 1933 druckte die Mecklenburgische Volks-Zeitung unter der Überschrift »Tatsachen über sozialdemokratische Führer« einen Artikel, der die Weltkriegsteilnahme von Carl Moltmann, Albert Schulz, Wilhelm Höcker und anderen Landtagsabgeordneten als Zeichen für die Tapferkeit und ausgeprägte Vaterlandsliebe der SPD-Funktionäre pries. Außer Schulz gab es noch einige weitere prominente Genossen, die sich bis zu den Unteroffizierdienstgraden emporgearbeitet hatten. Anstatt sich deutlich von jeglicher Form von imperialistischer Politik abzugrenzen, versuchten sich die massiv unter Druck stehenden Sozialdemokraten bis weit in das »Dritte Reich« hinein an einem Spagat zwischen Patriotismus, republikanischer Gesinnung und oppositioneller Haltung. Dabei scheuten sie sich nicht, ihren kriegerischen Einsatz für den verhassten monarchistischen Staat als ruhmreiche Tat zu verkaufen.[20]

Unterdessen waren Hausdurchsuchungen an der Tagesordnung. Besonders intensiv wurde der Starosson-Block durchsucht. Dabei stellten etwa 100 Polizeibeamten

---

18 Niederdeutscher Beobachter, 24. März 1933; MVZ, 25. März 1933.
19 Niederdeutscher Beobachter, 24. März 1933.
20 MVZ, 2. April 1933. Siehe auch Ziemann: Republikanische Kriegserinnerung, S. 376 ff.

am 7. April 1933 eine Anzahl von nicht rechtzeitig beiseite geschafften Revolvern, Hieb- und Stichwaffen und viele aus ideologischen Gründen verbotene Schriften sicher. Neben Emma und Albert Schulz war auch Margarete Ketelhohn betroffen. Sie musste ihr von August Bebel signiertes Exemplar des Buches »Die Frau und der Sozialismus« hergeben.[21]

Mit dem offen demokratiefeindlichen »Gesetz zur Gleichschaltung der Länder mit dem Reich«, das am 2. April 1933 in einer vorläufigen Fassung in Kraft getreten war, wurde der Landtag von Mecklenburg-Schwerin für aufgelöst erklärt. Bei seiner Neubildung sollte das bei den letzten Reichstagswahlen zum Ausdruck gekommene Stimmenverhältnis den Ausschlag für die Mandatsverteilung geben. Die Abgeordneten wurden demnach nicht gewählt, sondern per Bekanntmachung berufen. Einen Sonderfall stellten die Kommunisten dar, ihnen gestand das nationalsozialistische Gesetz keine Sitze im Parlament zu.[22]

Die Gleichschaltung betraf auch die Stadtverordnetenversammlungen. Aus diesem Grund kam die trotz der politischen Entwicklung fast unverändert große Gruppe der aktiven Funktionäre der SPD in Rostock zu einer internen Sitzung zusammen, um eine Liste der alsbald zu berufenden Kandidaten zu erarbeiten. Während das kommunale Gremium der Hansestadt bislang immer von 66 Abgeordneten gebildet wurde, sollte es neuerdings nur noch aus 35 Mandatsträgern bestehen. Abgesehen von erfahrenen Stadtverordneten wie Wilhelm Dittrich, Robert Nespital, Willy Jesse oder die Witwe des verstorbenen Bezirkssekretärs Ida Kröger sowie Alfred Starosson, Paul Schulz und Hermann Janzen umfasste die von den Rostocker Sozialdemokraten im April 1933 einstimmig verabschiedete Aufstellung auch Genossen, die sich bis dato kaum so intensiv der städtischen Politik gewidmet hatten. Zu ihnen zählte der auf Platz sechs nominierte und kürzlich aus der Haft entlassene Albert Schulz. Daneben gab es eine geringere Anzahl von sozialdemokratischen Politikern, die sich nicht mehr zur Verfügung stellten. Bei dem Parteiveteranen Wilhelm Engelbrecht dürfte das Alter den Entschluss befördert haben. Die Gewerkschaftsfunktionäre August Lettow und Martin Müller sowie der Krankenkassenangestellte Hans Kleinert und der in der Naturfreundebewegung engagierte Lehrer Hans Bernitt waren hingegen seinerzeit entweder verhaftet oder begreiflicherweise nicht mehr bereit, ihre Existenz für ihre politische Überzeugung aufs Spiel zu setzen.[23]

Künftig bestand die Ende April 1933 in neuer Zusammensetzung eröffnete Stadtverordnetenversammlung von Rostock bloß noch aus drei Parteien. Während die

---

21 Rostocker Anzeiger, 8. und 9. April 1933. Siehe Hofer: Das Jahr 1933 in Rostock, S. 20; Bernitt: Zur Geschichte der Stadt Rostock, S. 305; 2 Jahre! Rostocks Aufstieg zur Großstadt, S. 31. Zu Ketelhohn siehe: VPLA, BPA SED Rostock, Erinnerungsbericht von Margarete Ketelhohn, ohne Datum, V/5/34.
22 Siehe Heck: Geschichte des Landtags in Mecklenburg, S. 141.
23 Freies Wort, 19. April 1933. Vgl.: MVZ, 15. November 1927. Zu Kleinert siehe: Rostocker Anzeiger, 28. April 1933; MVZ, 10. Mai 1933.

NSDAP und die Kampffront Schwarz-Weiß-Rot über 15 beziehungsweise acht Mandate verfügten, stellte die SPD neben Albert Schulz elf weitere Parlamentarier. An dem Gottesdienst, der vor der konstituierenden Sitzung zelebriert wurde, nahmen die sozialdemokratischen Politiker nicht teil. Die Eröffnungsrede hielt Oberbürgermeister Robert Grabow, wobei er ostentativ zum gemeinsamen Handeln aufrief. Gleichwohl wurde die Sozialdemokratie bei der Wahl der Stadtverordnetenvorsteher und gut eine Woche später bei der Bildung der Ausschüsse geflissentlich übergangen. Die Anwesenheit von Schulz und seinen Genossen in dem mit den Farben des Kaiserreiches, der Hakenkreuzfahne, dem Stadtwappen und einem Hitler- beziehungsweise Hindenburg-Bild geschmückten Sitzungssaal war beinahe ausschließlich Staffage.[24]

Im Gegensatz zu den SPD-Funktionären schreckte der ADGB nicht davor zurück, sich bei den nationalsozialistischen Machthabern nahezu vorbehaltlos anzubiedern. Sein im Verein mit den christlichen und liberalen Gewerkschaften verfolgter Anpassungskurs war an Opportunismus und Selbstverleugnung kaum zu überbieten. Krampfhaft um den Erhalt der organisatorischen Eigenständigkeit bemüht, beteiligte sich auch der ADGB in Rostock an der Kundgebungswelle, die von den Nationalsozialisten für den zum »Tag der nationalen Arbeit« erklärten 1. Mai 1933 angeordnet worden war. Selbst der Geschäftsführer der Mecklenburgischen Volks-Zeitung, Karl Schröder, marschierte zusammen mit einem Großteil seiner Belegschaft unter der Hakenkreuzfahne durch die Stadt. Die Redakteure des sozialdemokratischen Blattes lehnten es dagegen ab, an den inszenierten Feierlichkeiten teilzunehmen. Gemeinsam mit einigen Genossen und ihren Frauen fuhr Albert Schulz mit den der Sozialdemokratie verbliebenen Kraftwagen rund 100 Kilometer von Rostock fort. Dort wurde der 1. Mai mit einem Picknick im Grünen begangen.

Die Ernüchterung folgte auf dem Fuße. Am 2. Mai setzte die NSDAP ihren seit längerem vorbereiteten Plan zur Zerschlagung der Freien Gewerkschaften in die Tat um. Im Zuge dessen wurden etliche Sekretäre verhaftet.[25]

Trotz aller staatlichen Repressionen und Zensurmaßnahmen konnte sich die Mecklenburgische Volks-Zeitung erstaunlich lange behaupten. Ihren Umfang hatte sie indessen drastisch einschränken müssen. Durchschnittlich war sie noch vier bis acht Seiten stark. Manche Setzmaschinen standen still, und die Inserate gingen auf ein Minimum zurück. Letztlich wurde von der Geschäftsführung beschlossen, sich von drei der ziemlich modernen Maschinen zu trennen. Daher reiste Albert Schulz zusammen mit dem am 1. Mai verblendeten Karl Schröder nach Hamburg, um dort Verkaufsverhandlungen zu führen. Aber die anvisierte Veräußerung verzögerte sich. Unterdessen gelang es Schulz, in Kontakt mit Otto Wels zu treten. Der SPD-Vorsitzende

---

24 Rostocker Anzeiger und MVZ, jeweils 29. April und 10. Mai 1933.
25 Siehe Winkler: Der Weg in die Katastrophe, S. 918 ff. und 926 ff. Für die Geschehnisse in Rostock siehe Schulz: Erinnerungen, S. 60. Karl Schröder wird von Schulz nicht namentlich genannt, sondern nur als Geschäftsführer bezeichnet.

hielt sich vorübergehend in der Nähe von Rostock an der Ostseeküste auf und half Schulz bei seinen Vorbereitungen für eine möglichst unauffällige Verbuchung des zu erwartenden Geldes. Bevor es zum Verkauf der Setzmaschinen kam, verboten die Nationalsozialisten am 12. Mai 1933 die Mecklenburgische Volks-Zeitung und besetzten das Verlagsgebäude. Das Kopfblatt »Das freie Wort« musste desgleichen sein Erscheinen einstellen.[26]

Ende Mai 1933 erhielt Paul Schulz seine endgültige Kündigung aus dem Staatsdienst. Er hatte seinen Lebensunterhalt seit einiger Zeit beim Arbeitsamt von Rostock verdient. Als Begründung diente das »Gesetz zur Wiederherstellung des Berufsbeamtentums« nebst den für staatliche Angestellte gültigen Ausführungsbestimmungen. Demnach galt Paul Schulz wegen seines Engagements in der SPD, das kaum über den kulturellen Bereich hinausgegangen war, als politisch unzuverlässig und als Gefahr für den nationalen Staat. Ob und welche Bezüge er noch erhalten sollte, wurde Paul Schulz nicht mitgeteilt. Statt diese existenziellen Fragen zu klären, vertröstete ihn sein Arbeitgeber auf ein gesondertes Schreiben.[27]

Die konstituierende Sitzung des im Zuge des Gleichschaltungsgesetzes von 59 auf 48 Abgeordnete dezimierten Landtages von Mecklenburg-Schwerin am 1. Juni 1933 war die letzte, die von Sozialdemokraten besucht werden durfte. Während die Nationalsozialisten 24 Vertreter entsandten, bestand die von Carl Moltmann und Albert Schulz angeführte SPD-Fraktion nur aus zwölf Personen. Auf die deutschnationale Kampffront Schwarz-Weiß-Rot entfielen acht Mandate. Die vier Sitze, die rechnerisch der KPD zugestanden hätten, blieben unbesetzt. Eine Berücksichtigung bei der Bildung der verschiedenen parlamentarischen Ausschüsse konnten die Sozialdemokraten wie schon in der Stadtverordnetenversammlung von Rostock nicht erwirken. Zudem dürfte es Willy Jesse, Wilhelm Höcker und Margarete Ketelhohn ebenso wie Moltmann, Schulz und die anderen Fraktionsmitglieder empört haben, dass bald nach der Eröffnung ein Gesetzentwurf »zur Behebung der Not von Volk und Land« ohne Aussprache und mit der verfassungsändernden Zwei-Drittel-Mehrheit der beiden Rechtsparteien angenommen wurde. Dieses Landesermächtigungsgesetz hebelte das Parlament als Kontrollinstanz aus und verlieh der Exekutive weit reichende legislative Kompetenzen.[28]

Zu Pfingsten 1933 organisierte Albert Schulz in Rostock ein Kaffeetrinken in einem Gartenlokal. Eingeladen waren ausschließlich Sozialdemokraten, die nach Möglichkeit ihre Familienangehörigen mitbringen sollten, um der Zusammenkunft einen unauffälligen Charakter zu verleihen. Obgleich die Partei noch nicht verboten war,

---

26 Siehe Schulz: Erinnerungen, S. 58 und 60 f.; vgl. Adolph: Otto Wels, S. 273 f. MVZ und Freies Wort, 12. Mai 1933.
27 NL Albert Schulz: Arbeitsamt Rostock, gez. Dr. Heise, an Paul Schulz, 29. Mai 1933.
28 Bekanntmachung vom 18. April 1933 über die Neubildung des Landtages. Abgedruckt im Regierungsblatt von Mecklenburg-Schwerin, 20. April 1933. Siehe den Forschungsbericht von Schumacher: M.d.L., S. 33*; Heck: Geschichte des Landtags in Mecklenburg, S. 141 ff.

konnten keine Reden gehalten werden. Auch Diskussionen waren nur im Geheimen möglich. Gesungen wurde ebenfalls nicht. Die in großer Zahl erschienenen Genossen gingen stattdessen von Tisch zu Tisch und tauschten politische Informationen aus. Viele waren froh, einmal wieder zusammen zu sein. Erst nach einer Weile tauchte die Polizei auf und verlangte von Schulz als Vorsitzenden des SPD-Ortsvereins nähere Erklärungen über den Zweck der Veranstaltung. Zur Auflösung des als gemütliches Beisammensein getarnten konspirativen Treffens kam es jedoch nicht.[29]

Am 19. Juni 1933 fuhr Albert Schulz zusammen mit Willy Jesse nach Berlin, wo im Gebäude des Preußischen Landtags eine Reichskonferenz der SPD stattfand. Die von einer beklemmender Atmosphäre geprägte Sitzung stand im Zeichen des Konflikts zwischen den in Deutschland verbliebenen Mitgliedern des Parteivorstandes um Paul Löbe und denjenigen führenden Sozialdemokraten, die sich vor wenigen Wochen auf den einstimmigen Beschluss des Spitzengremiums ins Exil nach Prag begeben hatten. Nachdem sämtliche Vermittlungsversuche gescheitert waren, nutzte der vormals eher links von der Parteimitte stehende Löbe die Reichskonferenz, um seine auf Anpassung an die politischen Gegebenheiten setzende Linie zu erläutern. Er zog einen scharfen Trennungsstrich zu den Vorstandsmitgliedern im Ausland. In seinen Augen musste die Sozialdemokratie weiterhin von Berlin aus geführt werden und sich zur loyalen Mitarbeit im nationalsozialistischen Staat bereit finden. Auf diese Weise sollte einer vollständigen Ausschaltung der Partei entgegengewirkt werden. Schließlich wählten die in einem Sitzungssaal des Landtags versammelten Genossen ohne Gegenstimme ein sechsköpfiges Direktorium, zu dem Löbe gehörte. Auch Johannes Stelling war darunter. Der einstige mecklenburgische Ministerpräsident zögerte einen Augenblick, ob er die eine Parteispaltung heraufbeschwörende Wahl annehmen sollte. Letztlich stimmte er ungeachtet seiner Befürchtungen niedergeschlagen zu.

Auch Schulz und Jesse, der als Bezirksparteisekretär zehn Tage vor der Reichskonferenz an einer Unterredung des Exilvorstandes in Prag teilgenommen hatte[30], befürworteten die Einsetzung des Direktoriums. Entgegen der Auffassung von Löbe verstand Schulz das Gremium allerdings nicht als Konkurrenz zu den allein aus Sicherheitsgründen emigrierten Vorstandsmitgliedern. Vielmehr hielt er diese Position angesichts der nationalsozialistischen Übermacht für töricht. Im Grunde begrüßte Schulz die Emigration des SPD-Vorsitzenden Otto Wels und der anderen prominenten Genossen unter den gegebenen Umständen ohne Einschränkung. Das Direktorium durfte seiner Meinung nach lediglich eine vermittelnde Funktion haben, um die Kommunikation mit dem rechtmäßig zu Stande gekommenen und sich nach wie vor im Amt befindlichen Parteivorstand zu gewährleisten.

Im Anschluss an die Reichskonferenz trafen sich Jesse und Schulz im kleinen Kreis zu einer Besprechung mit denjenigen Genossen, die wie sie dem von Löbe als alleini-

---

29 Siehe Schulz: Erinnerungen, S. 58 f.
30 Siehe Adolph: Otto Wels, S. 282.

gen Parteivorstand gedachten Direktorium kritisch gegenüberstanden und die Möglichkeiten illegaler Arbeit erörtern wollten. Die Stimmung war gereizt. Besonders Kurt Schumacher, ehemals Mitglied des Württembergischen Landtags und nunmehr Reichstagsabgeordneter, brachte seinen Unmut deutlich zum Ausdruck.[31] Im weiteren Verlauf der Sitzung äußerten sich Jesse und Schulz im Gegensatz zu den meisten anderen Genossen skeptisch über die Erfolgsaussichten der in Rede stehenden konspirativen Tätigkeit. Zumindest sahen sie in einem agrarisch geprägten Flächenstaat wie Mecklenburg-Schwerin keine Perspektive für ein solches Unterfangen. Ihre Argumentation war einleuchtend: In den Dörfern und kleinen Ortschaften waren die Sozialdemokraten, die als Ansprechpartner in Frage kamen, nicht nur der gesamten Bevölkerung bekannt, sondern ihre Post wurde darüber hinaus bereits jetzt scharf kontrolliert und mitunter durch die Polizei zugestellt. Die persönliche Übermittlung von regimefeindlichem Agitationsmaterial schied ebenfalls aus, da Kuriere in den ländlichen Gebieten sofort als Fremde erkannt werden würden. Trotzdem erklärten sich Schulz und Jesse nach einigem Drängen zu illegalen Aktionen bereit. Die aus Prag eingeschleusten Zeitungen und Broschüren wollten sie vor allem in Rostock und den übrigen größeren Städten des Landes zur Verteilung bringen lassen.[32]

Gleich nach seiner Rückkehr aus Berlin wurde Albert Schulz wegen des von ihm zu Pfingsten organisierten Kaffeetrinkens zum zweiten Mal innerhalb weniger Monate verhaftet und für einige Zeit festgehalten. Währenddessen, am 21. Juni 1933 entzogen die Nationalsozialisten der von Löbe beförderten Legalitätstaktik der SPD endgültig den Boden. Unter diesem Datum verbot Reichsinnenminister Wilhelm Frick alle sozialdemokratischen Versammlungen und Publikationsorgane. Zudem bat er dafür Sorge zu tragen, dass sämtliche SPD-Mitglieder aus den Landes- und Kommunalparlamenten mit umgehender Wirkung entfernt würden.[33]

Ende Juni 1933 bekam der mittlerweile vermutlich aus der Haft entlassene Albert Schulz ein offizielles Kündigungsschreiben von der Mecklenburgischen Volks-Zeitung, das von Karl Schröder als Geschäftsführer des Parteiorgans und von einem Beauftragten der Landesregierung unterzeichnet worden war. Bisher hatte Schulz sein Redakteursgehalt von zuletzt etwa 850 Reichsmark[34] weiterhin bezogen, obwohl das sozialdemokratische Blatt schon seit eineinhalb Monaten nicht mehr erscheinen durfte. Fristlos entlassen und arbeitslos wie Millionen andere Deutsche, war es für Schulz ungemein schwierig, eine neue Erwerbsmöglichkeit in Rostock und Umgebung zu finden. Keiner wollte einen landesweit bekannten Sozialdemokraten und einstigen Gauführer des Reichsbanners beschäftigen. Auch Unternehmer, die sich Schulz

---

31 Siehe Albrecht: Kurt Schumacher, S. 78 ff.; Merseburger: Der schwierige Deutsche, S. 161 f.
32 Vgl. Schulz: Erinnerungen, S. 59; siehe Schulze: Anpassung oder Widerstand?, S. 194 ff.; Hoegner: Der schwierige Außenseiter, S. 116 f.; Winkler: Der Weg in die Katastrophe, S. 929 ff.
33 Vgl. Schulz: Erinnerungen, S. 59; siehe Winkler: Der Weg in die Katastrophe, S. 946.
34 BAGS, Wiedergutmachungsakte von Albert Schulz, ohne Paginierung: Interne Notiz des Amtes für Wiedergutmachung in Hamburg, 23. November 1960.

freundschaftlich verbunden fühlten, schreckten davor zurück, da sie die Repressionen des NS-Regimes fürchteten. So musste Schulz sehen, wie er seine fünfköpfige Familie ernährte. Dazu gehörte seine Frau Emmi, seine beiden noch nicht schulpflichtigen Kinder Lisel und Peter sowie seine neuerdings bei ihm wohnende Schwiegermutter. Außerdem kümmerte sich Schulz um seinen gleichfalls erwerbslosen Bruder Paul. Nach einigem Nachdenken beschloss er, einen Zigarrenladen zu eröffnen. Als starker Raucher verstand Albert Schulz etwas von Tabak. Startkapital hatte er derweil kaum, denn sein ohnehin verhältnismäßig geringes Sparguthaben war ebenso wie das seiner Familie von den Nationalsozialisten gesperrt worden. Dies stellte für den seit jeher ehrgeizigen Schulz jedoch keine unüberwindbare Hürde dar. Schließlich gelang es ihm, sich einen für sein Vorhaben ausreichenden Geldbetrag zu leihen. Deutschland zu verlassen, kam für den tief in Mecklenburg verwurzelten Schulz nicht in Frage. Neben der Milieuverbundenheit sprachen finanzielle Barrieren gegen eine Emigration. Hinzu kam, dass Schulz und seine Frau kaum Fremdsprachenkenntnisse besaßen.[35]

Im Gegensatz zu manch anderen mecklenburgischen Sozialdemokraten rechnete Schulz nicht mit einem schnellen Zusammenbruch der nationalsozialistischen Herrschaft. Während stundenlanger Diskussionen an wechselnden Orten vertrat er vor seinen ehemaligen Funktionärskollegen die Ansicht, dass illegale Arbeit allein kaum geeignet sei, um die Voraussetzungen für eine revolutionäre Beseitigung der Nationalsozialisten zu schaffen. Vielmehr erwartete Schulz einen Krieg und eine militärische Niederlage Deutschlands, die zum Ende der Regierung Hitler führen werde. Anbiedern wollte sich Schulz indes bis dahin keineswegs. Um auf den entscheidenden Tag vorbereitet zu sein, hielt er es für seine Pflicht, den Kontakt zu seinen Genossen nicht abreißen zu lassen. Obschon er ebenso wie Margarete Ketelhohn, Willy Jesse, Hermann Janzen, Robert Nespital oder Alfred Starosson unter Polizeiaufsicht stand und sich täglich zu bestimmten Zeiten auf einer Dienststelle zu melden hatte, setzte er seine Absicht in die Tat um. In den nächsten Jahren traf sich Schulz so unauffällig wie möglich mit Gleichgesinnten und bewertete mit ihnen die jeweils neusten politischen Informationen. Auf diese Weise gelang es ihm, wenigstens mit dem örtlichen Führungszirkel der SPD in Verbindung zu bleiben und sich dem NS-Regime über weite Strecken zu verweigern. Diese erfolgreiche Strategie konnte allerdings kaum darüber hinwegtäuschen, dass das einstmals überaus vielfältige und außerordentlich lebendige sozialdemokratische Milieu allmählich erodierte. Längst nicht alle Genossen besaßen eine so enge Bindung an den demokratischen Teil der politischen Arbeiterbewegung wie Schulz und hatten daher kein Interesse, eine informelle »Nische« im totalitären System zu finden. Andere Sozialdemokraten wurden dagegen von wirtschaftlichen Existenzsorgen geplagt oder ließen sich von den staatlichen Terrormaßnahmen derart

---

35 NL Albert Schulz: MVZ GmbH an Albert Schulz, 27. Juni 1933; ebd.: Albert Schulz an Peter Schulz, 1. November 1971. Siehe zudem Schulz: Erinnerungen, S. 61.

einschüchtern, dass sie ihrer weltanschaulichen Überzeugung zwar treu blieben, jedoch konspirative Aktivitäten vermieden.[36]

Kurz bevor Albert Schulz ein Zigarrengeschäft in Rostock erwerben konnte, wurde er mit dem geliehenen Geld in der Tasche bei einem seiner regelmäßigen Gänge zur Polizeiwache ein drittes Mal verhaftet. Schon seit einiger Zeit stand Schulz in Verdacht, während des zurückliegenden Reichstagswahlkampfes einen regimekritischen Zeitungsartikel in Umlauf gebracht zu haben. Der Text stammte aus einer in Göteborg erscheinenden Handels- und Schifffahrtszeitung und war Schulz am Rande einer Konferenz des Reichsbanners von dem Bundesvorsitzenden Karl Höltermann in Übersetzung ausgehändigt worden. In seinen Hauptaussagen kam der Artikel den Sozialdemokraten äußerst gelegen, denn das bürgerliche Blatt warnte speziell die deutsche Wirtschaft eindringlich davor, bei der kommenden Reichstagswahl für Adolf Hitler zu votieren. Andernfalls drohe ein erneuter Weltkrieg mit all seinen verheerenden Folgen.[37]

Weil Schulz zu Recht befürchtete, dass weite Teile des Bürgertums bei der Reichstagswahl am 5. März 1933 die NSDAP ankreuzen würden, hatte er den Artikel aus der Schifffahrtszeitung in Rostock vervielfältigen lassen und ohne Absenderangabe als Brief an zahlreiche örtliche Wirtschaftsvertreter und Akademiker geschickt. Zu seiner Genugtuung war es den Nationalsozialisten trotz intensiver Recherchen bislang nicht gelungen, den Urheber dieser Aufsehen erregenden Aktion ausfindig zu machen. Eine Zeit lang hielten die Behörden sogar die Deutschnationalen für die Verantwortlichen. Schließlich dehnte die Polizei ihre Ermittlungen auf die Sozialdemokratie aus und verlangte von Schulz eine Schriftprobe, um sie mit den jeweils mit Namen und Anschrift versehenen Kuverts des Agitationsschreibens zu vergleichen. Diese Maßnahme zeitigte jedoch keinen Erfolg, denn vorsichtshalber hatte Schulz die Briefumschläge nicht selbst adressiert. Erst als die Polizei eine Durchsuchung im sozialdemokratischen Parteibüro vornahm, kam sie der Wahrheit auf die Spur. Neben einer Lochzange, die benutzt worden war, um die zweiseitige Abschrift des Zeitungsartikels zusammenzuheften, wurden auch einige Exemplare des Flugblattes gefunden. Damit lag der Fall klar. Abgesehen von Schulz verhaftete die Polizei noch einen jungen Genossen, der für die Verteilung der Briefe gesorgt hatte.

Bei allem Ungemach war es für Schulz besonders ärgerlich, dass er genau am Tag seiner Verhaftung im Begriff war, den Kaufpreis für den von ihm aufgestöberten kleinen Zigarrenladen zu entrichten. Um den aus diesem Grund mitgeführten Geldbetrag seiner Frau zukommen zu lassen, schrieb er mit Zustimmung des ermittelnden

---

36 Siehe Schulz: Erinnerungen, S. 61. VPLA, BPA SED Rostock, Erinnerungsbericht von Walter Schultz, Dezember 1975, V/5/611. Für Ketelhohn siehe Heck: Geschichte des Landtags in Mecklenburg, S. 148. Die sozialdemokratische Verweigerungsstrategie beschreibt auch Winkler: Der Weg in die Katastrophe, S. 948.
37 Siehe Schulz: Erinnerungen, S. 56 und 62.

Kommissars einige erklärenden Zeilen und legte ihnen die Banknoten bei. Das Schriftstück benutzte die Polizei für einen Trick. Sie zeigte es dem für den Versand verantwortlichen Sozialdemokraten aus der Ferne und behauptete, Schulz habe bereits ein umfassendes Geständnis abgelegt. Der junge Genosse erkannte die Handschrift seines früheren Ortsvereinsvorsitzenden und tappte in die Falle. Nachdem er die Einzelheiten der Wahlkampf-Aktion zu Protokoll gegeben hatte, wurde er aus der Haft entlassen. Gegen Schulz strengte die Justiz indessen ein Verfahren wegen des Verdachts auf Hochverrat an – harte Monate begannen.[38]

Ab Ende Juli 1933 konnte Schulz als Insasse des Land- und Amtsgerichtsgefängnisses zu Rostock fast ausnahmslos bloß schriftlich mit seiner Familie kommunizieren. Besuchszeiten waren selten und streng reglementiert. In dem ersten Brief aus der Untersuchungshaft ließ Schulz seine Frau Emma wissen, dass er Haftbeschwerde bei Robert Ackermann eingelegt habe und auf eine baldige Freilassung hoffe. Der Oberstaatsanwalt hatte sich vor gut einem Jahr im Hastorf-Prozess des Reichsbanners vergleichsweise verständnisvoll gezeigt. Mit Sorge dachte der überraschend Verhaftete an den unter den gegebenen Umständen gefährdeten Erwerb des Zigarrengeschäftes. Merklich um Zuversicht bemüht, schrieb er an seine geliebte Emmi:

»Hoffentlich hat Dich und Deine Mutter meine Verhaftung nicht allzuhart gepackt. Sei tapfer meine liebe Emmi und richte auch Deine Mutter auf. Wir sind ja keine Bibel-Christen, aber wir wollen dennoch zu dem stehen, was ein Vers eines Kirchenliedes so wunderbar schlicht, man möchte fast sagen einfältig, und doch so großartig richtig sagt:
›Wir machen unser Kreuz und Leid nur größer durch die Traurigkeit.‹
Deshalb Kopf hoch, Liebste!
Wenn ich weiß, daß ihr innerlich stark und tapfer seid und in unserem Schicksal nicht zerbrecht, dann bin ich ganz ruhig. Einmal wird auch uns die Sonne wieder scheinen!«[39]

Rund vier Tage nach der Inhaftnahme durfte Emmi Schulz ihren Mann erstmals im Gefängnis besuchen. Die Entscheidung über die Haftbeschwerde stand noch immer aus. Obwohl Albert Schulz seine Frau ausgesprochen tapfer erlebt hatte, empfahl er ihr in einem seiner nächsten Briefe den dritten Band der Lebenserinnerungen von August Bebel zur Lektüre. Dass der einstige SPD-Vorsitzende während des Sozialistengesetzes trotz gewaltiger Anfeindungen zusammen mit seiner Gattin Julie unverzagt und frohgemut geblieben sei, könne als Vorbild dienen und überdies Trost bei Anflügen

---

38 Siehe Schulz: Erinnerungen, S. 62. Eventuell war der junge Genosse der 1904 geborene Heinrich Beese. Dokumentations- und Gedenkstätte des BStU, Rostock: Erinnerungsbericht von Grete Beese, 11. Januar 2000.
39 NL Albert Schulz: Albert Schulz an Emma Schulz, 29. Juli 1933.

von Verzweifelung spenden. Im Übrigen wusste Schulz seine Emmi von den gemeinsamen Freunden gut unterstützt. Verdruss bereitete es ihm hingegen, dass er einen Ausflug, den er seinen Kindern bereits angekündigt hatte, nicht in die Tat umsetzen konnte.[40]

Es brauchte mehrere Tage, bis die Haftbeschwerde von Schulz geprüft und positiv beschieden wurde. Aber die Freude über die Entlassung aus der Untersuchungshaft war nur von kurzer Dauer, denn die Staatsanwaltschaft rief die nächsthöhere Instanz an, und keine Woche später wurde Schulz abermals verhaftet. Zur Begründung dieser Maßnahme führte das zuständige Gericht akute Fluchtgefahr an.[41]

Die plötzliche Wiederinhaftnahme war für Schulz und seine Angehörigen ein schwerer Schlag. Nun schon seit Wochen ohne geregeltes Einkommen, musste die Familie manche Entbehrungen in Kauf nehmen. Sie befand sich in ständiger Existenznot. Zwar hatte Schulz während seiner wenigen Tage in Freiheit eine Unterstützungszahlung vom Arbeitsamt erwirken können, weitere Zuwendungen waren von dieser Seite aber nicht zu erwarten. Kaum anders verhielt es sich mit den durch die Machtübernahme der Nationalsozialisten in Bedrängnis geratenen Versicherungskassen der Sozialdemokratie. Ungeachtet der finanziellen Misere legte Schulz besonderen Wert auf die größtmögliche Zufriedenheit seiner Kinder. Zugleich machte er sich Gedanken, wie Lisel und Peter seine erneute Abwesenheit verarbeiten würden. Deshalb schrieb er seiner Frau, von der er sich ebenso wie von seiner Tochter und seinem Sohn eine Fotografie zum Anschauen in einsamen Stunden wünschte und die zur Linderung der ärgsten Not einen ambulanten Kaffeehandel betrieb:

>»Kaufe für Lisel und Peter bitte für 10 Pf. Lichte, damit sie beim ›Laternegehen‹ auch ›große‹ Lichte haben. Sage ihnen dann abends bitte, die hätte der Vati noch für sie besorgt, bevor er wieder ›verreisen‹ mußte; er lasse sie auch schön grüßen. Hoffentlich glaubt Lisel noch einmal, daß ich ›verreist‹ bin. Sie befindet sich jetzt ja schon in dem Alter, wo sie kritisch zu werden beginnt, ist jedoch noch nicht alt genug, um die Wahrheit wirklich begreifen zu können.«[42]

Die Angehörigen von Schulz sorgten liebevoll für ihn. Außer frischer Wäsche und Taschentüchern schickten sie ihm unter anderem Weißbrot, Kuchen und Obst ins Gefängnis. Die häufigen Lebensmittelsendungen riefen bald die Kritik des Inhaftierten hervor. Zwar freute sich Schulz über die Aufmerksamkeiten, aber er wollte auf keinen Fall, dass seine Familie für ihn auf etwas verzichten musste. Doch seine Frau wurde nicht müde, ihm allerhand nützliche Dinge und zusätzliche Verpflegung zukommen

---

40 NL Albert Schulz: Albert Schulz an Emma Schulz, 1. August 1933.
41 Siehe Schulz: Erinnerungen, S. 62.
42 NL Albert Schulz: Albert Schulz an Emma Schulz, 12. August 1933. Zum Kaffeehandel siehe Schulz: Erinnerungen, S. 63.

zu lassen. Als besonders teilnahmsvoll empfand Schulz das Heidekraut, das er eines Tages bekam. Denn durch die Haft war er seit Jahren erstmals an seiner Gewohnheit gehindert, sich selbst einen Strauß in der Rostocker Heide zu pflücken.[43]

Auf die Gewährung einer finanziellen Unterstützung aus einer der in Auflösung begriffenen sozialdemokratischen Versicherungskassen machte sich Schulz immer weniger Hoffnungen. Jahrelang hatte er unter anderem in die Ruhegehaltsversicherung des Vereins Arbeiterpresse eingezahlt. Genauso gering waren die Aussichten von Schulz, die ihm verwehrte, aber laut Vertrag mit der Mecklenburgischen Volks-Zeitung vorgeschriebene dreimonatige Kündigungsfrist nachträglich vergütet zu bekommen. Diese auf die Zermürbung des ideologischen Gegners zielende Politik der nationalsozialistischen Machthaber ließ sich an Ungerechtigkeit kaum übertreffen und verschlechterte die materielle Lage von Schulz erheblich. Obwohl ihn die knappen Ressourcen seiner Familie mit Sorge erfüllten, schrieb er kämpferisch an seine Frau: »Und wenn ich auch nicht mit dem ›fahrenden Gesell‹ singen kann: ›futsch ist futsch und hin ist hin‹; unterkriegen lassen wir uns durch all diese Dinge ganz bestimmt nicht! Und darauf kommt es ja schließlich an!«[44]

Der Tenor der in der Haft verfassten Briefe ähnelte sich. Nach wie vor gab sich Schulz ungebrochen optimistisch und versuchte, seine besorgten Angehörigen zu beruhigen und aufzumuntern. Plumpe Durchhalteparolen bekam Emmi Schulz von ihrem Mann aber nicht zu lesen. Vielmehr zeugten seine Schreiben von großem Einfühlungsvermögen:

»Ich komme schon durch! Wenn man jahrelang im dicksten Schlamassel des Weltkrieges gelegen hat, dann erträgt man auch noch Gefängnishaft ohne körperliche Schädigung. Also macht Euch um mich keinerlei Sorgen. Mir liegt aber entscheidend daran, daß ich Dich, die Kinder und die Omas in guter Verfassung und bei guter Laune vorfinde, wenn ich zurückkehre.«[45]

Knapp einen Monat später hieß es:

»Aus meinem Leben hinter schwedischen Gardinen ist nicht viel zu berichten. Ich vertreibe mir die Zeit mit Aufundablaufen in der Zelle, ausgiebigen Freiübungen, Essen und vor allen Dingen mit Lesen. Besonders studiere ich jetzt die immer wie-

---

43 NL Albert Schulz: Albert Schulz an Emma Schulz, ohne Datum, zwischen dem 15. und 20. August 1933; ebd.: Albert Schulz an Emma Schulz, 20. August 1933.
44 NL Albert Schulz: Vermögens-Verwaltung der Deutschen Arbeitsfront G.m.b.H. an Albert Schulz, 11. März 1940; ebd.: Albert Schulz an Emma Schulz, 20. August 1933. BAGS, Wiedergutmachungsakte von Albert Schulz, ohne Paginierung: Albert Schulz an das Amt für Wiedergutmachung der Freien und Hansestadt Hamburg, 21. Januar 1961.
45 NL Albert Schulz: Albert Schulz an Emma Schulz, 23. August 1933.

der neuen Geschichten unseres großen Landsmannes Fritz Reuter. Er lehrt uns immer wieder: selbst unter Tränen noch lachen zu können!«[46]

Als Schulz erfuhr, dass sich seine Frau bemühte, einen Rechtsanwalt zu seiner Verteidigung zu beschaffen, war ihm dies zunächst nicht recht. Er befürchtete Unannehmlichkeiten und wollte seine Emmi unter allen Umständen vor Auseinandersetzungen mit den Nationalsozialisten bewahren. Teils beunruhigt, teils eindringlich mahnend schrieb er:

»Ich danke Dir für Deine Bemühungen um einen Rechtsanwalt für mich. Daß es heute nicht so einfach ist[,] für einen ††† Sozialdemokraten einen Anwalt zu finden, wußte ich allerdings. Aber damit kann ich mich abfinden. Ich habe ein gutes Gewissen und kann mich auch selbst verteidigen. Bemühe Dich also nicht weiter. Nur an Dich muß ich oft dabei denken, meine liebe Emmy! Wieviel Sorgen und Aufregungen und Laufereien Du um mich hast. Oft zweifle ich, ob es mir möglich ist, Dich für all Deine aufopfernde, fürsorgliche Liebe zu entgelten. Ich weiß, Du wehrst bescheiden ab, und erklärst all Dein Tun für selbstverständlich. Und dennoch, Emmi …«[47]

Trotzdem war Schulz froh, als seine Frau schließlich für ihre Anstrengungen belohnt wurde, und er bekannte selbst vor dem Hintergrund seiner als Parlamentarier erworbenen Kenntnisse: »Mit den juristischen Häkchen kennt sich unsereiner doch nicht so aus.«[48] Der von Emmi Schulz aufgetriebene Rechtsanwalt ließ sich die Gerichtsakten kommen und fand darin überraschenderweise einen aufschlussreichen Schriftwechsel zwischen dem nationalsozialistischen Reichsstatthalter Friedrich Hildebrandt und der Staatsanwaltschaft. Aus einem der Briefe, die offenbar ein Schulz wohl gesonnener Angestellter der Justizbehörde unter Missachtung seiner dienstlichen Obliegenheiten in dem Konvolut abgelegt hatte, ging auf Anfrage des Reichsstatthalters hervor, dass sich der zuständige Staatsanwalt außerstande sah, den gegen Schulz erhobenen Verdacht aufrechtzuerhalten. In Anbetracht der Sachlage könne weder eine Klage wegen Hochverrats noch wegen Aufforderung zur Gewaltanwendung angestrengt werden. Bei nüchterner Betrachtung habe Schulz lediglich gegen das Pressegesetz verstoßen. Allenfalls eine Anklage wegen Beleidigung sei zusätzlich möglich.[49]

Die Gerichtsverhandlung ließ auf sich warten. Außer von seiner Familie erhielt Schulz häufiger Lebensmittelsendungen von dem letzten SPD-Bezirkssekretär in Mecklenburg-Lübeck, Willy Jesse, der momentan Vorbereitungen traf, um ein Kolo-

---

46 NL Albert Schulz: Albert Schulz an Emma Schulz, 21. September 1933.
47 NL Albert Schulz: Albert Schulz an Emma Schulz, 24. September 1933.
48 NL Albert Schulz: Albert Schulz an Emma Schulz, 28. September 1933.
49 Siehe Schulz: Erinnerungen, S. 62 f.

nialwarengeschäft in Rostock zu eröffnen.[50] Martha und Alfred Starosson schickten ihrem langjährigen Parteigenossen eine Mettwurst, wofür sich Emmi Schulz herzlich bedanken sollte.[51]

Nach mehr als zweimonatiger Haft war es so weit: Der Prozess gegen Schulz wurde im Oktober 1933 eröffnet. Der Rechtsanwalt machte sich sein aus den Akten gewonnenes zusätzliches Wissen zu Nutze und erreichte, dass Schulz nicht als Hochverräter, sondern bloß wegen eines Vergehens gegen das Pressegesetz verurteilt wurde. Zudem sollte die verhängte Haftstrafe mit der Untersuchungshaft verrechnet werden und damit abgegolten sein. Diese Entscheidung traf allem Anschein nach auf die Zustimmung von Friedrich Hildebrandt, der es der Polizei untersagte, den aus dem Gefängnis entlassenen Schulz quasi ersatzweise in Schutzhaft zu nehmen. Zwar legte die Staatsanwaltschaft umgehend Berufung ein, dies führte aber nicht zu einem von der ersten Instanz abweichenden Urteil.[52]

2 »... als Zigarrenhändler das Leben gefristet«[53]: Resistenz und Opposition gegenüber dem NS-Regime

Wieder im Kreis der Familie konnte Albert Schulz an die Verwirklichung seines Planes gehen, sich als Zigarrenhändler selbstständig zu machen und dadurch seine Existenz zu sichern. An eine aktive politische Betätigung war vorerst nicht zu denken. Jegliches Engagement für die Belange der Sozialdemokratie wäre von den nationalsozialistischen Machthabern hart bestraft worden. Die von Schulz letztlich nach erneutem Suchen erworbenen und im Dezember 1933 eröffneten Räume für das Zigarrengeschäft lagen ebenso wie der Laden von Willy Jesse in der Kröpeliner-Tor-Vorstadt. Anfangs betrug der durch den Verkauf von Rauchwaren erzielte Verdienst nur etwa 100 Reichsmark pro Monat. Ohne die Einnahmen, die Emmi Schulz durch den immer mehr florierenden ambulanten Verkauf von Kaffee erwirtschaftete, hätte die Familie kaum ihren Lebensunterhalt bestreiten können. Später steigerte sich der durchschnittliche Verdienst aus dem Zigarrengeschäft auf zirka 250 Reichsmark, so dass Schulz weiterhin versuchte, die Beiträge für seine Lebensversicherung kontinuierlich zu entrichten.[54]

Das Zigarrengeschäft entwickelte sich in den folgenden Monaten zu einem informellen Treffpunkt für Angehörige und Sympathisanten der verbotenen Arbeiterbewe-

---

50 Siehe Stunnack: Willy Jesse, S. 20.
51 NL Albert Schulz: Albert Schulz an Emma Schulz, 24. September und 1. Oktober 1933.
52 Siehe Schulz: Erinnerungen, S. 63.
53 NL Albert Schulz: Lebenslauf von Albert Schulz, etwa 1950.
54 Siehe Schulz: Erinnerungen, S. 63. BAGS, Wiedergutmachungsakte von Albert Schulz, Bl. 27: Albert Schulz an das Amt für Wiedergutmachung der Freien und Hansestadt Hamburg, 9. Mai 1959. NL Albert Schulz: Albert Schulz an Emma Schulz, 1. Oktober 1933.

gung. Insgesamt gab es in Rostock nach 1933 vier Tabakläden, die von ehemaligen sozialdemokratischen Politikern betrieben wurden. Einen davon besaß der mit Albert Schulz seit Jahrzehnten befreundete Alfred Starosson. Mit Martin Müller führte überdies ein vormals überaus prominenter Gewerkschaftssekretär ein Zigarrengeschäft. Es brannte 1942 infolge eines Bombentreffers aus und durfte auf Geheiß der Nationalsozialisten nicht wieder eröffnet werden.[55] Darüber hinaus gehörten der Kolonialwarenladen von Willy Jesse und das Lebensmittelgeschäft des früheren SPD-Vorsitzenden in Bad Doberan, Max Franck, zu diesem lockeren Netzwerk. Auch durch den von Emmi Schulz aufgebauten Kaffeehandel entstanden Kontakte zu unverzagten Genossinnen und deren politisch engagierten Männern, die froh gewesen sein dürften, sich gegenseitig stützen zu können. Wenigstens sporadische Verbindungen zum einstigen SPD-Fraktionsvorsitzenden Carl Moltmann beziehungsweise zum langjährigen Amtshauptmann Wilhelm Höcker mag Robert Nespital unterhalten haben. Denn seit seiner Entlassung bei der Mecklenburgischen Volks-Zeitung war er als Handlungsreisender für Tabakwaren tätig und konnte nahezu unbehelligt nach Schwerin und Güstrow fahren. Dort hatten Moltmann und Höcker jeweils ebenfalls einen Zigarrenladen übernommen.[56]

Infolge der Solidarität der Genossen kamen die von den Sozialdemokraten geführten Läden wirtschaftlich halbwegs über die Runden. Zudem fand Albert Schulz rasch heraus, dass sein Zigarrenladen systematisch von der Geheimen Staatspolizei observiert wurde. Aber die vertrauenswürdigen Kunden kannten einander. Sobald ein Fremder das Geschäft betrat, verstummten sämtliche Gespräche mit politischem Inhalt abrupt.[57]

Am 30. Juni 1934 weckte der so genannte Röhm-Putsch bei nicht wenigen Sozialdemokraten die Hoffnung auf einen baldigen Niedergang des »Dritten Reiches«. Auch Paul Schulz zeigte sich im Gegensatz zu seinem Bruder zuversichtlich, dass Hitler und die NSDAP abgewirtschaftet hätten. Als seine Hoffnungen nicht in Erfüllung gingen, stürzte ihn das in noch tiefere Depressionen. Bis 1933 ein bei Hochzeitspaaren und Vereinen beliebter Rezitator und durchweg fröhlicher Mensch, litt Paul Schulz seit seiner Entlassung aus dem Staatsdienst unter seiner prekären finanziellen Situation. Wesentlich stärker als seine anhaltende Arbeitslosigkeit machte ihm jedoch sein veränderter sozialer Status zu schaffen. Die meisten seiner Freundinnen und Bekannte, die er als Vorsitzender des Arbeiter-Bildungsausschusses in Theaterkreisen kennen gelernt hatte, mieden ihn nach der Machtübernahme der Nationalsozialisten,

---

55 VPLA, BPA SED Rostock, NL Alfred Starosson, V/6/14/1, Bl. 6: NSDAP-Kreisleitung für Rostock-Stadt an Alfred Starosson, Zigarrengeschäft, 19. März 1937; ebd., Rep. 296a, Personalakte Martin Müller, 620, Bl. 5 f.: Lebenslauf, gez. Martin Müller, 2. November 1946.
56 NL Albert Schulz: Emma Schulz an Albert Schulz, 1. Dezember 1939 sowie 16., 18. und 22. Januar 1940. Siehe Schulz: Erinnerungen, S. 63; Stunnack: Willy Jesse, S. 20 f.; Langer: Leben unterm Hakenkreuz, S. 154 f.; Höppner: Erinnerungen an meinen Vater Carl Moltmann, S. 31; Lude: Wilhelm Höcker (Magisterarbeit), S. 26 ff.
57 Siehe Schulz: Erinnerungen, S. 63 f.

weil er als politisch Verfemter galt. Ostern 1935 setzte Paul Schulz seinem Leben ein Ende. Zu seiner Beisetzung erschien eine für die damaligen Verhältnisse überraschend große Trauergemeinde. Unter den Augen der Geheimen Staatspolizei nahmen die verbliebenen Freunde schweigend Abschied und gaben zugleich ein Beispiel sozialdemokratischer Solidarität.[58]

Der Alltag von Albert Schulz verlief gleichförmig und ohne nennenswerte Zusammenstöße mit den nationalsozialistischen Machthabern. Weder aktiver Widerstand noch unterwürfige Anpassung, sondern Resistenz und dezidierte Opposition kennzeichneten das gegenwärtige Leben von Schulz und seiner Frau. Im Gegensatz zu vielen anderen scheute sich die Familie nach 1933 nicht, erstmals und bewusst in einem Warenhaus, das von zwei jüdisch gläubigen Kaufleuten geführt wurde, einzukaufen.[59] Zudem meldeten Emma und Albert Schulz ihren Sohn Peter in einem von den Nationalsozialisten misstrauisch beäugten Kindergarten an. Geleitet wurde die Einrichtung, die mit einer landesweit bekannten Erzieherinnenschule kombiniert war, von Marie Bloch. Die engagierte Reformpädagogin und Schwester des 1929 verstorbenen ehemaligen Ministerpräsidenten, Hermann Reincke-Bloch, war wie ihr Bruder protestantisch erzogen worden, hatte aber Großeltern jüdischen Glaubens und wurde deshalb 1942 deportiert und im KZ Theresienstadt ermordet.[60]

Zwar nicht täglich, aber an manchen Abenden hörte Albert Schulz gemeinsam mit seiner Frau den im Deutschen Reich strengstens verbotenen englischen Rundfunk ab. Seit jeher vorsichtig, gaben sie die auf diese Weise empfangenen Informationen nur an ihren engsten Freundeskreis weiter, um sich auf keinen Fall ins Gerede zu bringen und dadurch in Gefahr zu geraten. Aus demselben Grund beschränkten sich Emmi und Albert Schulz bei Einladungen in ihre Wohnung auf Geburtstage und hohe Feiertage, an denen die meisten Leute mit Gästen beisammensaßen. So hatten die beiden wenigstens ein oberflächliches Alibi, falls die Nationalsozialisten bei der hauptsächlich aus Sozialdemokraten bestehenden Festgesellschaft eine unerwartete Hausdurchsuchung vornehmen sollten. Als das Gerücht die Runde machte, Karl Höltermann sei im Spanischen Bürgerkrieg gefallen, veranstaltete Schulz mit einigen zuverlässigen Genossen eine heimliche Trauerfeier zu Ehren des 1933 entmachteten Reichsbanner-Vorsitzenden. Erst Jahre später erfuhr er, dass Höltermann nicht für die Internationalen Brigaden gekämpft und die NS-Herrschaft weit gehend unbeschadet überstanden hatte.[61]

---

58 NL Albert Schulz: Albert Schulz an Peter Schulz, 1. November 1971. Siehe Schulz: Erinnerungen, S. 60 und 66; Schildt: Konservatismus, S. 196 ff.
59 Zeitzeugenbericht von Peter Schulz, 3. Februar 2001.
60 Siehe Beese: Familie, Frauenbewegung und Gesellschaft in Mecklenburg, S. 285 ff.; Schröder/Ehlers: Zwischen Emanzipation und Vernichtung, S. 34 f. und 53; Jürgens: Tante Mieze, S. 17 ff.
61 Siehe Schulz: Erinnerungen, S. 66 f. AdsD, Dep. Fritz Heine, 31: Albert Schulz an Fritz Heine, 5. Juli 1973.

2 »... als Zigarrenhändler das Leben gefristet«: Resistenz und Opposition

Der permanente Mangel an authentischen Informationen war für die in Rostock verbliebenen Sozialdemokraten besonders misslich. Vor allem die kaum bekannte Haltung des nach Prag emigrierten SPD-Parteivorstandes sorgte bei Schulz und in den vertraulichen Diskussionszirkeln für Unzufriedenheit. Illegale Zeitungen oder Agitationsbroschüren drangen nur selten bis nach Mecklenburg durch. Deshalb unterbreitete Willy Jesse seinen Genossen das überraschende Angebot, eine Erkundungsreise in die tschechische Hauptstadt zu wagen. Als er zurück war, verabredete er sich mit seinen Freunden in einem Gartenlokal. Der Bericht aus Prag war kaum dazu angetan, die auf größere Unterstützung hoffenden Sozialdemokraten in Rostock optimistisch zu stimmen. Offensichtlich fehlte es dem Exilvorstand an Möglichkeiten für effizientere Aktionen.[62]

Jesse war im Unterschied zu Schulz nicht nur wesentlich draufgängerischer, sondern auch kinderlos und unverheiratet, was das Risiko einer solchen Reise zwar keineswegs minderte, aber leichter verantworten ließ. Unbemerkt blieb die illegale Tätigkeit von Jesse indes nicht, spätestens seit Juli 1938 befand sich sein Name auf einer Fahndungsliste der Berliner Kriminalpolizei. Bald darauf geriet er ins Visier des Reichssicherheitshauptamtes. Für eine ordnungsgemäße Verhaftung des oppositionellen Sozialdemokraten fehlten allerdings die Beweise. Zugleich schien eine wie auch immer geartete Festsetzung vorerst nicht erwünscht zu sein.[63]

Der Beginn des Zweiten Weltkrieges zerstreute nahezu alle konspirativen Absichten der Sozialdemokratie. Wenige Tage vor dem Einmarsch der Deutschen Wehrmacht in Polen erhielt Albert Schulz einen Einberufungsbefehl. Von den Kampfhandlungen bekam er kaum etwas mit, denn seine Kompanie verließ Rostock erst relativ spät. Sein Einsatzort lag auf einem Gutshof in der Nähe der Stadt Schrimm an der Warthe. Hier erlebte er, wie die polnische Bevölkerung bei Eiseskälte aus dem Regierungsbezirk Posen vertrieben wurde, ohne viel Gepäck mitnehmen zu können.[64]

Einmal mehr war Schulz von seiner Frau getrennt. Seine Idee, sich – dem Beispiel anderer Soldaten folgend – telefonisch in Rostock zu melden und ein Lebenszeichen zu geben, verwarf er aber schnell. Denn er vermutete zu Recht, dass sich seine Familie ungeheure Sorgen machen würde, sobald ihr die Vermittlung einen Anruf von der Front avisiert hätte. So schrieb Schulz stattdessen zahlreiche Briefe an seine Emmi. Auch wenn sich ihr Mann beileibe nicht mit der nationalsozialistischen Politik identifizierte, stellte er sogar während des Krieges seine im Laufe seiner politischen Tätigkeit erworbenen Führungsqualitäten unter Beweis. Schon nach wenigen Wochen übertrug ihm sein Hauptmann die Führung einer etwa sechs- bis zwölfköpfigen Gruppe,

---

62 Siehe Schulz: Erinnerungen, S. 68.
63 AdsD, Emigration/Sopade, 58: Walter Schultz [= Willy Jesse] an Erich Ollenhauer und Hans Vogel, 2. Februar 1945. SAPMO-BArch, R 58, 3700, Bl. 209: Tätigkeitsmeldung eines Kriminalrats, Berlin, 11. Juli 1938. Siehe Schulz: Erinnerungen, S. 68; Stunnack: Willy Jesse, S. 23.
64 Schriftliche Auskunft der Deutschen Dienststelle (WASt), 12. Dezember 2000. Siehe Schumacher: M.d.R., S. 1425; Schulz: Erinnerungen, S. 69 f.

mit der Schulz nach eigener Aussage ausgezeichnet zurechtkam. Die Mitglieder der Untereinheit waren seiner Meinung nach durchweg gute und vernünftige Leute.[65]

Selbst im Krieg war Schulz vor den Anfeindungen und Intrigen der Nationalsozialisten nicht gefeit. Wie er von seinem Vorgesetzten erfuhr, hatte ihn ein NSDAP-Mitglied aus den Reihen der Soldaten bei der Truppenführung als gefährlichen Sozialdemokraten denunziert. Aber zum Glück für Schulz war der für ihn zuständige Hauptmann ein früherer Stahlhelm-Angehöriger, der den braunen Machthabern wegen der inzwischen erfolgten Gleichschaltung des Kampfbundes kritisch gegenüberstand. Folglich hatte Schulz kaum etwas zu befürchten, als die Geheime Staatspolizei auf dem Dienstweg anfragte, wie er sich als Soldat führe, zumal ihm sein wohl gesonnener Vorgesetzter ein positives Zeugnis ausstellte und ihn dadurch nachhaltig schützte.[66]

Bereits rund einen Monat nach Kriegsbeginn geriet die Auslieferung der Feldpost immer wieder ins Stocken. Eine Alternative stellte die persönliche Übermittlung von Briefen dar. Wenn der zu der Gruppe von Schulz zählende Landwirt Stefan Susemihl aus Diedrichshagen bei Warnemünde zum Ernteurlaub nach Hause kam, ging er ab und an bei Emmi Schulz vorbei und händigte ihr Nachrichten und manchmal auch kleine Paketsendungen ihres Mannes aus. Von Susemihl, so ließ Schulz seine Frau wissen, könne die Familie auch eine halbe Speckseite oder andere Nahrungsmittel erstehen.[67]

Seinen Geburtstag im Oktober 1939 nahm Schulz zum Anlass, um seiner Frau Emmi für ihre aufopfernde Liebe herzlich zu danken. Auch die von ihr speziell in den letzten Jahren geübte Solidarität kam zur Sprache. Gleichzeitig bat Schulz seine Frau für gelegentliche Unaufmerksamkeiten um Verzeihung.[68] Dass sich seine Wahrnehmung und seine Prioritäten während der vergangenen Zeit immer deutlicher zu Gunsten seiner Ehe verschoben hatten, führte Schulz vor allen Dingen auf die Zerschlagung der SPD und ihrer milieukonstituierenden Umfeldorganisationen, aber auch auf sein Alter zurück:

»Wie hat sich doch mein Denken und Fühlen unter dem Eindruck der letzten Jahre geändert. Einst war mir die Ehe fast ausschließlich die Liebesgemeinschaft und weniger die Lebensgemeinschaft. Die Lebensgemeinschaft traf man in erster Linie in der Bewegung, in der man mit beiden Füßen stand und an die man mit allen Kräften der Seele gefesselt war. Heute ist das alles vernichtet. Und nur Du bist geblieben als Mittelpunkt unser Familie. Vielleicht hätte ich auch ohne den Zusammenbruch der Bewegung mit zunehmendem Alter erkannt, daß die Bewegung ausschließlich Heimat nur der jugendlich begeisterten Stürmer und Dränger sein kann, nicht aber mehr in dieser Ausschließlichkeit dem reifen Manne.

---

65 NL Albert Schulz: Albert Schulz an Emma Schulz, 12. September und 8. Oktober 1939.
66 Siehe Schulz: Erinnerungen, S. 69.
67 NL Albert Schulz: Albert Schulz an Emma Schulz, 9. Oktober 1939.
68 NL Albert Schulz: Albert Schulz an Emma Schulz, 11. Oktober 1939.

Heute bist Du und die Kinder das einzige Ziel meines Lebens. Und es ist gut so. Habe ich doch längst erkannt, daß nur die Bande einer so guten Ehe, wie wir sie führen, halten, wenn alle anderen menschlichen und politischen Bande reißen.«[69]

Weil Schulz als selbstständiger Einzelhändler kein Sonderrecht auf Urlaub besaß, bestach er dem über die Heimfahrten entscheidenden Wachtmeister häufiger mit einer Zigarre. So gelang es ihm, schon im Oktober 1939 und auch zum Weihnachtsfest in Rostock bei seiner Familie zu sein. Diese Tage genoss er als willkommene Abwechslung vom soldatischen Alltag. Eines wurde Schulz während seiner Fluchten aus dem Kriegsgeschehen noch klarer bewusst: Auf seine Frau konnte er sich unter allen Umständen verlassen. Deswegen schrieb er ihr in einem längeren, sehr persönlichen Brief: »Ich danke Dir auch für Deine hingebende Treue, mit der Du zu mir gestanden hast, auf der Höhe meines Lebens sowohl wie auf dem bitteren Weg zur Einflußlosigkeit.«[70]

Seit mehr als sechs Jahren ohne öffentliche politische Funktion, kümmerte sich der einstmals umtriebige Reichs- und Landtagsabgeordnete Schulz von Polen aus tatkräftig um seinen Tabakwarenladen. Als die Umsätze des heimatlichen Geschäftes vorübergehend sanken, beschwor Schulz seine Frau, sich nicht übermäßig beunruhigen zu lassen, sondern lieber mit ihrer Freundin Else Janzen zum Tanzen zu gehen. Selbstverständlich könne sie sich auch mit den übrigen Bekannten im Kino, Theater oder in dem gemütlichen »Terrassenkaffee« zerstreuen. Falls angelieferte Ware bezahlt werden müsste, sollte dies nach dem Willen von Schulz mit Hilfe des inzwischen durch die Behörden freigegebenen privaten Sparvermögens der Familie geschehen. Bei der korrekten Verbuchung dieser finanziellen Transaktion werde Hans Kleinert helfen, der als ehemaliger Schriftführer der SPD seit einer Weile die Bücher des Ladens führte. Im Gegenzug zu diesen Ratschlägen berichtete Emmi Schulz ihrem Mann detailliert von ihren Problemen mit den Lieferanten. Mit zunehmender Kriegsdauer wurde es immer schwieriger, das Sortiment des Geschäftes aufrechtzuerhalten. Feuerzeuge und Benzintuben gab es ähnlich wie Tabak kaum noch in ausreichender Menge.[71] (☛ Abb. 5, S. 136)

Aus der Perspektive von Albert Schulz erfreulich war der im Rahmen der Möglichkeiten noch immer verhältnismäßig feste Zusammenhalt der vor der Machtübernahme der Nationalsozialisten besonders engagierten Sozialdemokraten. Zu Weihnachten 1939 schickte der ehemalige Finanzminister Hans Hennecke seinem langjährigen Parteifreund Schulz beispielsweise einige Zigarren an die Front, und an dessen Familie in Rostock ging eine Neujahrskarte ab. Überdies schaute der kurzzeitige SPD-Stadt-

---

69 NL Albert Schulz: Albert Schulz an Emma Schulz, 16. Oktober 1939.
70 NL Albert Schulz: Albert Schulz an Emma Schulz, 12. November 1939. Siehe auch die Briefe vom 16. Oktober und 13. Dezember 1939 sowie das Schreiben von Emma Schulz an ihren Mann vom 8. Januar 1940.
71 NL Albert Schulz: Albert Schulz an Emma Schulz, 12. November 1939; ebd.: Emma Schulz an Albert Schulz, 1. Dezember 1939.

Kapitel IV · Im »Dritten Reich« (1933–1945)

Abb. 5: Emma Schulz im Zigarrenladen in Rostock (1933 oder später).

verordnete Walter Schultz hin und wieder bei Emmi Schulz vorbei. Durch ihn erfuhr sie Neuigkeiten über Willy Jesse. Wie es hieß, sollte er als Facharbeiter in Kürze vom Kriegsdienst freigestellt werden. Die genauen Gründe für diesen glücklichen Umstand waren nicht bekannt. Eines Tages erschien Jesse bei Emmi Schulz im Laden und informierte sie über seine mutmaßlich bevorstehende Dienstverpflichtung als Schlosser. Schließlich fing er im Februar 1940 bei den mittlerweile zum Staatsbetrieb umfunktionierten Heinkel Flugzeugwerken in Warnemünde an.[72]

Als in Rostock das Gerücht kursierte, dass die bis 1896 geborenen Soldaten in absehbarer Frist aus dem Militär entlassen werden sollten, bedrängte Emmi Schulz ihren Mann, sich diese gegebenenfalls auf ihn zutreffende Regelung so bald wie möglich zu Nutze zu machen. Doch es kam anders als erhofft: Zwar wurde die in Posen lagernde Versorgungskolonne im Zuge des Westfeldzuges verkleinert, und Albert Schulz durfte nach einem kurzen Aufenthalt in Frankreich zusammen mit einigen älteren Soldaten nach Hause zurückkehren, aber schon im Juni 1940 musste er in ein neu rekrutiertes Landesschützenbataillon eintreten. Inzwischen zum Feldwebel befördert, verschlug es Schulz als Mitglied einer Besatzungstruppe in die Niederlande. Dort wurde er in Ermangelung von Offizieren zum Leiter einer Ortskommandantur ernannt. Während der Befehlshaber seines Bataillons ein überzeugter Monarchist war und seine Unterge-

---

72 NL Albert Schulz: Emma Schulz an Albert Schulz, 1. Januar 1940. Siehe auch die bis zum 1. Februar 1940 folgenden Briefe. AdsD, NL Fritz Tarnow, 10: Bericht aus Deutschland, »Ende August 1944«. Als Verfasser dieses in der Emigration entstandenen Schriftstückes lässt sich einwandfrei Jesse identifizieren. Siehe Stunnack: Willy Jesse, S. 22 f.; Möller: Von Fokker bis Heinkel, S. 322 f.

benen auf Distanz hielt, hatte Schulz zu dem Hauptmann seiner Einheit guten Kontakt. Es war der 1934 von den Nationalsozialisten entlassene Stadtrat, Julius Langerstein, der als Mitglied der DVP einst zu seinen politischen Gegnern in Rostock gezählt hatte. Nach einem Heimaturlaub im August 1940 und einem nur einige Tage dauernden Einsatz im Umkreis von Stettin eröffnete sich Schulz schließlich doch die Möglichkeit, aus Altersgründen aus der Wehrmacht auszuscheiden. Versehen mit einem Entlassungsgeld in Höhe von 50 Reichsmark traf Schulz im November 1940 wohlbehalten bei seiner Familie ein. Für sein allem Anschein nach selbst im Krieg überdurchschnittliches Engagement ließ ihm sein Kompaniechef wenig später das Kriegsverdienstkreuz mit Schwertern zukommen.[73]

Bevor Albert Schulz im Juni 1941 auf dem Fliegerhorst in Warnemünde dienstverpflichtet wurde und dort zwar gelangweilt, aber verhältnismäßig sicher vor einem erneuten Kriegseinsatz ab 1942 eine Gebührnisstelle der Luftwaffe leitete, konnte er sich für einige Monate intensiver um seine geschäftlichen Angelegenheiten kümmern. Schon während seiner Soldatenzeit war es ihm gelungen, eine geringfügige Ausgleichszahlung für seine nach der Machtübernahme der Nationalsozialisten gesperrten Ruhegehaltsversicherungen zu erwirken.[74]

Unterdessen gingen die durch den Zigarrenladen erwirtschafteten Umsätze kontinuierlich zurück. Der Kaffeehandel von Emmi Schulz war mit der Einführung der Kartenwirtschaft zum Erliegen gekommen.[75] Im April 1942 flog die Royal Air Force eine verheerende Angriffswelle gegen Rostock, die weite Teile der Stadt zerstörte. Wie zahlreiche andere Frauen verließ auch Emmi Schulz zusammen mit ihren Kindern Lisel und Peter vorübergehend die Hansestadt. Ein Genosse und Kriegskamerad ihres Mannes brachte sie mit dem Pferdewagen in ein abgelegenes Dorf, wo er als Kleinbauer lebte.[76] Die ökonomische Lage in Rostock glich einer Katastrophe. Ab Mai 1943 häuften sich die Klagen der Bevölkerung über die unzureichende Versorgung mit Tabak, denn Zigaretten und Zigarren wurden unter den Bedingungen der Kriegswirtschaft immer mehr zur Mangelware und extrem kontingentiert. Oftmals dürften die Bestände im Tabakladen der Familie Schulz nur für die ersten Stunden der Geschäftszeiten ausgereicht haben.[77]

---

73 NL Albert Schulz: Emma Schulz an Albert Schulz, 8. Januar, 5. April und 11. August 1940. Schriftliche Auskunft der Deutschen Dienststelle (WASt), 12. Dezember 2000. BAGS, Wiedergutmachungsakte von Albert Schulz, Bl. 33: Entlassungsschein für den Feldwebel Albert Schulz, 7. November 1940. Siehe Schulz: Erinnerungen, S. 70.
74 NL Albert Schulz: Lebenslauf von Albert Schulz, etwa 1950; ebd.: Vermögens-Verwaltung der Deutschen Arbeitsfront G.m.b.H. an Albert Schulz, 11. März 1940.
75 NL Albert Schulz: Albert Schulz an das Amt für Wiedergutmachung der Freien und Hansestadt Hamburg, 17. November 1960 (Abschrift).
76 Siehe Schulz: Erinnerungen, S. 71 ff.; Lachs/Raif: Rostock, S. 169.
77 BAGS, Wiedergutmachungsakte von Albert Schulz, ohne Paginierung: Albert Schulz an das Amt für Wiedergutmachung der Freien und Hansestadt Hamburg, 17. November 1960. Siehe - Brand: Mecklenburg im Jahre 1943, S. 98.

Auf dem Fliegerhorst in Warnemünde war auch Heinrich Beese als Dienstverpflichteter tätig. Albert Schulz und der ehemalige Bezirksvorsitzende der SAJ konnten auf diese Weise unauffällig Kontakt halten. Doch wie sie von ihrem Freund Albert Wendt erfuhren, wurden sie von der Gestapo überwacht. Der frühere Geschäftsführer der Allgemeinen Ortskrankenkasse in Rostock leitete die Personalabteilung auf dem Fliegerhorst und musste in regelmäßigen Abständen über Beese und Schulz berichten.[78]

Ungefähr seit der Jahreswende 1942/43 wusste Willy Jesse infolge seiner Geschäftsreisen nach Berlin durch Julius Leber zumindest in groben Zügen, dass im konservativen Spektrum ein Attentat auf Hitler geplant wurde. Albert Schulz blieben die Umsturzpläne zunächst verborgen. Nach vierjähriger KZ-Haft hatten sich für Leber vielfältige konspirative Beziehungen ergeben. Dadurch war er laufend über die Absichten des für mancherlei Weltanschauungen offenen Kreisauer Kreises unterrichtet. Zudem besaß er Informationen über die nationalkonservative Widerstandsgruppe um Carl Friedrich Goerdeler. Obgleich sich viele dieser Oppositionellen allenfalls semidemokratischen Denktraditionen verpflichtet fühlten, schreckte Leber nicht vor einer Zusammenarbeit mit ihnen und anderen konservativ-elitären Kräften zurück – zur Beseitigung des nationalsozialistischen Regimes waren ihm nahezu alle Mittel recht.[79]

Im Falle eines erfolgreichen Attentats sollte Jesse eine demokratische Regierung in Mecklenburg aufbauen. Gleichzeitig kam es darauf an, eine Volksbewegung zur Abwehr eines unter den veränderten Umständen zu erwartenden SS-Putsches zu initiieren. Um nicht in Anbetracht seiner gewaltigen Verantwortung auf sich allein gestellt zu sein, weihte Jesse im Frühling 1944 drei seiner engsten Parteifreunde in die Verschwörung ein. Abgesehen von Albert Schulz waren dies Heinrich Beese und Karl Schröder, der offensichtlich trotz seiner ideologischen Eskapaden vom 1. Mai 1933 als politisch zuverlässig galt.

Nach dem missglückten Hitler-Attentat befanden sich die vier bis fünf sozialdemokratischen Mitwisser in Rostock in höchster Gefahr, zumal Julius Leber bereits einige Tage vor dem 20. Juli 1944 verhaftet worden war. Angesichts der akuten Bedrohung durch die nationalsozialistischen Machthaber erwog Jesse, unverzüglich ins Ausland zu gehen, zögerte aber mit der Umsetzung seines Vorhabens, um kein unnötiges Aufsehen zu erregen und womöglich unentdeckt zu bleiben. Für Schulz hingegen stand eine Flucht von Anfang an außer Frage, wollte er doch seine Familie nicht dem Terror der Geheimen Staatspolizei aussetzen.[80]

---

78 MVZ, 31. Oktober 1930. NL Albert Schulz: Erklärung von Albert Schulz über Heinrich Beese, 26. Februar 1958 (Abschrift).
79 Siehe Müller/Mrotzek/Köllner: Die Geschichte der SPD in Mecklenburg und Vorpommern, S. 169 ff.; Beck: Julius Leber, S. 162 ff.; Schildt: Konservatismus, S. 205 ff.
80 Siehe Stunnack: Willy Jesse, S. 24 ff.; Schulz: Erinnerungen, S. 73. Zeitzeugenbericht von Grete Beese, 23. Oktober 1999.

Der Volksgerichtshof hatte bereits zahlreiche aufständische Offiziere in Schauprozessen zum Tode verurteilt und ermorden lassen, als reichsweit die »Aktion Gewitter« anlief. Bei der unter dieser Chiffre von Hitler angeordneten Verhaftungswelle handelte es sich nur vordergründig um eine spontane Vergeltungsmaßnahme. Tatsächlich diente der Attentatsversuch als willkommener Vorwand, und die gegen Kommunisten, Sozialdemokraten und weitere dem Regime unliebsame Personen gerichtete Aktion war in Wahrheit von langer Hand geplant.[81] Am 22. August 1944 nahm sie unter der Leitung des Reichssicherheitshauptamtes ihren schlagartigen und somit überraschenden Auftakt. In den frühen Morgenstunden dieses Tages klingelte es auch bei Albert Schulz stürmisch an der Wohnungstür. Zwei Beamte der Geheimen Staatspolizei brachten ihn zu einer von SS-Leuten bewachten Schule. Anfangs saß Schulz dort ganz allein in der Aula. Erst allmählich wurden seine vor 1933 besonders exponierten Genossen der Reihe nach hereingeführt. Dazu stießen ehemalige KPD-Funktionäre, die sich ebenfalls im Visier der Gestapo befanden. Schließlich waren etwa 100 Repräsentanten der zerschlagenen Arbeiterbewegung zusammen.[82]

Ein überaus prominenter Sozialdemokrat fehlte: Willy Jesse. Schon immer trickreich, konnte er den zu seiner Verhaftung abkommandierten Gestapo-Beamten entwischen. Nach einer abenteuerlichen Flucht gelangte Jesse nach Stockholm.[83] Dort kam er bald mit Emigranten wie dem Gewerkschaftsvertreter Fritz Tarnow in Kontakt. Zudem schrieb Jesse in der schwedischen Hauptstadt trotz seiner immensen Erschöpfung einen Bericht über die politischen Verhältnisse im Deutschen Reich. Tarnow versah den dreizehnseitigen Text mit einem Vorwort und schickte ihn mit der Bitte, die Anonymität des Verfassers zu wahren, an Hans Vogel, Erich Ollenhauer und die übrigen inzwischen nach London übergesiedelten Mitglieder des SPD-Parteivorstandes.[84]

Von den Geschehnissen in Skandinavien konnte Albert Schulz in der Aula der Rostocker Schule nichts wissen. Schließlich wurden die Gefangenen unter starker Bewachung zum Bahnhof geführt, was bei der Bevölkerung von Rostock großes Aufsehen erregte. Per Zug ging es nach Güstrow, wo die Gegner des NS-Regimes in dem als Hilfskonzentrationslager genutzten Schloss untergebracht wurden. Bald nach der Ankunft bekamen die Gefangenen die Haare geschoren. Fortan mussten sie in schwarzer Einheitskleidung und Holzpantoffeln tagtäglich schwere körperliche Arbeit verrichten. Zur Freude von Schulz wurde ihm und seinen Genossen auf dem Weg zur jeweiligen Einsatzstelle von solidarischen Anwohnern bisweilen ein Frühstücksbrot zugesteckt – vor dem Hintergrund der allseits herrschenden Lebensmittelknappheit war

---

81 Schon zeitgenössisch wurde wahlweise von der »Aktion Gitter« gesprochen. Siehe Hett/Tuchel: Die Reaktionen des NS-Staates auf den Umsturzversuch vom 20. Juli 1944, S. 379 ff.
82 Siehe Schulz: Erinnerungen, S. 73 f.; Niemann: Der 20. Juli 1944, S. 35 ff.
83 Vgl. Stunnack: Willy Jesse, S. 27 f.; Schulz: Erinnerungen, S. 73 f.
84 AdsD, NL Karl Raloff, 19, Heft 11: Originalmanuskript der Erinnerungen von Karl Raloff. Die sorgfältig edierte Fassung dieses Textes spart einige der Jesse betreffenden Passagen aus. Vgl. Raloff: Ein bewegtes Leben, S. 7 ff. und 88 f. Siehe außerdem Stunnack: Willy Jesse, S. 28 ff.

dies keineswegs selbstverständlich. Ferner gab es in dem Lager einige polnische und französische Zwangsarbeiter, die hin und wieder im Besitz eines ihnen zur Reparatur überlassenen Radiogerätes waren. Sie hörten heimlich den ausländischen Rundfunk ab, so dass sie ihre Leidensgenossen über den Fortgang der alliierten Invasion an der europäischen Westküste unterrichten konnten.[85]

Wie Albert Schulz bald erleichtert feststellte, hatte die ihn in Güstrow vernehmende Geheime Staatspolizei keine Ahnung von seiner engen Verbindung zu Willy Jesse und damit zu Julius Leber. Vielmehr verwunderte es die Beamten, dass Schulz als Soldat ein gutes Zeugnis und sogar das Kriegsverdienstkreuz erhalten hatte. Mit der Zeit dürfte er als ziemlich harmlos gegolten haben. Während einer Kreisleiterbesprechung der mecklenburgischen NSDAP bezeichnete ein Funktionär aus Parchim die »Inhaftnahme der SPDisten und KPDisten« offen als einen »Schlag ins Wasser«. Im Rahmen derselben Sitzung wurde berichtet, dass Schulz konsequent auf den Hitler-Gruß verzichtete und einem zu den Nationalsozialisten übergewechselten SPD-Mitglied verboten hatte, seinen Zigarrenladen zu betreten. Diese Beobachtungen standen einer Haftentlassung allerdings nicht zwingend entgegen.[86]

Wesentlich gewichtiger war, dass Schulz bei seiner Verhaftung angeblich Widerstand mit der Waffe geleistet haben sollte. Dies hatten die beiden Gestapo-Beamten, die mit der Festsetzung des Sozialdemokraten beauftragt gewesen waren, an ihre vorgesetzte Dienststelle berichtet. In Wahrheit hatte Schulz bei der Verhaftung sein kleines Federmesser aufgeklappt und gefragt, ob dieses als Waffe gelte. Daraufhin war ihm mitgeteilt worden, er möge bei seiner bevorstehenden Einlieferung auf das Messer hinweisen. Als Emma Schulz von der offenbar aus Gründen der Profilierung frei erfundenen Geschichte der Gestapo-Beamten erfuhr, kontaktierte sie den ehemaligen sozialdemokratischen Finanzminister Hans Hennecke, der nach wie vor mit der Familie befreundet war. Auf seine Vermittlung gelang es Emma Schulz, bis zu Friedrich Hildebrandt vorzudringen. Im Verlauf dieses Gespräches konnte sie den Reichsstatthalter von dem korrekten Verhalten ihres Mannes überzeugen. Andernfalls hätte Albert Schulz eine längere Haftstrafe gedroht. Derweil fühlte sich Hildebrandt getäuscht, und gegen die beiden Gestapo-Beamten wurde auf seine Veranlassung ein Gerichtsverfahren eingeleitet. Es kam sogar so weit, dass Schulz als Zeuge fungieren sollte, obwohl er ein prominenter Sozialdemokrat war.[87]

Als die Arbeitskraft von Schulz schließlich nicht mehr länger auf dem Fliegerhorst in Warnemünde entbehrt werden konnte, wurde er wie schon viele andere vor ihm auf Antrag des zuständigen Luftwaffenkommandos im Oktober 1944 aus dem Güstrower Schloss entlassen. Die letzten Monate des Zweiten Weltkrieges verbrachte Schulz ge-

---

85 Siehe Schulz: Erinnerungen, S. 74 f.
86 MLHA, 10.9-H/8, 18 (Film 4): Protokoll einer Kreisleiterbesprechung der mecklenburgischen NSDAP, 1. September 1944 (beide Zitate ebd.). Siehe Schulz: Erinnerungen, S. 75.
87 Zeitzeugenbericht von Peter Schulz, 3. Februar 2001.

meinsam mit dem ebenfalls dienstverpflichteten Wilhelm Höcker in Klütz bei Boltenhagen an der Ostsee, wohin alle Gebührnisstellen der Region aus Sicherheitsgründen zusammengezogen worden waren.[88]

Im April 1945 erreichten die ersten amerikanischen Panzer die mecklenburgische Ostseeküste. Derweil rückte die Rote Armee von Osten aus vor. Nach der Ankunft der Amerikaner löste sich die Dienststelle von Schulz auf. Ende des Monats fiel das unlängst ergangene Verbot, den Ort zu verlassen. Aber noch kam es zu Kampfhandlungen, so dass Schulz bei seinem Versuch, sich nach Rostock durchzuschlagen, rasch scheiterte und unverrichteter Dinge nach Klütz zurückkehrte. Die Lage war unübersichtlich. Während Höcker das Rundfunkprogramm, das in diesen Tagen von sowjetischer Seite von Berlin aus gesendet wurde, unkritisch begrüßte, bewertete Schulz es als Propaganda. Er hielt sich lieber an die Sendungen, die er von den in Hamburg stationierten Briten empfangen konnte. Anlässlich dieser Frage gab es wie niemals zuvor erbitterte Auseinandersetzungen zwischen den beiden erfahrenen Politikern. In der zweiten Maihälfte ließen die sowjetischen Truppen, die nunmehr in der Höhe von Wismar standen, das von ihnen besetzte ostmecklenburgische Gebiet von ausgewählten Personen passieren. Alsbald machten sich Höcker und Schulz auf die Reise. Unterwegs nahmen ihnen Soldaten der Roten Armee an einer Straßensperre ihre mühsam organisierten Fahrräder sowie ihre Uhren und Brieftaschen ab. Im Gegenzug trieb Schulz, der vorsorglich eine größere Menge an Papiergeld in seine Jacke eingenäht hatte, ein defektes und deswegen herrenloses Fahrrad auf. Bis nach Rostock waren mehr als 50 Kilometer zu überwinden. Schließlich traf Schulz nach manch weiteren Strapazen müde, aber wohlbehalten bei seiner freudig überraschten Familie ein.[89]

---

88 Siehe Schulz: Erinnerungen, S. 75; Schumacher: M.d.R., S. 450; Lude: Wilhelm Höcker (Magisterarbeit), S. 28.
89 Siehe Schulz: Erinnerungen, S. 75 ff.

V Als Sozialdemokrat in der SED (1945/46–1949)

In den ersten beiden Nachkriegsmonaten stand Mecklenburg unter doppelter Besatzung. Während West-Mecklenburg einschließlich der Städte Wismar und Schwerin von britischen und amerikanischen Truppeneinheiten kontrolliert wurde, hielt die Rote Armee den östlichen Landesteil besetzt.[1] Diese den Frontverlauf widerspiegelnde künstliche Grenze unterbrach zahlreiche Verkehrs- und Transportwege, und allerorten herrschte Chaos. Die Versorgungslage hätte kaum schlechter sein können. Zwischen den Trümmern der zerstörten Städte stapelte sich der Müll, und in vielen Ortschaften bestand akute Seuchengefahr. Neben Raubüberfällen und Plünderungen gaben Vergewaltigungen der Zeit ihr Entsetzen hervorrufendes Gepräge.[2]

Wie Albert Schulz bald nach seiner Rückkehr durch seine Frau erfuhr, hatte sich in Rostock bereits kurz nach dem Einmarsch der Roten Armee und noch eine Woche vor dem offiziellen Kriegsende ein antifaschistisches Ordnungskomitee konstituiert. Das zumindest in formaler Hinsicht jedwede demokratische Legitimation entbehrende Gremium war keine singuläre Erscheinung, sondern besaß Vorbilder in ungezählten deutschen Städten.[3] Einen Tag nach seiner Gründung, am 3. Mai 1945, hatte es sich mit einem um Ruhe und Ordnung, aber auch um politischen Einfluss bemühten Aufruf an die Bevölkerung der Hansestadt gewandt. Fortan versuchte es, die ärgste Not der Menschen in Abstimmung mit der sowjetischen Besatzungsmacht zu lindern. Zum Leidwesen von Schulz und seiner Frau wurde das Ordnungskomitee von linientreuen Kommunisten dominiert, obwohl ihm mindestens drei Sozialdemokraten angehörten. Einer von ihnen war verhältnismäßig prominent: Martin Müller, einstmals Bevollmächtigter des Deutschen Metallarbeiter-Verbandes und Mitglied der Stadtverordnetenversammlung in Rostock. Die beiden anderen sozialdemokratischen Genossen, Wilhelm Hörning und Otto Kuphal, hatten sich bisher nicht besonders in der mecklenburgischen Arbeiterbewegung profiliert.[4]

Am 5. Mai 1945 ließ der sowjetische Stadtkommandant von Rostock, Oberst Prjadko, seinen »Befehl Nr. 1« veröffentlichen. Der gesamte nationalsozialistische Staats- und Verwaltungsapparat in der Hansestadt wurde mit sofortiger Wirkung für

---

1   Siehe Heck: Geschichte des Landtags in Mecklenburg, S. 150; Staritz: Die Gründung der DDR, S. 36 f.
2   Siehe Keipke: Die Stadt in der Nachkriegszeit, S. 253 ff.; Elsner: Rostock, S. 138 ff.
3   Siehe Niethammer/Borsdorf/Brandt: Arbeiterinitiative 1945, S. 177 ff.
4   Siehe: Unbeugsame Kraft, S. 215; Elsner: Rostock, S. 138 ff.; Schulz: Erinnerungen, S. 79 f. Vgl. Michelmann: Die Aktivisten der ersten Stunde, S. 331 ff.; Rackow: Zum Kampf um die Veränderung der Machtverhältnisse, Anhang, S. V f.

aufgelöst erklärt, und die NSDAP samt ihrer Unterorganisationen verboten. Außerdem verloren sämtliche nach dem 30. Januar 1933 erlassenen Gesetze unverzüglich ihre Gültigkeit.[5]

Zum neuen Oberbürgermeister bestimmte die Besatzungsmacht, deren Anordnungen durchweg bindenden Charakter hatten, den aus München stammenden Metallarbeiter Christoph Seitz. Der 1914 geborene Verwaltungslaie war als Soldat in sowjetische Kriegsgefangenschaft geraten und hatte sich 1943 an der Gründung des antifaschistischen Nationalkomitees »Freies Deutschland« beteiligt. Mit der Roten Armee als Frontbeauftragter des Nationalkomitees in den letzten Tagen des Zweiten Weltkrieges nach Rostock gelangt, kümmerte sich Seitz nach seinem Amtsantritt als Oberbürgermeister vornehmlich um die Beruhigung und Disziplinierung der größtenteils enthemmten Bevölkerung.[6]

Selbst angesichts manch rigoroser Entscheidungen hielt Albert Schulz den neuen Oberbürgermeister für durchaus vernünftig. Die herausgehobene Rolle, die das antifaschistische Ordnungskomitee in den ersten Nachkriegstagen spielen konnte, machte ihm dagegen zu schaffen. Als eingefleischter Sozialdemokrat störte er sich beinahe weniger am Übergewicht der kommunistischen Funktionäre in dem spontan entstandenen Gremium als am Fehlen von Politikern, die vor 1933 den Ortsvereinsvorstand der SPD gebildet hatten. Offenbar litten diese einstmals besonders aktiven Genossen unter existenziellen Sorgen oder wollten die politische Entwicklung abwarten, bevor sie ihr Engagement wieder aufleben ließen. Diese Situation war für Schulz unerträglich. Schon einen Tag nach seiner Rückkehr unternahm er einen ausgedehnten Spaziergang durch die ausgebombte Rostocker Innenstadt, sammelte Informationen und traf Vorbereitungen für die Restituierung der Sozialdemokratie.[7]

1 Der Wiederaufbau der SPD in Rostock und Mecklenburg-Vorpommern

1.1 Vom »Befehl Nr. 2« zur Konstituierung des Landesvorstandes

Von Wilhelm Hörning und Martin Müller, die als Mitglieder des antifaschistischen Ordnungskomitees ein Büro im Rathaus benutzen durften, erfuhr Schulz, dass für den Nachmittag eine Besprechung der am politischen Aufbau interessierten Kräfte geplant sei, und er beschloss, daran teilzunehmen.[8] Die Leitung dieser bereits öfter zusammen-

---

5 Siehe Bohl: Das Kriegsende in Rostock 1945, S. 257.
6 Siehe Bohl/Keipke/Schröder: Krieg und Kriegsende, S. 219 ff.; Broszat/Weber: SBZ-Handbuch, S. 1028; Schulz: Erinnerungen, S. 92 f.; Michelmann: Die Aktivisten der ersten Stunde, S. 328 mit Anm. 81.
7 Siehe Schulz: Erinnerungen, S. 79 f. und 92 f.
8 Siehe ebd., S. 80.

gekommenen Versammlung oblag dem Schriftsteller Willi Bredel. Als gelernter Eisendreher hatte er 1919 über die Arbeiterjugend und den Deutschen Metallarbeiter-Verband letztlich zur KPD gefunden. Das »Dritte Reich« überstand er als Emigrant in Moskau, wo er sich den kommunistischen Entscheidungsträgern für weiter reichende Aufträge empfehlen konnte. Im Mai 1945 gelangte Bredel als Mitglied einer aus der Sowjetunion eingeflogenen Initiativgruppe der Exil-KPD nach Rostock. Hier sollte er die Umbildung des fast gänzlich arbeitsunfähigen Verwaltungsapparates überwachen.[9]

Grundlegend für diese Aufgabe waren die »Richtlinien für die Arbeit der deutschen Antifaschisten in den von der Roten Armee besetzten deutschen Gebieten«, die Walter Ulbricht in Abstimmung mit anderen führenden Kommunisten einen Monat zuvor in Moskau aufgestellt hatte. Die umfangreichen Anweisungen sahen unter anderem die gezielte Information der Bevölkerung durch antifaschistische Zeitungen und Rundfunksendungen vor. Eine präzise Definition des im Text verwendeten Demokratiebegriffes fehlte. Unverkennbar, wenn auch nicht offen formuliert war hingegen der kommunistische Führungsanspruch. Zum Beispiel sollte dafür Sorge getragen werden, die Personalämter in den Städten und Gemeinden jeweils mit einem ideologisch absolut zuverlässigen Genossen zu besetzen. Trotz der Richtlinien und manch anderer Direktiven ließen sich handfeste Kompetenzstreitigkeiten zwischen den diversen lokalen antifaschistischen Ordnungskomitees, den Beauftragten des Nationalkomitees »Freies Deutschland« und den Initiativgruppen der Exil-KPD nie ganz vermeiden. Sämtliche Entscheidungsbefugnisse lagen jedoch letztlich bei der sowjetischen Besatzungsmacht, die über alle Pläne und Maßnahmen der deutschen Kommunisten vorab informiert werden musste und ihre Zustimmung ohne Angabe von Gründen verweigern konnte.[10]

Während der Besprechung, die wie beabsichtigt am Nachmittag in Rostock stattfand, hielt sich Albert Schulz zunächst zurück, da er einen Eindruck von den Teilnehmern und der Rollenverteilung gewinnen wollte. In Bredel erkannte er bald einen ungewöhnlich gewandten und charmanten Mann, der das auf Ende Mai oder Anfang Juni 1945 datierende Gespräch dominierte. Als sich Schulz schließlich doch zu Wort meldete, sah ihn Bredel lange an. Später bat er ihn diskret um eine gesonderte Unterredung, zu der es schon am nächsten Morgen in der sowjetischen Stadtkommandantur kam. Wie Schulz von dem kommunistischen Instrukteur, der sich inzwischen über ihn erkundigt hatte, in Erfahrung gebracht haben dürfte, stand die Wiedergründung der KPD kurz bevor. Die Partei sollte nach den Worten von Bredel keine lumpenproletarischen Züge mehr tragen. Vielmehr stände sie für alle Bevölkerungs-

---

9   Siehe Müller-Enbergs/Wielgohs/Hoffmann: Wer war wer in der DDR?, S. 109 f.; Richter: Willi Bredel, S. 130 ff.
10 Siehe Erler/Laude/Wilke: »Nach Hitler kommen wir«, S. 380 ff.; Sywottek: Deutsche Volksdemokratie, S. 183 ff.; Michelmann: Die Aktivisten der ersten Stunde, S. 69 ff.; Staritz: Die Gründung der DDR, S. 41 f.

schichten offen. Die in der Gründung befindliche KPD als Volkspartei – das wollte Schulz nicht glauben, was er dem Instrukteur mit einer ironischen Bemerkung andeutete. Doch auch andere Parteien sollten erlaubt werden, und Bredel riet, die Zulassung der SPD bei der Kommandantur zu beantragen.[11]

Einen Tag nachdem die Sowjetische Militäradministration in Deutschland ihre Konstituierung offiziell bekannt gegeben hatte, machte ihr oberster Chef, Marshall Georgij K. Shukow, am 10. Juni 1945 den Weg zur Gründung von Parteien frei. Die auf eine Zulassungsgenehmigung erpichten Organisationen mussten antifaschistischen Charakter haben und sich der »Demokratie« verpflichtet fühlen. Ferner war in dem für diesen Zusammenhang maßgeblichen, von mehreren Zeitungen veröffentlichten SMAD-Befehl Nr. 2 von »bürgerlichen Freiheiten« die Rede, ohne dass diese je nach ideologischem Standpunkt unterschiedlich interpretierbaren Begriffe mit Inhalt gefüllt worden wären.[12]

Die erste Partei, die sich in der Sowjetischen Besatzungszone formierte, war die KPD. Ihr am 13. Juni 1945 publizierter Gründungsaufruf wich in mehreren entscheidenden Punkten von den bisher geläufigen kommunistischen Positionen ab. Ebenso wie manch anderer Politiker deutete Albert Schulz den um Differenzierung bemühten Text als groß angelegtes Täuschungsmanöver, zweifelte dessen Wahrheitsgehalt jedoch nicht von vornherein vollständig an. Trotz der vergleichsweise konstruktiven Unterredung mit Bredel konnte Schulz allerdings kaum glauben, dass die Kommunisten gedachten, »die Sache der bürgerlich-demokratischen Umbildung, die 1848 begonnen wurde, zu Ende zu führen«, und es angesichts der gegenwärtigen Entwicklungsbedingungen für falsch hielten, »Deutschland das Sowjetsystem aufzuzwingen«. Desgleichen musste es die begründete Skepsis eines vor 1933 aktiven Sozialdemokraten hervorrufen, wenn es obendrein in dem kommunistischen Aufruf hieß, die KPD wolle die Wiederaufrichtung der kommunalen Selbstverwaltung und des Länderparlamentarismus betreiben sowie für die völlig »ungehinderte Entfaltung des freien Handels und der privaten Unternehmerinitiative auf der Grundlage des Privateigentums« sorgen.[13]

Es dauerte nicht lange, bis die Sozialdemokraten in der SBZ ihrerseits mit einem Gründungsaufruf an die Öffentlichkeit traten. Zu den Urhebern des ab dem 15. Juni 1945 verbreiteten Textes gehörten Max Fechner, Erich W. Gniffke und Otto Grote-

---

11 Vgl. Schulz: Erinnerungen, S. 80 f. Vermutlich irrt Schulz mit der Aussage, die KPD hätte am Tag der Unterredung schon bestanden und auch die anderen Parteien seien bereits zugelassen gewesen. Gestützt wird diese Annahme nicht zuletzt durch einen zeitgenössischen Lebenslauf von Wilhelm Höcker, wonach der mit Schulz gemeinsam reisende Sozialdemokrat bereits am 7. Juni 1945 nach Güstrow zurückgekehrt ist. SAPMO-BArch, NY 4090, 303, Bl. 19: Lebenslauf von Wilhelm Höcker, 22. Juni 1945.

12 Der SMAD-Befehl vom 10. Juni 1945 ist vollständig abgedruckt bei Weber: DDR, S. 31 f. (beide Zitate ebd.). Siehe Foitzik: Sowjetische Militäradministration in Deutschland, besonders S. 16 f.

13 Siehe Erler/Laude/Wilke: »Nach Hitler kommen wir«, S. 120 ff. und 390 ff. (alle Zitate ebd.); Sywottek: Deutsche Volksdemokratie, S. 200 ff.; Staritz: Die Gründung der DDR, S. 79 ff.; Schulz: Erinnerungen, S. 81 f.

wohl, die sich zusammen mit einigen anderen in Berlin lebenden Genossen als deutschlandweit anzuerkennender Zentralausschuss der SPD betrachteten. Dabei hatte keiner der drei Politiker jemals zur Führungsspitze der Sozialdemokratie gerechnet. Kaum anderes galt für Kurt Schumacher, der nach fast zehnjähriger Gefängnis- und KZ-Haft die Wiedergründung der SPD vom britisch besetzten Hannover aus betrieb. Auch er besaß kein formelles Mandat seiner Partei. In weltanschaulicher Hinsicht gab es derweil unüberbrückbare Differenzen zwischen den beiden parallel und unabhängig voneinander entstandenen sozialdemokratischen Gruppierungen. Denn der Zentralausschuss bekannte sich in seinem Gründungsaufruf zur »organisatorischen Einheit der deutschen Arbeiterklasse«[14]. Selbst ein Programmentwurf für dieses Ansinnen war schon im Umlauf. Für Schumacher befand es sich indessen außerhalb des politisch Vorstellbaren, mit den Kommunisten auch nur zu kooperieren. Wegen seiner schroffen Ablehnung einer Einheitspartei genoss er die Unterstützung und das Wohlwollen von Hans Vogel, Erich Ollenhauer und den übrigen Mitgliedern des SPD-Exilvorstandes in London. Der rechtmäßig gewählte Parteivorsitzende Otto Wels war 1939 in Paris gestorben.[15]

Otto Grotewohl und seine Genossen propagierten nicht bloß die Einheit der Arbeiterschaft, sondern zeigten sich in ihrem Gründungsaufruf auch sonst wesentlich radikaler als die KPD. Im Ganzen stand ein durchaus facettenreiches Programm zur Diskussion. Sein inhaltlicher Kern ließ sich mit der Formel »Demokratie in Staat und Gemeinde, Sozialismus in Wirtschaft und Gesellschaft!« zusammenfassen. Ferner brachte der programmatische Text zum Ausdruck, wie stark die Mitglieder des Zentralausschusses durch die Machtübernahme der Nationalsozialisten erschüttert worden waren. Auch wenn das mit den Geschehnissen am 30. Januar 1933 besiegelte, größtenteils ohnmächtige Scheitern der SPD im Kampf gegen Hitler keineswegs hinreichend mit der Spaltung der Arbeiterbewegung erklärt werden konnte, existierte die in sozialdemokratischen Kreisen recht weit verbreitete Tendenz, die angestrebte Einheitspartei als wirksamen Schutz vor einer erneuten Gewaltherrschaft zu idealisieren.[16]

Obwohl das Zentralkomitee der KPD schon häufiger gefordert hatte, die Lehren aus der Spaltung der Arbeiterbewegung zu ziehen, mochten Wilhelm Pieck, Walter Ulbricht und die anderen maßgeblichen deutschen Kommunisten die vom SPD-Zentralausschuss ausgestreckte »Bruderhand«[17] zum gegenwärtigen Zeitpunkt nicht annehmen. Welche Gründe die KPD zu ihrer Haltung bewogen, konnten die Sozialdemokraten in der SBZ bloß vermuten. Später stellte sich heraus, dass Pieck von Jossif

---

14 Als Faksimile abgedruckt bei Krusch: Irrweg oder Alternative, S. 18.
15 Siehe Moraw: Die Parole der »Einheit« und die Sozialdemokratie, S. 82 ff.; Klotzbach: Der Weg zur Staatspartei, S. 42 ff.
16 Krusch: Irrweg oder Alternative, S. 18 (alle Zitate ebd.). Siehe Staritz: Die Gründung der DDR, S. 87; Moraw: Die Parole der »Einheit« und die Sozialdemokratie, S. 91 f.
17 Krusch: Irrweg oder Alternative, S. 18.

Kapitel V • Als Sozialdemokrat in der SED (1945/46–1949)

Stalin in den ersten Junitagen 1945 auf diese Linie eingeschworen worden war, weil der sowjetische Diktator das Entstehen einer »Mischmasch-Partei« verhindern wollte.[18]

Vorerst gab es jedoch in Mecklenburg und Vorpommern kaum valide Informationen über die politischen Entwicklungen in Berlin. Der SMAD-Befehl über die Zulassung von Parteien war allerdings zumindest in den größeren Städten bekannt. Anders verhielt es sich mit dem Gründungsaufruf des Zentralausschusses, der anfänglich nur eine schleppende Verbreitung erlebte. Die Sozialdemokratie besaß noch kein eigenes Presseorgan, und die Berichterstattung in den anderen, in der Regel von der KPD kontrollierten Blättern setzte erst mit mehrtägiger Verspätung ein.[19]

Gänzlich ignoriert wurde das Thema indes nicht. Sogleich nachdem Albert Schulz durch die Lektüre der von den Kommunisten herausgegebenen Deutschen Volkszeitung von der Existenz des SPD-Zentralausschusses erfahren hatte, schrieb er unter dem Datum des 22. Juni 1945 an den ihm nur flüchtig bekannten Gustav Dahrendorf, der sich in Berlin für den Wiederaufbau der Sozialdemokratie engagierte. Zeitlebens sensibel für innerparteiliche Hierarchien, begründete Schulz die von ihm ergriffene Initiative mit der Abwesenheit des früheren SPD-Bezirkssekretärs Willy Jesse und erbat sich möglichst präzise Angaben über den Stand der Parteiorganisation in Mecklenburg. Außerdem wollte Schulz von Dahrendorf wissen, ob Julius Leber, wie der britische Rundfunk gemeldet habe, von den Nationalsozialisten ermordet worden sei. Den angesichts der miserablen Post- und Verkehrsverhältnisse schwierigen Transport des Briefes organisierte Willi Bredel. Er dürfte gemäß der kommunistischen Strategie ein begrenztes Interesse an der Wiedergründung der SPD besessen haben und sorgte bereitwillig, aber vielleicht mit mutwilligen Verzögerungen für die Übermittlung des gegnerischen Schreibens nach Berlin, wo es am 9. Juli einging. Also musste Schulz die gewünschten Informationen vorerst entbehren. Seine Vorbereitungen zur Gründung der SPD in Rostock trieb er derweil zielstrebig und mit großer Energie voran.[20]

Weil Albert Schulz zu den erfahrensten Politikern in Mecklenburg zählte, kam er zwischenzeitlich für ein Amt in der zu konstituierenden Landesverwaltung ins Gespräch. Der Abzug der westalliierten Truppen aus Schwerin und Umgebung stand bevor und Gustav Sobottka ließ als Leiter der KPD-Initiativgruppe im östlichen Mecklenburg erörtern, welche Personen des öffentlichen Lebens für administrative Führungsaufgaben geeignet sein könnten. Dabei rangierte der Nachweis eines antifaschistischen Leumunds als Auswahlkriterium neben Erfahrungen auf verwaltungspoliti-

---

18 Siehe Kaiser: Sowjetischer Einfluß auf die ostdeutsche Politik und Verwaltung, S. 115. Das Stalin-Zitat geht auf einen Erinnerungsbericht von Anton Ackermann zurück. Siehe zudem Weber: Geschichte der DDR, S. 42 f.
19 MLHA, 10.32-1, 1 und 2, diverse Blätter. Siehe Weber: Geschichte der DDR, S. 43, Anm. 81.
20 Privatarchiv Frank Moraw: Albert Schulz an Gustav Dahrendorf, 22. Juni 1945. Siehe Moraw: Die Parole der »Einheit« und die Sozialdemokratie, S. 106 f. Moraw hat den Brief für seine Dissertation aus dem Nachlass von Gustav Dahrendorf kopiert. Dort ist das Schreiben jedoch nicht mehr aufzufinden. Schriftliche Auskunft von Ralf Dahrendorf, 12. Juni und 2. September 2001.

schem Gebiet an erster Stelle. Hinzu kam das Bemühen um eine pluralistische Außenwirkung. Landespräsident sollte deshalb Wilhelm Höcker werden. Der frühere Amtshauptmann diente als Identifikationsfigur für die im Vergleich zur KPD wesentlich stärkere mecklenburgische Sozialdemokratie. Auch ein Repräsentant des bürgerlichen Lagers wurde berücksichtigt, ohne jedoch zu großem Einfluss zu gelangen.[21]

Doch Schulz verhielt sich reserviert. Er hegte unverändert starke Vorbehalte gegenüber der kommunistischen Ideologie. Als Sobottka zu sondierenden Gesprächen in Rostock weilte, bat er auch Schulz zu sich ins Rathaus:

> »Nach den üblichen einleitenden Fragen spürte Sobottka offenbar rasch, daß ich ein stolzer Sozialdemokrat und nicht bereit war, ein Erfüllungsgehilfe der Kommunisten zu werden. Nachdem ich ihm auf seine Fragen über meine Meinung zu einer Bodenreform und zur Wiedervereinigung der Arbeiterparteien geantwortet hatte, war die Unterredung beendet. Ich wußte, ich war durchgefallen.«[22]

Obwohl ein Eintritt in die Landesverwaltung aus finanziellen Gründen durchaus verlockend gewesen wäre, blieb Schulz seiner politischen Überzeugung treu. Zwar hatte er seit dem Ende des Zweiten Weltkrieges kein regelmäßiges Einkommen, aber diese prekäre Situation schien bei seiner mittelfristigen Lebensplanung nur eine untergeordnete Rolle zu spielen. Wichtiger war ihm der Wiederaufbau der Sozialdemokratie, wodurch ein Gegengewicht zu den umtriebigen Kommunisten geschaffen werden sollte.

Getreu einer von den Alliierten getroffenen Vereinbarung zogen sich die britischen und amerikanischen Truppen bis zum 5. Juli 1945 aus den von ihnen bloß übergangsweise verwalteten Gebieten im Westen der Sowjetischen Besatzungszone zurück. Am gleichen Tag rückten die Mitglieder der unter der Ägide von Gustav Sobottka konzipierten Landesverwaltung zusammen mit der Roten Armee in Schwerin ein. Kurz zuvor war Wilhelm Höcker von der SMAD schriftlich mit der Bildung einer Administration beauftragt worden. Dass ein prominenter Sozialdemokrat an der Spitze des Verwaltungsapparates stand, konnte kaum darüber hinwegtäuschen, dass sich die Kommunisten bei der Ämterverteilung beträchtliche Entscheidungsbefugnisse gesichert hatten. Neben dem Innenressort, zuständig für das Personal- und Polizeiwesen, lagen das Justizressort und die nicht minder wichtige Abteilung für Kultur und Volksbildung in den Händen von linientreuen KPD-Politikern. Angesichts dieser personellen Konstellation bewegten sich die Chancen für eine Demokratisierung pluralistischer Prägung von vornherein in engen Grenzen.[23]

---

21 MLHA, 10.31-1, 9, Bl. 1 f.: »Kurzes Protokoll über die Besprechung am 27. Juni 1945«. Siehe Melis: Entnazifizierung in Mecklenburg-Vorpommern, S. 19 ff. und 51 ff.
22 Schulz: Erinnerungen, S. 87.
23 Siehe Heck: Geschichte des Landtags in Mecklenburg, S. 150 ff.; Wieden: Die mecklenburgischen Regierungen und Minister, S. 30 ff.

Kapitel V · Als Sozialdemokrat in der SED (1945/46–1949)

Mitentscheidend, wenngleich nicht ausschlaggebend für das künftige politische Geschehen waren die Reaktionsformen, mit denen die führenden Sozialdemokraten der von der KPD ausgeübten Vorherrschaft zu begegnen suchten. Generell konnte sich das Verhalten der einzelnen sozialdemokratischen Politiker im Spannungsfeld zwischen prinzipienloser Anpassung und kategorischer Standhaftigkeit bewegen. Letzteres schloss ein, sich selbst unter den neuen Gegebenheiten niemals von den Kommunisten vereinnahmen zu lassen und konsequent auf berufliche oder sonstige persönliche und materielle Vorteile zu verzichten. Es gab aber noch eine andere Option. Für sie entschieden sich Otto Grotewohl und die meisten übrigen im Zentralausschuss tätigen Genossen, die sich eine enge Kooperation mit der KPD aus ehrlicher Überzeugung wünschten.

Als der immer noch in schwedischer Emigration lebende Willy Jesse von Höckers Berufung zum Präsidenten der neuen Landesverwaltung für Mecklenburg und Vorpommern erfuhr, informierte er den sozialdemokratischen Exilvorstand in London begeistert über diese Personalentscheidung. Albert Schulz wusste hingegen, mit welch unkritischem Enthusiasmus der nunmehr wieder in großer Verantwortung stehende Höcker das bei Kriegsende ausgestrahlte Programm des sowjetischen Militärsenders kommentiert hatte. Vor diesem Hintergrund mochte Schulz insgeheim befürchten, dass sich sein Parteifreund als höchst konfliktscheuer und anpassungsbereiter Landespräsident erweisen könnte. Die grundsätzliche Eignung des einstigen Amtshauptmanns Höcker für die in vielfältiger Form anstehenden Verwaltungsaufgaben dürfte indes auch Schulz nicht in Zweifel gezogen haben.[24]

Ohne Kontakt zum SPD-Zentralausschuss und erwartungsgemäß nicht in die Landesverwaltung berufen, konnte sich Albert Schulz in den ersten Julitagen 1945 auch weiterhin mit ganzer Kraft dem Wiederaufbau der Sozialdemokratie widmen. Außer mit Willi Bredel führte Schulz in Rostock informelle Gespräche mit den leitenden Offizieren der sowjetischen Stadtkommandantur, dem Oberbürgermeister Christoph Seitz und mit Josef Schares, der seit etwa zwei Wochen als kommissarischer Vorsitzender der örtlichen KPD fungierte. Wie sich in der jüngsten Vergangenheit wiederholt gezeigt hatte, waren die Kommunisten den sozialdemokratischen Genossen, was die Schaffung einer Parteiorganisation anbetraf, einige wesentliche Schritte voraus. Schließlich ließ es die sowjetische Kommandantur kaum an wohlwollender Unterstützung für die KPD mangeln.[25]

Sogar eine öffentliche Kundgebung hatten Willi Bredel und Josef Schares bereits abhalten dürfen. Auf dieser Großveranstaltung, die am 19. Juni 1945 im Ufa-Palast von Rostock stattfand, gab es mit Martin Müller und einem ehemaligen DVP-Mit-

---

24 AdsD, Emigration/Sopade, 58: Willy Jesse an Hans Vogel und Erich Ollenhauer, 30. Juli 1945. Siehe auch die zutreffende Analyse von Melis: Entnazifizierung in Mecklenburg-Vorpommern, S. 54 f.
25 MLHA, 10.31-1, 35, Bl. 10 ff.: Bericht über den Aufbau der KPD-Parteiorganisation in Rostock, gez. Willi Bredel, 2. Juli 1945. Siehe ferner Sieber: Josef Schares, S. 50.

glied zwei Redner, die nicht der KPD angehörten. Die Hauptreferate blieben allerdings den Kommunisten vorbehalten. Dass auf der KPD-Kundgebung auch ein Sozialdemokrat sprach, mag Albert Schulz und manch weiteren seiner Genossen missfallen haben. Aber immerhin bekam Müller die unmittelbar nach dem Zweiten Weltkrieg überaus seltene Gelegenheit, vor größerem Publikum aufzutreten, und konnte dabei womöglich für sozialdemokratische Positionen werben.[26]

So leicht wie die Kommunisten hatte es Albert Schulz bei der von ihm angestrebten Parteigründung nicht. Als er zusammen mit einigen Genossen und einem Dolmetscher die sowjetische Stadtkommandantur aufsuchte, um eine Genehmigung für eine Versammlung von sozialdemokratischen Vertrauensleuten zu erwirken, stieß er zunächst auf scharfe Ablehnung. Nur mit Mühe konnte Schulz seine Gesprächspartner schließlich umstimmen. An der somit doch noch gestatteten Zusammenkunft, die der Nominierung eines Vorstandes und der Verabschiedung eines Statuts dienen sollte, durften nach dem Willen der Besatzungsmacht jedoch keinesfalls mehr als 40 Personen teilnehmen; bloß wenige Tage zuvor war den Kommunisten ein doppelt so großes Treffen erlaubt worden.

Ein weiteres Problem stellte die Frage nach dem Ort für die ebenfalls bereits geplante öffentliche Gründungsversammlung der SPD dar. Für den stets auf die politische Außenwirkung seines Handelns bedachten Schulz bestand nicht der geringste Zweifel, dass die feierliche Wiedergründung der Partei an der »alten Traditionsstätte« der Sozialdemokratie, also im Gewerkschaftshaus »Philharmonie« vollzogen werden müsse. Die in der Kommandantur für diese Angelegenheit zuständigen Offiziere gaben sich nach außen hin indifferent, schienen jedoch in Wahrheit die von Schulz gewünschte Lösung verhindern zu wollen. Statt von ihrer Befehlsgewalt kurzerhand Gebrauch zu machen, verwiesen sie die Sozialdemokraten an den Oberbürgermeister, der nach eigenem Ermessen beurteilen sollte, ob das nach den verheerenden Bombenangriffen im Jahr 1942 behelfsmäßig zum Stadttheater umgebaute Gewerkschaftshaus als Versammlungsort freigegeben werden könne.[27]

Der nach dem Eindruck von Schulz von der sowjetischen Kommandantur instruierte Oberbürgermeister verhielt sich zwar ausgesprochen zuvorkommend, dem Wunsch der Sozialdemokraten mochte Christoph Seitz allerdings nicht entsprechen. Unterstützung für seine Argumentation bekam er von seinem zwielichtigen Berater, dem angeblichen Juristen Wilhelm Spreche, der im Mai 1945 plötzlich in Rostock aufgetaucht war, ohne dass sich Näheres über sein Vorleben in Erfahrung bringen ließ. Durch die Unterredung mit Seitz erfuhr die Wiedergründung der SPD eine abermalige Verzögerung, denn der Oberbürgermeister schlug letztlich vor, den Theaterdirektor zu befragen und ihm die Freigabe des Gewerkschaftshauses anheim zu stellen. Aber auch Johannes Sem-

---

26 MLHA, 10.31-1, 35, Bl. 14: Aufstellung von Willi Bredel über die am 19. Juni 1945 gehaltenen Referate, undatiert. Vgl.: Geschichte der Landesparteiorganisation der SED Mecklenburg, S. 84 f.
27 Siehe Schulz: Erinnerungen, S. 82 f. (Zitat ebd.).

per, der das Rostocker Stadttheater erst seit einigen Wochen leitete, schien bereits über das Anliegen der Sozialdemokraten unterrichtet worden zu sein und sah sich wegen vermeintlich dringender Proben außerstande, den Theatersaal wenigstens für einen Sonntagvormittag zu entbehren. Für Schulz war jedoch klar: Der Aufbau der Sozialdemokratie durfte nicht an der Lokalfrage scheitern.

Manchem Genossen standen die Tränen in den Augen, als die von der sowjetischen Besatzungsmacht genehmigte Versammlung der sozialdemokratischen Vertrauensleute in der ersten Julihälfte 1945 zusammenkam. Albert Schulz wurde zum Vorsitzenden der somit auch in Rostock gegründeten SPD gewählt. Unter den Teilnehmern befand sich vermutlich kaum jemand, der sich nicht vor 1933 in der Sozialdemokratie als Funktionär engagiert hatte. Auf diese Weise knüpfte die Ortsgruppe zumindest in personeller Hinsicht an ihre durch die NS-Herrschaft jäh unterbrochene Tradition an. Selbst angesichts der von Grund auf veränderten politischen Situation konnte von einer Neugründung der Partei keine Rede sein.[28]

Das aller Wahrscheinlichkeit nach während der Versammlung der Vertrauensleute verabschiedete Statut der SPD in Rostock datierte auf den 5. Juli 1945 und trug unverkennbar die politische Handschrift von Albert Schulz. Abgesehen von unbedingter Organisationsverbundenheit hatte der Gedanke der Parteidisziplin einen hohen Stellenwert. Die Ortsgruppe verortete sich »als Glied einer sobald als möglich für ganz Deutschland aufzubauenden einheitlichen Sozialdemokratischen Partei« und postulierte die »Schaffung einer antifaschistischen, demokratisch-parlamentarischen Republik«. Für diese Zielvorstellung, die sich notwendigerweise mit dem »Kampf gegen die Überreste des Hitlerregimes« verbinden musste, waren Schulz und seine Genossen bereit, mit sämtlichen gleich gesinnten Parteien und sonstigen Organisationen vertrauensvoll zusammenzuarbeiten. Eine Kooperation mit den Kommunisten, wie sie der SPD-Zentralausschuss anstrebte, kam für die meisten Funktionäre der Rostocker Sozialdemokratie allerdings unter keinen Umständen in Frage. Zudem umfasste das Statut eine Regelung, die zwar die Kompetenzen des Ortsvereins bei weitem überstieg, aber gleichzeitig den althergebrachten Souveränitätsanspruch der SPD in Rostock unterstrich. Der von Schulz geführte Vorstand sollte die Geschäfte eines Bezirksvorstandes ersatzweise wahrnehmen, und zwar so lange, bis sich die Einberufung eines Parteitages trotz der chaotischen Verkehrsverhältnisse und manch administrativer Barrieren ermöglichen lassen würde.[29]

Obwohl Albert Schulz kein Sympathisant der KPD war, trat er am 7. Juli 1945 auf einer Kundgebung der Kommunisten als Redner auf. Die Veranstaltung fand in War-

---

28 Siehe ebd., S. 82 f. und 93 f. Dass die Versammlung der Vertrauensleute im Gewerkschaftshaus stattfand, wie Schulz berichtet, ist vor dem Hintergrund der skizzierten Vorgeschichte kaum glaubhaft.
29 MLHA, 10.32-1, 2, Bl. 22: Statut der Ortsgruppe Rostock der Sozialdemokratischen Partei Deutschlands, 5. Juli 1945 (alle Zitate ebd.).

nemünde statt und wurde von fast 2.000 Personen besucht. Nach der Einschätzung von Willi Bredel, der das Hauptreferat hielt, konnte die Versammlung als »[s]ehr guter Erfolg« gelten. Was Schulz sagte und welche Rolle die KPD ihm zugedacht hatte, notierte der kommunistische Instrukteur in seinem für Gustav Sobottka bestimmten Tätigkeitsbericht nicht. Offenbar ging es – wie schon einige Wochen zuvor in Rostock – um die Bekräftigung der von der KPD propagierten Blockpolitik. Der Antifaschismus, den die Kommunisten zur Begründung ihres Vorgehens anführten, war nach den Erfahrungen im »Dritten Reich« weithin konsensfähig und ermöglichte parteiübergreifende Allianzen, die vor 1933 undenkbar gewesen wären. Selbst so überzeugte und langjährige Sozialdemokraten wie Schulz oder auch Martin Müller schienen ihre ideologischen Vorbehalte zurückzustellen, wenn dadurch die Eliminierung des Nationalsozialismus vorangetrieben werden konnte. Letztlich blieb die inhaltliche Ausprägung des von der KPD zur Maxime jeglichen politischen Handels erhobenen Antifaschismus jedoch diffus, was Schulz als erfahrener Politiker erkannt haben dürfte. Aber die besondere Situation erforderte Kompromisse, zumal es in Mecklenburg noch keine regionalen sozialdemokratischen Zeitungen gab. Durch den Auftritt in Warnemünde bot sich Schulz vergleichbar mit der Rede von Müller in Rostock die Chance, öffentliche Aufmerksamkeit zu erzielen und dem Propagandamonopol der Kommunisten entgegenzuwirken.[30]

Am 13. Juli 1945 informierte Albert Schulz die sowjetische Stadtkommandantur und den Oberbürgermeister von Rostock über die konstituierende Versammlung des sozialdemokratischen Ortsvereins, wobei er auch die Zusammensetzung des Vorstandes bekannt gab. Etliche Mitglieder hatten dem Leitungsgremium oder einem der untergeordneten Fachausschüsse bereits in der Weimarer Republik angehört. Zu ihnen rechnete Alfred Starosson, der als Stellvertreter von Schulz fungierte. Die Kassenführung übernahm Carl Kröger. Er war der Sohn des 1932 verstorbenen langjährigen SPD-Bezirkssekretärs und verfügte als gelernter Handlungsgehilfe über das notwendige Wissen für seine neue Aufgabe. Mit Schulz verband ihn eine Vielzahl von beruflichen und generationellen Erfahrungen. So hatte sich Kröger nach Zeiten auf der Neptunwerft wie Schulz im Reichsbanner Schwarz-Rot-Gold engagiert und als Abteilungsleiter bei der Allgemeinen Ortskrankenkasse und schließlich auf dem Fliegerhorst in Warnemünde gearbeitet. Die Schriftführung oblag dem ehemaligen Stadtverordneten Walter Schultz. Unter den Beisitzern befand sich mit Franz Ballerstaedt erstmals ein Akademiker. Abgesehen von dem früheren Geschäftsführer der Mecklenburgischen Volks-Zeitung, Karl Schröder, dem Agrarfunktionär Paul Harder und Hans Weimar, der schon 1920 im Ortsvereinsvorstand gesessen hatte, zählten auch die meisten der weiteren Vorstandsmitglieder, etwa Martin Müller, zu der um 1930 innerparteilich endgültig etablierten Generation von Albert Schulz. Ebenso wie der als

---

30 MLHA, 10.31-1, 35, Bl. 4 f.: Tätigkeitsbericht von Willi Bredel für die Zeit vom 7. bis zum 15. Juli 1945, datiert auf den 16. Juli 1945.

Einziger in einem ausgesprochen bürgerlichen Stadtviertel wohnende Ballerstaedt etwas jünger war die 1908 geborene Grete Beese. Ihr Mann Heinrich, einst SAJ-Bezirksvorsitzender, weilte in amerikanischer Kriegsgefangenschaft. Daher schied er vorerst zwangsläufig für ein Vorstandsamt aus.[31]

Die öffentliche Gründungsversammlung der SPD in Rostock kam am 15. Juli 1945 wie von der Stadtkommandantur vorgeschrieben nicht im Gewerkschaftshaus »Philharmonie«, sondern im Ufa-Palast zusammen. Bevor die überfüllte Veranstaltung eröffnet werden konnte, musste die städtische Feuerwehr mit Scheinwerfern für eine angemessene Beleuchtung sorgen; die reguläre Stromversorgung von Rostock war seit mehreren Tagen weit gehend unterbrochen. Für die Begrüßung und die Leitung der als Kundgebung durchgeführten Versammlung zeichnete Alfred Starosson verantwortlich. Auf seine Initiative gedachten die Anwesenden zuerst der Opfer des Nationalsozialismus. Nach einem feierlichen Musikstück folgte ein Grundsatzreferat. Es trug den Titel »Vom Dritten Reich zum Volksstaat« und wurde unter großem Beifall von Albert Schulz gehalten. Als Gastredner hatten die Sozialdemokraten den KPD-Vorsitzenden Josef Schares verpflichtet. Zudem sprach der Gewerkschafter Bruno Pahl, der vor 1933 in Mecklenburg als Landessekretär des Zentralverbandes der Angestellten tätig gewesen war.[32]

Dass sich der in der Sowjetunion ideologisch geschulte Willi Bredel zu Wort melden konnte, hatten Schulz und die übrigen sozialdemokratischen Funktionäre zu verhindern gewusst. Zugereiste durften nach ihren Vorgaben in der Gründungsversammlung, die einige Offiziere der Besatzungsmacht aufmerksam verfolgten, generell keinen Redebeitrag leisten. Entsprechend ärgerlich war Bredel, als sich der gelernte Installateur Schares seiner Aufgabe nicht gewachsen zeigte. In einem Brief an Gustav Sobottka kritisierte Bredel ferner die in Rostock im Vergleich zu Warnemünde äußerst miserable Ernährungslage, die auf die Misswirtschaft der Stadtkommandantur zurückzuführen sei. Zudem leide das Ansehen der Besatzungsmacht unter den willkürlichen Enteignungen und zahlreichen Vergewaltigungen, die sich mehrere Angehörige der Roten Armee zu Schulden kommen lassen hatten:

»Wie beispielsweise die Stimmung der Werktätigen in Rostock ist, konnte man gestern bei der 1. Kundgebung der Sozialdemokratie im Ufa-Palast sehen. Sie war überfüllt, hunderte mussten umkehren. Der Referent Albert Schulz sprach ausge-

---

31 AHR, 2.1.0., 34: Albert Schulz an den Herrn Oberbürgermeister, 13. Juli 1945. MLHA, 6.11-1, 331: Personalfragebogen von Carl Kröger, 30. März 1949, mit anliegendem Lebenslauf, datiert auf den 1. April 1949. Zu Hans Weimar siehe: AHR, 2.1.0., 619: Stadtverordneten-Ausweis für Hans Weimar, 25. Juni 1947, sowie: MVZ, 17. April 1920. Zu Grete und Heinrich Beese siehe: Dokumentations- und Gedenkstätte des BStU, Rostock: Erinnerungsbericht von Grete Beese, 11. Januar 2000.
32 Siehe Schulz: Erinnerungen, S. 83. Volkszeitung, 27. Juli 1945. Zu Pahl siehe: VPLA, Rep. 296a, Personalakte Bruno Pahl, 690, Bl. 3: Lebenslauf von Bruno Pahl, 10. März 1947.

zeichnet und höchst demagogisch, er vermied alles, den Anwesenden ernste Wahrheiten zu sagen, sondern sagte das, was sie hören wollten. Als unser Genosse Schares als Gast davon sprach, es gelte als erste Aufgabe die Ernte einzubringen, fragten etliche: Werden die Russen sie uns nicht abnehmen? Als Schares erwiderte: Nein, niemals, das kommt gar nicht in Frage! Da gab es in der Versammlung ein schallendes Gelächter. Leider hat Schares in dieser Versammlung versagt und ist nicht geschickt genug den sozialdemokratischen Routiniers zur Seite getreten.«[33]

Lediglich vier Tage nach der Gründungsversammlung folgten Albert Schulz und seine Genossen dem Beispiel des SPD-Zentralausschusses und bildeten zusammen mit den örtlichen Kommunisten eine parteiübergreifende Arbeitsgemeinschaft. Im Gegensatz zu der genau einen Monat zuvor in Berlin getroffenen Vereinbarung zielte das am 19. Juli 1945 in Rostock geschlossene Bündnis jedoch nicht auf die Schaffung einer wie auch immer gearteten Einheitspartei der Arbeiterschaft. Vielmehr enthielt die im Großraum der Hansestadt verbreitete Erklärung einen Passus, den Schulz durchgesetzt hatte, um den Bestrebungen des Zentralausschusses eine deutliche Absage zu erteilen. Der gemeinsame Arbeitsausschuss sollte demnach die Politik der beiden Parteien zwar wirkungsvoller und durchschlagender gestalten, aber weder die organisatorische Selbständigkeit der SPD noch die der Kommunisten berühren. Einträchtige Versammlungen, gegenseitige Unterstützung und freundschaftliche Kontakte der Mitglieder waren allerdings ebenso erwünscht wie ein spannungsfreies Verhältnis zu der im Aufbau begriffenen Gewerkschaftsbewegung. Ansonsten forderte der programmatische Text einmal mehr die Beseitigung der Nationalsozialisten und Kriegsverbrecher aus allen Zweigen des öffentlichen Lebens sowie die Demokratisierung der Verwaltung, die nach dem Willen von Schulz ausdrücklich auf demokratisch-parlamentarischer Basis zu erfolgen hatte.[34]

Seit der öffentlichen Gründungsversammlung sah sich die SPD in Rostock mit einer Reihe von zusätzlichen organisatorischen Problemen konfrontiert. Viele der Versammlungsteilnehmer wollten der in der Weimarer Republik stets mehr als 3.000 Mitglieder zählenden Ortsgruppe beitreten. Dem Wunsch der sowjetischen Stadtkommandantur, auf keinen Fall frühere NSDAP-Angehörige in die Partei aufzunehmen, entsprachen die Sozialdemokraten aus eigener Überzeugung. Für die Überprüfung der Beitrittswilligen benötigten sie jedoch vor allem Büroräume; die Genehmigung für den Druck von Aufnahmeformularen hatten sie mit einiger Verzögerung erhalten.[35] Als Albert Schulz die Offiziere der Roten Armee bat, der SPD das ehemalige

---

33 MLHA, 10.31-1, 35, Bl. 6 ff.: Willi Bredel an Gustav [Sobottka], 16. Juli 1945.
34 MLHA, 10.33, 1, Bl. 8: Gründungsdokument des in Rostock vereinbarten Arbeitsausschusses, 19. Juli 1945. Deutsche Volkszeitung, 20. Juni 1945. Siehe Schulz: Erinnerungen, S. 90 f.; Staritz: Die Gründung der DDR, S. 89 f.
35 AHR, 2.1.0., 34: SPD, Ortsgruppe Rostock, gez. Albert Schulz, an den Herrn Oberbürgermeister der Stadt Rostock, 27. Juli 1945.

Kapitel V • Als Sozialdemokrat in der SED (1945/46–1949)

Parteisekretariat in der Kröpeliner-Tor-Vorstadt zu überlassen, stieß er auf Ablehnung. Das Gebäude war im Zweiten Weltkrieg stark in Mitleidenschaft gezogen worden, so dass die Besatzungsmacht mit einigem Recht behaupten konnte, die Räumlichkeiten seien nicht repräsentativ genug. Tatsächlich dürfte dieses Argument aber nur vorgeschoben gewesen sein, denn die Kommandantur hatte schon bei der Frage nach dem Ort für die Gründungsversammlung erfolgreich versucht, die von Schulz und seinen Genossen angestrebte Pflege von sozialdemokratischen Traditionen zu hintertreiben. Da die Sozialdemokraten weder Schwäche zeigen noch die Räumung der von den sowjetischen Offizieren ins Spiel gebrachten und teilweise bewohnten Ersatzgebäude in Kauf nehmen wollten, quartierten sie sich notdürftig in einer leeren Baracke auf dem Gelände der Chirurgischen Klinik von Rostock ein. Von dort aus erledigten sie die vordringlichsten Arbeiten.[36]

Unterdessen dürfte der am 12. Juli 1945 verfasste Antwortbrief von Gustav Dahrendorf in Rostock eingetroffen sein. Wie sich zeigte, hatte Albert Schulz die technischen Möglichkeiten des SPD-Zentralausschusses beträchtlich überschätzt. Ausgedehnte Erkundungsreisen durch die SBZ konnten Dahrendorf und die weiteren ZA-Mitglieder erst ab September 1945 unternehmen, da die kommunistischen Funktionäre von der sowjetischen Besatzungsmacht bei der Fahrzeug- und Benzinzuteilung bevorzugt wurden. Bis dahin drangen lediglich spärliche, von einzelnen Kurieren sporadisch überbrachte Nachrichten bis nach Berlin durch.[37] Folglich stützte sich Dahrendorf auf Vermutungen, wenn er annahm, dass mittlerweile wenigstens bruchstückhaftes Informationsmaterial bis nach Mecklenburg gelangt sei, wodurch sich die Anfrage von Schulz erledigt habe. Für den alsbald zu besetzenden Posten des Bezirkssekretärs schwebte Dahrendorf ein »lebendiger aktiver Genosse« vor. Indem er Schulz bat, einen Ersatzkandidaten für den bedauerlicherweise noch immer in Schweden weilenden »Walter Jesse« zu benennen, untermauerte Dahrendorf die Führungsrolle, die sich der SPD-Zentralausschuss eigenmächtig zugedacht hatte. Auf die Idee, den tatkräftigen Schulz mit der Leitung des Bezirks zu betrauen, kam Dahrendorf offensichtlich nicht. Dabei nahm Schulz diese Aufgabe im Einklang mit dem Statut seiner Ortsgruppe bereits seit längerem provisorisch wahr.[38]

So hatte Albert Schulz in den vergangenen Tagen ein Merkblatt entworfen und im Rahmen seiner Möglichkeiten verschicken lassen. Von Rostock aus ging es in verschiedene Städte und Dörfer in Mecklenburg und Vorpommern. Kurz zuvor war den Sozialdemokraten ihr traditionelles Parteigebäude in der Kröpeliner-Tor-Vorstadt überlassen worden. Bis es dazu kam, hatte namentlich Schulz intensive Diskussionen

---

36 Siehe Schulz: Erinnerungen, S. 83 f.
37 Siehe Gniffke: Jahre mit Ulbricht, S. 75 ff.; Bouvier: Antifaschistische Zusammenarbeit, Selbständigkeitsanspruch und Vereinigungstendenz, S. 441.
38 Privatarchiv Frank Moraw: Gustav Dahrendorf an Albert Schulz, 12. Juli 1945 (beide Zitate ebd.). Siehe Moraw: Die Parole der »Einheit« und die Sozialdemokratie, S. 106 f.

mit den sowjetischen Offizieren geführt.[39] Das unter den gegebenen Umständen nur mit Mühe verbreitete Rundschreiben erläuterte allen interessierten Personen, was bei der Gründung einer SPD-Ortsgruppe zu beachten war. Erwartungsgemäß sollte der Wiederaufbau der Partei »möglichst rasch erfolgen«, und der provisorische Bezirksvorstand um Schulz versprach weit reichende Unterstützung, jedenfalls soweit es die Verhältnisse erlaubten.[40]

Ähnlich wie die KPD und der noch recht lose freie Gewerkschaftsbund, der in Rostock seit einigen Wochen unter der Leitung von Martin Müller und des 1920 von der SPD zu den Kommunisten übergetretenen Hans Mahncke bestand[41], musste Albert Schulz der sowjetischen Kommandantur kontinuierlich Rechenschaft über die Tätigkeit der von ihm geführten politischen Organisation ablegen. Sowohl Müller als auch der bereits im Mai 1945 zum Direktor des städtischen Arbeitsamtes ernannte Mahncke hatten dem antifaschistischen Ordnungskomitee angehört. Nach der von den Exilkommunisten zur Vermeidung von ideologischen Debatten forcierten Auflösung des Gremiums waren sie mit Ämtern in der Stadtverwaltung versorgt worden.[42] Demgegenüber konnte Schulz keine besonders ausgeprägten Kontakte zu den Behörden vorweisen. Entsprechend harsch reagierte Oberbürgermeister Christoph Seitz, als Schulz einmal seiner Berichtspflicht nicht genügte. Dabei mag von Bedeutung gewesen sein, dass Seitz die von der SPD abzugebenden Statistiken und Erläuterungen zügig an die Stadtkommandantur weiterleiten musste.[43]

Schulz war durch eine Reise von einer fristgerechten Beantwortung der vorgelegten Fragen abgehalten worden und bat den Oberbürgermeister nach seiner Rückkehr um Verständnis. Zudem gab er die gewünschten Informationen. Die sozialdemokratische Ortsgruppe in Rostock existierte nach der Ansicht von Schulz bisher lediglich als »Gerippe«. Nachdem die Kommandantur die Genehmigung für den Druck von Aufnahmescheinen erteilt hatte, war die Produktion der benötigten Formulare durch die anhaltend schlechte Stromversorgung abermals verzögert worden. Immerhin konnte Schulz die täglich zunehmende Zahl derjenigen, die der SPD beitreten wollten, mit rund 1.500 Personen angeben, wobei infolge der fehlenden Aufnahmescheine vorerst offen bleiben musste, wie viele dieser Leute schon vor 1933 zur Partei gezählt hatten. Auch der Aufbau einer sozialdemokratischen Kreisorganisation steckte noch in den

---

39 Siehe Schulz: Erinnerungen, S. 85.
40 MLHA, 10.32-1, 2, Bl. 8 ff.: Merkblatt für die Gründung von Ortsgruppen der SPD, 21. Juli 1945 (Zitat ebd.).
41 Siehe Brunner: Sozialdemokraten im FDGB, S. 68 f. Siehe Schwabe: Landtagswahl in Mecklenburg-Vorpommern 1946, S. 101.
42 Siehe Michelmann: Die Aktivisten der ersten Stunde, S. 329 mit Anm. 85; Schneider: Renaissance und Zerstörung der kommunalen Selbstverwaltung in der sowjetischen Besatzungszone, S. 466.
43 AHR, 2.1.0., 7: Oberbürgermeister Christoph Seitz an den Vorsitzenden der SPD, Albert Schulz, 24. und 27. Juli 1945. Ein ähnlicher Brief, allerdings kein Erinnerungsschreiben ging an die KPD beziehungsweise den Gewerkschaftsbund.

Anfängen, weil Schulz und seine Genossen eine Erlaubnis brauchten, um die nähere Umgebung der Hansestadt mit dem Fahrrad abzufahren.[44]

Es kam häufiger vor, dass die Tätigkeitsberichte, die Schulz allwöchentlich direkt an die Stadtkommandantur oder über den Oberbürgermeister abzuliefern hatte, nach dem Dafürhalten der Besatzungsmacht zu kurz und vor allen Dingen zu wenig aussagekräftig waren. Anstatt den sowjetischen Offizieren tiefere Einblicke in das Parteileben zu gewähren oder sogar über gewiss hin und wieder vorhandene ideologische Streitigkeiten in der Sozialdemokratie zu informieren, wusste sich Schulz anderweitig zu helfen. Er verfasste möglichst sinnvoll wirkende Aufhänger und verknüpfte sie in seinen Berichten mit umfänglichen Artikeln aus dem zentralen SPD-Organ »Das Volk«, das seit der zweiten Juliwoche erscheinen durfte. Aber ein derart ausweichendes und zugleich couragiertes Verhalten

> »gefiel den Russen auch nicht. Sie wollten genaue Protokolle der Sitzungen und Besprechungen haben. Ich wusste wohl warum. Sie wollten bei den Sozialdemokraten die Schafe von den Böcken scheiden können. Den Gefallen tat ich ihnen nicht, selbst auf die Gefahr hin, dass mich die Russen für beschränkt hielten. Der höchste russische Polit-Offizier in Rostock, Oberstleutnant Kiritschenk[o,] rannte einmal in der Kommandantur erregt bei einer Besprechung an seinen Panzerschrank, holte das Protokollbuch ihres Partei-Aktivs heraus und liess es mir von dem Dolmetscher als Muster auf Deutsch vorlesen. Er hat mein Protokoll aus guten Gründen nie so bekommen, wie er es sich wünschte.«[45]

Die gegenüber dem Oberbürgermeister als Entschuldigung für den unlängst fehlenden Bericht genannte Reise führte Albert Schulz nach Schwerin, wo die erste Zusammenkunft der bisher in Mecklenburg und Vorpommern gewählten SPD-Ortsvereinsvorsitzenden stattfand. Zweck der Besprechung war die ordnungsgemäße Konstituierung eines sozialdemokratischen Bezirksvorstandes. Schon am 4. Juli 1945, einen Tag vor der Niederschrift des Rostocker Statuts, hatten der langjährige Fraktionsvorsitzende Carl Moltmann und der vormalige Unterbezirkssekretär Xaver Karl die Zulassung einer Landesparteiorganisation bei der erst notdürftig bestehenden Stadtkommandantur in Schwerin beantragt. Eine offizielle Antwort war zu diesem frühen Zeitpunkt nicht ergangen. Allerdings kristallisierte sich heraus, dass die mittlerweile für Mecklenburg und Vorpommern gegründete Sowjetische Militäradministration einen doppelten Traditionsbruch von den Sozialdemokraten erwartete. Weder wollte sie die ursprüngliche

---

44 AHR, 2.1.0., 34: SPD, Ortsgruppe Rostock, gez. Albert Schulz, an den Herrn Oberbürgermeister der Stadt Rostock, 27. Juli 1945 (Zitat ebd.). Das Blatt mit den statistischen Angaben, das diesem Antwortschreiben vermutlich beilag, ließ sich nur als Kopie im Nachlass von Albert Schulz auffinden.
45 Schulz: Erinnerungen (Typoskript), S. 85.

Bezirksgliederung wiederhergestellt sehen, noch sollte der stattdessen zu bildende Landesvorstand seinen Sitz in Rostock, also in einer ausgesprochenen SPD-Hochburg haben. An der letzteren Frage entzündete sich eine heftige Auseinandersetzung zwischen Schulz und Karl. Wie Schulz von Karl, der neuerdings das Arbeitsamt in Schwerin leitete[46], kurz vor der Zusammenkunft der Ortsvereinsvorsitzenden erfuhr, bestand in Parteikreisen die Absicht, die Führung der Sozialdemokratie an ihn zu übertragen. Doch Schulz lehnte ab. Selbst die von Karl ersatzweise angebotene etwas flexiblere, weil womöglich eher ortsunabhängige Funktion eines Generalsekretärs konnte ihn nicht locken. Karriereinteressen waren in diesem Zusammenhang wenigstens zweitrangig, denn Schulz verzichtete freiwillig auf ein bedeutendes Amt, durch das er beträchtlichen Einfluss auf die Entwicklung der Landespartei bekommen hätte:

»Wenn ich es ablehnte, als Landesvorsitzender oder Generalsekretär nach Schwerin zu gehen, so waren für mich in erster Linie politische Gründe maßgebend. Rostock war Industriestadt, Schwerin Beamtenstadt. Rostock hatte nicht nur die größte, sondern auch die schlagkräftigste Parteiorganisation im Lande. In Rostock war ich seit Jahrzehnten der Arbeiterschaft und besonders ihren Funktionären bekannt und vertraut. Für den vor uns stehenden politischen Kampf war Rostock für mich ein tragfähiger Boden, Schwerin nicht.«[47]

Trotzdem wurde Schulz in einem offenbar von einigen Ortsvereinsvorsitzenden entworfenen Schreiben vom 27. Juli 1945 als Landesvorsitzender der SPD in Mecklenburg und Vorpommern geführt. Den stellvertretenden Vorsitz sollte Moltmann bekleiden, und als Sitz des Gremiums war Schwerin vorgesehen. Ob der an diesem Tag nach Rostock zurückgekehrte Schulz die Vorstandsliste in dieser Form kannte, ist fraglich, denn sie enthielt eine Reihe von Fehlinformationen, die er hätte korrigieren können. Äußerst detaillierte Kenntnisse lagen nur über den in Wismar aktiven Sozialdemokraten Karl Moritz vor, aber auch die biographischen Angaben über Schulz, Moltmann und Xaver Karl waren recht genau.

Folglich könnte das dubiose Schreiben von Moritz oder Karl initiiert worden sein. Deren enger Parteifreund Moltmann mag davon gewusst haben, führte aber inzwischen wieder das mecklenburgische Landesarbeitsamt[48], wurde also beruflich stark in Anspruch genommen, weshalb er kein sonderliches Interesse am SPD-Vorsitz zu haben schien. Andernfalls wäre eine erfolgreiche Kandidatur für Moltmann ein Leichtes gewesen, da er zusammen mit dem nicht zur Verfügung stehenden Schulz zu den profiliertesten der in Vorschlag gebrachten Vorstandsmitglieder zählte. Weil Moltmann jedoch offenbar andere Prioritäten setzte, war es in Anbetracht der potenziellen Mit-

---

46 Siehe Schwabe: Landtagswahl in Mecklenburg-Vorpommern 1946, S. 92 f.
47 Schulz: Erinnerungen, S. 86.
48 Siehe Schwabe: Landtagswahl in Mecklenburg-Vorpommern 1946, S. 102.

Kapitel V • Als Sozialdemokrat in der SED (1945/46–1949)

bewerber nur folgerichtig, einen mindestens genauso zugkräftigen Kandidaten für den Landesvorsitz zu benennen. Die Gründe, warum der im Vorwege von Karl massiv bedrängte Schulz möglicherweise trotz seiner Absage vor vollendete Tatsachen gestellt werden sollte, blieben allerdings ebenso im Dunkeln wie die Diskussionen, die zu dieser Entscheidung geführt haben dürften.[49]

Beinahe genauso wichtig wie die Schaffung eines Landesvorstandes war die Gründung einer sozialdemokratischen Zeitung. Das von der KPD für Mecklenburg und Vorpommern herausgegebene Organ adaptierte als »Volkszeitung« nicht nur die Bezeichnung des 1933 verbotenen Traditionsblattes der Sozialdemokratie, sondern erschien überdies bereits in dritter Ausgabe. Zur Realisierung des von den SPD-Ortsvereinsvorsitzenden in Schwerin besprochenen Projektes musste die Genehmigung der Besatzungsmacht eingeholt werden. Deshalb hatte Schulz noch vor seiner Abreise nach Rostock einen entsprechenden Antrag bei der für das Landesgebiet zuständigen Sowjetischen Militäradministration gestellt. Immerhin wollte er die Chefredaktion des notgedrungen als »Mecklenburgische Volksstimme« angemeldeten Parteiblattes übernehmen.

Was die redaktionelle Tendenz des SPD-Organs anbetraf, fehlte es dem von Schulz verfassten Antragstext nicht an Deutlichkeit. So versprachen die Sozialdemokraten, sich vorrangig für die wahrheitsgetreue und vorurteilsfreie Information der durch die nationalsozialistische Propaganda verblendeten Deutschen einzusetzen. Besondere Aufmerksamkeit widmete Schulz der im »Dritten Reich« sozialisierten Jugend, die von den Vorteilen einer pluralistischen Demokratie überzeugt werden müsse. Dabei mochte die Rede von der »Usurpation des Reiches durch Hitler«, den »vertierten Nazibestien« und der von ihnen entfesselten »Weltpest« die benötigte Zustimmung der Besatzungsmacht erheischen. Gleichzeitig waren diese von ehrlichem Entsetzen geprägten Formulierungen jedoch dazu angetan, die Bevölkerung von ihrer Verantwortung für den Aufstieg des Nationalsozialismus zu exkulpieren, da Schulz die Bedeutung von individuellen Taten und Versäumnissen nicht deutlich genug zur Sprache brachte.[50]

Als Schulz eines Mittags in Rostock die Nachricht erhielt, der ehemalige preußische Finanzminister Hermann Lüdemann wolle ihn sprechen, glaubte er zunächst an einen Aufschneider, der sich den prominenten Namen mit Hilfe der chaotischen Verhältnisse zu Nutze machen wollte. Lange währten seine Zweifel jedoch nicht. Denn obwohl Schulz den 1880 in Lübeck geborenen, aber dann in Berlin, Lüneburg und Breslau täti-

---

49 MLHA, 10.32-1, 1, Bl. 31: »An die Sowjetische Russische Administration«, 27. Juli 1945. Das Schreiben trägt den handschriftlichen Zusatz »Entwurf«, weist aber zugleich einen Postausgangsvermerk auf. Vgl.: MLHA, 10.32-1, 3, Bl. 371 ff.: [Xaver Karl] an die Sozialistische Einheitspartei Deutschlands – Zentralvorstand –, z. Hd. des Genossen Gniffke, 15. Februar 1947, sowie die Rekonstruktion in der Einleitung von Malycha: Auf dem Weg zur SED, S. XXXII.

50 MLHA, 10.32-1, 2, Bl. 33 ff.: Sozialdemokratische Partei Deutschlands, Bezirk Mecklenburg, an die Sowjetische Militärische Administration für das Land Mecklenburg, 26. Juli 1945 (alle Zitate ebd.).

gen Sozialdemokraten nur aus Zeitungsberichten kannte, war er sich bald sicher, dass es sich bei dem zu ihm durchgedrungenen, ausgemergelten Mann um keinen Schwindler handelte. Kaum jemand sonst hätte derart viele SPD-Interna aus der Weimarer Republik mitzuteilen gewusst. Der 1932 im Zuge des »Preußenschlages« als Oberpräsident von Niederschlesien abgesetzte Lüdemann hatte die letzten Jahre im KZ Sachsenhausen verbracht, und Schulz war von seinem standhaften Genossen angetan, weshalb er ihn nach Kräften förderte. So gelang es ihm, Lüdemann mit dem bisher nicht im SPD-Landesvorstand vorgesehenen Amt eines Geschäftsführers zu versorgen.[51]

Die von Xaver Karl oder anderen Sozialdemokraten nach dem Treffen der Ortsvereinsvorsitzenden in Schwerin eingereichte Vorstandsliste war inzwischen von der Sowjetischen Militäradministration zurückgewiesen worden. Zwar hatte die SPD die Vorgaben der Besatzungsmacht berücksichtigt und keine Bezirks-, sondern eine Landesorganisation mit Sitz in Schwerin genehmigen lassen wollen, aber offensichtlich stieß eine politisch ungleich wichtigere Entscheidung auf scharfen Widerspruch: Der fest in der Sozialdemokratie verankerte Albert Schulz durfte den von ihm ohnehin abgelehnten SPD-Parteivorsitz nicht wahrnehmen. Infolgedessen war eine Überarbeitung der Vorschlagsliste unumgänglich. Die Leitung des Gremiums oblag nun Carl Moltmann; sein Stellvertreter wurde Karl. Der bei der SMAM in Misskredit stehende Schulz fungierte als Beisitzer, ohne vielleicht jemals von seiner Deklassierung erfahren zu haben.[52]

Bis die SPD in Mecklenburg-Vorpommern, wie das Land neuerdings offiziell hieß[53], eine Genehmigung für die abermals an die Militäradministration übersandte Vorstandsliste erhielt, vergingen mehrere Wochen. Derweil existierte die von der SMAM in mannigfacher Form begünstigte Landesleitung der KPD bereits seit knapp drei Monaten. Letztlich konnte der von Rostock nach Schwerin übergesiedelte Hermann Lüdemann erst unter dem Datum des 17. August 1945 per Rundschreiben über die Konstituierung des sozialdemokratischen Landesvorstandes informieren. Diesmal hatte der für Zivilangelegenheiten zuständige sowjetische Offizier die von der SPD vorgeschlagene Zusammensetzung des Leitungsgremiums nicht kritisiert.[54]

---

51 Siehe Schulz: Erinnerungen, S. 84 ff. AdsD, NL Hermann Lüdemann, Mappe III: Hermann Lüdemann an Ernst Hamburger, 18. März 1947. Siehe ferner Lubowitz: Hermann Lüdemann, S. 296 f.
52 MLHA, 10.32-1, 2, Bl. 42: »An den Chef der Sowjetischen Militärischen Administration des Landes Mecklenburg«, August 1945. Schulz erwähnt zwar die Probleme mit der SMAM, nicht aber seine Deklassierung, was merkwürdig ist, da sie seine berechtigte Kritik an der Besatzungsmacht zusätzlich gestützt hätte. Siehe Schulz: Erinnerungen, S. 86.
53 Siehe Wieden: Die mecklenburgischen Regierungen und Minister, S. 30 f.
54 MLHA, 10.32-1, 1, Bl. 32: Rundschreiben Nr. 1 des SPD-Landesvorstandes in Mecklenburg-Pommern, gez. Hermann Lüdemann, 17. August 1945. Die von der Sowjetischen Militäradministration gewünschte und präzisere Bezeichnung »Vorpommern« setzte sich erst nach und nach durch.

1.2 Probleme während der Festigung der Parteistrukturen

Um den Organisationsvorsprung der Kommunisten einzuholen, gab Hermann Lüdemann allein bis Ende August 1945 mindestens acht weitere parteiinterne Rundschreiben heraus. Ihre Themenpalette war vielfältig. Sie reichte von der Aufforderung zur unermüdlichen politischen Agitation über neuerliche Hinweise für die Gründung von sozialdemokratischen Ortsgruppen und gestrenge Regeln für die Überprüfung von potenziellen Mitgliedern bis zu detaillierten Vorgaben für die von den Ortsvereinsvorsitzenden regelmäßig an den SPD-Landesvorstand abzugebenden Tätigkeitsberichte.[55]

Außerdem nahmen die Verhaltensregeln, die der SPD-Landesvorstand im Umgang mit den Kommunisten und den übrigen Parteien für wünschenswert hielt, großen Raum in den Rundschreiben ein. Grundsätzlich für eine den sozialen und materiellen Neuaufbau vorantreibende Zusammenarbeit offen, legte Lüdemann gesteigerten Wert auf die Frage, wie die örtlichen antifaschistischen Arbeitsgemeinschaften zustande kommen sollten. Die Mitglieder der einzelnen Ausschüsse durften nach der Ansicht des SPD-Landesvorstandes keinesfalls in gemeinsamen Versammlungen gewählt, sondern mussten von jeder Partei selbstständig bestimmt werden.[56]

Unterdessen war in Rostock die nunmehr dritte Sitzung des gemeinsamen Arbeitsausschusses von KPD und SPD zusammengekommen. Obwohl das Bündnis aus Sicht der KPD-Führung vor allem die Schwächung der Sozialdemokratie bezweckte, gab es in der Hansestadt durchaus Ansätze zu einer sachorientierten und fruchtbaren Zusammenarbeit der beiden Parteien. Dabei lief die SPD eingedenk ihrer vor 1933 undenkbaren Kooperationsbereitschaft permanent Gefahr, ihre ideologische Glaubwürdigkeit zu verlieren. Immerhin konnten Albert Schulz und seine Genossen gegenüber den Kommunisten durchsetzen, dass die alternierende Leitung der Arbeitsausschussbesprechungen künftig ausnahmslos bei dem jeweiligen Parteivorsitzenden liegen sollte. Damit schied der gewiefte Kommunist Spreche zur Erleichterung der Sozialdemokraten als Versammlungsleiter aus. Wie bei dem Treffen außerdem verabredet wurde, sollten Schulz und der KPD-Vorsitzende Josef Schares den Oberbürgermeister in einem persönlichen Gespräch ersuchen, die Bildung einer vorläufigen Bürgervertretung unter Einschluss von Warnemünde zu gestatten. Von den insgesamt 33 Mitgliedern wollten die KPD und SPD je elf benennen. Die Auswahl der übrigen Personen blieb dem Oberbürgermeister vorbehalten. Überdies verfassten die Teilnehmer der Besprechung ein Schreiben, das an die Landesverwaltung gerichtet war und in

---

55 MLHA, 10.32-1, 1, Bl. 32 ff.: Rundschreiben Nr. 1 bis 8 und Nr. 10 des SPD-Landesvorstandes in Mecklenburg-Pommern, gez. Hermann Lüdemann, 17. bis 31. August 1945.
56 MLHA, 10.32-1, 1, Bl. 34 und 41: Rundschreiben Nr. 3 und 10 des SPD-Landesvorstandes in Mecklenburg-Pommern, gez. Hermann Lüdemann, 20. und 30. August 1945. Siehe auch Staritz: Die Gründung der DDR, S. 99 f.

deutlichen Worten gegen die von der Roten Armee kompromisslos beanspruchten Reparationsleistungen protestierte.[57]

Fünf Tage später, am 14. August 1945, nahm Albert Schulz an einer auf Betreiben der sowjetischen Stadtkommandantur einberufenen Besprechung im Vorzimmer des Oberbürgermeisters teil. Abgesehen von Christoph Seitz und Wilhelm Spreche waren auf Seiten der städtischen Verwaltung noch mehrere andere Personen zugegen, unter anderem der Sozialdemokrat Otto Kuphal, der auf Vorschlag des KPD-Instrukteurs Willi Bredel mittlerweile als Bürgermeister fungierte, nachdem der bisherige Amtsinhaber, das ehemalige DNVP-Mitglied Heinrich Heydemann, von der SMAM nach kurzer Tätigkeit in der Landesverwaltung verhaftet worden war. Bredel hielt Kuphal vor einen repräsentativen Mann. Überdies schien er wegen seiner Affinität zu den Kommunisten für das Bürgermeisteramt geeignet zu sein.[58] Unabhängig davon verfügte die KPD über eine deutliche Mehrheit während der Sitzung. Wie zwei sowjetische Offiziere den Anwesenden mitteilten, sollte in Rostock auf Anordnung der Militärverwaltung eine »staatlich organisierte antifaschistische Jugendorganisation« gegründet werden. Gedacht wurde nicht an eine Parteigliederung, sondern an eine vom Kultur- und Volksbildungsamt der Hansestadt koordinierte Bewegung. Hierbei stand das langfristige Ziel, die Jugendlichen nach sowjetischem Muster zu »guten Demokraten« zu erziehen, im Vordergrund der Bemühungen. Alle übrigen Organisationen, die sich im gewerkschaftlichen Bereich oder in Sportvereinen jungen Leuten widmeten, wurden von der Besatzungsmacht mit sofortiger Wirkung verboten.[59]

Lediglich einige Wochen vor dem von Schulz kaum zu beeinflussenden Treffen im Rathaus hatte sich sein mittlerweile fünfzehnjähriger Sohn Peter gemeinsam mit einigen Freunden bemüht, eine der Sozialdemokratie verpflichtete Jugendorganisation zu gründen. Als Vorbild diente ihm die SAJ, deren Geschichte und Tätigkeit er aus den Erzählungen seiner Eltern kannte. Doch angesichts des sowjetischen Monopolanspruches war dieses Vorhaben von Beginn an zum Scheitern verurteilt. Zu mehr als zu losen Zusammenkünften und ausgedehnten Wanderungen kam es nicht. Immerhin lernte Peter Schulz, der sich überdies phasenweise in der Schülerselbstverwaltung des von ihm besuchten Realgymnasiums engagierte, in jener Zeit Sonja Planeth näher kennen. Das nur um wenige Monate ältere Mädchen nahm an den von ihm organisierten Ausflügen und Besprechungen teil und stammte aus einer sozialdemokratischen Familie.

---

57 MLHA, 10.33, 1, Bl. 10 f.: Niederschrift über die dritte Sitzung des gemeinsamen Arbeitsausschusses von KPD und SPD am 9. August 1945.
58 MLHA, 10.31-1, 35, Bl. 10 ff.: Bericht über den Aufbau der KPD-Parteiorganisation in Rostock, gez. Willi Bredel, 2. Juli 1945. Siehe Schulz: Erinnerungen, S. 87; Michelmann: Die Aktivisten der ersten Stunde, S. 329, Anm. 82; Melis: Entnazifizierung in Mecklenburg-Vorpommern, S. 65, Anm. 212.
59 AHR, 2.1.0., 34: Niederschrift über die Besprechung am 14. August 1945 im Vorzimmer des Oberbürgermeisters (beide Zitate ebd.). Vgl. Rackow: Die Grundlagen der Kommunalpolitik der Stadt Rostock, S. 157.

Kapitel V • Als Sozialdemokrat in der SED (1945/46–1949)

Nach dem im Sommer 1945 ergangenen Verbot der in Konkurrenz zu dem Antifaschistischen Jugendkomitee stehenden Organisationen entschloss sich der enttäuschte, weil an der Umsetzung seines Planes gehinderte Peter Schulz schließlich, der Freien Deutschen Jugend beizutreten. Diese systemstabilisierende Massenorganisation ging aus dem von der Militärkommandantur in Rostock unterstützten Jugendkomitee hervor. Obwohl Peter Schulz die Redlichkeit der FDJ genauso wie viele andere Sozialdemokraten seines Alters ernsthaft bezweifelte, ließ er sich alsbald in den Kreisvorstand wählen. Denn solchermaßen konnte der Einfluss der Kommunisten auf die Jugendorganisation zwar keineswegs gebrochen, möglicherweise aber wenigstens unterminiert werden. Jedenfalls hing Peter Schulz dieser Vorstellung an. Dabei wusste er sich mit seinen gleichaltrigen Freunden verbunden. Aber die von Peter Schulz in der FDJ geleistete Vorstandsarbeit hatte weder besonders große Erfolge aufzuweisen, noch war sie von langer Dauer. Zu starke Wirkung entfalteten die undemokratischen Verhaltensmuster der in dem Leitungsgremium aktiven Kommunisten, so dass Peter Schulz rasch keine Perspektive mehr für sein Engagement sah und sein Amt infolgedessen aus freien Stücken niederlegte.[60]

Ähnlich lange wie die Parteizulassung zog sich für die SPD in Rostock die Beschaffung von Möbeln und Büromaterial hin. Selbst ein sowjetischer Hauptmann hatte sich bereits über das ärmliche Erscheinungsbild des Parteibüros mokiert. Vor allen Dingen mangelte es den Sozialdemokraten an Schreibtischen, Rollschränken, Schreibmaschinen und Stühlen. Auch wenn die Bemühungen der städtischen Beschaffungsstelle anfänglich bloß von geringem Erfolg gekrönt waren, schien die Behörde sichtlich um eine Verbesserung der Ausstattung bemüht zu sein.[61]

Stärker ins Gewicht fiel die von der sowjetischen Stadtkommandantur kaum getarnte, prinzipielle Verzögerungstaktik, die sich nicht wesentlich von dem Vorgehen in anderen Orten oder dem Verhalten der SMAM unterschied. In aller Regel mussten Albert Schulz und seine Genossen mehrmals bei der Besatzungsmacht vorstellig werden, um eine Genehmigung für eine politische Initiative zu erhalten:

»Besonders erschwerend war, daß jede Veröffentlichung von uns der vorherigen Genehmigung durch die Kommandantur bedurfte. Jede Versammlung, die wir in Rostock oder im Lande abhalten wollten, mußte zunächst von der Kommandantur genehmigt werden. Jedesmal mußte ein schriftlicher Antrag vorgelegt werden. Er wurde niemals sofort genehmigt. Es hieß dann, morgen oder übermorgen wiederkommen. Wenn man entsprechend der Weisung wiederkam, hieß es sehr oft, der betreffende Offizier sei nicht anwesend. So lief man oft tagelang, um die Ge-

---

60 Siehe Schulz: Eine Jugend unter Ulbricht, S. 5 und 12. Zur Gründungsgeschichte der FDJ siehe Mählert: Die Freie Deutsche Jugend, S. 55 ff.
61 AHR, 2.1.0., 36: SPD, Ortsgruppe Rostock, gez. [Walter] Schultz, an die Hauptverwaltung, Abt. Beschaffungsstelle, 24. August 1945.

nehmigung zu bekommen. Hatte man sie endlich, gebrauchte aber Handzettel, dann waren auch diese nach der gleichen Methode genehmigungspflichtig. Die Genehmigung einer Versammlung und gleichzeitig die Genehmigung des Druckes von Einladungen gab es grundsätzlich nicht. Alles schön nacheinander. Wir waren überzeugt, ohne es beweisen zu können, daß die KPD nicht diese Schwierigkeiten hatte.«[62]

Sollten die sozialdemokratischen Veranstaltungen im weiteren Umkreis von Rostock angekündigt werden, setzten sich die Schikanen fort:

»Oft machten dann die Ortskommandanturen der kleinen Orte trotz der Genehmigung der Rostocker Kreiskommandantur Schwierigkeiten. Das Schlimmste dabei wa[r] die Unmöglichkeit der Verständigung mit den Russen. In Rostock waren Dolmetscher – wenn auch manchmal sehr schlechte – auf der Kommandantur, in den kleinen Orten natürlich nicht.«[63]

Überdies gerieten die Sozialdemokraten im gemeinsamen Arbeitsausschuss zunehmend gegenüber der KPD in die Defensive. Als das Gremium kurzfristig für den 1. September 1945 einberufen wurde, um es auf Anweisung der sowjetischen Kommandantur auch in Rostock um die inzwischen gegründete CDU zu erweitern, protestierte Albert Schulz während der Zusammenkunft: »Ich habe eine Bitte. Ich gehe nicht gerne in Sitzungen, wenn ich unvorbereitet bin über das, was mich erwartet, dazu gehört eine innere Stellungnahme. Ich möchte bitten, daß uns das in Zukunft vorher mitgeteilt wird. Ich habe geglaubt, es handele sich um eine Sitzung des Arbeitsausschusses.«[64] Dennoch hatte Schulz keine Einwände gegen einen antifaschistischen Block mit der CDU, zumal diese in der Hansestadt von dem nach 1933 im liberaldemokratischen Widerstand aktiven Fabrikantensohn Siegfried Witte[65] geleitet wurde.

Bei der sich anschließenden Debatte über die von der zentralen Einheitsfront für die SBZ in Angriff genommene Frage einer Bodenreform mahnte Schulz indessen zur Besonnenheit. Auf jeden Fall wollte er verhindern, dass falsche, unerfüllbare Hoffnungen geweckt würden oder sich manche Landarbeiter sogar zu gewalttätigen Ausschreitungen hinreißen ließen: »Wir, die wir seit 30 Jahren auf dem Lande in Mecklenburg herumstrolchen, wir wissen ja, daß man ihnen nur zu sagen braucht, ihr könnt Land

---

62 Schulz: Erinnerungen, S. 88.
63 Ebd.
64 VPLA, Rep. 290, 12, Bl. 14 ff.: Protokoll über die Sitzung des antifaschistischen Blocks am 1. September 1945 (Abschrift mit Auslassungen).
65 Siehe Wieden: Die mecklenburgischen Regierungen und Minister, S. 98 f.

kriegen, und sie sind immer begeistert.«⁶⁶ Dementsprechend setzte Schulz im Gegensatz zu den Kommunisten auf eine allgemeinverbindliche gesetzliche Lösung, die von der Landesverwaltung mit der angemessenen Sorgfalt erarbeitet werden sollte. Trotz dieser gegensätzlichen Auffassungen verabschiedete der antifaschistische Block in der gleichen Sitzung eine Entschließung, die mit der Zustimmung von SPD und CDU eine möglichst prompte Bodenreform in Aussicht stellte. Unklar blieb, welche Gutsbesitzer enteignet werden sollten und ob mit einer Entschädigung gerechnet werden konnte.⁶⁷

Als das von Albert Schulz vor mehr als einem Monat bei der Sowjetischen Militäradministration beantragte SPD-Organ »Volksstimme« am 7. September 1945 in erster Ausgabe erschien, war auf der Titelseite der Zeitung die von der Landesverwaltung eilig erlassene »Verordnung über die Bodenreform im Lande Mecklenburg-Vorpommern« zu lesen. Eine programmatische Erklärung der Redaktion fand sich erst im Innenteil des Blattes. Die SMAM hatte die von Schulz gewünschte Einsetzung als Chefredakteur nicht gestattet, und die »Volksstimme« war notdürftig in einem kleinen Betrieb in Wismar produziert worden. Trotz dieser beträchtlichen Schwierigkeiten sprach das Editorial im Zusammenhang mit der Besatzungsmacht bloß von manchen »Unebenheiten«, die es zu überwinden gelte.⁶⁸

Von der sowjetischen Besatzungsmacht weder als SPD-Landesvorsitzender noch als Chefredakteur der Parteizeitung erwünscht, konnte sich Albert Schulz weiterhin mit vollem Einsatz um die Restituierung der Sozialdemokratie in Rostock kümmern. Während sich die KPD in der Hansestadt nach dem Dafürhalten von Gustav Sobottka zu passiv verhielt und deshalb ihre Werbetätigkeit ausweiten musste⁶⁹, entfaltete Schulz unentwegt Aktivitäten, die den Aufbau sozialdemokratischer Parteistrukturen befördern sollten. Am 9. September 1945 fand in einem Kino nach zwölf Jahren erstmals wieder eine Mitgliederversammlung der SPD in Rostock statt. Nach einigen begrüßenden Worten von Schulz wurde der bisher lediglich von den Vertrauensleuten der Sozialdemokratie gewählte Ortsvereinsvorstand beinahe unverändert bestätigt. Allein Franz Ballerstaedt, der in der Landesverwaltung unter der Ägide des Kommunisten Johannes Warnke überraschenderweise die Leitung der Personalabteilung und des Polizeiwesens übertragen bekommen hatte⁷⁰, schied aus dem Vorstand aus. Ihn ersetzte der von Wismar nach Rostock übergesiedelte Paul Schwanke. Zu

---

66 VPLA, Rep. 290, 12, Bl. 14 ff.: Protokoll über die Sitzung des antifaschistischen Blocks am 1. September 1945 (Abschrift mit Auslassungen).
67 MLHA, 10.31-1, 35, Bl. 111: Entschließung vom Block der antifaschistischen Parteien in Rostock zur Bodenreform, gez. Josef Schares, Albert Schulz und Siegfried Witte, 1. September 1945. Siehe Kuntsche: Bodenreform in einem Kernland des Großgrundbesitzes, S. 59 mit Anm. 34.
68 Volksstimme, 7. September 1945. Siehe Malycha: Auf dem Weg zur SED, S. 117 ff.
69 MLHA, 10.31-1, 35, Bl. 17 ff.: Notizen über eine von den Kommunisten in Rostock abgehaltene Konferenz am 9. September 1945, gez. Gustav Sobottka, 10. September 1945.
70 Siehe Broszat/Weber: SBZ-Handbuch, S. 118.

den Aufgaben des früheren Landtagsabgeordneten zählte der Aufbau von Ortsgruppen im weitläufigen und mit den gegenwärtig zur Verfügung stehenden Verkehrsmitteln nur mühsam zu bereisenden Bezirk Pommern, der von den Sozialdemokraten unter Missachtung der sowjetischen Vorgaben zur Untergliederung des Landesgebietes geschaffen worden war. Daneben gab es einen Bezirk für das westliche und einen für das östliche Mecklenburg. Letzterer hatte seinen Sitz in Rostock und oblag der Betreuung von Schulz. Mit der Konstituierung einer sozialdemokratischen Frauengruppe wurden Grete Beese und die einstige Konsum-Angestellte Erna Bohm beauftragt. Die bis zur Machtübernahme der Nationalsozialisten in diesem Bereich überaus aktive Margarete Ketelhohn trat während der gut besuchten Veranstaltung nicht in Erscheinung.[71]

Im Anschluss an die Mitgliederversammlung kamen jeweils zwei bis drei Delegierte der in der Umgebung von Rostock existierenden SPD-Ortsvereine zu einer Kreiskonferenz im Parteisekretariat zusammen. Auch die Stützpunktleiter derjenigen Ortschaften und Dörfer, wo noch keine Parteigliederung bestand, und die sozialdemokratischen Bürgermeister aus der Region waren zu dem Treffen in der Kröpeliner-Tor-Vorstadt eingeladen worden. Das politische Referat hielt Albert Schulz. Nachdem er die Herausforderungen, die sich den Sozialdemokraten im Hinblick auf die Bodenreform stellten, eingehend behandelt hatte, wurde der Vorstand der SPD in Rostock en bloc als Kreisleitung eingesetzt. Somit war Schulz nicht nur Ortsvereins-, sondern auch Bezirks- und Kreisvorsitzender, weshalb er ein Gehalt vom Landesvorstand seiner Partei bezog.[72] Erstmals hauptamtlicher SPD-Funktionär, kümmerte sich Schulz in den folgenden Wochen speziell um die noch unzureichende Agitation in den ländlichen Gebieten. Damit eng verwoben war sein kompromissloses Bestreben, die Gemeinde-, Stadt- und Kreisausschüsse, die sich auf Geheiß der Landesverwaltung als beratende Instanzen allerorten bildeten, mit prinzipientreuen und durchsetzungsstarken Sozialdemokraten zu besetzen.[73]

Am 19. September 1945, rund drei Monate nach der Wiedergründung der SPD, gelangten mit Gustav Dahrendorf und Erich W. Gniffke erstmals zwei prominente Mitglieder des sozialdemokratischen Zentralausschusses nach Rostock. Das Interesse an Informationen aus Berlin war so groß, dass sich Albert Schulz und seine Genossen

---

71 AHR, 2.1.0., 34: SPD, Ortsgruppe Rostock, gez. Albert Schulz, an den Herrn Oberbürgermeister, 11. September 1945. Volksstimme, 13. und 16. September 1945. Siehe Schulz: Erinnerungen, S. 88.
72 VPLA, Rep. 291, 12, Bl. 13: SPD, Kreis Rostock, gez. Alfred Starosson, an »Werter Genosse!«, 4. September 1945. Volksstimme, 16. September 1945. MLHA, 10.32-1, 1, Bl. 40 und 42 f.: Rundschreiben Nr. 7 und 8 des SPD-Landesvorstandes in Mecklenburg-Pommern, gez. Hermann Lüdemann, beide vom 31. August 1945.
73 VPLA, Rep. 291, 12, Bl. 17: SPD, Bezirk Mecklenburg, gez. Albert Schulz, an alle Ortsgruppen der SPD, 26. September 1945; ebd., Bl. 16: SPD, Bezirk Mecklenburg, gez. Albert Schulz, an die Ortsgruppen der SPD im Kreis Rostock, 27. September 1945.

entschlossen, zwei Kundgebungen parallel durchzuführen. Beide Veranstaltungen fanden in Lichtspieltheatern statt und basierten auf dem Gründungsaufruf des Zentralausschusses. Dementsprechend begrüßten sowohl Dahrendorf als auch Gniffke die von der KPD initiierte Blockpolitik. Lautstarken Widerspruch aus der Versammlung gab es nicht.[74]

Recht bald nach der Veranstaltung mit Dahrendorf und Gniffke, am 21. September 1945, mokierte sich Albert Schulz in einer von ihm anberaumten Sitzung des antifaschistischen Blocks in Rostock über die unmittelbar bevorstehende Reorganisation der Stadtverwaltung. Im Kern ging es um die Ernennung von Stadträten, für die der Oberbürgermeister das alleinige Vorschlagsrecht besaß. Hier setzte die Kritik von Schulz an. Wie er den eigens zur Besprechung der Blockparteien geladenen Christoph Seitz wissen ließ, betrachtete er die Stadträte als politische Beamte, die in enger Fühlungnahme mit den Parteien bestallt werden müssten. Im Hintergrund dieser Forderung stand die Beobachtung, dass sich kaum einer der in der Stadtverwaltung besonders exponierten Sozialdemokraten auf die ausdrückliche Zustimmung des SPD-Ortsvereins stützen konnte. Dies galt speziell für den als Bürgermeister fungierenden Kuphal, der eine feste Verankerung in der Sozialdemokratie vermissen ließ. Also nahm Schulz die anvisierte Reorganisation der Stadtverwaltung zum Vorwand, um ideologisch zuverlässigere Kandidaten für die Besetzung der Führungspositionen ins Spiel zu bringen. Aber diese Strategie scheiterte am Widerstand von Seitz, der seine leitenden Mitarbeiter nicht zur Disposition stellen wollte.

Während die CDU kaum sonderlich in die Diskussion eingriff und sich Schulz auf die vor 1933 gültige Gemeindeordnung berief, hatte die KPD keine Einwände gegen das von der Landesverwaltung für die Ernennung von Stadträten vorgegebene Verfahren. Indem sich die Kommunisten der Meinung von Seitz anschlossen, gerieten sie in Opposition zur SPD, was die antifaschistische Blockpolitik nach den Auseinandersetzungen über die Bodenreform abermals belastete. Diesmal ging die KPD in Rostock jedoch einen Schritt weiter. In einem für die kommunistische Landesleitung bestimmten Schreiben hieß es pauschal über Schulz, er habe sich in der jüngsten Sitzung des parteiübergreifenden Blocks in erregter und maßloser Weise abfällig über einen sowjetischen Offizier geäußert. Schulz, der bald von dem denunzierenden Brief erfuhr, bekam auf seine Bitte eine Abschrift. Zugleich musste er allerdings vernehmen, dass das augenscheinlich im Umfeld von Wilhelm Spreche und Josef Schares entstandene Schreiben bereits der sowjetischen Kommandantur vorgelegen hatte. Obschon die KPD versicherte, zur Vorlage genötigt worden zu sein, war mit der nach außen getragenen infamen Verunglimpfung von Schulz eine neue, negative Qualität im trotz mancher Kooperationen stets gespannten Verhältnis der beiden Arbeiterparteien erreicht. Auch sonst verdichteten sich die Hinweise, dass die Kommunisten von ihrer partiell ausgleichenden Blockpolitik sukzessive abrückten und die Konfrontati-

---

74 Vgl. die in der Erinnerung leicht verzerrte Darstellung von Gniffke: Jahre mit Ulbricht, S. 77.

on mit der Sozialdemokratie suchten. Hatten Willi Bredel und andere KPD-Politiker bisher einhellig vor der überstürzten Konstituierung einer sozialistischen Einheitspartei gewarnt, nahm der in dieser Frage von den Kommunisten auf die SPD ausgeübte Druck besonders auf den mittleren und unteren Partei- und Verwaltungsebenen neuerdings merklich zu.[75]

2 Gegen die Vereinigung mit der KPD

2.1 Handlungsspielräume sozialdemokratischer Politik und wachsender Anpassungsdruck

Das Abrücken der Kommunisten von der antifaschistischen Blockpolitik kam überraschend. Worin dieser plötzliche Sinneswandel begründet lag, ließ sich nur vermuten. Ein wesentlicher Faktor war die zunehmend kritischere Position des SPD-Zentralausschusses. Am 14. September 1945 hatte Otto Grotewohl in Berlin vor Funktionären der Sozialdemokratie und in Anwesenheit einer kommunistischen Delegation erklärt, dass er die Voraussetzungen für eine organisatorische Vereinigung der Arbeiterbewegung noch keineswegs für gegeben sehe. Seiner Ansicht nach fehlte es zahlreichen Kommunisten vor allem an demokratischem Bewusstsein. Trotz dieser scharfen Kritik hielt Grotewohl an seinem Votum für eine nunmehr allerdings unter bestimmten Voraussetzungen zu bildende Einheitspartei fest. Dass er erstmals die Schaffung einer einheitlichen sozialdemokratischen Partei für das gesamte Deutschland zur Bedingung für eine Vereinigung mit der KPD machte, erregte großes Aufsehen und wandte sich nicht allein gegen den kommunistischen Führungsanspruch, sondern zudem an die West-SPD. Deren provisorischer Vorsitzender, Kurt Schumacher, schloss ein Zusammengehen mit der KPD weiterhin kategorisch aus, wodurch er die Verhandlungsposition der Sozialdemokraten in der Sowjetischen Besatzungszone nachhaltig schwächte. Die neue Haltung des sozialdemokratischen Zentralausschusses blieb nicht unwidersprochen. Ab dem 19. September 1945 begann das kommunistische Zentralkomitee, öffentlich und massiv auf eine möglichst rasche Vereinigung mit der SPD zu drängen.[76]

---

75 AHR, 2.1.0., 34: Der Oberbürgermeister der Stadt Rostock, gez. Christoph Seitz, an den Herrn Präsidenten des Landes Mecklenburg-Vorpommern, Abt. Innere Verwaltung, z. Hdn. von Herrn Vizepräsident Warnke, 22. September 1945 (Abschrift); ebd., 36: KPD, Kreisleitung Rostock, an den Vorsitzenden der Bezirksleitung der SPD, Albert Schulz, 24. September 1945 (Abschrift); ebd.: [Oberbürgermeister Christoph Seitz] an den Vorsitzenden der SPD, [Albert] Schulz, 3. Oktober 1945 (Abschrift). NL Albert Schulz: SPD, Ortsgruppe Rostock, gez. [Albert] Schulz, an den Herrn Oberbürgermeister, 11. Oktober 1945 (Abschrift).
76 Grotewohl: Wo stehen wir – wohin gehen wir?, S. 32 ff. Siehe Caracciolo: Der Untergang der Sozialdemokratie, S. 288 ff.; Sühl: Schumacher und die Westzonen-SPD im Vereinigungsprozeß, S. 108 ff.; Staritz: Die Gründung der DDR, S. 121 ff.

Kapitel V · Als Sozialdemokrat in der SED (1945/46–1949)

Bereits vor der Grotewohl-Rede hatte sich die Landesleitung der KPD in Mecklenburg-Vorpommern anlässlich ihrer Berichte an das Zentralkomitee mit den politischen Zielvorstellungen von Carl Moltmann, Hermann Lüdemann, Xaver Karl, Albert Schulz, Karl Moritz und anderen regionalen Spitzenpolitikern der Sozialdemokratie auseinander gesetzt. Insbesondere Lüdemann, Schulz und Moritz galten als potenzielle Gegner der Kommunisten und ihrer seinerzeit noch im Vordergrund stehenden Einheitsfrontpolitik. Zwar würden es diese SPD-Funktionäre bislang nicht wagen, mit ihrer Kritik an die Öffentlichkeit zu treten, aber in gemeinsamen Sitzungen zeige sich ein deutlich wachsender Gegensatz zu den Positionen der KPD. Ferner war bekannt, dass sich Schulz und seine Genossen bemühten, ihren Einfluss in der Gewerkschaftsbewegung aufrechtzuerhalten beziehungsweise sogar zu erweitern. Als Ansprechpartner dienten dabei Martin Müller und Paul Harder, bis 1933 Gauleiter des Deutschen Landarbeiter-Verbandes. Auch der langjährige Sozialdemokrat Hans Pollok, der im August 1945 den vorläufigen Landesvorsitz des als Einheitsgewerkschaft ins Leben gerufenen FDGB übernommen hatte, wurde von Schulz und seinen Genossen kontaktiert.[77]

Was ein wachsamer und ziemlich gut informierter Beobachter aus dem Umfeld der KPD-Landesleitung nach der spektakulären Rede von Grotewohl und jenseits der antifaschistischen Blockpolitik über die führenden Sozialdemokraten in Mecklenburg-Vorpommern dachte, ging aus einer akribisch entworfenen »Karakteristik« hervor. Demnach gehörte der Landesgeschäftsführer Lüdemann schon immer zu den rechten SPD-Funktionären. Jetzt sei er »eine treibende Kraft der einheitsstörenden Elemente in Mecklenburg«. Dagegen war der Parteivorsitzende Moltmann nach der Einschätzung des Bericht erstattenden Kommunisten ein »Zentrist«, der aber unter dem Einfluss von Lüdemann stehe. Besondere Aufmerksamkeit wurde dem bereits mehrfach von der Sowjetischen Militäradministration angegangenen Schulz zuteil. Nach seiner Kritik an der Bodenreform und seiner Auseinandersetzung mit Oberbürgermeister Christoph Seitz anlässlich der Reorganisation der Stadtverwaltung bewertete ihn der kommunistische Beobachter als

»Inspirator und treibende Kraft der Rechten. Er erhält seine Instruktionen vo[n] Mitgliedern des alten Vorstands der Sozial-Demokratischen Partei aus der Emigration, vertritt in Mecklenburg die anti-sowjetische Politik der alten Sozial-Demokratie, ist gegen die Einheitsfront mit den Kommunisten, sagt dieses aber nicht öffentlich, versucht aber die bestehende Einheitsfront überall zu stören und die alte sozial-demokratische Politik des Paktierens mit den bürgerlich-kapitalistischen Kräften durchzusetzen.«

---

77 MLHA, 10.31-1, 6, Bl. 146 ff.: Bericht der Landesleitung der KPD in Mecklenburg-Vorpommern über die Politik und Organisation der Partei bis zum 12. September 1945, undatiert. Zu Pollok siehe Brunner: Sozialdemokraten im FDGB, S. 69 f.

2.1 Handlungsspielräume sozialdemokratischer Politik und wachsender Anpassungsdruck

Über den in Wismar ansässigen Sozialdemokraten Karl Moritz hieß es in der »Karakteristik«, er vertrete die politische Linie von Schulz und Lüdemann. Er hatte nach dem Zweiten Weltkrieg die Leitung des städtischen Arbeitsamtes übertragen bekommen, war jedoch erst kürzlich aus dieser Position, wie der kommunistische Agent zu berichten wusste, »wegen Sabotage« auf Befehl der Besatzungsmacht entfernt worden.[78]

Rund zwei Wochen nach der Pieck-Rede hatten Xaver Karl und Hermann Lüdemann intensive Beratungen mit der kommunistischen Landesleitung aufgenommen. Im Mittelpunkt der Unterredungen stand die Frage, wie sich die Zusammenarbeit der beiden Arbeiterparteien in Zukunft außerhalb des antifaschistischen Blocks gestalten sollte. Die Vereinbarung über das Ergebnis der parteiübergreifenden Beratungen erschien am 6. Oktober 1945 zunächst in der »Volkszeitung« der Kommunisten. Sie konstatierte die grundsätzliche Einigkeit der beiden Arbeiterparteien, sich gemeinsam für eine »antifaschistisch-demokratisch-parlamentarische Republik« einzusetzen. Zudem waren die Sozialdemokraten mit der KPD übereingekommen, eine Landesarbeitsgemeinschaft zu bilden. Dieses Gremium sollte zur Klärung von strittigen Fragen dienen. Als Fernziel postulierte die Vereinbarung über die Arbeitsgemeinschaft die »politische Einheit des werktätigen Volkes«, die »auf dem Wege guter Zusammenarbeit in allen Fragen des antifaschistischen Kampfes und des Wiederaufbaues« erreicht werden sollte.[79]

Was einen überzeugten Sozialdemokraten wie Hermann Lüdemann dazu bewogen hatte, eine dermaßen weit reichende Vereinbarung unter dem Eindruck der von der KPD forcierten Einheitskampagne zu unterschreiben, konnte nur vermutet werden. Unterdessen konfrontierte Albert Schulz seine Genossen in einer Sitzung des SPD-Landesvorstandes am 7. Oktober 1945 mit den Verfehlungen, die sich die Kommunisten in jüngster Zeit zu Schulden kommen lassen hatten. Unterstützt wurde er dabei von dem aus dem Exil in Schweden zurückgekehrten Willy Jesse. Dieser hatte sich vorübergehend in Lübeck für die Sozialdemokratie engagiert. Wieder in Rostock hatte er als vormaliger SPD-Bezirkssekretär und ähnlich wie manch anderer Remigrant erschrocken von seinem Freund Schulz erfahren müssen, dass der von ihm beanspruchte Landesvorsitz auf Befehl der SMAM neuerdings von Schwerin aus und zudem bereits von Carl Moltmann geführt wurde. Schließlich gab sich Jesse mit dem stellvertretenden Parteivorsitz zufrieden, weshalb der bisherige Amtsinhaber, Xaver Karl, diese Position nach dem einstimmigen Votum seiner Vorstandskollegen räumen musste.[80]

---

78 MLHA, 10.31-1, 2, Bl. 111: »Karakteristik« führender Sozialdemokraten in Mecklenburg, undatiert, vor dem 7. Oktober 1945 (alle Zitate ebd.). Siehe Malycha: Auf dem Weg zur SED, S. 118 f.
79 Volkszeitung, 6. Oktober 1945; Volksstimme, 13. Oktober 1945 (alle Zitate ebd.).
80 Siehe Stunnack: Willy Jesse, S. 45 f.; Schulz: Erinnerungen, S. 87; Müller/Mrotzek/Köllner: Die Geschichte der SPD in Mecklenburg und Vorpommern, S. 185 f.

Kapitel V • Als Sozialdemokrat in der SED (1945/46–1949)

Wie Schulz den Mitgliedern des SPD-Landesvorstandes im Anschluss an die Wahl von Jesse unterbreitete, war die sozialdemokratische Ortsgruppe in Dierhagen auf dem Fischland durch den hiesigen kommunistischen Polizeichef aufgelöst worden, obwohl die Sozialdemokraten eine ordnungsgemäße Gründungsgenehmigung der zuständigen sowjetischen Kommandantur besaßen. Ferner wusste Schulz aus dem Bezirk östliches Mecklenburg zu berichten, dass die Besatzungsmacht den Ortsvereinsvorsitzenden von Kröpelin verhaftet hatte. In Malchow war ein von der SPD herausgegebenes Plakat beschlagnahmt worden. Die engen Verbindungen zwischen den Kommunisten und der jeweiligen Militäradministration, so hob Schulz hervor, ließen sich nicht übersehen.

Im Übrigen diskutierte der sozialdemokratische Landesvorstand während seiner nahezu siebenstündigen Sitzung, wie die Partei in Mecklenburg-Vorpommern zukünftig am zweckmäßigsten organisiert werden sollte. Während Lüdemann die Besoldung von 20 Kreis- und sechs Bezirks- sowie von mindestens drei Landessekretären als wünschenswert betrachtete, darunter ab sofort Jesse und möglichst auch Schulz, bewertete Moltmann dieses Ansinnen in Konfrontation zu Lüdemann als finanziell untragbar. Er wollte die äußerst knappen Geldmittel der Partei lieber für den Ausbau der »Volksstimme« ausgegeben sehen.[81]

Abgesehen von diesen persönlichen Differenzen konnten die Sozialdemokraten im Großen und Ganzen mit dem Stand ihrer Organisation zufrieden sein. Bisher existierten in Mecklenburg-Vorpommern 139 Ortsgruppen und 24 Stützpunkte der Partei. Die Zahl der Mitglieder belief sich auf ungefähr 20.000 Personen. Offenbar ließ jedoch das Interesse der Landbevölkerung an einem Parteibeitritt nach wie vor zu wünschen übrig. Was die soziale Struktur der Mitgliedschaft anbetraf, dominierten laut einer begründeten Schätzung von Lüdemann wie vor 1933 eindeutig die in einer Stadt lebenden Arbeiter, und zwar sowohl gelernte als auch ungelernte Kräfte.[82]

Mit solch – trotz aller Mobilisierungsdefizite – beachtlichen Mitgliederzahlen wie die Sozialdemokraten konnte die KPD nicht aufwarten, wenngleich ihr zahlreiche Karrieristen beitraten. Während die Sozialdemokratie weiter zulegte, kam die KPD in den ersten Oktobertagen 1945 nur auf etwas mehr als 16.300 Mitglieder. Das vornehmlich seit dem Ende des Zweiten Weltkrieges verfolgte Ziel, die Sozialdemokratie zu überflügeln und mitgliederstärkste Partei zu werden, ließ sich nicht erreichen.[83]

Einige Wochen nach der Sitzung des sozialdemokratischen Landesvorstandes bekräftigte Wilhelm Pieck auf einer groß angelegten Kundgebung in Rostock, dass er die

---

81 Malycha: Auf dem Weg zur SED, besonders S. 117 ff.
82 MLHA, 10.32-1, 1, Bl. 50: SMAM, gez. Hauptmann Swonkin, an den »Sekretär der Landesleitung« der SPD, Herrn Moltmann, 17. September 1945; ebd., Bl. 53 und 54: Der Landesgeschäftsführer der SPD in Mecklenburg-Pommern, Hermann Lüdemann, an die SMAM, z. Hd. Hauptmann Swonkin, 18. und 19. September 1945. Siehe Malycha: Auf dem Weg zur SED, S. 120.
83 Siehe Weber: Geschichte der DDR, S. 71; Michels: Einheitszwang oder Einheitsdrang?!, S. 382 ff.; Melis: Entnazifizierung in Mecklenburg-Vorpommern, S. 36 ff.

2.1 Handlungsspielräume sozialdemokratischer Politik und wachsender Anpassungsdruck

Konstituierung einer einheitlichen Arbeiterpartei mit der SPD so bald wie möglich realisiert sehen wollte. Nach Ansicht der sozialdemokratischen »Volksstimme« zeugte es von »wahrhaft politischer Größe«, wenn der KPD-Vorsitzende selbstkritisch, aber reichlich pauschal Fehler seiner Partei im Umgang mit der SPD eingestand und gleichzeitig seine »sozialdemokratischen Kameraden« ermahnte, sich dem von den Kommunisten für richtig befundenen Zusammenschluss nicht entgegenzustellen. In der gleichen Ausgabe der »Volksstimme« wurden die Leser über die als wünschenswert erachteten Feierlichkeiten zum 9. November orientiert. Wie die Sozialdemokraten in der Landesarbeitsgemeinschaft mit der KPD beschlossen hatten, sollten sämtliche Ortsgruppen der beiden Arbeiterparteien an diesem Tag gemeinsame Kundgebungen durchführen.[84]

Besondere Aktivität entfaltete Hermann Lüdemann. Während er noch kürzlich als Befürworter einer sozialistischen Einheitspartei aufgetreten war, sprach er sich im Vorfeld des 9. November geradezu apodiktisch dafür aus, die Eigenständigkeit der Sozialdemokratie zu bewahren.[85] Zu seinen engsten Verbündeten rechnete der für das östliche Mecklenburg zuständige Albert Schulz. In einem Begleitbrief zu einem Rundschreiben des Landesvorstandes beschwor er die Funktionäre der SPD-Ortsgruppen in dem von ihm geleiteten Bezirk, den 9. November nicht allein mit den Kommunisten, sondern auch zusammen mit der CDU zu begehen. Zudem behauptete er, die Sowjetische Militäradministration lege keinen Wert auf eine von der deutschen Bevölkerung zwei Tage früher ausgerichtete Feier zu Ehren des russischen Revolutionstages. Vielmehr sollte das Gedenken an die Novemberrevolution von 1918 nach dem Willen von Schulz unbedingten Vorrang haben. Trotzdem fand sich in dem Begleitschreiben – wahrscheinlich zur Vermeidung unnötiger Konfrontationen – die Empfehlung, die Gebäude frühzeitig, nämlich möglichst schon vor dem 7. November zu schmücken.[86]

Zum Ärger der in Mecklenburg-Vorpommern und der in der Sowjetischen Besatzungszone führenden Kommunisten hatten Lüdemann und Schulz mit ihren gegen die Interessen der KPD gerichteten Bemühungen weithin Erfolg. Lediglich in Stavenhagen sowie in einigen kleineren Städten und Ortschaften, hauptsächlich im weitläufigen SPD-Bezirk Pommern, kam es anlässlich der russischen Oktoberrevolution zu gemeinsamen Feiern von Sozialdemokraten und Kommunisten mit offiziellem Charakter.[87] An der Art, wie die antifaschistischen Parteien in Mecklenburg-Vorpommern schließ-

---

84 Volkszeitung, 28. Oktober 1945; Volksstimme, 1. November 1945 (beide Zitate ebd.).
85 MLHA, 10.32-1, 1, Bl. 91 f.: Rundschreiben Nr. 20 und 21 des SPD-Landesvorstandes in Mecklenburg-Pommern, gez. Hermann Lüdemann, 31. Oktober und 1. November 1945.
86 VPLA, Rep. 291, 12, Bl. 24: Begleitbrief zum Rundschreiben betr. 9. November, gez. Albert Schulz, undatiert.
87 Siehe Benser/Krusch: Dokumente zur Geschichte der kommunistischen Bewegung in Deutschland, Reihe 1945/1946, Bd. 2, S. 221 ff.; Geschichte der Landesparteiorganisation der SED Mecklenburg, S. 156 f.

lich der Novemberrevolution durch gemeinsame Kundgebungen gedachten, hatten die führenden KPD-Funktionäre trotz ihres Unmuts im Vorfeld der Feierlichkeiten kaum etwas auszusetzen. Es entsprach den Vorstellungen der Kommunisten, jedoch auch den taktisch motivierten Vorgaben des SPD-Landesgeschäftsführers Hermann Lüdemann, wenn die russische Oktoberrevolution von zahlreichen Rednern in Schwerin, Rostock und andernorts im Vergleich zu den Revolutionsereignissen in Deutschland als erfolgreicher beschrieben wurde. Anders als Carl Moltmann, der in seiner Interpretation der Novemberrevolution manche Gemeinsamkeit mit dem gleichfalls in Schwerin auftretenden Gustav Sobottka erkennen ließ, grenzte sich Albert Schulz auf der Gedenkveranstaltung in Rostock behutsam, aber deutlich von seinem kommunistischen Vorredner Kurt Herholz ab. Zwar charakterisierte Schulz die mit der Gründung der KPD im Jahr 1918 endgültig verfestigte Spaltung der deutschen Arbeiterschaft ebenfalls als Fehler, die Novemberrevolution wie der stellvertretende FDGB-Vorsitzende Herholz als »bürgerliche Angelegenheit« zu verorten, mochte er indes nicht. Vielmehr verwies Schulz auf die beachtlichen Fortschritte, die in der Weimarer Republik unter tatkräftiger Mitwirkung der Arbeiterbewegung erzielt werden konnten. In seinem Bekenntnis zur Demokratie westlicher Prägung kam er nicht dem verbalradikalen Kommunisten Herholz, sondern dem CDU-Vorsitzenden Siegfried Witte nahe. Dieser würdigte in seinem Beitrag die Ideale der Französischen Revolution, stellte jedoch die Notwendigkeit zur parteiübergreifenden Zusammenarbeit angesichts des zu bewältigenden Wiederaufbaus keineswegs in Abrede.[88]

Ungefähr zeitgleich, am 11. November 1945, bekräftigte Otto Grotewohl seine Forderung nach einer deutschlandweiten Sozialdemokratie. Diese sei auf jeden Fall vordringlicher als eine auf die Sowjetische Besatzungszone begrenzte Vereinigung der beiden Arbeiterparteien. Aus der Perspektive der KPD-Führung markierte die so genannte Luther-Rede von Grotewohl eine abermals deutliche Abwendung von dem ehemals nahezu bedingungslosen Einheitskurs des sozialdemokratischen Zentralausschusses. Die Offiziere der Sowjetischen Militäradministration empfanden die Rede ebenfalls als Affront, weshalb sie deren Verbreitung umgehend verboten.[89]

Wie die seit Kriegsende zweite Mitgliederversammlung der SPD in Rostock bald nach den Revolutionsfeierlichkeiten zeigte, hatten Sachfragen für Albert Schulz höhere Priorität als Diskussionen mit den Kommunisten über eine wie auch immer geartete Vereinigung. Ausgewählte Genossen referierten über die gegenwärtige Schulreform, die Ernährungsfrage und die kulturellen Bestrebungen der Sozialdemokratie.[90]

---

88 Volkszeitung, 10. November 1945 (Zitat ebd.); Volksstimme, 14. und 20. November 1945. Siehe: Geschichte der Landesparteiorganisation der SED Mecklenburg, S. 157.
89 »Hier stehe ich, ich kann nicht anders!«, S. 167 ff. Siehe Staritz: Die Gründung der DDR, S. 123 f.; Klotzbach: Der Weg zur Staatspartei, S. 74; Loth: Ziele sowjetischer Deutschlandpolitik, S. 313 und 317 f.
90 Volksstimme, 14. November 1945.

2.1 Handlungsspielräume sozialdemokratischer Politik und wachsender Anpassungsdruck

Unterdessen hatte es bereits im September 1945 einen Führungswechsel bei den Kommunisten gegeben. Den Ortsvorsitz der KPD in Rostock bekleidete seitdem der gelernte Büromaschinenmechaniker Walter Petschow, nach der Novemberrevolution für knapp zwei Jahre in der Sozialdemokratie organisiert, ab 1923 Mitglied der KPD.[91] Erst knapp zehn Wochen im Amt, inszenierte Petschow eine von persönlichen Animositäten geprägte Kampagne gegen Albert Schulz. Während die beiden Arbeiterparteien auf Landesebene parteiübergreifende Feierlichkeiten zu Ehren des 125. Geburtstages von Friedrich Engels diskutierten und letztlich ins Leben riefen[92], versuchte Petschow ab der Novembermitte 1945 mit aller Kraft, sich in Rostock auf Kosten des gegen kommunistische Avancen renitenten SPD-Vorsitzenden zu profilieren. Als Aufhänger diente vor allen Dingen die schon mehr als einen Monat zurückliegende Verhaftung des Sozialdemokraten Wilhelm Hörning, aber auch das Verhalten von Schulz anlässlich der Bestallung der Stadträte kam zur Sprache. Wie Petschow dem Oberbürgermeister in einem denunzierenden Schreiben mitteilte, hatte Schulz die Inhaftnahme von Hörning während der letzten Sitzung des antifaschistischen Blocks in Frage gestellt. Aus der Sicht von Schulz war es nämlich keinesfalls zu beanstanden, dass ein als politischer Referent tätiger Funktionär wie Hörning antisowjetische Literatur besaß.[93]

Obwohl der SPD-Vorsitzende Albert Schulz nicht übermäßig durch die Intrigen der Kommunisten angefochten wurde, dauerte es nur wenige Tage, bis Walter Petschow für seine Zuträgerdienste belohnt wurde. Da der bisherige Oberbürgermeister von Schwerin, Erich Wiesner, zum 1. Dezember 1945 als Kulturreferent in die Landesleitung der KPD wechselte, ging Christoph Seitz gemeinsam mit seinem Berater Wilhelm Spreche von Rostock nach Schwerin, wo er die Nachfolge von Wiesner antrat. Daraufhin übernahm der von dem kommunistischen Instrukteur Willi Bredel protegierte Sozialdemokrat Otto Kuphal das Oberbürgermeisteramt in Rostock, und Petschow avancierte zu seinem Stellvertreter, nicht zuletzt wegen seiner Attacken gegen Schulz.[94]

Gleichzeitig diskutierte das von Gustav Sobottka geführte KPD-Landessekretariat, das sich dieser kommunalpolitischen Personalentscheidung außerhalb jeder Legitimation oder auch nur formalen Zuständigkeit wie selbstverständlich annahm, über die Zukunft von Herrmann Lüdemann. Der den Kommunisten unliebsame SPD-Landessekretär war auf Geheiß der sowjetischen Besatzungsmacht von seiner einflussreichen Position entfernt worden, sollte aber ungeachtet seines taktierenden Engagements anlässlich der Revolutionsfeierlichkeiten in der mecklenburgischen Landesverwaltung

---

91 AHR, 2.1.0, 703: Personalbogen von Walter Petschow, 20. April 1950. Siehe Broszat/Weber: SBZ-Handbuch, S. 994.
92 Volksstimme, 27. November 1945.
93 MLHA, 10.31-1, 36, Bl. 175 f.: KPD, Ortsgruppe Rostock, gez. Walter Petschow, an Oberbürgermeister Christoph Seitz, 14. November 1945; ebd., Bl. 178: KPD, Ortsgruppe Rostock, gez. Walter Petschow, an die Landesleitung der KPD, z. Hd. Gustav Sobottka, 19. November 1945.
94 Volkszeitung, 29. November 1945.

unterkommen. Wie Lüdemann seine sozialdemokratischen Freunde in Berlin und Hannover später wissen ließ, hatte ihn der Vorstand der SPD in Mecklenburg-Vorpommern ohne nennenswerte Gegenwehr preisgegeben. Speziell der Landesvorsitzende Carl Moltmann sei »in schwächlichster Weise«[95] zusammengeklappt. Auch im Nachhinein bestanden für Lüdemann keine Zweifel an dem unausgesprochenen Grund für seine Entmachtung: »Mangelnde Kommunistenfreundlichkeit«[96]. Schließlich rechnete der manchmal etwas starrköpfige, aber vor allen Dingen politisch kluge SPD-Landessekretär gemeinsam mit Albert Schulz zu den entschiedensten Gegnern einer Vereinigung mit der KPD. Aber selbst unter dem Eindruck von solch massiven Repressionen verzagte Lüdemann nicht. Vielmehr durchkreuzte er den Plan der KPD-Führung, ihn durch die Ernennung zum Direktor einer weit abseits von Schwerin gelegenen Schnapsbrennerei vollends kaltzustellen und überdies erneut zu demütigen.[97]

Unter den vielfältigen Ursachen für den rasant wachsenden Anpassungsdruck auf die Sozialdemokratie, der sowohl von den Kommunisten als auch von der Sowjetischen Militäradministration ausging, befand sich neben der sorgsam beobachteten Mitgliederentwicklung noch ein weiterer Beweggrund mit besonderem Gewicht. Erst kürzlich war bei der Neuwahl des ungarischen Parlaments deutlich geworden, dass es der kommunistischen Politik an Rückhalt in der Bevölkerung fehlte. Dies bestätigte sich alsbald in Österreich, wo die Kommunisten eine vernichtende Wahlniederlage hinnehmen mussten, und gab der KPD zu denken. Schließlich standen über kurz oder lang auch in der SBZ die ersten Parlamentswahlen nach dem Zweiten Weltkrieg an. Da ein Misserfolg unbedingt verhindert werden sollte, drängten die Kommunisten auf eine enge Kooperation mit der SPD und waren bereit, diese nötigenfalls zu erzwingen. Als Vorbild fungierte Bulgarien. Hier bestand ein Wahlbündnis mit den Sozialisten, das unlängst ein beachtliches Ergebnis erzielt hatte.[98]

Während der Sitzung des SPD-Landesvorstandes, die am 9. Dezember 1945 auf dem parteieigenen und westlich von Schwerin gelegenen Gut »Gottesgabe« stattfand, kam die Absetzung von Lüdemann, jedenfalls laut Protokoll, nicht zur Sprache. Bereits vor drei Monaten hatte sich Carl Moltmann beim Landespräsidenten, seinem auf der Vorstandssitzung als Gast anwesenden Parteifreund Wilhelm Höcker, im Zuge der Bodenreform um die Zuteilung eines Landgutes beworben. Als Begründung für

---

95 AdsD, SPD-Parteivorstand, alter Bestand, Sekretariat Fritz Heine, 2/PVAJ0000055: Hermann Lüdemann an Kurt Mattick, SPD-Vorstand, Berlin, 6. April 1948, dem Parteivorstand in Hannover zur Kenntnisnahme.
96 AdsD, NL Hermann Lüdemann, Mappe III: Hermann Lüdemann an Ernst Hamburger, 18. März 1947.
97 MLHA, 10.31-1, 6, Bl. 252: Protokoll einer Sitzung des Sekretariats der KPD in Mecklenburg-Vorpommern, gez. [Aenne] Kundermann, 22. November 1945. Siehe Schulz: Erinnerungen, S. 86; Müller/Mrotzek/Köllner: Die Geschichte der SPD in Mecklenburg und Vorpommern, S. 185 f.
98 Siehe Weber: Geschichte der DDR, S. 70 f.

2.1 Handlungsspielräume sozialdemokratischer Politik und wachsender Anpassungsdruck

seinen Antrag führte der eigenmächtig handelnde Moltmann die fortlaufende Expansion der Sozialdemokratie an. Mit den bislang zur Verfügung stehenden Mitteln sei es oftmals in Schwerin unmöglich, die zu Besprechungen mit dem Parteivorstand aus dem gesamten Landesgebiet anreisenden Genossen unterzubringen und angemessen zu versorgen. Überdies bereite die Verpflegung des ständig wachsenden Mitarbeiterstabes der SPD beträchtliche Probleme.[99] Während Moltmann »Gottesgabe« auf Dauer behalten und gemäß der Verordnung über die Bodenreform möglichst bald zu einem Mustergut ausbauen lassen wollte, sprach sich Albert Schulz in der Vorstandssitzung aus politischen Gründen gegen dieses Ansinnen aus. Denn er befürchtete, dass sich bei den Genossen im Lande der Eindruck festsetzen könnte, die aus der Bewirtschaftung des Gutes erzielten materiellen und finanziellen Überschüsse kämen allein den Mitgliedern des SPD-Landesvorstandes zugute. Obwohl diese Bedenken einen realen Hintergrund hatten, stimmte Schulz schließlich – ebenso wie alle übrigen Vorstandsmitglieder – doch für einen Vorschlag, den Moltmann seinen Genossen unterbreitete. Demnach bekam der sozialdemokratische Landesvorsitzende die alleinige Verantwortung für das stattliche Anwesen übertragen, was ihn für die Besatzungsmacht eingenommen haben dürfte, die anderen Vorstandsmitglieder jedoch zumindest bis zu einem gewissen Grad von dem Vorwurf der Vorteilsnahme entlastete.[100]

Ansonsten war das Verhältnis von Albert Schulz und Carl Moltmann nahezu ungetrübt. Noch gut zwei Wochen vor der Vorstandssitzung hatte Schulz seinen inzwischen zum Ministerialdirektor in der Landesverwaltung avancierten Genossen als Redner auf einer Kundgebung in Rostock überaus herzlich begrüßt.[101] Allerdings nahmen die Meinungsverschiedenheiten fortan zu. An sich ein überzeugter Sozialdemokrat ließ sich Moltmann nicht allein mit dem Gut, sondern offenbar zusätzlich durch »Besäufnisse«[102] mit Offizieren der sowjetischen Besatzungsmacht korrumpieren. So entwickelte er sich immer stärker zu einem Befürworter der von den Kommunisten betriebenen Gründung einer sozialistischen Einheitspartei.

Diese ideologischen Verformungen innerhalb der sozialdemokratischen Gesinnungsgemeinschaft erschlossen sich selbst einem aufmerksamen Leser der SPD-Vorstandsprotokolle höchstens andeutungsweise. Rund siebenstündige Diskussionen wurden auf fünf bis sechs Druckseiten zusammengefasst, stets darum bemüht, die im Landesvorstand schwelenden Konflikte zu kaschieren oder zumindest in einem der sowjetischen Besatzungsmacht genehmen Licht erscheinen zu lassen. Da die Protokolle umgehend den Offizieren der SMAM vorgelegt werden mussten, verbat sich eine detailliertere Erörterung der innerparteilichen Debatten. Es galt zum einen,

---

99 SAPMO-BArch, DY 28, II 3/3/1, Bl. 13: SPD, Landesvorstand Mecklenburg-Vorpommern, gez. Carl Moltmann, an Präsident Wilhelm Höcker, 13. September 1945.
100 MLHA, 10.32-1, 3, Bl. 171 ff.: Protokoll über die Sitzung des SPD-Landesvorstandes am 9. Dezember 1945.
101 Volksstimme, 22. November 1945.
102 Interview mit W.[itteborn] H.[ermann] am 2. Oktober 1974, S. 294.

Kapitel V · Als Sozialdemokrat in der SED (1945/46–1949)

größtmögliche Geschlossenheit zu demonstrieren. Zum anderen hätten sich die Vorstandsmitglieder in ernste Gefahr gebracht, wenn allzu kritische Äußerungen über die Besatzungsmacht oder das kommunistische Vereinigungsstreben ungefiltert nach außen gedrungen wären.[103]

Unterdessen sorgte ein spektakulärer Vorgang in Kröpelin und Umgebung für Aufregung. Wie Albert Schulz in seiner Eigenschaft als Kreisvorsitzender von der SPD-Ortsgruppe in Kühlungsborn brieflich erfuhr, hatten sich die Sozialdemokraten im benachbarten Kröpelin mit der KPD zu einer Einheitspartei vereinigt. Trotz der gleichermaßen Besorgnis wie Aufsehen erregenden Nachricht reagierte Albert Schulz gelassen. Er fuhr kurzerhand nach Kröpelin und hörte, dass der Zusammenschluss mit den Kommunisten auf Druck des sowjetischen Ortskommandanten erfolgt war. Zurück in Rostock informierte Schulz den für solche Fälle zuständigen SPD-Landessekretär Willy Jesse, der Protest bei der SMAM einlegte. Diese erklärte den in Kröpelin gefassten Beschluss für ungültig und versprach, den örtlichen Kommandanten zur Rede zu stellen. Gleichwohl blieben Zweifel, konnte doch nicht abschließend geklärt werden, ob es sich bei der Vereinigung um einen »Versuchsballon« der Besatzungsmacht gehandelt hatte oder ob der Ortskommandant bloß »tolpatschig« und selbstherrlich vorgegangen war.[104]

Am 20. und 21. Dezember 1945 kam die so genannte Sechziger Konferenz in Berlin zusammen. Das vor allen Dingen von den Kommunisten gewünschte Treffen, an dem je 34 Delegierte von KPD und SPD teilnahmen, ging auf eine Verabredung mit dem Zentralausschuss um Otto Grotewohl zurück. Es richtete sich ausschließlich an Politiker aus der Sowjetischen Besatzungszone und sollte der Klärung von ideologischen Gegensätzen dienen. Als Vertreter der Sozialdemokratie in Mecklenburg-Vorpommern war Willy Jesse angereist. Von kommunistischer Seite war unter anderem Kurt Bürger zugegen. Er hatte den KPD-Landesvorsitz erst kürzlich von dem mittlerweile hauptsächlich in Berlin tätigen Gustav Sobottka übernommen und behauptete in einem knappen Redebeitrag, in Mecklenburg-Vorpommern gebe es »keinerlei Zwistigkeiten« zwischen den beiden Arbeiterparteien. Vielmehr sei in den letzten Wochen ein »verstärktes Drängen zu noch engerer Zusammenarbeit« zu verzeichnen gewesen. Als vermeintlichen Beweis verlas Bürger mit Genugtuung programmatische Erklärungen aus Malchin und Teterow, die sich – vergleichbar mit den Vorgängen in Kröpelin – für eine sozialistische Einheitspartei aussprachen. Während Jesse diese bestenfalls verzerrende Darstellung unkommentiert ließ, versuchte Bürger den Konfe-

---

103 MLHA, 10.32-1, 1, Bl. 122: Willy Jesse an die Sowjetische Militäradministration, z. Hd. Oberst Arkadi D. Serebriski, 13. Dezember 1945. Vgl. Malycha: Auf dem Weg zur SED, S. 129 ff.
104 VPLA, Rep. 291, 6, Bl. 38: SPD, Ortsgruppe Kühlungsborn, an die SPD, Kreis Rostock, z. Hd. Albert Schulz, 14. Dezember 1945; ebd., Bl. 79: SPD, Landesvorstand Mecklenburg-Vorpommern, gez. Willy Jesse, an die SPD, Ortsverein Kühlungsborn, z. Hd. Max Thorwirth, 6. Januar 1946. Siehe Schulz: Erinnerungen, S. 99 (beide Zitate ebd.); Gniffke: Jahre mit Ulbricht, S. 114 f.

renzteilnehmern glauben zu machen, die Vereinigung werde lediglich »von gewissen Leuten« im sozialdemokratischen Funktionärskörper torpediert.[105]

Am Ende der Sechziger Konferenz stand eine Entschließung, die nicht nur Albert Schulz, sondern auch zahlreiche andere Sozialdemokraten erzürnte. Dass die am 21. Dezember 1945 in verblüffender Einhelligkeit verabschiedete Resolution durchweg auf einem Entwurf der Kommunisten basierte, war ein fatales Signal, auch wenn die Unterhändler der SPD die Streichung einiger unannehmbarer Passagen durchgesetzt hatten. An der sozialdemokratischen Parteibasis konnte wie in der Öffentlichkeit der Eindruck aufkommen, die Vereinigung mit den Kommunisten stehe kurz bevor, zumal die vom Zentralausschuss erzielten Kompromisse vorerst unbekannt blieben.

Letztlich sollte die angestrebte Erweiterung und Vertiefung der so genannten Aktionseinheit den Auftakt bilden »zur Verwirklichung der politischen und organisatorischen Einheit der Arbeiterbewegung«. Die als Ergebnis dieser »Verschmelzung« von KPD und SPD zu konstituierende »neue, einheitliche Partei der Sozialistischen Bewegung« wurde von den Konferenzteilnehmern als »dringende nationale Notwendigkeit« charakterisiert. Allerdings fand die wiederholt von Otto Grotewohl favorisierte Vereinigung im Reichsmaßstab keine Berücksichtigung in der Entschließung. Die Kommunisten beharrten vielmehr auf ihren Vorschlag, die regionale Zusammenarbeit der beiden Arbeiterparteien zu vertiefen. Demgemäß erhielt der gemeinsame Aufbau einer lebhaften »Zirkel- und Schulungstätigkeit« von der Orts- bis zur Landesebene besonderes Gewicht, wobei eine zusammen unter dem Namen »Einheit« zu gründende Zeitschrift wichtige Diskussionsimpulse liefern sollte.[106]

2.2 Die Gründung der SED als inszenierte Massenbewegung

Zu den genau 61 Funktionären, die das Abschlussdokument der Sechziger Konferenz unterzeichneten, gehörte Willy Jesse. Gleichwohl verstand er sich nicht als Befürworter der kommunistischen Vereinigungspolitik. Bald nach seiner Rückkehr aus Berlin konzipierte er als neuer Landessekretär der mecklenburgischen SPD ein dreiseitiges Rundschreiben, das die Kreis- und Ortsvereine über die auf der Konferenz gefassten Beschlüsse orientierte. Dabei ließen bewusst gewählte Formulierungen keinen Zweifel an seiner nach wie vor großen Distanz zur KPD. Wenngleich das Rundschreiben

---

[105] Einheitsdrang oder Zwangsvereinigung? Die Sechziger Konferenzen von KPD und SPD, S. 55 ff. und 106 ff. (alle Zitate ebd.). Vgl.: Geschichte der Landesparteiorganisation der SED Mecklenburg, S. 159 f.

[106] Einheitsdrang oder Zwangsvereinigung? Die Sechziger Konferenzen von KPD und SPD, S. 156 ff. (alle Zitate ebd.). Siehe Staritz: Die Gründung der DDR, S. 124 ff.; Bouvier: Sozialdemokraten unter sowjetischer Besatzung, S. 41; Müller/Mrotzek/Köllner: Die Geschichte der SPD in Mecklenburg und Vorpommern, S. 204 f.

zur gelegentlichen Durchführung gemeinsamer Veranstaltungen riet, wollte Jesse die organisatorische Selbständigkeit der Sozialdemokratie auf keinen Fall angetastet sehen.[107]

Nach der Sechziger Konferenz gewann der Druck auf die Sozialdemokraten fortwährend an Intensität. Die plötzlichen Verhaftungen nahmen zu, und es herrschte eine Atmosphäre der Angst. Auch Rostock bildete keine Ausnahme, zumal die kommunistischen Vereinigungsbestrebungen dort unter der Führung des SPD-Vorsitzenden Albert Schulz auf erbitterten Widerstand trafen. Dies blieb der sowjetischen Geheimpolizei, die von der KPD mit Informationen versorgt worden sein dürfte, nicht lange verborgen. Wie Schulz eines Morgens unter größten Vorsichtsmaßnahmen von seinem engen Freund und Stellvertreter, Alfred Starosson, vertraulich und aus erster Hand erfuhr, war der mit ihm schon in der Arbeiterjugend gemeinsam aktive Politiker am gestrigen Tag kurzfristig aufgefordert worden, sich am Abend bei der örtlichen Dienstelle des NKWD einzufinden:

»Wer zu dieser Polizei gerufen wurde, ging damals meistens mit sehr unguten Gefühlen dorthin. Zunächst habe man ihn in einem nur durch ein Talglicht erleuchteten Zimmer im Keller 2 Stunden warten lassen. Dann habe ihn ein NKWD-Offizier nach seiner Arbeit in der Partei und dann auch nach seinem Verhältnis zu dem ersten Vorsitzenden befragt[.] Schliesslich habe man ihn gefragt, ob er nicht anstelle von Albert Schulz erster Vorsitzender werden wolle. Sie würden es gern sehen und ihm dabei helfen, aber er müsse ihnen auch dabei helfen. [...] Am Schluss der Unterredung sagte man ihm, das sei eine ganz vertrauliche Besprechung gewesen. Wenn er die Vertraulichkeit breche, würde es ihm schlimm ergehen. Kein Mensch dürfe von dieser Unterredung erfahren.«[108]

Das Angebot war anrüchig, zugleich jedoch durchaus verlockend. Grundsätzlich überaus karrierebewusst, widerstand Alfred Starosson den Einflüsterungen der sowjetischen Besatzungsmacht vorerst. Am 6. Januar 1946 leitete er schließlich eine sozialdemokratische Mitgliederversammlung, die im ehemaligen Gewerkschaftshaus »Philharmonie« zusammenkam. Über der Bühne des nunmehr als Stadttheater dienenden Gebäudes hingen Bilder von August Bebel und Julius Leber. Auf die Traditionen der Partei verwies desgleichen Albert Schulz, der seine Freude darüber ausdrückte, dass sich die Sozialdemokraten nach dem Zweiten Weltkrieg erstmals wieder in der geschichtsträchtigen »Waffenschmiede der Rostocker Arbeiterschaft«[109] treffen durften.

---

107 MLHA, 10.32-1, 1, Bl. 136 ff.: Rundschreiben Nr. 30 des SPD-Landesvorstandes in Mecklenburg-Pommern, gez. Willy Jesse, 30. Dezember 1945.
108 Schulz: Erinnerungen (Typoskript), S. 95.
109 Volksstimme, 15. Januar 1946.

2.2 Die Gründung der SED als inszenierte Massenbewegung

Wie Schulz nach einer kurzen Ansprache von Wilhelm Höcker voller Stolz und im Hinblick auf die kommunistischen Bestrebungen ostentativ darlegte, umfasste die SPD in der Hansestadt ohne Warnemünde gegenwärtig 3.679 Mitglieder, wovon allein 789 Genossen bereits 25 Jahre oder länger »zur Fahne der Partei«[110] stehen würden. Zu dieser Gruppe rechnete auch die frühere Landtagsabgeordnete Margarete Ketelhohn. Sie hatte sich aus der aktiven Frauenarbeit der SPD weit gehend zurückgezogen, saß aber im Aufsichtsrat des Konsumvereins für Rostock und Umgebung.[111] Diese in Anbetracht der veränderten Zeiten überraschend enge Milieuverbundenheit konnte den Kommunisten, die sich von einem trotz strenger Einlasskontrollen in das Stadttheater gelangten Parteigänger unterrichten ließen, keineswegs gefallen.

Im Zentrum der Versammlung standen die momentanen Diskussionen über eine sozialistische Einheitspartei. Vor weit mehr als 1.000 Genossen, die abgesehen von ihrer Mitgliedskarte im Besitz einer persönlichen Einladung sein mussten, erklärte Albert Schulz in wohlbedachten Worten, er habe schon immer zu den Verfechtern einer geeinten und schlagkräftigen Arbeiterbewegung gezählt. Selbst aus Enttäuschung über die von der SPD-Reichstagsfraktion ab 1914 wiederholt vollzogene Bewilligung der Kriegskredite sei ihm eine Spaltung der Partei entgegen den Anstrengungen von Karl Liebknecht und Rosa Luxemburg niemals statthaft erschienen. Indem Schulz das Handeln dieser im kommunistischen Lager als Vorkämpfer der Revolution gefeierten Politiker unverhohlen in Frage stellte, würdigte er nicht nur die Gründungsgeschichte der KPD herab, sondern brachte darüber hinaus wenigstens implizit seinen Protest gegen die aktuelle Vereinigungsoffensive zum Ausdruck.[112] Etwas deutlicher, wenngleich nach wie vor aus taktischen Überlegungen verklausuliert las sich eine Entschließung, die Schulz zusammen mit Willy Jesse und womöglich in Anlehnung an Max Fechner[113] verfasst hatte. Ferner waren programmatische Ähnlichkeiten mit unlängst von Sozialdemokraten in Boizenburg und Güstrow verabschiedeten Dokumenten zu erkennen:

»Die am 6. Januar 1946 im Stadttheater zu Rostock tagende überfüllte, grosse Mitgliederversammlung der Ortsgruppe Rostock der Sozialdemokratischen Partei nimmt Kenntnis von den Vereinbarungen zwischen Vertretern der KPD und der SPD am 20. und 21. Dezember 1945 in Berlin.

---

110 Ebd.
111 VPLA, Rep. 291, 6, Bl. 56: Protokoll über die Gründungsversammlung des Konsumvereins für Rostock und Umgegend am 29. Dezember 1945 (Abschrift). Vgl. Woltemath, Käte: 4 x Deutschland... und keins für mich dabei, Teil 1, S. 263 ff.
112 MLHA, 10.31-1, 36, Bl. 282 f.: Erich Dinse, Rostock, an die KPD, Ortsgruppe Rostock, 14. Januar 1946; ebd., 2, Bl. 121 ff.: Erich Wiesner: Information über Rostock, 14. Januar 1946.
113 Der von Fechner zunächst in der »Täglichen Rundschau« veröffentlichte Aufsatz »Um die Einheit der Schaffenden« war einen Tag vor der Mitgliederversammlung in der »Volksstimme« zu lesen gewesen. Ähnlich wie die von Schulz und Jesse konzipierte Entschließung zog Fechner in seinem Text unter anderem eine Urabstimmung aller deutschen Sozialdemokraten in Betracht.

Die Versammlung ist sich einig darin, dass eine ehrliche und vertrauliche enge Zusammenarbeit beider Arbeiterparteien, die später durch die organisatorische Verschmelzung gekrönt werden muss, eine politische Notwendigkeit ist.
Die Verschmelzung der Arbeiterparteien kann aber nicht das Werk von Vorständen, Ausschüssen oder anderen Instanzen sein, da in einer demokratischen Partei der Wille der Mitglieder oberstes Gesetz sein muss. Deshalb muss eine durch Urabstimmung festgestellte Mehrheitsentscheidung der gesamten Parteimitgliedschaft Voraussetzung für eine wirkliche Einigung sein.
Eine Einigung, die diesen Namen verdient, kann auch nicht lediglich in einer Besatzungszone erfolgen. Eine solche Vereinigung würde die Zerschlagung der deutschen Sozialdemokratie herbeiführen, ohne die deutsche Arbeiterschaft zu einer Einheit zu verschmelzen. Sie würde die künftige Einigung der gesamten deutschen Arbeiterklasse mindestens erschweren, wenn nicht für lange Zeit unmöglich machen. Die Versammelten ersuchen deshalb den Zentralausschuss der Sozialdemokratischen Partei, gemeinsam mit dem Zentralkomitee der Kommunistischen Parte[i] möglichst rasch an der Beseitigung aller Widerstände zu arbeiten, die der Bildung reichseinheitlicher Parteien der Sozialdemokratie und der Kommunistischen Partei entgegenstehen.«[114]

Obwohl es mehrfach aufbegehrende Zwischenrufe in der sozialdemokratischen Mitgliederversammlung gegeben haben soll[115], wurde die nach der Rede von Albert Schulz zur Abstimmung gestellte und auch von Wilhelm Höcker begrüßte Entschließung einstimmig angenommen. Die SPD in Rostock hatte einen bemerkenswerten Coup gelandet, ohne dass er für Außenstehende unmittelbar erkennbar wurde. Am Schluss der Veranstaltung kam ein sowjetischer Hauptmann als Beobachter der Stadtkommandantur zu Schulz und gratulierte ihm zu der eindrucksvollen Willensbekundung seiner Partei. Zwar sprach der Offizier »ganz gut Deutsch«[116], aber seine Kenntnisse reichten offensichtlich nicht aus, um die Zielrichtung des sozialdemokratischen Votums in ihrer vollen Tragweite zu erfassen. Als indirekte Folge dieses Missverständnisses passierte die Entschließung, die von Schulz und Starosson an den SPD-Zentralausschuss übermittelt wurde[117], die sowjetische Pressezensur. Vier Tage später erschien sie auf der Titelseite der sozialdemokratischen »Volksstimme«.
Daneben veröffentlichte das Parteiblatt einen auf den ersten Blick bekräftigenden Artikel[118], relativierte jedoch die von Schulz vorgeschobene Einigung im Reichsmaßstab durch eine verzerrende Interpretation. Zudem war die Entschließung bei ge-

---

114 Schulz: Erinnerungen (Typoskript), S. 97 f.
115 MLHA, 10.31-1, 2, Bl. 121 ff.: Erich Wiesner: Information über Rostock, 14. Januar 1946.
116 Schulz: Erinnerungen, S. 101.
117 SAPMO-BArch, DY 28, II 2/11, Bl. 5: SPD, Kreis Rostock, gez. Albert Schulz und Alfred Starosson, an den Zentralausschuss der SPD, 9. Januar 1946.
118 Volksstimme, 10. Januar 1946.

nauerem Hinsehen mit wenigen, allerdings bedeutungsverändernden Abweichungen abgedruckt worden. So gab es keine »Widerstände«, sondern bloß »Hindernisse« bei der Bildung von reichseinheitlichen Parteien zu beseitigen, was schwerlich auf einen Übermittlungsfehler zurückzuführen war. Außerdem verwies die »Volksstimme« auf einen bereits einen Tag zuvor abgedruckten Beschluss der im Oktober 1945 mit der KPD geschlossenen Landesarbeitsgemeinschaft.

Wie die in diesem Gremium vertretenen SPD-Funktionäre, darunter neuerdings Carl Moltmann, Willy Jesse und Xaver Karl, den kommunistischen Unterhändlern parallel zu der Versammlung in Rostock zugestanden hatten, sollten die Vereinbarungen der Sechziger Konferenz »im beschleunigten Tempo« umgesetzt werden, was mit den gewaltigen Erfordernissen des Wiederaufbaus begründet wurde. Als vorbereitende Maßnahme ordnete die Landesarbeitsgemeinschaft unter anderem die Durchführung gemeinsamer Kreiskonferenzen an. Ebenfalls – im Unterschied zur überdies empfohlenen Schulungsarbeit – kaum durch das Abschlussdokument der Sechziger Konferenz gedeckt war die von Moltmann und seinen Genossen akzeptierte Verabredung, eine Zusammenkunft der führenden Kommunisten und SPD-Politiker auf Landesebene einzuberufen.[119]

Schon bevor die »Volksstimme« und bald darauf sogar das Zentralorgan der Sozialdemokratie über die von Albert Schulz im Stadttheater arrangierte Mitgliederversammlung berichten konnten[120], überschlugen sich in Rostock die Ereignisse. Während Willy Jesse nach außen als Befürworter der immer konkreter werdenden Vereinigung mit der KPD erscheinen konnte, sprachen sich am 7. Januar 1946 auf der Neptunwerft ungefähr 120 der 600 Belegschaftsmitglieder für die Schaffung einer Einheitspartei der Arbeiterschaft aus. Zu den Initiatoren der anfangs speziell in der kommunistischen Presse ausführlich gewürdigten Versammlung rechneten neben den KPD-Funktionären Paul Krüger und Max Pagel auch zwei Sozialdemokraten. Einer von ihnen war der Schmied Paul Traede, der sich einer von Krüger vorgetragenen Rede ohne Einschränkungen anschloss und seine Zuhörer in offener Wendung gegen den Ortsvereinsvorstand der SPD wissen ließ: »Sollte einer versuchen, diese Einheit abzuleugnen, dann werden wir über seinen Kopf hinweg die Einheitsfront herstellen.«[121] Wie deutlich zu Tage trat, wurde die von den Kommunisten mit aller Macht forcierte Parteienfusion auf der Neptunwerft weniger unter ideologischen als unter tages- und wirtschaftspolitischen Aspekten betrachtet. Dies galt auch für viele andere Betriebe. Im Vordergrund des Interesses standen die persönliche materielle Sicherheit und der Wiederaufbau des zerstörten Deutschland. Albert Schulz stellte Traede nach der Versamm-

---

119 Volksstimme, 8. Januar 1946 (Zitat ebd.).
120 Die Zeitung »Das Volk«, herausgegeben vom SPD-Zentralausschuss, druckte die von Schulz und Jesse verfasste Entschließung am 13. Januar 1946 auf ihrer Titelseite, wodurch sich der Chefredakteur schwere Vorwürfe der SMAD einhandelte. Siehe Müller: Sozialdemokratische Politik unter sowjetischer Militärverwaltung, S. 194; Löbe: Der Weg war lang, S. 268.
121 Volkszeitung, 10. Januar 1946.

lung unter bitteren Vorwürfen zur Rede. Derweil plante der örtliche KPD-Sekretär die propagandistische Auswertung der von Pagel zur Abstimmung gebrachten Gegenresolution. Über die Zeitungsberichterstattung hinaus sollten 300 Plakate mit dem Text der Entschließung bedruckt und in Rostock zum Aushang gebracht werden.[122]

Es dauerte nicht lange, bis Albert Schulz nach der Mitgliederversammlung von Oberstleutnant Kiritschenko zur Kommandantur beordert wurde. Dieser gehörte zu den ranghöchsten sowjetischen Offizieren in Rostock und war offenbar außer sich vor Wut. Er überschüttete Schulz mit Vorwürfen und ließ sein Gegenüber dementsprechend selten zu Wort kommen:

»Der Dolmetscher hatte alle Mühe, den prasselnden Redestrom zu übersetzen. Verräter an der Arbeiterklasse, war eines der Urteile über mich. Da wurde ich auch wütend und sagte dem Herrn nun auch meinerseits mit erhobener Stimme, er habe kein Recht, ein solches Wort gegen mich anzuwenden. Wenn er meinen Lebensweg kennen würde, müßte er sich selbst seiner Behauptung schämen. Meine eigene Erregung und meine scharfe und laute Stimme hatte[n] merkwürdigerweise eine beruhigende Wirkung auf den Oberstleutnant. Diese interessante Beobachtung habe ich auch später bei einem Wortwechsel mit anderen höheren Offizieren gemacht.«[123]

Wenige Tage später erhielt Schulz überraschend Besuch von drei Offizieren der Sowjetischen Militäradministration für Mecklenburg-Vorpommern. Eigens aus Schwerin angereist, versuchten sie Schulz zu überzeugen, dass er sich mit der am 6. Januar lancierten Entschließung politisch verrannt habe. Aber Schulz wies den von ihnen unterbreiteten Vorschlag zurück, seine Position durch eine selbstkritische Erklärung im Rundfunk zu revidieren. Die ungleich ruhiger als Kiritschenko auftretenden Offiziere insistierten nicht lange, sondern kehrten unverrichteter Dinge in die Landeshauptstadt zurück. Schulz hatte seine unangepasste Meinung vorerst behauptet, geriet dadurch jedoch vollends ins Visier der zu empfindlichen Repressionen neigenden Besatzungsmacht.[124]

Die Inszenierungen politischer Willensbekundungen nahmen kein Ende. Am 12. Januar 1946 publizierte die »Volksstimme« auf ihrer Titelseite einen Artikel, der über die Zusammenkunft auf der Neptunwerft informierte und zwei Tage zuvor im Parteiblatt der Kommunisten zu lesen gewesen war. Obendrein veröffentlichte das SPD-Organ eine harsche Kritik an der im Wesentlichen von Albert Schulz entworfenen und im Rahmen der Mitgliederversammlung im ehemaligen Gewerkschaftshaus verabschiedeten Entschließung. Wie es in dem polemischen Text ohne Angabe von

---

122 MLHA, 10.31-1, 36, Bl. 270: KPD, Stadtleitung Rostock, gez. [Joseph] Kurth, 1. Sekretär, an die KPD, Landesleitung Mecklenburg-Vorpommern, 8. Januar 1946. Über die Reaktion von Schulz berichtet glaubwürdig Pagel. VPLA, BPA SED Rostock, Erinnerungsbericht von Max Pagel, April 1969, V/5/211. Siehe auch Staritz: Die Gründung der DDR, S. 131 f.
123 Schulz: Erinnerungen, S. 102.
124 Siehe ebd., S. 102 f.

konkreten Beispielen hieß, beständen überall in den Organisationen der Sozialdemokratie und bei den Kommunisten rege Aktivitäten zur Schaffung einer gemeinsamen Partei. Letztlich könne die Einheit Deutschlands nur durch einen Zusammenschluss mit der KPD realisiert werden. Andernfalls mangele es den Sozialdemokraten an Schlagkraft, was alle Genossen einsehen müssten. Dies gelte auch für jene Kreise, die sich wie in Rostock »aus verschiedenen, wenig ernsten Motiven mit Entschließungen einer beschleunigten Durchführung der in Berlin gefaßten Beschlüsse«[125] entgegengestemmt hätten. Statt die Kräfte für die zum Schutz vor reaktionären Umtrieben dringend notwendige Vereinigung zu mobilisieren, würde die SPD in der Hansestadt die Wege dorthin verbauen, mindestens jedoch zu erschweren trachten.

Wer diesen Artikel, der sich konsequenterweise ausdrücklich hinter die jüngst mit der KPD in der Landesarbeitsgemeinschaft getroffenen Verabredungen stellte, geschrieben hatte, blieb im Dunkeln. Selbst der Chefredakteur der »Volksstimme« gab auf Nachfrage von Schulz vor, den Verfasser nicht zu kennen. Vielmehr sei der Abdruck von der Sowjetischen Militäradministration in Schwerin erzwungen worden. Wie Schulz später hörte, sollte der Aufsehen erregende Text aus der Feder des kommunistischen Remigranten Erich Glückauf stammen.[126]

Mit der Zeit traten die Meinungsverschiedenheiten im Vorstand der SPD in Mecklenburg-Vorpommern immer schärfer zu Tage. Zu den entschiedensten Befürwortern einer Vereinigung mit den Kommunisten rechnete der Parteivorsitzende Carl Moltmann. So hielt es der prominente Sozialdemokrat trotz seiner Vorbildfunktion in der gegebenen Situation für opportun, sich in einer gemeinsamen Rundfunksendung mit dem Landeschef der KPD, Kurt Bürger, für einen raschen Zusammenschluss der Arbeiterparteien stark zu machen.[127] Tags darauf, am 14. Januar 1946, kam der sozialdemokratische Landesvorstand zu einer bereits seit längerem anberaumten Sitzung zusammen. Wie Moltmann dem Gremium und vornehmlich seinen Kontrahenten Willy Jesse, Albert Schulz und Karl Moritz einreden wollte, gebe es in dem Vereinigungsprozess zwar mitunter Reibungen und Hemmungen, jedoch bestehe in prinzipiellen Fragen weitest gehend Einigkeit mit den Kommunisten. Dies gelte nicht zuletzt für den so wichtigen Grundsatz der innerparteilichen Demokratie. Infolgedessen setzte Moltmann auf die von der Landesarbeitsgemeinschaft mit der KPD für die nächste Woche geplanten parteiübergreifenden Funktionärskonferenzen, denen verabredungsgemäß gemeinschaftliche Mitgliederversammlungen folgen müssten. Falls der unabdingbare Zusammenschluss mit der »kommunistischen Bruderpartei« vorläufig noch nicht im Reichsmaßstab vollzogen werden könne, sollte die Einheit nach dem Willen von Moltmann auf jeden Fall trotzdem und zunächst in der Sowjetischen Besatzungszone herbeigeführt werden.

---

125 Volksstimme, 12. Januar 1946.
126 Siehe Schulz: Erinnerungen, S. 102.
127 Volksstimme, 15. Januar 1946.

Diese für die KPD überaus genehme Position ließ Schulz behutsam, aber dezidiert widersprechen. Erneut forderte er eine Urabstimmung und mit Hinweis auf Otto Grotewohl trat er darüber hinaus für die Einberufung eines sozialdemokratischen Reichsparteitages ein. Schließlich entschied sich der Landesvorstand für die einstimmige Annahme eines Kompromissvorschlages. Diese Resolution umfasste im Kern drei Punkte, wurde den Einwänden von Schulz jedoch kaum gerecht. Lediglich das Vorhaben, im Februar einen Landesparteitag durchzuführen, lag auf seiner Linie. Dagegen musste ihm die Perspektive, die Entscheidung über einen Zusammenschluss mit den Kommunisten nötigenfalls einem auf die SBZ beschränkten Parteitag zu überlassen, ebenso zuwiderlaufen wie die nicht sonderlich weit reichende Bekundung, eine »Verschmelzung der Parteien auf örtlicher oder provinzialer Grundlage« abzulehnen. Wie zu Recht vermutet werden konnte, hatte sich Moltmann mit seinem an Opportunismus grenzenden Einheitskurs durchgesetzt. Dass Schulz der Resolution zustimmte, war in Anbetracht seiner vorherigen Argumentation überraschend. Womöglich fürchtete der zweifache Familienvater die Zwangsmaßnahmen der Besatzungsmacht, die pointiertere Stellungnahmen kaum noch zuließen, oder das über die kontroverse Sitzung vorliegende Protokoll verschleierte die Auseinandersetzungen, um die kritisch denkenden Landesvorstandsmitglieder zu schützen.[128]

Unterdessen hatten sich die in der Polizei von Rostock tätigen Kommunisten und Sozialdemokraten für den Zusammenschluss ihrer Organisationen ausgesprochen[129], und eine gemeinsame Versammlung der in der SPD oder KPD eingeschriebenen Arbeiter und Angestellten der Stadtverwaltung wünschte sich am 16. Januar 1946 einstimmig »die baldige endgültige Vereinigung der beiden Arbeiterparteien«. So verkündete es jedenfalls die Presse – und zwar sowohl die »Volkszeitung« der Kommunisten als auch die »Volksstimme«. Das SPD-Blatt wurde zu diesem Zeitpunkt allerdings bereits mit Hilfe der Besatzungsmacht weit gehend von der KPD auf Kurs gehalten. Mittlerweile war es an der Tagesordnung, dass Artikel aus der »Volkszeitung« in dem sozialdemokratischen Parteiorgan erschienen. Dies galt nicht zuletzt für den Bericht über die Versammlung der städtischen Beschäftigten. Wenigstens kam eine leicht gekürzte Fassung zum Abdruck, in der besonders ehrenrührige Passagen vermutlich kaum allein aus Platzgründen ausgespart wurden: Dem Original zufolge hatte der zum Stadtrat in Rostock avancierte und mit Albert Schulz eng befreundete Sozialdemokrat Paul Schwanke die zur Debatte stehende Einheitsresolution angeblich unter Berufung auf Wilhelm Pieck und Jossif Stalin zur Annahme empfohlen. In der praktisch gleichgeschalteten »Volksstimme« war dagegen immerhin noch zu lesen, dass Schulz nach Reden von Otto Kuphal und Walter Petschow das Wort erhalten hatte, um sich von der auf sein Betreiben am 6. Januar gefassten Entschließung zu distanzieren.[130]

---

128 Siehe Malycha: Auf dem Weg zur SED, S. 257 ff. (beide Zitate ebd.).
129 Volksstimme, 15. Januar 1946.
130 Volkszeitung, 17. Januar 1946; Volksstimme, 19. Januar 1946 (Zitat ebd.).

Das Gegenteil entsprach den Tatsachen. Albert Schulz beharrte nicht nur auf seine Meinung, sondern er sorgte zudem planmäßig für ihre Verbreitung. Unter Umständen ging eine Rundfunkmeldung aus Hamburg, die über die Entschließung vom 6. Januar informierte, sogar auf seine Initiative zurück. Laut einer Aktennotiz der SPD in der Elbmetropole suchte in diesen Wochen ein von Schulz beauftragter Genosse das Parteisekretariat auf. Der Gewährsmann hieß August Lenz und ließ die sozialdemokratischen Funktionäre in Hamburg wissen: »Die Zustände in der russischen Besatzungszone werden von Tag zu Tag katastrophaler. Der Genosse Schulz bittet Euch, alles zu tun, um den schweren Kampf der SPD zu unterstützen.« Sowohl die Kommunisten als auch die Offiziere der Sowjetischen Militäradministration würden »einen rücksichtslosen Druck« auf die Sozialdemokratie ausüben. Jedwedes Rundschreiben müsse der Zensur vorgelegt werden. Die Erlaubnis zur Vervielfältigung werde lediglich »in einer völlig veränderten Form« erteilt, so dass »wir unseren Genossen nicht sagen können, wie wir unsere Politik führen wollen«. Ferner hatte die KPD-Leitung nach der Auskunft von Lenz eine vollständige Mitgliederliste der Sozialdemokraten angefordert. Als Schulz diese verweigert habe, sei ihm offen mit der Besatzungsmacht gedroht und die Herausgabe letztlich erzwungen worden. Obendrein verständen es die Kommunisten, sich die Bevölkerung durch die gezielte Gewährung von persönlichen Vorteilen gefügig zu machen. Außer auf die Zuteilung von Radiogeräten verwies Lenz, dessen Frau die Rostocker Entschließung in einem Korsett über die Grenze geschmuggelt hatte, auf die Zusage von Wohnungen oder Siedlungsstellen als wirkungsvolles Instrument kommunistischer Politik.[131]

Unter dem Leitgedanken »Der Weg zur einheitlichen Arbeiterpartei« fanden am 20. Januar 1946 die ersten neun von insgesamt 19 Kreiskonferenzen der KPD und SPD in Mecklenburg-Vorpommern statt. Die übrigen Zusammenkünfte folgten sechs Tage später. Eine Ausnahme stellte Wismar dar. Hier kam es nicht zu einer Kreiskonferenz. Ohne die Gründe für dieses erstaunliche Phänomen zu nennen, erklärte die auffällig um die Kaschierung von politischen Differenzen bemühte »Volksstimme« ihrer Leserschaft, dass sich die dortigen sozialdemokratischen Funktionäre bereits im Vorfeld zu einer größeren und einträchtigen Tagung mit den Kommunisten getroffen hätten.[132]

Die Kreiskonferenz der Funktionäre beider Parteien in Rostock wurde nicht von dem SPD-Vorsitzenden Albert Schulz, sondern durch seinen Stellvertreter Alfred Starosson bestritten. Für die Kommunisten sprach Kurt Herholz, der den Sozialdemokraten Hans Pollok im November 1945 aus der Position des FDGB-Landesvorsitzenden verdrängt hatte. Am Ende stand die einstimmige Verabschiedung einer Resolution. Sie sah die unter Kommunisten und Sozialdemokraten gleichberechtigte Vertei-

---

131 AdsD, SPD-Landesorganisation Hamburg, 495: »Russ. Zone 07/7«, »Aktennotiz P/Wö«, Hamburg, 29. Januar 1946 (alle Zitate ebd.).
132 Volksstimme, 28. Januar 1946.

lung der kommunalen Verwaltungsämter vor und plädierte für die Schaffung einer geeinten Arbeiterpartei im ganzen Reich.[133]

Unterdessen trat Albert Schulz in Waren auf. Sein Gegenspieler in der hiesigen Kreiskonferenz war der Remigrant Karl Mewis. Wie so viele der in Mecklenburg-Vorpommern an führender Stelle tätigen Kommunisten stammte er nicht aus dem Landesgebiet. Ab 1940 hatte er die Auslandsleitung der KPD in Stockholm geführt, wo er mit dem ehrgeizigen Funktionär Herbert Wehner aneinander geriet. Schließlich kam Mewis nach Deutschland zurück. Dort arbeitete er seit 1945 als Sekretär der kommunistischen Landesleitung in Mecklenburg-Vorpommern.[134]

Auf der Konferenz in Waren skizzierte Albert Schulz im ersten Teil seines Referats die Geschichte der Arbeiterbewegung seit dem Auslaufen des Sozialistengesetzes. Dabei ließ er keinen Zweifel daran, wen er für die 1916/17 vollzogene Spaltung der Sozialdemokratie verantwortlich machte. Auch im weiteren Verlauf seiner Rede setzte Schulz seine implizite, aber deutlich genug erkennbare Kritik an der kommunistischen Politik fort. Wie er betonte, hatte er sich im Juni 1945 nach dem SMAD-Befehl über die Zulassung der Parteien vorgenommen, den bis 1933 erbittert geführten »Bruderkampf« mit den Kommunisten zu überwinden. Dieses Vorhaben, das übrigens den Genossen in Frankreich und Norwegen misslungen sei, bezeichnete Schulz als »historische Aufgabe der deutschen Arbeiterklasse«, zumal im »Mutterland des Sozialismus«, das eine Vorbildfunktion für die internationale Arbeiterbewegung habe. Aus diesem Grund müsse der Zusammenschluss mit der KPD sorgsam und zum Beispiel durch gemeinsame Wahlprogramme vorbereitet werden, andernfalls würden eine Vertiefung der Spaltung und ein Sieg der politischen Reaktion drohen.

Die letzte Forderung war dem Abschlussdokument der Sechziger Konferenz entnommen, und auch im Folgenden berief sich der stets für Parteidisziplin werbende Schulz auf die ihm größtenteils zusagenden Vorgaben des sozialdemokratischen Zentralausschusses. Laut dem jüngsten Rundschreiben aus Berlin konnte die an sich begrüßenswerte Schaffung einer Einheitspartei nur durch jeweils von KPD und SPD getrennt einzuberufende Parteitage für ganz Deutschland beschlossen werden. Bis dahin müsste die Selbständigkeit der beiden Organisationen unbedingt erhalten bleiben. Mit solchen Formulierungen handelte sich Schulz, der zudem vor einer bloßen »Fassade der Einheit« warnte, den Zorn der aus Moskau angeleiteten Kommunisten ein. Dementsprechend angespannt war die Atmosphäre, als der aufgebrachte Karl Mewis das Rednerpult betrat und zu einer Gegenrede ansetzte.[135]

---

133 Volksstimme, 22. Januar 1946. Vgl.: Geschichte der Landesparteiorganisation der SED Mecklenburg, S. 171.
134 Siehe Müller-Enbergs/Wielgohs/Hoffmann: Wer war wer in der DDR?, S. 575 f.; Scholz: Herbert Wehner in Schweden, besonders S. 189; Leugers-Scherzberg: Die Wandlungen des Herbert Wehner, S. 42 ff. und 67 ff.
135 MLHA, 10.33, 10, Bl. 17 ff.: Bericht über die Kreiskonferenz aller Funktionäre beider Parteien am 20. Januar 1946 in Waren/Müritz (alle Zitate ebd.). Volkszeitung, 22. Januar 1946.

»Ich kann mir vorstellen, dass die ersten Ausführungen des Gen. Schulz die anwesenden Kommunisten nicht gerade erfreut haben«, begann Karl Mewis seine mit Angriffen gegen Schulz gespickte Rede. »Die Ausführungen über die Ereignisse während des 1. Weltkrieges müssen auf jeden Kommunisten so wirken, als wäre er verantwortlich gemacht für die Ursache der Spaltung … Ich glaube, so dürfen wir nicht arbeiten.« Statt im Gegenzug den Versuch einer differenzierten Analyse zu unternehmen, erklärte Mewis das Auseinanderbrechen der Arbeiterbewegung pauschal durch karrieristische Interessen und andere »bürgerliche Einflüsse«, die sich in der Sozialdemokratie ausgebreitet und ihr staatstragendes Handeln nach 1914 bestimmt hätten. Als Korrektiv zu der vermeintlich von Schulz präferierten Republik formal-demokratischer Prägung entwarf Mewis das Modell einer »Volksherrschaft«. Diese Staatsform ziele auf die Beseitigung der kapitalistischen Trusts, die Lenkung der öffentlichen Meinung durch die Presse sowie auf die Ausschaltung von bürgerlichen Parteien, selbst wenn diese eine Mehrheit besäßen. Wie Mewis sodann darlegte, hoffte auch er auf die Schaffung eines geeinten Deutschland, zumal die Arbeiter und Bauern der Sowjetunion ihre Väter und Söhne »lieber heute wie morgen« heimkehren lassen würden. Um dieses Ziel zu erreichen, müsse der Vereinigungsprozess mit der SPD beschleunigt werden. Dadurch erhalte die Besatzungsmacht und darüber hinaus die ganze Welt ein Zeugnis von dem Aufbauwillen des deutschen Volkes. Im Zuge dieser Argumentation kam es Mewis zupass, dass sich Carl Moltmann in jüngster Zeit wiederholt für einen zunächst auf die Sowjetische Besatzungszone beschränkten Zusammenschluss der Arbeiterparteien ausgesprochen hatte.

So musste Schulz auf der Kreiskonferenz in Waren gegen den Standpunkt seines Landesvorsitzenden argumentieren – ein in Anbetracht der zahlreichen Kommunisten und prokommunistischen Sozialdemokraten, die sich in der Diskussion zu Wort meldeten, nicht gerade leichtes Unterfangen. Trotzdem gelang Schulz zusammen mit dem Vorsitzenden der SPD in Waren, Carl Müller, die einstimmige Annahme einer Resolution. Der Text forderte zwar eine »baldige Vereinigung« der beiden Parteien, lehnte jedoch eine lediglich für die SBZ gültige Fusion ab.[136]

Unabhängig davon hatte während der Kreiskonferenz in Rostock eine traurige Nachricht die Aufmerksamkeit auf sich gezogen. Der erst vor knapp drei Monaten nach dem Weggang von Christoph Seitz berufene Oberbürgermeister der Hansestadt, Otto Kuphal, war nur wenige Stunden vor der Veranstaltung überraschend gestorben. Während der Bürgermeister Walter Petschow die Geschäfte der Stadt für eine Weile allein führte, entspann sich besonders in Parteikreisen eine lebhafte Diskussion über die Frage, wer die Nachfolge des seinerzeit ohne hinreichende Rücksprache mit der SPD eingesetzten Kuphal antreten könnte. Da sowohl Petschow als auch der Landrat von Rostock, Erwin Kruse, ein kommunistisches Parteibuch besaßen, kristallisierte

---

136 MLHA, 10.33, 10, Bl. 17 ff.: Bericht über die Kreiskonferenz aller Funktionäre beider Parteien am 20. Januar 1946 in Waren/Müritz (alle Zitate ebd.).

Kapitel V • Als Sozialdemokrat in der SED (1945/46–1949)

sich bald heraus, dass lediglich ein Sozialdemokrat als neuer Oberbürgermeister denkbar war. Letztlich fiel die Wahl auf Albert Schulz, obwohl sich dieser wie unlängst in Waren massiv gegen die Vereinigung mit der KPD stemmte.

Von dem zufällig in Rostock weilenden Willy Jesse und besonders von dem sozialdemokratischen Ortsvereinsvorstand zur Übernahme des verantwortungsvollen Amtes gedrängt, beriet sich Albert Schulz mit Wilhelm Höcker und Carl Moltmann und nicht zuletzt mit seiner Frau Emmi, deren Meinung ihm am Herzen lag. Mit dem Wechsel in den Verwaltungsdienst war der bei der Bevölkerung angesehene Schulz in Zukunft einem intensiveren Engagement in der SPD entzogen. Bereits vor den Kreiskonferenzen hatte er nach den Worten eines kommunistischen Beobachters unter der Hand verlauten lassen: »Sollte die Einheit kommen, dann mache ich nicht mehr mit, ich ziehe mich dann von der politischen Arbeit zurück und gehe in die Verwaltung.«[137] Derartige Überlegungen mögen auch die in Personalfragen stets zu konsultierende Besatzungsmacht bewogen haben, die bemerkenswerte Kandidatur zu billigen. Schließlich entledigte sich die SMAM mit dem fortan als Oberbürgermeister tätigen Schulz eines kritischen Politikers, zählte er doch zu den hartnäckigsten Gegnern der angestrebten Parteienfusion.[138]

Nach den Kreiskonferenzen, die in ähnlicher Form in der gesamten Sowjetischen Besatzungszone durchgeführt wurden, derart gebündelt aber nur in Mecklenburg-Vorpommern stattfanden[139], war der Weg zu der von der KPD propagierten Einheitspartei der Arbeiterschaft kürzer als mancher Sozialdemokrat erwartet hatte. Am 9. Februar 1946 berichtete die »Volksstimme« über die Bildung eines gemeinsamen »Landesorganisationsausschusses für die Einheitspartei«. Dieses Gremium beruhte auf einer Initiative der Vorstände von KPD und SPD in Mecklenburg-Vorpommern und stellte eine Vertiefung der bisherigen Landesarbeitsgemeinschaft dar. Zu den Aufgaben des Ausschusses zählte es vor allen Dingen, sämtliche organisatorischen Maßnahmen für den baldigen Zusammenschluss der beiden Arbeiterparteien vorzubereiten.[140]

Unterdessen kamen Kurt Schumacher und Otto Grotewohl in Braunschweig zusammen. Die Kluft zwischen den beiden Spitzenrepräsentanten der Sozialdemokratie verhinderte eine konstruktive Besprechung. Für Schumacher lag die Einberufung eines Reichsparteitages weiterhin außerhalb des Vorstellbaren. Ihm ging es in erster Linie um die Behauptung freiheitlich-demokratischer Positionen. Selbst eine wenigstens taktische Unterstützung des unter starkem Druck stehenden Zentralausschusses lehnte Schumacher nach wie vor strikt ab. Vielmehr legte er Grotewohl nahe, die SPD

---

137 MLHA, 10.31-1, 2, Bl. 121 ff.: Erich Wiesner: Information über Rostock, 14. Januar 1946.
138 Volksstimme, 22. und 24. Januar 1946; Volkszeitung, 21. Januar 1946. VPLA, BPA SED Rostock, Erinnerungsbericht von Walter Schultz, Dezember 1975, V/5/611. Siehe Schulz: Erinnerungen, S. 103 f.
139 Siehe Müller: Sozialdemokratische Politik unter sowjetischer Militärverwaltung, S. 195 ff.
140 MLHA, 10.32-1, 3, Bl. 266 ff.: Gründungsurkunde des Landesorganisationsausschusses von SPD und KPD, handschriftlich datiert auf den 8. Februar 1946. Volksstimme, 9. Februar 1946.

2.2 Die Gründung der SED als inszenierte Massenbewegung

in der Sowjetischen Besatzungszone aufzulösen und somit die kommunistischen Pläne zu durchkreuzen.

Ganz ähnlich argumentierte Gustav Dahrendorf am 10. Februar 1946 in Berlin, als sich der SPD-Zentralausschuss mit Carl Moltmann und den übrigen vier Landes- beziehungsweise Bezirksvorsitzenden der Sozialdemokratie in der Sowjetischen Besatzungszone traf. Während der von Schumacher enttäuschte und zugleich von den Kommunisten wie von der Besatzungsmacht bedrängte Otto Grotewohl nunmehr für eine sofortige Vereinigung mit der KPD eintrat, hielt Dahrendorf an der Hinhaltetaktik des Zentralausschusses fest. Die von emotionsgeladenen Tumulten begleitete zweitägige Sitzung endete schließlich mit dem auch von Moltmann unterstützten Beschluss, die Parteienfusion am kommenden Osterfest zu vollziehen.[141]

Zu denjenigen Genossen, die wie Schumacher oder Dahrendorf eine Auflösung der Partei grundsätzlich befürworteten, gehörte auch Albert Schulz. Allerdings war er Realist genug, um zu wissen, dass ein solcher Beschluss die Gegenwehr der sowjetischen Besatzungsmacht hervorgerufen hätte. Nach dem Eindruck von Schulz wurde die SPD ohnehin bereits längst von den Kommunisten und der SMAD »wie von einem Polypen«[142] umklammert, besaß also kaum noch die Freiräume, um eine derart eigenständige Politik zu betreiben.

Am 24. Februar 1946 tagte in Schwerin eine Landesdelegiertenkonferenz, die sich aus je 400 gewählten Vertretern der KPD und SPD in Mecklenburg-Vorpommern zusammensetzte. Die Konferenz sollte Geschlossenheit und parteiübergreifende Sympathie demonstrieren, und ging auf eine im Vorfeld der Kreiskonferenzen von der Landesarbeitsgemeinschaft getroffene Verabredung zurück. Unklar blieb, nach welchen möglicherweise undemokratischen Prinzipien die Wahl der Delegierten vonstatten gegangen war.[143]

Eine nach einer inszeniert anmutenden Aussprache einstimmig angenommene Entschließung sah die Verschmelzung von KPD und SPD zu einer vereinten marxistischen Arbeiterpartei vor. Alle organisatorischen und politischen Vorbereitungen für die Konstituierung dieser angeblich »im nationalen Interesse« liegenden Sozialistischen Einheitspartei Deutschlands sollten in Mecklenburg-Vorpommern vom Landesorganisationsausschuss getroffen werden. Neben der Schaffung eines gemeinsamen Parteihauses sollte die Verschmelzung der beiden ohnehin kooperierenden Zeitungsverlage angegangen werden. Selbst Vorschläge für personelle Veränderungen in den Verwaltungen vom Gesichtspunkt der Einheitspartei waren schon erwünscht, was Carl Moltmann, der das Schlusswort sprach, offensichtlich begrüßte. Für ihn gab

---

141 Siehe Staritz: Die Gründung der DDR, S. 127 ff.; Weber: Geschichte der DDR, S. 78 f.
142 Schulz: Erinnerungen, S. 110.
143 MLHA, 10.32-1, 3, Bl. 254: Der Landesvorstand der SPD sowie die Landesleitung der KPD in Mecklenburg-Vorpommern an den Vorsitzenden des Zentralausschusses der SPD, Genosse Otto Grotewohl, unterzeichnet »mit sozialistischen Grüßen«, 2. Februar 1946. Vgl. dagegen Müller: Sozialdemokratische Politik unter sowjetischer Militärverwaltung, S. 197 f.

es keinen Druck oder Zwang. Die Beschlüsse der Landesdelegiertenkonferenz seien vielmehr allesamt »aus Liebe zur Arbeiterschaft« gefasst worden. Einer solchermaßen »von unten« vorangetriebenen und in Teilen der sozialdemokratischen Parteimitgliedschaft befürworteten Vereinigung mit der KPD standen Albert Schulz und seine Gesinnungsgenossen weitest gehend machtlos gegenüber, zumal die Argumente der Einheitsbefürworter eine gewisse Anziehungskraft besaßen.[144]

In den folgenden Wochen kamen in Mecklenburg-Vorpommern allerorten sozialdemokratische oder gemeinsam mit der KPD anberaumte Versammlungen zustande. Sie dienten hauptsächlich der Information über die von der Landesdelegiertenkonferenz gefasste Entschließung. Zudem wurden die auf Zonenebene erarbeiteten Grundsätze und Ziele der Sozialistischen Einheitspartei bekannt gegeben.[145]

Im Zuge der in den meisten Fällen allein zur Akklamation einberufenen lokalen Veranstaltungen sprach der zweite Sekretär des KPD-Zentralkomitees, Walter Ulbricht, am 15. März 1946 zunächst am Nachmittag in der Kantine der Neptunwerft, bevor er abends eine öffentliche Kundgebung im Stadttheater von Rostock bestritt. Diese Zusammenkunft nahm der anerkannte und deshalb beispielgebende Sozialdemokrat Alfred Starosson zum Anlass für eine kommunistenfreundliche Begrüßungsansprache. Nachdem er bereits am Ende des vorigen Monats ohne erkennbaren Grund vorgeschlagen hatte, das in der Hansestadt alsbald zu schaffende SED-Kreissekretariat im sozialdemokratischen Parteibüro und somit im einstigen Gebäude der traditionsreichen Mecklenburgischen Volks-Zeitung einzurichten, konnten seine der Rede von Ulbricht vorangestellten Ausführungen kaum noch überraschen. Der bis vor kurzem eng mit Albert Schulz befreundete Starosson gehörte seit jenen Tagen zu den beinahe leidenschaftlichen Verfechtern der Einheitspartei, auch wenn die SEPD, so die anfangs gängige Abkürzung, vorerst nur in der Sowjetischen Besatzungszone gegründet werden sollte.[146]

Besonderes Gewicht erhielten die einheitsbefürwortenden Äußerungen von Alfred Starosson durch seine neue Position als Orts- und Kreisvorsitzender der SPD in Rostock. Weil Albert Schulz als Oberbürgermeister eingebunden war, hatte Starosson diese beiden traditionell verkoppelten und nicht mit einem kommunalpolitischen Spitzenamt zu vereinbarenden Funktionen in den ersten Februartagen übernommen. Dieser Personalwechsel dürfte von Schulz gebilligt worden sein, auch wenn sich der Sinneswandel von Starosson bereits angedeutet hatte.[147]

Gemäß einer Verabredung des sozialdemokratischen Zentralausschusses mit der KPD-Führung sollte die Gründung der Sozialistischen Einheitspartei vorderhand in

---

144 Volksstimme, 25. Februar 1946 (beide Zitate ebd.). Siehe Schulz: Erinnerungen, S. 98.
145 Einheitsdrang oder Zwangsvereinigung? Die Sechziger Konferenzen von KPD und SPD, S. 260 ff. Siehe außerdem Bouvier: Sozialdemokraten unter sowjetischer Besatzung, S. 42.
146 Volksstimme, 18. und 19. März 1946. Für die Überlegungen von Starosson zur räumlichen Unterbringung des SED-Kreissekretariats siehe: Volksstimme, 24. Februar 1946.
147 Volksstimme, 19. März 1946. Siehe auch Schulz: Erinnerungen, S. 110 f.

sämtlichen Ländern und Provinzen der SBZ auf getrennt einzuberufenden Parteitagen für gut befunden werden. Dementsprechend traten am 24. März 1946 in ganz Mecklenburg-Vorpommern sozialdemokratische Kreiskonferenzen zusammen, um die Vertreter der SPD für die alsbald paritätisch zu bildenden Kreisvorstände der Einheitspartei zu wählen und den ersten Landesparteitag der mecklenburgischen Sozialdemokratie seit 1931 vorzubereiten.[148]

Am Tag der insgesamt 20 Kreiskonferenzen, die jeweils von kommunistischen Parallelveranstaltungen mit identischer Tagesordnung begleitet wurden, erschien in dem zentralen SPD-Organ »Das Volk« ein offener Brief, der sich mahnend an die Sozialdemokraten in Berlin richtete. Als Verfasser nannte das Blatt den Landesvorstand der SPD in Mecklenburg-Vorpommern, namentlich Carl Moltmann, Xaver Karl, Alfred Starosson und Herbert Säverin, aber auch die dezidierten Einheitsgegner Willy Jesse und Karl Moritz. Der Name von Albert Schulz fehlte hingegen unter dem für eine umgehende Fusion mit den Kommunisten werbenden Schreiben, das nicht verhindern konnte, dass es in der viergeteilten Stadt am 31. März 1946 zu einer Urabstimmung innerhalb der Sozialdemokratie kam. Zwar stand die Mehrheit der Befragten einer loyalen Zusammenarbeit der beiden Arbeiterparteien durchaus positiv gegenüber, zugleich votierten jedoch immerhin 82 Prozent der an der Wahl teilnehmenden Sozialdemokraten aus den Westsektoren von Berlin gegen einen sofortigen Zusammenschluss mit der KPD.[149]

Unterdessen konstituierten sich in Mecklenburg-Vorpommern die ersten Kreisvereine der Sozialistischen Einheitspartei. Damit handelten die Sozialdemokraten und Kommunisten getreu der Entschließung der inzwischen einen Monat zurückliegenden Landesdelegiertenkonferenz. Auf die Vereinigung in Stralsund am 25. März 1946 folgte das Zusammengehen der beiden Arbeiterparteien in Ueckermünde, Bergen auf Rügen, Waren, Schönberg, Demmin, Schwerin und Greifswald. Es herrschte ein beträchtlicher Konformitätsdruck. Die Vielzahl der einheitsbejahenden Willensbekundungen erzeugte genauso wie die Freie Deutsche Jugend, die Antifaschistischen Frauenausschüsse oder die übrigen der sich fortschrittlich gerierenden Massenorganisationen ein Meinungsklima, dem sich wahrscheinlich speziell die erst um die Jahreswende in die SPD eingetretenen Parteimitglieder nur schwerlich entziehen konnten. In der Regel mangelte es ihnen im Unterschied zu dem in der Arbeiterbewegung tief verwurzelten Albert Schulz und manch einem seiner politischen Weggefährten an disziplinierter Organisationstreue sowie an ideologischer Schulung. Aber selbst die unter der Ägide von Schulz einstmals so widerständige SPD in Rostock entschied sich auf einer Vorstandssitzung am 2. April 1946, die Fusion mit den Kommunisten noch im Zuge

---

148 MLHA, 10.32-1, 1, Bl. 187 f.: Rundschreiben Nr. 3 des SPD-Landesvorstandes in Mecklenburg-Vorpommern, gez. Willy Jesse, 6. März 1946. Volksstimme, 15. und 25. März 1946.
149 Das Volk, 24. März 1946. Siehe Miller/Potthoff: Kleine Geschichte der SPD, S. 178; Weber: Geschichte der DDR, S. 80.

der laufenden Woche zu vollziehen – was der SPD-Landessekretär Willy Jesse unverzüglich an die Sowjetische Militäradministration meldete.[150]

Am 7. April 1946 trat die Sozialdemokratie in Mecklenburg-Vorpommern zu ihrem ersten Parteitag zusammen. Die zirka 800 Delegierten tagten im Lichtspieltheater »Capitol«, das inmitten von Schwerin lag. Über der Bühne des Kinos hingen großformatige Porträtdarstellungen von Karl Marx und Friedrich Engels sowie von Rudolf Breitscheid und Ernst Thälmann, die vom NS-Regime zu Tode gequält worden waren. Auch die Bilder von Wilhelm Pieck und Otto Grotewohl hatten diesen exponierten Platz bekommen. Die Porträts jener Staatsmänner, die wie Friedrich Ebert, Otto Braun oder Carl Severing seit jeher von der KPD als rechtssozialdemokratisch diffamiert wurden, fehlten hingegen in dieser parteiübergreifenden Traditionsgalerie. Als Zeichen der ideologischen Verbundenheit war im nur unweit entfernt gelegenen mecklenburgischen Staatstheater eine beinahe identische Dekoration zu sehen. Dort tagten seit dem Vortag die Kommunisten, die eine zwanzigköpfige »Ehrendelegation« in das »Capitol« entsandt hatten.

Nach der Begrüßung durch Carl Moltmann hielt der Erste Vizepräsident der Landesverwaltung, der Kommunist Johannes Warnke, eine kurze Ansprache auf dem SPD-Parteitag: »Von nun ab heißt es nicht mehr Kommunist und Sozialdemokrat, sondern nur noch Sozialist!«, wies er seine vermutlich lediglich der Presse zufolge geradezu frenetisch applaudierenden Zuhörer an. Gleichwohl waren nicht wenige Delegierte offenbar in gelöster Stimmung, weil sie viele alte Bekannte aus der Zeit vor 1933 wieder sahen. Dann gab Willy Jesse den Geschäftsbericht des Vorstandes, wobei der SPD-Landessekretär die Traditionen und Werte seiner Partei herausstellte. Für die Kommunisten und die Beobachter der Militäradministration musste es eine ungeheure Provokation sein, wenn Jesse couragiert von der Gesinnungstreue der mecklenburgischen Sozialdemokraten sprach und mit Franz Starosson, Julius Asch, Wilhelm Kröger und Johannes Stelling zudem vier oftmals von der KPD befehdete, aber inzwischen verstorbene Funktionäre würdigte. Dieses selbst vom NS-Regime nicht restlos zu vernichtende Erbe der Sozialdemokratie galt es nach der Überzeugung von Jesse zu bewahren, und zwar in einer kämpferischen Demokratie, in der Meinungs- und Pressefreiheit sowie Rechtssicherheit nicht bloß »Wortgeklügel und Phrase« seien. Immerhin würden die materiellen und politischen Hoffnungen »der breiten Massen des deutschen Volkes« nach wie vor auf den Sozialdemokraten ruhen. Dies ergebe sich aus dem anhaltenden Mitgliederzustrom und müsse seinen Niederschlag in der Sozialistischen Einheitspartei finden. Im Grunde wünschte sich Jesse, die numerische Überle-

---

150 Volksstimme, 27. März 1946. Siehe Müller/Mrotzek/Köllner: Die Geschichte der SPD in Mecklenburg und Vorpommern, S. 215; Erinnerungen und Dokumente aus der Zeit der Vereinigung der KPD und SPD zur SED, S. 149. Für die Vorgänge in Rostock: MLHA, 10.32-1, 1, Bl. 207: Willy Jesse an die Sowjetische Militäradministration, z. Hd. Oberst Arkadi D. Serebriski, 3. April 1946. Zu dem Aspekt des Konformitätsdrucks siehe die treffende Analyse von Staritz: Die Gründung der DDR, S. 130 f.

genheit der SPD nach dem nicht mehr abzuwendenden Zusammenschluss mit den Kommunisten in politische Dominanz umsetzen zu können.

Solche kaum verhohlen kritischen, gleichwohl von der »Volksstimme« wiedergegebenen Bemerkungen ließ der nachfolgende Redner nicht von sich hören. Die von Carl Moltmann eröffnete Aussprache über die beiden Referate verlief einförmig und ohne an die Öffentlichkeit dringende Proteste. Zuvor hatte die Versammlung die seitens der Sozialdemokratie in den Vorstand der Sozialistischen Einheitspartei zu entsendenden 20 Funktionäre gewählt. Derart unbequeme, weil ihrer sozialdemokratischen Gesinnung treue Politiker wie Willy Jesse, Albert Schulz oder Karl Moritz wurden zwar berücksichtigt, andere Genossen, die vor wenigen Monaten noch im SPD-Landesvorstand gesessen hatten, fehlten jedoch. Überdies wurde eine von Alfred Starosson verlesene Entschließung gebilligt. Demnach trat der Landesparteitag für die sofortige Fusion mit der KPD ein und hieß die politische Haltung des Zentralausschusses uneingeschränkt gut. Als Delegierte für den zonenweiten Parteitag, der gemäß einer zentralen Verabredung mit den Kommunisten in zwei Wochen in Berlin stattfinden und endgültig über die Vereinigung entscheiden sollte, wurden auf Vorschlag der Mandatsprüfungskommission »mit einigen Abänderungen« insgesamt 46 Personen benannt. Zu dieser Gruppe zählte neben Carl Moltmann, Willy Jesse, Alfred Starosson und Wilhelm Höcker auch Albert Schulz, insgesamt nahezu alle der in Mecklenburg-Vorpommern besonders prominenten Sozialdemokraten.[151]

Gerade einmal vier Stunden benötigten die Sozialdemokraten für ihre Verhandlungen. Dann zogen ungefähr 550 Kommunisten, die ihre Beratungen im Staatstheater abgeschlossen hatten, mit roten Fahnen und die »Internationale« singend ins »Capitol« ein. Sie mischten sich unter die sozialdemokratischen Delegierten. Obwohl es zu tumultartigen Szenen gekommen sein mag, und manche Sozialdemokraten das Lichtspielhaus aus Protest verließen, eröffnete Xaver Karl die im Vorwege arrangierte Zusammenkunft mit freundschaftlichen Worten. Als Erstes informierte er die Repräsentanten der KPD über den soeben von der Sozialdemokratie gefassten Vereinigungsbeschluss. Der weitere Verlauf der Veranstaltung war eine Formsache und stand einmal mehr im Zeichen der politischen Inszenierung. Schließlich verlas der nunmehr ebenso wie Moltmann zu den willfährigen Einheitsbefürwortern rechnende Karl eine Resolution, die einstimmig angenommen wurde und die Gründung der Sozialistischen Einheitspartei in Mecklenburg-Vorpommern besiegelte.[152]

Analoge Beschlüsse wurden auf den zeitgleich versammelten Parteitagen in den übrigen vier Ländern und Provinzen der Sowjetischen Besatzungszone gefasst. Wäh-

---

151 Volksstimme, 8. April 1946 (alle Zitate ebd.). MLHA, 10.32-1, 1, Bl. 8 ff.: Protokoll des Landesparteitages der SPD am 7. April 1946 im »Capitol« in Schwerin (Entwurf). Vgl. Schulz: Erinnerungen, S. 111; Stunnack: Willy Jesse, S. 63 ff.; Winkler: Erinnerungen an die Vereinigung der beiden Arbeiterparteien in Rostock, S. 47.
152 Volksstimme, 8. April 1946. Vgl.: Geschichte der Landesparteiorganisation der SED Mecklenburg, S. 205 ff.; Stunnack: Willy Jesse, S. 65.

rend sich Willy Jesse noch gemeinsam mit dem Kommunisten Bernhard Quandt bereit fand, die Schaffung der neuen Partei feierlich auf dem Marktplatz von Schwerin zu verkünden, war Albert Schulz am nächsten Tag zwar bei der konstituierenden Sitzung des SED-Landesvorstandes zugegen, beteiligte sich jedoch kaum an den hauptsächlich um Organisationsfragen kreisenden Beratungen. Den Vorsitz in dem wie geplant paritätisch aus Kommunisten und Sozialdemokraten gebildeten Gremium bekamen Kurt Bürger und Carl Moltmann übertragen. In das Sekretariat, das unter erneuter Wahrung der zahlenmäßigen Gleichheit als geschäftsführende Instanz eingerichtet wurde, rückten abgesehen von den beiden Parteivorsitzenden sowie von Quandt und Jesse noch acht weitere Genossen ein. Unabhängig davon schien »Landes-Zeitung« ein geeigneter Name für das rasch ins Leben zu rufende Organ der Sozialistischen Einheitspartei zu sein. Denn immerhin sollte das zugleich als amtliche Zeitung der Landesverwaltung gedachte Blatt die angestrebte und im Laufe der Jahre immer enger werdende Verquickung von Staats- und monopolitischer Parteiorganisation befördern.[153]

Obwohl Albert Schulz ein gültiges Mandat hatte, blieb er dem zentralen SPD-Parteitag am 19. und 20. April 1946 in Berlin fern. Die an den beiden folgenden Tagen nach dem erprobten Muster vollzogene zonenweite Vereinigung der beiden ungleichen Arbeiterparteien ließ sich ohnehin nicht mehr verhindern. Nach dem Parteitag verbrannten ungezählte SPD-Mitglieder wie 1933 nach der Machtübernahme der Nationalsozialisten gezielt politisches Material, das unter den neuen Verhältnissen für sie oder für einen Parteifreund gefährlich werden konnte. Zudem sahen allein in Mecklenburg-Vorpommern etwa 20.000 Genossen davon ab, ihre Registrierung in die Sozialistische Einheitspartei zu beantragen. Auch der in den zentralen Vorstand der SED gewählte Willy Jesse war voller Misstrauen und begründeter Zweifel. Nebenbei versuchte er allem Anschein nach, ein Kraftfahrzeug, das dem SPD-Landesvorstand gehörte, auf sich umschreiben zu lassen.[154] Wesentlich stärker trieb ihn jedoch die Bewahrung sozialdemokratischer Positionen um. Gleiches galt für den niedergeschmetterten Schulz. Als die beiden Funktionäre mit einer Hand voll zuverlässiger Genossen zusammensaßen und über das weitere Vorgehen berieten, hörten sie zu ihrer Freude, dass Kurt Schumacher für einige Tage in Berlin sei. Jesse fuhr kurz entschlossen hin und kam mit einer klaren Parole zurück: Die Sozialdemokraten in der Sowjetischen Besatzungszone sollten nach den Vorstellungen des künftigen Vorsitzenden der West-SPD in Amt und Funktion bleiben, solange ihnen nichts zugemutet würde, dessen sich ein Sozialdemokrat schämen müsste.[155]

---

153 MLHA, 10.34-1, 8, Bl. 3 ff.: »Sitzung des Landesvorstandes der S.E.P.D. am 8. April 1946« (Protokoll Nr. 1). Volksstimme, 8. April 1946.
154 MLHA, 10.32-1, 1, Bl. 212: »Lo./Me.« an die Sowjetische Militäradministration in Schwerin, ohne Unterschrift, vermutlich 9. April 1945.
155 Siehe Schulz: Erinnerungen, S. 111; Stunnack: Willy Jesse, S. 59 f. und 66; Müller: Sozialdemokratische Politik unter sowjetischer Militärverwaltung, S. 204.

3 Kommunalpolitik unter schwierigen Bedingungen: Tätigkeit als Oberbürgermeister von Rostock

3.1 Aufbauarbeit in einer zerstörten Stadt

Die letzten beiden Monate der Zwangsvereinigung, wie Gustav Dahrendorf die Vorgänge in der Sowjetischen Besatzungszone in einer zeitgenössischen Schrift zu Recht nannte[156], erlebte Albert Schulz aus der Perspektive eines teilnehmenden Beobachters. Während er mit der Kreiskonferenz in Waren noch ein Fanal gegen den Zusammenschluss der beiden Arbeiterparteien gesetzt hatte, verzichtete er nach seiner Ernennung zum Oberbürgermeister von Rostock zumindest in der Öffentlichkeit auf derart kritische Töne. Zwar blieb Schulz ein dezidierter Gegner der von den Kommunisten vorangetriebenen Parteienfusion, aber sein repräsentatives Amt verlangte trotz der Umstände ein gewisses Maß an Neutralität. Gleichzeitig gewann Schulz durch seine Tätigkeit als Stadtoberhaupt neuen politischen Handlungsspielraum, den es nicht durch allzu forsches Auftreten zu gefährden galt. Denn immerhin ermöglichte das Oberbürgermeisteramt die mehr oder weniger verdeckte Umsetzung sozialdemokratischer Politikvorstellungen, selbst als die einstige KPD-Führung mit Unterstützung aus Moskau begann, die sowjetisch besetzte Zone in einen diktatorischen Staat zu transformieren.

Gegen die Berufung von Albert Schulz zum Nachfolger von Otto Kuphal gab es nicht bloß auf Seiten der KPD tief greifende Vorbehalte. Während etliche Kommunisten in Rostock noch Tage später ihr Erstaunen über die unerwartete Personalentscheidung zum Ausdruck brachten, zugleich jedoch auf eine klassenbewusste Amtsführung hofften[157], wurde Schulz kurz vor seiner Ernennung von Johannes Warnke zur Sowjetischen Militäradministration nach Schwerin beordert. Der Erste Vizepräsident der Landesverwaltung verlor keine unnötigen Worte, sondern führte seinen Gast zu Generalmajor Michail A. Skossyrew, der sich nach dem bisherigen Lebensweg von Schulz erkundigte. Hauptsächlich interessierte sich der zum Chef der SMAM avancierte Skossyrew für die Herkunft seines Gegenübers. Dabei war es nahe liegend, dass Warnke ihn schon längst über den Oberbürgermeisterkandidaten informiert hatte. Also berichtete Schulz von seiner Kindheit in einem sozialdemokratischen Elternhaus und seiner Zeit als Maschinenbauer auf der Neptunwerft, bevor ihn Skossyrew nach seiner Haltung zur Vereinigung mit der KPD fragte:

»Ich sagte ihm, daß ich die politische Spaltung der Arbeiterbewegung immer für ein Unglück gehalten hätte. Eine vertrauensvolle Zusammenarbeit beider Parteien sei notwendig, ihre Krönung müsse die gemeinsame Partei sein. Ich hielt allerdings

---

156 Siehe Dahrendorf: Der Mensch das Maß aller Dinge, S. 89 ff.
157 MLHA, 10.31-1, 36, Bl. 289: Bericht [der KPD in Rostock] über die Stimmung in der Bevölkerung, eingegangen bei der kommunistischen Landesleitung am 15. Februar 1946.

nichts von einer Vereinigung, die aus zwei Arbeiterparteien drei Parteien mache. Als der sehr gute russische Dolmetscher ihm diesen Satz übersetzt hatte, sah ich, wie er stutzte. Er fragte nach. Meine Antwort lautete, nach der geplanten Vereinigung nur in der Zone würde es in Deutschland die SPD, die KPD in der Westzone und eine dritte gemeinsame Partei, deren Namen ich noch nicht kenne, in der Zone geben. Eine Vereinigung der Arbeiterbewegung müsse aber ganz Deutschland umfassen, wenn sie sinnvoll und haltbar sein solle.«[158]

Offenbar hatte sich Generalmajor Skossyrew mit einer solch dezidiert sozialdemokratischen Position bislang nicht hinreichend auseinander gesetzt. Doch selbst angesichts dieses offenen Affronts gegen die KPD wies er Warnke am Ende der Unterredung an, Schulz zum Oberbürgermeister einzusetzen. Von dem Protokoll oder Stenogramm, das während des Gespräches auf Betreiben von Skossyrew entstand, bekam Schulz nie etwas zu sehen, obwohl er den sowjetischen Befehlshaber um eine Abschrift bat.[159]

Die feierliche Bestallung von Albert Schulz fand am 1. Februar 1946 im großen Festsaal des Rathauses von Rostock statt. Für die Stadtkommandantur nahm Oberstleutnant Kiritschenko an der Veranstaltung teil. Der sowjetische Offizier erwähnte die zurückliegenden Differenzen mit Schulz, würdigte ihn aber zugleich als einen wertvollen Mann. Sodann brachte neben dem Landespräsidenten Wilhelm Höcker auch Willy Jesse, der als Repräsentant der mecklenburgischen Sozialdemokratie angereist war, seine Freude darüber zum Ausdruck, dass sich die antifaschistischen Parteien mit der Person von Schulz nicht bloß auf einen befähigten, sondern überdies auf einen in der Stadt verwurzelten Oberbürgermeister verständigt hatten. In diesem Sinne äußerten sich ferner Alfred Starosson und der Kommunist Josef Schares, die jeweils im Namen des Kreis- und Ortsvereinsvorstandes ihrer Partei sprachen. Genauso wie später Bürgermeister Walter Petschow konnte es der seitens der KPD-Landesleitung instruierte Schares jedoch nicht lassen, die Vorzüge einer geeinten Arbeiterbewegung herauszustellen. Für die CDU gratulierte Siegfried Witte, und der LDP-Vertreter Paul Friedrich Scheffler schloss sich dieser Rede ohne Einschränkungen an. Dabei war die in der Hansestadt noch junge liberale Partei im Vorfeld der Zeremonie mit ihrem Ansinnen gescheitert, künftig mindestens zwei Stadtrat-Posten besetzen zu dürfen. Besonders der von der LDP ersuchte Johannes Warnke hatte jedwede Kooperationsbereitschaft vermissen lassen, was die Liberalen zu einer Beschwerde beim Landespräsidenten veranlasste.[160] Dennoch gehörte keiner der insgesamt drei neuen Stadträte, die der ebenfalls für eine baldige Parteienfusion werbende Höcker nach einigen Dankesworten von Schulz in die Ämter einführte, der in der städtischen Verwaltung deutlich unterreprä-

---

158 Schulz: Erinnerungen (Typoskript), S. 101 f.
159 Siehe ebd., S. 102.
160 MLHA, 6.11-11, 199: LDP, Landesverband Mecklenburg-Vorpommern, an den Landespräsidenten Wilhelm Höcker, 24. Januar 1946.

sentierten LDP an. Der fortan in Rostock für Wirtschaftsfragen verantwortlich zeichnende Kaufmann Walter Kleesaat hatte 1933 kurz als Deutschnationaler im Landtag von Mecklenburg-Schwerin gesessen und war nach dem Zweiten Weltkrieg der CDU beigetreten. Während der ebenso kommunal- wie landespolitisch bewanderte Sozialdemokrat Paul Schwanke die Kämmerei übernahm, avancierte mit Lothar Wegener ein erst unlängst zur KPD gestoßener Politiker zum Leiter der Hauptverwaltung.[161]

Mit Albert Schulz bekleidete ein durch Fleiß, Glück und Ehrgeiz sukzessive in der sozialen Hierarchie aufgestiegener ehemaliger Werftarbeiter das Oberbürgermeisteramt. Er stammte zwar aus der Arbeiterschaft, fühlte sich jedoch der gesamten Bevölkerung von Rostock verpflichtet und war nach den Worten von Willy Jesse »eine Persönlichkeit von unbestechlicher Sauberkeit, Charakterfestigkeit und politischer G[e]radlinigkeit«[162]. Diese in der Tat vorhandenen Eigenschaften, die sich mit einem ausgeprägten Gerechtigkeitssinn verbanden, konnte der qua Amt in den Aufsichtsrat der Neptunwerft berufene Schulz[163] gut für seine neue Aufgabe brauchen, denn wie zahllose andere deutsche Städte befand sich Rostock schon vor dem endgültigen Zusammenbruch des NS-Regimes am Ende seiner wirtschaftlichen Kräfte. Wie prekär es um die Lage in der Hansestadt bestellt war, verdeutlichten die umfassenden Tätigkeitsberichte, die Schulz regelmäßig an die Landesverwaltung zu übermitteln hatte.

Inzwischen zählte Rostock nach kriegsbedingten Verlusten wieder mehr als 100.000 Einwohner, was nicht zuletzt auf einen breiten Zustrom von Flüchtlingen beruhte.[164] Trotz bescheidener Fortschritte bereiteten fehlende Transportmittel der Stadtverwaltung ähnlich große Probleme wie der chronische Mangel an Baustoffen. Eine spürbare Entlastung in der Verkehrsfrage konnte nach Ansicht von Schulz nur über die Reaktivierung der oftmals von der Besatzungsmacht demontierten und ansonsten unter Waggonknappheit leidenden Eisenbahnlinien erreicht werden. Überdies wurden Gummi-Reifen, andere Ersatzteile und Treibstoff für Personen- und Lastkraftwagen gebraucht. Was den Wiederaufbau anbetraf, hoffte Schulz auf den Erfolg der von ihm anberaumten systematischen Enttrümmerung. Die aus den zahlreichen Häuserruinen zu bergenden Steine, Metalle und übrigen Wertstoffe sollten allesamt vertrauenswürdigen örtlichen Firmen zugute kommen. Mit nicht minder dringlichen Herausforderungen sah sich Schulz auf dem Gebiet des Einzelhandels konfrontiert. Die Schwarzmärkte blühten und drohten zudem, die infolge des Krieges ohnehin getrübte Arbeitsmoral der Einwohnerschaft zu brechen. Während es darüber hinaus an Brennstoffen wie Holz oder Braunkohle mangelte, war die Situation im Gesundheitswesen vergleichsweise erfreulich. Mit Ausnahme von Typhus ging

---

161 Volksstimme, 2. und 4. Februar 1946; Volkszeitung, 2. Februar 1946. Siehe auch Schulz: Erinnerungen, S. 105.
162 Volksstimme, 2. Februar 1946.
163 Siehe Stahl: Neptunwerft, S. 191 f.
164 Siehe Elsner: Rostock, S. 138; Möller: Wunder an der Warnow?, S. 273.

selbst die Zahl der zum Ausbruch gekommenen Infektionskrankheiten dank gezielter Hygiene- und Desinfektionsmaßnahmen beständig zurück. Als erklärter Gegner der nach kommunistischen Maßstäben eingeleiteten Bodenreform konnte Schulz in seinen Tätigkeitsberichten ferner nicht umhin, ausführlich auf die allgegenwärtigen Schwierigkeiten im Agrarbereich einzugehen. Bisweilen kam es sogar vor, dass mit der Landarbeit überforderte Neubauern die ihnen zugeteilte Parzelle an die zuständige Bodenreformkommission zurückgaben.[165]

Bald nachdem Albert Schulz seinen Dienst als Oberbürgermeister von Rostock angetreten hatte und somit die Verantwortung für anfangs knapp 2.000 Mitarbeiter trug[166], wurde er zum ersten Mal zur Sowjetischen Militäradministration für Mecklenburg-Vorpommern bestellt. Die Anweisung hatte den Charakter eines Befehls und erreichte ihn durch einen beinahe nächtlichen Anruf der Stadtkommandantur am Vorabend. In Schwerin traf Schulz auf seinen Genossen Wilhelm Höcker, der ihn beruhigte: »Du bist ja erst einige Tage im Amt, Du kannst ja noch gar keine Dummheiten gemacht haben.«[167] Doch bis es zu einem Gespräch mit Generalmajor Michail A. Skossyrew kam, vergingen mehrere Stunden. Erst am Nachmittag wurde Schulz vorgelassen, und der Offizier erkundigte sich umständlich nach den Verhältnissen in Rostock. Am Schluss der Begegnung war Schulz irritiert. Er hatte kaum immer exakt antworten können, da es ihm an Einarbeitungszeit für sein Oberbürgermeisteramt fehlte. Überdies hielt er das Gerede von Skossyrew über die Zukunft von Rostock als Industrie- und Hafenstadt des Nordens für »leeres Stroh«[168], wobei er nicht begriff, warum er dafür nach Schwerin zitiert worden war. Aber Höcker hatte inzwischen erklärende Informationen parat. Während Schulz in der Landeshauptstadt ausharren musste, war überraschend eine Delegation englischer und amerikanischer Journalisten für eine Besichtigungstour nach Rostock gekommen. Auf diese Weise ließ sich eine an sich zum Programm gehörende Unterredung mit dem als kritisch bekannten sozialdemokratischen Stadtoberhaupt zuverlässig verhindern. Stattdessen konnten die Besucher mit dem linientreuen Kommunisten Walter Petschow sprechen. Gedankenvoll fuhr der von der Besatzungsmacht ausgespielte Schulz in die Hansestadt zurück.

Die Sowjetische Militäradministration bediente sich nicht allein solcher verhältnismäßig harmloser Finten, sondern ihr waren viele Mittel zur ideologischen Überwachung recht. Im Vorfeld der Zwangsvereinigung erhielten mit Schulz bekannte Sozialdemokraten häufiger den Auftrag, vertrauliche Dossiers über die politische Gesinnung des Oberbürgermeisters anzufertigen. Wenn sich die in der Regel mehr zur Denunzia-

---

165 MLHA, 6.11-11, 2056 und 2057: Tätigkeitsberichte des Oberbürgermeisters von Rostock, 6. Februar bis 12. März 1946.
166 AHR, 2.1.0., 774: Monatliche Personalstandsmeldung der Stadtverwaltung von Rostock an den Präsidenten des Landes Mecklenburg-Vorpommern, Abteilung für Innere Verwaltung, Personalamt, von Februar bis August 1946.
167 Schulz: Erinnerungen, S. 105.
168 Ebd., S. 106.

tion gedrängten als bereiten Genossen zu erkennen gaben, kam es mitunter vor, dass Schulz ihnen Entwürfe für ihre bei der Besatzungsmacht einzureichenden Berichte verfasste.[169]

Knapp vier Wochen nach dem Dienstantritt von Albert Schulz, am 25. Februar 1946, wurde die seit den letzten Kriegstagen für die Studentenschaft geschlossene Universität Rostock in einem feierlichen Akt wiedereröffnet. Nach vielen weiteren Personen des öffentlichen Lebens erhielt Albert Schulz das Wort für eine kurze Grußadresse. Die Universität umfasste vorerst eine theologische, philosophische, landwirtschaftliche sowie eine juristische Fakultät und sollte sich nach dem Willen von Schulz zu einem Ort der geistigen Freiheit entwickeln. Besonders die Arbeiterschaft müsse sich das Lehrangebot der Ausbildungsstätte zu Nutze machen können. Doch solche Wunschvorstellungen kollidierten mit den Interessen der Besatzungsmacht, wobei sich der neue Rektor als zuverlässiger Partner der Sowjetischen Militäradministration erwies.[170]

Unterdessen beobachteten die Kommunisten mit wachsendem Ärger, wie sich Albert Schulz bemühte, die Spitze der ihm unterstellten Stadtverwaltung zu einem Netzwerk sozialdemokratischer Funktionsträger auszubauen. Vornehmlich der Bürgermeister Walter Petschow hatte allen Grund zum Verdruss. Der KPD-Politiker war bereits seit der Aufnahme seines Dienstes im November 1945 ohne eigenes Aufgabengebiet, und Schulz machte anfangs keinerlei Anstalten, diese von seinem Vorgänger zu verantwortende Situation zu verändern. Erst nach reiflicher Überlegung entschloss sich Schulz letztlich doch zu einer Revision des Geschäftsverteilungsplanes. Dabei spielte er die Interessen der Kommunisten bewusst gegeneinander aus. Zwar erhielt Petschow die Aufsicht über das Dezernat für Innere Verwaltung, im Gegenzug musste die KPD jedoch die Hauptverwaltung inklusive des wichtigen Personalamtes an den Oberbürgermeister abgeben. Insgesamt konnte Schulz mit der Zusammensetzung seines Magistrats zufrieden sein. Die sozialdemokratischen Stadträte, darunter Martin Müller und Paul Schwanke, waren zumindest seit der Amtszeit des verstorbenen Oberbürgermeisters Kuphal in der Mehrheit. Von den insgesamt elf Dezernatsleitern gehörten nur vier der KPD und fünf der SPD an. Die CDU vertrat Walter Kleesaat, und mit dem für Handel und Versorgung zuständigen Kaufmann Hans Griem war ein Stadtrat parteilos, bis er noch kurz vor der Zwangsvereinigung in die SPD eintrat.[171] (☞ Abb. 6, S. 202)

---

169 Siehe ebd., S. 99.
170 Volksstimme und Volkszeitung, jeweils 26. Februar 1946. Siehe Jakubowski/Urbschat: Die Universität Rostock in den Jahren 1945 bis 1952, S. 9 ff.
171 MLHA, 10.31-1, 2, Bl. 112 f.: Bericht über das Verhältnis der SPD zur KPD in der Stadtverwaltung Rostock im Hinblick auf die bevorstehende Einheitspartei, wahrscheinlich von Lothar Wegener, nach dem 11. März 1946 (Abschrift). AHR, 2.1.0., 753: Einteilung der Geschäftsbereiche der Stadtverwaltung Rostock, undatiert, beschlossen in der Ratssitzung am 3. April 1946. Zu Griem siehe: NL Albert Schulz: Erklärung von Albert Schulz über Hans Griem, 5. September 1951 (Abschrift).

Kapitel V • Als Sozialdemokrat in der SED (1945/46–1949)

Abb. 6: Albert Schulz als Oberbürgermeister mit Stadträten (1947). Von links: Paul Schwanke, Walter Petschow, [Richard Heuer], Günter Matern, Albert Schulz, [?], Martin Müller, Hans Griem, Heinreich Heydemann (Leiter des Rechtsamtes).

Gestützt auf diese relativ guten Ausgangsvoraussetzungen war Albert Schulz wie so oft in seinem Leben beinahe unablässig politisch aktiv. Für den fachkundigen Wiederaufbau der massiv zerstörten historischen Gebäude gewann Schulz die beratende Unterstützung des über die Grenzen seiner Geburtsstadt Rostock hinaus bekannten Architekten Heinrich Tessenow. Hinzu kam das ehrgeizige Projekt, die Straßenbahn bis in den Kurort Warnemünde und zuvor im Osten bis nach Dierkow zu verlängern, was gut zwei Jahre später auch gelang. Bereits jetzt war das Mobilitätsbedürfnis groß, denn pro Tag wurden rund 50.000 Fahrscheine verkauft. Um die Versorgung mit Brennstoffen zu verstetigen, entfaltete der Stadtrat Walter Kleesaat nach Rücksprache mit Schulz vielfältige Aktivitäten zur Nutzung der umfangreichen Torfvorkommen im Umland von Rostock. Jedem Haushalt sollten nach Möglichkeit 30 Zentner des Naturprodukts zustehen.[172]

Sämtliche dieser Beschlüsse wurden mit dem Stadtausschuss von Rostock abgestimmt. Das Gremium bestand seit dem 18. Dezember 1945 und ging zurück auf eine gemeinsame Initiative von KPD und SPD, die Albert Schulz und Josef Schares

---

[172] MLHA, 6.11-11, 2057: Tätigkeitsbericht des Oberbürgermeisters von Rostock, 12. März 1946; ebd., 2143: Bericht über das Jahr 1948, erstattet von dem Stadtverordnetenvorsteher Carl Kröger, ohne Datum, etwa Januar 1949. Volksstimme, 26. bis 28. März 1946.

noch mit dem mittlerweile nach Schwerin gewechselten Oberbürgermeister Christoph Seitz besprochen hatten. Vorerst oblagen dem Stadtausschuss allein beratende Aufgaben. Gebildet wurde er aus den Vertretern der vier existierenden Parteien. Die antifaschistischen Massenorganisationen hatten noch keinen Anspruch auf Berücksichtigung.[173]

Falls es sein musste, lieferte sich Albert Schulz während seiner Amtszeit als Oberbürgermeister langwierige Auseinandersetzungen mit den verschiedenen Fachabteilungen der Landesverwaltung, selbst wenn diese ausdrücklich im Auftrag der Sowjetischen Militäradministration agierten. Diese Erfahrung machte zum Beispiel der kommunistische Lokalfunktionär Walther Möller. Als sein an die Stadt Rostock gerichteter Antrag, etwa acht bis zehn Hektar Land für die Anpflanzung einer Obst- und Gemüseplantage zur Verfügung gestellt zu bekommen, ablehnend beschieden wurde, beschwerte er sich im April 1946 kurzerhand bei der Besatzungsmacht. Denn wie Möller in seinem empörten Schreiben darlegte, war die betreffende Fläche seines Wissens nicht als Bauland ausgewiesen, wie es der Magistrat behauptete. Zudem sollte die Plantage auch zur Ernährung seiner Familie dienen. Nicht zuletzt sah Möller dunkle Kräfte am Werk, die es freue, »uns K.P.D. Genossen am Aufbau zu hindern.«[174]

Der von der zuständigen sowjetischen Dienststelle umgehend verständigte Leiter der Abteilung für Innere Verwaltung, Johannes Warnke, erbat sich daraufhin von Oberbürgermeister Schulz eine nochmalige Überprüfung der von Möller auf intrigante Weise beanstandeten Entscheidung. Immerhin gebe es für die von der Stadtverwaltung als Begründung angeführten Bauvorhaben ohnehin kein Material. Aber Schulz konterte. Obschon die Landesverwaltung wiederholt nachfragte und auf die im Hintergrund wirkende Militäradministration verwies, blieb er hart. Die von Möller beanspruchte Fläche im Vorort Dierkow sei bereits teilweise verpachtet. Es handele sich jedoch nicht um so langfristige Nutzungsformen wie durch eine Obstplantage. Infolgedessen brauche der Magistrat kaum mit kostenintensiven Entschädigungsverfahren zu rechnen, falls er sich für die Realisierung der schon vor dem Zweiten Weltkrieg geplanten Bauprojekte entschließe. Diese Argumentation war stichhaltig, ließ jedoch gleichzeitig vermuten, dass Schulz kein sonderliches Interesse an der Begünstigung eines Kommunisten hatte. Am Ende gab die Landesverwaltung auf. Sie riet Möller, sich im umliegenden Landkreis nach geeigneten Flächen umzusehen.[175]

---

173 Siehe Rackow: Die Grundlagen der Kommunalpolitik der Stadt Rostock, S. 161.
174 MLHA, 6.11-11, 199: Walther Möller an die Landwirtschaftliche Abteilung der Sowjetischen Militäradministration für Mecklenburg-Vorpommern, z. Hd. Hauptmann [Sergej Iwanowitsch] Nebesny, 3. April 1946.
175 MLHA, 6.11-11, 199: Der Präsident des Landes Mecklenburg-Vorpommern, Abteilung für Innere Verwaltung, an den Oberbürgermeister Albert Schulz, 17. April 1946; ebd.: Der Oberbürgermeister von Rostock an den Präsidenten des Landes Mecklenburg-Vorpommern, Abteilung für Innere Verwaltung, 2. Mai 1946. Dort lagert auch die weitere Korrespondenz.

Kapitel V • Als Sozialdemokrat in der SED (1945/46–1949)

Im April 1946 betrieb Schulz die Einrichtung eines »Gemeinde-Notdienstes«. Die Idee für dieses Vorhaben ging mindestens bis auf das Jahr 1945 zurück. Sämtliche Einwohner der Hansestadt, ob männlich oder weiblich, im Alter zwischen 14 und 60 Jahren wurden verpflichtet, in ihrer Freizeit je nach Bedarf unentgeltliche Arbeit für das Gemeinwesen zu leisten. Zusätzlich konnten Kraftfahrzeuge, Zugtiere samt Wagen, Handkarren und sonstiges Arbeitsgerät angefordert werden. Bei Zuwiderhandlungen drohten Geldstrafen bis zu 150 Reichsmark oder ersatzweise Haft bis zu zwei Wochen. Ursprünglich hatte eine von Schulz gezeichnete öffentliche Bekanntmachung über den Gemeinde-Notdienst noch wesentlich härtere Sanktionen vorgesehen. Die in das Privatleben und die persönliche Freiheit der Menschen eingreifende, jedoch angesichts der zu bewältigenden Aufgaben notwendige Verordnung trat schließlich am 13. Juli 1946 mit sofortiger Wirkung in Kraft und sollte es vorerst bis zum Ende des nächsten Jahres bleiben.[176]

Zu dem für die Stadtverwaltung zuständigen Betriebsrat, der sich nach seiner Wahl im März 1946 aus je fünf Kommunisten und Sozialdemokraten sowie aus drei parteilosen Mitgliedern zusammensetzte[177], hatte Albert Schulz kein besonders gutes Verhältnis. Ein wesentlicher Streitpunkt war die Frage, ob die Angehörigen des Betriebsrates an den Sitzungen des Stadtrates teilnehmen dürften. Im April 1946 mit diesem Anliegen der Gewerkschafter konfrontiert, wies Schulz es vergleichsweise brüsk zurück. Obwohl er sich jahrelang dem Deutschen Metallarbeiter-Verband und dem Zentralverband der Angestellten verpflichtet gefühlt hatte, fehlte ihm für eine solche Forderung jegliches Verständnis. Ursächlich waren dabei nicht etwa die elitären Allüren eines Oberbürgermeisters, sondern grundsätzliche Überlegungen. Denn immerhin barg das von dem Betriebsratsvorsitzenden Karl Möller vorgetragene Ersuchen höchst problematische Konsequenzen. Sogar der Landesausschuss des FDGB musste auf Nachfrage eingestehen, dass sich der rigorose Standpunkt von Schulz mit den Bestimmungen des soeben von den Alliierten für ganz Deutschland erlassenen Betriebsrätegesetzes deckte.[178] Schließlich wurde Heinrich Heydemann eingeschaltet. Der einstige Bürgermeister von Rostock leitete seit seiner Entlassung aus der sowjetischen Haft das Rechtsamt der Hansestadt[179] und stellte sich auf die Seite von Schulz. Nach der Auffassung des promovierten Juristen Heydemann war das Ansinnen des Betriebsrates völlig abwegig.

---

176 AHR, 2.1.0., 83: Öffentliche Bekanntmachung des Oberbürgermeisters Albert Schulz, 5. April 1946. MLHA, 6.11-1, 178: Polizeiverordnung der Stadt Rostock betreffend den Gemeinde-Notdienst, gez. Der Oberbürgermeister Schulz, 13. Juli 1946 (Abschrift). Siehe Rackow: Zum Kampf um die Veränderung der Machtverhältnisse, S. 115.
177 Volksstimme, 7. März 1946.
178 AHR, 2.1.0., 589: FDGB, Verband öffentlicher Betriebe, gez. [Hans] Mahncke, an Betriebsrat Karl Möller, 14. Mai 1946. Siehe auch das Betriebsrätegesetz des Alliierten Kontrollrats in Deutschland vom 10. April 1946. In: Mielke/Rütters: Gewerkschaften in Politik, Wirtschaft und Gesellschaft, S. 131 ff.
179 Siehe Michelmann: Die Aktivisten der ersten Stunde, S. 329, Anm. 82.

3.1 Aufbauarbeit in einer zerstörten Stadt

In erster Linie verwies er auf die von Möller und seinen Kollegen angeblich wissentlich beförderte Gefahr einer Nebenregierung. Ein solches Unterfangen verfüge über keinerlei Rechtsgrundlage, ziele auf die systematische Kontrolle des Oberbürgermeisters und würde die Arbeitsleistung der städtischen Verwaltung wenn nicht aufzehren, so doch zum Schaden der Allgemeinheit beträchtlich mindern.[180]

In den letzten Apriltagen 1946 erhielt Albert Schulz, inzwischen Mitglied des Orts- und zusätzlich des Landesvorstandes der SED[181], ein Schreiben von der Landesverwaltung für Mecklenburg-Vorpommern, in dem ihn die Abteilung für Arbeit und Sozialfürsorge dringend ersuchte, mindestens 1.000 arbeitsunfähige Familien von Rostock in die angrenzenden Landgebiete umzusiedeln. Der auf diese Art frei werdende Wohnraum sollte von außerhalb kommenden Werftarbeitern als Quartier dienen. Im Hintergrund standen die Pläne der Sowjetischen Militäradministration, die Hansestadt zu einem bedeutenden Hafen- und Industriestandort auszubauen. Für Schulz kam ein derart rücksichtsloses Vorgehen nicht in Frage. Aufgebracht wandte sich der Oberbürgermeister an seinen alten Parteigenossen Wilhelm Höcker. Wie Schulz dem Landespräsidenten darlegte, würde die geforderte Zwangsumsiedlung schweres Leid für die Betroffenen mit sich bringen. Deswegen schlug er vor, nicht die alten und womöglich zeitlebens eng mit der Hansestadt verbundenen Menschen zu gängeln, sondern vielmehr die externen Arbeitskräfte in eilig zu schaffende Notunterkünfte unterzubringen. Höcker war über den sowjetischen Befehl lediglich unzureichend informiert, schaffte es aber, die radikalen Umsiedlungspläne zu vereiteln.[182]

Ebenso wie alle übrigen in Mecklenburg-Vorpommern tätigen Landräte und Oberbürgermeister wurde Albert Schulz im Juni 1946 zu einem Verwaltungslehrgang nach Kühlungsborn eingeladen. Die Leitung des im Einvernehmen mit der Sowjetischen Militäradministration konzipierten Seminars oblag dem Vizepräsidenten Johannes Warnke sowie dem zum Ministerialdirektor beförderten Sozialdemokraten Franz Ballerstaedt. Eine Absage war nur in sehr gut zu begründenden Ausnahmefällen möglich. So beschäftigte sich der anfangs überaus skeptische Schulz gemeinsam mit seinen Kollegen zehn Tage lang mit den Grundstrukturen der Verwaltung. Neben einer Vielzahl von Referaten, für die hauptsächlich die Führungskräfte der Landesverwaltung, aber auch sowjetische Offiziere oder die Teilnehmenden selbst verantwort-

---

180 AHR, 2.1.0., 589: Der Oberbürgermeister der Stadt Rostock, Albert Schulz, an den Betrieblichen Gewerkschaftsausschuss, 12. April 1946; ebd.: Heinrich Heydemann an den Oberbürgermeister, 3. Juni 1946.
181 AHR, 2.1.0., 38: SED, Ortsverein Rostock, gez. Walter Schultz und Rudolf Heyden, an den Oberbürgermeister Albert Schulz, 2. Mai 1946.
182 MLHA, 6.11-11, 199: Der Präsident des Landes Mecklenburg-Vorpommern, Abteilung für Arbeit und Sozialfürsorge, Landesarbeitsamt, gez. [Erwin] Rosenträger, an den Herrn Oberbürgermeister von Rostock, 26. April 1946 (Abschrift); ebd.: Der Oberbürgermeister der Stadt Rostock, gez. Albert Schulz, an den Herrn Präsidenten des Landes Mecklenburg-Vorpommern persönlich, 7. Mai 1946 (mit Bearbeitungsvermerk von Höcker). Siehe auch Schulz: Erinnerungen, S. 111.

lich zeichneten, standen Filmvorführungen und zwei gesellige Abende auf dem dicht gedrängten Programm.

Während des Verwaltungslehrganges wurden der Aufbau und die Aufgaben eines Personalamtes genauso besprochen wie das Polizeiwesen oder die Ordnung der kommunalen Finanzen. Dazu kam ein Vortrag über »Die Demokratie in der Sowjetunion«, und die gegenwärtige politische Lage wurde durch ein Mitglied des SED-Zentralvorstandes analysiert. Im Zuge der verschiedenen in Kühlungsborn geführten Diskussionen tat sich Albert Schulz besonders durch kritische Bemerkungen über die von der sowjetischen Besatzungsmacht stark beeinflusste Etatgestaltung hervor. Schon durch seine Zeit im Landtag von Mecklenburg-Schwerin gehörte dieses komplizierte Politikfeld zu seinen Spezialgebieten. Dies zeigte sich nach einem längeren Referat von Max Suhrbier, Ministerialrat in der Finanzverwaltung und LDP-Mitgründer.[183] Wie Schulz klar verständlich ausführte, waren die Ausgaben der Städte durch Wiederaufbauarbeiten an öffentlichen Einrichtungen oder ausgebombten Häusern immens hoch, die städtischen Einnahmen hingegen niedriger als je zuvor. Dafür müsse vor allen Dingen der zu Gunsten der Landesebene verschobene Finanzausgleich verantwortlich gemacht werden.

Trotzdem zeigte sich Albert Schulz in der Schlussbesprechung zufrieden mit dem Ergebnis des ersten Verwaltungslehrganges in Kühlungsborn. Im Hinblick auf die Zukunft wünschte er sich eine intensivere Beteiligung der Landräte und Oberbürgermeister bei der Erarbeitung von Gesetzesvorhaben oder Verordnungen. Der von zentraler Stelle gewünschte Personalabbau in den städtischen Verwaltungen sollte nach Meinung von Schulz im Interesse der Bevölkerung eingeschränkt, wenigstens aber bis auf die Zeit nach den für September anberaumten Gemeindewahlen in der SBZ verschoben werden. Bereits jetzt seien viele Einwohner verärgert, dass sie für kommunale Dienstleistungen lange anstehen müssten. Ferner bat Schulz freundlichst zu prüfen, ob nicht die oftmals aufwendigen Rücksprachen mit den sowjetischen Kommandanturen auf ein Mindestmaß beschränkt werden könnten.[184]

Ähnliche Lehrgänge folgten. Unter anderem kamen die Leiter der Personalabteilungen der kreisfreien Städte sowie ihre Kollegen aus den Landratsämtern in Kühlungsborn zusammen. Als Zulassungsvoraussetzung waren ein Lebenslauf samt Personalfragebogen in doppelter Ausfertigung und zudem ein drittes Exemplar in russischer Übersetzung einzureichen. Daneben hatte der jeweilige Dienstvorgesetzte eine persönliche und politische Beurteilung des Kandidaten zu verfassen. Während Albert Schulz zunächst beabsichtigte, den jahrzehntelangen parteilosen Beamten Richard

---

183 Siehe Wieden: Die mecklenburgischen Regierungen und Minister, S. 95 f.
184 MLHA, 6.11-11, 247: Der Präsident des Landes Mecklenburg-Vorpommern, Abteilung für Innere Verwaltung, gez. Johannes Warnke, an die Herren Landräte und Oberbürgermeister, 6. Juni 1946. Das Programm des Verwaltungslehrganges sowie Korrespondenzen, Referate und Mitschriften von Diskussionen liegen anbei. Siehe außerdem ebd., 248.

Methling auf das Seminar zu schicken, entschied er sich kurzfristig um: Sein enger sozialdemokratischer Parteifreund Heinrich Beese war überraschend aus der amerikanischen Kriegsgefangenschaft zurückgekehrt und von ihm prompt zum Personalreferenten berufen worden. Auf diese Weise gelang es zum Verdruss der Kommunisten, einen weiteren zuverlässigen Sozialdemokraten auf einer einflussreichen Position in der Stadtverwaltung von Rostock unterzubringen.[185]

Eines Abends, am 13. Juli 1946, als sich Albert Schulz in seiner Wohnung am Rande der Kröpeliner-Tor-Vorstadt aufhielt, bekam er die Nachricht, dass Willy Jesse im Laufe des Nachmittags verhaftet worden sei. Wie Schulz alsbald von der Frau des früheren sozialdemokratischen Landessekretärs erfuhr, hatte Jesse eine Vorladung zur Stadtkommandantur von Rostock erhalten. Weil seitdem jede Spur von ihm fehlte, hatte seine Ehefrau nach Schulz schicken lassen. Dieser kontaktierte umgehend Alfred Scholz, den Polizeichef der Hansestadt. Von Schulz über das mysteriöse Verschwinden von Jesse informiert, ersuchte der Kommunist Scholz die Besatzungsmacht widerstrebend um Auskunft. Die Offiziere auf der Stadtkommandantur zeigten sich zwar reserviert, ließen jedoch ungeachtet ihres Unmutes über die eigenmächtigen Nachforschungen des Oberbürgermeisters durchblicken, dass sich Jesse tatsächlich im Gewahrsam der sowjetischen Geheimpolizei befand. Genaueres, vor allem den Grund für die Verhaftung des Sozialdemokraten konnte Scholz zum Leidwesen von Schulz und der Familie von Jesse nicht in Erfahrung bringen.

Als Mitglied des vierzehnköpfigen Sekretariats beim SED-Landesvorstand zählte Willy Jesse zu den ersten Politikern in Mecklenburg-Vorpommern, die trotz ihrer exponierten politischen Funktion in Haft genommen wurden. Gerade in den letzten Wochen hatte Jesse immer öfter festgestellt, dass sich sein ehrgeiziges Vorhaben, sozialdemokratische Positionen in der SED zu bewahren, allenfalls durch schärfste Auseinandersetzungen mit den Kommunisten realisieren ließ. Am 15. Juli 1946 brachte Carl Moltmann die »traurige Mitteilung« von Jesses Verhaftung auf einer turnusmäßigen Sitzung des SED-Landesvorstandes zur Sprache. Wie er darlegte, hatte sich auch das Sekretariat bereits um eine Aufklärung des Vorfalls bemüht. Aber diese und sämtliche weiteren Initiativen waren erfolglos. Ob sich Schulz wiederholt mit seinen auf zentraler Ebene tätigen Genossen Otto Grotewohl und Erich W. Gniffke in Verbindung setzte oder sich der Parteivorstand der SPD in den Westzonen über Mittelsmänner an Moltmann wandte und ihn bat, seinen bescheidenen Einfluss geltend zu machen: Das Schicksal von Jesse blieb im Dunkeln. Aus dem Umfeld der SED-Führung, insbesondere von Wilhelm Pieck hieß es, Jesse habe als Spion mit den westlichen Besatzungsmächten kooperiert. Mit der Zeit, Schulz hatte 1947 im Landesvorstand der SED erfolgreich gegen den Ausschluss seines Freundes aus der Einheitspartei protes-

---

185 AHR, 2.1.0., 19: Der Präsident des Landes Mecklenburg-Vorpommern, Personalamt, an die Herren Oberbürgermeister und Landräte, 1. August 1946; ebd.: Telegramm des Oberbürgermeisters von Rostock an die Landesverwaltung, Personalamt, 5. August 1946.

tiert, mehrten sich die Gerüchte, und in der Tat konnte nicht sicher sein, ob Jesse überhaupt noch lebte.[186]

In dieser Atmosphäre der Gewalt und permanenten Rechtsunsicherheit fanden in Mecklenburg-Vorpommern am 15. September 1946 zeitgleich oder kurz nach den übrigen Ländern und Provinzen die ersten Gemeindewahlen in der Sowjetischen Besatzungszone statt. Die SED konnte mit dem Ergebnis zufrieden sein. Immerhin erzielte die Einheitspartei im Landesdurchschnitt fast 70 Prozent der Stimmen. Etwas schlechter fiel die Wahl aus der Perspektive vieler SED-Mitglieder in Rostock aus. Dort errang die Partei nur 30 der insgesamt 60 Sitze in der Stadtvertretung. Unterdessen kamen die Liberaldemokraten mit 17 Mandaten auf ein im Vergleich zu ihrem Abschneiden auf Landesebene äußerst erfreuliches Resultat. Die CDU stellte dagegen bloß zwölf Abgeordnete. Von Seiten der antifaschistischen Massenorganisationen war lediglich der Demokratische Frauenausschuss vertreten; er bekam eine Stimme.[187]

Die Kommandanturen der sowjetischen Besatzungsmacht hatten es verstanden, die Zulassung der im bürgerlichen Spektrum zu verortenden Parteien in zahllosen Ortschaften zu Gunsten der SED zu verzögern. Folglich durfte mitunter weder die CDU noch die LDP eine Kandidatenliste aufstellen, was ihr insgesamt relativ bescheidenes Abschneiden bei den Gemeindewahlen erklärte. Hinzu kam die hohe Zahl an ungültigen Stimmen, die jedoch aus der Sicht vieler Sozialdemokraten insbesondere als Protest gegen die erzwungene Vereinigung mit der KPD zu verstehen waren. Dies wurde auch von Carl Moltmann im Rahmen einer nachbereitenden Sitzung des SED-Landesvorstandes mit den Kreissekretären am 20. September 1946 angedeutet. Nach weiteren kritischen Bemerkungen des paritätischen Vorsitzenden ergriff schließlich Albert Schulz das Wort. Ähnlich wie Moltmann beanstandete er die Unmenge der im Wahlkampf geklebten SED-Plakate. Etliche sowjetische Offiziere hatten sogar eigenmächtig Druckaufträge erteilt. Vor diesem Hintergrund musste die SED nach der Meinung von Schulz aufpassen, nicht als »Russenpartei« abgestempelt zu werden. Immerhin fehle es überall an Papier für den täglichen Gebrauch, und außerdem verachte ein Großteil der Bevölkerung die Angehörigen der Besatzungstruppen, die sich zahlreicher gewaltsamer Übergriffe schuldig gemacht hätten.[188]

Am 9. Oktober 1946 wurde Albert Schulz von der Stadtvertretung in Rostock einstimmig zum Oberbürgermeister gewählt. Bis zu dieser zweiten Sitzung des von Alfred Starosson geleiteten Gremiums lediglich von der Landesverwaltung nach Füh-

---

186 MLHA, 10.34-1, 8, Bl. 91 ff.: Protokoll über die Sitzung des SED-Landesvorstandes am 15. Juli 1946 (Zitat ebd.). AdsD, Sammlung Personalia, Nr. 1452: Jesse, Willy. Siehe Schulz: Erinnerungen, S. 112 f. und 127; Stunnack: Willy Jesse, S. 66 ff.
187 Siehe Broszat/Weber: SBZ-Handbuch, S. 396; Rackow: Die Grundlagen der Kommunalpolitik der Stadt Rostock, S. 163.
188 MLHA, 10.34-1, 8, Bl. 128 ff.: Protokoll über die Sitzung des SED-Landesvorstandes mit den Kreissekretären am 20. September 1946 (Zitat ebd.). Siehe Schulz: Erinnerungen, S. 114; Schwabe: Arroganz der Macht, S. 210; Weber: Geschichte der DDR, S. 83 ff.

lungnahme mit der Sowjetischen Militäradministration ernannt, konnte sich Schulz fortan auf die ihm bei der Gemeindewahl zuteil gewordene Legitimation berufen.[189]

Mit vier ehemaligen KPD-Mitgliedern und fünf Sozialdemokraten hatte sich die Zusammensetzung des Stadtrats im Vergleich zum Beginn der Amtszeit von Schulz nur unwesentlich verschoben. Unter den wenigen Genossen, die aus dem Gremium ausgeschieden waren, befand sich der aus unbekannten Gründen von der sowjetischen Geheimpolizei verhaftete Kommunist Lothar Wegener.[190] Neben Walter Kleesaat rechnete mit dem vor 1933 nicht politisch aktiven Isidor Freienstein nunmehr ein weiteres CDU-Mitglied zum Magistrat. Gemeinsam mit dem ebenfalls zum Stadtrat ernannten Josef Schares oblag dem selbstständigen Architekten Freienstein[191] die Leitung der Verwaltungsstelle Warnemünde, die traditionell unter der Aufsicht des Oberbürgermeisters von Rostock stand. Die zuvor durch Wegener betreute Finanzabteilung bekam der promovierte Chemiker Leo Glaser unterstellt. Fast siebzigjährig repräsentierte er zusammen mit dem anstelle eines Sozialdemokraten zum Leiter des Stadtbauamtes berufenen Ingenieur August Westphal die LDP. Während Glaser bereits 1904 einem liberalen Wahlverein angehörte, hatte sich der 15 Jahre jüngere Westphal nach dem Ersten Weltkrieg entschlossen, der DDP beizutreten. Später war er kurzzeitig Mitglied im Stahlhelm gewesen.[192]

Während der ersten Monate seiner Oberbürgermeisterzeit wohnte Albert Schulz mit seiner Familie weiterhin im Starosson-Block am Rande der Kröpeliner-Tor-Vorstadt. Auf Dauer erwies sich diese Wohnung mit ihren zweieinhalb Zimmern jedoch als zu klein, denn Schulz empfing nun in den Abendstunden häufiger noch Gäste, um mit ihnen die aktuelle politische Lage zu besprechen. Finanziell stellte die Anmietung einer geräumigeren Unterkunft kein Problem dar. Als Oberbürgermeister war Schulz mit den Bezügen eines mecklenburgischen Ministerialdirektors ausgestattet.[193] Dagegen fehlte es in dem stark zerstörten Rostock nach wie vor an Wohnraum. Eine größere Wohnung auf Kosten einer anderen Familie beschlagnahmen zu lassen, kam für Schulz ebenso wenig in Frage wie die Offerte der Stadtkommandantur, ihm die Villa eines von der Besatzungsmacht ausquartierten Reeders als Geschenk zu überschreiben. Schließlich bezog die Familie Schulz das mittlere Stockwerk eines zweigeschossigen und repräsentativ gelegenen Bürgerhauses. Damit hatte die Kommandantur letzt-

---

189 Landes-Zeitung (Ausgabe Rostock), 12. Oktober 1946. Siehe Sieber: Vor 40 Jahren, S. 17 f.
190 NL Albert Schulz: Erklärung von Albert Schulz über Lothar Wegener, 29. Oktober 1952 (Abschrift).
191 AHR, 2.1.0., 669: Personal-Fragebogen, ausgefüllt von Isidor Freienstein, 26. Januar 1946.
192 AHR, 2.1.0., 753: Geschäftsverteilungsplan des Rates der Stadt Rostock, gez. Der Oberbürgermeister Schulz, 16. Oktober 1946. Zur politischen Biographie von Glaser siehe Schröder/Ehlers: Zwischen Emanzipation und Vernichtung, S. 34 und 83. Zu Westphal siehe: AHR, 2.1.0., 728: Personal-Fragebogen, ausgefüllt von August Westphal, 4. März 1946.
193 BAGS, Wiedergutmachungsakte von Albert Schulz, ohne Paginierung: Interne Notiz des Amtes für Wiedergutmachung in Hamburg, 23. November 1960.

Kapitel V • Als Sozialdemokrat in der SED (1945/46–1949)

lich doch ihr Ziel erreicht, das für Korruptionsversuche nicht empfängliche Stadtoberhaupt aus dem sozialdemokratischen Wohnumfeld des Starosson-Blocks zu lösen. In dem Bürgerhaus, in dessen Nähe etliche sowjetische Offiziere lebten, wohnte die Familie Schulz für die nächsten Jahre, alsbald gemeinsam mit einer gut zwanzigjährigen Haushaltshilfe.[194]

Anfang Februar 1947 wurde der mit dem Ressort für Handel und Versorgung betraute Stadtrat, Hans Griem, inzwischen SED, zusammen mit einigen seiner Mitarbeiter verhaftet. Wie Albert Schulz bald von seinem mittlerweile zum Ministerpräsidenten gewählten Parteifreund Wilhelm Höcker erfuhr, beruhte diese von deutschen Polizeikräften durchgeführte Maßnahme auf einer schriftlichen Anweisung der SMAM. Der Landes-Zeitung ließ sich in jenen Tagen entnehmen, der seit 1945 in der Stadtverwaltung von Rostock beschäftigte Griem habe Verstöße gegen die Mehlbewirtschaftung vorgenommen und dadurch einen überhöhten Brotpreis verschuldet. Eine solche Anschuldigung besaß in der von Nahrungsmittelknappheit gekennzeichneten Nachkriegszeit erhebliches Gewicht. Doch entgegen diesen Unterstellungen war der Sozialdemokrat Griem wahrscheinlich ein korrekt handelnder Verwaltungsfachmann, der sich in der Vergangenheit mehrfach gegen Anordnungen der sowjetischen Besatzungsmacht aufgelehnt hatte. Jetzt sollte ihm nach dem Willen der SMAM von deutscher Seite der Prozess gemacht werden. Dabei stand nach der Einschätzung des von Schulz zu Rate gezogenen Generalstaatsanwaltes für Mecklenburg-Vorpommern, Werner Saling, zu befürchten, dass ein mildes Urteil gegen Griem von der Militäradministration als Provokation interpretiert werden könnte. Aus diesem Grund wurde beschlossen, ein den sowjetischen Offizieren genehmes Strafmaß für den in Misskredit geratenen Stadtrat zu finden. Außerdem gab Schulz der Stadtvertretung von Rostock die in der Landes-Zeitung breit herausgehobene Versicherung, jedwedes in der städtischen Verwaltung auftretende Fehlverhalten werde ohne Ansehen der Person und mit voller Härte aufgeklärt.

Der Prozess gegen Griem fand rund vier Monate nach der Verhaftung vor dem Landgericht in Rostock statt. Der Stadtrat wies die gegen ihn erhobenen Vorwürfe ausnahmslos zurück. Trotzdem und gemäß der von Saling empfohlenen Strategie wurde er zu einer zehnmonatigen Gefängnisstrafe verurteilt. Kurze Zeit später zeigte der unter dem Einfluss der Kommunisten stehende Höcker ausnahmsweise Courage. Von seinem langjährigen Genossen Carl Moltmann erst unlängst in einer Beurteilung für die zentrale SED-Führung als wankelmütig, jedoch ideologisch zuverlässig charakterisiert[195], wagte es Höcker auch zum Erstaunen von Schulz, den im Gefängnis sitzenden Griem zu begnadigen. Daraufhin verbarg sich der ehemalige Stadtrat für et-

---

194 AHR, 2.1.0., 1812: Personen- und Betriebsaufnahme in der Thünenstraße 6 am 10. Oktober 1948. Siehe Schulz: Erinnerungen, S. 117. Zeitzeugenbericht von Peter Schulz, 13. Januar 2001.
195 SAPMO-BArch, NY 4090, 303, Bl. 17 f.: Charakteristik über Wilhelm Höcker, verfasst von Carl Moltmann, 22. Mai 1947.

liche Wochen bei Freunden, musste er doch eine Verhaftung durch die sowjetische Geheimpolizei befürchten. Als nichts Derartiges geschah, zog Griem nach Güstrow, wo er gemeinsam mit seiner Frau eine Lebensmittelhandlung aufbaute.[196]

3.2 Verhaftung und überraschende Freilassung

Im Laufe der Tätigkeit als Oberbürgermeister musste Albert Schulz immer wieder und mit wachsender Empörung feststellen, dass die im Auftrag des SED-Vorstandes 1946 für die SBZ erarbeitete Demokratische Gemeindeverfassung lediglich auf dem Papier von Bestand war. Zusammen mit der Sowjetischen Militäradministration schränkten die von Berlin aus operierenden Deutschen Zentralverwaltungen[197] die kommunale Selbstverwaltung sukzessive ein, wobei die Landesbehörden für die Ausführung der Vorgaben verantwortlich zeichneten. Da Schulz keinesfalls gewillt war, diese unerfreuliche Entwicklung ohne weiteres hinzunehmen, beauftragte er Heinrich Heydemann mit der Erarbeitung einer Übersicht, die über entsprechende Vorkommnisse informieren sollte. Wie der Leiter des städtischen Rechtsamtes im März 1947 konstatierte, erstreckte sich die Beschränkung der Selbstverwaltung in Rostock auf mindestens sechs Fälle. Dazu rechnete beispielsweise die brüske Überführung der Berufs- und Freiwilligen Feuerwehr in den Landesdienst, wogegen Schulz in Schwerin protestiert hatte. Mit einem derart selbstbewussten und mutigen Verhalten brachte er sich genauso wie mit seiner übrigen Politik immer deutlicher in schroffen Gegensatz zu den Interessen und Befehlen der Besatzungsmacht.[198]

Nur wenige Tage nachdem Heydemann sein fachkundiges Dossier über die planmäßige Begrenzung der kommunalen Selbstverwaltung an Schulz übermittelt hatte, wurde der Oberbürgermeister in seiner Privatwohnung durch die sowjetische Geheimpolizei verhaftet und in die MGB-Zentrale nach Schwerin verbracht. Schulz musste sämtliche persönlichen Dinge hergeben und wurde schließlich in eine bereits mit fünf Gefangenen belegte Einzelzelle gesperrt. Der karge Raum im Untergeschoss des ehemaligen Justizgebäudes bot gerade so viel Platz, dass alle Häftlinge zum Schlafen auf dem Fußboden liegen konnten. Am nächsten Morgen bekam der Oberbürgermeister den

---

196 MLHA, 6.11-7, 480, Bl. 24 f.: Befehl des Chefs der Verwaltung der Sowjetischen Militär-Administration für das Land Mecklenburg-Vorpommern Nr. 3 über die Arbeit des Chefs des Amtes für Handel und Versorgung der Stadt Rostock, Herr »Grimm«, gez. Generalleutnant Trufanow, 9. Januar 1947. Landes-Zeitung (Ausgabe Rostock), 9. und 15. Februar, 29. Mai sowie 11. und 25. Juni 1947. Der Demokrat, 19. Juni 1947. NL Albert Schulz: Erklärung von Albert Schulz über Hans Griem, 5. September 1951 (Abschrift). Vgl. Schulz: Erinnerungen, S. 123 f. und 134.
197 Zur Konstituierung und Funktion der zentralen Verwaltungen siehe Niedbalski: Deutsche Zentralverwaltungen und Deutsche Wirtschaftskommission, S. 456 ff.
198 AHR, 2.1.0., 89: Stadtsyndikus Heinrich Heydemann an den Herrn Oberbürgermeister, 8. März 1947.

Kopf kahl geschoren, und zu nächtlicher Stunde, Albert Schulz und seine Mitgefangenen hatten schon geschlafen, begann die Geheimpolizei mit ihren Vernehmungen.[199]

Mit einem strafrechtlich relevanten Vergehen ließ sich die Inhaftnahme des auf das Gemeinwohl bedachten Oberbürgermeisters kaum rechtfertigen. Letztlich beruhte sie auf einem willkommenen Vorwand, den Schulz der sowjetischen Besatzungsmacht selbst geliefert hatte. Bereits seit geraumer Zeit besaß die Stadt Rostock neben ihren Bankkonten noch zwei Konten bei einem Postscheckamt in Hamburg. Über dieses Institut beglichen außerhalb der SBZ wohnende Bürger nach 1945 unverändert ihre gegenüber der Stadtverwaltung bestehenden Dauerverpflichtungen. Weil diese beiden Konten nicht im sowjetischen Einflussbereich lagen, wuchsen sie in den Nachkriegsmonaten erheblich an, denn auch die Stadt Rostock hatte keinen Zugriff auf das Guthaben, das mittlerweile knapp 300.000 Reichsmark umfasste. Mit heimlicher Genugtuung betrachtete Schulz diese Summe, von deren Existenz lediglich der Leiter der Stadthauptkasse, Max Schwiesow, und nur wenige andere Deutsche wussten, als stille Reserve für die Zukunft. Immerhin erzwang die Militäradministration bei der Aufstellung des städtischen Haushaltsplanes eigentlich nicht vorhandene Überschüsse, die regelmäßig an die Finanzabteilung der Kommandantur abgeführt werden mussten. Als Schulz jedoch im Herbst 1946 hörte, dass sich die Briten mit dem Gedanken tragen würden, die Konten der in der SBZ angesiedelten Organe der öffentlichen Hand im Westen ausnahmslos zu sperren und somit dem Beispiel der SMAD zu folgen, sah er dringenden Handlungsbedarf. Da er als Oberbürgermeister kaum persönlich nach Hamburg reisen konnte, bevollmächtigte Schulz noch vor dem Weihnachtsfest 1946 einen befreundeten Geschäftsmann mit der Räumung der bei dem Postscheckamt geführten Konten.

Bisweilen geschäftlich in Hamburg und daher mit einem Interzonen-Pass ausgestattet, hob der von Schulz instruierte Besitzer der 1945 in Rostock eingerichteten Ölmühle, Max Schmidt, beinahe das gesamte Kapital von den beiden Konten ab. Lediglich ein Restbetrag von 2.000 Reichsmark verblieb aus Gründen der Tarnung auf dem Postscheckamt in Hamburg. Außerdem hatte Schulz dem Fabrikanten zugestanden, für einen Teil des Geldes einige Maschinen zu erwerben. So bestellte Schmidt bei Firmen in Harburg, Altona und Lübeck für insgesamt rund 124.000 Mark industrielle Anlagen, die von der Britischen in die Sowjetische Besatzungszone geliefert werden sollten. Dort wollten sie interessierte und zuvor ins Vertrauen gezogene Rostocker Kaufleute direkt bei der Stadtkasse bezahlen. Ein konkreter Termin für die Begleichung dieser Schulden war von dem Oberbürgermeister anscheinend nicht vorgegeben worden. Grundsätzlich begrüßte Schulz das vorgeschlagene Prinzip als verhältnismäßig risikolose Möglichkeit, wenigstens eine gewisse Summe des beim Postscheckamt aufgelaufenen Guthabens unauffällig nach Rostock zu transferieren. Den etwas

---

199 Zentralarchiv des FSB, Akten des Sowjetischen Militärtribunals gegen Albert Schulz, P-3225, Bl. 30 f.: Vernehmungsprotokoll vom 17. März 1947. Siehe Schulz: Erinnerungen, S. 118.

3.2 Verhaftung und überraschende Freilassung

größeren Betrag in Höhe von 150.000 Reichsmark brachte Schmidt in bar in die SBZ. Nach dem Willen von Schulz war dieses Kapital von der Stadthauptkasse zunächst nicht als Eingang zu verbuchen, sondern bis auf weiteres separat und gut versteckt in einer Geldkassette zu lagern. Bloß ein Bruchteil der von Schmidt erfolgreich herbeigeschafften Summe, etwa 12.000 Mark, sollte Max Schwiesow nach den Anweisungen des Oberbürgermeisters rechtzeitig vor Weihnachten verteilen, und zwar an städtische Arbeiter, die sich entweder im altersbedingten Ruhestand befanden oder Invaliden waren. Zudem durften sie niemals einer nationalsozialistischen Organisation angehört haben.

Für diesen bedürftigen Personenkreis existierte seit Jahrzehnten eine kommunale Ruhelohnversicherung, aber die sowjetische Besatzungsmacht hatte die Auszahlung von erworbenen Zusatzrenten bislang ohne Begründung unterbunden. Im Hinblick auf diese weitere Einschränkung der Selbstverwaltung war Schulz bestrebt, den um ihre Ansprüche geprellten Arbeitern unbürokratisch zu helfen. Dabei verstand der Oberbürgermeister die sich jeweils auf 100 Reichsmark belaufenden Sonderzuwendungen nicht als wohltätiges Geschenk. Vielmehr interpretierte er sie als rechtmäßigen Vorschuss. Dieser sollte von den Arbeitern bei einem gegebenenfalls späteren Empfang ihrer zusätzlichen Rente vollständig zurückbezahlt werden.[200]

Außer dem Stadtoberhaupt wurden im Frühjahr 1947 noch Max Schmidt, der Leiter der Rostocker Hauptkasse, Max Schwiesow, sowie der Justitiar Heinrich Heydemann als Mitwisser vom MGB verhaftet. Zu Beginn der ersten turnusmäßigen Ratssitzung nach der Festsetzung des Oberbürgermeisters, am 17. März, unterrichtete der Bürgermeister Walter Petschow die sechs anwesenden Stadträte über das bereits eineinhalb Tage zurückliegende Geschehen. Auf ein früheres Treffen hatten sich die größtenteils bestürzten Politiker offenbar mit Rücksicht auf das soeben vergangene Wochenende nicht verständigen können. Über die Gründe für die Inhaftnahme von Schulz besaß Petschow keine Informationen. In der sich anschließenden Aussprache wurde beschlossen, den sowjetischen Militärkommandanten von Rostock um Aufklärung zu bitten.[201]

Eine Woche später berichtete Walter Petschow dem Magistrat über die Unterredung mit dem Stadtkommandanten. Besonders ertragreich schien das Gespräch nicht

---

[200] Zentralarchiv des FSB, Akten des Sowjetischen Militärtribunals gegen Albert Schulz, P-3225, Bl. 30 f., weitere Blattangaben unleserlich: Vernehmungsprotokolle vom 17. März, 5. und 10. April 1947. AHR, 2.1.0., 1349: Rostocker Ölmühle GmbH, gez. Max Schmidt, an die sowjetische Kommandantur der Stadt Rostock, z. Hd. Kapitän [Nikolai Iwanowitsch] Kommissarow, ohne Datum, Mai 1947. MLHA, 6.11-11, 199: Bericht über die Räumung eines Postscheckkontos in Hamburg und die Verwendung des Geldes, womöglich verfasst von Albert Schulz, undatiert. Vgl. Schulz: Erinnerungen, S. 119.

[201] Zentralarchiv des FSB, Akten des Sowjetischen Militärtribunals gegen Albert Schulz, P-3225, Blattzahl unleserlich: Beschluss über die Einstellung der Ermittlungen vom 5. April 1947. AHR, 2.1.0., 21: Protokoll der Ratssitzung am 17. März 1947 (Abschrift).

verlaufen zu sein. Als Ergebnis intensiver Diskussionen beschlossen die Stadträte, der Stadtverordnetenversammlung eine baldige Klärung des Aufsehen erregenden Vorfalls in Aussicht zu stellen. Darüber hinaus verständigte sich der Rat der Stadt Rostock ohne Not auf die Aussetzung der bisher an den Oberbürgermeister gezahlten Leistungszulage mit Wirkung zum 1. April 1947.[202] Derweil ließ sich der Ministerpräsident Wilhelm Höcker regelmäßig über die Lage von Albert Schulz unterrichten. Grundsätzlich blieben der deutschen Justizverwaltung aber die Hände gebunden.[203] »Der Demokrat«, das Organ der CDU in Mecklenburg, wie das Land auf Geheiß der SMAM künftig ausschließlich zu nennen war[204], monierte unterdessen, dass sich die Stadtverordnetenversammlung bislang einer öffentlichen Stellungnahme enthalten hatte. Zwar wurde die Inhaftnahme von Schulz in den folgenden Wochen gelegentlich während der Ratssitzungen thematisiert, zu einem offensiveren Vorgehen konnten sich jedoch selbst die mit dem Oberbürgermeister enger befreundeten Stadträte nicht entschließen. Dies war unter den immer repressiveren Bedingungen der sowjetischen Besatzungsherrschaft keinesfalls verwunderlich, und im Juni 1947 verbreitete sich in Rostock das Gerücht, der von der Bevölkerung geschätzte Schulz sei durch ein Militärtribunal verurteilt worden.[205]

Indessen stellte ein mit der Prüfung des Vorganges befasster Richter der für das mecklenburgische Gebiet zuständigen Militärstaatsanwaltschaft die Ermittlungen gegen Max Schmidt und Heinrich Heydemann ein. Der Beschluss erging am 5. April 1947 mit dem Hinweis auf die zu geringe Schuld der beiden. Folglich galt Albert Schulz nach sowjetischer Lesart zusammen mit Max Schwiesow fortan offiziell als Hauptverantwortlicher. Genauso wie Heydemann wurde auch der Ölmühlen-Besitzer Schmidt aus der Haft entlassen. Er hatte den Geldtransfer ohne sich zu bereichern durchgeführt. Gleichwohl musste Schmidt die momentan noch bestehende Differenz zwischen dem von ihm für den Erwerb von Maschinen aufgewendeten Betrag und den bereits durch betroffene Rostocker Kaufleute verabredungsgemäß an die städtische Hauptkasse überwiesenen Geldern aus eigener Tasche begleichen.[206]

---

202 AHR, 2.1.0., 21: Protokoll der Ratssitzung am 25. März 1947 (auszugsweise Abschrift); ebd.: Der Rat der Stadt Rostock, Hauptverwaltung, an das Personalamt, 29. März 1947 (Abschrift).
203 MLHA, 6.11-6, 1376e, Vorgang 113: Die Präsidialabteilung, i.A. gez. Reinhold Lobedanz, an die Justizverwaltung, 26. März 1947 (Abschrift); weitere Korrespondenz ebenda.
204 Siehe Wieden: Die mecklenburgischen Regierungen und Minister, S. 32 f.
205 Der Demokrat, 3. April 1947. AHR, 2.1.0., 21: Protokoll der Ratssitzung am 23. April 1947 sowie am 7. Juni 1947 (jeweils auszugsweise Abschrift); ebd.: Der Rat der Stadt Rostock, Hauptverwaltung, gez. Walter Petschow, an den Herrn Ministerpräsidenten des Landes Mecklenburg, 9. Juni 1947.
206 Zentralarchiv des FSB, Akten des Sowjetischen Militärtribunals gegen Albert Schulz, P-3225, Blattzahl unleserlich: Beschluss über die Einstellung der Ermittlungen vom 5. April 1947. AHR, 2.1.0., 1349: Protokoll über die Abrechnung der auf dem Postscheckamt in Hamburg befindlichen und der Stadt Rostock gehörenden Guthaben der Konten 45052 und 4768, Rostock, 9. Mai 1947 (Abschrift). Siehe Schulz: Erinnerungen, S. 119.

3.2 Verhaftung und überraschende Freilassung

Auch der Landesvorstand der SED in Mecklenburg beschäftigte sich mit der Verhaftung von Albert Schulz. Die beiden Parteivorsitzenden Carl Moltmann und Kurt Bürger hatten nebst Johannes Warnke, Bernhard Quandt und dem Ministerpräsidenten Wilhelm Höcker zwischenzeitlich bereits mit Wilhelm Pieck über die Situation gesprochen und bei dieser Gelegenheit außerdem das nach wie vor mysteriöse Verschwinden von Willy Jesse thematisiert. Zu einem konkreten Ergebnis war es jedoch nicht gekommen.[207] Dem SED-Landesvorstand fehlten Einfluss- und sogar Informationsmöglichkeiten. Wie Moltmann in einem knappen Bericht vor den Mitgliedern des Leitungsgremiums am 17. Mai 1947 betonte, habe Jesse offensichtlich mit fremden Besatzungsmächten konspiriert, während Schulz in ein kompliziertes Devisenvergehen verstrickt sei. Jegliche Versuche, die Moltmann unternommen hatte, um die besorgten Ehefrauen von Schulz und Jesse zumindest in brieflichen Kontakt mit ihren Männern zu bringen, waren bislang gescheitert. Vor diesem Hintergrund schien die Hoffnung auf eine Besuchserlaubnis aussichtslos zu sein, wussten die beiden Familien doch seit Monaten nicht, wo sich ihre verhafteten Angehörigen befanden.

Der seit längerem an einer Karriere in der Einheitspartei interessierte Alfred Starosson bezog in der gleichen Vorstandssitzung deutlich Position gegen Jesse. Falls dieser, wie es bisweilen hieß, tatsächlich mit dem SPD-Vorsitzenden Kurt Schumacher korrespondiert habe, sei er nicht zu halten und müsse aus der SED entfernt werden. Etwas differenzierter bewertete Starosson die Anschuldigungen gegen seinen langjährigen politischen Weggefährten und einstigen Freund: »Dass wir Albert Schulz einen Vorwurf machen müssen[,] das ist klar, dass man ih[n] aber dafür auf lange Zeit einsperrt, das möchte ich bezweifeln. Als Bürgermeister ist er nicht mehr tragbar, aber gerade weil wir die Vereinigung wollen, müssen wir zusehen, dass die Sache geregelt wird.« In den Augen von Starosson war Eile geboten. Offensichtlich wünschte er sich für Schulz eine möglichst zügige Entlassung aus der Haft – allein schon zur Beruhigung der vielen ehemaligen SPD-Mitglieder. Doch nicht bloß jene nach der Zwangsvereinigung besonders skeptischen Kreise hatten auf die willkürliche Festsetzung des beliebten Oberbürgermeisters mit Empörung reagiert, sondern auch in der übrigen Einwohnerschaft von Rostock nahm die Wut über die sowjetische Besatzungsmacht unverkennbar zu.[208]

Überhaupt zog die Verhaftung von Albert Schulz weite Kreise. Auch westdeutsche Zeitungen berichteten über den spektakulären Fall, bisweilen jedoch ohne hinreichende Informationen zu besitzen. So nahmen die Redakteure des in Berlin erscheinenden und personell eng mit der SPD verbundenen »Telegraf« zunächst an, der

---

207 SAPMO-BArch, NY 4036, 692, Bl. 198 f.: Handschriftliche Notizen von Wilhelm Pieck über eine Besprechung mit Wilhelm Höcker, Carl Moltmann, Kurt Bürger, Johannes Warnke und Bernhard Quandt, undatiert, Mai 1947.
208 MLHA, 10.34-1, 9, Bl. 270, 280 und 287: Protokoll über die Sitzung des SED-Landesvorstandes am 17. Mai 1947 (Zitat ebd.).

Oberbürgermeister von Rostock wäre persönlich nach Hamburg gereist, um die städtischen Gelder vom Postscheckamt abzuheben.[209]

Zwei Monate nach der Verhaftung, am 17. Mai 1947, fand sich Albert Schulz vor einem Sowjetischen Militärtribunal in Schwerin wieder. Bereits im April hatte er während eines Verhöres eine Teilschuld eingestanden.[210] Wie in solchen Fällen üblich wurde der überaus dehnbare Artikel 58 des russischen Strafgesetzbuches als rechtliche Grundlage bemüht. Nach der einhelligen Bewertung des Tribunals hatte Schulz den Tatbestand der konterrevolutionären Sabotage erfüllt. Den Vorsitz der surrealen Gerichtsverhandlung führte ein im sowjetischen Justizdienst stehender Major. Ihm zur Seite saßen drei Militärschöffen. Es gab weder eine Anklageschrift noch einen Verteidiger. Als Dolmetscher fungierte ein Soldat der Roten Armee, von dem Schulz bald merkte, dass er kaum die Einzelheiten des Sachverhalts begriff, geschweige denn genügend Kenntnisse besaß, um eine verständliche Übersetzung abzuliefern. Wie es schien, stand das Urteil des Militärtribunals ohnehin von vornherein fest. Am Ende der Verhandlung bekam Schulz das unverhältnismäßig hohe Strafmaß zu Gehör: zehn Jahre Arbeitslager. Eine Berufungs- oder Revisionsmöglichkeit wurde dem Oberbürgermeister selbst auf Nachfrage nicht eingeräumt. Immerhin erfuhr Schulz, dass die ihm lediglich mündlich verkündete Entscheidung durch eine übergeordnete Instanz überprüft werden sollte.[211]

Im Anschluss an das Militärtribunal wurde der konsternierte Albert Schulz in eine Verurteiltenzelle gebracht. Dort befanden sich bereits etwa 50 Personen. Mit der Zeit wurden etliche der Verurteilten abtransportiert. Ihr Zielort blieb im Dunkeln und bot reichlich Nahrung für Gerüchte. Schulz verlebte seine Tage in zermürbender Ungewissheit.[212]

Eines Morgens erhielt Albert Schulz unerwartet Besuch von drei sowjetischen Offizieren, die sich nach seiner Familie und seinem Werdegang erkundigten, jedoch den Grund ihres Kommens nicht verrieten. Tags darauf wurde Schulz aus seiner Zelle geholt. Per Wagen ging es in das nahe gelegene Hauptquartier der Militäradministration. Im Laufe der kurzen Fahrt versuchte Schulz, seine Gedanken zu ordnen: »was wird man nun von [d]ir fordern. Sollst du Spitzeldienst machen oder was sonst. Dann sagte ich mir, zehn Jahre russisches Lager ist für dich ein Todesurteil mit Verzögerung.«[213] Mit Blick auf diese wenig verlockende Perspektive beschloss Schulz, nach au-

---

209 Telegraf, 3. und 16. April 1947; Die Welt, 5. August 1947.
210 Zentralarchiv des FSB, Akten des Sowjetischen Militärtribunals gegen Albert Schulz, P-3225, Blattzahl unleserlich: Vernehmungsprotokoll vom 10. April 1947.
211 Zentralarchiv des FSB, Akten des Sowjetischen Militärtribunals gegen Albert Schulz, P-3225, Blattzahl unleserlich: Beschluss Nr. 657/N vom 20. Juni 1947. Siehe Schulz: Erinnerungen, S. 120; Fricke: Politik und Justiz in der DDR, S. 100 ff.; Schroeder: Das Sowjetrecht als Grundlage der Prozesse gegen deutsche Kriegsgefangene, S. 69 ff.
212 Siehe Schulz: Erinnerungen, S. 120 f.
213 Ebd., S. 121.

ßen hin auf sämtliche noch so ehrenrührige Forderungen der Besatzungsmacht einzugehen. Zugleich versprach er sich kraft dieser Taktik den Gewinn von Freiräumen für eine Flucht nach West-Berlin, die er vor dem Hintergrund seiner jüngsten Repressionserfahrungen als unausweichlich betrachtete.

Inzwischen war es wahrscheinlich nicht allein unter den Sozialdemokraten in Rostock zu immer massiveren Protesten gekommen. Jedenfalls hatte sich Wilhelm Pieck veranlasst gefühlt, bei der Besatzungsmacht für die Freilassung des anerkannten Oberbürgermeisters zu sorgen. Denn eine dauerhafte Verstimmung der Bevölkerung in der größten mecklenburgischen Stadt lag für den anfangs eher desinteressierten SED-Vorsitzenden außerhalb des politisch Wünschenswerten. Obwohl Schulz nach der agitatorischen Darstellung von Pieck einen schweren Verstoß gegen die gesetzlichen Bestimmungen zu verantworten hatte, tagte am 20. Juni 1947 ein direkt bei der SMAD angesiedeltes Militärtribunal, das nach kurzer Verhandlung befand, die in Schwerin gegen das Stadtoberhaupt ausgesprochene Verurteilung aufzuheben. Das Strafverfahren wurde mit sofortiger Wirkung eingestellt. Auch Max Schwiesow, in erster Instanz ebenfalls mit einer zehnjährigen Freiheitsstrafe belegt, sollte umgehend aus der Haft entlassen werden.[214]

Von dieser gänzlich unerwarteten Entwicklung konnte der aus dem Gefängnis in das Hauptquartier der Sowjetischen Militäradministration verfrachtete Albert Schulz im Unterschied zu seinem dort residierenden Gesprächspartner, Oberst Arkadi D. Serebriski, nicht das Geringste wissen. Der ranghohe Offizier leitete in Schwerin die Abteilung für Propaganda und Information. Nach einer betont freundlichen Begrüßung erfuhr der Fluchtgedanken hegende Schulz, dass er seine Dienstgeschäfte als Oberbürgermeister von Rostock wieder aufnehmen dürfe. Die Aufhebung des in Schwerin ergangenen Urteils kam – vermutlich bewusst – nicht zur Sprache, um Schulz im Ungewissen zu lassen und somit zu verunsichern. Als Termin für die Wiederaufnahme der Oberbürgermeistertätigkeit schlug Serebriski den nächsten Tag vor. Der Wagen von Schulz sei bereits in die Landeshauptstadt unterwegs, und zur Überbrückung der Wartezeit hatte sich der sowjetische Oberst an den in Schwerin wohnenden Carl Moltmann gewandt. Weniger später fand sich der verblüffte Schulz in der Wohnung des paritätischen SED-Landesvorsitzenden wieder. Ausgemergelt infolge der monatelangen Haftstrapazen, bekam Schulz einen fettigen Aal vorgesetzt. Die Familie meinte es gut mit ihrem Gast; dieser wusste allerdings um die Gefahren, die in seiner Verfassung mit dieser Art von Speisen verbunden waren. Deshalb hielt er sich beim Mittagessen bewusst zurück. Alsbald kam der von Oberst Serebriski georderte Dienstwagen

---

214 MLHA, 10.34-1, 96, Bl. 47: Wilhelm Pieck, gez. i.A. E.[lly] Winter, an den Landesvorstand der SED in Mecklenburg, 28. Juli 1947. SAPMO-BArch, SgY 30 Erinnerungsbericht von Gottfried Grünberg, aus dem Jahr 1967, 1324, Bl. 29 f. Zentralarchiv des FSB, Akten des Sowjetischen Militärtribunals gegen Albert Schulz, P-3225, Blattzahl unleserlich: Beschluss Nr. 657/N vom 20. Juni 1947.

des Oberbürgermeisters in Schwerin an, und nach einer mehrstündigen Fahrt gelangte Schulz nach Rostock, wo er seine Frau und seine beiden einmal mehr aus politischen Gründen von ihrem Vater getrennten Kinder erschöpft, aber glücklich in die Arme schließen konnte.

Die Nachricht von der Rückkehr des Oberbürgermeisters verbreitete sich in der Hansestadt wie ein Lauffeuer. Am nächsten Morgen, es war der 2. Juli 1947, beherzigte Schulz die ihm seitens der Militäradministration nahe gelegten Verhaltensregeln. Im Zuge der Übernahme seiner Amtspflichten führte ihn sein erster Weg zur sowjetischen Kommandantur. Dort hatte Schulz eine Unterredung mit dem Stadtkommandanten. Ihm musste er versprechen, den Anordnungen und Befehlen der Besatzungsmacht künftig ehrlich und gewissenhaft zu folgen.

In den nächsten Stunden gab Schulz dem Stadtrat einen Bericht über die Umstände seiner Inhaftnahme. Vom Leiter der im vergangenen Jahr zur Kommunalabteilung ausgebauten Kämmerei, Paul Schwanke, im Namen aller Ratsmitglieder herzlich begrüßt, wandte sich der Oberbürgermeister im Laufe des Tages schließlich mit einem kurzen Schreiben an sämtliche Dienststellen der Stadtverwaltung. Dadurch kam er einer weiteren Empfehlung von Oberst Serebriski nach. Wie Schulz die städtischen Angestellten und Arbeiter wissen ließ, sei ihre berufliche Tätigkeit nicht bloß als Broterwerb zu betrachten. Vielmehr müsste sich jeder stets nach Kräften um den Neuaufbau einer sauberen und demokratischen Verwaltung bemühen.[215]

Wenn Albert Schulz in den ersten Tagen nach seiner Haftentlassung bewusst ohne seinen Hut durch die Straßen von Rostock ging, um seinen kahl geschorenen Kopf als stumme Demonstration des erlittenen Unrechtes vorzuzeigen, geschah es häufiger, dass ihm Bekannte oder Fremde meist im Vorübergehen stumm die Hand drückten. Mit der Zeit innerlich etwas zur Ruhe gekommen, dachte Schulz wiederholt über die Gründe für seine überraschende Freilassung nach. Zu einem plausiblen Ergebnis gelangte er dabei nicht. Auch die mit ihm befreundeten Mitglieder der Landesverwaltung wussten keine überzeugende Antwort auf seine Fragen. Wenigstens brachte Schulz in Erfahrung, dass sich einige Offiziere der Besatzungsmacht in einer Reihe von Städten bei ehemaligen Angehörigen der SPD über seinen Charakter und seine Bedeutung für die mecklenburgische Arbeiterbewegung erkundigt hatten. Trotzdem blieb der Vorgang nach deutschem Rechtsverständnis unerklärlich. Das in Rostock alsbald kursierende Gerücht, der sowjetische Diktator Jossif Stalin habe sich persönlich um die Freilassung des Oberbürgermeisters gekümmert, hielt Schulz zu Recht für wenig glaubwürdig. Nach langem Grübeln verfestigte sich bei ihm letztlich die für die SMAM wünschenswerte Überzeugung, seine Entlassung aus der Haft sei nur auf Be-

---

215 AHR, 2.1.0., 13: Protokoll über den Besuch des Oberbürgermeisters beim Kommandanten der Stadt Rostock am 2. Juli 1947, gez. H.[einrich] Danielsen; ebd., 21: Protokoll der Ratssitzung am 2. Juli 1947 (auszugsweise Abschrift); ebd.: Der Oberbürgermeister, gez. Albert Schulz, an alle Dienststellen, 2. Juli 1947. Vgl. Schulz: Erinnerungen, S. 121 f.

währung erfolgt. Wie Schulz fortan annahm, sollte über seinem Leben und politischen Handeln in der Sowjetischen Besatzungszone »ein ständiger, zwar unsichtbarer, aber wirkungsvoller Druck« stehen.[216]

3.3 Die Fortführung der Amtsgeschäfte unter dem Eindruck der Kampagne gegen den »Sozialdemokratismus«

Recht bald nach der Wiederaufnahme der Amtsgeschäfte trat Albert Schulz einen dreiwöchigen Erholungsurlaub an. Am 9. August 1947 meldete er sich auf der sowjetischen Kommandantur von seinem Urlaub zurück. Bei dieser Gelegenheit erinnerte der in Rostock als politischer Offizier tätige Major Serdjukoff den Oberbürgermeister an den öffentlichen Rechenschaftsbericht, der von der Stadtverwaltung noch im laufenden Monat abgegeben werden sollte. Doch Schulz schlug aufgrund seiner jahrzehntelangen Erfahrung mit propagandistischen Fragen vor, die geplante Veranstaltung um rund vier Wochen zu verschieben. Auf diese Weise könne zugleich dem Jahrestag der ersten Gemeindewahlen in der SBZ gedacht werden. Dies leuchtete Serdjukoff ein, woraufhin er sich noch in einem weiteren Punkt kompromissbereit zeigte, konnte Schulz doch überzeugend deutlich machen, dass eine überfüllte Kundgebung aller Voraussicht nach stärkere Wirkung entfalten werde als das ursprünglich von dem Major favorisierte Vorgehen, mehrere Zusammenkünfte gleichzeitig durchzuführen. Schließlich endeten diese Verhandlungen, die Schulz in Rücksprache mit dem örtlichen SED-Vorstand führte, mit einer für beide Seiten durchaus akzeptablen Lösung. Wie der Oberbürgermeister und der sowjetische Offizier verabredeten, sollten dem im zentral gelegenen Stadttheater vorzutragenden Rechenschaftsbericht einen Tag später insgesamt sechs Informationsversammlungen in ausgewählten Vororten folgen.[217]

Der Rechenschaftsbericht am 15. September 1947 lief nach dem ausgehandelten Muster ab. Nach dem Oberbürgermeister sprachen die Stadträte über die Probleme und Erfolge in ihren Ressorts. Im Anschluss an die verschiedenen Referate durfte die Bevölkerung einige Fragen stellen.[218]

Ein Schwerpunkt des Rechenschaftsberichtes betraf das im Laufe des Jahres auf Beschluss der Stadtverordnetenversammlung geschaffene Kulturelle Wirtschaftsunternehmen. Diese städtische Einrichtung umfasste neben den sechs vom Magistrat gepachteten Lichtspielhäusern und dem in Rostock bewirtschafteten Tanzkabarett

---

216 Siehe Schulz: Erinnerungen, S. 122 f. (Zitat, S. 123).
217 AHR, 2.1.0., 13: Protokolle über die Unterredungen des Oberbürgermeisters bei dem politischen Offizier der sowjetischen Kommandantur, Major Serdjukoff, am 9. August und 3. September 1947. Siehe Schulz: Erinnerungen, S. 122.
218 Landes-Zeitung (Ausgabe Rostock), 14. September 1947. AHR, 2.1.0., 65: Manuskript für den öffentlichen Rechenschaftsbericht der Stadtverwaltung, vermutlich erarbeitet von Walter Petschow, 8. September 1947 (Abschrift).

»Rote Mühle« so defizitäre Betriebe wie die Volksbücherei, das Stadttheater, die Volkshochschule oder das Museum. Mit eingebunden waren zudem die städtischen Kindergärten, das Kurhaus in Warnemünde und die im Mai 1947 in Rostock eröffnete Hochschule für Musik, die sich ebenfalls im Besitz der Stadt befand. Das Ziel des vom Stadtrat für Kultur und Volksbildung, Günter Matern, geleiteten Kulturellen Wirtschaftsunternehmens war größtmögliche ökonomische Effizienz, wobei die trotz der zu entrichtenden Vergnügungssteuer immer noch außerordentlich profitablen Kinos bei der Vermeidung von Etatschwierigkeiten halfen. Aus dem eingespielten Gewinn wurden zum Beispiel die Volksbücherei oder das kulturpolitisch bedeutsame Theaterwesen subventioniert, was laut dem Rechenschaftsbericht unmittelbar dem antifaschistisch-demokratischen Aufbau zugute kam.[219]

Im Juni 1948 hatte Albert Schulz mit der ohne hinreichende Vorbereitung angeordneten Währungsreform, die in der SBZ einige Tage nach dem Geldumtausch in den Westzonen stattfand, eine immense Aufgabe zu bewältigen. Die Stadtkommandantur von Rostock gab die notwendigen Instruktionen. Wie der Oberbürgermeister erfuhr, gab es in der Sowjetischen Zone weder neue Banknoten noch Münzgeld für die Währungsreform. Deshalb sollten die alten Geldscheine mit von der Kommandantur bereit gestellten Coupons beklebt werden. Unter massiven Sicherheitsvorkehrungen waren auf diese Weise mehrere Millionen Mark von den Banken zu holen und im Rathaus zu bearbeiten. Der Zeitdruck hätte kaum größer sein können, musste der SMAD-Befehl doch in knapp einer Woche ausgeführt werden. Aber Schulz bewies einmal mehr sein Organisationstalent, selbst der SED-Kreisvorstand lobte das bedächtige Auftreten des Stadtoberhaupts.[220]

Während Albert Schulz nach der Abwicklung der Währungsreform eine längere Arbeitstagung in Kühlungsborn besuchte und anschließend einen dreiwöchigen Urlaub antrat[221], erreichte die seit den Wahlen im Herbst 1946 immer deutlicher auszumachende Stalinisierung der SED einen ihrer ersten markanten Höhepunkte. Im Kern dieses Transformationsprozesses stand das Bestreben, eine zentralistisch und streng hierarchisch organisierte Staats- und Kaderpartei zu schaffen. Das Entscheidungs- und Informationsmonopol sollte in dieser nach sowjetischem Vorbild modellierten »Partei neuen Typus« noch konsequenter als bisher in den Händen eines besoldeten und durch Kooptation zu ergänzenden Funktionärskörpers liegen. Im Zuge dessen verloren sämtliche, in der SED ohnehin kaum jemals besonders ausgeprägten Formen der pluralistischen Teilhabe radikal an Boden. Vor allem die sozialdemokrati-

---

219 VPLA, BPA SED Rostock, NL Walter Petschow, V/6/37/2, Bl. 1 ff.: Öffentlicher Rechenschaftsbericht vom 8. September 1947. Vgl. Witt: Chronik der Stadt Rostock, Teil 1, S. 12.
220 AHR, 2.1.0., 210: SED, Kreisvorstand Rostock, an die SED, Landesvorstand Mecklenburg, 24. Juni 1948. Vgl. Schulz: Erinnerungen, S. 124 f.; siehe Kleßmann: Die doppelte Staatsgründung, S. 188 ff.
221 MLHA, 6.11-1, 389, Bl. 534 f.: Protokoll über die Ratssitzung in der Stadt Rostock am 30. Juni 1948 (Abschrift).

3.3 Die Fortführung der Amtsgeschäfte unter der »Sozialdemokratismus«-Kampagne

schen Parteimitglieder mussten befürchten, einer Säuberungsaktion zum Opfer zu fallen. Solche Maßnahmen gehörten in der SED neuerdings zur Tagesordnung und dienten der Disziplinierung von aufsässigen Genossen. Außerdem ging es bei der groß angelegten Kampagne gegen den »Sozialdemokratismus« nicht zuletzt um die systematische Beseitigung der früheren SPD-Mitglieder aus ihren womöglich einflussreichen Partei- und staatlichen Verwaltungsfunktionen. Die in diesem Zusammenhang angewendeten Methoden waren vielgestaltig und reichten bis zur Verschleppung in sowjetische Arbeitslager.[222]

Bald nach dem Beginn der ersten, im Juli 1948 beschlossenen Säuberungsaktion entstand im Umfeld des SED-Kreisvorstandes in Rostock ein denunziatorischer Bericht. Das zweiseitige und nicht unterzeichnete Dokument behandelte die »Frage der Schumacherideologie in unserer Partei«, die am latent vorhandenen politischen Opportunismus und zudem an der offen sowjetfeindlichen Einstellung mancher Genossen festzumachen sei. Als Erklärung für diese Erscheinungsformen des »Sozialdemokratismus« verwies der Berichterstatter auf die historische Entwicklung der Arbeiterbewegung. Die staatserhaltende Rolle der SPD während der Weimarer Republik bewertete er als »Erbübel der reformistischen Tradition, die unsere ehemaligen SPD-Mitglieder noch immer mit sich herumtragen und die nur durch eine verstärkte marxistisch-leninistische Schulung überwunden werden kann.« Sodann widmete sich der wahrscheinlich zu den Kommunisten in der SED rechnende Verfasser den im Kreisgebiet von Rostock an exponierter Stelle tätigen Sozialdemokraten. Als Erstes wurde die Gesinnung von Albert Schulz unter die Lupe genommen. Der Oberbürgermeister habe die Beschlüsse des zentralen SED-Vorstandes auf einer unlängst abgehaltenen Konferenz begrüßt, allerdings nicht allgemein, sondern lediglich jenen Teil, der sich mit den erhöhten Anforderungen für neue Parteimitglieder befasste. Über den Vorsitzenden der SPD in den Westzonen, Kurt Schumacher, und die in der Einheitspartei häufig zu beobachtende Feindschaft gegenüber den Vertretern der Sowjetunion sei von Schulz kein einziges Wort zu hören gewesen. »Dagegen fühlte er sich gemüßigt, vor ›übertriebene[r] Spitzeltätigkeit‹ zu warnen, d.h. die Wachsamkeit einzudämmen.« Während der Bericht überdies drei weitere Genossen zur besonderen Überprüfung empfahl, wurde die Stadtverwaltung von Rostock als »Pfründe« für einstige SPD-Funktionäre beschrieben. Als »geistiges Haupt« für diese von Heinrich Beese unterstützte Politik, die Sozialdemokraten gezielt zu Führungspositionen verhalf, galt Albert Schulz, der mit dem Leiter des städtischen Personalamtes »im engsten Einvernehmen« stehe. Neben Beese sollten außerdem die beiden Stadträte Martin Müller und Paul Schwanke zu jener von Schulz aufgebauten und instruierten Freundesgruppe zählen. Auch in der Stadtverordnetenversammlung könnten Verbündete ausgemacht werden. Der verleumderische Text nannte den mittlerweile zum Vorsitzenden des Parlaments gewählten Krankenkassenangestellten Carl Kröger sowie den Kauf-

---

222 Siehe Malycha: Die SED, S. 278 ff.

mann Paul Düwel[223], mit dem Schulz ebenfalls eine längere Bekanntschaft verband. Wie der Berichterstatter zusammenfassend darlegte, müsse dieser in Rostock existierende konspirative Zirkel ohne Zweifel als der gefährlichste aller mit der »Schumacherideologie« infizierten Gruppierungen betrachtet werden:

> »Diese Menschen sind gewandt, halten fest zusammen und können schweigen. Einige von ihnen sind in der hiesigen Arbeiterschaft stark verankert. (Schultz, Schwanke). Die große Masse der ehemaligen sozialdemokratischen Mitglieder hört auf sie und sieht gerade in Albert Schultz ihren Führer. Von ihnen kann man wirklich von einer Gruppe sprechen, die nicht nur persönliche, sondern politische Bindungen hat.«[224]

Wahrscheinlich ohne von diesem Bericht zu wissen, kehrte Albert Schulz schließlich aus seinem Urlaub zurück. Eines der im Herbst 1948 neben den Säuberungsmaßnahmen in der SED bestimmenden Themen stellte die neuerdings in der Sowjetischen Besatzungszone zentral vorgenommene Wirtschaftsplanung dar. Folglich beschäftigte sich auch der unter der Leitung von Schulz tätige Stadtrat in Rostock mit der Frage, welche Mindestbedingungen der auf Geheiß des SED-Parteivorstandes zu erarbeitende und ab Januar 1949 gültige Zweijahrplan zu erfüllen habe.

Zur selben Zeit drängte die von der Sowjetischen Militäradministration gegründete Deutsche Wirtschaftskommission auf den Abbau von drei bis fünf der insgesamt 13 Stadtrat-Posten. Albert Schulz und seine betroffenen Kollegen entschieden sich, dieser Aufforderung zunächst keine Folge zu leisten. Wenige Monate zuvor war das Wohnungsamt von Rostock sogar aus der von Paul Schwanke geführten Kommunalabteilung herausgelöst und in den Status eines selbstständigen Dezernats erhoben worden. Die Leitung dieses neu zugeschnittenen Aufgabenbereiches oblag dem zum Stadtrat ernannten Friedrich Trost, einem aus Ludwiglust stammenden und an der Universität Hamburg 1924 promovierten Anthropologen, der ein LDP-Parteibuch besaß und sich bislang nicht politisch exponiert hatte.[225]

Ferner war der Stadtrat für Kultur und Volksbildung, Günter Matern, schon vor einiger Zeit nach Berlin verzogen, um als Vertriebsdirektor bei der Deutschen Film AG (DEFA) zu wirken.[226] Als Nachfolger hatte der verhältnismäßig bekannte Regisseur Ado von Achenbach gewonnen werden können. Der in Rostock als Kreisge-

---

223 NL Albert Schulz: Emma Schulz an Albert Schulz, 8. und 22. Januar 1940.
224 MLHA, 10.34-1, 162, Bl. 5 f.: »Zur Frage der Schumacherideologie in unserer Partei«, nach dem 29. Juli 1948 (alle Zitate ebd.). Siehe auch Schulz: Erinnerungen, S. 129.
225 MLHA, 6.11-1, 389, Bl. 519 f.: Protokoll über die Ratssitzung in der Stadt Rostock am 20. August 1948 (Abschrift). Siehe Steiner: Die Deutsche Wirtschaftskommission, S. 87 ff.; Niedbalski: Deutsche Zentralverwaltungen und Deutsche Wirtschaftskommission, S. 458 ff.
226 Siehe die Korrespondenz im: AHR, 2.1.0., 21, sowie: SAPMO-BArch, DY 30, IV 2/2.1/181: Protokoll über die Sitzung des SED-Zentralsekretariats am 15. März 1948.

schäftsführer des Kulturbundes engagierte Künstler war vor 1933 der KPD beigetreten und wirkte in der Hansestadt inzwischen als Professor an der Hochschule für Musik. Allerdings fand die Amtszeit von Achenbach ein rasches Ende, denn er wurde an das im Aufbau begriffene Deutsche Theaterinstitut in Weimar berufen.[227] So wählte die Stadtverordnetenversammlung von Rostock den einstigen Leiter der Finanzabteilung Lothar Wegener, der für zwei Jahre im Internierungslager Fünfeichen bei Neubrandenburg inhaftiert gewesen war, im September 1948 zum Stadtrat für Kultur und Volksbildung. Die Kandidatur des mit der sowjetischen Besatzungsmacht in Konflikt geratenen Kommunisten war von Schulz nachdrücklich befördert worden. Er hatte Wegener als gewissenhaften und menschlich angenehmen Mitarbeiter kennen gelernt. Schulz besprach sich mit den sozialdemokratischen Dezernenten und holte sich zudem die Zustimmung der KPD und der sowjetischen Kommandantur ein. Wegener, der kurzfristig als Stellvertreter von Achenbach fungiert hatte, wurde von Schulz nicht zuletzt deshalb so stark unterstützt, weil die Stelle nach den Grundsätzen der Parität nur mit einem Kommunisten aus der SED besetzt werden durfte.[228]

Zum 1. Oktober 1948 trat in Rostock eine neue Verwaltungsordnung in Kraft. Wie Albert Schulz den Angestellten der Stadtverwaltung in einem kurzen Nachwort einschärfte, hielt er die sorgfältige Lektüre dieser grundlegenden Bestimmungen für selbstverständlich. Ergänzend verwies der Oberbürgermeister auf die fachspezifischen Lehrgänge, die laufend angeboten werden sollten. Im Vordergrund stand für Schulz allerdings die mit tadellosem Pflichtbewusstsein gepaarte Eigeninitiative, andernfalls müsse jeder Mitarbeiter mit seiner Entlassung rechnen.[229]

Genau zehn Tage später wurde dem Oberbürgermeister eine äußerst zweifelhafte Ehrung zuteil. »35 Jahre in unseren Reihen« – unter dieser Überschrift erschien am 10. Oktober 1948 ein längerer Artikel über Albert Schulz in der Landes-Zeitung. Die Redakteure des SED-Organs für Mecklenburg sprachen von der »großen journalistischen Begabung« des Oberbürgermeisters und würdigten seine Verdienste um die 1933 liquidierte Mecklenburgische Volks-Zeitung. Zu dem Text gehörte ein Porträtfoto von Schulz, über den es ferner und für aufmerksame Beobachter des politischen Geschehens reichlich überraschend hieß: »Er half, die Vereinigung der Arbeiterparteien zu vollziehen«. Belegen ließ sich diese nicht den Tatsachen entsprechende Behauptung freilich keineswegs. Doch die Verantwortlichen bei der Landes-Zeitung dürften kaum an einer fundierten Würdigung des kurz vor seinem dreiundfünfzigsten Ge-

---

227 AHR, 2.1.0., 21: Ado von Achenbach an den Rat der Stadt Rostock, z. Hd. Oberbürgermeister Schulz, 15. September 1948; ebd., 782: Pressekommunique der Stadt Rostock vom 28. September 1948.
228 NL Albert Schulz: Erklärung von Albert Schulz über Lothar Wegener, 29. Oktober 1952 (Abschrift). MLHA, 6.11-1, 389, Bl. 510: Protokoll über die Ratssitzung in der Stadt Rostock am 27. September 1948 (Abschrift).
229 AHR, 3.11., 1.1.1.: Verwaltungsordnung der Stadt Rostock mit einem Nachwort des Oberbürgermeisters Albert Schulz, 1. Oktober 1948 (Korrekturexemplar).

burtstag stehenden Oberbürgermeisters interessiert gewesen sein. Vielmehr ging es um die Überhöhung von Schulz, der sich zwar geärgert haben mag, jedoch offenbar keine Anstalten machte, dieser absichtlichen Fehlinformation entweder öffentlich entgegenzutreten oder eventuell sogar weiter reichende Konsequenzen zu ziehen. Während die vor bewusster Desorientierung nicht zurückschreckende Landes-Zeitung dem »tatkräftigen und umsichtigen Oberbürgermeister, der in seinem schlichten Wesen und seinem ganzen Handeln seiner Herkunft und seiner Ueberzeugung treu geblieben ist«, noch »viele Jahre erfolgreichen Wirkens« wünschte, dürfte auch Schulz an einer Fortführung seiner Amtsgeschäfte gelegen haben.[230]

Jedenfalls nahm es das Stadtoberhaupt auf sich, dem mit der Kampagne gegen den »Sozialdemokratismus« in der SED abermals immens wachsenden Konformitätsdruck auszuhalten und gelegentlich zu begegnen. Diese Entscheidung konnte zweierlei bedeuten. Zum einen war das Oberbürgermeisteramt mit einem beträchtlichen Maß an Sozialprestige verbunden. Das Gefühl, beachtet und geschätzt zu werden, spielte für Schulz allerdings eine augenscheinlich eher untergeordnete Rolle. Weitaus größere Kraft hatte das seit 1946 verfolgte Bestreben, den keinesfalls gering zu veranschlagenden sozialdemokratischen Einfluss in der Stadtverwaltung so lange wie möglich zu erhalten und zu Gunsten der Einwohnerschaft von Rostock zu nutzen. Zum anderen besaß Schulz eine tiefe emotionale Bindung an seine Geburtsstadt. Er fühlte sich zum Mecklenburgischen hingezogen.[231] Bereits 1933 und in den folgenden Jahren hatte Schulz trotz ärgster Bedrängnis auf eine Flucht aus Rostock verzichtet, wobei nicht allein fehlende Sprachkenntnisse oder finanzielle Sorgen von Bedeutung gewesen waren.

Ab 1948 wurden die Entscheidungs- und politischen Gestaltungsspielräume für einen traditionsverbundenen Sozialdemokraten wie Albert Schulz allerdings immer enger. Bisweilen ließ sich der beliebte Oberbürgermeister sogar ohne erkennbaren Widerstand für die Ziele der zur oligarchischen Kaderpartei transformierten SED einspannen. Dies war der Fall, als Ende November 1948 eine Feierstunde für die so genannten Aktivisten der Stadtverwaltung im Ratskeller von Rostock stattfand. Mit dieser Art von Zeremonie folgte Schulz mehr oder weniger bereitwillig der einige Wochen zuvor öffentlichkeitswirksam inszenierten Hennecke-Bewegung, als deren Leitfigur ein von der zentralen SED-Führung instrumentalisierter Bergmann fungierte.[232] Unter den insgesamt 28 in Rostock vom Oberbürgermeister geehrten städtischen Angestellten und Arbeitern befand sich mit dem Leiter des Personalamts, Heinrich Beese, zwar mindestens ein gesinnungsfester Sozialdemokrat, daneben wurden jedoch auch linientreue Kommunisten für ihre vermeintlich fortschrittliche Arbeitshaltung belobigt. Die Ehrung des 1938 wegen seines jüdischen Glaubens mit Berufsverbot belegten und seit dem Ende des Zweiten Weltkrieges für das Gesundheitsamt verant-

---

230 Landes-Zeitung (Ausgabe Rostock), 10. Oktober 1948 (alle Zitate ebd.).
231 Zeitzeugenbericht von Peter Schulz, 3. Februar 2001.
232 Siehe Staritz: Die Gründung der DDR, S. 145 f.

3.3 Die Fortführung der Amtsgeschäfte unter der »Sozialdemokratismus«-Kampagne

wortlich zeichnenden parteilosen Obermedizinalrates Heinrich Strauß[233] war hingegen zumindest aus weltanschaulicher Sicht unproblematisch. Ähnliches galt für Karl Heinz Kohl.[234] Das offenbar nicht sonderlich aktive SED-Mitglied arbeitete seit 1947 als persönlicher Referent des Oberbürgermeisters im Rathaus und kümmerte sich um die Korrespondenz und den Publikumsverkehr. Überdies vertrat er Schulz je nach Bedarf in diversen Ausschüssen und Gremien. Ausgezeichnet wurde Kohl, weil er die jüngst in Kraft getretene Verwaltungsordnung für Rostock und einen zuvor dringend entbehrten Organisationsplan für die Stadtverwaltung konzipiert hatte.[235]

Indessen setzte die Landes-Zeitung ihre im Sinne der SED wie der sowjetischen Besatzungsmacht positive Berichterstattung über die Oberbürgermeistertätigkeit von Albert Schulz fort. Nachdem er vor der Stadtverordnetenversammlung über die im Rahmen des Zweijahrplanes anstehenden Projekte gesprochen hatte, wurde er in dem Parteiblatt am 1. Dezember 1948 mit folgenden Sätzen zitiert:

> »Der Marshallplan bringt keine politische Hilfe, keine Bluttransfusion für unsere kranke Wirtschaft, sondern nur Morphiumspritzen. Wir aber wollen nicht, daß Deutschland weder politisch noch wirtschaftlich zum Morphinisten wird. Nach dem leuchtenden Vorbild der Völker Sowjet-Rußlands müssen und werden auch wir den Wiederaufbau beginnen und vollenden können.«[236]

Ob diese Attacke gegen das Wiederaufbauprogramm, das die USA für die Westzonen aufgelegt hatten, tatsächlich von Schulz stammte, musste den meisten Lesern der Landes-Zeitung verschlossen bleiben. Womöglich täuschte der Oberbürgermeister eine sowjetfreundliche Haltung vor, um einer abermaligen Verhaftung durch das MGB zu entgehen. Ferner konnte es sein, dass die wörtlichen Zitate in dem Artikel frei erfunden waren. Dies war jedoch mit Blick auf die Öffentlichkeit, die noch andere Informationsquellen über die Sitzungen der Stadtverordnetenversammlung besaß, nicht sehr wahrscheinlich.

Die Beurteilungen, die Albert Schulz ab Dezember 1948 über die unter seiner Leitung in Rostock tätigen Stadträte schreiben musste, ließen derweil keine Zweifel an den politischen Vorstellungen des Oberbürgermeisters. Während Schulz dem lang-

---

233 Siehe Schröder/Ehlers: Zwischen Emanzipation und Vernichtung, S. 61; Rackow: Zum Kampf um die Veränderung der Machtverhältnisse, S. 98.
234 AHR, 2.1.0., 769: Geschäftsverteilungsplan der Stadt Rostock, nach Juli 1947. NL Albert Schulz: Karl Heinz Kohl an Albert Schulz, 29. Juli 1957; ebd.: Erklärung von Albert Schulz über Karl Heinz Kohl, 22. April 1960 (Abschrift).
235 AHR, 2.1.0., 147: Liste der »Aktivisten des Rates der Stadt Rostock!«, erstellt von der Betrieblichen Gewerkschaftsleitung für die Stadtverwaltung, 18. November 1948. Landes-Zeitung (Ausgabe Rostock), 26. November 1948. MLHA, 6.11-11, 174, Bl. 59 ff.: Übersicht über die Entwicklung der kreisfreien Städte in Mecklenburg 1945-1948, undatiert, hier S. 10 f.
236 Landes-Zeitung (Ausgabe Rostock), 1. Dezember 1948.

Kapitel V • Als Sozialdemokrat in der SED (1945/46–1949)

jährigen Sozialdemokraten und Leiter der Stadtwerke, Martin Müller, freundlich gesonnen war und ihm bescheinigte, einen praktischen Blick »für das erreichbar Mögliche«[237] zu haben und dabei stets klug, gewandt und optimistisch zu sein, schnitt der Kommunist Walter Petschow klar schlechter ab. Nach einer unkommentierten Aufzählung der vom Bürgermeister bekleideten Funktionen urteilte Schulz zweideutig, aber für Eingeweihte mit kaum verhohlener Antipathie für den in der SED besonders aktiven Petschow: »Neben seiner Verwaltungstätigkeit steht er in vorderster Linie in der Parteiarbeit.«[238] Genauso wie Müller erhielt der ebenfalls zu den ehemaligen SPD-Funktionären in der Stadtverwaltung zählende Dezernent für die Kommunalabteilung, Paul Schwanke, ein überaus positives Zeugnis.[239] Differenzierter fiel die Bewertung für August Westphal aus. Der Leiter des Stadtbauamtes war in den Augen von Schulz zwar ein »tüchtiger Fachmann«, politisch sei das LDP-Mitglied aber bisher nicht hervorgetreten. Offenbar sehe Westphal seine Aufgaben als Stadtrat »fast nur von der fachlich-technischen Seite.«[240]

Trotz mancherlei Annäherungen an die sowjetische Besatzungsmacht blieb Albert Schulz seiner Gesinnung treu. Spätestens ab 1946 stand er unter der Überwachung der Militäradministration. Eine ausführliche Charakteristik der sowjetischen Kommandantur in Rostock beschrieb die Strategie, die Schulz im Umgang mit der Besatzungsmacht und den deutschen Kommunisten anwendete. Demnach zeigte sich der Oberbürgermeister auch nach seiner Entlassung aus der Haft nur äußerlich mit der Linie der SED einverstanden. Nach innen versuche er, gerade nach der Zeit im Gefängnis immer vorsichtiger geworden, die Politik der Partei zu unterminieren. In Versammlungen schweige er meistens. Deshalb schien er der Militäradministration schon im Dezember 1948 nicht mehr als Oberbürgermeister tragbar zu sein, zumal er den Anweisungen der Kommandantur in der Regel nur unwillig und gelegentlich überhaupt nicht nachkam. So sträubte sich Schulz, den Zweijahrplan konsequent umzusetzen, und wehrte sich gegen die Parteisäuberungen.[241]

Um die Jahreswende 1948/49 gratulierte Albert Schulz dem Vorsitzenden des SED-Zentralsekretariats, Wilhelm Pieck, in einem persönlich unterzeichneten Glückwunschschreiben zum Geburtstag. Der Kommunist wurde von ihm als »bewährte[r] Vorkämpfer für Deutschlands Einheit und demokratischer Entwicklung«[242] charakterisiert. Gleichzeitig konnte Schulz einige beachtliche Erfolge bei seiner Tätigkeit als

---

237 AHR, 2.1.0., 697: Beurteilung für Martin Müller durch Albert Schulz, 27. Dezember 1948.
238 AHR, 2.1.0., 703: Beurteilung für Walter Petschow durch Albert Schulz, 3. Januar 1949.
239 AHR, 2.1.0., 717: Beurteilung für Paul Schwanke durch Albert Schulz, 27. Dezember 1948.
240 AHR, 2.1.0., 728: Beurteilung für August Westphal durch Albert Schulz, 27. Dezember 1948.
241 GARF, 7317-64, 3082, Bl. 6 ff.: Charakteristik von Major Serdjukoff über Albert Schulz, 6. Dezember 1948.
242 AHR, 2.1.0., 38: Der Rat der Stadt Rostock, unterzeichnet von Oberbürgermeister Albert Schulz, an Wilhelm Pieck, Zentralkomitee der SED, 4. Januar 1949 (Entwurf für ein Telegramm).

3.3 Die Fortführung der Amtsgeschäfte unter der »Sozialdemokratismus«-Kampagne

Oberbürgermeister von Rostock vorweisen. Besonderes Gewicht besaß die längst überfällige Schaffung eines Amtlichen Mitteilungsblattes für die Stadt Rostock. Die Initiative für ein solches Organ ging von der örtlichen Zweigstelle der von der SED unterhaltenen Deutschen Werbe- und Anzeigengesellschaft aus. Während die Stadtverwaltung den redaktionellen Teil des von der Sowjetischen Militäradministration auf gemeinschaftlichen Antrag hin lizenzierten Mitteilungsblattes betreute, sorgte die DEWAG für das erforderliche Papier und kümmerte sich um die Akquisition von Anzeigen, aus deren Erlös sie ihre geschäftlichen Aktivitäten finanzierte. Das über den Verkauf der ungefähr 7.000 Exemplare eingespielte Kapital floss durchweg in die Stadtkasse. Wie Albert Schulz in der Erstausgabe des Organs vom 20. Januar 1949 erläuterte, sollte das Mitteilungsblatt helfen, die Zusammenarbeit zwischen der Verwaltung und der Bevölkerung der Hansestadt »noch inniger« zu gestalten. Die in dem Organ abgedruckten Gesetze, Verordnungen, Bestimmungen und Aufrufe könnten dem Leser zwar »oft etwas trocken und langweilig« erscheinen, dies liege jedoch »in der Natur der Sache« begründet. Folglich sei es die Aufgabe der Einwohnerschaft und der Behörden, diese »toten Buchstaben mit lebendigem Geiste« zu erfüllen und sie dadurch für die zu befördernde Aufwärtsentwicklung von Rostock nutzbar zu machen.[243]

Im Februar 1949 ließ Albert Schulz einen groß angelegten Empfang für eine Delegation von kommunistischen Politikern aus Griechenland organisieren. In dem Mittelmeer-Staat herrschte seit längerem Krieg zwischen Truppen der USA und aufständischen Kommunisten, was zur Verschärfung des Ost-West-Konfliktes beitrug. Mit der im Ratsweinkeller von Rostock durchgeführten Veranstaltung wollte der Oberbürgermeister »die griechischen Freiheitskämpfer im Kampf gegen den internationalen Monopolkapitalismus« nach Kräften unterstützen, jedenfalls fand sich diese prosowjetische Formulierung in den von Schulz gezeichneten Einladungsschreiben an mehrere Offiziere der Stadtkommandantur. Gleich lautende Briefe gingen an die Parteien, antifaschistischen Massenorganisationen und andere gesellschaftliche Interessenvertreter. Wie Schulz dem Rat der Stadt am Tag nach dem Empfang berichtete, hatte er dem örtlichen »Hilfskomitee für das demokratische Griechenland« am Vorabend spontan eine Spende in Höhe von 10.000 Mark zugesagt, ohne dazu vom Magistrat ermächtigt worden zu sein. Die um nachträgliche Bewilligung ersuchten Stadträte kamen der Bitte des Oberbürgermeisters nach, und die mit einem Dringlichkeitsantrag informierte Stadtverordnetenversammlung akzeptierte die gefundene Lösung ebenfalls.[244]

---

243 AHR, 2.1.0., 67: Informationsbericht des städtischen Pressereferenten, Gerhard Stübe, für den Oberbürgermeister von Rostock, 22. September 1948. Amtliche Mitteilungen der Stadt Rostock, 20. Januar 1949 (alle Zitate ebd.).

244 AHR, 2.1.0., 37: Der Oberbürgermeister der Stadt Rostock, gez. Albert Schulz, an Herrn Oberstleutnant Tschenzoff, 15. Februar 1949 (Zitat ebd.); ebd. weitere Einladungsschreiben; ebd.: Protokoll der Ratssitzung am 21. Februar 1949 (auszugsweise Abschrift). MLHA, 6.11-1, 388, Bl. 204 f.: Protokoll über die Sitzung der Stadtverordnetenversammlung von Rostock am 21. Februar 1949 (Abschrift). Siehe Esche: Die Kommunistische Partei Griechenlands, S. 292 ff.

Kapitel V · Als Sozialdemokrat in der SED (1945/46–1949)

Im Gegensatz zu einem derart systemkonformen Verhalten stand der scharfe Protest, den Albert Schulz im selben Monat beim Innenminister von Mecklenburg, Johannes Warnke, angesichts der endgültigen Überführung der städtischen Berufsfeuerwehr in den Landesdienst einlegte. Nach der Ansicht von Schulz hätte eine solch weit reichende Entscheidung unter keinen Umständen ohne vorherige Gespräche mit der Stadtverwaltung herbeigeführt werden dürfen.[245]

Am 3. Mai 1949 wurden die beiden Stadträte Isidor Freienstein (CDU) und Friedrich Trost (LDP) verhaftet – in Rostock nach Lothar Wegener, Hans Griem und Albert Schulz bereits der vierte Fall dieser Art. Die Staatsanwaltschaft sprach von Wirtschaftssabotage. Konkret ging es um die von Trost und Freienstein zu gewährleistende Zuteilung von Wohnraum an die zur Erfüllung des Zweijahrplanes in Warnemünde und Rostock dringend benötigten Arbeitskräfte für den Schiffbau. Letztlich kamen die beiden Stadträte jedoch vergleichsweise zügig wieder frei.[246]

»Ist die Stadt allmächtig?«, diese Überschrift trug der Rechenschaftsbericht, den Albert Schulz den Einwohnern von Rostock am 20. Juni 1949 im Stadttheater gab. Der Oberbürgermeister verwies eingangs auf die Unzahl der tagtäglich bei der Stadtverwaltung auflaufenden Wünsche und Beschwerden aus der Bevölkerung, um anschließend den Bogen zu den rasant schwindenden Einflussmöglichkeiten auf kommunaler Ebene zu spannen. In diesem Zusammenhang nannte Schulz abgesehen von der Landesverwaltung noch die Deutsche Wirtschaftskommission als Instanz, deren Anweisungen bindenden Charakter hätten. Sie mache die städtischen Gremien in manchen Bereichen sogar zu lediglich ausführenden Organen. Doch am Ende beließ es Schulz, der es kürzlich gewagt hatte, den Haushaltsplan der Stadt Rostock ohne Genehmigung der Landesverwaltung zur Veröffentlichung freizugeben[247], bei wenigen provozierenden Bemerkungen. Das nachfolgende oftmals ausschließlich statistische Material über die wirtschaftliche und kulturelle Entwicklung in der Hansestadt war jedenfalls kaum sonderlich geeignet, um die sowjetische Besatzungsmacht nachhaltig zu reizen. Insgesamt stand der Wille zum raschen Wiederaufbau des Gemeinwesens im Vordergrund. Dementsprechend führte Schulz zusammenfassend aus:

> »Das Bild, das ich Ihnen gezeichnet habe, ist nicht in allen Teilen rosig. Wohl kann die Stadtverwaltung stolze Erfolge melden, aber sie muß auch zugeben, daß auf

---

245 MLHA, 6.11-11, 200: Der Rat der Stadt Rostock, Hauptverwaltung, gez. Albert Schulz, an die Landesregierung Mecklenburg, Ministerium des Innern, z. Hd. von Herrn Minister Warnke, 24. Februar 1949. Dort lagert auch die weitere Korrespondenz.
246 Neues Deutschland, 3. April 1949. MLHA, 6.11-1, 389, Bl. 455 ff.: Protokolle über die Ratssitzungen in der Stadt Rostock am 4. und 18. Mai 1949 (Abschriften).
247 MLHA, 6.11-1, 178: Der Präsident des Landtages, gez. Carl Moltmann, an den Stadtverordnetenvorsteher der Stadt Rostock, 23. Mai 1949 (Abschrift); ebd.: Der Oberbürgermeister der Stadt Rostock, Albert Schulz, an den Kommunalausschuss des Landtages für Mecklenburg, 7. Juni 1949.

man[c]hen Gebieten die Schwierigkeiten im Augenblick noch stärker sind als unser heißer Wille. Ich bin mein Leben lang ein Gegner jeder Schönfärberei gewesen. Nach meiner Auffassung ist die ungeschminkte Wahrheit besser als die holdeste Illusion. Wir nehmen nicht für uns in Anspruch, wie einst die Nazis, Göttern gleich und unfehlbar zu sein. Wir wissen, daß wir auch Fehler gemacht haben und wir sind uns auch klar darüber, daß wir auch in Zukunft nicht fehlerlos sein werden. Aber eins nehmen wir für uns in Anspruch, daß wir mit heißem Herzen, mit eisernem Willen und mit großer Zähigkeit für das Wohl unserer Stadt Rostock und ihrer Bewohner arbeiten, und ich gebe Ihnen die Versicherung, daß das auch in Zukunft so sein wird.«[248]

Obendrein warnte Schulz seine Zuhörerschaft, sich von den kurzlebigen Erfolgen des auf den westdeutschen Raum beschränkten Marshallplanes und der amerikanischen »Dollarsonne« blenden zu lassen. Direkt im Anschluss bezeichnete das Stadtoberhaupt die Sowjetunion als »großes Nachbarvolk« ohne Arbeitslose und Hungernde, von dem jeder Deutsche »unerhört viel lernen« könne. Unter den gegebenen Umständen wäre ein anderes, weniger serviles Auftreten höchst gefährlich gewesen, möglicherweise hätte es sogar zur erneuten Verhaftung des Oberbürgermeisters geführt. Dies war durchaus ein plausibles Szenario. Aber Schulz konnte es bei aller Bereitschaft zur Anpassung für erstaunlich lange Zeit vermeiden – vor allem in Anbetracht seiner häufigen Abweichungen vom herrschenden politischen Kurs.[249]

4 Zwischen Machtlosigkeit und Anpassung: Mitglied der SED-Fraktion im Landtag von Mecklenburg

Am 20. Oktober 1946 fanden in der Sowjetischen Besatzungszone erstmals Landtagswahlen statt. Die SED in Mecklenburg-Vorpommern konnte 45 Mandate erringen. Unterdessen kam die LDP auf elf Sitze. Die CDU erlangte in dem Agrarland sogar 31 Mandate. Als zuverlässige Mehrheitsbeschafferin für die in dem 90 Abgeordnete umfassenden Parlament ohnehin gut aufgestellte SED fungierte die Vereinigung der gegenseitigen Bauernhilfe. Die mit Unterstützung der KPD entstandene Gruppierung war als einzige der antifaschistischen Massenorganisationen in Mecklenburg-Vorpommern mit einer separaten Liste angetreten und rekrutierte ihre Klientel vornehmlich aus der von der Bodenreform profitierenden Neubauernschaft.[250]

---

248 AHR, 2.1.0., 65: Rechenschaftsbericht des Oberbürgermeisters Albert Schulz, gehalten am 20. Juni 1949.
249 Ebd. (mit allen Zitaten).
250 Siehe Heck: Geschichte des Landtags in Mecklenburg, S. 163 ff.; Broszat/Weber: SBZ-Handbuch, S. 396 f.

Zu den Mitgliedern der SED-Fraktion gehörte Albert Schulz, der seit acht Monaten als Oberbürgermeister von Rostock amtierte. Die Bedingungen der Landtagsarbeit hatten sich im Vergleich zur Weimarer Republik grundlegend verändert, was einem so erfahrenen Parlamentarier wie Schulz bereits vor den Wahlen bewusst gewesen sein dürfte. Trotz der zu antizipierenden Machtlosigkeit der in der Sozialdemokratie verwurzelten Abgeordneten nahm er sein Mandat an, obwohl er mit kommunalen Fragen voll ausgelastet war.

Im Landtag ging es Schulz ähnlich wie in der Stadtverwaltung von Rostock in der Regel um die Behauptung sozialdemokratischer Positionen. Die Erfolgsaussichten für dieses ehrgeizige Unterfangen bewegten sich in dem von der SED-Führung mit Hilfe der sowjetischen Besatzungsmacht kontrollierten Parlament allerdings in engen Grenzen. Außer Existenzangst zählte allseitiges Misstrauen zu den vorherrschenden Gefühlen. Zudem hielten die sowjetfreundlichen Kräften in der SED die Fraktionsdisziplin unerbittlich aufrecht. Das im Plenum und in den einzelnen Ausschüssen dominierende Verhaltensmuster war kritiklose Anpassung, und mitunter ließen sich selbst die öffentlichen Redebeiträge von Schulz nur schwerlich als die Ausführungen eines Sozialdemokraten erkennen.

Gut vier Wochen nach den Wahlen, am 19. November 1946, wurde der Landtag von Mecklenburg-Vorpommern im Staatstheater zu Schwerin konstituiert. Den Auftakt der feierlichen Sitzung bildeten Ansprachen von Wilhelm Höcker und Generalmajor Michail A. Skossyrew als Repräsentant der Sowjetischen Militäradministration. Im Anschluss wurde Carl Moltmann auf Vorschlag der SED-Fraktion zum Landtagspräsidenten gewählt, wobei der jahrzehntelange Sozialdemokrat die Stimmen aller erschienenen Abgeordneten erhielt.

Bei der zum Ende der Eröffnungssitzung vorgenommenen Bildung der Landtagsausschüsse kam es zu einigen in verfassungsrechtlicher Hinsicht mindestens bedenkenswerten Verflechtungen zwischen Exekutive und künftiger Legislative. Mit dem ehemaligen SPD-Mitglied Willi Nudow war ein Abgeordneter im Kommunalausschuss und zugleich als Ministerialdirektor in der Sozialabteilung der Landesverwaltung aktiv. Überdies standen abgesehen von Albert Schulz, der als Oberbürgermeister von Rostock im Haupt-, Finanz- und bald auch im Verfassungsausschuss des Parlaments saß, noch wenigstens zwei Mandatsträger auf kommunaler Ebene in Regierungsverantwortung – ohne Rücksicht auf mögliche Interessenkonflikte.[251]

In der zweiten Sitzung des Landtags, am 10. Dezember 1946, wurde die Regierung mit Wilhelm Höcker als Ministerpräsident gewählt. Sie bestand nicht nur aus SED-, sondern auch aus CDU- und LDP-Mitgliedern. Die mit strukturellem Ein-

---

251 Verhandlungen des Mecklenburgischen Landtags, Bd. 1, Sp. 3 ff. Siehe Schwabe: Landtagswahl in Mecklenburg-Vorpommern 1946, S. 121 ff.; Menzlin: Die SED-Fraktion im Mecklenburgischen Landtag, Tabelle 14 im Anhang.

fluss verbundenen Ressorts lagen jedoch nach wie vor in der Hand von linientreuen Kommunisten.[252]

Nach der Ministerwahl verhandelte der Landtag über die Frage, welche politische Gestalt die auf Weisung der Sowjetischen Militäradministration zu schaffende Verfassung für Mecklenburg-Vorpommern haben sollte. Der nach einer kurzen Sitzungspause durch Albert Schulz als Mitglied der SED-Fraktion eröffneten Debatte lagen zwei nahezu unvereinbare Vorschläge zu Grunde. Abgesehen von der Einheitspartei hatte der Fraktionsvorsitzende der CDU, der vor 1933 in der Deutschen Staatspartei aktive Werner Jöhren[253], einen Entwurf für die zukünftige Landesverfassung erarbeitet. Schulz erinnerte in seinem Debattenbeitrag an die von Wirtschaftsverbänden, Großagrariern und weiten Teilen der Reichswehr betriebene Unterhöhlung der Weimarer Republik, wobei er die 1920 beschlossene Verfassung von Mecklenburg-Schwerin kritisch würdigte. Außerdem bedankte er sich ausdrücklich bei sämtlichen der in Deutschland seit 1945 stationierten Besatzungsmächten für das geschenkte Vertrauen und die Möglichkeit, den staatlichen Neuaufbau auf demokratischer Grundlage vollziehen zu dürfen. Angesichts der bevorstehenden Ausschussberatungen hob Schulz schließlich nur die wichtigsten Aspekte des SED-Verfassungsentwurfes hervor. Vor allem machte er sich namens seiner Fraktion dafür stark, in Zukunft auf das Prinzip der Gewaltenteilung zu verzichten. In der Begründung für seine überraschende, weil den Grundsätzen des parlamentarisch-demokratischen Rechtsstaates zuwiderlaufende Initiative berief sich der langjährige Sozialdemokrat, ohne konkrete Beispiele zu nennen, auf die bis 1933 und im »Dritten Reich« durchlebten Erfahrungen:

> »Der zweite tragende Gedanke unseres Gesetzentwurfes ist, daß alle politische Macht dem Parlament vorbehalten sein soll. Wir wollen nicht mehr wie bisher die Dreiteilung in Legislative, Exekutive usw., sondern wir wollen, daß die gesamte politische Macht beim Parlament verankert werden soll, um zu verhindern, daß wiederum ein Mißbrauch mit der Verfassung getrieben werden kann, wie wir es in der abgelaufenen Zeit gesehen haben.«[254]

Es zeigte sich im weiteren Verlauf der Sitzung, dass Albert Schulz mit seinem höchst problematischen Ansinnen, der Gewaltenteilung keinen Platz in der Verfassung einzuräumen, durchaus nicht allein stand. Auch der CDU-Abgeordnete Karl Koch schien die schrittweise Entmachtung des Reichstages vermittels der im März 1930 installierten Präsidialherrschaft noch bestens im Gedächtnis zu haben. Jedenfalls sprach der Jurist in Übereinstimmung mit Schulz von der »Omnipotenz des Landtages«, die

---

252 Siehe Heck: Geschichte des Landtags in Mecklenburg, S. 166; Müller: Mecklenburg-Vorpommern zwischen sowjetischer Besatzung und Gründung der DDR, S. 262 f.
253 Siehe Schwabe: Landtagswahl in Mecklenburg-Vorpommern 1946, S. 90 f.
254 Verhandlungen des Mecklenburgischen Landtags, Bd. 1, Sp. 63 ff.

es unbedingt festzuschreiben gelte. Im Unterschied zu seinem für die SED auftretenden Vorredner brachte sich Koch mit diesem Postulat allerdings in klaren Gegensatz zu dem Verfassungsentwurf seiner Fraktion, der eine strikte Dreiteilung der staatlichen Gewalt vorsah.[255]

Die Annahme der Verfassung für das Land Mecklenburg, so die endgültige Bezeichnung, erfolgte am 15. Januar 1947 auf Basis des SED-Entwurfs einstimmig. Wenngleich die Christ- und Liberaldemokraten nicht mit dem Verhandlungsergebnis zufrieden sein konnten, waren sie offenbar bereit, ihre Bedenken zu Gunsten eines geschlossenen Auftretens zurückzustellen. Ein derart symbolträchtiges Abstimmungsverhalten dürfte von der Besatzungsmacht notfalls mit Gewalt befördert worden sein, konnte das von Schulz argumentativ gestützte Fehlen der Gewaltenteilung aber nicht überdecken.[256]

Ungefähr einen Monat nach der Verabschiedung der Landesverfassung, am 21. Februar 1947, oblag es Albert Schulz im Auftrag der SED-Fraktion, den für das kommende Rechnungsjahr konzipierten Staatshaushalt einer kritischen Würdigung zu unterziehen. Der zuvor durch Finanzminister Gotthilf Strasser (LDP) im Landtag erläuterte Plan sollte mit Beginn des nächsten Monats in Kraft treten und belief sich auf rund 865 Millionen Mark, wovon etwas mehr als die Hälfte für die Begleichung von Kriegs- und Besatzungskosten aufzubringen war. Trotz dieser erheblichen Belastung der Landeskasse erhob Schulz keinen grundsätzlichen Einspruch. Er sparte das mit Blick auf die Sowjetische Militäradministration heikle Thema vielmehr aus und widmete sich in der Aussprache allein den Widersprüchen und Unregelmäßigkeiten, die er bei der Lektüre des Haushaltsplanes ausfindig gemacht hatte. In erster Linie wies Schulz die Regierung auf Denk- oder Koordinierungsfehler mit negativen Auswirkungen für die Stadt- und Landkreise hin, doch auch das seiner Meinung nach einzuschränkende, weil überaus kostenintensive und Missverständnisse befördernde »Regieren per Telephon und Telegraph« rief seine Kritik hervor. Als Parlamentarier, der gut ein Jahrzehnt für die Etatreden der sozialdemokratischen Fraktion im Landtag von Mecklenburg-Schwerin verantwortlich gezeichnet hatte, war es für Schulz ein Leichtes, die Schwachstellen des Zahlenwerkes aufzuzeigen, obwohl er den Sitzungen des Finanzausschusses beinahe während der gesamten Legislaturperiode fernblieb. Diese exponierte Rolle bei den Haushaltsberatungen ließ sich mit der im Vergleich zu den übrigen SED-Abgeordneten immensen Erfahrung von Schulz erklären, demonstrierte allerdings zugleich anschaulich, dass er die partielle Kooperation mit dem sowjetisch gelenkten System nicht scheute. Aber es gab enge Grenzen. Das vor allen Dingen auf kommunaler Ebene auszumachende Spannungsverhältnis zwischen dem Oberbürgermeister von Rostock und der Besatzungsmacht führte schließlich im März 1947 zur

---

255 Ebd., Sp. 69. Siehe Braas: Die Entstehung der Länderverfassungen, S. 448 ff.
256 Verhandlungen des Mecklenburgischen Landtags, Bd. 1, Sp. 188 ff. Siehe Schwabe: Verfassungen in Mecklenburg, S. 29 ff.; Heck: Geschichte des Landtags in Mecklenburg, S. 169.

4 Zwischen Machtlosigkeit und Anpassung: Mitglied der SPD-Fraktion im Landtag

Verhaftung, noch bevor der Etat genehmigt werden konnte. Wie in solchen Fällen immer häufiger in der SBZ üblich wurde das Landesparlament zu keiner Zeit über die Maßnahme unterrichtet. Dabei besaß Schulz durch seine Abgeordnetentätigkeit verfassungsmäßig garantierte Immunität.[257]

Obwohl der Stadtrat von Rostock entschied, die Leistungszulage für den in ein Strafverfahren verwickelten Oberbürgermeister zu streichen, bekam Albert Schulz die steuerfreie Aufwandsentschädigung für seine Parlamentszugehörigkeit auch während seiner Haftzeit ausbezahlt. Bei den auf sein Konto bei der Stadtsparkasse in Rostock überwiesenen Geldern handelte es sich um 200 Reichsmark pro Monat. Hinzu kamen Zulagen und Spesen in ähnlicher Höhe. Über die pauschale Erstattung von Reisekosten hinaus stand Schulz zudem ein monatliches Benzinkontingent in Höhe von 100 Litern zu. Diejenigen Parlamentarier, die in Vorpommern wohnten, erhielten sogar die doppelte Menge des außerordentlich knappen Treibstoffes, ohne Auskunft über die Verwendung geben zu müssen.[258]

Entgegen allen Befürchtungen überraschend zügig aus der sowjetischen Haft entlassen, durfte Albert Schulz im Landtag erstmals wieder in der am 13. September 1947 stattfindenden Debatte über das so genannte Kino-Entschädigungsgesetz reden. Wie der Innenminister Johannes Warnke den Abgeordneten zu Beginn der Sitzung in Erinnerung rief, hatte die Landeskommission für Sequestrierung beschlossen, die Besitzer der Lichtspieltheater in Mecklenburg ausnahmslos zu enteignen. Nach dem Wunsch der Kommission, die sich aus Vertretern der Parteien, Gewerkschaften, der Industrie- und Handelskammer sowie aus einigen anderen Organisationen zusammensetzte, sollte Wilhelm Höcker als Ministerpräsident für die Entschädigung der betroffenen Unternehmer sorgen. Obwohl dieses Ansinnen nicht ohne weiteres mit dem SMAD-Befehl Nr. 124 vom 30. Oktober 1945 über die Beschlagnahme von Eigentum in Einklang zu bringen war, hatte Warnke einen entsprechenden Gesetzentwurf vorbereiten lassen. Damit kam die Regierung jedoch allenfalls pro forma den Bestimmungen der mecklenburgischen Verfassung nach. In Wahrheit ging es um einen gezielten Schlag gegen das freie Unternehmertum.[259]

Schulz trug die Annahme des Kino-Entschädigungsgesetzes mit, was der Hansestadt Rostock bald zum Nachteil gereichte. Schon im nächsten Jahr verlor das vom Oberbürgermeister errichtete Kulturelle Wirtschaftsunternehmen den Pachtvertrag über den besonders gewinnbringenden DEFA-Palast in der Stadt, weil sich die Lan-

---

257 Verhandlungen des Mecklenburgischen Landtags, Bd. 1, Sp. 247 ff. (Zitat, Sp. 271). MLHA, 6.11-1, 140: Sitzungsprotokolle des Finanzausschusses, ab dem 19. Februar 1947. Vgl. Schulz: Erinnerungen, S. 115.
258 MLHA, 6.11-1, 285: Der Direktor beim Landtag von Mecklenburg an den Direktor des Hessischen Landtages, 9. Dezember 1947; ebd., 286: Übersicht über die Bezüge von Albert Schulz, undatiert, wahrscheinlich vom Jahresende 1947.
259 Verhandlungen des Mecklenburgischen Landtags, Bd. 1, Sp. 601 ff. Siehe Staritz: Die Gründung der DDR, S. 116 f.

desregierung als nunmehrige Eigentümerin des Lichtspielhauses entschloss, den Betrieb anderweitig zu vermieten. Zwar war Schulz nicht gewillt, diesen schweren wirtschaftlichen Schlag kampflos hinzunehmen, aber sämtliche Bemühungen liefen ins Leere. Weder die von dem Stadtoberhaupt eingeschaltete Informationsabteilung der SMAD noch solch prominente SED-Funktionäre wie Anton Ackermann und Erich W. Gniffke konnten helfen. Ein Brief an den lieben »Fritz«, wie Schulz den Kommunisten und mecklenburgischen Kultusminister Gottfried Grünberg vertraulich nannte, blieb ebenso ohne positiven Effekt wie ein persönliches Gespräch mit Otto Grotewohl in Berlin. Der durch den Verlust des DEFA-Palastes entstandene Schaden wurde von Schulz auf jährlich rund 350.000 Mark beziffert. Auf dieses Geld verzichten zu müssen, brachte empfindliche Subventionskürzungen für etliche kulturelle Einrichtungen in Rostock mit sich, was vor allem das Stadttheater zu spüren bekam.[260]

Auch in der folgenden Zeit blieb Albert Schulz im Landtag von Mecklenburg für die Haushaltsreden der SED-Fraktion verantwortlich. Dabei waren die finanzpolitischen Kompetenzen der Volksvertretung sukzessive ausgehöhlt worden. Genauso wie die Landesregierung, die permanent unter sowjetischer Kontrolle stand, mussten sich die Abgeordneten den zentralen Vorgaben aus Berlin beugen. Eine Verbesserung dieser unerfreulichen Situation war kaum zu erwarten. Mit der längeren Rede, die Schulz im März 1948 vor dem Parlament hielt, wies er wie gehabt lediglich auf Druckfehler, Ungereimtheiten und Widersprüche im Staatshaushalt für das Rechnungsjahr 1948/49 hin. Zum Beispiel sollten die Aufwendungen für Apotheken und das Arzneimittelwesen paradoxerweise vom Sozial- zum Landwirtschaftsministerium verlagert werden. Bei der Enthüllung derartiger Kuriositäten durchaus um eine launige Vortragsweise bemüht, fand Schulz dagegen angesichts der hohen Verschuldung des Landes eindringliche Worte. Überdies plädierte er für einen Finanzausgleich zu Gunsten der Kreise und Gemeinden. Allerdings könne eine solche Maßnahme erst nach der Durchführung der immer näher rückenden Währungsreform gelingen. Überhaupt ließ sich nicht verkennen, dass Schulz der Oberbürgermeister der bevölkerungsreichsten Kreisstadt im Lande war. Etliche weitere Bemerkungen in der Etatrede betrafen ebenfalls Zustände, die Rostock sowie anderen Städten oder Gemeinden zum Schaden gereichen mussten. So monierte Schulz eine künftig wieder geltende Regelung, wonach die Kommunen ihre erzielten Überschüsse an die Landeskasse abzuführen hatten. Diese Anordnung decke sich kaum mit dem Ruf nach einer verantwortungsbewussten und sparsamen Finanzwirtschaft. Am schärfsten kritisierte Schulz aber die späte Zustellung des Haushaltsplanes. Bloß wenige Abgeordnete hatten das Konvolut

---

[260] MLHA, 6.11-11, 199: Albert Schulz, Oberbürgermeister von Rostock, an Gottfried Grünberg, Minister für Kultur und Volksbildung, 26. November 1947 (Abschrift). AHR, 2.1.0., 65: Rechenschaftsbericht des Oberbürgermeisters Albert Schulz, gehalten am 20. Juni 1949. Siehe zudem: SAPMO-BArch, DY 30, IV 2/2.1/147 sowie 155: Protokolle über die Sitzungen des SED-Zentralsekretariats am 24. November und 8. Dezember 1947.

wenigstens oberflächlich lesen können. Selbst der in Etatfragen geübte Schulz war nicht über eine kursorische Durchsicht hinausgekommen. Eine derartige »Galoppschusterei« sei der Sache abträglich und in Zukunft von der Landesregierung auf jeden Fall zu vermeiden.[261]

Bevor der auf knapp eine Milliarde Reichsmark angeschwollene Haushalt nach dritter Lesung verabschiedet wurde, gab Schulz eine grundsätzliche Stellungnahme ab. Der Zweck der Etatberatungen liege nicht allein in der wegen der Besatzungsherrschaft ohnehin nur bedingt möglichen Festsetzung der Einnahmen und Ausgaben, sondern diene einem übergeordneten Ziel. Es gehe um die Durchleuchtung des gesamten Verwaltungsapparates und seiner Praxis. Die regelmäßige Kontrolle der Regierung müsse als demokratische Aufgabe des Landtages verstanden werden. Sodann brachte Schulz eine Entschließung der im Parlament vertretenen Parteien zur Verlesung. Diesem Text zufolge hatte die gegenwärtige Haushaltsdebatte unter bedauerlichen Mängeln gelitten. Auf die von Schulz bereits in der Aussprache erwähnte überaus späte Zustellung des Etats wurde in der Entschließung ebenso verwiesen wie auf den provisorischen Charakter unzähliger Ansätze. Auch die prinzipiell viel zu kurze Beratungszeit kam zur Sprache. Eine gedeihliche Auseinandersetzung mit dem Staatshaushalt habe nicht stattfinden können. Deshalb wurde die Landesregierung von den Parteien unisono ersucht, durch »Verhandlungen mit den zuständigen Stellen«, so die vorsichtige Umschreibung für die Sowjetische Militäradministration, für Abhilfe zu sorgen.[262]

Im November 1948 kam Albert Schulz für die Position des stellvertretenden Finanzministers von Mecklenburg ins Gespräch. Rund ein Jahr zuvor hatte es bereits eine ähnliche Situation gegeben. Schulz war gerade der sowjetischen Haft entronnen, als zwei führende SED-Politiker nach Rostock fuhren, um ihm die Stelle eines Ministerialdirektors anzubieten. Diese Avancen der Kommunisten durften nicht fehlgedeutet werden. Mit der Wertschätzung von fachlichen Qualitäten hatten sie wenig gemein. Vielmehr war das Landessekretariat der SED bestrebt, den als unlenkbar geltenden Schulz nach Schwerin zu holen. Dort konnten sie ihn besser kontrollieren. Immerhin hatte der Sozialdemokrat wiederholt aufgebegehrt, jedenfalls was seine Tätigkeit als Oberbürgermeister von Rostock betraf. Im Landtag verhielt er sich fügsamer. Aber Schulz erkannte die Hintergedanken der SED-Führung und schlug die vordergründig schmeichelhaften Offerten jedes Mal aus. Dabei konnte er sich darauf berufen, dass ihn seine Finanzpolitik eine Verurteilung durch ein Sowjetisches Militärtribunal eingebracht hatte. Deshalb könne er sich kaum vorstellen, als stellvertretender Minister für dieses Ressort verantwortlich zu sein.[263]

---

261 Verhandlungen des Mecklenburgischen Landtags, Bd. 1, Sp. 1051 ff. (Zitat, Sp. 1062).
262 Ebd., Sp. 1147 ff. (Zitat, Sp. 1148). Siehe Brunner: Regieren auf Befehl und unter Führung »Der Partei«, S. 256 f.
263 MLHA, 10.34-1, 186, Bl. 155: Personalabteilung [der SED in Mecklenburg] an das Sekretariat, Genosse Walter Schultz, im Hause, Schwerin, den 5. November 1948. Vgl. Schulz: Erinnerungen, S. 128.

Um die Jahreswende 1948/49 häuften sich die Verhaftungen. Zum ersten Mal waren in Mecklenburg auch Abgeordnete des Landtages in größerer Zahl betroffen. Sozialdemokraten wie Karl Moritz und Willi Nudow gerieten in die Fänge des sowjetischen Geheimdienstes. Andere Parlamentarier, die ihre Bedrohung rechtzeitig erkannten, entschieden sich kurzerhand zur Flucht.[264] In Anbetracht der massiven Eingriffe in die Grund- und Menschenrechte konnte es verwundern, dass sich Albert Schulz im April 1949 abermals bereit fand, die Etatverhandlungen für die SED-Fraktion zu kommentieren. Trotz der im Jahr zuvor verabschiedeten Entschließung hatten die Abgeordneten den Haushaltsplan wiederum viel zu spät von der Regierung erhalten. Als der Landtag zusammentrat, war das zur Genehmigung stehende Rechnungsjahr bereits seit knapp zwei Wochen angebrochen. Dies empörte Schulz und veranlasste ihn zu Kritik, die wegen der in sämtlichen Parlamentssitzungen anwesenden Offiziere der SMAM allerdings recht moderat ausfiel. Immerhin musste er um seine persönliche Freiheit und das Wohlergehen seiner Familie fürchten. Doch obschon Schulz für die Anhebung der Mittel für den Kulturbund und einer weiteren antifaschistischen Massenorganisation plädierte, war seine Rede keineswegs sonderlich opportunistisch. Vielmehr beschrieb er die Auswirkungen der jüngst aus Berlin angeordneten Zentralisierungsmaßnahmen, um mit aller Vorsicht aufzuzeigen, welche finanziellen Nachteile dem Land Mecklenburg durch die Planwirtschaft entstanden seien.[265]

Lediglich zwei Tage später, am 14. April 1949, beantragte die Regierung, die beiden abschließenden Lesungen des Haushaltsplanes unmittelbar nacheinander stattfinden zu lassen. Für die Ausschussberatungen hatten nur wenige Stunden zur Verfügung gestanden. Trotzdem wurde der Antrag des Innenministers einstimmig angenommen. Wie Schulz zu Recht im Plenum des Landtages betonte, hatte die Überprüfung des Etats in den Jahren vor 1933 mindestens eine zwölftägige Frist beansprucht. Vor diesem Hintergrund spotteten die gegenwärtigen Haushaltsverhandlungen jedweden parlamentarischen Gepflogenheiten, was Schulz allerdings nicht davon abhielt, in seiner kurzen, für die SED-Fraktion gehaltenen Rede in scherzhaften Ton auszuführen: »Der Hauptausschuß hat also gestern sein Soll mit 1200 Prozent erfüllt, und der Landtag würde gut daran tun, den Hauptausschuß zum Aktivisten zu ernennen.«[266] Weil Beifall aufkam, getraute sich der zum Minister für Handel und Versorgung avancierte Alfred Starosson die Zahlung einer Prämie für derart leistungsstarke Mandatsträger zu verlangen. Schulz dämpfte indes die allgemeine Heiterkeit, ging es ihm doch anscheinend weder um eine tiefer gehende Karikierung der Auswüchse im sozialistischen Wirtschaftssystem noch um puren Sarkasmus. Der Landtag war einmal mehr seines Kontrollrechts beraubt worden, das machte Schulz

---

264 Siehe Müller/Mrotzek/Köllner: Die Geschichte der SPD in Mecklenburg und Vorpommern, S. 220 f.
265 Verhandlungen des Mecklenburgischen Landtags, Bd. 2, Sp. 1786 ff.
266 Ebd., Sp. 1848.

zu schaffen, wenngleich er die bedrückende Situation nach außen hin als Übergangserscheinung verharmloste.

Derweil existierten in jeder Partei oppositionelle Gruppierungen. Auch die zu dieser Zeit schon nicht mehr von innerorganisatorischen Richtungskämpfen gekennzeichnete SED bildete keine Ausnahme. Schließlich fehlte Schulz ebenso wie manch weiterem Sozialdemokraten jegliche Neigung, als willfähriger Helfer der sowjetischen Besatzungsmacht zu agieren. Insgesamt blieb die Opposition jedoch notgedrungen schwach. So wie der kaum oberflächlich behandelte Staatshaushalt ohne eine Gegenstimme zur Annahme gebracht wurde, stieß die Unterminierung des Parlamentarismus, die mit einem rasanten Bedeutungsverlust des Föderalismus einherging, auch sonst nur höchst selten auf wirksame Gegenwehr. Zur dominierenden Machtlosigkeit gesellte sich eine gewisse Routine. Jedenfalls konnte es wie ein Anachronismus wirken, wenn Schulz vorzugsweise in seinen Etatreden darauf verfiel, an die Traditionen und parlamentarischen Rituale der Weimarer Republik anzuknüpfen. Dabei hatten sich die Herrschaftsverhältnisse von Grund auf gewandelt.[267]

5 Parteiverfahren, Amtsenthebung und Flucht

5.1 Der Protest gegen die Zentralisierung der Energiewirtschaft

Während Albert Schulz dem Konformitätsdruck im Landtag von Mecklenburg beinahe gänzlich erlag, bemühte er sich als Oberbürgermeister um eine deutlich kritischere Position. Doch auch im Rathaus von Rostock konnte Schulz vor allem nach seiner Entlassung aus der sowjetischen Haft nicht umhin, sich auf den von der Besatzungsmacht im Verein mit der SED vorgegebenen Kurs einzulassen. Andernfalls hätten dem Stadtoberhaupt massive Repressionen bis hin zum erneuten Freiheitsentzug gedroht. Die Bereitschaft zur weit gehenden Anpassung schien an Opportunismus zu grenzen, aber Schulz orientierte sich in seinem zwiespältig erscheinenden Handeln nach wie vor an sozialdemokratischen Wertvorstellungen, auch wenn er in der Verfassungsdiskussion gegen das Prinzip der Gewaltenteilung votiert hatte. Zu den Leitlinien, an denen Schulz als Oberbürgermeister trotz anders lautender Vorgaben festhielt, gehörte nicht zuletzt sein Einsatz für die Bewahrung der kommunalen Selbstverwaltung. Mit dem Ausbau der Deutschen Wirtschaftskommission zu einer richtungbestimmenden Lenkungsinstanz verschwanden in dieser Frage allerdings jegliche Handlungsspielräume. Als Schulz im Frühjahr 1949 versuchte, die fortschreitende Zentralisierung der Energiewirtschaft aufzuhalten, eröffnete die SED ein Parteiverfahren gegen das Stadtoberhaupt. Eine Flucht, von Schulz bislang immer hinausgeschoben, erwies sich als unausweichlich, zumal es für einen überzeugten Sozialdemo-

---

267 Ebd., Sp. 1847 ff. Siehe Heck: Geschichte des Landtags in Mecklenburg, S. 172 ff.

kraten im Grunde schon lange keinen Platz mehr in der stetig zur »Partei neuen Typus« transformierten SED gab.

Die Energieversorgung der Stadt Rostock galt als Sonderfall. Bereits einige Jahre vor dem Ersten Weltkrieg bestanden andere Eigentumsverhältnisse als in den meisten übrigen Kommunen in Mecklenburg. Neben einem aus eigenen Mitteln finanzierten Elektrizitätswerk besaß die Hansestadt sogar eine Überlandzentrale. Beide Anlagen hatten ihren Sitz in Bramow, einem kleinen Vorort, in dem seit 1911 für die flächendeckende Verteilung des erzeugten Stromes gesorgt wurde. Nach dem Zweiten Weltkrieg gelang es dem Stadtrat zunächst, die komfortable Situation für Rostock zu erhalten, was mit den Vorstellungen der Landesverwaltung kollidierte. Die Initiative hierfür ging von dem Sozialdemokraten Martin Müller aus. In seiner Eigenschaft als Leiter der Stadtwerke war ihm weniger an Profit, sondern vornehmlich an einer möglichst umfassenden Selbstversorgung gelegen.[268]

Im April 1948 folgte die Sowjetische Militäradministration jedoch einer Anregung der Deutschen Wirtschaftskommission. Der auf Bestellung verfasste SMAD-Befehl Nr. 76 forcierte die planmäßige Lenkung und lückenlose Kontrolle des sowjetzonalen Wirtschaftslebens. Im Zuge dessen wurde auch das Kraftwerk in Bramow verstaatlicht. Die Stadtverwaltung von Rostock musste diese Maßnahme notgedrungen akzeptieren. Allerdings entspann sich eine rege Korrespondenz über die Frage, ob der Magistrat eine angemessene Entschädigung für das Kraftwerk verlangen durfte. Nach der Meinung von Martin Müller, die Albert Schulz als Oberbürgermeister voll und ganz teilte, war die Zahlung einer Kompensation unerlässlich. Diese einleuchtende Forderung bezog sich zudem auf die kommunale Überlandzentrale. Ihre Abtretung stand desgleichen unmittelbar bevor. Wie es hieß, versuchte sogar die mecklenburgische Landesregierung, ihren geringen Einfluss geltend zu machen und einen finanziellen Ausgleich für die Hansestadt zu erwirken. Schließlich wurde auch die Überlandzentrale von der DWK durch Enteignung übernommen, ohne dass es jemals zu einer vermögensrechtlichen Auseinandersetzung gekommen wäre.[269]

Nach der Überführung des städtischen Besitzes in Volks- beziehungsweise treffender: zonales Staatseigentum blieben Rostock allein die Stationen und das Netz zur Verteilung des in Bramow erzeugten Stromes. Der Erlass der Kommunalwirtschafts-

---

268 AHR, 2.1.0., 25: Der Präsident des Landes Mecklenburg-Vorpommern, Abteilung für Wirtschaft, an den Oberbürgermeister der Stadt Rostock, 3. September 1945; ebd.: Der Leiter der Stadtwerke, gez. Martin Müller, an den Oberbürgermeister und den Bürgermeister der Stadt Rostock, 8. September 1945; ebd.: Der Oberbürgermeister der Stadt Rostock, gez. Christoph Seitz, an den Präsidenten des Landes Mecklenburg-Vorpommern, 15. September 1945 (Abschrift).
269 AHR, 2.1.0., 754: Der Rat der Stadt Rostock, Dezernat für Energie, an den Rat der Stadt Rostock, 13. Juli 1948; ebd.: Der Rat der Stadt Rostock, Dezernat für Energie, gez. Martin Müller, an den Rat der Stadt Rostock, Hauptverwaltung, 27. August 1948 (jeweils Abschriften). Siehe Sens: Geschichte der Energieversorgung in Mecklenburg und Vorpommern, S. 88 ff. und 230 ff.; ders.: Rostock als Kraftwerksstandort, S. 23 ff.

5.1 Der Protest gegen die Zentralisierung der Energiewirtschaft

verordnung im November 1948 tastete diesen Zustand nicht grundsätzlich an. Zwar erteilte die Deutsche Wirtschaftkommission sämtlichen Kreisen und Gemeinden den Auftrag, ihre wirtschaftlichen Einrichtungen in ein Kommunalwirtschaftsunternehmen zu überführen, die Aufsicht hierüber sollte aber im Fall von Rostock weiterhin beim Magistrat liegen.[270]

Im Mai 1949 kündigte sich eine neue Phase in der radikalen Umgestaltung der Energiewirtschaft für die Sowjetische Besatzungszone an. Weil der verwaltungsinterne Informationsfluss zu wünschen übrig ließ, musste Albert Schulz die für seine Oberbürgermeistertätigkeit relevanten Beschlüsse der Deutschen Wirtschaftskommission aus der Zeitung entnehmen. Laut einem Bericht des SED-Zentralorgans »Neues Deutschland« war mit Blick auf den Zweijahrplan entschieden worden, die Stromerzeugung in nennenswertem Ausmaß zu steigern. Die Erfüllung des Plansolls konnte der DWK zufolge allein durch die optimale Auslastung sämtlicher zur Verfügung stehender Elektrizitätswerke erreicht werden. Als ergänzende Maßnahme stellte der kurze Artikel die zügige und konsequente Zentralisierung sämtlicher Energieverteilungsanlagen in Aussicht. Für Schulz bestanden nach der Zeitungslektüre keine Zweifel, dieses Vorhaben würde den Kommunen abermals gewaltig schaden. Deshalb verständigte er sich mit Martin Müller, der ihn als betroffener Stadtrat bat, der Deutschen Wirtschaftskommission vorsichtig zu widersprechen.[271]

Am 31. Mai 1949 ließ Schulz ein Schreiben an die Deutsche Wirtschaftskommission aufsetzen. Der als Eingabe formulierte Brief wurde am folgenden Tag im Stadtrat von Rostock verlesen und einstimmig gebilligt. Auch der Bürgermeister Walter Petschow votierte zusammen mit den anderen kommunistischen Dezernenten für die Absendung des Schreibens. In den Augen von Schulz, der vermutlich aus Termingründen nicht bis zur Abstimmung in der Ratssitzung geblieben war, machte es keinen Sinn, nochmals gegen die Einverleibung des Kraftwerkes in Bramow aufzubegehren. Deswegen beschränkte sich der Protestbrief auf die zukünftige Organisationsform der Stromverteilungsanlagen, wobei die Kritik von Schulz nicht bloß Rostock in den Blick nahm. Denn immerhin betrafen die Zentralisierungspläne der DWK alle größeren Städte:

»Die Stadt Rostock hat durch die zonale Zusammenfassung der Krafterzeugungswerke das in ihrem Eigentum befindliche Kraftwerk Bramow bereits zur Verfügung gestellt, da die Notwendigkeit der Zusammenfassung der Kraftwerke anerkannt wurde.

---

270 Verordnung über die wirtschaftliche Betätigung der Gemeinden und Kreise (Kommunalwirtschaftsverordnung) vom 24. November 1948. In: Zentralverordnungsblatt 1948, Nr. 57, S. 558 ff.
271 Neues Deutschland, 14. Mai 1949. Siehe Schneider: Renaissance und Zerstörung der kommunalen Selbstverwaltung in der sowjetischen Besatzungszone, S. 494 f.

Wenn jedoch nun auch die Verteilungsanlagen den kommunalen Verwaltungen genommen werden sollen, so müssen hiergegen die schwersten Bedenken erhoben werden. Die noch vorhandenen wenigen Überschüsse der Elektrizitätswerke dienten dazu, die Unterschüsse der Gas- und Wasserwerke, die infolge der hohen Kohlenpreise entstehen, zu decken. Die Herauslösung der Elektrizitätswerke aus den kommunalen Wirtschaftsunternehmen würde die Gründung der KWU geradezu gefährden.

Jetzt wird der Verbrauch von Strom, Ga[s] und Wasser in einem Gang abgelesen; ebenso werden die Verbrauchsrechnungen gemeinsam kassiert. Die Trennung der Elektrizitätswerke von den Stadtwerken würde die Hebedienstkosten wesentlich verteuern. Von der Stadt Rostock ist den Zeitumständen nach alles getan worden, um die Leistungsfähigkeit des Verteilungsnetzes zu gewährleisten. Wirtschaftliche Momente können für die Abtrennung des Stromverteilungsbetriebes für die Stadt Rostock nicht geltend gemacht werden.

Der Rat der Stadt Rostock bittet deshalb dringend, die Energieverteilungsanlagen den Städten zu erhalten.«[272]

Nach der Sitzung des Stadtrates oblag es Martin Müller, den SED-Landesvorstand über die von Rostock ausgehende Initiative zu informieren. Ein gleich lautendes Schreiben ging an den Freien Deutschen Gewerkschaftsbund in Mecklenburg. Wie Müller inzwischen erfahren hatte, sollten neben den Stromverteilungsanlagen auch die ähnlich profitablen Straßenbahnen gar nicht erst in die nach Abschluss der Vorbereitungen bald offiziell zu gründenden Kommunalwirtschaftsunternehmen überführt werden. Dieses Vorhaben ließ den Leiter der Rostocker Stadtwerke erneut Mindereinnahmen erwarten. In der Hoffnung auf Unterstützung ersuchte Müller daher seine Genossen im Parteivorstand und an der FDGB-Spitze, gegen die zonale Bewirtschaftung der genannten Einrichtungen zu protestieren. Überdies verfasste der von Schulz vorbehaltlos unterstützte Dezernent einen Rundbrief, dem er die vom Magistrat beschlossene Eingabe an die Deutsche Wirtschaftskommission beifügte. Die Adressaten des von Müller in Umlauf gebrachten Schreibens waren die Stadträte von Schwerin, Güstrow, Wismar, Greifswald und Stralsund sowie von Neubrandenburg, Parchim, Waren, Anklam und Demmin. Jeder Empfänger wurde durch ein kurzes Anschreiben gebeten, die übersandte Korrespondenz als Grundlage für eine gleichfalls an die Deutsche Wirtschaftskommission in Berlin zu richtende Beschwerde zu nehmen. Ein gemeinsamer Erfolg war nach der Ansicht von Müller keineswegs ausgeschlossen.[273]

---

272 NL Albert Schulz: Der Rat der Stadt Rostock, Oberbürgermeister, gez. Albert Schulz, per Einschreiben an das Sekretariat der Deutschen Wirtschaftskommission, 31. Mai 1949 (Abschrift, Zitat ebd.). MLHA, 6.11-1, 389, Bl. 451 f.: Protokoll über die Ratssitzung in der Stadt Rostock am 1. Juni 1949 (Abschrift). Vgl. Schulz: Erinnerungen, S. 131 f.

273 NL Albert Schulz: Der Rat der Stadt Rostock, Dezernat für Energie, gez. Martin Müller, an den Landesvorstand der SED, Abteilung für Kommunalpolitik, 3. Juni 1949 (Abschrift). MLHA,

5.1 Der Protest gegen die Zentralisierung der Energiewirtschaft

Die Aktion zeitigte rasch Wirkung. Am 10. Juni 1949, knapp eine Woche nach dem Erhalt des Schreibens aus Rostock, wandte sich der Rat der Stadt Parchim in der von Müller empfohlenen Weise an die Deutsche Wirtschaftskommission. Dabei blieb unerwähnt, wer als Urheber der Furore machenden Initiative fungierte.[274] Auch der Direktor des bereits geschaffenen Kommunalwirtschaftsunternehmens in Güstrow, der langjährige Sozialdemokrat Friedrich Lenz[275], bezog sich in keiner Form auf Rostock, als er drei Tage später wagte, seinerseits einen Rundbrief verschicken zu lassen. Das brisante Schriftstück lud die Magistrate von mindestens 20 mecklenburgischen Städten kurzfristig zu einer Tagung nach Güstrow ein. Als einziger Referent wurde Günther Robert Thomaschewski[276] avisiert. Der studierte Volkswirt gehörte der SED an und hatte 1948 eine Stelle bei der Außenstelle Rostock der Revisions- und Treuhand-Anstalt für die Sowjetische Besatzungszone angetreten. Seitdem zählte es zu seinen Aufgaben, den Magistrat von Güstrow bei der Gründung des Kommunalwirtschaftsunternehmens zu unterstützen. Aus diesem Zusammenhang kannte er Lenz, der sich von der anberaumten Tagung ein positives Ergebnis versprach. Um auf solider Grundlage diskutieren zu können, forderte der KWU-Direktor seine Kollegen auf, die im Hinblick auf die Energieverteilungsanlagen relevanten städtischen Akten mit nach Güstrow zu bringen.[277]

Bevor die Tagung zusammenkam, weilte Albert Schulz am 15. Juni 1949 in Schwerin. Hier fand eine Besprechung des SED-Landesvorstandes zur Vorbereitung einer ebenfalls in Kürze anstehenden Kommunalwirtschaftskonferenz statt. Die Leitung des auch von der Landesregierung und einigen Städten beschickten Vorstandstreffens lag bei einem Genossen namens Budach vom SED-Zentralsekretariat. Er bat die Anwesenden, die im bisherigen Verlauf der KWU-Gründung aufgetretenen Unklarheiten zu schildern. Dabei nahm das Problem der Stromverteilungsanlagen großen Raum ein. Wie Herbert Säverin als Oberbürgermeister von Wismar und einstiger SPD-Funktionär darstellte, musste die angepeilte zonale Bewirtschaftung des gesamten Energiesektors zwangsläufig mit zusätzlichen Kosten verbunden sein. Darüber hinaus störte ihn der willkürliche Charakter der Zentralisierungsmaßnahmen. Dieser kaum verhohlenen Attacke gegen das autokratische Gebaren der Deutschen Wirtschaftskommission

---

10.34-1, 137, Bl. 205: Der Rat der Stadt Rostock, Dezernat für Energie, gez. Martin Müller, an verschiedene Stadträte, 3. Juni 1949.
274 MLHA, 10.34-1, 137, Bl. 294: Der Rat der Stadt Parchim, Bürgermeister, gez. [Wilhelm] Niemann, an das Sekretariat der Deutschen Wirtschaftskommission, 10. Juni 1949 (Abschrift).
275 NL Albert Schulz: Albert Schulz an den SPD-Parteivorstand, Referat »Flüchtlingsbetreuung Ost«, 25. April 1950 (Abschrift).
276 MLHA, 10.34-1, 137, Bl. 278 ff.: Revisions- und Treuhand-Anstalt für die Sowjetische Besatzungszone, Zweiganstalt Potsdam/Außenstelle Rostock, gez. Knörich, an den Herrn Minister des Innern, 7. Juli 1949.
277 MLHA, 10.34-1, 137, Bl. 230: Kommunalwirtschaftsunternehmen, Stadtwerke Güstrow, Werksleitung, gez. Friedrich Lenz, an zahlreiche Stadtwerke, 13. Juni 1949.

mochte Schulz in der Parteiöffentlichkeit nicht folgen. Gleichwohl pflichtete er seinem jahrzehntelangen Genossen Säverin grundsätzlich bei.[278]

Die Tagung, die Friedrich Lenz am 18. Juni 1949 in Güstrow eröffnete, konnte beinahe schon als konspirativ gelten. Von den 20 vor wenigen Tagen angeschriebenen Städten hatten insgesamt sieben Magistrate auf die Entsendung eines Repräsentanten verzichtet. Für Rostock war Martin Müller nach Güstrow gereist. Auch Lenz hatte mittlerweile einen Protestbrief an die Deutsche Wirtschaftskommission geschickt. Während der Tagung hielt er sich allerdings merklich zurück. Statt die Zukunft der Energieverteilungsanlagen zu thematisieren, verlas der KWU-Direktor einen nahezu unpolitischen Vortrag, den er bereits vor drei Wochen für die Stadtverordnetenversammlung von Güstrow ausgearbeitet hatte. Dann war Günther Robert Thomaschewski an der Reihe. Er verdeutlichte seinen Zuhörern vor allem, wie die Buchhaltung der Kommunalwirtschaftsunternehmen organisiert werden sollte. Die bei den Magistraten für Verdrossenheit sorgenden Umwälzungen auf dem Strommarkt kamen dem Tagungsprotokoll zufolge eher am Rande zur Sprache, wobei Thomaschewski jedoch klar Stellung bezog. Wie er unter Berufung auf interne Kenntnisse verbreitete, hatte die Deutsche Wirtschaftskommission noch keinen endgültigen Beschluss gefasst. Deswegen sei rasches Handeln geboten. Laut Thomaschewski sollte nach Möglichkeit jede Kommune schriftlich bei der DWK intervenieren. Auf diese Weise könne die zu befürchtende Zentralisierung der Energieverteilungsanlagen vielleicht noch verhindert oder immerhin hinausgeschoben werden.[279]

Noch bevor die von Thomaschewski initiierte Aktion zur vollen Geltung kam, entschlossen sich die Magistrate von Teterow und Malchin, bei der Deutschen Wirtschaftskommission zu protestieren. Die beiden Schreiben ähnelten in Aufbau und Wortwahl einem von Lenz verfassten Musterbrief. Überdies besaßen sie Anklänge an Formulierungen, die Schulz drei Wochen vorher in derselben Angelegenheit verwendet hatte.[280]

Unterdessen wurden in Rostock die Vorbereitungen für die Gründung des Kommunalwirtschaftsunternehmens vorangetrieben. Der Verwaltungsrat sollte 15 Mitglieder umfassen, wovon die SED neun beanspruchen durfte. Nachdem Albert Schulz dieses für die Einheitspartei günstige Zahlenverhältnis gegen den Widerstand der liberal- und christdemokratischen Abgeordneten in der Stadtverordnetenversammlung

---

278 MLHA, 10.34-1, 137, Bl. 194 ff.: Niederschrift über die am 15. Juni 1949 stattgefundene Vorbesprechung zur Kommunalwirtschaftskonferenz in Schwerin.
279 MLHA, 10.34-1, 137, Bl. 213: Anwesenheitsliste für die Tagung am 18. Juni 1949 in Güstrow; ebd., Bl. 231 ff.: Redemanuskript von Friedrich Lenz, 30. Mai 1949; ebd., Bl. 244: Protokoll über die Tagung in Güstrow, 20. Juni 1949.
280 MLHA, 10.34-1, 137, Bl. 211: Der Rat der Stadt Teterow, Abt. Stadtwerke, gez. Heinrich Klasen, an die Deutsche Wirtschaftskommission, 20. Juni 1949; ebd., Bl. 212: Der Rat der Stadt Malchin, gez. Bürgermeister Korff, Stadtrat Kittelmann und Stadtrat Max Schulz, an die Deutsche Wirtschaftskommission, 20. Juni 1949 (beides Abschriften).

durchgesetzt hatte, wählte ihn der Magistrat zum Vorsitzenden des Verwaltungsrates. Der Oberbürgermeister war offensichtlich trotz prinzipieller Bedenken an einem reibungslosen Ablauf der KWU-Gründung interessiert. Gleichzeitig konnte seine Initiative jedoch als Versuch gedeutet werden, der Stadt wenigstens einen letzten Rest an Macht- und Einflussmöglichkeiten zu erhalten.[281]

Auf der vom SED-Landesvorstand am 24. Juni 1949 in Schwerin ausgerichteten Kommunalwirtschaftskonferenz standen derartige Fragestellungen nicht zur Debatte. Vielmehr nutzte die Parteispitze die Zusammenkunft als Gelegenheit für eine rigorose Abrechnung mit den aus Rostock und Güstrow instruierten Kräften, die sich getraut hatten, gegen die von der Deutschen Wirtschaftskommission geplante Umstrukturierung des Energiesektors zu opponieren. Während Friedrich Lenz den bald nach der Eröffnung der Konferenz erhobenen Vorwurf der Sabotage zurückwies, widmete sich Albert Schulz in einem längerem Diskussionsbeitrag ausschließlich den zum Gelingen der KWU-Gründungen klärungsbedürftigen Detailfragen, hatte das in Rostock formulierte Schreiben doch bislang keine ausdrückliche Erwähnung gefunden. Schließlich ergriff der SED-Vorsitzende Kurt Bürger das Wort. Er unterstrich die Bedeutung der Kommunalwirtschaftsunternehmen im Rahmen des Zweijahrplanes und polemisierte gegen die Genossen, die sich gegen die Zentralisierung der Energieverteilungsanlagen aufgelehnt hatten. Dabei kam jetzt auch die von Schulz mitgetragene Protestaktion zur Sprache. Nach der Ansicht von Bürger hatten einige in der SED organisierte Kommunalpolitiker »bedenkliche Irrwege« beschritten. Zugleich stellte er den Städten unkomplizierte Ausgleichszahlungen für möglicherweise auftretende Einnahmeverluste in Aussicht. Die hierfür notwendigen Gelder sollten dem Landeshaushalt entnommen werden. Für den Innenminister Johannes Warnke bestand derweil kein Zweifel, dass Günther Robert Thomaschewski seine Befugnisse weit überschritten hatte. Von dem Mitarbeiter der Revisions- und Treuhand-Anstalt seien falsche Informationen gestreut worden. Zudem machte Warnke das von Rostock ausgegangene Schreiben abermals und mit größerer Vehemenz als zuvor Kurt Bürger zum Thema. Der Vorgang müsse als planmäßige Widerstandsaktion gegen die Beschlüsse der Deutschen Wirtschaftskommission bewertet werden. Selbst in Anbetracht dieser massiven Anwürfe hielt Schulz es offenbar nicht für geboten, eine Stellungnahme abzugeben. Die Situation war ernst, und ein Parteiverfahren rückte in den Bereich des Möglichen, was dem erfahrenen Politiker bewusst gewesen sein dürfte.[282]

---

281 MLHA, 6.11-1, 388, Bl. 191 f.: Protokoll über die Sitzung der Stadtverordnetenversammlung von Rostock am 21. Juni 1949 (Abschrift); ebd., 389, Bl. 445 f.: Protokoll über die Ratssitzung in der Stadt Rostock am 22. Juni 1949 (Abschrift).
282 MLHA, 6.11-11, 1925: Bericht über die Kommunalwirtschaftskonferenz des SED-Landesvorstandes in Schwerin vom 25. Juni 1949 (Zitat ebd.). Vgl. Schulz: Erinnerungen, S. 132.

5.2 Unbedingte Disziplin oder Selbstbehauptung?

Noch am Tag der Kommunalwirtschaftskonferenz leitete das Sekretariat des SED-Landesvorstandes eine förmliche Untersuchung ein. Von den zuständigen Genossen um eine Beurteilung der Lage ersucht, bezog Johannes Warnke erneut Stellung gegen Albert Schulz, wobei er sich auf eine Meldung der Norddeutschen Zeitung stützte. Warnke hatte dem von der LDP herausgegebenen Organ entnommen, dass Schulz die Gründung der Kommunalwirtschaftsunternehmen in der Stadtverordnetenversammlung von Rostock kritisiert und bei dieser Gelegenheit als »den seit hundert Jahren schwersten Eingriff in die Stadtverwaltung« bezeichnet haben sollte. Nach der Ansicht des Innenministers durften sich Genossen wie Schulz, die an den monatelangen Beratungen zur Vorbereitung der KWU-Gründungen teilgenommen hatten, solche negativen Kommentare nicht erlauben.[283] Wesentlich deutlichere Worte als Warnke fand Erich Kundermann. Der im Ministerium des Innern für die Personalabteilung verantwortliche Kommunist handelte anscheinend ohne Wissen seines Dienstherrn, als er sich wenige Tage nach dem Erscheinen der Zeitungsmeldung an den SED-Vorsitzenden Kurt Bürger wandte. Kundermann schilderte in seinem ohne amtlichen Briefkopf versandten Schreiben die jüngsten Geschehnisse und kam zu der Schlussfolgerung:

> »Der Genosse Schulz hat es also demnach fertig gebracht, gegen die Politik der Partei in der Stadtverordnetenversammlung vor den bürgerlichen Parteien Stellung zu nehmen. Mit anderen Worten: Er dokumentierte seine negative Einstellung zur Partei, um die Hilfe der bürgerlichen Partei[e]n heranzuziehen[,] um gegen die Partei Stellung zu nehmen.
>
> Bis jetzt hat man noch nicht gehört oder gelesen, daß Oberbürgermeister Schulz positiv die Linie der Partei in der Öffentlichkeit vertreten hat, noch nie hat man etwas darüber gehört, daß er sich gegen die Schumacher-Elemente aussprach bzw. ein positives Bekenntnis zur Sowjetunion oder zu den volksdemokratischen Ländern abgelegt hat.
>
> Ich bin daher der Auffassung, daß der Genosse Schulz aufgrund seiner negativen Einstellung zur Linie der Partei nicht länger Oberbürgermeister sein kann und daß das Sekretariat des Landesvorstandes zur Einstellung des Genossen Schulz ernsthaft Stellung nehmen muss.«[284]

---

283 Norddeutsche Zeitung, 25. Juni 1949 (Zitat ebd.). MLHA, 10.34-1, 137, Bl. 225 f.: Landesregierung Mecklenburg, Ministerium des Innern, gez. Johannes Warnke, an das Landessekretariat des Landesvorstandes der SED, 27. Juni 1949.

284 MLHA, 10.34-1, IV/2/11/V/272: Erich Kundermann an den Landesvorstand der SED, z. Hd. des Genossen Bürger, 28. Juni 1949.

Parallel dazu sammelte Friedrich Schäfer, der Leiter der Kommunalabteilung beim SED-Landesvorstand, biographisches Material über Günther Robert Thomaschewski. Die Zeit drängte, zumal das Zentralsekretariat eine zügige Bereinigung der Angelegenheit forderte. Nach den Erkenntnissen von Schäfer galt Thomaschewski bei seinen Genossen als »ein Streber mit grossem Geltungsbedürfnis«. Fachlich war er offenbar überdurchschnittlich begabt.[285]

Am 5. Juli 1949 tagte in Rostock die erste Sitzung des Verwaltungsrates für das Kommunalwirtschaftsunternehmen. Während Albert Schulz den Vorsitz des Gremiums führte, wurde Martin Müller zum KWU-Direktor ernannt. Die Wahl entsprach dem Konzept von Schulz, erfolgte ohne Gegenstimme und war Anlass für einen positiven Artikel über Müller in der Landes-Zeitung, obwohl ihm ein Parteiverfahren drohte.[286]

Einige Tage zuvor war Albert Schulz von Johannes Warnke auf die bei der SED-Führung für Aufsehen sorgende Meldung in der Norddeutschen Zeitung angesprochen worden. Schulz hatte behauptet, die Berichterstattung nicht verfolgt zu haben, und ließ sich verschiedene Ausgaben des liberaldemokratischen Blattes vorlegen. Bald darauf antwortete er dem Minister, den er vertraut »Lieber Hans« nannte, mit einem längeren Brief:

»Nach Durchsicht dieser Berichte muß ich gestehen, dass wohl selten so viel Unfug über eine Stadtverordnetenversammlung geschrieben worden ist wie in dieser Berichterstattung. [...]
Tatsächlich habe ich einleitend gesagt, dass die Gründung der kommunalen Wirtschaftsunternehmen der entscheidendste Einschnitt in die Art der kommunalen Verwaltung seit 100 Jahren sei, weil er zum ersten Male das Prinzip stabilisiere, dass Wirtschaft und Verwaltung in der Gemeinde scharf voneinander getrennt würden. Ich habe dann eingehende Ausführungen über die Vorzüge der kommunalen Wirtschaftsunternehmen für die Kommune gemacht.«[287]

Während Schulz hoffte, die Angelegenheit mit diesem strategisch klugen, in Teilen anbiedernden Schreiben hinreichend geklärt zu haben, und gemeinsam mit seiner Frau am 6. Juli 1949 einen Kuraufenthalt im sächsischen Bad Elster antrat, war Gün-

---

285 MLHA, 10.34-1, 137, Bl. 283: SED-Zentralsekretariat, Abt. Kommunalpolitik, gez. [Anton] Plenikowski, [Willi] Stoph und W.[illi] Barth, an die Vorsitzenden des Landesvorstandes Mecklenburg der SED, 29. Juni 1949; ebd., Bl. 246: »Bericht über das Mitglied unserer Partei Günther Robert Tomaschewski«, gez. Friedrich Schäfer, 29. Juni 1949 (Zitat ebd.).
286 AHR, 2.1.0., 280: Sitzungsprotokoll des Verwaltungsrates für das Kommunalwirtschaftsunternehmen, 5. Juli 1949; Landes-Zeitung (Ausgabe Rostock), 9. Juli 1949.
287 MLHA, 10.34-1, 137, Bl. 277: Der Rat der Stadt Rostock, Oberbürgermeister, gez. Albert Schulz, an den Herrn Minister Warnke, Landesregierung Mecklenburg, 5. Juli 1949 (Abschrift).

ther Robert Thomaschewski ebenfalls bestrebt, den Innenminister für sich einzunehmen. Aber diese Bemühungen zeitigten keinen Erfolg. Die SED-Führung trieb die Untersuchungen konsequent voran.[288]

Am 14. Juli 1949 kam die Landesparteikontrollkommission zusammen. Der Vorsitz lag bei Otto Sepke[289], einem gelernten Buchdrucker, der sich vor 1933 im Kommunistischen Jugendverband engagiert hatte. Nach der Bewertung der Kommission musste Schulz als »der Hauptschuldige an dem Widerstand gegen die KWU« betrachtet werden. Zur Begründung wurde die zusammen mit Martin Müller initiierte Briefaktion angeführt, und auch die Ausführungen des Oberbürgermeisters in der Stadtverordnetenversammlung passten in das Bild der Kommissionsmitglieder. Zusammenfassend wurde Schulz als »Kommunalpolitiker alten Schlages« charakterisiert. Von der Stadtverwaltung in Rostock ging nach Ansicht der LPKK »ein stark reformistischer Geist« aus. Im Verein mit dem Oberbürgermeister besonders umtriebig sei Heinrich Beese als Leiter des städtischen Personalamtes.

Auf der Grundlage dieser Einschätzungen fasste die Kommission schließlich folgenden Beschluss:

»Dem Gen. Oberbürgermeister Schulz in Rostock wird eine strenge Rüge mit Funktionsentzug erteilt, ihm wird das Recht aberkannt, innerhalb von 2 Jahren öffentliche Ämter und leitende Funktionen zu bekleiden. Er ist aus seiner Funktion als Oberbürgermeister sofort zu entfernen.«

Martin Müller, gerade noch in der Landes-Zeitung zum vorbildlichen Kämpfer für die Interessen der Arbeiterschaft stilisiert, wurde ebenfalls Fraktionsarbeit vorgeworfen. Ihn und den KWU-Direktor Friedrich Lenz aus Güstrow sollte die gleiche Strafe treffen wie Schulz. Für Thomaschewski plante die Landesparteikontrollkommission, ihn aus der SED auszuschließen. Ferner sollte er von der Revisions- und Treuhand-Anstalt entlassen werden. Darüber hinaus traf es Friedrich Schäfer. Dem im SED-Landesvorstand für Kommunalpolitik zuständigen Abteilungsleiter wurde Unfähigkeit vorgeworfen. Er habe die Stimmung in den Stadtverwaltungen unterschätzt. Aus diesem Grund votierten die Kommissionsmitglieder für die Absetzung von Schäfer, auch wenn er sich letztlich an der Aufklärung der Angelegenheit beteiligt hatte.[290]

Bis die im Beschluss vorgesehenen Maßnahmen zum Tragen kamen, sollte jedoch einige Zeit verstreichen. Wie die Landesparteikontrollkommission alsbald erfuhr, hat-

---

288 MLHA, 10.34-1, 137, Bl. 278 ff.: Revisions- und Treuhand-Anstalt für die Sowjetische Besatzungszone, Zweiganstalt Potsdam/Außenstelle Rostock, gez. Knörich, an den Herrn Minister des Innern, 7. Juli 1949. Ein von Thomaschewski gezeichneter Entwurf des Briefes liegt in derselben Mappe.
289 Siehe Müller-Enbergs/Wielgohs/Hoffmann: Wer war wer in der DDR?, S. 794.
290 MLHA, 10.34-1, 137, Bl. 216 ff.: »Überprüfung der KWU-Angelegenheit«, gez. Otto Sepke, an den Genossen Bürger persönlich, nach dem 14. Juli 1949 (alle Zitate ebd.).

te das Kleine Sekretariat der SED in Mecklenburg entschieden, das Verhalten der Stadtverwaltungen während der nächsten Vorstandssitzung zu erörtern. Die LPKK sollte die Angelegenheit bis dahin ruhen lassen.[291]

Der Landesvorstand der SED traf sich am 29. Juli 1949 in Schwerin. Karl Mewis, nach dreijähriger Tätigkeit in Berlin inzwischen Sekretär für Agitation und Propaganda der SED in Mecklenburg[292], hielt das einführende Referat. Er bewertete die Proteste gegen die zonale Verwaltung der Energieverteilungsanlagen als Indiz für »sehr ernste opportunistische Erscheinungen in der Partei« und forderte weit reichende Konsequenzen. Albert Schulz hatte von einer Genossin aus dem SED-Kreisbüro in Rostock von den forcierten Ermittlungen gegen ihn erfahren, war daraufhin umgehend aus Bad Elster zurückgekehrt und nahm seit 1946 erstmals wieder an einer regulären Sitzung des Landesvorstandes teil. Unbedingte Disziplin gegenüber den Beschlüssen der SED-Führung, so bekam der Oberbürgermeister von Mewis zu hören, sei in einer marxistisch-leninistischen »Partei neuen Typus« unverzichtbar. Dann ergriff Johannes Warnke das Wort. Er plädierte für eine schonungslose und intensive Diskussion; nur auf diese Weise könne die Gesamtpartei von den Fehlern der Genossen in Rostock, Güstrow und andernorts lernen. Dieser Aufforderung zur Kritik und Selbstkritik kam Friedrich Schäfer bis zur Unterwürfigkeit nach. Er lastete sich mangelnde politische Wachsamkeit an, empfahl die Aufstockung der Kommunalabteilung und brachte seine Ablösung ins Gespräch. Derart weit mochte Albert Schulz nicht gehen. Gleichwohl hatte seine knappe Stellungnahme betont defensiven Charakter:

»Genossinnen und Genossen! Ich weiss, dass ich in Rostock einen schweren Fehler begangen habe und dass ich der Partei einen Schaden zugef[ü]gt habe. Und das tut mir als altem Genossen sehr weh. Ich weiss, dass ich die vo[l]le Verantwortung für den Beschluss des Rats vom 1. Juni trage. Ich bin zwar persönlich nicht in der Sitzung anwesend gewesen. Ich habe auch persönlich nicht[s] davon gewußt, dass das auf dieser Sitzung kam, weil das ausserhalb der Tagesordnung erledigt worden ist. Aber ich habe das Schreiben nachher, als es mir vorgelegt worden ist, unterschrieben. Ich trage auch die Verantwortung damit dafür, dass dieses Schreiben an die anderen Städte abgegangen ist. Ich habe die Dinge in dem Moment in der Tat nicht erkannt. [...] Ich habe mich immer als Beauftragter der Partei gefühlt und habe immer auf dem Standpunkt gestanden, dass ich die Parteilinie durch dick und dünn zu verteidigen habe[,] sogar dann zu verteidigen habe, wenn ich etwa persönlich das eine oder andere nicht für richtig halten würde. Hier habe ich die Parteilinie leider nicht richtig erkannt, und ich glaube, dass es darauf zurückzuführen ist, dass ich mich vielleicht zu einseitig als Oberbürgermeister gefühlt habe.«

---

291 MLHA, 10.34-1, 106, Bl. 74 ff.: Protokoll über die Sitzung der Landesparteikontrollkommission am 20. Juli 1949.
292 Siehe Müller-Enbergs/Wielgohs/Hoffmann: Wer war wer in der DDR?, S. 575 f.

Die Argumentation von Schulz war unglaubwürdig. Kaum ein Vorstandsmitglied hielt es für möglich, dass ein routinierter Politiker wie Schulz die Anordnungen der Deutschen Wirtschaftskommission missverstanden haben könnte. Überdies wirkte sein Bekenntnis zur SED allzu willfährig. Aus diesem Grund verstärkten die linientreuen Parteigenossen ihre Vorwürfe. Horst Brie, Abteilungsleiter im SED-Vorstand, kennzeichnete Rostock als Hochburg des Opportunismus, und Richard Lersow von der Landesparteikontrollkommission sprach von »übelsten kommunalen Praktizismus«. Außerdem regte er an, Schulz als Oberbürgermeister abzusetzen. Erstmals lenkte die LPKK zusätzlich die Aufmerksamkeit auf Friedrich Jenßen. Der Sozialdemokrat und SED-Kreissekretär für Kommunal- und Sozialpolitik in Rostock sollte desgleichen aus seiner Position entfernt werden. Für Carl Moltmann, der sich nach diesen Attacken mutig hinter Schulz und andere langjährige Weggefährten stellte, lag die Hauptschuld indessen bei Günther Robert Thomaschewski. Deshalb machte er sich für eine Überprüfung der von der Landesparteikontrollkommission erarbeiteten Vorschläge stark. Couragierte Unterstützung fand Moltmann bei Wilhelm Höcker. Der Ministerpräsident beantragte, die Abstimmung über die LPKK-Vorschläge auf den nächsten Tag zu verschieben, aber der Vorstand führte vorerst keine Entscheidung herbei.

Stattdessen erneuerte Erich Kundermann die Anschuldigungen gegen Schulz. Nach seinen Vorstellungen sollte der Oberbürgermeister einen selbstkritischen Artikel zur Veröffentlichung in der Landes-Zeitung verfassen. Das Schlusswort gebührte Karl Mewis. Er hielt es für ratsam, die aufsässigen Genossen mit voller Härte zu bestrafen. Albert Schulz gelte den Arbeitern in Rostock als Vorbild und habe sich dennoch nicht gescheut, zur Billigung des Protestbriefes im Stadtrat mit bürgerlichen Kreisen zu paktieren. Der opportunistische Sumpf in Rostock – so verkündete Mewis, der sich womöglich noch an sein Aufeinanderprallen mit Schulz im Vorfeld der Zwangsvereinigung erinnerte –, müsse ohne Gnade ausgetrocknet werden. In der SED, das hätten alle Mitglieder zu begreifen, herrsche seit mehr als einem Jahr das Prinzip der Unversöhnlichkeit gegen Abweichungen jeglicher Art. Nachdem Mewis die Mitglieder des Landesvorstandes zu Geschlossenheit ermahnt hatte, zog Höcker seinen Antrag, die Abstimmung über die Parteistrafen zu vertagen, auf Bitte von Moltmann zurück.

Die in der Folge verhängten Strafen wichen teilweise von den Vorschlägen der Landesparteikontrollkommission ab, denn Kurt Bürger und die übrigen Mitglieder des Kleinen Sekretariats setzten andere Prioritäten.[293] Martin Müller und Günther Robert Thomaschewski wurden ihrer Funktionen enthoben und aus der SED ausgeschlossen. Zwar sollten Albert Schulz, Friedrich Lenz und Friedrich Jenßen ihre Ämter ebenfalls verlieren, als Parteistrafe erhielten sie jedoch lediglich eine Verwarnung. Der Einsicht zeigende Friedrich Schäfer wurde zu größerer Wachsamkeit angehalten.

---

293 MLHA, 10.34-1, 106, Bl. 79 ff.: Protokoll über die Sitzung der Landesparteikontrollkommission am 3. August 1949.

5.2 Unbedingte Disziplin oder Selbstbehauptung?

Laut dem vorläufigen Protokoll der Landesvorstandssitzung wurden alle Beschlüsse einstimmig gefasst. Dies entsprach jedoch nicht den Tatsachen. Carl Moltmann hatte sich bei der Entscheidung über die Bestrafung von Schulz der Stimme enthalten. Überdies lud er seinen Freund ein, bei ihm zu übernachten, denn die Vorstandssitzung sollte am nächsten Tag fortgesetzt werden. Die beiden Sozialdemokraten wussten um den Ernst der Lage, und Moltmann fürchtete sogar, dass Schulz abermals verhaftet werden könnte.

Als der SED-Vorstand am 30. Juli 1949 erneut zusammentrat, waren am Morgen in der Landes-Zeitung zwei für Schulz unerfreuliche Artikel erschienen: Karl Mewis brandmarkte die Zustände in der Stadtverwaltung von Rostock und hatte zudem für die Veröffentlichung des gestrigen Vorstandsbeschlusses gesorgt.[294] Nach der Eröffnung der Vorstandssitzung meldete sich Moltmann zu Wort. Er ließ seine Genossen mit wenigen Sätzen wissen, dass er sich bei der Abstimmung über die gegen Schulz zu verhängende Parteistrafe geirrt habe. Die vorgesehene Maßnahme finde auch seine Unterstützung, diene sie doch zur Festigung der »Partei neuen Typus«. Nach der Erörterung manch anderer Themen endete die Vorstandssitzung mit dem Absingen der »Internationale«. Dem Protokoll wurde ein korrigierender Nachtrag mit den Unterschriften von Moltmann und Mewis hinzugefügt.[295]

Eigentlich hatte das Parteigremium nicht das Recht, einen halbwegs demokratisch gewählten Oberbürgermeister abzusetzen, und da Schulz ein Mitglied des SED-Landesvorstandes war, durfte ihn formal nur die Zentrale Parteikontrollkommission verwarnen. Dennoch blieb Schulz kaum etwas anderes übrig, als die Entscheidung zu akzeptieren. Er fuhr zurück nach Rostock, wo ihn seine beunruhigte Frau erwartete. Wie sie ihm erzählte, war Heinrich Beese parallel zur Landesvorstandssitzung verhaftet worden.[296]

Am 1. August 1949 genügte Albert Schulz der Form und erklärte seinen Rücktritt als Oberbürgermeister von Rostock. Er räumte sein Zimmer im Rathaus, schaffte vertrauliches Material zur Seite und übergab daraufhin seine Dienstgeschäfte an den Kommunisten Walter Petschow. Da Parlamentsferien waren, dauerte es zwei Wochen, bis die Stadtverordnetenversammlung das Rücktrittsgesuch annahm.[297]

Als der zum mecklenburgischen Wirtschaftsminister avancierte Siegfried Witte von dem erzwungenen Rücktritt des Oberbürgermeisters erfuhr, drückte er Schulz

---

294 Landes-Zeitung (Ausgabe Rostock), 30. Juli 1949.
295 MLHA, 10.34-1, 17, Bl. 1 ff.: Protokoll über die Sitzung des SED-Landesvorstandes am 29./30. Juli 1949 (alle Zitate ebd.). Siehe auch Schulz: Erinnerungen, S. 132 f. Nach dem Bericht von Schulz votierte Moltmann zunächst sogar gegen den Teilbeschluss des Landesvorstandes.
296 Zeitzeugenbericht von Grete Beese, 9. Mai 2002. Siehe Schulz: Erinnerungen, S. 133.
297 AHR, 2.1.0., 21: Der Rat der Stadt Rostock, Oberbürgermeister, gez. Albert Schulz, an die Stadtverordnetenversammlung der Stadt Rostock, z. Hd. des Vorstehers, 1. August 1949. MLHA, 6.11-1, 388, Bl. 190: Protokoll über die Sitzung der Stadtverordnetenversammlung von Rostock am 15. August 1949 (Abschrift).

brieflich seine Anteilnahme aus. Gemeinsam mit einem offiziellen Schreiben, in dem Witte die kluge und vorausschauende Amtsführung des abgesetzten Stadtoberhauptes lobte, ging ein privater Brief nach Rostock. Darin empörte sich der von der CDU gestellte Minister über das Geschehene und versicherte, Schulz und dessen Familie jederzeit unterstützend beiseite stehen zu wollen.[298]

Während die Landes-Zeitung nicht müde wurde, positiv über die Absetzung des Oberbürgermeisters zu berichten, und Zustimmungsbekundungen von Betriebsgruppen aus ganz Mecklenburg druckte[299], wurde Schulz einige Tage nach der Vorstandssitzung in die SED-Zentrale nach Schwerin bestellt. Die hiesigen Funktionäre, unter ihnen wahrscheinlich Erich Kundermann, legten Schulz abermals nahe, einen selbstkritischen Zeitungsartikel zu verfassen. Ungefähr zur gleichen Zeit kursierte im Parteihaus ein Text, der sich über kritische Berichte in der bürgerlichen Presse mokierte. In diesem mit »Albert Schulz« unterzeichneten, aber offensichtlich nicht von ihm formulierten Schreiben wurde mit großem Aufwand versucht, die jüngst von liberal- und christdemokratischer Seite vorgebrachte Kritik an der Absetzung des Stadtoberhaupts als Polemik abzutun. Derweil sollte der auf Betreiben von Kundermann verlangte Artikel eine andere Stoßrichtung haben. Jeder der von der SED-Zentrale vorgegebenen Punkte war eine Zumutung für Schulz. Besonders schwer wog für ihn die Aufforderung, öffentlich von seiner bisherigen Politik abzurücken. Das zudem gewünschte Versprechen, künftig mit aller Kraft gegen den so genannten Opportunismus in der Arbeiterbewegung zu kämpfen, kam ebenfalls einer Selbstverleugnung gleich. Für Schulz war die Grenze der Anpassungsbereitschaft erreicht und er beschloss, aus der Sowjetischen Besatzungszone zu fliehen. Im Bemühen, sich während des Gespräches unauffällig zu verhalten, hieß Schulz das Ansinnen der SED-Funktionäre letztlich zum Schein gut, bat aber um eine acht- bis zehntägige Bedenkzeit. Ein selbstkritischer Zeitungsartikel, so konnte Schulz in Schwerin plausibel machen, erfordere sorgfältiges Nachdenken. Andernfalls würde die zum Ausdruck zu bringende Gesinnungsänderung womöglich gerade für ehemalige Sozialdemokraten unglaubwürdig wirken.[300]

Nach dem unerfreulichen Gespräch in der SED-Zentrale fuhr Albert Schulz zunächst nach Güstrow. Hier lebte Hans Griem. Der 1947 aus dem Amt gedrängte Stadtrat hielt eine Flucht unter den gegebenen Umständen ebenfalls für unvermeidlich und versprach, bei der Rettung von Möbeln, Haushaltsgegenständen und Akten zu helfen. Wieder in Rostock traf Schulz insgeheim weitere Vorbereitungen. Seine Frau war sofort mit einer Flucht einverstanden, hatte sie doch keine Illusionen über

---

298 NL Albert Schulz: Landesregierung Mecklenburg, Ministerium für Wirtschaft, Der Minister, gez. Siegfried Witte, an Herrn Oberbürgermeister Albert Schulz; ebd.: Dr. Witte, Minister für Wirtschaft, an Herrn Schulz (Abschriften). Beide Schreiben datieren auf den 5. August 1949.
299 Landes-Zeitung (Ausgabe Rostock), 2., 4. und 13. August 1949.
300 Siehe Schulz: Erinnerungen, S. 133 f. Der bereits vorbereitete Text zur Veröffentlichung in der Landes-Zeitung stammte möglicherweise von dem Parteijournalisten Karl Jakobi, datiert auf den 15. August 1949 und liegt im: MLHA, 10.34-1, IV/2/11/V/272.

die Gefahr, in der ihr Mann schwebte. Immerhin musste Schulz damit rechnen, bei dem geringsten Fehlverhalten erneut verhaftet zu werden.

Auch der in den letzten Monaten als Schülersprecher hervorgetretene Peter Schulz war zur Flucht bereit. Er hatte kürzlich das Abitur bestanden und galt der SED-Führung wegen seiner unangepassten Haltung als Opportunist und »Schumacherling«. Deshalb und als Sohn des unliebsamen Oberbürgermeisters war es ihm unlängst verwehrt worden, ein Jurastudium an der Universität Rostock aufzunehmen. Zwar bestand die Möglichkeit, ersatzweise Medizin und somit ein aus gesellschaftspolitischer Sicht weniger relevantes Fach zu belegen, dies kam für Peter Schulz jedoch nicht in Frage. Statt ein fragwürdiges Zugeständnis aufzugreifen und womöglich in Abhängigkeit zu geraten, hatte er nach der Schulentlassung eine Beschäftigung als Hilfsisolierer auf der Warnowwerft angetreten. Von seinem Vater über das Gespräch in der SED-Zentrale informiert, verabschiedete sich Peter Schulz notgedrungen von seiner Freundin Sonja Planeth. Die Zeit drängte: Noch am selben Abend fuhr Peter Schulz nach Güstrow. Dort übernachtete er bei Hans Griem, dessen Frau ihm eine Fahrkarte nach Berlin organisiert hatte.[301]

Lisel Schulz hielt es unterdessen zum Leidwesen ihrer besorgten Eltern für besser, vorerst in Rostock zu bleiben. Sie hatte die Mittelschule absolviert, eine Ausbildung zur Apothekenhelferin 1946 erfolgreich beendet und sich daraufhin in Vorstudienkursen die Zulassung für ein Medizinstudium erarbeitet. Nach dem Zweiten Weltkrieg kurzzeitig SPD-Mitglied, war Lisel Schulz mittlerweile für die Freie Deutsche Jugend aktiv. Unlängst hatte sie gemeinsam mit Werner Mertineit, ihrem Freund und Kommilitonen, sogar in Erwägung gezogen, an einem internationalen Jugendtreffen in Moskau teilzunehmen, was von Emma und Albert Schulz nicht unterstützt wurde. Als es um den 22. August 1949 hieß, über eine Flucht zu entscheiden, stand Lisel Schulz kurz vor dem Physikum. Weil sie kein Abitur gemacht hatte, besaß diese Prüfung als Voraussetzung für einen Studienortswechsel besonderes Gewicht. Darüber hinaus war Lisel Schulz nicht gewillt, eine Trennung von ihrem Freund in Kauf zu nehmen.[302]

Sobald alle Vorbereitungen abgeschlossen waren, reiste Albert Schulz gemeinsam mit seiner Frau per Zug nach Berlin. Als Gepäck hatten beide nur einen Koffer und eine größere Aktentasche mitgenommen. Schließlich durften sie kein Aufsehen erregen. Für den Fall einer drohenden Verhaftung oder zur Bewältigung einer ähnlich prekären Situation hatte Schulz eine schlüssige Ausrede in petto: Angeblich wollte er in Berlin lediglich mit Otto Grotewohl über seine politische Zukunft sprechen. Doch selbst dieser Vorwand konnte sich als gefährlich erweisen. Als der Bahnhof von Ora-

---

301 Siehe Schulz: Erinnerungen, S. 130 und 134. Zeitzeugenbericht von Peter Schulz, 3. März 2001.
302 Zeitzeugenbericht von Lisel Meyer, 17. Februar 2001. Vgl. Schulz: Erinnerungen, S. 134.

Kapitel V • Als Sozialdemokrat in der SED (1945/46–1949)

nienburg erreicht war, gerieten Schulz und seine Frau in eine Kontrolle. Sämtliche Reisende mussten den Zug verlassen:

> »Ich dachte, verflucht, ist das nun doch das Ende unserer Flucht? Nach kurzer Überlegung aber sagte ich mir, jetzt kann uns nur Frechheit retten. Da ich ja immer noch Mitglied des Landtags und Landesvorstandes war und die entsprechenden Ausweise bei mir hatte, ging ich zu dem Leiter der Kontrollaktion, zeigte ihm kurz meinen Ausweis und sagte, ich wäre unterwegs zu einer Besprechung mit Grotewohl und dürfe den Zeitpunkt nicht verpassen. Liebenswürdig sagte er mir, ich möchte in einen der ersten drei Wagen einsteigen, die sofort weiterfahren würden. Als wir in Berlin ausstiegen, hatte ich das Bedürfnis[,] erst einmal einen halben Liter Bier zu trinken.«[303]

Die Flucht von Albert Schulz wurde von der SED-Führung als Beweis für die Richtigkeit der bisher ergriffenen Maßnahmen bewertet. Rostock müsse endlich zu einer »Bastion der Partei neuen Typus« werden, forderte Rudolf Leske[304] in einer Sitzung des Landesvorstandes. Der 1929 zur KPD gestoßene Funktionär zeichnete für die Reorganisation der SED in der Hansestadt verantwortlich, und Schulz galt ihm als unverbesserlicher Opportunist und Lokalpatriot, der obendrein noch Disziplinlosigkeit bewiesen habe. Wo sich das verschwundene Stadtoberhaupt genau aufhielt, war lange Zeit nicht bekannt. Gleichwohl reagierte die Landesparteikontrollkommission auf die veränderte Situation und entschied, Schulz aus der SED auszuschließen. Sein Landtagsmandat fiel an einen kaum sonderlich profilierten Genossen.[305]

In Rostock, so resümierte das SED-Zentralorgan »Neues Deutschland«, zog nach der Flucht von Albert Schulz ein »frischer Wind«[306] ein. Tatsächlich wurde das Geschehene als Vorwand benutzt, um regimekritische Mitarbeiter aus der Stadtverwaltung zu entfernen. Die von Max Burwitz, dem neuen Oberbürgermeister, getroffenen Personalentscheidungen richteten sich nicht bloß gegen Sozialdemokraten. Manche Angestellte, wie der als persönlicher Referent des geflohenen Stadtoberhauptes besonders gefährdete Karl Heinz Kohl, sahen für sich im Osten keine Zukunft mehr und verließen die Sowjetische Besatzungszone. Währenddessen saß Heinrich Beese weiterhin in Haft. Der ehemalige Leiter des Personalamtes hatte sich im Februar 1949 ge-

---

303 Ebd., S. 135.
304 VPLA, Rep. 296a, Personalakte Rudolf Leske, 526, Bl. 164 f.: Fragebogen der SED, 3. August 1948.
305 MLHA, 10.34-1, 18, vor allem Bl. 66 ff.: Protokoll über die Sitzung des SED-Landesvorstandes am 2./3. September 1949 (Zitat ebd.); ebd., 106, Bl. 93 f.: Protokoll über die Sitzung der Landesparteikontrollkommission am 21. September 1949; ebd., 6.11-1, 178: Der Präsident des Landtags, Carl Moltmann, an den Vorsitzenden des Wahlprüfungsausschusses, Karl Koch, 5. Oktober 1949.
306 Neues Deutschland, 2. November 1949.

genüber Mitarbeitern abfällig über die Tätigkeit eines Dezernenten geäußert. Seinerzeit waren ihm weit reichende Konsequenzen erspart geblieben, was nicht zuletzt auf die Protektion durch Schulz zurückging. Der Grund für die Inhaftierung von Beese lag jedoch tiefer. Es ging nunmehr um eine umfassende Säuberungsaktion.[307]

Schließlich veranstaltete die SED eine groß angelegte Kreisdelegiertenkonferenz in Rostock. Einer der Redner war Robert Nespital. Der ehemalige Chefredakteur der Mecklenburgischen Volks-Zeitung näherte sich dem siebzigsten Lebensjahr und sprach nach einem Grundsatzreferat des zum SED-Kreissekretär berufenen Rudolf Leske. Von der festen Verbundenheit mit der Sozialdemokratie, die Nespital vor 1933 gekennzeichnet hatte, war nichts mehr zu spüren. Der zum Veteranen der Arbeiterbewegung stilisierte Genosse polemisierte während der Konferenz nach einem Zeitungsbericht gegen die »Marionettenregierung in Bonn« und verherrlichte die Sowjetunion als Hoffnung und Zukunft der arbeitenden Welt. Zu negativen Äußerungen über Albert Schulz ließ sich Nespital nicht hinreißen – im Gegensatz zu Leske, der verkündet hatte:

> »Durch die Entlarvung des ehemaligen Ober-Bürgermeisters Schulz und einiger seiner Helfershelfer, seines persönlichen und seines Personalreferenten, ist die Autorität der Partei gestiegen und hat nun auch in der Stadtverwaltung eine Stärkung erfahren.
> Der Agent Schulz hat es verstanden, sich feste Bastionen zu schaffen, und wir waren nicht überrascht, daß dieser entlarvte Schumacheragent über den nordwestdeutschen Rundfunk eine Erklärung abgab, daß er als Sozialist nur eine Aufgabe hatte, die Demokratisierung Rostocks durchzuführen und der wachsenden Bolschewisierung Einhalt zu gebieten.
> Fragen wir uns nur, was dieser Agent unter Sozialist versteht.«[308]

Solche Verleumdungen, Gerüchte und zuweilen selbstkritischen Bekenntnisse fanden sich in der Berichterstattung über Albert Schulz bis weit in die 50er-Jahre. Falls ein allseits bekanntes Negativbeispiel gebraucht wurde, zog die SED-Führung häufig den »Sozialdemokratismus« des geflohenen Oberbürgermeisters heran. Dass Schulz augenscheinlich bald nach seiner Flucht eine Rundfunkerklärung abgegeben hatte, wurde ihm von den maßgeblichen Funktionären im Parteiapparat besonders verübelt. Gleichwohl widersprachen sich in dieser Angelegenheit wie bei vielen anderen Behauptungen die Angaben. Im Unterschied zu Rudolf Leske bezeichnete die Landes-

---

307 MLHA, 6.11-1, 389, Bl. 477 ff.: Protokolle über die Ratssitzungen in der Stadt Rostock am 11. und 16. Februar 1949 (Abschriften).
308 VPLA, BPA SED Rostock, SED-Kreisleitung Rostock-Stadt, Sekretariat, IV/4/7/1, Bl. 55 ff.: Protokoll der SED-Kreisdelegiertenkonferenz in Rostock am 22./23. Oktober 1949. Siehe auch: Landes-Zeitung (Ausgabe Schwerin), 24. Oktober 1949.

parteikontrollkommission den RIAS als die Radiostation, mittels derer Schulz wüste Hetzreden gegen die Partei und die entstehende DDR verbreitet haben sollte.[309]

Die Tätigkeit von Albert Schulz als tief in der Sozialdemokratie verankerter Parteifunktionär und Kommunalpolitiker wurde sogar literarisch verarbeitet. Willi Bredel bündelte seine Erfahrungen als KPD-Instrukteur in Rostock und schrieb einen Roman, in dem Schulz neben Willy Jesse kaum verfremdet als »Albert Meier« der Lächerlichkeit preisgegeben wurde. Zugleich erschienen die beiden Sozialdemokraten als gefährliche Opponenten gegen die angeblich historisch notwendige Einheitspartei.[310]

Lange bevor Willi Bredel seinen Roman veröffentlichte, hatte Lisel Schulz in Rostock mit den Repressionen der sowjetischen und deutschen Polizei zu kämpfen. Die spätabendlichen, bisweilen sogar nächtlichen Verhöre begannen noch im August 1949 – unmittelbar nach der Flucht der übrigen Familie. Auch ein Brief, den Emma und Albert Schulz zur Entlastung ihrer Tochter aus Berlin nach Rostock geschickt hatten und der offensichtlich für die Postkontrolleure der SED bestimmt war, konnte die Situation nicht entschärfen.[311] Lisel Schulz besprach sich mit Werner Mertineit, und sie kamen überein, die Hansestadt ebenfalls zu verlassen. Mit Hilfe einer Freundin und von Max Schmidt, dem 1947 im Rahmen der Finanztransaktion verhafteten Betreiber der Ölmühle, konnten beide noch einige Möbel, etwas Geschirr sowie Bücher und Kleidung in Sicherheit bringen. Im November 1949 fuhr Lisel Schulz zusammen mit Werner Mertineit von Warnemünde aus nach Berlin. Die Reise in dem Vorort zu beginnen, schien aus Gründen der Tarnung zweckmäßig zu sein. Während der Bahnfahrt wurden Lisel Schulz und ihr Freund mehrfach kontrolliert. Beide zeigten dann stets ihre FDJ-Ausweise und gaben mit Erfolg vor, ihr Medizinstudium an der Charité fortsetzen zu wollen. In Berlin angekommen, traf Lisel Schulz lediglich auf ihren Bruder, der sich um einen Studienplatz bemüht hatte und nun an der Technischen Universität der Stadt eingeschrieben war.[312]

Emma und Albert Schulz hielten sich nicht mehr in Berlin auf. Sie hatten nach ihrer Ankunft vorübergehend Unterschlupf bei dem einige Zeit vorher aus Mecklenburg geflüchteten Wilhelm Schlicker gefunden. Der ehemalige Leiter der Personalabteilung bei der Oberpostdirektion Schwerin war 1919 in die SPD eingetreten und

---

309 Landes-Zeitung (Ausgabe Rostock), 18. Januar 1951. MLHA, 10.34-1, 143, Bl. 161: Zusammenfassender Bericht der Landesparteikontrollkommission, März 1952. Siehe Schulz: Erinnerungen, S. 137 ff.; vgl.: Geschichte der Landesparteiorganisation der SED Mecklenburg, S. 433.
310 Der Roman kam erstmals im Jahr 1959 heraus und wurde von Willi Bredel bis 1964 auf drei Teile erweitert. Bredel, Willi: Gesammelte Werke in Einzelausgaben. Bd. VII-IX: Ein neues Kapitel. Berlin/Weimar 1963/1964.
311 MLHA, 10.34-1, 96, Bl. 100: Emma und Albert Schulz an Lisel Schulz, 12. September 1949 (Abschrift); ebd., Bl. 99: Landesparteikontrollkommission, gez. Otto Sepke, per Hausmitteilung an den Genossen Mewis, 26. September 1949.
312 AHR, 2.1.0., 21: Der Rat der Stadt Rostock, Treuhandabwicklungsstelle, an Oberbürgermeister Max Burwitz, 23. September 1949. Zeitzeugenbericht von Lisel Meyer, 17. Februar 2001, sowie von Werner Mertineit, 20. Januar 2001.

ein guter Freund von Willy Jesse. Bevor Emma und Albert Schulz von Berlin aus weiterreisen konnten, hatten sie einige Formalitäten zu erledigen. Die örtlichen Genossen und das beim SPD-Vorstand angesiedelte Ostbüro halfen bei der Beschaffung von Gesundheitszeugnissen und stellten Interzonen-Reisepässe bereit. Schließlich ging es am 5. September 1949 per Kohlenflugzeug nach Lübeck. Dort wurden Emma und Albert Schulz von westdeutschen Sozialdemokraten freundlich in Empfang genommen. Trotzdem stand den beiden eine anstrengende, weil problembelastete Zukunft bevor.[313]

Für Albert Schulz ging mit der Flucht ein bedeutender Lebensabschnitt zu Ende. Mehr als 50 Jahre hatte er in Rostock und beinahe ebenso lange für die Interessen der Sozialdemokratie gelebt. Die Wiedergründung der SPD nach dem Zusammenbruch des NS-Regimes, ohne Kompromisse gegenüber den Kommunisten, war für ihn eine Selbstverständlichkeit gewesen. Selbst die zunehmend härteren Repressionen der sowjetischen Besatzungsmacht konnten Schulz nicht in seiner Gesinnung erschüttern. Während Carl Moltmann oder Wilhelm Höcker zu weit reichenden Konzessionen bereit waren, blieb er seinen ideellen Wurzeln auch nach der Gründung der SED treu. Doch so lange als Sozialdemokrat in der Sowjetischen Besatzungszone politisch zu überleben, setzte eine gewisse Anpassungs- und Frustrationsbereitschaft voraus. Hiervon zeugten insbesondere die Ausführungen, mit denen Schulz im Landtag das Prinzip der Gewaltenteilung abgelehnt hatte, was aus rechtsstaatlicher Sicht höchst bedenklich gewesen war. Dem Beispiel von Margarete Ketelhohn zu folgen und sich fast gänzlich aus der aktiven Politik zurückzuziehen, stellte für Schulz keine Alternative dar, zumal er als Oberbürgermeister zunächst über genügend Handlungsfreiräume verfügte, um sozialdemokratischen Positionen zur Durchsetzung zu verhelfen. Erst als der Anpassungsdruck unerträglich wurde und in die Aufforderung der SED-Führung zur öffentlichen Selbstkritik mündete, zog der entmachtete, um den letzten Rest seiner Einflussmöglichkeiten gebrachte Schulz die Konsequenzen und flüchtete in den Westen.

---

313 AdsD, SPD-Parteivorstand, alter Bestand, Ostbüro, Mappe »Albert Schulz«: Fragebogen mit Angaben von Albert Schulz, 30. August 1949. NL Albert Schulz: Gesundheitspässe für Flüchtlinge, ausgestellt vom Magistrat von Groß-Berlin, Abteilung für Sozialwesen, 31. August 1949; ebd.: Interzonen-Reisepässe für Emma und Albert Schulz, 5. September 1949. Siehe Schulz: Erinnerungen, S. 135 ff.; Brunner: Sozialdemokraten im FDGB, S. 299 ff.

VI Im Dienste der Partei (1949–1962/74)

Die ersten Monate nach der Flucht waren für Albert Schulz mit einer Reihe von Entbehrungen verbunden. Schließlich hatte er in Rostock als Oberbürgermeister gesellschaftliches Ansehen genossen, und finanzielle Sorgen waren ihm und seiner Familie in den letzten Jahren erspart geblieben. Alles das hatte Schulz jetzt zu Gunsten seiner persönlichen und politischen Freiheit verloren. Das Misstrauen, mit dem sich ein vergleichsweise spät aus der Sowjetischen Besatzungszone geflüchteter Sozialdemokrat in der Bundesrepublik Deutschland konfrontiert sah, war zwar nicht übermäßig, konnte aber doch belasten. Zudem mussten Emma und Albert Schulz vorerst mit deutlich weniger Geld auskommen. Das von ihnen über die Zonengrenze in den bloß vier Monate zuvor gegründeten Staat gerettete Barvermögen entsprach gerade einmal 150 Westmark[1] – keineswegs sonderlich viel, um sich eine neue Existenz aufzubauen.

Bald nach der Ankunft in Lübeck wurde Albert Schulz vom Ostbüro der SPD nach Hannover eingeladen. Das 1946 konstituierte Vorstandsreferat hatte ein breites Aufgabenspektrum zu bewältigen. Eine wichtige Rolle spielte die Beschaffung und politische Auswertung von Informationen aus der Sowjetischen Besatzungszone.[2] Deshalb war der bis vor kurzem als Oberbürgermeister tätige Schulz ein interessanter Gesprächspartner. Schulz berichtete dem Ostbüro vermutlich ab dem 16. September 1949 ausführlich über die Verhältnisse in Mecklenburg. Die konkreten Gründe für die Entfernung aus dem Oberbürgermeisteramt kamen ebenso zur Sprache wie die mittlerweile schon einige Jahre zurückliegende Inhaftnahme von Willy Jesse. Weitaus größeren Raum nahmen jedoch übergeordnete Fragen ein. Schulz erläuterte die Mehrheitsverhältnisse im Stadtrat von Rostock, charakterisierte die Mitglieder des SED-Landesvorstandes, bewertete die finanzielle Situation der Partei und skizzierte, neben der politischen Situation der Sozialdemokraten in der SBZ, den Zustand von Landesregierung und Landtag. Nach dem Dafürhalten des Ostbüros konnte Schulz ohne Bedenken für die SPD eingesetzt werden. Einer Betrauung mit verantwortungsvollen Aufgaben stand demnach nichts im Wege. Als Schulz nach seinen beruflichen Präferenzen gefragt wurde, ließ er vernehmen, dass ihm eine Tätigkeit als Parteisekretär, Redakteur oder Stadtdirektor vorschwebte.[3]

Aber derart problemlos, wie Schulz hoffte, gestaltete sich der Berufseinstieg in der Bundesrepublik nicht. Dabei hatte er mit Erich Ollenhauer einen Fürsprecher mit ge-

---

1 AdsD, SPD-Parteivorstand, alter Bestand, Ostbüro, Mappe »Albert Schulz«: Fragebogen mit Angaben von Albert Schulz, gez. [Herbert] Ka.[de], 17. September 1949.
2 Siehe Bärwald: Das Ostbüro der SPD, S. 27 ff.; Buschfort: Das Ostbüro der SPD, S. 17 ff.

wichtigem Einfluss. Schulz kannte den stellvertretenden SPD-Vorsitzenden aus der Zeit vor 1933 und traf in Hannover mit ihm zusammen. In der Folge beförderte das Ostbüro die Anerkennung von Schulz als politischer Flüchtling. Überdies wurde ihm eine Wohnerlaubnis für Hamburg beschafft. Schließlich reiste Schulz ohne seine ebenfalls in Hannover weilende Frau nach Bonn, wo ihn Ollenhauer mit Herbert Wehner bekannt machte. Der ehemalige KPD-Funktionär hatte sich zum Sozialdemokraten gewandelt und vertrat seine neue Partei im unlängst gewählten Deutschen Bundestag. Ferner kam es zu einem Gespräch zwischen Schulz und Karl Meitmann. Die beiden hatten sich vor Jahren durch ihr Engagement im Reichsbanner Schwarz-Rot-Gold kennen gelernt, und Meitmann versprach als Vorsitzender der SPD in Hamburg, den Neuanfang des geflohenen Oberbürgermeisters mit aller Kraft zu unterstützen.[4]

Bislang konnte Schulz mit dem Erreichten zufrieden sein, doch wie sich rasch herausstellte, war eine Stelle als Parteisekretär, Redakteur oder gar als Stadtdirektor nicht zu erhalten. Auf der einen Seite hatte Schulz als Flüchtling kaum eine Chance, weil die meisten Führungspositionen bereits vergeben waren; andererseits schien es, als solle er sich nach dem Willen von Meitmann und manch weiterer, in Hamburg tonangebender Sozialdemokraten zunächst im Rahmen einer untergeordneten Tätigkeit bewähren. Letztlich wurde Schulz von dem Parteisekretär Willi Schmedemann beim Landesarbeitsamt der Hansestadt untergebracht. Das karge Netto-Gehalt, das Schulz trotz seiner vielfältigen administrativen und fiskalischen Erfahrungen ab dem 17. Oktober 1949 lediglich erhielt, betrug rund 270 Mark. Eine private Unterkunft ließ sich davon nicht ohne weiteres finanzieren, zumal Wohnraum in Hamburg aufgrund der schweren Bombenschäden immer noch knapp war. So lebten Schulz und seine Frau mit ihrer mittlerweile aus Berlin eingetroffenen Tochter Lisel notgedrungen zur Untermiete, stets darum bemüht, ihren lückenhaften Haushalt so gut wie möglich zu ergänzen.[5]

Kaum hatte Schulz die schlecht, aber nach Tarif bezahlte Stelle beim Landesarbeitsamt angetreten, machte ihn das Ostbüro eher beiläufig darauf aufmerksam, dass er als Unterbezirkssekretär im Gespräch war.[6] Die SPD in Schleswig-Holstein suchte im Zuge einer Strukturreform nach einem vielseitig befähigten Genossen für die Par-

---

3 NL Albert Schulz: SPD-Parteivorstand, Referat »Flüchtlingsbetreuung Ost«, gez. [Günter] Nelke, an die SPD, Kreisverein Lübeck, z. Hd. des Genossen Oldorf, 9. September 1949. AdsD, SPD-Parteivorstand, alter Bestand, Ostbüro, Mappe »Albert Schulz«: Bericht von Albert Schulz über die Verhältnisse in Mecklenburg, 16. September 1949; ebd.: Fragebogen mit Angaben von Albert Schulz, gez. [Herbert] Ka.[de], 17. September 1949.
4 AdsD, SPD-Parteivorstand, alter Bestand, Ostbüro, Mappe »Albert Schulz«: SPD-Parteivorstand, Referat »Flüchtlingsbetreuung Ost«, gez. Keller und Herbert Kade, an das Flüchtlingslager Uelzen, 28. September 1949 (Abschrift). Für die Biographie von Meitmann siehe Martens: Die Geschichte der Sozialdemokratischen Partei Deutschlands in Schleswig-Holstein, Bd. 2, S. 556 f.
5 NL Albert Schulz: SPD-Landesorganisation Hamburg, gez. Willi Schmedemann und Max Rosengart, an die Landesversicherungsanstalt der Hansestadt Hamburg, Herrn Walter Bauer, 8. Oktober 1949 (Abschrift); ebd.: Gehaltsabrechnung für Albert Schulz, ausgestellt von der Kasse des Landesarbeitsamtes Hamburg, zirka 17. Oktober 1949. Vgl. Schulz: Erinnerungen, S. 136 f.

teiarbeit im Raum Flensburg-Südtondern, und Egon Franke, der Organisationssekretär des SPD-Bundesvorstandes, hatte den von Erich Ollenhauer protegierten Schulz in Vorschlag gebracht. Erst mit einiger Verspätung traf eine offizielle Anfrage ein. Doch Schulz, der etwa zeitgleich in den Ostausschuss beim SPD-Parteivorstand kooptiert wurde, lehnte das Stellenangebot ab. Offenbar wollte er gegenwärtig in Hamburg bleiben, oder die Position eines Unterbezirkssekretärs schien ihm nicht reizvoll genug zu sein.[7]

Lisel Schulz versuchte derweil im Westen Fuß zu fassen. Ihr ebenfalls über Berlin nach Hamburg geflüchteter Freund Werner Mertineit war auf Fürsprache von Albert Schulz behelfsweise in der Wohnung von Herbert Wehner untergekommen. Jetzt bemühte sich Lisel Schulz darum, ihr Studium in der Bundesrepublik fortsetzen zu dürfen. Aber selbst ein Gesuch ihres Vaters an Heinrich Landahl, dem von der SPD gestellten Senator für das Schulwesen, zeitigte keinen Erfolg, weil das an der Vorstudienanstalt in Rostock erworbene Abschlusszeugnis nicht als Reifeprüfung anerkannt wurde.[8]

So beschwerlich die ersten Monate in Hamburg waren: Zumindest das Ostbüro setzte die Kenntnisse von Albert Schulz gezielt ein. Immer wieder ersuchten ihn die Mitarbeiter des SPD-Vorstandsreferats, die politische Integrität von aus Mecklenburg geflüchteten Sozialdemokraten zu beurteilen.[9] Außerdem wurde Schulz kontaktiert, als im Herbst 1949 eine SED-Broschüre in Hamburg auftauchte. Die Propagandaschrift fragte schon im Titel »Wo sind die ehemaligen Sozialdemokraten in der Ostzone?«, war laut Impressum vom Landesvorstand der KPD herausgegeben worden und erhob den Anspruch, ein »Tatsachenbericht aus Mecklenburg« zu sein. Abgesehen von Carl Moltmann, der als Landtagspräsident die Verantwortung für das sowjetfreundliche Vorwort übernommen hatte, trat mit Wilhelm Höcker ein weiterer langjähriger Genosse von Schulz als Verfasser der Broschüre auf. Der Ministerpräsident von Mecklenburg glorifizierte die Vereinigung der beiden Arbeiterparteien in seinem Textbeitrag als historische Notwendigkeit. Die seit 1945 in der SBZ zum Alltag gehörenden Repressionen gegen Sozialdemokraten tat er als Lügengespinste ab. Infolge der Parteienfusion seien »nicht Dutzende, nicht Hunderte, sondern Tausende« von alten

---

6   NL Albert Schulz: SPD-Parteivorstand, Referat »Flüchtlingsbetreuung Ost«, gez. Herbert Kade, an Albert Schulz, 14. Oktober 1949.
7   NL Albert Schulz: SPD, Bezirk Schleswig-Holstein, gez. Max Kukielczynski, an Albert Schulz, 15. Oktober 1949; ebd.: SPD-Parteivorstand, Referat »Flüchtlingsbetreuung Ost«, gez. R. Thomas, 24. Oktober 1949. AdsD, SPD-Parteivorstand, alter Bestand, Ostbüro, Mappe »Albert Schulz«: Albert Schulz an den SPD-Parteivorstand, Referat »Flüchtlingsbetreuung Ost«, 17. Oktober 1949.
8   NL Albert Schulz: Hansestadt Hamburg, Schulbehörde, Senator Heinrich Landahl, an Albert Schulz, 14. Oktober 1949. Zeitzeugenbericht von Werner Mertineit, 20. Januar 2001, sowie von Lisel Meyer, 17. Februar 2001.
9   NL Albert Schulz: SPD-Parteivorstand, Referat »Flüchtlingsbetreuung Ost«, gez. Günter Nelke, an Albert Schulz, 22. Oktober 1949; zahlreiche ähnliche Schreiben ebenda.

mecklenburgischen SPD-Funktionären in führende Positionen des »wirtschaftlichen, politischen und kulturellen Lebens« gelangt.[10]

Weil das Ostbüro reagieren wollte, erhielt Schulz den Auftrag, geeignetes Material für eine Gegenbroschüre zusammenzustellen. Darüber hinaus plante der in Hannover zuständige Mitarbeiter, Hermann Witteborn, eine Erwiderung im Rundfunk. Schulz wurde gebeten, sich mit anderen, ebenfalls aus Mecklenburg geflüchteten Sozialdemokraten abzustimmen. Das Typoskript, das aus der angeforderten Materialsammlung hervorging, schilderte die Repressionen im Vorfeld der Zwangsvereinigung und brachte eine lange Auflistung von mecklenburgischen SPD-Mitgliedern, die einst über Einfluss verfügt hatten und mittlerweile im Westen lebten. Im Übrigen erinnerte Schulz, der Höcker scharf angriff und nur zu gern selbst eine Stellungnahme im Rundfunk abgegeben hätte, an Willy Jesse, der mittlerweile seit über drei Jahren spurlos verschwunden war. Doch, so führte Schulz weiter aus, über solche Fälle in Mecklenburg öffentlich zu sprechen, dürfe sich weder Höcker noch Moltmann oder irgendjemand anderes erlauben. Schließlich herrsche im gesamten Osten keine Ordnung, geschweige denn eine demokratische.[11]

An einem der letzten Oktobertage 1949 wurden die Möbel, die Lisel Schulz in Rostock bei Max Schmidt in der Ölmühle untergestellt hatte, nach Hamburg geliefert. Die zusätzlich aus Hausrat bestehende Fracht war zuvor und noch auf Initiative von Lisel Schulz nach Ost-Berlin transportiert worden. Freunde sorgten dann für die Überführung in den Westteil der Stadt. Als die Möbel in Hamburg eintrafen, musste Albert Schulz die immensen Frachtkosten in Höhe von 450 Mark sofort begleichen, was ihm allein mit Hilfe eines früher in Pommern aktiven Bekannten gelang. Bestrebt das von diesem ausgelegte Geld alsbald zurückzuzahlen, beantragte Schulz ein Darlehen bei der Flüchtlingsstelle der Sozialbehörde. Dabei wähnte er sich der Unterstützung seiner dort an einflussreicher Position tätigen Genossen sicher. Am Ende wurde der Antrag jedoch aufgrund der geltenden Bestimmungen abgelehnt, dementsprechend musste die Familie Schulz ohne den erhofften Überbrückungskredit zurechtkommen. Die langwierige Auseinandersetzung, die bis zu dem Bescheid geführt wurde, ging an die Substanz, zeigte sie doch, abgesehen von persönlichen Animositäten, die Grenzen parteigenössischer Solidarität.[12]

---

10 Wo sind die ehemaligen Sozialdemokraten in der Ostzone (alle Zitate ebd.).
11 NL Albert Schulz: SPD-Parteivorstand, Referat »Flüchtlingsbetreuung Ost«, gez. Hermann Witteborn, an Albert Schulz, 8. November 1949. AdsD, SPD-Parteivorstand, alter Bestand, Ostbüro, Mappe »Albert Schulz«: Albert Schulz an den SPD-Parteivorstand, Referat »Flüchtlingsbetreuung Ost«, 23. November 1949.
12 AdsD, SPD-Landesorganisation Hamburg, 1953: Vertrauliches Schreiben, Albert Schulz betreffend, von [Felix] Voß an Max [Rosengart], 13. November 1949. NL Albert Schulz: SPD-Landesorganisation Hamburg, gez. Willi Schmedemann und Max Rosengart, an Albert Schulz, 28. März 1950. Vgl. Schulz: Erinnerungen, S. 137.

In Anbetracht dieser Entwicklungen hatte Schulz allen Grund, mit seiner Lebenssituation unzufrieden zu sein. Zu der bitteren Einsicht, letztlich nur ein Flüchtling unter vielen zu sein, gelangte Schulz unterdessen offenbar nicht. Weil ihn seine erst vor kurzem aufgenommene Tätigkeit bei einer Nebenstelle des Landesarbeitsamtes von Hamburg unterforderte, bemühte er sich bei der nächstbesten Gelegenheit um eine Stelle als Vorsitzender einer Spruchkammer beim Oberversicherungsamt. Die von Schulz – ähnlich wie bei dem Gesuch an Heinrich Landahl – über das sozialdemokratische Parteisekretariat eingereichten Bewerbungsunterlagen ließen die Selbsteinschätzung des langjährigen Politikers aufscheinen. Er hob seine Fähigkeit, »Verhandlungen sicher zu leiten«, hervor und verwies auf seine umfangreiche Erfahrung in der Verwaltung. Außerdem erklärte Schulz, »rasch das Wesentliche zu erkennen und vom Unwesentlichen zu trennen«. Eine formalen Ansprüchen genügende juristische Ausbildung besaß er hingegen nicht. Deshalb wurde die von ihm angestrebte Stelle anderweitig vergeben.[13]

Am 24. November 1949 schrieb Albert Schulz einen zornigen Brief an Karl Meitmann. Darin erfuhr der stark ausgelastete SPD-Landesvorsitzende, dass Schulz wiederholt versucht hatte, ihn persönlich zu erreichen. Wütend hieß es in dem als Ventil für wochenlange Frustration zu bewertenden Schreiben weiter: »Da ich aber nun immerhin rund zwei Monate in Hamburg sitze und Dich bisher nur so zwischen Tür und Angel sprechen konnte, glaube ich doch, daß es nicht unbescheiden ist, wenn ich Dich auf diesem Wege bitte, doch einmal 10 Minuten für eine Besprechung mit mir zu reservieren.«[14] Eine dermaßen teilnahmslose oder sogar vorsätzlich abschätzige Behandlung war Schulz nicht gewohnt. Schließlich wusste Herbert Wehner die Qualitäten des ehemaligen Oberbürgermeisters zu nutzen.

1 An der Seite von Herbert Wehner: Sekretär der SPD-Bundestagsabgeordneten für Hamburg

Rund vier Monate nach der Flucht aus Rostock, zum 2. Januar 1950, wurde Albert Schulz das neu geschaffene Büro der sozialdemokratischen Bundestagsabgeordneten für Hamburg anvertraut. Die auf Betreiben von Herbert Wehner eingerichtete Stelle ermöglichte Schulz die seit der Ankunft in der Bundesrepublik beständig gewünschte Rückkehr in die Politik. Erstmals seit 1933 konnte er sich wieder für seine Überzeugungen engagieren, ohne in seiner persönlichen Freiheit bedroht zu sein. Über die sys-

---

13 AdsD, SPD-Landesorganisation Hamburg, 1953: Albert Schulz an Max Rosengart, 15. November 1949; ebd.: Albert Schulz an die Arbeitsbehörde der Hansestadt Hamburg, z. Hd. des Leitenden Regierungsdirektors Johannes Birckholtz, 15. November 1949 (beide Zitate ebd.).
14 AdsD, SPD-Landesorganisation Hamburg, 183/II: Albert Schulz an Karl Meitmann, 24. November 1949.

tematische Auswertung von Parlamentsdrucksachen und anderer Materialien hinaus gehörte es ab sofort zu den Aufgaben von Schulz, die Kontakte zu den Wahlkreisen zu intensivieren und auf diese Weise den Informationsfluss zwischen Bonn und Hamburg zu verbessern. Die neue Tätigkeit brachte nicht zuletzt eine willkommene Entspannung der finanziellen Lage. Immerhin verdoppelte sich der Monatsverdienst von Schulz beinahe, obwohl die Abgeordneten das Gehalt aus eigener Tasche bezahlten.[15]

Neben dem in den Fraktionsvorstand gewählten Herbert Wehner zählten noch fünf weitere sozialdemokratische Bundestagsabgeordnete zu der mit Erfolg gegründeten Bürogemeinschaft. Schulz, der künftig an den Sitzungen des Landesvorstandes und der Bürgerschaftsfraktion teilnehmen durfte, arbeitete jedoch den größten Teil seiner Zeit für Wehner. Die übrigen Parlamentarier, darunter Karl Meitmann und der vom Internationalen Sozialistischen Kampfbund zur SPD gestoßene Hellmut Kalbitzer, akzeptierten diese Regelung ohne Widerspruch. Auch Peter Blachstein, der 1947 aus dem Exil in Schweden zurückgekehrt war, und die bis zur Machtübernahme der Nationalsozialisten als Sekretärin für Meitmann tätige Irma Keilhack protestierten nicht. Lediglich der Abgeordnete Erich Klabunde, ein weithin anerkannter Experte für Wohnungspolitik, hegte tiefer gehende Bedenken, stimmte aber letztlich zu.[16]

Eines der ersten Projekte, das Albert Schulz nach seinem Dienstantritt in Angriff nahm, war die Konzeption eines Mitteilungsblattes. Das wiederum aus Eigenmitteln der Bürogemeinschaft finanzierte Organ hieß »Vom Bundestag«, kam ab dem 1. Februar 1950 heraus und informierte über die Arbeit der SPD-Fraktion im höchsten westdeutschen Parlament. In dem als Beilage des »Sozialist«, der Mitgliederzeitschrift der SPD in Hamburg, erscheinenden Blatt fanden sich regelmäßig Artikel über die Aktivitäten von Herbert Wehner und seiner ebenfalls in der Bürogemeinschaft organisierten Genossen. Die Berichterstattung ging somit weit über die Tagespresse hinaus, und die politische Tätigkeit der einzelnen Abgeordneten konnte ausnahmslos positiv dargestellt werden. Zudem forderte Schulz die wahrscheinlich überwiegend aus Funktionären bestehende Leserschaft auf, konstruktive Vorschläge, Anregungen und gegebenenfalls auch Kritik an die Redaktion zu übermitteln. Mit Hilfe solcher Rückmeldungen sollte eine möglichst enge Bindung zwischen der sozialdemokratischen Basis und den in Hamburg gewählten Parlamentariern aufgebaut werden.[17]

Obwohl die neue Tätigkeit arbeitsintensiv war, fand Albert Schulz genügend Zeit, um seine Kontakte zu politischen Weggefährten aufzufrischen. Dabei kam ihm die personelle und technische Ausstattung seines Büros zugute. Oftmals durch seine einzige Sekretärin unterstützt, verfasste Schulz zahlreiche Briefe. So korrespondierte er

---

15 AdsD, SPD-Landesorganisation Hamburg, 13: Jahresbericht der SPD in Hamburg für das Jahr 1950, S. 10. NL Albert Schulz: Versicherungskarte Nr. 9 für Albert Schulz, 8. Januar 1953. Zeitzeugenbericht von Hellmut Kalbitzer, 27. Januar 2001.
16 Zeitzeugenbericht von Hellmut Kalbitzer, 27. Januar 2001. Siehe Schulz: Erinnerungen, S. 137 f.; Tormin: Die Geschichte der SPD in Hamburg, S. 259 ff. und 371 ff.
17 Vom Bundestag, 1. Februar 1950 bis 1. Dezember 1952.

mit Franz Ballerstaedt. Der einstige Ministerialdirektor im mecklenburgischen Innenministerium lebte jetzt in Düsseldorf und hatte nach seiner Flucht aus der Sowjetischen Besatzungszone ähnliche Erfahrungen gemacht wie Schulz bei dem Versuch, sich mit Karl Meitmann zu treffen:

> »Es ist nach meinen Beobachtungen im Grunde ja garnicht so, dass man für uns hier keine Verwendung hätte. Einen Überfluß an Menschen hat die Partei hier im Westen durchaus nicht. Aber man traut hier – wie Du ganz richtig schreibst – den Leuten aus dem Osten eben irgendwie doch nicht, und dann vor allem ist man nach meinem Eindruck auch nicht beweglich genug, um nun wirklich die geeigneten Menschen dort einzusetzen, wo das im Interesse der Sache nötig wäre.«[18]

Über diese Bemühungen zur Reaktivierung des Bekanntenkreises hinaus wurde Schulz weiterhin häufig als Gutachter in Flüchtlingsfragen tätig. Auf diese Weise gab er die Unterstützung, die er trotz mancher Enttäuschungen nach seiner Flucht erfahren hatte, an Hilfsbedürftige aus der DDR weiter. Um möglichst als Flüchtling anerkannt zu werden, versuchten etliche Betroffene, die Entscheidung zu beeinflussen. Großen Raum nahmen dabei positive Erklärungen von bereits in der Bundesrepublik lebenden Bekannten ein. Schulz wurde regelmäßig als Gewährsmann angeführt und erledigte diese Aufgabe bereitwillig. Hin und wieder kam es jedoch vor, dass sich jemand auf den ehemaligen Oberbürgermeister berief, ohne ihn näher zu kennen. Dann warnte Schulz in der Regel alle maßgeblichen Stellen, besonders wenn die fragliche Person nach seinem Dafürhalten als »übler Kommunist«[19] gelten musste. Auf die gleiche Weise verfuhr Schulz bei Anfragen von Seiten des Ostbüros. Dennoch hieß es aus Hannover anfangs, er würde die Flüchtlinge aus Gefälligkeit zu unkritisch beurteilen, was sich überzeugend widerlegen ließ.[20] Auch vorgefertigte Gutachten, die gelegentlich im Büro der Bundestagsabgeordneten eintrafen, riefen das Missfallen von Schulz hervor. Er legte stets Wert darauf, individuelle Stellungnahmen zu verfassen.[21]

Im Landesvorstand der SPD in Hamburg spielte Albert Schulz eine untergeordnete Rolle. Schließlich gehörte er nur qua Amt zu dem rund dreißigköpfigen Gremium. Der selbstbewusste Versuch, offiziell in den Vorstand gewählt zu werden, scheiterte auf dem Landesparteitag im April 1950 deutlich. Mehr als 105 Stimmen konnte

---

18 NL Albert Schulz: Franz Ballerstaedt an Albert Schulz, 21. Dezember 1949.
19 NL Albert Schulz: Albert Schulz an das Kreissekretariat der SPD in Uelzen, 26. Januar 1950 (Abschrift).
20 NL Albert Schulz: SPD-Parteivorstand, Referat »Flüchtlingsbetreuung Ost«, gez. Keller, an Albert Schulz, 12. Dezember 1949. AdsD, SPD-Parteivorstand, alter Bestand, Ostbüro, Mappe »Albert Schulz«: Sekretariat der Hamburger Bundestagsabgeordneten der SPD, gez. Albert Schulz, an den SPD-Parteivorstand, Referat »Flüchtlingsbetreuung Ost«, 27. Januar 1950.
21 NL Albert Schulz: Albert Schlutow an Albert Schulz, 9. Juli 1951; ebd.: Albert Schulz an Albert Schlutow, 30. Juli 1951 (Abschrift).

Schulz nicht ergattern. Für das gewünschte Wahlziel fehlte ihm die Unterstützung von knapp 40 Genossen. Doch obwohl Schulz erst seit wenigen Monaten in der Stadt lebte, hatte er sich bereits einen Namen gemacht. Vor diesem Hintergrund kam die Wahlniederlage durchaus einem Achtungserfolg gleich.[22]

Pünktlich zum Sommersemester 1950 kam Peter Schulz nach Hamburg, um dort sein rechtswissenschaftliches Studium fortzusetzen. Das SPD-Ostbüro hatte noch in Berlin über ihn geurteilt: »Wendiger, intelligenter, junger Mann. Etwas vorlaut. Haelt etwas auf seine[n] Vater. Glaubt auch dadurch gleich fuer sich einige Vorteile zu haben. Wenn richtig in politischer Arbeit eingesetzt, brauchbarer Mitkaempfer.«[23] Diese Bewertung war zweifelsohne subjektiv und mochte zutreffen oder nicht. Auf jeden Fall entfaltete Peter Schulz in Hamburg bald eine Reihe von Aktivitäten. So konzipierte er auf Vermittlung seines Vaters ein Rundfunkmanuskript für das Ostbüro. Zudem begann sich Peter Schulz bei den Jungsozialisten zu engagieren. Schnell wurde er Mitglied des Landesvorstandes, zuständig für Kultur- und Bildungsfragen.[24]

Unterdessen betätigte sich Werner Mertineit, der Lisel Schulz geheiratet hatte, im Sozialistischen Deutschen Studentenbund – zeitweise sogar als Vorsitzender für Hamburg. Weil Albert Schulz eine größere, nunmehr eigene Wohnung zugeteilt bekam und seine Tochter ein Kind erwartete, zog Mertineit im Dezember 1950 bei der Familie ein. Im Vergleich zu den bisherigen Lebensverhältnissen stellte die neue Unterkunft fraglos eine Verbesserung dar, allerdings umfasste sie nur drei Zimmer, so dass Peter Schulz im Wohnzimmer auf der Coach schlafen musste. Er war ebenfalls im SDS aktiv und avancierte schließlich im April 1954 zum Bundessekretär der Organisation. Die Einkäufe erledigte die Familie prinzipiell bei der Konsumgenossenschaft, und auch sonst blieben Emma und Albert Schulz dem seit 1933 unaufhaltsam erodierten sozialdemokratischen Milieu so lange wie möglich treu. Beide waren überzeugte Kunden der Bank für Gemeinwirtschaft. Zudem schlossen sie ihre Versicherungsverträge vorzugsweise bei der genossenschaftlich organisierten Volksfürsorge ab.[25]

Noch vor dem Umzug kam Albert Schulz eine unschöne Angelegenheit zu Gehör. Der frühere Bürgermeister von Schwerin, Albert Kruse, hatte Schulz ohne erkennbare Motivation diffamiert. Im Grunde handelte es sich bei dem Schreiben an Stephan Thomas, dem Leiter des Ostbüros, um eine strafrechtlich relevante Verleumdung. Kruse, nach SED-Ausschluss, mehrmonatiger Gefängnishaft und Flucht aus der Sow-

---

22 AdsD, SPD-Landesorganisation Hamburg, 11: Übersicht über das Ergebnis der Vorstandswahlen auf dem Landesparteitag der SPD am 1. und 2. April 1950 in Hamburg, undatiert.
23 AdsD, SPD-Parteivorstand, alter Bestand, Ostbüro, Mappe »Albert Schulz«: Nachträge zum Fragebogen vom 30. August 1949, 9. September 1949 (Zitat ebd.) und 15. März 1950.
24 Ebd.: Sekretariat der Hamburger Bundestagsabgeordneten der SPD, gez. Albert Schulz, an den SPD-Parteivorstand, Referat »Flüchtlingsbetreuung Ost«, 12. Juli 1950. Der Sozialist, 1. Dezember 1950.
25 Der Sozialist, 1. Februar 1952. Zeitzeugenbericht von Peter Schulz, 13. Januar 2001. Siehe Albrecht: Der Sozialistische Deutsche Studentenbund, S. 205, 482 und 499.

jetischen Besatzungszone seit 1950 als sozialdemokratischer Parteisekretär in Bremerhaven tätig[26], verfasste zuweilen Gutachten für das Ostbüro und hielt es daher angeblich für seine Pflicht, auch über Schulz zu urteilen. Beide kannten sich bereits aus der Zeit vor 1933, und Kruse stellte nicht in Abrede, dass Schulz lange »den geraden Weg der SPD« beschritten und folglich kompromisslos gegen die Zwangsvereinigung gekämpft hatte. Doch 1947, nach der Inhaftierung und überraschenden Freilassung des Oberbürgermeisters, sei eine Veränderung eingetreten. Fortan, so wusste Kruse an das Ostbüro zu berichten, habe Schulz alle Forderungen der Sowjetmacht bedingungslos erfüllt. Sogar bei Diskussionen abseits der Öffentlichkeit sei immer stärker der »echte SED-Mann« zum Durchbruch gekommen, und nach dem Parteiverfahren gegen Kruse habe Schulz das Haus der Familie nicht mehr betreten. Dies wurde dem einstigen Oberbürgermeister besonders verübelt, immerhin hatte er bislang dort beinahe wöchentlich übernachtet, wenn es der Sitzungsrhythmus des Landtages erforderte. Am Ende des Schreibens skizzierte Kruse die Vorgänge, die 1949 zur Absetzung von Schulz geführt hatten. Die zentrale Passage lautete: »Als er nun erneut in Ungnade fiel, kam die widerliche Selbstkritik und die Winselei um Gnade und das Gelöbnis der Besserung, was jedoch alles nichts nützte.« Laut der verzerrenden Schilderung von Kruse war Schulz damals vornehmlich geflüchtet, um einer rechtlich einwandfreien Strafe zu entgehen. Diese hätte wegen der Veruntreuung von öffentlichen Geldern gedroht.[27]

Das Ostbüro, dem Kruse beteuerte, lediglich objektiv informieren zu wollen, ging mit den Behauptungen souverän um: Thomas ließ alsbald eine Abschrift der Einlassungen anfertigen und schickte die so entstandene Kopie mit der Bitte um Stellungnahme nach Hamburg. Ein derart großer Vertrauensbeweis entsprach keineswegs den allgemein üblichen Maßnahmen. Schulz, der sich umgehend mit Herbert Wehner beriet, wusste die Reaktion des Ostbüros zu schätzen. In seinen Augen konnte das Schreiben von Kruse nur als heimtückischer Angriff interpretiert werden. Zudem beschrieb Schulz die Geschehnisse detailliert aus eigener Perspektive, schließlich musste er durchaus um sein mühsam erarbeitetes Ansehen im Westen fürchten. Wie Thomas erfuhr, hatte Schulz nach seiner Entlassung aus der sowjetischen Haft so oft wie möglich auf öffentliche Auftritte verzichtet. Ähnlich wortkarg sei er während der Sitzungen des SED-Landesvorstandes und in anderen Parteiversammlungen gewesen. Die Ausnahmen von dieser Strategie des Schweigens brachte Schulz ebenfalls zur Sprache. Über die repräsentativen Verpflichtungen als Oberbürgermeister hinaus bezeichnete er die Etatreden im Landtag als unvermeidlich. Das letztgenannte Beispiel verfing jedoch nicht, denn Schulz hätte diese parlamentarische Routineaufgabe zweifellos einem Genossen überlassen können, ohne den seinerzeit allemal geringen Einfluss der Sozialdemokratie

---

26 AdsD, SPD-Parteivorstand, alter Bestand, Sekretariat Fritz Heine, 2/PVAJ0000055: Hermann Lüdemann an Fritz Heine, 7. Oktober 1949.
27 NL Albert Schulz: Albert Kruse an den SPD-Parteivorstand, Referat »Flüchtlingsbetreuung Ost«, Herrn Stephan Thomas, 10. Juli 1950 (Abschrift, alle Zitate ebd.).

weiter preiszugeben. Größere Überzeugungskraft besaß das sodann vorgebrachte Argument. Wie Schulz darlegte, hatte er spätestens ab 1947 bewusst vermieden, eine Rede frei zu halten. Vielmehr sei in jedem Fall und entgegen bisherigen Gewohnheiten ein wörtlich ausgearbeitetes Manuskript vorhanden gewesen. Auf diese Weise beugte Schulz unbedachten Äußerungen vor. Es war nur allzu verständlich, dass sich ein sozialdemokratisch denkender Oberbürgermeister in der SBZ bemühte, sein »Herz nicht auf die Zunge rutschen zu lassen«. Darüber hinaus verwies Schulz auf die allseits bekannte Neigung von Kruse zu »Tratschgeschichten«. Jedenfalls habe der 1946 in Schwerin vom Bürgermeister zum einfachen Stadtrat degradierte Genosse aus persönlicher Enttäuschung versucht, seinen Vorgesetzten, den kommunistischen Oberbürgermeister Christoph Seitz, durch einen nach West-Berlin geschmuggelten Artikel für den »Telegraf« zu beschädigen. Weil es nicht um einen politischen Fehler, sondern um eine Privatangelegenheit von Seitz gegangen sei, habe Schulz, verärgert über diese Steilvorlage für die SED, jeglichen Kontakt zu dem aus der Partei ausgeschlossenen Kruse abgebrochen. Immerhin war das Verhalten des in seiner Eitelkeit verletzten Stadtrates dazu prädestiniert, öffentlichkeitswirksam Klage über die vermeintliche Charakterlosigkeit aller Sozialdemokraten zu führen, was die SED-Führung ausgiebig tat. Schon bald nachdem Schulz diese umfangreiche Stellungnahme nach Hannover geschickt hatte, konnte er beruhigt sein. Die von Kruse betriebene Verleumdungsattacke zeitigte keinen Erfolg, und Schulz fungierte nach wie vor als geschätzter und kompetenter Ansprechpartner für das Ostbüro.[28]

Herbert Wehner schien indessen nichts gegen das Engagement von Schulz einzuwenden zu haben. Dabei war das Verhältnis zwischen Wehner und dem Ostbüro mehr als gespannt. Beinahe unmittelbar nach der Gründung des Vorstandsreferats hatte der SPD-Vorsitzende Kurt Schumacher angeordnet, die kommunistischen Aktivitäten von Wehner im sowjetischen und schwedischen Exil unter die Lupe zu nehmen. Das Ergebnis war eine mehrere Aktenordner umfassende Sammlung, die maßgeblich auf Nachforschungen von Stephan Thomas zurückging. Seitdem Wehner von diesen Recherchen wusste, machte er sich für die Auflösung des Ostbüros stark, ohne jedoch Schulz und dessen Gutachter- und Informantentätigkeit zu behindern.[29]

Im November 1950 wurde Albert Schulz vom SPD-Parteivorstand als Gastredner in Nordrhein-Westfalen sowie im Rahmen von Landtagswahlkämpfen in Hessen und Bayern eingesetzt. Dabei traten die Schwächen der zentralen Referentenvermittlung offen zu Tage. In vielen Fällen wusste der als ehemaliger Oberbürgermeister angekündigte Schulz direkt vor seinen Auftritten nicht, wie seine Ansprechpartner vor Ort hie-

---

28   NL Albert Schulz: Albert Schulz an den SPD-Parteivorstand, Referat »Flüchtlingsbetreuung Ost«, Herrn Thomas, mit beigefügter Stellungnahme vom 3. August 1950 (Abschrift, beide Zitate ebd.); ebd.: SPD-Parteivorstand, Referat »Flüchtlingsbetreuung Ost«, gez. R. Thomas, an das Sekretariat der Hamburger Bundestagsabgeordneten der SPD, Herrn Albert Schulz, 23. März 1951.
29   Siehe Buschfort: Parteien im Kalten Krieg, S. 226 ff.

1 An der Seite von Herbert Wehner: Sekretär der Hamburger SPD-Bundestagsabgeordneten

ßen und wo sie zu erreichen waren. Außerdem kam es vor, dass zwei auswärtige Redner anreisten, weil die zuständigen Genossen in Hannover den Überblick verloren hatten. Genauso ärgerlich war Schulz, wenn Veranstaltungen infolge von missverständlichen Verabredungen ausfielen.[30]

Parallel dazu fungierte Albert Schulz in Hamburg als Referent. Nach dem unerwartet frühen Tod von Erich Klabunde neuerdings auch für die in den Bundestag nachgerückte Gertrud Lockmann tätig[31], bestritt Schulz allein im letzten Quartal des Jahres 1950 mehr als 30 Veranstaltungen. Manchmal trat er sogar zweimal am Tag auf. In aller Regel handelte es sich um Distrikts- oder Bezirksversammlungen der SPD. Aber Schulz wurde auch von Betrieben eingeladen und absolvierte öffentliche Kundgebungen. Die Themen, zu denen er sprach, wiederholten sich: Im Zentrum standen aktuelle Informationen über die Arbeit des Bundestages. Die im Parlament und von der Öffentlichkeit weiterhin kontrovers diskutierten Remilitarisierungspläne wurden ebenso intensiv erörtert wie die Auseinandersetzungen über das Mitbestimmungsrecht von Arbeitern und Angestellten. Hinzu kamen Bemerkungen über die wirtschaftliche und politische Entwicklung in der DDR oder die programmatischen Grundlagen der Sozialdemokratie.[32]

Am 19. Februar 1951 sprach Albert Schulz auf einer Protestkundgebung an der Universität Hamburg. Der politisch interessierte AStA empörte sich über das von einem Sowjetischen Militärtribunal gegen den liberaldemokratischen Studenten Arno Esch verhängte Todesurteil, und hatte den einstigen Oberbürgermeister von Rostock als Redner gewinnen können. Unmittelbar nach der Veranstaltung, am späten Abend, kam Schulz unverhofft zu einem Auftritt im noch jungen deutschen Fernsehen: Ein paar anwesende Journalisten baten ihn wegen seiner offenbar eindrucksvollen Ausführungen ins Studio. Dort führte Schulz ein ungefähr zehnminütiges Gespräch mit einem AStA-Vertreter, das von dem NWDR-Redakteur Jürgen Roland moderiert wurde.[33]

Unter den umfangreichen Aufgaben, die Albert Schulz in seiner Eigenschaft als Sekretär der sozialdemokratischen Bundestagsabgeordneten für Herbert Wehner versah, nahmen Wahlkreisangelegenheiten großen Raum ein. So erhielt Schulz den Auftrag, sich um die Eingabe eines Gartenbauvereins zu kümmern. Die gemeinnützige Organisation, die überwiegend aus Flüchtlingen und Erwerbslosen bestand, fürchtete

---

30 NL Albert Schulz: Albert Schulz an den SPD-Parteivorstand, z. Hd. des Genossen Stephan, 29. November 1950 (Abschrift). Siehe Schulz: Erinnerungen, S. 138.
31 Vom Bundestag, 1. Januar 1951. Siehe auch Martens: Erich Klabunde, S. 48 ff.
32 NL Albert Schulz: Büro der Hamburger Bundestagsabgeordneten der SPD, gez. Albert Schulz, an die SPD-Landesorganisation Hamburg, z. Hd. des Genossen August Blume, 15. Dezember 1950 (Abschrift).
33 AdsD, SPD-Parteivorstand, alter Bestand, Ostbüro, Mappe »Albert Schulz«: Sekretariat der Hamburger Bundestagsabgeordneten der SPD, gez. Albert Schulz, an den SPD-Parteivorstand, Referat »Flüchtlingsbetreuung Ost«, 12. Februar 1951. Hamburger Abendblatt, 20. Februar 1951. Vgl. Wagenführ: Aus meinem Fernsehtagebuch; Schulz: Erinnerungen, S. 146 f.

um ihr Gelände, das nach der Planung der städtischen Behörden aufgeforstet werden sollte.[34] Mit der anspruchsvollen Tätigkeit eines Oberbürgermeisters hatten die im Bundestagsbüro auflaufenden Einzelanliegen kaum etwas gemein. Aber Schulz beklagte sich nicht. Er nahm die Probleme jedes Menschen ernst und wusste sich darin mit Wehner einig. Darüber hinaus galt es, neue Wähler zu gewinnen beziehungsweise Sympathisanten keinen Anlass für Kritik zu liefern. Insgesamt war Schulz jedoch unterfordert. Sich um Termine in Distrikten zu kümmern, anstelle von Wehner auf Zusammenkünften von Lobbyisten präsent zu sein oder ihm schriftlich über die Sitzungen der SPD-Bürgerschaftsfraktion zu berichten, wurde seinen in politischen Spitzenämtern erprobten Fähigkeiten beileibe nicht gerecht.[35]

Im Herbst 1951 kursierte in verschiedenen Betrieben der Hansestadt ein »Steckbrief«, der sich vor allem mit der KPD-Vergangenheit von Wehner beschäftigte. Das mit abstrusen Behauptungen gespickte Pamphlet hatte kein Impressum, stammte jedoch fraglos aus der Feder eines Kommunisten und sollte den SPD-Politiker bei der Arbeiterschaft verächtlich machen. Schulz, oft genug selbst kommunistischen Verleumdungen ausgesetzt gewesen, ärgerte sich über derartige »Sauereien« maßlos und schlug deswegen vor, alle sozialdemokratischen Betriebsgruppen mit der möglichst raschen Entfernung des »Steckbriefes« zu beauftragen.[36]

Die anhaltende Debatte über die Westintegration und Remilitarisierung der Bundesrepublik Deutschland veranlasste Albert Schulz im Februar 1952 zu einer außenpolitischen Stellungnahme. Konkreter Impuls war die vor wenigen Tagen im Bundestag vollzogene Ratifizierung des Schumanplanes. Eng mit Mecklenburg verwachsen, warnte Schulz im Mitteilungsblatt »Vom Bundestag« vor den schmerzlichen Rückwirkungen, die sich aus der Westintegration für eine um die nationale Einheit bemühte Politik ergaben. Diese Kritik betraf nicht allein die Montanunion, sondern richtete sich auch gegen den so genannten Deutschland-Vertrag. Im Zuge der hieraus resultierenden Wiederaufrüstung und dem unvermeidlichen Beitritt der Bundesrepublik zu einem westlichen Militärbündnis, daran glaubte Schulz fest, konnte der Weg zu einer Vereinigung der beiden deutschen Staaten langfristig verbaut werden. Jede Handlung der von Adenauer geführten Bundesregierung sei daher unmissverständlich als Provisorium zu deklarieren.[37]

---

34 AdsD, NL Herbert Wehner, 2746: Gemeinnütziger Gartenbauverein »Elf Buchen« e.V. an Herbert Wehner, 10. März und 31. August 1951; ebd.: Herbert Wehner an Albert Schulz, 10. September 1951; ebd., 2733: Albert Schulz an Herbert Wehner, 1. Februar 1952.
35 AdsD, NL Herbert Wehner, 2739: Herbert Wehner an den Verband der Kriegsbeschädigten, Kriegshinterbliebenen und Sozialrentner Deutschlands e.V., Landesverband Hamburg, 9. Mai 1952 (Abschrift); ebd., 2733: Albert Schulz an Herbert Wehner, 14. Mai 1952. Ein von Schulz angefertigter Bericht über eine Sitzung der SPD-Bürgerschaftsfraktion lagert ebenda in der Mappe 2746.
36 AdsD, NL Herbert Wehner, 1060: »Steckbrief« über Herbert Wehner, ungefähr September 1951; ebd.: Der Sekretär der SPD-Bundestagsabgeordneten für Hamburg, gez. Albert Schulz, an Herbert Wehner, 8. September 1951 (Zitat ebd.).

1 An der Seite von Herbert Wehner: Sekretär der Hamburger SPD-Bundestagsabgeordneten

Im Juli 1952 gründete Albert Schulz, der zwischenzeitlich als politischer Sekretär für die SPD in Hamburg im Gespräch gewesen war[38], eine Arbeitsgemeinschaft, die sich mit den aktuellen Entwicklungen in der »Ostzone« befassen sollte. Der lockere Zusammenschluss stellte eine Untergliederung der Landesorganisation dar und beförderte den Gedankenaustausch von Flüchtlingen. Schulz wollte nach eigenem Bekunden keinen Zirkel von zerstrittenen Emigranten schaffen, sondern eine kraftvolle Alternative zu den vorgeblich unpolitischen Landsmannschaften, die sich in den letzten Jahren als Vertriebenenorganisationen konstituiert hatten. »Die Heimat des Sozialdemokraten ist seine Partei«, lautete ein von Schulz in diesem Zusammenhang formuliertes Diktum. Engagierte Mitarbeit galt demgemäß als Ehrensache. Nach der Auffassung von Schulz hatten sich die sozialdemokratischen Flüchtlinge in der Bundesrepublik einzugliedern. Zugleich müssten sie jedoch für leitende Positionen im Osten zur Verfügung stehen, falls es jemals zu einer Vereinigung des geteilten Deutschland komme.[39]

Unter den weit über 100 Mitgliedern der Arbeitsgemeinschaft befand sich eine ganze Reihe von ehemaligen Funktionsträgern aus Staat und Partei in Mecklenburg; dieser harte Kern des Zusammenschlusses hatte sich bereits zuvor sporadisch getroffen. So gehörte der einstige persönliche Referent des Oberbürgermeisters, Karl Heinz Kohl, zu der Runde.[40] Eines der ersten Referate, das Schulz vor der Arbeitsgemeinschaft hielt, behandelte das Lohnsystem in der DDR. Im Zuge dessen diagnostizierte er den »Beginn der völligen Bolschewisierung der sowjetischen Zone«.[41]

Bald nachdem sich die Arbeitsgemeinschaft »Ostzone« gegründet hatte, schrieb Schulz an Herbert Wehner und machte ihn auf die Umgestaltung des Lohnsystems in der DDR aufmerksam. Das Vortragsmanuskript war dem Schreiben beigelegt. Schulz hatte sich zuvor in Hamburg mit Willi Schmedemann ausgetauscht, und der Sekretär der sozialdemokratischen Landesorganisation wollte eine baldige Veröffentlichung des Materials in die Wege leiten. Doch entgegen seinen Versprechungen hatte er anscheinend bislang weder den Vorsitzenden des DGB-Bezirks Nordmark, Heinrich Steinfeldt[42], über die Sache informiert noch andere Schritte unternommen. So ließ die in Aussicht gestellte, auflagenstarke Broschüre auf sich warten. Für Schulz war das Verhalten von Schmedemann höchst ärgerlich, zumal er zu Recht befürchtete, dass

---

37 Vom Bundestag, 1. Februar 1952. Siehe Herbst: Option für den Westen, S. 74 ff. und 105 ff.
38 AdsD, SPD-Landesorganisation Hamburg, 2398: A.[lfred] Jahncke, Kreisvorsitzender der SPD in Wandsbek, an den Geschäftsführenden Vorstand der SPD in Hamburg, 11. März 1952.
39 AdsD, SPD-Parteivorstand, alter Bestand, Ostbüro, Mappe »Albert Schulz«: »Ansprache von Albert Schulz an die Mecklenburger vertriebenen Sozialdemokraten am 12. Juli 1951« (Zitat ebd.).
40 NL Albert Schulz: Mitgliederliste der Arbeitsgemeinschaft »Ostzone«, undatiert, etwa Juli 1952; ebd.: Albert Schulz an den SPD-Parteivorstand, Referat »Flüchtlingsbetreuung Ost«, z. Hd. des Genossen Thomas, 2. September 1952 (Abschrift).
41 NL Albert Schulz: Manuskript von Albert Schulz über das Lohnsystem in der DDR, ohne Datum, nach dem 12. Juli 1952 (Zitat ebd.). Siehe auch Weber: Geschichte der DDR, S. 163 f.
42 Von 1950 bis 1953 war Steinfeldt zugleich Fraktionsvorsitzender der SPD in der Hamburger Bürgerschaft. Siehe Tormin: Die Geschichte der SPD in Hamburg, S. 389 f.

sich die KPD mit den vermeintlichen Lohnerhöhungen im Osten brüsten werde. Immerhin begrüßte Wehner die Initiative seines Mitarbeiters. Er leitete das Manuskript unverzüglich an Siegmund Neumann[43] weiter. Der Leiter des Betriebsgruppenreferats beim SPD-Parteivorstand und ehemalige Chef des Ostbüros kümmerte sich um die Angelegenheit. Wenig später kam die gewünschte Publikation heraus.[44]

Über die Führungsrolle in der Arbeitsgemeinschaft »Ostzone« hinaus fungierte Albert Schulz seit April 1952 als Landesbeauftragter des Königsteiner Kreises in Hamburg. Die Vereinigung war drei Jahre zuvor gegründet worden und firmierte als überparteiliche Interessenvertretung der aus der Sowjetischen Besatzungszone geflohenen Juristen, Volkswirte und Beamten. In erster Linie zielte die Arbeit des Königsteiner Kreises auf die Überwindung der deutschen Zweistaatlichkeit ab, nach Möglichkeit auf einem freien Entschluss der Bevölkerung in Ost und West basierend. Hinzu trat der Anspruch, den bundesrepublikanischen Ministerien und Behörden im Umgang mit der DDR und ihren Massenorganisationen beratend zur Seite zu stehen. Ein weiterer Aspekt stellte die Unterstützung von Not leidenden Flüchtlingen dar. Hierbei ging es nicht zuletzt um Hilfe bei der beruflichen Wiedereingliederung. Finanziert wurde der Königsteiner Kreis, der mit seinen wenigen Hundert Mitgliedern weder Massenorganisation sein wollte noch konnte, vor allem durch das Bundesministerium für gesamtdeutsche Fragen.[45]

Seit Januar 1952 zeichnete Siegfried Witte für die hauptamtliche Geschäftsführung des Königsteiner Kreises verantwortlich. Der ehemalige Wirtschaftsminister von Mecklenburg war zwei Jahre zuvor, nach einer Verleumdungskampagne der SED-Presse, als Minister zurückgetreten und in die Bundesrepublik übergesiedelt. Seitdem stand Witte wieder in Kontakt mit Albert Schulz. Der frühere Oberbürgermeister von Rostock verfasste im Auftrag des sozialdemokratischen Ostbüros ein Gutachten über Witte und ließ sich von ihm für den Königsteiner Kreis werben. In den folgenden Monaten entfaltete sich eine rege Korrespondenz zwischen den beiden Flüchtlingen, die auch dem Austausch von aktuellen Informationen aus der mecklenburgischen Politik und Verwaltung diente.[46]

---

43 Siehe Klotzbach: Der Weg zur Staatspartei, S. 91; Buschfort: Das Ostbüro der SPD, S. 21 f. und 53 ff.
44 AdsD, NL Herbert Wehner, 2733: Albert Schulz an Herbert Wehner, 18. Juli 1952; ebd.: Herbert Wehner an Albert Schulz, 25. Juli 1952. Die Broschüre enthielt auch Material, das augenscheinlich nicht von Schulz stammte. Löhne, Arbeitsnormen und bezahlte Arbeit in der Sowjetzone. Hg. vom Vorstand der Sozialdemokratischen Partei Deutschlands. Bonn [1952] (Sopade Informationsdienst, Denkschriften 48).
45 Siehe Witte: Der Königsteiner Kreis, S. 3 ff.; Rüss: Anatomie einer politischen Verwaltung, S. 92 ff.; Schroeder: Fünfzig Jahre Königsteiner Kreis, S. 709 ff.
46 AdsD, SPD-Parteivorstand, alter Bestand, Ostbüro, Mappe »Albert Schulz«: Albert Schulz an den SPD-Parteivorstand, Referat »Flüchtlingsbetreuung Ost«, 5. Dezember 1950. NL Albert Schulz: Siegfried Witte an Albert Schulz, 10. Dezember 1950 und 27. Januar 1951.

1 An der Seite von Herbert Wehner: Sekretär der Hamburger SPD-Bundestagsabgeordneten

Das Selbstverständnis von Schulz als Landesbeauftragter des Königsteiner Kreises in Hamburg bestand, wie er dem Leiter des SPD-Ostbüros, Stephan Thomas, wissen ließ, »lediglich darin, der Partei zu dienen.«[47] Zu den Aufgaben von Schulz gehörte es neben der Arbeit als Sekretär der Bundestagsabgeordneten künftig, die Kontakte zu den für die Interessen des Königsteiner Kreises relevanten Behörden, öffentlich-rechtlichen Körperschaften, Wirtschaftsverbänden und Gewerkschaften zu pflegen und nach Möglichkeit zu vertiefen.[48]

Im November und Dezember 1952 gehörte Albert Schulz zur Landeswahlkampfleitung der SPD in Hamburg. Das Gremium traf Vorbereitungen für die Bürgerschaftswahl im folgenden Jahr und tagte unter der Leitung von Paul Künder bis zu dreimal im Monat. Als wichtigstes Ziel wurde die Aktivierung der Funktionäre genannt. Schulz zeichnete für die Kontakte zur Presse verantwortlich und war seit langem wieder in seinem Element. Die strategische Tätigkeit forderte sein Organisationstalent heraus. Keinesfalls, so führte Schulz im Rahmen einer Sitzung der Landeswahlkampfleitung aus, dürften Flugblätter mit zu umfangreichen Artikeln überfrachtet werden. Zwei große Seiten, etwa über den Wohnungsbau, den Deutschland-Vertrag oder die Auseinandersetzungen über die Europäische Verteidigungsgemeinschaft, würde niemand lesen. Bei den Werbemaßnahmen kam es nach der einhelligen Meinung von Schulz und Künder grundsätzlich darauf an, keine allgemeinen Flugblätter herauszubringen, sondern einzelne soziale Gruppen mit ihren spezifischen Problemen direkt anzusprechen. Neben den Kriegsopfern und Landwirten wollte Schulz die Heimatvertriebenen besonders gründlich bearbeitet sehen.[49]

Am Tag der Bürgerschaftswahl war Albert Schulz schon lange nicht mehr als Sekretär der Bundestagsabgeordneten tätig: Weil Max Kukil als besoldetes Vorstandsmitglied nach Bonn wechselte[50], benötigte die SPD in Schleswig-Holstein einen neuen Leitenden Bezirkssekretär. Auf Empfehlung von Erich Ollenhauer kam Schulz am Jahresende 1952 in die engere Wahl, und Herbert Wehner ermunterte seinen Mitarbeiter schriftlich, den Posten nach Möglichkeit anzutreten, obwohl es kaum einfach sein werde, einen ähnlich zuverlässigen Sekretär für die Bundestagsabgeordneten zu finden. Wörtlich hieß es in dieser Mitteilung: »Du würdest an dieser Stelle wahrscheinlich sehr viel mehr leisten können, als Du es auf der jetzigen Stelle kannst (in der Entwicklung gesehen). Dies ist meine durchaus persönliche Meinung, aber ich glaube, dass man hier Parteinotwendigkeiten gegeneinander abwägen sollte. Die Notwen-

---

47 AdsD, SPD-Parteivorstand, alter Bestand, Ostbüro, Mappe »Albert Schulz«: Albert Schulz an den SPD-Parteivorstand, Referat »Flüchtlingsbetreuung Ost«, z. Hd. des Genossen Thomas, 17. April 1952.
48 BArch Koblenz, B299, 34: Königsteiner Kreis, Geschäftsstelle, an Albert Schulz, Sekretariat der Hamburger Bundestagsabgeordneten der SPD, 2. April 1952 (Abschrift).
49 AdsD, SPD-Landesorganisation Hamburg, 1976: Protokolle über die Sitzungen der Landeswahlkampfleitung, 18. November sowie 2., 9. und 23. Dezember 1952.
50 Siehe Klotzbach: Der Weg zur Staatspartei, S. 274 f.

digkeit, in Kiel einzuspringen, halte ich für die übergeordnete.«[51] Schulz machte sich diese freundschaftliche Aufforderung zu Eigen, zumal sie mit seinem Verständnis von Parteidisziplin korrespondierte.

Wie von Wehner geraten, reiste Schulz bald darauf nach Kiel. Er traf dort unter anderem mit dem Bezirksvorsitzenden und Oberbürgermeister der Stadt, Andreas Gayk, zusammen und erklärte sich am Ende grundsätzlich bereit, die Führungsposition zu übernehmen. Gleichzeitig und nicht zuletzt aus finanziellen Gründen spekulierte er auf ein Landtagsmandat in Schleswig-Holstein. Zwar gab es mit dem etwas jüngeren Bernhard Ahrens noch einen weiteren Bewerber, der gute Chancen hatte, zumal ihm das Land vertraut war, doch Schulz konnte sich nach mehreren Vorstellungsgesprächen klar als neuer Leitender Bezirkssekretär durchsetzen.[52] In dem Parteiblatt »Der Sozialist« wurde Schulz als »ein Sozialdemokrat alten Schrot und Korns« aus Hamburg verabschiedet. Überdies dankten ihm die Redakteure im Einvernehmen mit der Landesorganisation für seine »unermüdliche Tätigkeit während der letzten Jahre im Dienste der Partei«. Mit der Berufung zum Bezirkssekretär von Schleswig-Holstein brach für Schulz eine schwierige Zeit an. Vielfältige Herausforderungen wollten bewältigt werden.[53]

2 Leitender Bezirkssekretär der SPD in Schleswig-Holstein

2.1 Die Südschleswig-Frage und andere innerparteiliche Auseinandersetzungen

Die SPD in Schleswig-Holstein hatte bis 1948 einen beachtlichen Aufschwung erlebt. Nach dem Ende des Zweiten Weltkrieges gab es bald doppelt so viele Ortsvereine als während der Weimarer Republik. Überdies rangierte der Bezirk mit zeitweilig über 90.000 Mitgliedern im westdeutschen Vergleich an zweiter Stelle. Dementsprechend engmaschig war das Netz der Kreis- und sonstigen Parteisekretariate. Zahlreiche Ortsvereine bestanden nahezu ausschließlich aus Flüchtlingen und Vertriebenen, was den immensen Mitgliederzustrom teilweise erklärte. Hinzu kamen frühe Bemühungen, die SPD möglichst zu einer Volkspartei umzugestalten. Doch seit der Währungsreform, die zu einem gewaltigen Mitgliederrückgang führte, ließ sich der umfangreiche Parteiapparat nicht länger finanzieren. Etliche der mehr als 30 hauptamt-

---

51 NL Albert Schulz: Mitteilung von Herbert Wehner an den Genossen Albert Schulz, ohne Datum, vor dem 19. November 1952.
52 AdsD, SPD-Landesverband Schleswig-Holstein, 1140: Protokoll der SPD-Bezirksvorstandssitzung am 11. November 1952. NL Albert Schulz: Protokolle der SPD-Bezirksvorstandssitzungen am 19. November sowie 11. Dezember 1952. Siehe Martens: Die Geschichte der Sozialdemokratischen Partei Deutschlands in Schleswig-Holstein, Bd. 1, S. 197, und Bd. 2, S. 547.
53 Der Sozialist, 1. Januar 1953 (beide Zitate ebd.). Siehe auch Schulz: Erinnerungen, S. 142.

lichen Sekretäre mussten aus Kostengründen entlassen werden. Um der tiefen Organisationskrise zu begegnen, wurde das Bezirksgebiet im Jahr 1949 in neun Unterbezirke aufgeteilt. Dennoch begann für die SPD in Schleswig-Holstein eine Zeit des Niedergangs und der Stagnation. Unter den vielförmigen Ursachen für diese Entwicklung besaßen zwei Aspekte besonderes Gewicht. Erstens war mit dem Bund der Heimatvertriebenen und Entrechteten eine ausgesprochene Flüchtlingspartei entstanden. Zweitens litt die Sozialdemokratie an der Überalterung ihrer Funktionäre und dem Fehlen befähigter Nachwuchskräfte. So verpuffte eine Reihe von aussichtsreichen Neuansätzen. Diese Krisensituation hätte neue programmatische Akzentsetzungen und weiter reichende innerparteiliche Reformen erfordert. Aber die SPD in Schleswig-Holstein erwies sich als zu festgefahren und blieb eine Partei, der ein politisch überzeugendes Profil fehlte.[54]

In Anbetracht dieses wenig erfreulichen Zustandes war es nur allzu verständlich, dass Andreas Gayk enorm hohe Anforderungen an einen Leitenden Bezirkssekretär stellte. Wie der Parteivorsitzende seine Genossen im Bezirksvorstand vor der Berufung von Albert Schulz wissen ließ, erfüllte ihn der Weggang von Max Kukil nach Bonn mit großer Sorge. Diese für die Bundespartei glückliche Personalentscheidung berge gefährliche Konsequenzen für die Entwicklung der SPD in Schleswig-Holstein. Die Nachfolge des erfahrenen Politikers durfte nach der Ansicht von Gayk nur ein politisch absolut zuverlässiger Genosse mit echten Führungsqualitäten übernehmen. Andernfalls, ohne die Hilfe eines durchsetzungsstarken Bezirkssekretärs, sehe er sich nicht in der Lage, die Verantwortung für die Politik und organisatorische Struktur der Sozialdemokratie in Schleswig-Holstein weiterhin zu tragen.[55]

Bald nach dem erfolgreich durchlaufenen Auswahlverfahren, am 2. Januar 1953, trat Albert Schulz seine neue Stelle an. Das Bezirkssekretariat in Kiel bestand zu jener Zeit aus sechs politischen Funktionären. Schulz, der eine großzügige Umzugsbeihilfe für sich und seine Frau erhielt, die Kinder in Hamburg ließ und dessen Monatsgehalt auch künftig bei 600 Mark lag[56], zeichnete für die Arbeit des gesamten Sekretariats verantwortlich. Die meisten der täglich anstehenden Entscheidungen durfte er frei, das heißt ohne vorherige Absprache mit dem Bezirksvorsitzenden treffen. Andreas Gayk pflegte zwar einen autoritären Führungsstil, war jedoch als Oberbürgermeister von Kiel stark mit kommunalen Verpflichtungen ausgelastet. Deshalb hatte er dem Leitenden Bezirkssekretär gleich zu Anfang uneingeschränkte Rückendeckung zugesichert, falls es zu Konfliktsituationen oder gar zu persönlichen Meinungsverschieden-

---

54 Siehe Varain: Parteien und Verbände, S. 32 ff.; Martens: Die Geschichte der Sozialdemokratischen Partei Deutschlands in Schleswig-Holstein, Bd. 1, S. 193 ff., sowie Bd. 2, S. 477 ff. und 540 ff.
55 Siehe ebd., Bd. 2, S. 478.
56 AdsD, SPD-Landesverband Schleswig-Holstein, 1048: Protokoll der SPD-Bezirksvorstandssitzung am 16. Mai 1953. NL Albert Schulz: Aufrechnungsbescheinigung über den Inhalt der Versicherungskarte Nr. 10, datiert auf den 9. Juli 1955.

heiten komme.⁵⁷ Wie »Der Weckruf«, das Mitteilungsblatt des SPD-Bezirks, im März 1953 berichtete, nahm Schulz vor allem in den ersten Wochen seiner neuen Tätigkeit regelmäßig an den verschiedensten Parteiversammlungen teil, um auf diese Weise möglichst viele Genossen kennen zu lernen. Einen Monat später nominierte ihn der Bezirksvorstand offiziell für den Parteiausschuss. In diesem zentralen SPD-Gremium war Max Kukil ebenfalls qua Amt vertreten gewesen.⁵⁸

Mit dem Wechsel nach Schleswig-Holstein übergab Albert Schulz die Leitung des Königsteiner Kreises in Hamburg an seinen Genossen Wilhelm Schult, der zu den Gründungsmitgliedern der Arbeitsgemeinschaft »Ostzone« gehörte. Im Gegenzug avancierte Schulz zum Landesbeauftragten für Schleswig-Holstein. Sein nicht sonderlich engagierter Amtsvorgänger wurde seitens des Königsteiner Kreises höflich, aber bestimmt gebeten, zu Gunsten von Schulz abzutreten.⁵⁹

Die Arbeitsfülle, die Albert Schulz fortan zu bewältigen hatte, verlangte Selbstdisziplin und größere Einsatzbereitschaft als in Hamburg – gerade weil die Position des Leitenden Bezirkssekretärs rund drei Monate unbesetzt geblieben war. Besondere Aufmerksamkeit beanspruchte die Südschleswig-Frage: Die Wurzeln dieses Problems reichten weit zurück, und seit dem Ende des Zweiten Weltkrieges betrieben einflussreiche Kräfte der dänischen Minderheit in Südschleswig einmal mehr den Anschluss des Gebietes an Dänemark. Zu den Befürwortern dieses Ansinnens gehörte eine Reihe von dänisch orientierten Sozialdemokraten in Flensburg, Schleswig und Husum sowie auf der Halbinsel Eiderstedt. Diese mitunter tief in der SPD verankerten Genossen sahen in dem Wechsel nach Dänemark eine Chance auf bessere Lebensbedingungen, hatten aufgrund der zahlreichen Versorgungsengpässe in der Nachkriegszeit beachtlichen Zulauf und wurden gemeinhin als »Speck-Dänen« bezeichnet, obwohl die Affinität zum Nachbarstaat auch kulturellen Motiven entsprang. Vor allen Dingen in Flensburg war der Konflikt im Laufe der Jahre eskaliert. Während sich in den übrigen Städten der Südschleswigsche Wählerverband als politische Sammlungsbewegung der Anschlussbefürworter durchsetzte, kam es in der Fördestadt 1946 zur Abspaltung der prodänischen Sozialdemokraten vom hiesigen SPD-Ortsverein. Von diesem Zeitpunkt an existierten in Flensburg zwei sozialdemokratische Parteien, wobei die aus der Auseinandersetzung hervorgegangene SPF mehr als doppelt so viele Mitglieder zählte.

---

57 Vgl. Schulz: Erinnerungen, S. 142 f.; Martens: Die Geschichte der Sozialdemokratischen Partei Deutschlands in Schleswig-Holstein, Bd. 2, S. 329 ff.
58 Der Weckruf, März 1953. AdsD, SPD-Landesverband Schleswig-Holstein, 1048: Protokoll der SPD-Bezirksvorstandssitzung am 25. April 1953. Siehe Osterroth: 100 Jahre Sozialdemokratie in Schleswig-Holstein, S. 136 ff.; Martens: Die Geschichte der Sozialdemokratischen Partei Deutschlands in Schleswig-Holstein, Bd. 1, S. 198 ff. und 306 f.
59 BArch Koblenz, B299, 34: Königsteiner Kreis, gez. Assessor [Hansgeorg] Rogler, an Wilhelm Schult sowie an Hans-Joachim Herbst, 19. Mai 1953 (beides Abschriften).

2.1 Die Südschleswig-Frage und andere innerparteiliche Auseinandersetzungen

Nach einer langen Zeit der Unversöhnlichkeit kam es schließlich doch zu einer Annäherung. Am 26. Oktober 1953 konstituierte sich eine abwechselnd in Flensburg und Kiel tagende Verhandlungskommission, zu der auch Schulz gehörte. Da er von außerhalb kam und somit dem Konflikt unbelastet begegnen konnte, wurde er von den SPF-Vertretern als Verhandlungspartner geschätzt. Außerdem hielt Schulz regelmäßig Kontakt zu den maßgeblichen Akteuren, und auch Max Kukil unternahm von Bonn aus immer wieder Schritte, um seinen Nachfolger als Leitenden Bezirkssekretär in Schleswig-Holstein nach Kräften zu unterstützen. Eine beim ersten Treffen der Verhandlungskommission als Beratungsgrundlage verabschiedete Resolution ging auf einen gemeinsamen Entwurf von Schulz und Andreas Gayk zurück. In diesem Papier wurde der politische Grenzkampf als ungemein gefährlich angesichts der »bolschewistischen Diktatur« charakterisiert. Diese Formulierung spiegelte die Repressionserfahrungen von Schulz in der Sowjetischen Besatzungszone wider, wurde aber offenbar auf Wunsch der übrigen Gesprächsteilnehmer nach kurzer Zeit fallen gelassen. Stattdessen verwies die fragliche Passage in einer überarbeiteten Fassung auf erstrebenswerte Verhaltensweisen in einem neuen, im Entstehen begriffenen demokratischen Europa. Derartige Korrekturen bildeten jedoch die Ausnahme in den Verhandlungen. So bekräftigte die SPD das Recht auf nationale Selbstbestimmung. Überdies stellte es die Partei jedem Staatsbürger frei, sich zur dänischen Minderheit zu bekennen.[60]

Nach der Beilegung eines Richtungskampfes in der SPF war der Weg für eine Vereinigung mit der SPD im Juni 1954 endgültig frei. Eine Kommission, in der Schulz ebenfalls saß, traf die Vorbereitungen für den organisatorischen Zusammenschluss der beiden Parteien und installierte einen paritätisch besetzten Vorstand. In dieser Übergangszeit litt die SPF unter einem beträchtlichen Mitgliederschwund, der nicht allein Folge einer Karteibereinigung war, sondern zugleich auf politischem Frust gründete. Letztlich wechselten nur etwa 350 der rund 1.000 SPF-Mitglieder in den Bezirksverband der Sozialdemokratie.[61]

Parallel zu den Verhandlungen in Flensburg war Albert Schulz vollauf mit weiteren Parteiangelegenheiten beschäftigt. Zu den täglichen Routinearbeiten zählte die Erledigung von Korrespondenz genauso wie Besprechungen und Sitzungen oder öffentliche Auftritte. Überdies musste der am 4. und 5. Juli 1953 in Kiel stattfindende Bezirksparteitag der SPD in Schleswig-Holstein vorbereitet werden. Schulz, der seine politische Sozialisation im Kaiserreich und zu Beginn der Weimarer Republik erfahren hatte, strebte eine Synthese zwischen den traditionellen Bestandteilen einer sozial-

---

60 AdsD, SPD-Parteivorstand, alter Bestand, 04319: SPD, Bezirk Schleswig-Holstein, gez. Albert Schulz, an den Parteivorstand der SPD, Herrn Max Kukil, 13. November 1953 (Zitat ebd., Anlage 1); ebd.: Aktennotiz von Max Kukil an die Büromitglieder, 1. Dezember 1953.
61 AdsD, SPD-Landesverband Schleswig-Holstein, 1048: Protokolle der SPD-Bezirksvorstandssitzungen am 15. April, 16. und 25. Juni sowie am 2. Juli 1954. Siehe Martens: Die Geschichte der Sozialdemokratischen Partei Deutschlands in Schleswig-Holstein, Bd. 1, S. 146 ff.; Schulz: Erinnerungen, S. 144 ff.

demokratischen Kundgebung und augenblicklich modernen Veranstaltungsformen an. Gestützt auf dieses Konzept, sollten möglichst viele SPD-Mitglieder zu beständigerem Engagement für die Partei motiviert und zudem Wähler für die im September anstehende zweite Bundestagswahl gewonnen werden. In einem Schreiben an den Schatzmeister der SPD, Alfred Nau, bat Schulz einige Tage vor der Eröffnung des Bezirksparteitages um die vorübergehende Überlassung einer bald 100 Jahre alten Lassalle-Fahne aus der historischen Sammlung des SPD-Bundesvorstandes. Gleichzeitig wurde ersichtlich, dass er den zahlreichen Delegierten und Gästen das Erlebnis einer großen sozialdemokratischen Zusammenkunft vermitteln wollte.

Der von Schulz in seiner Eigenschaft als Leitender Bezirkssekretär geradezu minutiös geplante Parteitag begann mit Referaten und Verhandlungen im Gewerkschaftshaus und fand seinen öffentlichkeitswirksamen Höhepunkt in einer Kundgebung mit dem SPD-Vorsitzenden Erich Ollenhauer in der Ostseehalle. Anwesend waren rund 9.000 Teilnehmer. Die Inszenierung dieser überdurchschnittlich gut besuchten sozialdemokratischen Veranstaltung erinnerte stark an die Reichsbanner-Treffen, die Schulz in den Jahren vor 1933 so häufig organisiert hatte: Nach dem Einmarsch der Fahnenträger unter der Musik von Spielmannszügen aus Kiel, Lübeck und Hamburg folgten die Reden. Um sich deutlich von den überkommenen Formen typischer Parteiversammlungen abzugrenzen, hatte Schulz keinen Vorstandstisch zugelassen, und auch eine langatmige Begrüßung fehlte. Hinter dem mitten in der Halle aufgebauten Rednerpodest hingen mehrere schwarz-rot-goldene Fahnen. Statt eines Schlusswortes wurde am Ende der Zusammenkunft das traditionsreiche Lied der Arbeiterbewegung »Brüder zur Sonne, zur Freiheit« angestimmt.[62]

Zuvor hatten Vorstandswahlen während des Bezirksparteitages stattgefunden. Andreas Gayk bekleidete mit 133 Stimmen weiterhin den Parteivorsitz. Demgegenüber erhielt Albert Schulz lediglich die Zustimmung von 116 Delegierten, wurde aber trotzdem und wie früher sein Vorgänger Max Kukil zum stellvertretenden Bezirksvorsitzenden gewählt. Ungleich besser schnitt der SPD-Kreisvorsitzende August Heine aus Lübeck ab. Während der ehemalige Lehrer mit 152 Stimmen ohne jede Gegenstimme blieb und somit künftig als zweiter Stellvertreter des Parteivorsitzenden fungierte, mussten Schulz und Gayk hinnehmen, dass ihnen 34 beziehungsweise 15 Genossen das Vertrauen entsagten.[63]

Dieses kaum zufrieden stellende Ergebnis passte zu der konfliktträchtigen Position, die Albert Schulz als ein prinzipiell zu Reformen bereiter Sozialdemokrat in Schleswig-Holstein übernommen hatte. Außerdem stammte er aus Mecklenburg und war erst

---

62 AdsD, SPD-Landesverband Schleswig-Holstein, 52: Albert Schulz an den SPD-Parteivorstand, z. Hd. Alfred Nau, 20. Juni 1953 (Abschrift); ebd.: SPD-Landesorganisation Hamburg, gez. Otto Hinnrichs, an die SPD, Bezirk Schleswig-Holstein, z. Hd. Albert Schulz, 13. Juli 1953.
63 AdsD, SPD-Landesverband Schleswig-Holstein, 52: Übersicht über das Ergebnis der Vorstandswahlen auf dem Bezirksparteitag der SPD am 4. und 5. Juli 1953 in Kiel, ohne Datum.

2.1 Die Südschleswig-Frage und andere innerparteiliche Auseinandersetzungen

wenige Monate im Land aktiv. Eine tragfähige politische Basis ließ sich in dieser kurzen Zeit nur schwerlich erarbeiten. Hinzu kam ein Vorstoß des 1949 als Ministerpräsident von Schleswig-Holstein zurückgetretenen Hermann Lüdemann. Der einstige Landesgeschäftsführer der mecklenburgischen SPD hatte im Bezirksvorstand angeregt, keine hauptamtlichen Funktionäre als Kandidaten bei den Vorstandswahlen zuzulassen. Solchermaßen könnten eindeutigere Verantwortlichkeiten geschaffen werden. Die Argumentation besaß ihren Reiz, dennoch gelang es Schulz mit Unterstützung von Andreas Gayk, den Antrag zurückzuweisen.[64] Gegen solche Widerstände musste August Heine nicht ankämpfen. Er genoss sogar einen Bonus, weil er für Lübeck antrat. Dieser einstmals zu Mecklenburg zählende Unterbezirk gehörte erst seit 1945 zur SPD in Schleswig-Holstein und barg noch immer mancherlei Potenzial für kontroverse Auseinandersetzungen, was die auf Parteifrieden setzenden Delegierten zu einem klaren Votum für Heine veranlasst haben dürfte.

Weil Gayk nicht bloß als Oberbürgermeister eingebunden war, sondern zudem in diesen Wochen schwer erkrankte und sich einer stationären Behandlung unterzog, führte zumeist Schulz die Bezirksvorstandssitzungen. Das fast freundschaftliche Vertrauensverhältnis, das sich im Laufe der letzten Monate zwischen den beiden Sozialdemokraten entwickelt hatte, kam dieser Regelung zugute.[65]

In derselben Zeit drohten die althergebrachten Kompetenzstreitigkeiten und Rivalitäten zwischen der Bezirksführung der SPD in Schleswig-Holstein und den in Lübeck aktiven Genossen ein weiteres Mal zu eskalieren. Ausgangspunkt war der ökonomische Niedergang der »Lübecker Freien Presse«. Ein 1951 seitens des SPD-Parteivorstandes eingesetzter Untersuchungsausschuss machte auch die journalistische Leitung der LFP für die missliche Situation verantwortlich. Als Gesellschafter und Geschäftsführer in Personalunion fungierte Otto Passarge, ehemals Technischer Leiter des Reichsbanners in Mecklenburg-Lübeck und seit 1946 Bürgermeister der Hansestadt. Chefredakteur war der Bundestagsabgeordnete Paul Bromme, seinerzeit zudem Kreisvorsitzender der SPD in Lübeck. Auf Vorschlag des Untersuchungsausschusses wurde den beiden schließlich das Recht abgesprochen, weiterhin Ehrenämter in der Partei zu bekleiden. Passarge sollte überdies für mehrere Jahre monatlich einen gewissen Geldbetrag an die SPD-Kasse abführen. Die veranschlagte Summe lag unter dem entstandenen Schaden, doch weder Bromme noch Passarge, die sich auf eine Hausmacht in der Partei stützen konnten, mochten die Strafe akzeptieren.

---

64 AdsD, SPD-Landesverband Schleswig-Holstein, 1048: Protokoll der SPD-Bezirksvorstandssitzung am 3. Juli 1953.
65 Im Nachlass von Albert Schulz befinden sich mehrere sehr persönlich gehaltene Briefe, die Andreas Gayk während seiner Krankheit an Schulz geschickt hat. Siehe auch: AdsD, SPD-Landesverband Schleswig-Holstein, 90: Andreas Gayk an Albert Schulz, 19. August 1953; ebd.: Albert Schulz an Andreas Gayk, 28. August 1953 (Abschrift). Siehe Martens: Die Geschichte der Sozialdemokratischen Partei Deutschlands in Schleswig-Holstein, Bd. 2, S. 481 ff.

Deshalb war in den Augen von Albert Schulz, der sich nach seinem Amtsantritt mit den Vorgängen in Lübeck befasste, höchste Eile geboten. Schon im Februar 1953 drängte er gegenüber dem SPD-Vorstand darauf, die unerfreuliche Angelegenheit so bald wie möglich zu bereinigen. Ansonsten werde die Lösung des Konflikts immer schwieriger.[66]

Am 4. Mai 1953 kam eine Generalmitgliederversammlung der SPD in Lübeck zusammen. Abgesehen von Wilhelm Mellies als stellvertretender SPD-Bundesvorsitzender sowie ausgewählten Vertretern der Bezirksführung ergriff der Präsident der Hamburger Bürgerschaft, Adolph Schönfelder, als Mitglied der sozialdemokratischen Kontrollkommission das Wort. Einige Tage zuvor, am 28. April, hatte Schulz im Rahmen einer Kreisvorstandssitzung in Lübeck versucht, für einen optimalen Verlauf der Veranstaltung zu sorgen. Doch seine Beschwichtigungsversuche waren beinahe komplett erfolglos geblieben.[67] So konnte Bromme die Generalmitgliederversammlung nach den Ausführungen von Mellies und Schönfelder ohne Probleme für seine Einschätzung der Lage gewinnen. Der entlassene Chefredakteur wies die Anschuldigungen der Parteispitze in einer halbstündigen Rede zurück und erntete den Beifall der etwa 800 anwesenden SPD-Mitglieder. Alle nachfolgenden Redner aus Lübeck unterstützten ihren vermeintlich zu Unrecht in Bedrängnis geratenen Kreisvorsitzenden.

Nur eine Woche später gelang es Schulz, wieder mit dem Kreisvorstand und anderen maßgeblichen Funktionären der SPD in Lübeck ins Gespräch zu kommen. Er setzte trotz aller Verwerfungen auf Verständigung und riet seinen Genossen, den nächsten Parteitag als Revisionsinstanz zu nutzen. Aber die aufgebrachten Sozialdemokraten in der Hansestadt verlangten die unverzügliche Aufhebung des gegen Bromme ergangenen Urteils. Dadurch wurde die Situation erheblich verschärft. Als eine Delegation der SPD in Lübeck im Juni 1953 nach Bonn in die Parteizentrale reiste, weigerte sich Erich Ollenhauer, die Gruppe zu empfangen. Überdies machten ihr Wilhelm Mellies und der hinzugezogene Max Kukil unmissverständlich klar, dass eine Überprüfung des Parteiurteils frühestens in zwei Jahren möglich sein werde. Mit Blick auf diesen sehr eindringlich vorgetragenen Standpunkt gaben sich die Genossen aus Lübeck am Ende geschlagen. Schulz, der sich ein detailliertes Wortprotokoll des Gesprächs in Bonn erbat, begrüßte diese Entwicklung und hätte im Bedarfsfall keineswegs gezögert, den Parteiausschluss von Bromme in die Wege zu leiten. Dabei wusste er sich mit den meisten übrigen Mitgliedern des SPD-Bezirksvorstandes einig. Nachdem das Gremium den Fall einmal mehr eingehend beraten hatte, fuhr Schulz unter anderem gemeinsam mit Hermann Lüdemann zu Bromme. Bei dieser Gelegenheit setzte er ihn über die restriktive Haltung der Parteispitze in Kenntnis. Der fähige Poli-

---

66 AdsD, SPD-Parteivorstand, alter Bestand, 0610: SPD, Bezirk Schleswig-Holstein, gez. Albert Schulz, an den Parteivorstand der SPD, Herrn Wilhelm Mellies, 20. Februar 1953.
67 Ebd.: SPD, Bezirk Schleswig-Holstein, gez. Albert Schulz, an den Parteivorstand der SPD, Herrn Wilhelm Mellies, 29. April 1953.

2.1 Die Südschleswig-Frage und andere innerparteiliche Auseinandersetzungen

tiker erkannte die Ausweglosigkeit seiner Lage, trat vom SPD-Kreisvorsitz in Lübeck zu Gunsten von August Heine zurück und verzichtete freiwillig auf eine zweite Kandidatur für den Bundestag. Schulz konnte zufrieden sein, denn immerhin entsprach die endlich gefundene Lösung seiner über Jahrzehnte verfestigten Auffassung von Parteidisziplin. Zu der von ihm mit Nachdruck vertretenen Überzeugung, dass sich der Bezirksvorstand unbedingt durchsetzen müsse, um seinen Machtanspruch nicht desavouieren zu lassen, gesellte sich der Wunsch nach einem aktionsfähigen Kreisvorstand in Lübeck.[68]

Doch trotz dieser aus Sicht des SPD-Bezirksvorstandes als Erfolg zu verbuchenden Entwicklung waren die Konflikte in Lübeck noch immer nicht vollends überwunden. Passarge und Bromme genossen weiterhin hohes Ansehen in der Hansestadt, was zum Teil über die engeren Parteikreise hinausging. Obendrein unterstützten die beiden Politiker den neuen Kreisvorsitzenden tatkräftig. Aus diesen Gründen trat Heine beim SPD-Vorstand in Bonn für die Aufhebung der gegen Passarge und Bromme verhängten Strafen ein. Im März 1954 wandte sich Bromme zudem persönlich an Ollenhauer. Dieser verwies auf den Bezirksvorstand, der sich nach den Parteistatuten zuerst mit dem Rehabilitierungsgesuch zu befassen hatte. Nach einem ausführlichen Gespräch zwischen Schulz und Bromme am 15. des gleichen Monats kam rasch Bewegung in die Angelegenheit: Lediglich fünf Tage später appellierte Schulz in einer Bezirksvorstandssitzung an seine Genossen, die Bestrafung von Bromme als erledigt zu betrachten. Außerdem sollte er genauso wie Passarge das Recht auf die Bekleidung sämtlicher Parteifunktionen mit sofortiger Wirkung zurückerhalten. Bei der am Ende der Sitzung vorgenommenen Abstimmung ergab sich jedoch eine Pattsituation, obwohl der engere Vorstand zuvor mehrheitlich für den Antrag von Schulz votiert hatte. Insbesondere der stellvertretende Vorsitzende der sozialdemokratischen Landtagsfraktion, Eugen Lechner, hegte grundsätzliche Bedenken gegenüber Bromme und brachte diese in einer ungewöhnlich impulsiv geführten Diskussion zum Ausdruck. Für die mit dem SPD-Parteivorstand in Bonn abgestimmten Bestrebungen von Schulz wirkte sich überdies nachteilig aus, dass einige Genossen die fragliche Bezirksvorstandssitzung schon lange vor der Abstimmung wegen anderweitiger Termine verlassen hatten.[69]

Daraufhin erklärte Heine frustriert seinen Rücktritt als Kreisvorsitzender der SPD in Lübeck. Bloß das umsichtige Handeln von Schulz verhinderte eine abermalige Eskalation. Der Leitende Bezirkssekretär führte nach der Vorstandssitzung ein ausgleichendes Gespräch mit Heine und bediente sich in der kommenden Woche eines Tricks, da über abschlägig beschiedene Anträge nicht ein zweites Mal abgestimmt werden durfte. Probates Mittel war ein Brief an Wilhelm Mellies, in dem Schulz das

---

[68] AdsD, SPD-Landesverband Schleswig-Holstein, 1048: Protokolle der SPD-Bezirksvorstandssitzungen am 20. und 24. Juni sowie 11. Juli 1953.

[69] Ebd.: Protokolle der SPD-Bezirksvorstandssitzung am 28. August 1953 sowie am 20. März 1954.

jüngst Vorgefallene schilderte und den SPD-Parteivorstand bat, dem Bezirk Schleswig-Holstein die Rehabilitierung von Bromme nahe zu legen. Dergestalt ließ sich eine Wiederholung der Abstimmung im Bezirksvorstand rechtfertigen. Um sicher zu gehen, weihte Schulz neben Heine noch ein paar weitere kooperationsbereite Vorstandsmitglieder im Vorfeld ein. Letztlich zeitigte das zähe Ringen um eine Mehrheit den gewünschten Effekt. Der von Schulz gezielt kontrollierte SPD-Bezirksvorstand plädierte im April 1954 bei nur einer Gegenstimme für die umgehende Aussetzung der gegen Bromme und Passarge ausgesprochenen Sanktionen. Heine blieb als Kreisvorsitzender im Amt, und einen Monat später bestätigte der zentrale Parteivorstand die in Kiel getroffene Entscheidung. Die Situation entspannte sich. Bromme wurde noch im selben Jahr in den Landtag von Schleswig-Holstein gewählt und übernahm kurz darauf noch einmal den Kreisvorsitz der SPD in Lübeck.[70]

Ehe dies geschah, kümmerte sich Albert Schulz nach dem Bezirksparteitag im Juli 1953 weiterhin intensiv um die Vorbereitung der Bundestagswahl. Genauso wie in mehreren anderen Bundesländern wurde Erich Ollenhauer in Schleswig-Holstein als SPD-Vorsitzender nachträglich an die Spitze der Landesliste gesetzt. Auf diese Weise gedachte die Parteiführung, eine sichtbare Alternative zu dem amtierenden Bundeskanzler Konrad Adenauer hervorzubringen. Schulz, der sich mittlerweile der ÖTV angeschlossen hatte und auf dem aussichtslosen Platz 26 der Landesliste kandidierte[71], begrüßte diese Maßnahme und stand dem SPD-Vorstand außerdem in einer wesentlich komplizierteren Angelegenheit hilfreich zur Seite. Im Gegensatz zu vielen anderen Bezirksvorstandsmitgliedern unterstützte Schulz die Parteispitze in dem Bestreben, die Privatsekretärin und Lebensgefährtin des verstorbenen Kurt Schumacher, die politisch noch relativ unprofilierte Annemarie Renger, auf einem günstigen Listenplatz in Schleswig-Holstein unterzubringen. Vehement und mit dem Beistand von Andreas Gayk trat der Leitende Bezirkssekretär der nicht ganz von der Hand zu weisenden Behauptung entgegen, bei der Anfrage des SPD-Vorstandes handele es sich vor allen Dingen um eine Versorgungsangelegenheit. Schließlich erhielt Annemarie Renger nicht zuletzt dank Schulz den vierten Platz auf der Liste, was den Einzug ins Parlament versprach.[72]

---

70 AdsD, SPD-Parteivorstand, alter Bestand, 0610: SPD, Bezirk Schleswig-Holstein, gez. Albert Schulz, an den Parteivorstand der SPD, Herrn Wilhelm Mellies, 25. März 1954; ebd.: SPD-Parteivorstand, gez. Wilhelm Mellies, an die SPD, Bezirk Schleswig-Holstein, 2. April 1954 (Abschrift); ebd., SPD-Landesverband Schleswig-Holstein, 1048: Protokoll der SPD-Bezirksvorstandssitzung am 15. April 1954. Siehe Martens: Die Geschichte der Sozialdemokratischen Partei Deutschlands in Schleswig-Holstein, Bd. 1, S. 102 ff. und 299 ff.

71 AdsD, SPD-Landesverband Schleswig-Holstein, 90: SPD-Parteivorstand, gez. Siegmund Neumann, an Albert Schulz, 10. August 1953; ebd.: Albert Schulz an den SPD-Parteivorstand, z. Hd. Siegmund Neumann, 12. August 1953 (Abschrift). Schleswig-Holstein-Post, September 1953.

72 AdsD, SPD-Landesverband Schleswig-Holstein, 1048: Protokoll der SPD-Bezirksvorstandssitzung am 16. Mai 1953; ebd., 81: Albert Schulz an Annemarie Renger, 26. Juni 1953 (Abschrift). Siehe Varain: Parteien und Verbände, S. 165 f.

2.1 Die Südschleswig-Frage und andere innerparteiliche Auseinandersetzungen

Über diese Initiative hinaus war Schulz in seinem Bestreben erfolgreich, alle Wahlkreis- und Listenkandidaten für den Fall ihrer Wahl zu einer monatlichen Zahlung an die Bezirkskasse in Höhe von 150 Mark zu verpflichten. Hierüber musste jeder Bewerber vorab eine formalisierte Erklärung unterschreiben. Bei der Umsetzung dieser gerade von den amtierenden Bundestagsabgeordneten kritisierten Maßnahme konnte Schulz ebenfalls auf die Unterstützung von Gayk bauen. Auch der Bezirksvorsitzende wünschte eine Zahlungsverpflichtung, statt wie bisher auf freiwillige Geldleistungen der Mandatsträger angewiesen zu sein.[73]

Erhebliche Sorgen bereitete Schulz die Plakatierung. Wie er in einer Bezirksvorstandssitzung gut eine Woche vor der Wahl ausführte, lag die CDU vornehmlich in den ländlichen Gebieten überall an der Spitze, obgleich die Sozialdemokraten über 231.000 Plakate geklebt hatten. Um ein Gegengewicht zu schaffen, regte Hermann Lüdemann im Laufe der Sitzung an, die christdemokratische Abschlussveranstaltung mit Konrad Adenauer in der Ostseehalle gezielt durch Genossen stören zu lassen. Aber Schulz lehnte dies ab. Den Bundeskanzler, diesen »alten Fuchs«, werde die SPD kaum durch solche Methoden überrumpeln können. Zwischenrufe dürften keine nennenswerte Wirkung entfalten, und Störenfriede würden vor die Tür gesetzt werden. Eingedenk dessen sei es sinnvoller, auf die Adenauer-Veranstaltung in der Parteipresse zu antworten.[74]

Das Ergebnis der Bundestagswahl am 6. September 1953 stellte die SPD vor beträchtliche Herausforderungen. Zwar konnte die Partei ihren Zweitstimmenanteil im Vergleich zur Wahl im Jahr 1949 um rund eine Million erhöhen und die Zahl ihrer Mandate von 131 auf 151 steigern, aber die CDU erreichte nahezu die absolute Mehrheit der Bundestagssitze und ging somit als eindeutige Siegerin aus dem Urnengang hervor. Nach der Einschätzung von Schulz entfaltete das Wahlresultat vor allem »optisch eine katastrophale Wirkung«. Viele engagierte Genossen seien allzu optimistisch gewesen. Trotz des Stimmengewinns auf Bundesebene müsse bei nüchterner Betrachtung konstatiert werden, dass sich die SPD in Schleswig-Holstein um 3,1 Prozentpunkte verschlechtert habe. Keiner der Sozialdemokraten im Land wurde direkt gewählt. Dieses miserable Abschneiden der Wahlkreiskandidaten im Blick, erhob Schulz im Bezirksvorstand die Forderung, die Ursachen der Niederlage gründlich zu untersuchen. Auch etliche weitere Mitglieder des Leitungsgremiums kamen auf Fehler und Versäumnisse der SPD zu sprechen, besonders was das angespannte Verhältnis zur Kirche, die marxistisch gefärbte Position der Partei in der Sozialisierungsfrage und die innenpolitisch nur schwer zu vermittelnde Bekämpfung des EVG-Vertrages anbetraf. Während manche Vorstandsangehörige auf ihren sozialistischen Überzeugungen beharrten, wurden von unterschiedlicher Seite dezidierte Re-

---

73 AdsD, SPD-Landesverband Schleswig-Holstein, 1048: Protokolle der SPD-Bezirksvorstandssitzungen am 3. und 11. Juli 1953; ebd., 81: Albert Schulz an Andreas Gayk, 6. Juli 1953.
74 AdsD, SPD-Landesverband Schleswig-Holstein, 1048: Protokoll der SPD-Bezirksvorstandssitzung am 28. August 1953 (Zitat ebd.).

formwünsche laut. Das Spektrum der Forderungen reichte von einem besseren Aufbau der sozialdemokratischen Organisation über die subtilere politische Beeinflussung der Menschen durch zeitgemäße Wahlkampfformen bis zur sozialen Öffnung der SPD über die Lohnarbeiterschaft als traditionelle Zielgruppe hinaus. Obwohl Schulz tief in der Sozialdemokratie verwurzelt war, schien es ihm unter dem Eindruck dieser ziemlich niederschmetternden Wahlnachlese dringend geboten, die SPD zu einer Volkspartei umzugestalten.[75]

In den nächsten Jahren widmete sich Albert Schulz den Erfordernissen einer Parteireform, wobei er möglichst in enger Abstimmung mit dem SPD-Bundesvorstand agierte. Hierzu gehörte, dass die Parteiführung umgehend über den Verlauf der vergangenen Bezirksvorstandssitzung unterrichtet wurde. Als erste Konsequenz aus dem Wahlmisserfolg hatte das Gremium verabredet, eine tief schürfende Analyse der ausschlaggebenden Faktoren zu erarbeiten. Zudem richtete Schulz den Fokus seiner Tätigkeit auf die Bekämpfung der »Depression in der Mitgliedschaft«. Bereits vor der Wahl hatte sich eine negative Grundstimmung unter den Genossen breit gemacht. Trotz mancher Ideen gestaltete sich die Reform der verkrusteten Strukturen innerhalb der SPD kaum besonders einfach. Die von Schulz mehrfach eingeforderte fundierte Wahlanalyse scheiterte allein schon an der Saumseligkeit einiger Unterbezirkssekretäre. Weil die Regionalfunktionäre die in Kiel benötigten Daten nicht oder nur unvollständig an das Bezirksbüro übermittelten, verschickte Schulz im Januar 1954 eine mit deutlichen Worten verbundene Erinnerung.[76]

Überdies wirkte eine Personalentscheidung bremsend auf den allenfalls langsam anlaufenden Reformprozess. Als Bruno Diekmann nach der Wahl als Bundestagsabgeordneter nach Bonn ging, übernahm der nicht sonderlich durchsetzungsstarke Wilhelm Käber den Vorsitz der SPD-Landtagsfraktion in Schleswig-Holstein. Ähnliches ließ sich von seinem bloß gegen Widerstände aus der Partei gewählten Stellvertreter Eugen Lechner behaupten. Die vorab bekannte Führungsschwäche dieser beiden Sozialdemokraten fiel wegen des krankheitsbedingten Ausfallens von Andreas Gayk noch schwerer ins Gewicht. Im Ergebnis blieben viele Parteiangelegenheiten an Albert Schulz hängen. Dabei war der Leitende Bezirkssekretär erst seit kurzer Zeit in Kiel tätig. Während es für ihn keine Frage war, den Parteivorsitzenden nach Kräften zu unterstützen, wahrte er gegenüber Käber und Lechner im Allgemeinen größtmögliche Distanz.[77]

Als die neue Fraktionsspitze im Februar 1954 plante, dem Haushaltsplan der Regierung zuzustimmen, griff Schulz ein. Käber und Lechner wollten mit ihrem Vorge-

---

75 AdsD, SPD-Landesverband Schleswig-Holstein, 1048: Protokoll der SPD-Bezirksvorstandssitzung am 10. September 1953 (Zitat ebd.).
76 AdsD, SPD-Parteivorstand, alter Bestand, 01925: SPD, Bezirk Schleswig-Holstein, gez. Albert Schulz, an den SPD-Parteivorstand, 11. September 1953 (Zitat ebd.); ebd., 01371: SPD, Bezirk Schleswig-Holstein, gez. Albert Schulz an alle Unterbezirkssekretäre, 27. Januar 1954.
77 Siehe Martens: Die Geschichte der Sozialdemokratischen Partei Deutschlands in Schleswig-Holstein, Bd. 2, S. 478.

2.1 Die Südschleswig-Frage und andere innerparteiliche Auseinandersetzungen

hen die von der CDU geführte Koalition verwirren. Schulz hielt dies für einen groben Verstoß gegen die parlamentarischen Gepflogenheiten. Immerhin dienten Etatberatungen traditionell als Bühne für die Opposition, um ihre Zielsetzungen im Vergleich zur Regierungspolitik zu verdeutlichen. Vor diesem Hintergrund stimmte die Opposition dem Haushaltsplan üblicherweise aus Prinzip nicht zu, was Schulz allein schon mit Blick auf den bevorstehenden Landtagswahlkampf in Erinnerung rief, als er zu einer Sitzung des Fraktionsvorstandes gebeten wurde. Der Leitende Bezirkssekretär fürchtete Verwirrung in den eigenen Reihen. Nachdem er zwischenzeitlich mit Max Kukil vom SPD-Parteivorstand über die Vorgänge in Kiel gesprochen hatte, warf ihm Käber in der Fraktionssitzung am 15. März 1954 einseitige Information gepaart mit Illoyalität vor. Schulz führte zu seiner Verteidigung an, das Telefongespräch mit Kukil sei reiner Zufall gewesen. Zudem habe er als Bezirkssekretär nicht bloß das Recht, sondern auch die Pflicht, den Parteivorstand über die Geschehnisse in Schleswig-Holstein zu unterrichten, zumal wenn sie politisch derart bedenklich seien wie in diesem Fall. Im Übrigen konnte Schulz darauf verweisen, dass Kukil nach dem Telefonat lediglich eine Empfehlung, keine Weisung an die Fraktionsführung ausgesprochen habe. Der Konflikt zwischen Käber, Lechner und Schulz war trotz dieses nachvollziehbaren Erklärungsversuches tief. Schließlich führten die Meinungsverschiedenheiten zum Rücktritt von Lechner als stellvertretender Fraktionsvorsitzender, was auf Anraten von Schulz geheim gehalten wurde. Nachdem sich Käber der Kritik des gesamten Bezirksvorstandes gestellte hatte, gelang es, die Wogen zu glätten. Am 25. März 1954 wurde der Haushaltsplan wie beinahe immer von der Opposition abgelehnt. Rund eine Woche später reisten Wilhelm Mellies und Max Kukil nach Kiel, um einer gemeinsamen Sitzung von Bezirks- und Fraktionsvorstand beizuwohnen. Die Zusammenkunft wurde von Schulz geleitet und verlief in produktiver Atmosphäre, so dass Lechner sein Amt letztlich wieder aufnahm.[78]

Als Albert Schulz, der im Bezirk wegen seiner Geradlinigkeit und Beharrlichkeit auch der »Preuße« genannt wurde[79], im Februar 1954 von zuverlässiger Seite hörte, dass sein langjähriger Freund und Genosse Willy Jesse nach Rostock zurückgekehrt war, informierte er umgehend Max Kukil im SPD-Parteivorstand, der allerdings schon Bescheid wusste. Jesse hatte nach seiner Festnahme im Jahr 1946 durch Angehörige der sowjetischen Geheimpolizei zunächst für geraume Zeit in Untersuchungshaft gesessen. Erst 1950 war er nach längerem Aufenthalt in Sachsenhausen und ohne Gerichtsverhandlung zu zehn Jahren Zwangsarbeit verurteilt worden. Daraufhin er-

---

78 NL Albert Schulz: SPD-Parteivorstand, gez. Max Kukil, an die SPD, Bezirk Schleswig-Holstein, Genosse Schulz, 16. März 1954; ebd.: Aktennotiz von Albert Schulz, 25. März 1954. AdsD, SPD-Landesverband Schleswig-Holstein, 1048: Protokoll der SPD-Bezirksvorstandssitzung am 20. März 1954 sowie der Bezirks- und Fraktionsvorstandssitzung am 5. April 1954. Siehe Martens: Die Geschichte der Sozialdemokratischen Partei Deutschlands in Schleswig-Holstein, Bd. 2, S. 478 ff.
79 Siehe Selzer: Albert Schulz, S. 638.

folgte die Überführung in ein Straflager nach Sibirien. Wieder in Rostock erhielt der vorzeitig freigelassene Jesse von dem Parteivorsitzenden Erich Ollenhauer über einen Kurier das Angebot, nach Bonn zu wechseln und dort ein Amt im SPD-Vorstand zu übernehmen. Jesse willigte ein, obwohl er gesundheitlich schwer angeschlagen war. Ab Dezember 1954 fungierte er als Leiter des Vorstandsreferats für Gewerkschafts- und Betriebsgruppenarbeit.[80]

Derweil ging die SPD in Schleswig-Holstein trotz der Niederlage bei der letzten Bundestagswahl ohne ein durchdachtes Arbeitsprogramm in den Wahlkampf für die Landtagswahl im September 1954. Ein zusätzliches Problem stellte die seit der Währungsreform anhaltend schlechte Finanzsituation des Bezirks dar. Zudem hatte Schulz manche Differenzen mit Gerhard Strack, seinem für Propaganda zuständigen Kollegen im Bezirkssekretariat.[81]

Auf der Landesliste, die ein Außerordentlicher Bezirksparteitag in Kiel im Juli 1954 verabschiedete, rangierte Schulz auf Platz 13. Als ihn die Schleswig-Holsteinische Volks-Zeitung bald darauf ausführlich vorstellte, wurde er als »bescheidener Mann im Hintergrund« charakterisiert. Zwar habe Schulz in Schleswig-Holstein bislang nicht im »Scheinwerferlicht der Oeffentlichkeit« gestanden, dennoch verfüge er über zahlreiche Verbindungen im Lande. Außerdem kenne er die Probleme der Menschen bis ins kleinste Detail.[82]

Nach dem Bezirksparteitag reagierte Schulz auf ein Schreiben der KPD in Schleswig-Holstein, das um die Aufstellung gemeinsamer Kandidaten für die Landtagswahl warb. Eigentlich, so formulierte der Leitende Bezirkssekretär, erübrige sich eine Antwort. Augenscheinlich hielt er es jedoch für notwendig, der KPD-Landesleitung eine unmissverständliche Abfuhr zu erteilen – allein schon aus Gründen der öffentlichen Wirkung. Laut dem Antwortschreiben, das Schulz im Namen des Bezirksvorstandes verfasste, war die SPD fest entschlossen, den Kampf gegen den Kommunismus in der Tradition von Kurt Schumacher weiterhin mit kompromissloser Härte zu führen. Jedes Paktieren oder Verhandeln mit der »Partei der Helfershelfer der Henkersknechte unserer politischen Freunde in der Sowjetzone« werde strikt abgelehnt. Im Übrigen verbat sich Schulz in seinem Brief, der wenig später in der Schleswig-Holstein-Post veröffentlicht wurde, jeden weiteren Versuch der schriftlichen oder mündlichen Kontaktaufnahme.[83]

---

80 AdsD, SPD-Parteivorstand, alter Bestand, 01363B: Fernschreiben von Albert Schulz an Max Kukil, 8. Februar 1954; ebd.: Fernschreiben von Max Kukil an Albert Schulz, 9. Februar 1954. Siehe Stunnack: Willy Jesse, S. 73 ff.; Schmeitzner: Genossen vor Gericht, S. 293.
81 NL Albert Schulz: SPD, Bezirk Schleswig-Holstein, gez. Albert Schulz, an den SPD-Parteivorstand, Herrn Alfred Nau, 15. Mai 1954 (Abschrift). Zeitzeugenbericht von Rolf Selzer, 21. März 2001. Siehe Martens: Die Geschichte der Sozialdemokratischen Partei Deutschlands in Schleswig-Holstein, Bd. 1, S. 200.
82 Schleswig-Holsteinische Volks-Zeitung, 6. Juli und 4. September 1954 (Zitate ebd.).
83 NL Albert Schulz: SPD, Bezirk Schleswig-Holstein, gez. Der Bezirksvorstand, i.V. Albert Schulz, an die KPD, Landesleitung Schleswig-Holstein, 16. Juli 1954 (Abschrift). Schleswig-Holstein-Post, August 1954 (Zitat ebd.).

2.1 Die Südschleswig-Frage und andere innerparteiliche Auseinandersetzungen

Bei der Landtagswahl am 12. September 1954 erzielte die SPD in Schleswig-Holstein ihr bestes Ergebnis seit der Kommunalwahl im Jahr 1948. Der Vorsprung zur CDU, die im Vergleich zur Bundestagswahl zahlreiche Stimmen einbüßte, betrug etwas mehr als 11.000 Wählerstimmen. Die SPD avancierte damit zur stärksten Kraft im Landtag, allerdings erhielten beide Parteien je 25 Mandate, wobei bloß drei Sozialdemokraten über die Landesliste gewählt wurden. Schulz, der somit den Einzug ins Parlament verpasste, war am Wahlabend in festlicher Kleidung im Bezirkssekretariat erschienen. Als schließlich das Ergebnis feststand, hatte er seine Enttäuschung kaum verbergen können.

Trotz des recht positiven Wahlausgangs konnte sich der Bezirksvorstand nicht über das weitere Vorgehen einigen. Schließlich rief Schulz noch am Abend der Wahl den wegen seiner rapide fortgeschrittenen Erkrankung bettlägerigen Andreas Gayk an und informierte ihn über die Lage. Der Bezirksvorsitzende bat Schulz und einige andere Genossen noch in der Nacht an sein Krankenbett und diktierte ihnen stark geschwächt, aber geistig rege eine Erklärung, wonach die SPD den Anspruch auf eine sozialdemokratisch geführte Regierung erhob. Am nächsten Morgen erschien der Text in der Schleswig-Holsteinischen Volks-Zeitung.[84]

Am 16. September 1954 trat der Bezirksvorstand zusammen, um das Wahlergebnis in Ruhe zu analysieren. Schulz unterrichtete die Vorstandsmitglieder über informelle Gespräche, die einen Tag zuvor mit dem Gesamtdeutschen Block/Bund der Heimatvertriebenen und Entrechteten stattgefunden hatten. Dabei wurde deutlich, dass er eine solche Koalition befürwortete, obwohl die Mehrheitsverhältnisse dafür knapp waren. Nicht alle SPD-Politiker sahen das so, und am Ende einigten sich CDU, GB/BHE und FDP schließlich doch auf eine Neuauflage der bisherigen Koalition.[85]

Unterdessen erlag Andreas Gayk seiner schweren Erkrankung. Vier Tage später fand eine groß angelegte Trauerfeier in Kiel statt. Auf dem Friedhof sprach nach dem stellvertretenden SPD-Vorsitzenden Wilhelm Mellies auch Albert Schulz. Er fand ebenso angemessene wie bewegende Worte: Der Verstorbene sei das »Nerven-Zentrum« der SPD in Schleswig-Holstein gewesen. Aus diesem Grund werde der Rat des leidenschaftlichen und zugleich nüchtern kalkulierenden Politikers künftig fehlen.[86] Kurz vor seinem Tod hatte Gayk ausdrücklich Walter Damm gebeten, den Parteivorsitz in Schleswig-Holstein zu übernehmen. Damit wendete er langwierige Nachfolgediskussionen und eine drohende Führungskrise ab. Tatsächlich wurde Damm 1955

---

84 Schleswig-Holsteinische Volks-Zeitung, 13. September 1954; Schleswig-Holstein-Post, Oktober 1954. Siehe Martens: Die Geschichte der Sozialdemokratischen Partei Deutschlands in Schleswig-Holstein, Bd. 2, S. 473 ff.; Schulz: Erinnerungen, S. 143. Ergänzung zum Zeitzeugenbericht von Rolf Selzer, 22. März 2001.
85 AdsD, SPD-Landesverband Schleswig-Holstein, 1048: Protokoll der SPD-Bezirksvorstandssitzung am 16. September 1954. Schleswig-Holsteinische Volks-Zeitung, 18. September 1954.
86 Der Abschied von Andreas Gayk. [Kiel] [1954]. Ein Exemplar der Broschüre lagert im: AdsD, SPD-Landesverband Schleswig-Holstein, 204.

offiziell zum Vorsitzenden gewählt. Er blieb es zehn Jahre lang, während Schulz zu keiner Zeit als Nachfolger zur Debatte gestanden hatte. Allerdings machte sich der Bezirksvorstand dafür stark, möglichst den Landtagswahlkreis von Gayk an Schulz übergehen zu lassen. Die Vorsitzenden der SPD-Distrikte in Kiel votierten jedoch für den Rechtsanwalt Heinz Adler, der aus fachlichen Gründen enorm wichtig für die Fraktion war.[87]

Weil die SPD in Schleswig-Holstein nach dem Tod von Andreas Gayk nicht mehr im Bundesparteivorstand vertreten war und sich Wilhelm Käber nach wie vor überfordert zeigte, sollte der ehemalige Bürgermeister von Hamburg, Max Brauer, als Verbindungsmann zwischen dem zentralen SPD-Vorstand und dem Bezirk Schleswig-Holstein fungieren, wie Schulz während einer Bezirksvorstandssitzung im Oktober 1954 mitteilte. Die Führungsschwäche nach dem Ableben des beinahe allmächtigen Vorsitzenden war unübersehbar. Folglich beklagte sich Brauer 1955 anlässlich einer Bundesvorstandssitzung über die Lähmungserscheinungen im SPD-Bezirksverband. Allerdings nahm er Schulz von dieser vernichtenden Einschätzung ausdrücklich aus.[88]

2.2 Organisationsreform und Wahlkampfarbeit

Den Bezirksparteitag der SPD in Schleswig-Holstein am 12. und 13. März 1955 in Lübeck inszenierte Albert Schulz in seiner Eröffnungsrede als »Bekenntnis zu den Menschen in der sowjetischen Zone«. Im Osten von Deutschland herrsche ein »System der Unfreiheit«, das mindestens ebenso schlimm, womöglich aber noch schlimmer als die Herrschaft des Nationalsozialismus sei. Aus diesem Grund mahnte der Leitende Bezirkssekretär sämtliche Delegierten, sich mit aller Kraft für die Wiederherstellung der deutschen Einheit in Frieden und Freiheit einzusetzen – gerade vor dem Hintergrund der alsbald in Kraft tretenden Pariser Verträge. Besondere Aufmerksamkeit widmete Schulz den Verhältnissen in Mecklenburg:

> »Jenseits der düsteren Zonengrenze liegt Mecklenburg, das Land, das früher mit der Stadt Lübeck nicht nur wirtschaftlich, sondern auch politisch und organisatorisch eng verbunden war. Bildeten beide doch vor 1933 einen gemeinsamen Reichstags-Wahlkreis und waren in einem Parteibezirk mit dem Sitz in Rostock vereinigt. Wir grüßen die alten Freunde und besonders jene Genossen aus Meck-

---

87 AdsD, SPD-Landesverband Schleswig-Holstein, 1048: Protokoll der SPD-Bezirksvorstandssitzung am 10. Oktober 1954; ebd., 1054: Protokoll der SPD-Bezirksvorstandssitzung am 22. November 1954. Siehe Martens: Die Geschichte der Sozialdemokratischen Partei Deutschlands in Schleswig-Holstein, Bd. 2, S. 473 ff.; Schulz: Erinnerungen, S. 143.
88 Siehe Martens: Die Geschichte der Sozialdemokratischen Partei Deutschlands in Schleswig-Holstein, Bd. 2, S. 488 f.

lenburg, die weil sie Sozialdemokraten waren und blieben, heute hinter Kerkermauern schmachten, in der Sowjetzone und in Sibirien.«[89]

Zudem sollte ein von Schulz verfasstes Flugblatt mit technischer Hilfe des Ostbüros mittels eines Heißluftballons über der DDR abgeworfen werden. Doch wie der Leitende Bezirkssekretär im Laufe des Parteitags telegrafisch erfuhr, ließen die Windverhältnisse einen Start des Ballons nicht zu. Ähnlich misslich verliefen für Schulz die Vorstandswahlen. Der mitunter wenig kompromissbereite Mecklenburger erhielt nach Paul Bromme und Bruno Diekmann das mit Abstand schlechteste Ergebnis. Auch die Resultate, die Schulz auf den folgenden Bezirksparteitagen erzielte, waren nicht viel besser.[90] (☞ Abb. 7, S. 288)

Seit dem Jahr 1955 wurde im Vorstand der SPD in Schleswig-Holstein zunehmend darüber diskutiert, wie sich die Finanzierung und Organisation der Parteiarbeit verbessern lasse. Der anhaltenden Geldnot begegnete der Bezirksvorstand schließlich durch Beitragserhöhungen[91], und im Juni 1955 stellte Albert Schulz umfassendes Material für eine Überprüfung der Parteiorganisation in Schleswig-Holstein zusammen. In der nach den verschiedensten Wahlen nunmehr etwas ruhigeren Zeit sollte demnach Gelegenheit für den Ausbau und die Festigung des SPD-Bezirks gefunden werden. Die sozialdemokratische Parteiorganisation stellte in den Augen von Schulz das zentrale Instrument für den politischen Kampf dar. Über den Erfolg entscheide die Mitgliederzahl sowie die Qualität und Aktivität der einzelnen Genossen. Allerdings, so führte Schulz im Vorwort seiner Materialsammlung weiter aus, sei die Arbeit des Bezirkssekretariats in Schleswig-Holstein im Vergleich zu stärker industrialisierten Gebieten ungemein schwierig. Die Weite des Landes und die große Zahl kleinerer Ortsvereine berge eine Reihe von Problemen, namentlich die Schwierigkeit, die Untergliederungen der Partei mit häufig wenigen Mitgliedern am Leben zu erhalten. Insgesamt war Schulz mit dem Stand der Parteiorganisation in Schleswig-Holstein mehr als unzufrieden, nicht zuletzt wegen der nach wie vor desolaten Finanzlage.

Im Oktober 1955 wurde schließlich eine Organisationskommission gebildet. Die Federführung lag bei Schulz, der auf traditionelle Rezepte zur Aktivierung der Parteiarbeit setzte. Als Kommissionsvorsitzender stimmte er in vielem mit der Position von Max Kukil überein. Der mittlerweile im Bundesparteivorstand für Organisationsfra-

---

89 AdsD, SPD-Landesverband Schleswig-Holstein, 55: Redemanuskript von Albert Schulz für die Eröffnung des Bezirksparteitages am 12. März 1955 in Lübeck (alle Zitate ebd.).
90 AdsD, SPD-Landesverband Schleswig-Holstein, 55: Flugblatt der SPD in Schleswig-Holstein, unterzeichnet von Albert Schulz, März 1955; ebd.: Telegramm von Hermann [Witteborn] an Albert Schulz, 12. März 1955; ebd.: Übersicht über das Ergebnis der Vorstandswahlen auf dem Bezirksparteitag der SPD am 12. und 13. März 1955 in Lübeck, ohne Datum. Für die Wahlergebnisse auf den nächsten Parteitagen siehe die Mappen 60 und 61.
91 Siehe Martens: Die Geschichte der Sozialdemokratischen Partei Deutschlands in Schleswig-Holstein, Bd. 1, S. 201.

Kapitel VI · Im Dienste der Partei (1949–1962/74)

Abb. 7: Albert Schulz (etwa 1955).

gen verantwortliche Sozialdemokrat hatte vor kurzer Zeit ebenfalls nicht sehr weit gehende Vorschläge für die Parteireform vorgelegt. Unterdessen bestanden in Schleswig-Holstein offenbar unterschiedliche Auffassungen zwischen dem Bezirksvorsitzenden Walter Damm und Schulz, der auf einen raschen Abschluss der Kommissionsarbeit drängte. Jedenfalls setzte Damm im November 1955 im Bezirksvorstand bei zwei Gegenstimmen und einer Enthaltung den Auftrag für ein zusätzliches Gutachten durch. Als Verfasser konnte der SPD-Politiker Jochen Steffen[92] gewonnen werden. Der Politologe galt als unangepasst, scharfzüngig und kritisch denkender Kopf.

---

92 Siehe Weber: Joachim Steffen, S. 597 ff.

Die von Steffen im März 1956 vorgelegte umfangreiche Ausarbeitung war von einem akademisch-soziologischen Zugriff geprägt. Dies wirkte sich negativ auf die Verständlichkeit des Textes aus. Steffen plädierte für eine ständige Regeneration der SPD und kritisierte die in der Partei deutlich ausgeprägte Tendenz, die sozialdemokratische Organisation als Eigenwert zu betrachten. Der seit Karl Marx latente Irrglauben an eine historisch zwangsläufige Entwicklung bis zum Sieg der Arbeiterbewegung stehe einer zeitgemäßen aktiven politischen Gestaltung im Wege. Durch regelmäßige Diskussionsrunden sollte der Einfluss der Mitgliedschaft auf die Politik der SPD vergrößert werden. Ebenso forderte Steffen, die Außenwirkung der Organisation zu verbessern. Um das in seinen Augen unflexible System der Unterbezirkssekretariate zu ersetzen, regte er die Beschäftigung von so genannten fliegenden Sekretären an. Diese sollten die Koordinierung der kommunalpolitischen Zielsetzungen sowie die Motivation und Mobilisierung der Mitgliedschaft übernehmen. Ein Nebeneffekt sei die Verjüngung des Sekretärskörpers. Denn die aufreibende Reisetätigkeit der fliegenden Sekretäre könne älteren Genossen kaum zugemutet werden. Offenbar wurden diese weit reichenden Forderungen von Steffen nicht im Bezirksvorstand diskutiert – zumindest laut den Sitzungsprotokollen. Für Schulz dürfte das Gutachten des Akademikers einer Provokation gleichgekommen sein, immerhin stellte der 1922 geborene Steffen tradierte sozialdemokratische Organisationsprinzipien in Frage.[93]

Seit Juli 1955 gehörte Albert Schulz zum NDR-Verwaltungsrat. Das medienpolitische Gremium bestand aus acht Mitgliedern – vier aus Niedersachsen und je zwei aus Hamburg und Schleswig-Holstein. Diese wurden für die Dauer von fünf Jahren gewählt. Hierbei spielte die Berücksichtigung von Parteiinteressen eine wichtige Rolle; etliche gesellschaftliche Interessengruppen wollten zudem ihre Ziele in dem Gremium vertreten sehen.

In diesen Monaten intensivierte die Staatssicherheit der DDR die Beobachtung von Schulz, der 1960 erstmals den Vorsitz des NDR-Verwaltungsrates führte. Bereits Jahre zuvor war eine Akte über den geflohenen Oberbürgermeister von Rostock angelegt worden. Jetzt kam es wiederholt vor, dass Schulz von DDR-Bürgern, die im Dienst der Staatssicherheit standen und vorgeblich zu Besuch in der Bundesrepublik weilten, ausgehorcht werden sollte. Nennenswerte Ergebnisse brachten diese arrangierten Gespräche allerdings nicht zu Tage.[94]

---

93 AdsD, SPD-Landesverband Schleswig-Holstein, 13: »Die Parteiorganisation in Schleswig-Holstein«, zusammengestellt von Albert Schulz, undatiert, etwa Juni 1955; ebd., 14: »Gutachten über die Situation der Organisation der SPD«, verfasst von Jochen Steffen, März 1956. Siehe Martens: Die Geschichte der Sozialdemokratischen Partei Deutschlands in Schleswig-Holstein, Bd. 2, S. 520 ff.
94 Eine Kopie der von der Staatssicherheit angelegten Akten befindet sich im Besitz von Peter Schulz. Print- und Medienarchiv des NDR, Akten des NDR-Verwaltungsrates, Ordner »Verwaltungsrat 7/53 – 5/71«: Übersicht über die Zusammensetzung des NDR-Verwaltungsrates

Nachdem sich die Organisationskommission der SPD in Schleswig-Holstein mehr als ein Jahr mit der Frage der Neustrukturierung des Bezirkes auseinander gesetzt hatte, machte sich Albert Schulz im Oktober 1956 für die Einsparung von zwei Unterbezirkssekretariaten stark. Größere Reformprojekte wurden nicht in Angriff genommen. Die Kommissionsarbeit geriet immer mehr in Vergessenheit.[95]

Unterdessen war Heinrich Beese freigekommen. Ein Sowjetisches Militärtribunal hatte ihn im Dezember 1949 wegen angeblicher Spionage zu 25 Jahren Freiheitsentzug verurteilt. Nun bemühte sich Schulz, seinen in den Westen übergesiedelten Genossen eine angemessene Arbeitsstelle zu verschaffen. Auch Willy Jesse und Max Kukil wollten ihre Kontakte in Bonn nutzen, um den früheren Personalchef in der Stadtverwaltung von Rostock an geeigneter Stelle unterzubringen. Schließlich fing Beese als Sekretär der SPD im Unterbezirk Gießen an.[96]

Die Arbeitsbelastung von Albert Schulz war nach wie vor immens. Trotzdem dachte er oft an die Vergangenheit und hoffte auf ein baldiges Ende der deutschen Teilung. Einem einst in Mecklenburg und jetzt in Braunschweig ansässigen Unternehmer gestand Schulz etliche Jahre nach seiner Flucht:

»Auch ich bin im Unterbewußtsein mehr in unserer Heimat, als mir persönlich und manchmal auch meiner Arbeit gut ist. Aber wir müssen ja irgendwie mit den Dingen hier fertig werden. Für mich ist und bleibt Ehrensache, wenn die Signale einmal auf ›freie Fahrt‹ gestellt werden, um wieder in der Heimat frei politisch tätig zu sein, dann würden mich hier keine zehn Pferde mehr halten.«[97]

Im August 1957 diskutierte der Bezirksvorstand der SPD in Schleswig-Holstein über den Verlauf des bisherigen Wahlkampfes für die einen Monat später anstehende Bundestagswahl. Nach der Meinung etlicher Vorstandsmitglieder waren die Sozialdemokraten bislang zu defensiv aufgetreten. Schließlich schlug Walter Damm vor, sich an den SPD-Bundesvorstand zu wenden, damit der Wahlkampf eine aggressivere Form erhalte. Aus eigener Kraft traute sich die SPD in Schleswig-Holstein keine nennenswerte Belebung des Wahlkampfes zu. Die Lähmungserscheinungen im Bezirksvorstand korrespondierten mit den Zuständen in zahlreichen Ortsvereinen. Besonders ärgerte sich Albert Schulz über den politischen Burgfrieden, den die Vertreter sämtlicher Parteien in Westerland auf Sylt geschlossen hatten. Im Hintergrund

---

seit 1955. Siehe Schulz: Erinnerungen, S. 146; Ressmann: Strukturprobleme sozialdemokratischer Medienunternehmen, S. 208 ff.

95 AdsD, SPD-Landesverband Schleswig-Holstein, 13: Vorschlag des Organisationsausschusses zur Reorganisation des Bezirks, 29. Oktober 1956; ebd., 1049: Protokoll der SPD-Bezirksausschusssitzung am 30. Oktober 1956.

96 Siehe Schmeitzner: Genossen vor Gericht, S. 312. NL Albert Schulz: Albert Schulz an Heinrich Beese, 16. Januar 1957 (Abschrift); ebenda weitere Korrespondenz.

97 NL Albert Schulz: Albert Schulz an Gustav Wulff, 9. Januar 1957 (Abschrift).

stand die Überlegung, den Fremdenverkehr nicht durch Wahlkampfagitation zu beeinträchtigen.⁹⁸

Das Ergebnis der Bundestagswahl am 15. September 1957 war für die Sozialdemokraten höchst unerfreulich, immerhin errang die CDU die absolute Mehrheit der Stimmen. Schulz sprach in der Schleswig-Holstein-Post offen von einer Niederlage. Die Sozialdemokratie dürfe aber nicht aufgeben. Gleichzeitig sparte Schulz nicht mit Kritik an den siegreichen Christdemokraten. Der Wahlslogan »Keine Experimente« sei zugkräftig gewesen, doch er zeige, dass sich die CDU unter der Führung von Konrad Adenauer zu einer großen antisozialistischen Sammlungspartei entwickelt habe. Schließlich verstieg sich Schulz in einen unangemessenen historischen Vergleich. Er bezeichnete das Auftreten der CDU als gerade noch demokratisch. Denn eine solche antisozialistische Sammlung habe das deutsche Volk schon einmal erlebt, nämlich vor 1933 mit der NSDAP. Mit diesen Äußerungen, die von einem statischen Lagerdenken zeugten, bewegte sich Schulz an der Grenze zur Demagogie. Der Versuch, die aggressiv-kämpferischen Phrasen aus der Weimarer Republik auf die bundesrepublikanischen Verhältnisse zu übertragen, war nicht bloß überraschend niveaulos, sondern trug überdies wenig zur Erklärung des Wahlresultats bei.⁹⁹

Im Anschluss an die Bundestagswahl versuchte Albert Schulz, die Zusammenarbeit zwischen der SPD und den Gewerkschaften zu verbessern. Schon vor dem Urnengang hatte er bei der IG Metall um Unterstützung für den Wahlkampf geworben. In Fortsetzung dieser Initiative traf sich der engere SPD-Bezirksvorstand im November 1957 mit Vertretern des DGB-Vorstandes für den Bezirk Nordmark. Das Ziel von Schulz war die Schaffung einer sozialen Arbeitsgemeinschaft auf Landesebene mit Verästelungen in den Kreisen und größeren Städten. Hierin sollten alle der SPD angehörenden Gewerkschaftsangestellten sowie ehrenamtliche Helfer der Interessenverbände organisiert sein. Zudem bat Schulz die Gewerkschaftsvertreter, sich künftig nicht mehr als parteipolitisch neutral, sondern besser als unabhängig zu bezeichnen. Aber seine Gegenüber blieben zurückhaltend. Die DGB-Repräsentanten hielten die Idee einer sozialen Arbeitsgemeinschaft für nicht ausgereift. Beschlüsse wurden in der von Schulz arrangierten Sitzung nicht gefasst.¹⁰⁰

Bald darauf begann der SPD-Bezirksvorstand in Schleswig-Holstein mit den Vorbereitungen für die Landtagswahl im September 1958. Albert Schulz hatte Leitsätze

---

98 AdsD, SPD-Landesverband Schleswig-Holstein, 1049: Protokolle der SPD-Bezirksvorstandssitzungen am 8. Juli und 8. August 1957; ebd., SPD-Parteivorstand, alter Bestand, 01272: SPD, Bezirk Schleswig-Holstein, gez. Albert Schulz, an den SPD-Parteivorstand, z. Hd. Max Kukil, 2. Juli 1957.
99 Schleswig-Holstein-Post, Oktober 1957. Siehe Klotzbach: Der Weg zur Staatspartei, S. 397 f.
100 NL Albert Schulz: Aktennotiz von Albert Schulz über ein Treffen mit Emil Willumeit, 10. Juli 1957. AdsD, SPD-Landesverband Schleswig-Holstein, 1045: Protokolle über die Besprechungen zwischen Vertretern der Bezirksvorstände von SPD und DGB am 22. November und 11. Dezember 1957. Siehe auch Varain: Parteien und Verbände, S. 180 f.

für den Wahlkampf erarbeitet. Laut diesem Papier war es wichtig, möglichst neue Wählerschichten zu gewinnen. Die größte Reserve liege bei den bislang nicht sozialdemokratisch wählenden Arbeitern und Frauen. Aus diesem Grund wünschte Schulz eine Meinungsumfrage, um etwas über die politische Stimmung dieser Klientel in Erfahrung zu bringen. Die Wahlbeteiligung, so erläuterte der Leitende Bezirkssekretär seinen Vorstandskollegen weiter, müsse ungefähr bei 75 Prozent liegen. Dann werde die SPD am besten abschneiden. Keinesfalls dürfe die Partei eine höhere Beteiligung provozieren.[101]

Aus der von Schulz angeregten und im Februar 1958 durchgeführten Meinungsumfrage ging das Motto für den Wahlkampf hervor: »Unser Land braucht Sozialdemokraten in der Regierung«. Insgesamt wirkte Schulz mehr im Hintergrund. Trotzdem strebte er nach wie vor ein Parlamentsmandat an. Doch auf der Landesliste tauchte Schulz nur auf einem Entwurf des engeren Bezirksvorstandes auf. Anscheinend war seine Kandidatur in der SPD in Schleswig-Holstein nicht mehrheitsfähig.[102]

Mit dem Ausgang der Landtagswahl am 28. September 1958 konnte die SPD an sich zufrieden sein. 35,9 Prozent der Stimmen – das war das beste Ergebnis der Partei in Schleswig-Holstein seit zehn Jahren, dennoch reichte es nicht zu einem Regierungswechsel. Der Landtagswahlkampf hatte die Bezirkskasse stark belastet. Deshalb waren sich die führenden Genossen in Schleswig-Holstein weitest gehend einig, zunächst auf eine wissenschaftlich fundierte Wahlanalyse zu verzichten. Das so eingesparte Geld sollte für die praktische Arbeit verwendet werden. Überdies schlug Schulz vor, allen Parteisekretären je 50 Mark als Anerkennung für die im Wahlkampf geleisteten Überstunden und andere Belastungen anzuweisen. Das Gleiche wurde für die Unterbezirkssekretäre und die in einem Flächenland wie Schleswig-Holstein besonders belasteten Fahrer verabredet. Allein die weiblichen Angestellten sollten aus unerklärten Gründen nur 25 DM erhalten. Womöglich hatten die oft als Schreibkräfte beschäftigten Frauen etwas weniger Überstunden gesammelt. Das Gemeinschaftsgefühl in der Partei ließ sich mit einer solchen Maßnahme allerdings nicht stärken.[103]

Hinter Albert Schulz lag ein abermals sehr arbeitsreiches Jahr. An seinen Freund Paul Lau, dem schließlich in den Westen geflohenen Direktor der Landesversicherungsanstalt in Mecklenburg, schrieb er offen:

---

101 AdsD, SPD-Landesverband Schleswig-Holstein, 1049: Protokoll der SPD-Bezirksvorstandssitzung am 18. Dezember 1957.
102 AdsD, SPD-Landesverband Schleswig-Holstein, 59: Entwurf der Landesliste für den Außerordentlichen Bezirksparteitag am 19. und 20. April 1958 in Rendsburg, undatiert. Siehe Martens: Die Geschichte der Sozialdemokratischen Partei Deutschlands in Schleswig-Holstein, Bd. 2, S. 496; vgl. Osterroth: 100 Jahre Sozialdemokratie in Schleswig-Holstein, S. 140.
103 AdsD, SPD-Landesverband Schleswig-Holstein, 1045: Protokoll der Sitzung des engeren SPD-Bezirksvorstandes am 14. Oktober 1958. Siehe Martens: Die Geschichte der Sozialdemokratischen Partei Deutschlands in Schleswig-Holstein, Bd. 2, S. 501 ff.

»Ich habe immer gehofft, im Laufe des Jahres noch einmal nach Berlin fliegen zu können, aber ich war zeitlich derart in Anspruch genommen, daß sich das mit dem besten Willen nicht einrichten ließ. Ich begreife auch nicht ganz[,] woran es liegt, das Tempo wird immer wilder. Ich komme kaum ins Kino oder Theater. Nur in kleinsten Portionen komme ich privat zum [L]esen[,] und die Erledigung meiner privaten Post ist geradezu eine Schande für mich.«[104]

Vom 12. bis 16. Januar 1959 nahm Albert Schulz an einer Tagung von SPD-Parteisekretären in Bergneustadt teil. Auf der Tagesordnung standen Fragen der Personalführung sowie weitere soziologische und psychologische Themen. Ob Schulz aus dem Unterricht neue Impulse für seine Arbeit mitnahm, ist fraglich. Bei allem Pragmatismus blieb er auch in seinen Jahren als Leitender Bezirkssekretär mit den Traditionen der Arbeiterbewegung verhaftet, ohne grundsätzliche Reformanstöße geben zu können.[105]

Auf dem Bezirksparteitag, der im Mai 1959 in Uetersen stattfand, änderte die SPD in Schleswig-Holstein ihre Organisationsbezeichnung. Künftig firmierte sie als Landesverband Schleswig-Holstein. Dies entsprach den territorialen Gegebenheiten, denn die räumliche Ausdehnung des Bezirks deckte sich mit den Landesgrenzen.[106]

Wie sich unabhängig davon immer wieder zeigte, war das Verhältnis zwischen Schulz und Steffen spätestens seit der Auseinandersetzung über den richtigen Weg zur Reform der Parteiorganisation getrübt. Generell betrachtete Schulz die Akademisierung der sozialdemokratischen Funktionäre mit Sorge. Ohne Lehrberuf, so fürchtete der Leitende Landessekretär, fehle es studierten Genossen wie Steffen womöglich an Bodenhaftung. Außerdem würden die Aufstiegschancen für Nicht-Akademiker, also für junge Arbeiter und Angestellte, stark beeinträchtigt. Diese in der SPD aktiven Genossen hätten wegen der zunehmenden Dominanz der Akademiker kaum eine realistische Chance, jemals ein Landtags- oder sogar ein Bundestagsmandat zu erhalten. Überdies würden die meisten Arbeiter und Angestellten »das Polit-Chinesisch vieler Genossen mit akademischer Bildung«[107] einfach nicht verstehen. Infolgedessen sei die Scheu groß, sich in innerparteilichen Diskussionen zu Wort zu melden. Schulz sah darin eine immense Gefahr für die SPD, die sich immerhin mehrheitlich aus Arbeitern und Angestellten zusammensetzte. Grundsätzlich begrüßte er jedoch das Interesse und Engagement der Akademiker für die Partei. Dieser Haltung blieb Schulz auch mit Blick auf Steffen treu. Er mochte den Politologen zwar nicht sonderlich, erkannte

---

104 NL Albert Schulz: Albert Schulz an Paul Lau, 18. Dezember 1958 (Abschrift). Siehe Broszat/Weber: SBZ-Handbuch, S. 121.
105 Unterlagen zu der Tagung lagern im: AdsD, NL Herbert Wehner, 844.
106 Siehe Martens: Die Geschichte der Sozialdemokratischen Partei Deutschlands in Schleswig-Holstein, Bd. 1, S. 203.
107 Schulz: Erinnerungen (Typoskript), S. 36.

aber seine Fähigkeiten an. Zugleich hielt er es für wünschenswert, den unangepassten Genossen besser unter Kontrolle zu haben.[108]

Nachdem sich die Sozialdemokraten aus Schleswig-Holstein kaum an der Parteireformdiskussion auf dem SPD-Bundesparteitag 1958 in Stuttgart beteiligt hatten, stieß bei ihnen die Arbeit an einem neuen sozialdemokratischen Grundsatzprogramm weiterhin kaum auf Interesse. Dies galt zumindest für den Bezirksvorstand und nicht zuletzt für Albert Schulz, der angesichts der Programmdebatte vor überstürzten Schritten warnte. Dem mit dem 1959 verabschiedeten Godesberger Programm forcierten Wandel der SPD zu einer Volkspartei mit einem grundwerteorientierten und theoretisch offenen Sozialismusverständnis stellten sich die Genossen in Schleswig-Holstein jedoch nicht grundsätzlich entgegen.[109]

Finanziell war Albert Schulz in diesen Jahren nicht schlecht gestellt. Seit 1960 bezog er ein monatliches Gehalt von 1.225 DM. Überdies erhielt Schulz mehrer Ausgleichszahlungen für das von ihm im »Dritten Reich« und der SBZ erlittene Unrecht, unter anderem aufgrund des Lastenausgleichgesetzes. Derart gut finanziell ausgestattet, erhöhte Schulz die Spende, die er jeden Monat an die SPD überwies, zunächst von 25 auf 50 DM. Ab März 1961 zweigte er schließlich 75 DM ab.[110]

Zumindest seit 1960 engagierte sich Albert Schulz im Kuratorium Unteilbares Deutschland.[111] Es war sechs Jahre zuvor als Reaktion auf den 17. Juni 1953 geschaffen worden. Ebenso wie beim Königsteiner Kreis handelte es sich beim Kuratorium Unteilbares Deutschland um eine überparteiliche Vereinigung. Auch die Ziele der Organisationen ähnelten sich. Zum einen sollte eine Volksbewegung für die Vereinigung der beiden deutschen Staaten formiert werden. Neben Verkehrs- und Arbeitsstillen gab es spezielle Weihnachtsaktionen sowie den Verkauf von Abzeichen. Zum anderen sollte möglichst direkter Einfluss auf die Entscheidungen der Außen- und Deutschlandpolitik genommen werden. Als Präsident des Bundeskuratoriums amtierte der Sozialdemokrat Paul Löbe. Im Vorstand des Landeskuratoriums in Schleswig-Holstein vertrat Schulz die SPD. Dieses überwiegend repräsentative Amt hatte er mindestens seit 1965 inne. Zeitweise fungierte er sogar als stellvertretender Vorsitzender des Gremiums. Zu den Aufgaben von Schulz gehörte die Teilnahme an Sitzungen ebenso

---

108 NL Albert Schulz: Albert Schulz an Herbert Wehner, 26. Mai 1959 (Abschrift). Zeitzeugenbericht von Rolf Selzer, 21. März 2001.
109 Siehe Martens: Die Geschichte der Sozialdemokratischen Partei Deutschlands in Schleswig-Holstein, Bd. 2, S. 534 ff.; Klotzbach: Der Weg zur Staatspartei, S. 449 ff.
110 AdsD, SPD-Landesverband Schleswig-Holstein, 1045: Aktennotiz von Albert Schulz über die Neuregelung der Gehälter, 2. Juni 1960. BAGS, Wiedergutmachungsakte von Albert Schulz, Bl. 21: Beschluss des Amtes für Wiedergutmachung, gez. [Friedrich] Kanter, 27. August 1951, sowie mehrere Dokumente im Nachlass von Albert Schulz.
111 AdsD, NL Herbert Wehner, 2786: Programm für die Feierstunde des Kuratorium Unteilbares Deutschland am 17. Juni 1960 auf dem Marktplatz in Tönning. Siehe Meyer: Die deutschlandpolitische Doppelstrategie, S. 53 ff.; Kreuz: Das Kuratorium Unteilbares Deutschland, S. 36 ff.

wie öffentliche Auftritte. So sprach er anlässlich des 17. Juni 1966 auf der Freilichtbühne im Kurpark von Malente.[112]

Die Bundestagswahl am 17. September 1961 brachte erhebliche Verschiebungen im parteipolitischen Kräftefeld mit sich. Die CDU verlor ihre absolute Mehrheit, stellte aber mit Konrad Adenauer weiterhin den Bundeskanzler, obwohl die SPD fast zwei Millionen Stimmen hinzugewann. Offenbar zahlten sich die programmatischen und strukturellen Reformbemühungen der SPD aus. Das Image, das die Partei in der Bevölkerung hatte, begann sich langsam zu wandeln.[113]

Ungeachtet der bundespolitischen Entwicklung, die in Schleswig-Holstein ihre Entsprechung fand[114], kündigte Albert Schulz nach der Bundestagswahl seinen Rückzug aus der aktiven Politik an. Zwar hatte er erst kürzlich den Vorsitz des Landesbetriebsgruppenbeirates übernommen, doch bis zum Ende des Jahres 1961 wollte Schulz möglichst von seinem Posten befreit sein, wie er Walter Damm schrieb.[115] Viele führenden Genossen in Schleswig-Holstein wollten nur ungern auf die Arbeitskraft und Erfahrung von Schulz verzichten. So wurde ihm angetragen, den Landesvorsitz der Arbeiterwohlfahrt zu übernehmen. Der bisherige Vorsitzende der sozialdemokratischen Wohlfahrtsorganisation war kürzlich verstorben. Doch Schulz lehnte mit Hinweis auf seine nach wie vor immense berufliche und ehrenamtliche Belastung ab:

»Ich gehöre zu den Menschen, die eine Aufgabe[,] die sie anpacken, auch so durchführen möchten, daß man mit sich selbst zufrieden ist. Die Aufgabe könnte ich nur dann so durchführen, wenn ich meine anderen Funktionen vernachlässigte, das aber will und kann ich nicht.«[116]

Schließlich blieb Albert Schulz doch länger im Amt des Leitenden Sekretärs als er es ursprünglich geplant hatte, und zwar bis zur Landtagswahl 1962, die wiederum keinen politischen Wechsel brachte.[117] Im Herbst dieses Jahres wurde die Frage immer konkreter, wer die Nachfolge von Schulz antreten sollte. Für die Vorauswahl der Kandidaten setzte der engere Landesvorstand eine Findungskommission ein.[118] Wie sich bald darauf herausstellte, konnte sich Schulz nicht mit seinen Vorstellungen durchset-

---

112 BArch Koblenz, B254, 123: Teilnehmerliste für die Veranstaltung des Landeskuratoriums im »Haus Weltclub« in Kiel am 17. Juni 1965; ebd., 535: Liste der Landesvorstandsmitglieder, ohne Datum, etwa November 1973. Auskunft von Christoph Meyer, 17. Juli 2000.
113 Siehe Klotzbach: Der Weg zur Staatspartei, S. 516 ff.
114 Schleswig-Holstein-Post, Oktober 1961.
115 AdsD, SPD-Landesverband Schleswig-Holstein, 1042: Protokoll der SPD-Landesvorstandssitzung am 5. Juli 1961; ebd., 405: SPD, Landesverband Schleswig-Holstein, gez. Albert Schulz, an Walter Damm, 18. September 1961.
116 NL Albert Schulz: Albert Schulz an Eugen Lechner, 20. Dezember 1961 (Abschrift).
117 Siehe Osterroth: 100 Jahre Sozialdemokratie in Schleswig-Holstein, S. 142.
118 AdsD, SPD-Landesverband Schleswig-Holstein, 1045: Albert Schulz gleich lautend an Bruno Diekmann, Wilhelm Siegel, Anne Brodersen und Eugen Lechner, 7. November 1962.

zen. Alles schien auf Gerhard Strack hinauszulaufen. Schulz, der Strack vor allem fachlich nicht schätzte, ärgerte sich über diese Entwicklung und informierte neben Herbert Wehner auch Erich Ollenhauer regelmäßig über den Stand des Bewerbungsverfahrens. Derweil war zwar auch Walter Damm gegen Strack als Nachfolger eingenommen, aber trotzdem regte der Landesvorsitzende an, den seit Jahren für die SPD in Schleswig-Holstein tätigen Genossen in die engere Wahl zu nehmen. Am 17. Dezember 1962 scheiterte der Landesvorstand schließlich in seinem Bemühen, die immer virulenter werdende Personalfrage einvernehmlich zu lösen.[119] Vorerst sollte Strack die Geschäfte des Leitenden Sekretärs führen. Schulz war über diese Interimslösung, die eine spätere Entscheidung präjudizierte, nicht gerade erfreut und schrieb an Ollenhauer:

»Lieber Erich,
Ich bin am 31.12.62 aus meiner hauptamtlichen Tätigkeit als Sekretär der Partei ausgeschieden. Die Tatsache selbst war Dir nicht unbekannt. Auch, daß wir die Stelle des Sekretärs zweimal im »Vorwärts« ausgeschrieben hatten. Die Wahl meines Nachfolgers sollte am 17.12.62 stattfinden. Es sollten ursprünglich nur zwei auswärtige Bewerber dem Landesvorstand zur engsten Wahl vorgeschlagen werden. Zum Schluß erklärte jedoch Walter Damm, er habe dem Genossen Gerhard Strack – Sekretär beim Bezirk Schleswig-Holstein – einmal zugesagt, daß er unter allen Umständen in die engere Wahl käme. Bei der Abstimmung im Landesvorstand ergaben sich 7 Stimmen für Strack und 7 Stimmen für den Unterbezirkssekretär [Herbert] Becker aus Meissen b. Minden, bei einer Stimmenthaltung. Die Wahl wurde wiederholt. Das Ergebnis war das gleiche. Nach längerer Debatte stellte Walter Damm als die Meinung des Landesvorstandes fest:
1. Die Wahl des Landessekretärs ist nicht zustande gekommen.
2. Der engere Vorstand wird beauftragt, eine neue Wahl vorzubereiten.
3. Gerhard Strack wird beim Ausscheiden von Albert Schulz mit der Wahrnehmung der Geschäfte des leitenden Landessekretärs beauftragt.
Ich melde mich als Sekretär hiermit bei Dir ab. Selbstverständlich werde ich auch weiterhin nach besten Kräften und so lange es mir möglich ist der Partei dienen.«[120]

Erich Ollenhauer dankte Schulz daraufhin persönlich und im Namen des SPD-Bundesvorstandes für die »unermüdliche und erfolgreiche Arbeit« im Dienste der Partei.

---

119 NL Albert Schulz: Albert Schulz an Herbert Wehner, 30. November sowie 1. und 18. Dezember 1962 (Abschriften). AdsD, SPD-Landesverband Schleswig-Holstein, 1045: Protokoll der SPD-Landesvorstandssitzung am 17. Dezember 1962.
120 AdsD, SPD-Parteivorstand, alter Bestand, Bestand Erich Ollenhauer, 381: SPD, Landesverband Schleswig-Holstein, gez. Albert Schulz, an den SPD-Parteivorstand, z. Hd. Erich Ollenhauer, 3. Januar 1963.

Besonders betonte er die »Treue, Zuverlässigkeit und Kameradschaft«, die Schulz »in allen Situationen, auch in der schwersten Zeit« bewiesen habe.[121]

Schließlich wurde Gerhard Strack, wie von Schulz vorausgesehen, am 25. Februar 1963 in geheimer Wahl bei vier Gegenstimmen und einer Enthaltung zum neuen Leitenden Sekretär gewählt.[122] Der anhaltend verärgerte Schulz berichtete dies umgehend an Erich Ollenhauer: »Damit ist Gerhard Strack zum Landessekretär von Schleswig-Holstein gewählt worden; ich teile das der Ordnung halber mit.«[123]

Auf dem Landesparteitag am 18. und 19. Mai 1963 in Husum musste Albert Schulz eine weitere Enttäuschung hinnehmen. Bei den Wahlen zum Vorstand ergaben sich unerwartete Veränderungen. Walter Damm wurde mit 117 gegen 43 Stimmen als Landesvorsitzender bestätigt. Schulz erhielt dagegen nur 80 Stimmen, 76 Genossen votierten gegen ihn. Somit erreichte der als Leitender Sekretär ausgeschiedene Politiker nicht die notwendige Mehrheit, um sein Vorstandsamt weiterhin bekleiden zu dürfen. Es musste eine Ergänzungswahl durchgeführt werden. Der Landesvorstand schlug anstelle von Schulz jetzt Gerhard Strack als stellvertretenden Vorsitzenden vor. Aber ein Delegierter machte mit Jürgen Frenzel einen aussichtsreichen Gegenvorschlag. Der Bürgermeister von Uetersen konnte sich mit 100 Stimmen klar gegen Strack durchsetzen. Insgesamt hatte der bis dahin amtierende Landesvorstand eine herbe Niederlage erlitten.[124]

2.3 Nach der Pensionierung: Gesteigerte Aktivitäten im NDR-Verwaltungsrat und für den Königsteiner Kreis

Bald nach der Pensionierung, im Juni 1963, wurde Albert Schulz vom Bundesparteivorstand in den Organisationsausschuss der SPD berufen. Schon 1958 war er von Herbert Wehner zur Mitarbeit in diesem Gremium aufgefordert worden.[125] Darüber hinaus betätigte sich Schulz in Schleswig-Holstein noch lange Zeit als Referent. Zu seinen

---

121 AdsD, SPD-Parteivorstand, alter Bestand, Bestand Erich Ollenhauer, 381: SPD-Parteivorstand, gez. Erich Ollenhauer, an Albert Schulz, 8. Januar 1963 (Abschrift, alle Zitate ebd.).
122 AdsD, SPD-Landesverband Schleswig-Holstein, 1047: Protokoll der SPD-Landesvorstandssitzung am 25. Februar 1963.
123 AdsD, SPD-Parteivorstand, alter Bestand, Bestand Erich Ollenhauer, 381: SPD, Landesverband Schleswig-Holstein, gez. Albert Schulz, an den SPD-Parteivorstand, z. Hd. Erich Ollenhauer, 26. Februar 1963.
124 AdsD, SPD-Landesverband Schleswig-Holstein, 476: Protokoll des Landesparteitages am 18. und 19. Mai 1963 in Husum. Kieler Nachrichten, 20. Mai 1963; Schleswig-Holstein-Post, Juni 1963.
125 AdsD, SPD-Parteivorstand, alter Bestand, Bestand Erich Ollenhauer, 309: Albert Schulz an den SPD-Parteivorstand, z. Hd. Erich Ollenhauer, 10. Juni 1963; ebd., SPD-Parteivorstand, alter Bestand, 01249: SPD, Bezirk Schleswig-Holstein, gez. Albert Schulz, an den SPD-Parteivorstand, z. Hd. Herbert Wehner, 3. November 1958.

bevorzugten Themen gehörte die Sozialpolitik ebenso wie deutschlandpolitische Fragestellungen. Einen weiteren Schwerpunkt bildeten Presse, Funk und Fernsehen.[126]

Damit korrespondierte, dass Albert Schulz im Oktober 1963 zum Vorsitzenden des Beirats für Presse, Rundfunk und Fernsehen bei der SPD in Schleswig-Holstein gewählt wurde. Wilhelm Käber hatte das langjährige Mitglied des NDR-Verwaltungsrates für dieses Amt vorgeschlagen. Schulz nahm seine neue Aufgabe sehr ernst und entfaltete vielfältige Aktivitäten. Im Januar 1964 besuchte der medienpolitische Beirat zum Beispiel verschiedene Einrichtungen des NDR in Hamburg.[127]

Eine Studienreise des NDR-Verwaltungsrates führte Schulz im April 1965 in die USA. Er war Mitglied einer fünfköpfigen Delegation. Zehn Tage lang bekam er unter anderem Informationen über die Entwicklungstendenzen im amerikanischen Farbfernsehen. Die Delegation reiste von New York nach Washington und Los Angeles. Für den ehemaligen mecklenburgischen Werftarbeiter Schulz war dies ein beeindruckendes Erlebnis. Besonderes Interesse fand das aus öffentlichen Mitteln und Geldern verschiedener Stiftungen finanzierte Bildungsfernsehen, das bedenkenswerte Anregungen für den in Deutschland laufenden Aufbau der Dritten Programme bot.[128]

Eigentlich wollte Albert Schulz seinen siebzigsten Geburtstag am 11. Oktober 1965 im kleinen Kreis feiern. Doch sein Freund Heinrich Wulff organisierte einen Empfang in den Räumlichkeiten der sozialdemokratischen Volks-Zeitung. Es kamen zahlreiche Gratulanten. Schulz, so schrieb er an Herbert Wehner, hatte als »Ausrangierter« nicht mit einem solchen Ansturm gerechnet. Trotz seines fortgeschrittenen Alters nahm Schulz noch rege am Parteileben teil. So war er sich beispielsweise nicht zu schade, in Kiel hin und wieder Flugblätter für die SPD zu verteilen.[129] (☞ Abb. 8, S. 299)

Peter Schulz gelang unterdessen eine beachtliche politische Karriere. Seit 1961 saß er in der Hamburger Bürgerschaft. Zudem konnte er sich als Vorsitzender eines parlamentarischen Untersuchungsausschusses profilieren. In der Folge verschmolz Peter Schulz die Gefängnisbehörde mit der Senatskommission für die Justizverwaltung. Der so entstandenen Justizbehörde stand er seit 1966 als Senator vor. Im Jahr 1970 avancierte Peter Schulz zum zweiten Bürgermeister neben Herbert Weichmann. Gleichzeitig übernahm er das Senatorenamt in der neu geschaffenen Behörde für Schule, Jugend und Berufsbildung. Albert Schulz war stets ungemein stolz auf den

---

126 AdsD, NL Franz Osterroth, 157: Referentenlisten der SPD in Schleswig-Holstein, nach 1962.
127 AdsD, SPD-Landesverband Schleswig-Holstein, 6: Jahresbericht der SPD in Schleswig-Holstein für das Jahr 1963/64, S. 54.
128 Print- und Medienarchiv des NDR, Akten des NDR-Verwaltungsrates, Ordner »Verwaltungsrat 7/53 – 5/71«: Material über die Studienreise des NDR-Verwaltungsrates in die USA im April 1965. StA Hamburg, Akten des NDR-Verwaltungsrates, Ordner »Verwaltungsrat 502 1-3«: Entwurf eines Berichts über die USA-Reise des NDR-Verwaltungsrates vom 6. bis zum 16. April 1965.
129 AdsD, NL Herbert Wehner, 76: Albert Schulz an Herbert Wehner, 18. Oktober 1965 (Zitat ebd.).

Abb. 8: Emma und Albert Schulz auf dem SPD-Parteitag in Dortmund (1966).

Aufstieg, den sein Sohn in Hamburg schaffte, zumal er im Juni 1971 die Nachfolge von Bürgermeister Weichmann antrat.[130]

Zwei Monate später schied Willy Jesse freiwillig aus dem Leben. Er war 1963 in den Ruhestand getreten und wohnte seitdem in einem kleinen Haus in der Holsteinischen Schweiz bei Eutin. Die tiefer liegenden Gründe für den Freitod blieben im Dunkeln, wenngleich Jesse zeitlebens an den Folgen der sowjetischen Haft gelitten hatte. Albert Schulz kümmerte sich, so gut es ging, um die Witwe von Jesse, und hielt die Grabrede.[131]

Von Juli bis November 1970 gehörte Albert Schulz vorübergehend zum engeren Vorstand des Königsteiner Kreises. Er fungierte als Ersatzmann für den überraschend verstorbenen Oberbürgermeister von Frankfurt am Main und leitete in dieser Funktion die jährliche Mitgliederversammlung der Vereinigung. Als Schulz das Vorstandsamt antrat, stand er kurz vor der Vollendung seines fünfundsiebzigsten Lebensjahres. Auch die anderen Gremiumsmitglieder waren kaum jünger. Die Überalterung des Königsteiner Kreises stellte ohne Frage ein gravierendes Problem dar. Doch obwohl die Aufnahmekriterien gelockert wurden, um speziell jüngere Leute für den Königsteiner Kreis zu gewinnen, blieb der dringend erwünschte Generationswechsel aus. Hinzu kam das Problem, über die Beratung von Behörden und Politikern hinaus in der Öffentlichkeit wahrgenommen zu werden. Bloß selten konnten sich die Mitglieder des Königsteiner Kreises über eine wenigstens zufrieden stellende Presseberichterstattung freuen.[132]

---

130 Siehe Tormin: Die Hamburger SPD von 1945 bis heute, S. 55 ff.
131 NL Albert Schulz: Karl Raloff an Albert Schulz, 28. August 1971; ebd.: Grete Jesse an Albert Schulz, 1. September und 3. November 1971. Siehe Stunnack: Willy Jesse, S. 87 f.
132 ADL, N19, 110: Protokoll über die Vorstandssitzung des Königsteiner Kreises, 3. Juli 1970. Mitteilungsblatt des Königsteiner Kreises, diverse Ausgaben seit November 1958.

Im September 1973 wurde Schulz abermals als Mitglied in den engeren Vorstand des Königsteiner Kreises aufgenommen. Nach wie vor musste ein rapider Mitgliederschwund verkraftet werden. Wesentlich prekärer war jedoch die angespannte finanzielle Situation der Vereinigung. Die Förderung des Bundesministeriums für innerdeutsche Beziehungen stand im Zeichen der Deutschlandpolitik der Regierung Brandt kurz vor der Streichung. Als Reaktion darauf versuchte Schulz über Herbert Wehner, jahrelang Vorsitzender des Bundestagsausschusses für gesamtdeutsche Fragen und dann Minister für dieses Ressort, Abhilfe zu schaffen. Gleichzeitig unternahm das Vorstandsmitglied Hans Reif, von 1949 bis 1957 für die FDP im Bundestag, über Innenminister Hans-Dietrich Genscher den Versuch, seine parteipolitischen Kontakte zu nutzen. Am Ende gab es zwar rapide Mittelkürzungen, aber der Königsteiner Kreis konnte dank der Interventionen seiner einflussreichen Mitglieder immerhin weiter bestehen.[133]

Albert Schulz, der sich seit längerem an dem Führungsstil des mittlerweile zum SPD-Landesvorsitzenden avancierten Jochen Steffen störte, beobachtete das Parteileben nach wie vor genau. Der revolutionäre Habitus, den die Jungsozialisten pflegten, machte ihm besonders große Sorgen. Nach der Meinung des erfahrenen Politikers war es nicht auszuschließen, dass sich eine »Partei in der Partei«[134] herausbildete. Der Sozialdemokrat Ernst Thape, von 1946 bis 1948 SED-Mitglied und Minister für Volksbildung in Sachsen-Anhalt, hegte ähnliche Bedenken. Schulz stand mit ihm in Kontakt, und beide tauschten sich durch zahlreiche Briefe aus. Häufig ging es um den Zustand der SPD, der den in die Jahre gekommenen Genossen nicht mehr behagen mochte.[135]

Am 25. Februar 1973 starb Emmi Schulz. Ihr Mann verlor nicht nur seine »liebe Frau«, sondern auch eine »tapfere Lebenskameradin«, wie er in der Todesanzeige schrieb.[136] Die Liste der Kondolenzschreiben war lang. Außer Lotte und Herbert Wehner gedachte auch Bundeskanzler Willy Brandt der Toten[137], die Albert Schulz zeitlebens ohne persönlichen Geltungsdrang den Rücken freigehalten hatte. Zudem war sie bis zuletzt für die SPD in Kiel aktiv gewesen. Die Trauerrede hielt Franz Osterroth, einstmals ein Kollege von Schulz im Bezirksbüro der SPD in Schleswig-Holstein. Auch Herbert Wehner war bei der Beerdigung zugegen.[138]

---

133 ADL, N19, 126: Hans Reif an den Herrn Bundesminister Hans-Dietrich Genscher, 11. April und 14. Juni 1973 (Abschriften); Karl Herold, Parlamentarischer Staatssekretär beim Bundesminister für innerdeutsche Beziehungen, an »Herrn Prof. Albert Schulz«, 11. Dezember 1973 (Abschrift). NL Albert Schulz: Herbert Wehner an Albert Schulz, 16. September 1973. Siehe Vierhaus/Herbst: Biographisches Handbuch der Mitglieder des Deutschen Bundestages, Bd. 2, S. 675 und 927 f.
134 AdsD, NL Herbert Wehner, 100: Albert Schulz an Herbert Wehner, 22. Oktober 1970.
135 AdsD, NL Ernst Thape, 13: Albert Schulz an Ernst Thape, 26. März 1973; weitere Korrespondenz ebenda. Siehe Broszat/Weber: SBZ-Handbuch, S. 1041.
136 NL Albert Schulz: Todesanzeige für Emma Schulz, gestorben am 25. Februar 1973.
137 NL Albert Schulz: Herbert Wehner an Albert Schulz, 25. Februar 1973; ebd.: Willy Brandt an Peter Schulz, 8. März 1973; ebd.: Peter Schulz an Willy Brandt, 15. März 1973 (Abschrift).
138 NL Albert Schulz: Trauerrede für Emmi Schulz, gehalten von Franz Osterroth, 6. März 1973.

2.3 Nach der Pensionierung: Gesteigerte Aktivitäten

Schulz, der zunehmend unter Schwerhörigkeit litt, weshalb er sich immer seltener an Diskussionen im SPD-Ortsverein beteiligte[139], verbrachte auch nach dem Tod seiner Frau seine freie Zeit oftmals in Westerland auf Sylt, wo er seit Jahren die gleiche Pension besuchte. Im Mai 1974 erhielt der inzwischen schwer an Krebs erkrankte Schulz, der sich in Hamburg einer Strahlentherapie unterzog, das Große Bundesverdienstkreuz. Die Auszeichnung ging auf eine Anregung der SPD in Schleswig-Holstein zurück, und die Partei richtete auch einen Empfang zu Ehren von Schulz aus.[140]

Dass Peter Schulz am 4. November 1974 als Bürgermeister zurücktrat, weil es unüberbrückbare Differenzen im Senat der Freien und Hansestadt Hamburg gab[141], erlebte Albert Schulz nicht mehr. Seine Krankheit war immer weiter fortgeschritten. Er starb am 26. Juli 1974. Herbert Wehner und andere Freunde hatten auch in den letzten Tagen regelmäßig Kontakt zu Schulz gehalten. Nicht zuletzt weil Peter Schulz noch Bürgermeister war, fand der Tod seines Vaters breite Beachtung in der Presse. Selbst die BILD-Zeitung berichtete über das Ableben des einstigen Oberbürgermeisters von Rostock. Auch die Parteiöffentlichkeit und gesellschaftliche Interessenverbände drückten ihre Anteilnahme aus, entweder gegenüber der Familie oder dem SPD-Landesverband Schleswig-Holstein.[142]

Die Trauerfeier für Albert Schulz fand am 1. August 1974 in Kiel statt. Der Parteivorsitzende Willy Brandt hatte ein Beileidsschreiben an Peter Schulz gesandt. Herbert Wehner und Jochen Steffen hielten die Trauerreden. Wehner widmete dem langjährigen Freund sehr persönliche Worte.[143] Steffen, nicht immer einer Meinung mit Schulz, führte treffend aus:

»Wir nehmen heute Abschied von unserem Genossen Albert Schulz und wir danken ihm für seine korrekte, hingebungsvolle Arbeit, die er für unsere Partei, seine Partei, geleistet hat. Ich habe selten einen Menschen kennengelernt, für den in seinem Leben die Partei eine so zentrale Bedeutung gehabt hat. [...] Die Partei war der Bezugspunkt seines Denkens und Handelns. Ihr diente er in einer ihm eigentümlichen Mischung aus nüchterner, manchmal penibler Korrektheit und einer verhaltenen leidenschaftlichen Opferbereitschaft. [...] Diese Loyalität gegenüber der Partei verdichtete er zu einer Haltung des Dienens gegenüber ihren gewählten

---

139 NL Albert Schulz: Albert Schulz an Lotte Wehner, 16. August 1973 (Entwurf).
140 AdsD, SPD-Landesverband Schleswig-Holstein, 678: Rolf Selzer an Albert Schulz, 14. Mai 1974 (Abschrift); ebd.: Rolf Selzer an Herbert Wehner, 15. Mai 1974 (Abschrift). Kieler Nachrichten, 27. Mai 1974.
141 Siehe Tormin: Die Hamburger SPD von 1945 bis heute, S. 58.
142 NL Albert Schulz: Herbert Wehner an Albert Schulz, 28. Juli 1974. BILD-Zeitung und Hamburger Morgenpost, jeweils 29. Juli 1974. AdsD, SPD-Landesverband Schleswig-Holstein, 1435: Verschiedene Beileidsschreiben.
143 Dokumentation des SPD-Pressedienstes vom 30. Juli 1974: Willy Brandt an Peter Schulz, undatiert. Exemplar im: AdsD, Sammlung Personalia, Nr. 2813: Schulz, Albert. NL Albert Schulz: Trauerrede für Albert Schulz, gehalten von Herbert Wehner, 1. August 1974.

Repräsentanten und Personen, die manchmal bis zur Selbstentäusserung ging. Dabei war er aber durchaus ein selbstständig denkender Mensch, der sehr dezidierte eigene Meinungen hatte. Aber man mußte ihn schon näher kennen, bevor er mit einem über seine Konflikte sprach, die er mit der Politik der Partei gelegentlich hatte, über seine Beschwernisse und seine Beschwerden. Dann sprach er gleichzeitig auch von dem inneren Spannungsverhältnis, in dem sich sein Leben vollzog. Das wurde mir sehr deutlich, als er bei seiner Pensionierung zu mir sagte: ›Weißt Du, es wurde Zeit. Ich konnte nicht mehr immer wieder aufbauen, immer von neuem anfangen, immer wieder für die Partei werben, Verständnis suchen, obwohl du manchmal mit dem großen Knüppel dazwischen schlagen möchtest. Meine Reserven sind aufgebraucht. Ein Glück, ich bin nur noch Mitglied.‹«[144]

Zu der Trauerfeier waren rund 250 Personen erschienen, darunter prominente Sozialdemokraten wie der Bundeskanzler Helmut Schmidt zusammen mit seiner Frau. Auch Alfred Nau und der ehemalige Ministerpräsident von Schleswig-Holstein, Bruno Diekmann, erwiesen ihrem verstorbenen Genossen die letzte Ehre. Später wurde die Urne von Albert Schulz auf dem Zentralfriedhof von Hamburg beigesetzt.[145]

In den folgenden Jahren pflegten Lisel Meyer und Peter Schulz das Andenken ihres verstorbenen Vaters. Zudem war ihnen eine enge Bindung an Mecklenburg gemeinsam. Nach der Vereinigung der beiden deutschen Staaten knüpfte Peter Schulz rasch wieder politische Kontakte nach Rostock.[146] Im Jahr 1996 erfolgte die Gründung der Albert Schulz-Stiftung. Zu den satzungsgemäßen Aufgaben dieser Einrichtung gehört es, Forschungsarbeiten über die Sozialdemokratie in Mecklenburg anzuregen und zu fördern. Wenige Monate später wurde in Rostock die Restaurierung des ehemaligen Parteihauses abgeschlossen. Die Mittel für die Sanierung stellte die »Konzentration« bereit. Seitdem wird die traditionsreiche SPD-Zentrale in der Kröpeliner-Tor-Vorstadt als Albert-Schulz-Haus bezeichnet. Zur Freude von Peter Schulz und seiner Schwester konnte schließlich 1998 die Schaffung einer Albert-Schulz-Straße in einem Neubaugebiet von Rostock durchgesetzt werden. Auch Siegfried Witte und andere um die Demokratie in Mecklenburg verdiente Persönlichkeiten wurden bei dieser Gelegenheit mit der Benennung eines Straßenzuges gewürdigt.[147]

---

144 NL Albert Schulz: Trauerrede für Albert Schulz, gehalten von Jochen Steffen, 1. August 1974.
145 BILD-Zeitung, 2. August 1974; Kieler Nachrichten, 2. August 1974.
146 Rostocker Anzeiger, 18. März 1994. Lisel Meyer hatte sich zwischenzeitlich von Werner Mertineit getrennt und erneut geheiratet.
147 Ostsee-Zeitung, 29. August 1997 und 21. Juli 1998. Siehe Schulz-Gardyan/Schulz: Albert Schulz-Stiftung, S. 14.

VII Zusammenfassung: Ein sozialdemokratisches Leben im 20. Jahrhundert

Diejenigen Sozialdemokraten, die in den 80er- und 90er-Jahren des 19. Jahrhunderts geboren wurden, und wie Albert Schulz exponierte Positionen in der mecklenburgischen Arbeiterbewegung innehatten, machten viele ähnliche Erfahrungen und können insofern als Generation betrachtet werden. Neben Schulz wurden seine Genossen Carl Moltmann, Margarete Ketelhohn, Wilhelm Höcker und Willy Jesse näher in Augenschein genommen. Bereits im Elternhaus wiesen ihre Biographien eine Reihe von Gemeinsamkeiten auf. Fast alle Generationsgenossen stammten aus einer unterprivilegierten, aber nicht proletarischen Familie mit Affinität zur Sozialdemokratie. Die Sozialisation dieser späteren Funktionäre fand durchweg im obrigkeitsstaatlich strukturierten Kaiserreich statt. Aus diesem Grund verhinderten nach dem Abschluss der Volksschule für gewöhnlich finanziell begründete Barrieren eine umfassendere Schulbildung. Etliche Altersgenossen versuchten, dieses Defizit durch autodidaktisches Lernen auszugleichen. Doch die Möglichkeiten der Berufswahl waren begrenzt. Moltmann, Schulz und Jesse ließen sich ebenso wie viele andere Mitglieder der Generation zu handwerklich geschulten Facharbeitern ausbilden. Margarete Ketelhohn arbeitete als Dienstmädchen und erlernte schließlich den Beruf der Schneiderin. Derweil beschritt Höcker einen anderen Weg. Seine Eltern konnten ihm unter großen finanziellen Belastungen eine Ausbildung zum Handlungsgehilfen ermöglichen. Unterdessen trat Moltmann der Gewerkschaft seines Lehrberufes bei. Auch Schulz organisierte sich in einer sozialdemokratisch orientierten Interessenvertretung. Nach Abschluss der Lehre gingen beide auf Wanderschaft, wobei Moltmann sogar bis nach Italien gelangte.

Die meisten der Generationsgenossen übernahmen frühzeitig erste Funktionen im Umfeld der Sozialdemokratie. Insbesondere die Arbeiterjugend fungierte im Rahmen dieser Entwicklung als Sozialisations- und Politisierungsinstanz, gleichwohl sie erst 1904 konstituiert wurde. Daher stand die sozialdemokratische Jugendorganisation vornehmlich den jüngeren Mitgliedern der Generation wie Schulz oder Jesse offen. Auf jeden Fall begünstigte ein derartiger Schritt oftmals langjährige Karrieren. In den Umfeldorganisationen der SPD vermischten sich jugendliche Freizeitbedürfnisse mit parteigenössischen Rekrutierungsinteressen. Außerdem wurde die Arbeiterbewegung für Schulz und seine Altersgenossen immer mehr zur Lebens- und Gesinnungsgemeinschaft. Dieser Prozess, größtenteils nicht generationsspezifisch, stellte eine grundlegende Erfahrung dar. In der Regel folgten Wahlämter innerhalb der SPD, wenn auch vorerst noch mit geringer Verantwortung. Allerdings avancierte Moltmann, einer der älteren Generationsangehörigen, zum Partei- und Gewerkschaftsvorsitzenden.

Dann unterbrach der Erste Weltkrieg die jungen Karrieren. Schulz und seine Altersgenossen wurden in die kaiserliche Armee eingezogen und bildeten die Frontgeneration. Höcker und vermutlich auch Moltmann hatten vorher bereits eine zweijährige Militärdienstzeit abgeleistet. Dies blieb den in den 90er-Jahren des 19. Jahrhunderts geborenen Generationsmitgliedern erspart. Margarete Ketelhohn erlebte die Schrecken des Krieges nicht an der Front. Die brutalen Kriegserlebnisse markierten einen traumatischen Einschnitt – trotz unterschiedlicher Wahrnehmungsperspektiven. Anstelle der patriotischen Begeisterung, die selbst bei Sozialdemokraten anfangs häufiger zu beobachten war, dominierte in den Schützengräben wie zu Hause rasch Ernüchterung.

Im Anschluss an die Novemberrevolution eröffnete sich für Albert Schulz und seine Generationsgenossen ein breites Spektrum an Partizipations- und Betätigungsmöglichkeiten. Dies betraf speziell gehobene Funktionen in der SPD, gelegentlich auch Ämter im Staat und in der Verwaltung. Mit der Ausrufung der Weimarer Republik verquickte sich bei Schulz und seinen etwa gleichaltrigen Genossen die politische mit der beruflichen Karriere, wodurch kaum noch genügend Zeit für ehrenamtliche Aktivitäten blieb. Carl Moltmann übernahm das Sekretariat der SPD im Unterbezirk Schwerin, Wilhelm Höcker wurde Vorsitzender der Behörde für Volksernährung im Amt Güstrow und Schulz fing bei der Allgemeinen Ortskrankenkasse in Rostock an. Dabei war der Übergang von der Hand- zur Kopfarbeit für den allmählichen sozialen Aufstieg der Sozialdemokraten charakteristisch. Lediglich Margarete Ketelhohn und Willy Jesse erlangten vorerst keine hauptamtliche Stelle in Partei, Staat oder Verwaltung. Grundsätzlich kam es im Zuge des Karriereschubs nur selten zur Überwindung von Milieugrenzen. Moltmann, Höcker und Schulz und mit etwas Verzögerung auch Jesse nutzten wie zahlreiche andere Genossen in ihrem Alter die typischen Aufstiegsschleusen, die bereits seit dem Kaiserreich in der Arbeiterbewegung bestanden. Hierbei war es wichtig, sich auf bestimmten Tätigkeits- und Berufsfeldern im Umfeld der SPD zu profilieren. Eine nicht minder bedeutende Rolle spielte die Fürsprache von einflussreichen Parteigenossen aus der vorangegangenen Generation. Schulz hatte sich beispielsweise durch sein Engagement in der Arbeiterjugend hervorgetan, wurde der Allgemeinen Ortskrankenkasse von einem älteren Sozialdemokraten als Mitarbeiter empfohlen und machte während des Kapp-Lüttwitz-Putsches erneut auf sich aufmerksam. Schließlich bekam er das Angebot, als Redakteur bei einer sozialdemokratischen Zeitung zu arbeiten. Unter ähnlichen Voraussetzungen avancierten Moltmann und Jesse zu Parteisekretären, während Höcker anfangs für eine Konsumgenossenschaft aktiv war. Margarete Ketelhohn engagierte sich derweil vor allem in der Frauenarbeit und für soziale Belange. Zudem saß sie im Vorstand der SPD sowie der Arbeiterwohlfahrt in Mecklenburg-Lübeck. Eine feste Stelle im Parteiapparat erhielt Margarete Ketelhohn jedoch nie.

Trotz solcher Ausnahmen durften etliche Generationsangehörige nach 1918 auf eine hauptamtliche Funktion im Organisationsgefüge der Arbeiterbewegung hoffen. Denn immerhin hatten sie sich bereits als Jugendliche für die Belange der SPD eingesetzt. Schulz und seine Altersgenossen brachten es im demokratisch verfassten Staat zumeist in Positionen auf mittlerer Leitungsebene und besaßen gute Chancen auf ein Landtagsmandat. Insofern können sie als nachwachsende Führungsgeneration bezeichnet werden. Auffallend war das zahlenmäßige Übergewicht dieser Sozialdemokraten in den Vorständen des Reichsbanners Schwarz-Rot-Gold. Die vorangegangene Generation hatte nicht im Ersten Weltkrieg gekämpft und war zudem oftmals nicht mehr so streitbar wie der bei der Reichsbanner-Gründung noch relativ junge Schulz oder Jesse. Auch in diesem Zusammenhang befand sich Margarete Ketelhohn zusammen mit den anderen weiblichen Generationsmitgliedern in einer besonderen Lage. Das Reichsbanner blieb den Männern vorbehalten. Unabhängig von diesem Sonderfall ließ sich indes mit gutem Recht vermuten, dass Margarete Ketelhohn trotz ihres vielfältigen Engagements für die Sozialdemokratie häufig Nachteile hatte, bloß weil sie eine Frau war. Schließlich war die SPD in der Weimarer Republik eindeutig männlich dominiert. Aber selbst für Männer in einem hervorragend funktionierenden sozialen Netzwerk gab es keine Garantie auf einen geradlinigen Karriereverlauf. Der Aufstieg, der Schulz und vielen seiner Generationsgenossen gelang, beruhte auf einer ganzen Reihe von Faktoren. Monokausale Erklärungsmuster greifen zu kurz. Von großer Bedeutung waren nicht zuletzt die Begabung und Leistungsbereitschaft eines Nachwuchspolitikers. Darüber hinaus hing der Erfolg von Faktoren wie Glück und Durchsetzungsvermögen ab.

Allerdings erwiesen sich die Karrieren von Albert Schulz und der übrigen Generationsmitglieder bald als blockiert. Der rasche Aufstieg infolge der Novemberrevolution verlor üblicherweise an Dynamik. Ein Ministeramt oder ein Reichstagsmandat war für die Genossen kaum zu erreichen. Nur langsam, gegen Ende der 20er-Jahre, begann ein Generationswechsel in der mecklenburgischen Sozialdemokratie. Ältere Funktionäre reduzierten ihr politisches Engagement oder verstarben. Moltmann, inzwischen Direktor des Landesarbeitsamtes, zog als Folge dieser Entwicklung in den Reichstag ein. Auch Schulz erlangte ein Mandat, und Jesse wurde zum Vorsitzenden der SPD in Mecklenburg-Lübeck gewählt. Höcker fungierte schon seit 1926 als Landtagspräsident. Überdies engagierte er sich über Jahre als Amtshauptmann von Güstrow. Währenddessen konzentrierte sich Margarete Ketelhohn auf ihre Aufgaben im Landtag. Parallel dazu war sie in der Stadtverordnetenversammlung von Rostock aktiv.

Aber dann bereitete die Machtübernahme der Nationalsozialisten den Karrieren ein jähes Ende. Die Sozialdemokraten wurden ihrer politischen Ämter enthoben und verfolgt. Viele von ihnen standen unter Polizeiaufsicht. Schulz und Jesse saßen für längere Zeit in Haft. Nach ihrer Freilassung schlugen sie sich als Einzelhändler durch. Auch Moltmann und Höcker verdienten auf diese Weise ihren Lebensunterhalt, während Margarete Ketelhohn anderweitig unterkam. Die kaufmännische Tätigkeit im eigenen Geschäft erlaubte konspirative Kontakte. Zumindest im Zigarrenladen von Moltmann in Schwerin und bei Schulz in Rostock kam es gelegentlich zu informellen Treffen von Angehörigen und Sympathisanten der vom nationalsozialistischen Regime zerschlagenen Arbeiterbewegung. Zu Beginn des Zweiten Weltkrieges wurden

Schulz und Jesse als Soldaten eingezogen. Moltmann und Höcker waren zu alt für den Kriegsdienst. Wieder einmal stand Margarete Ketelhohn aufgrund ihres Geschlechts außen vor. Nach etwas mehr als einem Jahr wurden Schulz und Jesse aus Altersgründen aus der Wehrmacht entlassen. Fortan mussten sie wie Höcker als Dienstverpflichtete kriegswichtige Arbeit verrichten. Die vorherrschenden Verhaltensformen in der Generation waren Resistenz und Opposition. Jesse, im begrenzteren Umfang auch Schulz, hatte sogar Kontakt zum Widerstandskreis des 20. Juli 1944. Nach dem gescheiterten Hitler-Attentat wurden Moltmann, Höcker und Schulz von der Geheimen Staatspolizei verhaftet und für einige Wochen festgehalten. Nur Margarete Ketelhohn blieb von dieser Maßnahme verschont. Jesse, der ebenfalls eingesperrt werden sollte, konnte sich durch eine spektakuläre Flucht nach Schweden absetzen.

Nach dem Ende des Zweiten Weltkrieges und dem Zusammenbruch des NS-Regimes bemühten sich Albert Schulz und viele andere Angehörige der Generation um den Wiederaufbau der Sozialdemokratie in Mecklenburg-Vorpommern. Dabei hatten sie die Bedingungen der sowjetischen Herrschaft zu akzeptieren. Allein Margarete Ketelhohn hielt sich zurück. Anfangs engagierte sie sich noch wie gewohnt in der Frauen- und Wohlfahrtsarbeit. Dagegen gehörten Moltmann, Höcker, Schulz und Jesse jetzt zu den einflussreichsten Sozialdemokraten im Land. Sie bekleideten allesamt Spitzenpositionen. Die vorangegangene Führungsgeneration war endgültig abgetreten. Moltmann wurde SPD-Landesvorsitzender, während Höcker als Präsident der mecklenburgischen Verwaltung amtierte. Bald darauf übernahm Schulz sein Oberbürgermeisteramt. Jesse erhielt nach seiner Rückkehr aus dem Exil eine hauptamtliche Stelle im Landesverband der SPD. Der Zwangsvereinigung mit der KPD standen die Altersgenossen gespalten gegenüber. Während Moltmann und Höcker letztlich dem Werben der Kommunisten erlagen und sich bemühten, ihre Karrieren in der SED fortzusetzen, rechneten Schulz und Jesse zu den entschiedensten Gegnern der Parteienfusion. Beide wurden von der sowjetischen Geheimpolizei verhaftet. Überraschenderweise kam Schulz nach wenigen Monaten frei. Zudem durfte er seine Tätigkeit als Oberbürgermeister wieder aufnehmen. Jesse wurde demgegenüber nach Sibirien verbracht und blieb für mehrere Jahre in Haft. Unterdessen hatte sich Margarete Ketelhohn fast vollständig aus der aktiven Politik zurückgezogen. Moltmann genoss sein Ansehen als Landtagspräsident und konnte sich noch bis 1952, als die Länder der DDR aufgelöst wurden, in dieser Spitzenposition halten. Dann hatte er seine Schuldigkeit für die neuen Machthaber getan. Den Vorsitz der mecklenburgischen SED hatte er bereits 1949 abgeben müssen. Bis Moltmann starb, bekleidete er nur noch untergeordnete Ämter mit repräsentativen Verpflichtungen, aber ohne großen Einfluss. Nicht viel anders erging es Höcker, wobei auch Alters- und Krankheitsgründe eine Rolle spielten. Er wurde 1951 als Ministerpräsident abgelöst.[1]

---

1 Siehe Malycha: Die SED, S. 338; Schwabe: Wurzeln, Traditionen und Identität der Sozialdemokratie, S. 45.

Als der Anpassungsdruck in der Sowjetischen Besatzungszone zu groß wurde, flüchtete Albert Schulz in die Bundesrepublik Deutschland. Vergleichsweise spät übergesiedelt, hatte er Mühe, sich im neuen System zu etablieren. Das Misstrauen, das ihm entgegenschlug, war nicht leicht zu überwinden. Skepsis hegten speziell diejenigen Generationsgenossen von Schulz, die im Westen eine hervorgehobene Position bekleideten und Konkurrenz fürchteten. Schließlich erhielt Schulz das Angebot, als Sekretär der sozialdemokratischen Bundestagsabgeordneten für Hamburg zu arbeiten. Drei Jahre später wurde er Leitender Bezirkssekretär der SPD in Schleswig-Holstein. Jesse kam erst 1954 aus der Haft frei und wenig später in die Bundesrepublik. Schulz und andere Genossen kümmerten sich um ihn. So gelang es, dass Jesse sehr rasch zum Referenten beim SPD-Bundesvorstand avancierte.

Gegen Mitte der 60er-Jahre ging die berufliche und politische Karriere der in der Bundesrepublik tätigen Generationsmitglieder allmählich zu Ende. Schulz und Jesse näherten sich ihrem siebzigsten Lebensjahr. Sie hatten sich seit mehreren Jahrzehnten für die Belange der Sozialdemokratie eingesetzt und dabei massive Repressionen in Kauf genommen. Nun drängte die nachfolgende Generation zu Ämtern und Einfluss. Schulz und Jesse waren zwar nicht verbohrt, aber mit ihren Ansichten tief in den Traditionen der Arbeiterbewegung verwurzelt. Die Schaffenskraft ließ nach, und die Konflikte mit den jüngeren, oftmals akademisch gebildeten Sozialdemokraten mehrten sich. Auch deshalb wurde es Zeit, die Verantwortung anderen Genossen zu übergeben.

Anhang

Abkürzungsverzeichnis

ADGB	Allgemeiner Deutscher Gewerkschaftsbund
ADL	Archiv des Deutschen Liberalismus
AdsD	Archiv der sozialen Demokratie
AHR	Archiv der Hansestadt Rostock
akt.	aktualisierte
Anm.	Anmerkung
AStA	Allgemeiner Studentenausschuss
Ausg.	Ausgabe
BAGS	Behörde für Arbeit, Gesundheit und Soziales
BArch	Bundesarchiv
Bearb.	Bearbeiter
bearb.	bearbeitet
BHE	Bund der Heimatvertriebenen und Entrechteten
Bl.	Blatt
BPA	Bezirksparteiarchiv
BStU	Bundesbeauftragter für die Unterlagen des Staatssicherheitsdienstes der ehemaligen DDR
BzG	Beiträge zur Geschichte der Arbeiterbewegung
CDU	Christlich-Demokratische Union
DDP	Deutsche Demokratische Partei
DEFA	Deutsche Film AG
Dep.	Depositum
ders.	derselbe
DEWAG	Deutsche Werbe- und Anzeigengesellschaft
DGB	Deutscher Gewerkschaftsbund
Diss.	Dissertation
DMV	Deutscher Metallarbeiter-Verband
DNVP	Deutschnationale Volkspartei
durchges.	durchgesehene
DVFP	Deutschvölkische Freiheitspartei
DVP	Deutsche Volkspartei
DWK	Deutsche Wirtschaftskommission
ebd.	ebenda
eingel.	eingeleitet
erg.	ergänzte
erhebl.	erheblich
erw.	erweiterte
EVG	Europäische Verteidigungsgemeinschaft
FDGB	Freier Deutscher Gewerkschaftsbund
FDJ	Freie Deutsche Jugend
FDP	Freie Demokratische Partei
FSB	Federal'naja Sluzhba Bezopasnosti Föderaler Sicherheitsdienst (der Russischen Föderation)

(G)	Gesellschafts- und Sprachwissenschaftliche Reihe
GARF	Gosudarstvennyj Archiv Rossijskoj Federacii
	Staatsarchiv der Russischen Föderation
GB	Gesamtdeutscher Block
Gen.	Genosse
Gestapo	Geheime Staatspolizei
GG	Geschichte und Gesellschaft
GWU	Geschichte in Wissenschaft und Unterricht
HZ	Historische Zeitschrift
IBL	Institut für angewandte Biographie- und Lebensweltforschung
IG	Industrie-Gewerkschaft
IWK	Internationale wissenschaftliche Korrespondenz zur Geschichte der deutschen Arbeiterbewegung
KGB	Komitet Gosudarstvennoj Bezopasnosti
	Komitee für Staatssicherheit (der UdSSR)
korr.	korrigierte
KPD	Kommunistische Partei Deutschlands
KWU	Kommunalwirtschaftsunternehmen
KZ	Konzentrationslager
LDP	Liberal-Demokratische Partei
LFP	Lübecker Freie Presse
LPKK	Landesparteikontrollkommission
MfS	Ministerium für Staatssicherheit
MGB	Ministerstwo Gosudarstvennoj Bezopasnosti
	Ministerium für Staatssicherheit (der UdSSR)
MGM	Militärgeschichtliche Mitteilungen
MLHA	Mecklenburgisches Landeshauptarchiv
MVZ	Mecklenburgische Volks-Zeitung
NDR	Norddeutscher Rundfunk
N.F.	Neue Folge
NKWD	Narodnyj Komissariat Wnutrenrich Del
	Volkskommissariat für Innere Angelegenheiten (der UdSSR)
NL	Nachlass
NPL	Neue Politische Literatur
NS	nationalsozialistisch
NSDAP	Nationalsozialistische Deutsche Arbeiterpartei
NWDR	Nordwestdeutscher Rundfunk
ÖTV	Gewerkschaft Öffentliche Dienste, Transport und Verkehr
PDS	Partei des Demokratischen Sozialismus
Rep.	Repositur
RIAS	Rundfunk im amerikanischen Sektor
SA	Sturmabteilungen der NSDAP
SAJ	Sozialistische Arbeiterjugend
SAPMO	Stiftung Archiv der Parteien und Massenorganisationen der DDR
SBZ	Sowjetische Besatzungszone
SDS	Sozialistischer Deutscher Studentenbund
SED	Sozialistische Einheitspartei Deutschlands
SMAD	Sowjetische Militäradministration in Deutschland

SMAM	Sowjetische Militäradministration für Mecklenburg(-Vorpommern)
SPD	Sozialdemokratische Partei Deutschlands
SPF	Sozialdemokratische Partei Flensburgs
SPW	Sozialistische Politik und Wirtschaft
StA	Staatsarchiv
überarb.	überarbeitete
Ufa	Universum-Film AG
unveränd.	unverändert
USA	United States of America
USPD	Unabhängige Sozialdemokratische Partei Deutschlands
VEB	Volkseigener Betrieb
VfZ	Vierteljahrshefte für Zeitgeschichte
vollst.	vollständig
VPLA	Vorpommersches Landesarchiv
WASt	Wehrmachtsauskunftsstelle für Kriegsverluste und Kriegsgefangene
ZA	Zentralausschuss

Quellen- und Literaturverzeichnis

1 Quellen

1.1 Archivalien

Archiv der Hansestadt Rostock
1.1.12.2.   Gewett, Warnemünde (1933)
2.1.0.   Stadtverordnetenversammlung/Rat der Stadt Rostock (1945–1950)
3.11.   Thematische Dokumentensammlung (1945–1990)

Archiv der sozialen Demokratie, Bonn
Emigration/Sopade (1944–1945)
SPD-Parteivorstand, alter Bestand (1945–1971)
– Sekretariat Fritz Heine (1948–1949)
– Bestand Erich Ollenhauer (1954–1963)
– Ostbüro (1945–1966)
SPD-Landesorganisation Hamburg (1946, 1949–1953)
SPD-Landesverband Schleswig-Holstein (1947–1974)
Dep. Fritz Heine (1904–2002)
NL Hermann Lüdemann (1880–1959)
NL Franz Osterroth (1900–1986)
NL Karl Raloff (1899–1976)
NL Fritz Tarnow (1880–1951)
NL Ernst Thape (1892–1985)
NL Herbert Wehner (1906–1990)
Sammlung Personalia

Archiv des Deutschen Liberalismus, Gummersbach
N19 NL Hans Reif (1899–1984)

Behörde für Arbeit, Gesundheit und Soziales, Referat für Wiedergutmachung, Hamburg
Wiedergutmachungsakte von Albert Schulz (1895–1974)

Bundesarchiv, Koblenz
B299 Königsteiner Kreis (1949–1974)
B254 Kuratorium Unteilbares Deutschland (1959–1973)

Dokumentations- und Gedenkstätte des BStU in der ehemaligen Untersuchungshaftanstalt des MfS in Rostock
Erinnerungsbericht Grete Beese (geb. 1908)

Mecklenburgisches Landeshauptarchiv, Schwerin

5.11-2	Mecklenburg-Schwerinscher Landtag (1921–1933)
5.12-3/1	Mecklenburg-Schwerinsches Ministerium des Innern (1906, 1932)
10.31-1	KPD-Bezirksleitung Mecklenburg-Vorpommern (1945–1946)
10.32-1	SPD-Landesvorstand Mecklenburg-Vorpommern (1945–1946)
10.33	Aktions- und Arbeitsgemeinschaften von KPD und SPD (1945–1946)
10.34-1	SED-Landesleitung Mecklenburg (1946–1949, 1952)
6.11-1	Landtag Mecklenburg (1946–1949)
6.11-6	Ministerpräsidium, Hauptabteilung Justiz (1947)
6.11-7	Generalstaatsanwalt des Landes Mecklenburg (1947)
6.11-11	Ministerium des Innern (1945–1949)
10.9-H/8	NL Friedrich Hildebrandt (1898–1948)

Print- und Medienarchiv des NDR, Hamburg
Akten des NDR-Verwaltungsrates (1955–1970)

Privatarchiv Frank Moraw, Leimen
Schriftwechsel Albert Schulz – Gustav Dahrendorf (1945)

Privatarchiv Peter Schulz, Hamburg
NL Albert Schulz (1895–1974)

Staatsarchiv der Freien und Hansestadt Hamburg
Akten des NDR-Verwaltungsrates (1955–1970)

Staatsarchiv der Russischen Föderation, Moskau
7317-64 Personalakte der SMAD über Albert Schulz (1946–1949)

Stiftung Archiv der Parteien und Massenorganisationen der DDR im Bundesarchiv, Berlin

R 58	Reichssicherheitshauptamt (1938)
DY 28	SPD-Zentralausschuss und SPD-Bezirksorganisationen (1945–1946)
DY 30	SED-Zentralsekretariat (1947–1948)
NY 4090	NL Otto Grotewohl (1894–1964)
NY 4036	NL Wilhelm Pieck (1876–1960)
SgY 30	Erinnerungsberichte von SED-Funktionären

Thüringisches Staatsarchiv Greiz
Heimvolkshochschule Tinz (1923)

Vorpommersches Landesarchiv, Greifswald

Rep. 290	BPA SED Rostock, Kreisleitungen der KPD (1945)
Rep. 291	BPA SED Rostock, Kreisvorstände der SPD (1945–1946)
Rep. 296a	BPA SED Rostock, Personalakten von SED-Funktionären

Anhang

Noch ohne neue Signatur:
BPA SED Rostock, SED-Kreisleitung Rostock-Stadt, Sekretariat (1949)
BPA SED Rostock, NL Walter Petschow (1895–1970)
BPA SED Rostock, NL Alfred Starosson (1898–1957)
BPA SED Rostock, Erinnerungsberichte von SED-Funktionären

Zentralarchiv des Föderalen Sicherheitsdienstes der Russischen Föderation (ehemals KGB-Archiv), Moskau
Akten des Sowjetischen Militärtribunals gegen Albert Schulz (1947)

1.2 Zeitzeugen

Grete Beese · Hellmut Kalbitzer (†) · Michael Mertineit · Werner Mertineit (†) · Lisel Meyer · Dr. Hans-Christian Moeller · Peter Schulz · Rolf Selzer · Käte Woltemath

1.3 Sonstige Quellen

100 Jahre Klassenkampf in Rostock. Dokumente aus der Sammlung der historischen Abteilung des Museums der Stadt Rostock. O.O. [1966].
2 Jahre! Rostocks Aufstieg zur Großstadt. Hg. vom Rat der Stadt Rostock und der Kreisleitung Rostock-Stadt der NSDAP. Rostock 1935.
Benser, Günter/Krusch, Hans-Joachim (Bearb.): Dokumente zur Geschichte der kommunistischen Bewegung in Deutschland. Reihe 1945/1946. Bd. 2: Protokolle der erweiterten Sitzungen des Sekretariats des Zentralkomitees der KPD (Juli 1945 bis Februar 1946). München u.a. 1994.
Betriebsrätegesetz des Alliierten Kontrollrats in Deutschland vom 10. April 1946. In: Mielke, Siegfried/Rütters, Peter (Bearb.): Gewerkschaften in Politik, Wirtschaft und Gesellschaft 1945–1949. Köln 1991 (Quellen zur Geschichte der deutschen Gewerkschaftsbewegung im 20. Jahrhundert, Bd. 7), S. 131-134.
Bohl, Hans-Werner/Keipke, Bodo/Schröder, Karsten (Hg.): Krieg und Kriegsende in Berichten, Dokumenten, Erinnerungen und Fotos 1940–1945. Rostock 1995.
Braun, Otto: Von Weimar zu Hitler. New York 1940.
Bredel, Willi: Gesammelte Werke in Einzelausgaben. Bd. VII-IX: Ein neues Kapitel. Berlin/Weimar 1963/1964.
Dahrendorf, Gustav: Der Mensch das Maß aller Dinge. Reden und Schriften zur deutschen Politik 1945–1954. Hg. u. eingel. v. Ralf Dahrendorf. Hamburg 1955.
Der Abschied von Andreas Gayk. [Kiel] [1954].
Die Tagebücher von Joseph Goebbels. Sämtliche Fragmente. Teil I: Aufzeichnungen 1924–1941. Hg. v. Institut für Zeitgeschichte. München u.a. 1987.
Dowe, Dieter/Klotzbach, Kurt (Hg.): Programmatische Dokumente der deutschen Sozialdemokratie. 3., überarb. u. akt. Aufl. Bonn 1990.
Einheitsdrang oder Zwangsvereinigung? Die Sechziger Konferenzen von KPD und SPD 1945 und 1946. Hg. v. Institut für Geschichte der Arbeiterbewegung. Berlin 1990.

Erinnerungen und Dokumente aus der Zeit der Vereinigung der KPD und SPD zur SED 1945/ 1946. Hg. von der Kommission zur Erforschung der Geschichte der örtlichen Arbeiterbewegung bei der Bezirksleitung der SED Rostock. [Rostock] [1971].

Erler, Peter/Laude, Horst/Wilke, Manfred (Hg.): »Nach Hitler kommen wir«. Dokumente zur Programmatik der Moskauer KPD-Führung 1944/45 für Nachkriegsdeutschland. Berlin 1994 (Studien des Forschungsverbundes SED-Staat an der Freien Universität Berlin).

Geschäftsbericht des DMV, Verwaltungsstelle Rostock, über das Jahr 1913. Berlin [1914]. Abgedruckt in: Geschäftsberichte über das Jahr 1913. Hg. vom Deutschen Metallarbeiter-Verband. Stuttgart [1914], S. 129-152.

Gniffke, Erich W.: Jahre mit Ulbricht. Köln 1966.

Grotewohl, Otto: Wo stehen wir – wohin gehen wir? Der historische Auftrag der SPD. Berlin 1945.

Handbuch des Vereins Arbeiterpresse. Vierte Folge. Hg. vom Vorstand des Vereins Arbeiterpresse. Berlin 1927.

»Hier stehe ich, ich kann nicht anders!«. Rede Otto Grotewohls am 11. November 1945. In: BzG 34 (1992), H. 2, S. 167-184.

Hoegner, Wilhelm: Der schwierige Außenseiter. Erinnerungen eines Abgeordneten, Emigranten und Ministerpräsidenten. München 1959.

Höppner, Luise: Erinnerungen an meinen Vater Carl Moltmann. In: Schweriner Blätter 4 (1984), S. 29-35.

Interview mit W.[itteborn] H.[ermann] am 2. Oktober 1974. In: Bouvier, Beatrix/Schulz, Horst-Peter (Hg.): »... die SPD aber aufgehört hat zu existieren«. Sozialdemokraten unter sowjetischer Besatzung. Bonn 1991, S. 285-300.

Krusch, Hans-Joachim: Irrweg oder Alternative? Vereinigungsbestrebungen der Arbeiterparteien 1945/46 und gesellschaftspolitische Forderungen. Bonn 1996.

Lettow-Vorbeck, Paul von: Mein Leben. Biberach an der Riß 1957.

Löbe, Paul: Der Weg war lang. Erinnerungen. 4. Aufl. Berlin 1990 [3., erw. Neuausg. 1954/1. Aufl. 1949].

Löhne, Arbeitsnormen und bezahlte Arbeit in der Sowjetzone. Hg. vom Vorstand der Sozialdemokratischen Partei Deutschlands. Bonn [1952] (Sopade Informationsdienst, Denkschriften 48).

Malycha, Andreas: Auf dem Weg zur SED. Die Sozialdemokratie und die Bildung einer Einheitspartei in den Ländern der SBZ. Eine Quellenedition. Bonn 1995 (AfS, Beiheft 16).

Müller, Werner/Röpcke, Andreas (Hg.): Die Landesregierung in Mecklenburg-Vorpommern unter sowjetischer Besatzung 1945 bis 1949. Bd. 1: Die ernannte Landesverwaltung, Mai 1945 bis Dezember 1946. Eine Quellenedition. Eingel. u. bearb. von Detlev Brunner. Bremen 2003 (Quellen und Studien aus den Landesarchiven Mecklenburg-Vorpommerns, Bd. 5).

Protokoll über die Verhandlungen des Parteitages der Sozialdemokratischen Partei Deutschlands, abgehalten in Nürnberg vom 13. bis 19. September 1908. Bericht über die 5. Frauenkonferenz am 11. und 12. September 1908 in Nürnberg. Berlin 1908.

Protokoll über die Verhandlungen des Parteitages der Sozialdemokratischen Partei Deutschlands, abgehalten in Kassel vom 10. bis 16. Oktober 1920. Unveränd. Nachdruck der Ausg. Berlin 1920. Berlin/Bonn 1973.

Raloff, Karl: Ein bewegtes Leben. Vom Kaiserreich zur Bundesrepublik. Eingeleitet und kommentiert von Herbert und Sibylle Obenaus. Hannover 1995.

Rathmann, August: Ein Arbeiterleben. Erinnerungen an Weimar und danach. Wuppertal 1983.

Schreiber, Albrecht: Zwischen Hakenkreuz und Holstentor. Lübeck 1925 bis 1939 – von der Krise bis zum Krieg. Stadtgeschichte in Presseberichten – der Weg der Hansestadt in das »Tausendjährige Reich«. Lübeck 1983.

Schulz, Albert: Erinnerungen eines Sozialdemokraten. Unveröffentlichtes Typoskript. [Kiel] 1972.

Ders.: Erinnerungen eines Sozialdemokraten [1972]. Oldenburg 2000 (Schriftenreihe des Fritz Küster-Archivs).
Schulz, Peter: Eine Jugend unter Ulbricht. Unveröffentlichtes Typoskript. [Hamburg] 1989.
Schulz-Gardyan, Olaf/Schulz, Peter: Albert Schulz-Stiftung. In: Mecklenburg. Zeitschrift für Mecklenburg-Vorpommern 38 (1996), H. 5, S. 14.
Schulze, Hagen (Hg.): Anpassung oder Widerstand? Aus den Akten des Parteivorstands der deutschen Sozialdemokratie 1932/33. Bonn 1975 (AfS, Beiheft 4).
Seydewitz, Max: Es hat sich gelohnt zu leben. Lebenserinnerungen eines alten Arbeiterfunktionärs. 2 Bde. Berlin 1976/1978.
Sozialdemokratischer Parteitag 1925 in Heidelberg. Protokoll mit dem Bericht der Frauenkonferenz. Unveränd. Nachdruck der Ausg. Berlin 1925. Berlin/Bonn 1974.
Unbeugsame Kraft. Erinnerungen und Episoden aus dem Kampf der Arbeiterbewegung im Bezirk Rostock. Hg. von der Bezirksleitung Rostock der SED, Kommission zur Erforschung der Geschichte der örtlichen Arbeiterbewegung. Rostock 1976.
Unser Weg. Der Bericht des Verbandes der Sozialistischen Arbeiterjugend über das Jahr 1923. Berlin 1924.
Verhandlungen des Mecklenburgischen Landtags. I. Wahlperiode 1946–1949, 1950. 3 Bde. Schwerin 1946–1950.
Verhandlungen des Mecklenburg-Schwerinschen Landtages. Zweiter Ordentlicher Landtag. 7. April 1921 – 8. Februar 1924. 3 Bde. Schwerin 1925.
Verhandlungen des Mecklenburg-Schwerinschen Landtages. Dritter Ordentlicher Landtag. 17. März 1924 – 7. Mai 1926. 2 Bde. Schwerin 1926.
Verhandlungen des Mecklenburg-Schwerinschen Landtages. Fünfter Ordentlicher Landtag. 13. Juni 1927 – 14. Mai 1929. 2 Bde. Schwerin 1928/1929.
Verhandlungen des Mecklenburg-Schwerinschen Landtages. Sechster Ordentlicher Landtag. 9. Juli 1929 – 4. Mai 1932. 2 Bde. Schwerin 1932.
Verhandlungen des Reichstags. VI. Wahlperiode 1932. Bd. 454. Berlin 1932.
Wagenführ, Kurt: Aus meinem Fernsehtagebuch (IV). In: Fernseh-Rundschau 1961, H. 9, S. 362-367.
Weber, Hermann (Hg.): DDR. Dokumente zur Geschichte der Deutschen Demokratischen Republik 1945–1985. München 1986.
Winkler, Walter: Erinnerungen an die Vereinigung der beiden Arbeiterparteien in Rostock. In: Erinnerungen und Dokumente aus der Zeit der Vereinigung der KPD und SPD zur SED 1945/1946. Hg. von der Kommission zur Erforschung der Geschichte der örtlichen Arbeiterbewegung bei der Bezirksleitung der SED Rostock. [Rostock] 1971, S. 44-47.
Wo sind die ehemaligen Sozialdemokraten in der Ostzone[?] Ein Tatsachenbericht aus Mecklenburg. Hg. vom Landesvorstand der KPD in Hamburg, Jan Westphal. Frankfurt/M. [1949].
Woltemath, Käte: 4 x Deutschland ... und keins für mich dabei. 2 Teile. Schwerin 2003.

2 Darstellungen

50 Jahre HAGENUK. Festschrift zum 50jährigen Bestehen der Hanseatischen Apparatebau-Gesellschaft Neufeldt & Kuhnke. Kiel 1949.
Achten, Udo (Hg.): Der wahre Jacob. Ein halbes Jahrhundert in Faksimiles. Bonn 1994.
Adolph, Hans J. L.: Otto Wels und die Politik der deutschen Sozialdemokratie 1894–1939. Eine politische Biographie. Berlin 1971 (Veröffentlichungen der Historischen Kommission zu Berlin, Bd. 33) (Publikationen zur Geschichte der Arbeiterbewegung, Bd. 3).
Albrecht, Willy (Hg.): Kurt Schumacher. Reden – Schriften – Korrespondenzen 1945–1952. Berlin/Bonn 1985 (Internationale Bibliothek, Bd. 107).
Ders.: Der Sozialistische Deutsche Studentenbund (SDS). Vom parteikonformen Studentenverband zum Repräsentanten der Neuen Linken. Bonn 1994 (Reihe: Politik- und Gesellschaftsgeschichte, Bd. 35).
Ballerstaedt, Franz: Das Verhältnis von Landtag und Regierung in Mecklenburg-Schwerin. Ein Beitrag zur Frage des Länderparlamentarismus. Diss. Rostock 1933.
Bärwald, Helmut: Das Ostbüro der SPD 1946–1971. Kampf und Niedergang. Krefeld 1991 (Gegenwart und Zeitgeschichte, Bd. 14).
Beck, Dorothea: Julius Leber. Sozialdemokrat zwischen Reform und Widerstand. Berlin 1983.
Dies.: Theodor Haubach, Julius Leber, Carlo Mierendorff, Kurt Schumacher. Zum Selbstverständnis der »militanten Sozialisten« in der Weimarer Republik. In: AfS XXVI (1986), S. 87-123.
Beese, Marianne: Familie, Frauenbewegung und Gesellschaft in Mecklenburg 1870–1920. Situation der Frauen und weibliche Lebensläufe. Rostock 1999.
Behrens, Beate: Mit Hitler zur Macht. Aufstieg des Nationalsozialismus in Mecklenburg und Lübeck 1922–1933. Rostock 1998.
Beier, Gerhard: Zum Problem der Arbeiteraristokratie im 19. und 20. Jahrhundert. Zur Sozialgeschichte einer umstrittenen Kategorie. In: Herkunft und Mandat. Beiträge zur Führungsproblematik in der Arbeiterbewegung. Frankfurt/M./Köln 1976 (Schriftenreihe der Otto Brenner Stiftung, Bd. 5), S. 9-71.
Benser, Günter u.a. [Hg.]: Der Zusammenschluß von KPD und SPD in Mecklenburg-Vorpommern. Beiträge und Diskussionen der Geschichtskonferenz des Landesverbandes der PDS Mecklenburg-Vorpommern und des Forums für politische und interkulturelle Bildung e.V. vom 13. April 1996. Rostock 1996 (Schriften zur politischen Bildung, H. 4).
Bernhard, Kurt: Zeitungen und Zeitschriften in Mecklenburg. 2. Aufl. Bonn 1989 (Aus Deutschlands Mitte, Bd. 21).
Bernitt, Hans: Zur Geschichte der Stadt Rostock. Neudruck. Rostock 2001 [1956].
Bohl, Hans-Werner: Das Kriegsende in Rostock 1945. In: Pelc, Ortwin (Hg.): 777 Jahre Rostock. Neue Beiträge zur Stadtgeschichte. Rostock 1995 (Schriften des Kulturhistorischen Museums in Rostock, Bd. 2), S. 253-258.
Botzenhart, Manfred: Staatsbankrott oder Verfassungsoktroi? Das Dilemma der Großherzogtümer Mecklenburg am Ende des Deutschen Kaiserreiches. In: Kocka, Jürgen/Puhle, Hans-Jürgen/Tenfelde, Klaus (Hg.): Von der Arbeiterbewegung zum modernen Sozialstaat. Festschrift für Gerhard A. Ritter zum 65. Geburtstag. München u.a. 1994, S. 375-390.
Bouvier, Beatrix: Antifaschistische Zusammenarbeit, Selbständigkeitsanspruch und Vereinigungstendenz. Die Rolle der Sozialdemokratie beim administrativen und parteipolitischen Aufbau in der sowjetischen Besatzungszone 1945 auf regionaler und lokaler Ebene. In: AfS XVI (1976), S. 417-468.

Dies.: Sozialdemokraten unter sowjetischer Besatzung. In: Bouvier, Beatrix/Schulz, Horst-Peter (Hg.): »...die SPD aber aufgehört hat zu existieren«. Sozialdemokraten unter sowjetischer Besatzung. Bonn 1991, S. 9-48.

Dies.: Ausgeschaltet! Sozialdemokraten in der Sowjetischen Besatzungszone und in der DDR 1945–1953. Bonn 1996 (Reihe: Politik- und Gesellschaftsgeschichte, Bd. 45).

Braas, Gerhard: Die Entstehung der Länderverfassungen in der Sowjetischen Besatzungszone Deutschlands 1946/47. Köln 1987 (Mannheimer Untersuchungen zur Politik und Geschichte der DDR, Bd. 4).

Brock, Adolf: Vom Fürstenschloß zur Arbeiterhochschule. Die Heimvolkshochschule Tinz bei Gera 1920–1933. In: Ciupke, Paul/Jelich, Franz-Josef (Hg.): Soziale Bewegung, Gemeinschaftsbildung und pädagogische Institutionalisierung. Erwachsenenbildungsprojekte in der Weimarer Republik. Essen 1996 (Geschichte der Erwachsenenbildung, Bd. 6), S. 143-154.

Broszat, Martin/Weber, Hermann (Hg.): SBZ-Handbuch. Staatliche Verwaltungen, Parteien, gesellschaftliche Organisationen und ihre Führungskräfte in der Sowjetischen Besatzungszone Deutschlands 1945–1949. München 1990.

Brunner, Detlev: Sozialdemokraten im FDGB. Von der Gewerkschaft zur Massenorganisation, 1945 bis in die frühen 1950er-Jahre. Essen 2000 (Veröffentlichungen des Instituts für soziale Bewegungen, A: Bd. 12).

Ders.: Regieren auf Befehl und unter Führung »Der Partei«. Die Landesregierung Mecklenburg-Vorpommerns 1945 bis 1949. In: Mecklenburgische Jahrbücher 117 (2002), S. 249-266.

Buschfort, Wolfgang: Das Ostbüro der SPD. Von der Gründung bis zur Berlin-Krise. München 1991 (Schriftenreihe der Vierteljahrshefte für Zeitgeschichte, Bd. 63).

Ders.: Parteien im Kalten Krieg. Die Ostbüros von SPD, CDU und FDP. Berlin 2000 (Analysen und Dokumente, Bd. 19).

Caracciolo, Lucio: Der Untergang der Sozialdemokratie in der sowjetischen Besatzungszone. Otto Grotewohl und die »Einheit der Arbeiterklasse«. In: VfZ 36 (1988), S. 281-318.

Cattaruzza, Marina: Arbeiter und Unternehmer auf den Werften des Kaiserreiches. Stuttgart 1988 (Veröffentlichungen des Instituts für Europäische Geschichte Mainz, Bd. 127).

Der antifaschistische Widerstandskampf unter Führung der KPD in Mecklenburg 1933 bis 1945. Hg. von den Bezirksleitungen der SED Neubrandenburg, Rostock und Schwerin. Berlin 1985.

Der Freiheit verpflichtet. Gedenkbuch der deutschen Sozialdemokratie im 20. Jahrhundert. Hg. vom Vorstand der Sozialdemokratischen Partei Deutschlands. Marburg 2000.

Eberts, Erich: Arbeiterjugend 1904–1945. Sozialistische Erziehungsgemeinschaft – Politische Organisation. Frankfurt/M. 1980 (Quellen und Beiträge zur Geschichte der Jugendbewegung, Bd. 20).

Elsner, Lothar: Die Herrengesellschaft. Leben und Wandlungen des Wilhelm von Oertzen. [Rostock] 1998.

Elsner, Lothar u.a.: Rostock. Berlin 1980.

Esche, Matthias: Die Kommunistische Partei Griechenlands 1941–1949. München/Wien 1982 (Studien zur modernen Geschichte, Bd. 27).

Feigenspan, Elke: Die Heimvolkshochschule Tinz als Beispiel Sozialistischer Erziehung in der Weimarer Republik. Diplomarbeit an der Pädagogischen Hochschule Rheinland. O.O. 1977.

Ferberg, Nils: »Sturmvogel – Flugverband der Werktätigen e.V.« Zur Geschichte einer Arbeitersportorganisation in der Weimarer Republik. In: IWK 30 (1994), S. 173-219.

Foitzik, Jan: Sowjetische Militäradministration in Deutschland (SMAD) 1945–1949. Struktur und Funktion. Berlin 1999 (Quellen und Darstellungen zur Zeitgeschichte, Bd. 44).

Fricke, Dieter: Handbuch zur Geschichte der deutschen Arbeiterbewegung 1869 bis 1917. 2 Bde. Berlin 1987.

Fricke, Karl Wilhelm: Politik und Justiz in der DDR. Zur Geschichte der politischen Verfolgung 1945–1968. Bericht und Dokumentation. Köln 1979.
Gall, Lothar: Krupp. Der Aufstieg eines Industrieimperiums. Berlin 2000.
Geschichte der Landesparteiorganisation der SED Mecklenburg 1945–1952. Hg. von den Bezirksleitungen der SED Neubrandenburg, Rostock und Schwerin. Rostock 1986.
Gestrich, Andreas: Sozialhistorische Biographieforschung. In: ders./Knoch, Peter/Merkel, Helga (Hg.): Biographie – sozialgeschichtlich. Göttingen 1988, S. 5-28.
Giesecke, Hermann: Vom Wandervogel bis zur Hitlerjugend. Jugendarbeit zwischen Politik und Pädagogik. München 1981.
Gotschlich, Helga: Zwischen Kampf und Kapitulation. Zur Geschichte des Reichsbanners Schwarz-Rot-Gold. Berlin 1987.
Greiner, Oskar: Heimvolkshochschule Tinz. In: Hilker, Oskar (Hg.): Deutsche Schulversuche. Berlin 1924, S. 418-429.
Gr.[einer], O.[skar]: Zehn Jahre Tinz. Vergangenheit und Gegenwart einer proletarischen Schule. In: Kulturwille. Monatsblätter für Kultur der Arbeiterschaft Nr. 6 (1930), S. 113-114.
Haack, Hanna: Arbeitergeschichte als Gesellschaftsgeschichte: das Beispiel Rostock 1918 bis 1933. In: Tenfelde, Klaus (Hg.): Arbeiter im 20. Jahrhundert. Stuttgart 1991 (Industrielle Welt, Bd. 51), S. 703-725.
Heck, Uwe: Geschichte des Landtags in Mecklenburg. Ein Abriß. Rostock 1997.
Herbst, Ludolf: Option für den Westen. Vom Marshallplan bis zum deutsch-französischen Vertrag. München 1989.
Hett, Ulrike/Tuchel, Johannes: Die Reaktionen des NS-Staates auf den Umsturzversuch vom 20. Juli 1944. In: Steinbach, Peter/Tuchel, Johannes (Hg.): Widerstand gegen den Nationalsozialismus. Bonn 1994, S. 377-389.
Hofer, Ingrid: Das Jahr 1933 in Rostock im Spiegel der Presse. Staatsexamensarbeit. Rostock 1966.
Höppner, Luise: Wilhelm Höcker (1886–1955). In: Neue Mecklenburgische Monatshefte 1 (1956), S. 4-8.
Jaeger, Hans: Generationen in der Geschichte. Überlegungen zu einer umstrittenen Konzeption. In: GG 3 (1977), S. 429-452.
Jahnke, Karl Heinz: Deutsche Arbeiterjugendbewegung 1904 bis 1945. Illustrierte Geschichte. Köln 1987.
Ders.: Friedrich Hildebrandt – Gauleiter der NSDAP in Mecklenburg. In: Ackermann, Volker/Rusinek, Bernd-A./Wiesemann, Falk (Hg.): Anknüpfungen. Kulturgeschichte – Landesgeschichte – Zeitgeschichte. Gedenkschrift für Peter Hüttenberger. Essen 1995 (Düsseldorfer Schriften zur Neueren Landesgeschichte und zur Geschichte Nordrhein-Westfalens, Bd. 39), S. 235-246.
Jakubowski, Peter/Urbschat, Kerstin: Die Universität Rostock in den Jahren 1945 bis 1952 – Versuch und Grenzen eines demokratischen Neuanfangs. In: Beiträge zur Geschichte der Universität Rostock 1994, H. 19, S. 9-31.
John, Anke: Die Entwicklung der beiden mecklenburgischen Staaten im Spannungsfeld von Landesgrundgesetzlichem Erbvergleich und Bundes- bzw. Reichsverfassung vom Norddeutschen Bund bis zur Weimarer Republik. Rostock 1997 (Rostocker Beiträge zur Deutschen und Europäischen Geschichte, Bd. 2).
Jürgens, Birgit: Tante Mieze – Ein Leben für Kinder. Das Schicksal der jüdischen Kindergartenleiterin Marie Bloch (1871–1944) in Rostock. Rostock 2002.
Kaiser, Monika: Sowjetischer Einfluß auf die ostdeutsche Politik und Verwaltung 1945–1970. In: Jarausch, Konrad/Siegrist, Hannes (Hg.): Amerikanisierung und Sowjetisierung in Deutschland 1945–1970. Frankfurt/M./New York 1997, S. 111-133.

Kasten, Bernd: Die Regierung Schröder auf der Suche nach einer parlamentarischen Mehrheit in Mecklenburg-Schwerin 1926–1929: Vom »Hüten einer Flohherde«. In: Mecklenburgische Jahrbücher 110 (1995), S. 155-167.

Keipke, Bodo: Carl Gustav Wilhelm Boldt (1853–1939). In: Pettke, Sabine (Hg.): Biographisches Lexikon für Mecklenburg. Bd. 2. Rostock 1999 (Veröffentlichungen der Historischen Kommission für Mecklenburg), S. 53-55.

Ders.: Die Stadt in der Nachkriegszeit. 1945 bis 1949. In: Schröder, Karsten (Hg.): In deinen Mauern herrscht Eintracht und allgemeines Wohlergehen. Eine Geschichte der Stadt Rostock von ihren Anfängen bis zum Jahr 1990. Rostock 2003, S. 253-268.

Kleßmann, Christoph: Die doppelte Staatsgründung. Deutsche Geschichte 1945–1955. 5., überarb. u. erw. Aufl. Bonn 1991.

Klotzbach, Kurt: Der Weg zur Staatspartei. Programmatik, praktische Politik und Organisation der deutschen Sozialdemokratie 1945 bis 1965. Berlin/Bonn 1982 (Die deutsche Sozialdemokratie nach 1945, Bd. 1).

Koch, Heinz: Funktion und Entwicklung des bürgerlichen Parlamentarismus in Mecklenburg-Schwerin 1917–1923. 2 Bde. Diss. B. Rostock 1986.

Korn, Karl: Die Arbeiterjugendbewegung. Einführung in ihre Geschichte. Berlin 1922.

Kreuz, Leo: Das Kuratorium Unteilbares Deutschland. Aufbau – Programmatik – Wirkung. Opladen 1980.

Krieck, Manfred: Zur Geschichte des Roten Frontkämpferbundes in Mecklenburg 1924–1933. 2 Bde. Diss. Rostock 1987.

Kuntsche, Siegfried: Bodenreform in einem Kernland des Großgrundbesitzes: Mecklenburg-Vorpommern. In: Bauerkämper, Arnd (Hg.): »Junkerland in Bauernhand«? Durchführung, Auswirkungen und Stellenwert der Bodenreform in der Sowjetischen Besatzungszone. Stuttgart 1996 (Historische Mitteilungen, Beiheft 20), S. 51-68.

Lachs, Johannes/Raif, Friedrich Karl: Rostock. 3. Aufl. Rostock 1967.

Langer, Hermann: Leben unterm Hakenkreuz. Alltag in Mecklenburg 1932–1945. Bremen/Rostock 1996.

Lepsius, M. Rainer: Parteiensystem und Sozialstruktur: zum Problem der Demokratisierung der deutschen Gesellschaft [1966]. In: Ritter, Gerhard Albert (Hg.): Deutsche Parteien vor 1918. Köln 1973, S. 56-80.

Leugers-Scherzberg, August H.: Die Wandlungen des Herbert Wehner. Von der Volksfront zur Großen Koalition. Berlin/München 2002.

Loth, Wilfried: Ziele sowjetischer Deutschlandpolitik nach dem Zweiten Weltkrieg. In: Schönhoven, Klaus/Staritz, Dietrich (Hg.): Sozialismus und Kommunismus im Wandel. Hermann Weber zum 65. Geburtstag. Köln 1993, S. 303-323.

Lubowitz, Frank: Hermann Lüdemann. In: Mühlhausen, Walter/Regin, Cornelia (Hg.): Treuhänder des deutschen Volkes. Die Ministerpräsidenten der westlichen Besatzungszonen nach den ersten freien Landtagswahlen. Politische Porträts. Melsungen 1991 (Kasseler Forschungen zur Zeitgeschichte, Bd. 9), S. 295-310.

Lude, Solveig: Wilhelm Höcker – erster Ministerpräsident Mecklenburgs in der SBZ/DDR. Magisterarbeit. Rostock 2001.

Mählert, Ulrich: Die Freie Deutsche Jugend 1945–1949. Von den »Antifaschistischen Jugendausschüssen« zur SED-Massenorganisation: Die Erfassung der Jugend in der Sowjetischen Besatzungszone. Paderborn 1995.

Mallmann, Klaus-Michael: Kommunisten in der Weimarer Republik. Sozialgeschichte einer revolutionären Bewegung. Darmstadt 1996.

Malycha, Andreas: Die SED. Geschichte ihrer Stalinisierung 1946–1953. Paderborn u.a. 2000.

Mannheim, Karl: Das Problem der Generationen. In: Kölner Vierteljahrshefte für Soziologie 7 (1928), S. 157-185 und 309-330.
Martens, Holger: Die Geschichte der Sozialdemokratischen Partei Deutschlands in Schleswig-Holstein 1945 bis 1959. 2 Bde. Malente 1998 (Gesellschaft für Politik und Bildung Schleswig-Holstein: Veröffentlichungen des Beirats für Geschichte, Bd. 19).
Ders.: Erich Klabunde 1907–1950. Hamburg [2000].
Melis, Damian van: Entnazifizierung in Mecklenburg-Vorpommern. Herrschaft und Verwaltung 1945–1948. München 1999 (Studien zur Zeitgeschichte, Bd. 56).
Menzlin, Thoralf: Die SED-Fraktion im Mecklenburgischen Landtag zwischen 1946 und 1949. Untersuchungen zu personeller Entwicklung, Organisationsstrukturen und Arbeitsmethoden. Magisterarbeit. Rostock 1997.
Merseburger, Peter: Der schwierige Deutsche: Kurt Schumacher. Eine Biographie. Stuttgart 1995.
Ders.: Willy Brandt 1913–1992. Visionär und Realist. Stuttgart/München 2002.
Meyer, Christoph: Die deutschlandpolitische Doppelstrategie. Wilhelm Wolfgang Schütz und das Kuratorium Unteilbares Deutschland (1954–1972). Landsberg/Lech 1997.
Michelmann, Jeannette: Die Aktivisten der ersten Stunde. Die Antifa 1945 in der sowjetischen Besatzungszone zwischen Besatzungsmacht und Exil-KPD. Diss. Jena 2001.
Michels, Marko: Einheitszwang oder Einheitsdrang?! Der Vereinigungsprozeß von KPD und SPD zwischen 1945 und 1950 in Mecklenburg-Vorpommern. Schwerin 1999.
Miller, Susanne: Burgfrieden und Klassenkampf. Die deutsche Sozialdemokratie im Ersten Weltkrieg. Düsseldorf 1974 (Beiträge zur Geschichte des Parlamentarismus und der politischen Parteien, Bd. 53).
Dies.: Die Bürde der Macht. Die deutsche Sozialdemokratie 1918–1920. Düsseldorf 1978 (Beiträge zur Geschichte des Parlamentarismus und der politischen Parteien, Bd. 63).
Dies./Potthoff, Heinrich: Kleine Geschichte der SPD. Darstellung und Dokumentation 1848–1990. 7., überarb. u. erw. Aufl. Bonn 1991.
Möller, Kathrin: Von Fokker bis Heinkel. Die mecklenburgische Flugzeugindustrie von ihren Anfängen bis 1945. In: Karge, Wolf/Rakow, Peter-Joachim/Wendt, Ralf (Hg.): Ein Jahrtausend Mecklenburg und Vorpommern. Biographie einer norddeutschen Region in Einzeldarstellungen. Rostock 1995, S. 320-324.
Dies.: Wunder an der Warnow? Zum Aufbau der Warnowwerft und ihrer Belegschaft in Rostock-Warnemünde (1945 bis 1961). Bremen 1998 (IBL-Forschung, Bd. 4).
Moraw, Frank: Die Parole der »Einheit« und die Sozialdemokratie. Zur parteiorganisatorischen und gesellschaftspolitischen Orientierung der SPD in der Periode der Illegalität und in der ersten Phase der Nachkriegszeit 1933–1948. Bonn 1973 (Schriftenreihe des Forschungsinstituts der Friedrich-Ebert-Stiftung, Bd. 94).
Mrotzek, Fred: Die Verfassung des Freistaates Mecklenburg-Schwerin vom 17. Mai 1920. In: Gruner, Wolf D. (Hg.): Jubiläumsjahre – Historische Erinnerung – Historische Forschungen. Festgabe für Kersten Krüger zum 60. Geburtstag. Rostock 1999 (Rostocker Beiträge zur Deutschen und Europäischen Geschichte, Bd. 7), S. 77-95.
Müller, Werner: Sozialdemokratische Politik unter sowjetischer Militärverwaltung. Chancen und Grenzen der SPD in der Sowjetischen Besatzungszone zwischen Kriegsende und SED-Gründung. In: IWK 23 (1987), S. 170-206.
Ders.: Mecklenburg-Vorpommern zwischen sowjetischer Besatzung und Gründung der DDR. In: Zur Arbeit der Enquete-Kommission »Leben in der DDR, Leben nach 1989 – Aufarbeitung und Versöhnung«. Hg. vom Landtag von Mecklenburg-Vorpommern. Bd. I. 3. Aufl. Schwerin 1996, S. 259-274.

Ders./Mrotzek, Fred/Köllner, Johannes: Die Geschichte der SPD in Mecklenburg und Vorpommern. Bonn 2002.
Müller-Enbergs, Helmut/Wielgohs, Jan/Hoffmann, Dieter (Hg.): Wer war wer in der DDR? Ein biographisches Lexikon. Sonderausg. Bonn 2000.
Nagel, Thomas: Die Fabrikarbeiter im Standardwerk Bevensen. Werksgeschichte und Arbeiterkultur 1945–1967. Göttingen 1996 (Beiträge zur Volkskunde in Niedersachsen, Bd. 10) (Schriftenreihe der Volkskundlichen Kommission für Niedersachsen, Bd. 11).
Nespital, Robert: Beiträge zur Geschichte der mecklenburgischen Arbeiterbewegung vor dem ersten Weltkrieg. Erinnerungen und Gedanken eines Veteranen der Arbeiterklasse. Rostock 1954.
Niedbalski, Bernd: Deutsche Zentralverwaltungen und Deutsche Wirtschaftskommission (DWK). Ansätze zur zentralen Wirtschaftsplanung in der SBZ 1945–1948. In: VfZ 33 (1985), S. 456-477.
Niemann, Mario: Der 20. Juli 1944 und seine Auswirkungen in Mecklenburg. In: Zeitgeschichte Regional. Mitteilungen aus Mecklenburg-Vorpommern 2 (1998), H. 1, S. 33-40.
Ders.: Mecklenburgischer Großgrundbesitz im Dritten Reich. Soziale Struktur, wirtschaftliche Stellung und politische Bedeutung. Köln/Weimar/Wien 2000 (Mitteldeutsche Forschungen, Bd. 116).
Niethammer, Lutz/Borsdorf, Ulrich/Brandt, Peter (Hg.): Arbeiterinitiative 1945. Antifaschistische Ausschüsse und Reorganisation der Arbeiterbewegung in Deutschland. Wuppertal 1976.
Oelkers, Jürgen: Biographik – Überlegungen zu einer unschuldigen Gattung. In: NPL 19 (1974), S. 296-309.
Opel, Fritz: Der Deutsche Metallarbeiter-Verband während des ersten Weltkrieges und der Revolution. 4. Aufl. Frankfurt/M. 1980 [1957] (Schriftenreihe der Otto Brenner Stiftung, Bd. 20).
Osterroth, Franz: 100 Jahre Sozialdemokratie in Schleswig-Holstein. Ein geschichtlicher Überblick. Kiel [1963].
Ders.: Chronik der Lübecker Sozialdemokratie 1866–1972. Lübeck 1973.
Ders./Schuster, Dieter: Chronik der deutschen Sozialdemokratie. Bd. II: Vom Beginn der Weimarer Republik bis zum Ende des Zweiten Weltkrieges. 2., neu bearb. u. erw. Aufl. Berlin/Bonn 1975 (Internationale Bibliothek, Bd. 84).
Peukert, Detlev J. K.: Die Weimarer Republik. Krisenjahre der Klassischen Moderne. Frankfurt/M. 1987.
Piechulek, Ronald/Weber, Angrit: Die Kröpeliner-Tor-Vorstadt in Rostock – wie sie früher war. Gudensberg-Gleichen 2001.
Polzin, Martin: Grundlagen und Geschichte der Maikundgebungen von 1890–1918 in Rostock. Diss. Rostock 1958.
Ders.: Kapp-Putsch in Mecklenburg. Junkertum und Landproletariat in der revolutionären Krise nach dem 1. Weltkrieg. Rostock 1966 (Veröffentlichungen des Staatsarchivs Schwerin, Bd. V).
Ders.: Novemberrevolution und Gründung der KPD in Rostock. Rostock [1968].
Ders./Witt, Horst: Rostock von der bürgerlich-demokratischen Revolution 1848/49 bis 1945. Rostock 1974 (Beiträge zur Geschichte der Stadt Rostock).
Prager, Eugen: Geschichte der U.S.P.D. Entstehung und Entwicklung der Unabhängigen Sozialdemokratischen Partei Deutschlands. Nachdruck. Berlin/Bonn 1978 [1921].
Rackow, Heinz-Gerd: Die Grundlagen der Kommunalpolitik der Stadt Rostock in der Periode von 1945 bis zur Gründung der Deutschen Demokratischen Republik. Die ersten fünf Jahre des Neuaufbaus. In: Wissenschaftliche Zeitschrift der Universität Rostock (G) 8 (1958/59), H. 2, S. 147-178.
Ders.: Zum Kampf um die Veränderung der Machtverhältnisse in der Stadt Rostock im ersten Jahr der antifaschistisch-demokratischen Umwälzung (Mai 1945 bis Herbst 1946). Diss. Rostock 1968.
Ders.: Die Vereinigung von KPD und SPD zur SED in Rostock. Rostock 1970.

Raulff, Ulrich: Das Leben – buchstäblich. Über neuere Biographik und Geschichtswissenschaft. In: Klein, Christian (Hg.): Grundlagen der Biographik. Theorie und Praxis des biographischen Schreibens. Stuttgart/Weimar 2002, S. 55-68.

Rebentisch, Dieter: Friedrich Ebert und die Paulskirche. Die Weimarer Demokratie und die 75-Jahrfeier der 1848er Revolution. Heidelberg 1998 (Kleine Schriften der Stiftung Reichspräsident-Friedrich-Ebert-Gedenkstätte, Nr. 25).

Reimers, Günther: Von der Schmiede zum Industriebetrieb. Dorfschmiede Römstedt – Bevenser Maschinenfabrik – Standardwerk Hannover und Bevensen. Uelzen 1996 (Materialien zum Besuch des Landwirtschaftsmuseums Lüneburger Heide, Nr. 25).

Ressmann, Wolfgang: Strukturprobleme sozialdemokratischer Medienunternehmen. Eine organisationspolitische Analyse der SPD-Presseunternehmen von den Anfängen bis zur Gegenwart. Wiesbaden 1991.

Reulecke, Jürgen: Generationen und Biografien im 20. Jahrhundert. In: Strauß, Bernhard/Geyer, Michael (Hg.): Psychotherapie in Zeiten der Veränderung. Historische, kulturelle und gesellschaftliche Hintergründe einer Profession. Wiesbaden 2000, S. 26-40.

Richter, Rolf: Willi Bredel. Ein deutscher Weg im 20. Jahrhundert. Hamburg 1998.

Ritter, Gerhard Albert: Die Arbeiterbewegung im Wilhelminischen Reich. Die Sozialdemokratische Partei und die Freien Gewerkschaften 1890–1900. 2., durchges. Aufl. Berlin 1963 (Studien zur Europäischen Geschichte, Bd. III).

Röckelein, Hedwig (Hg.): Biographie als Geschichte. Tübingen 1993 (Forum Psychohistorie, Bd. 1).

Rohe, Karl: Das Reichsbanner Schwarz Rot Gold. Ein Beitrag zur Geschichte und Struktur der politischen Kampfverbände zur Zeit der Weimarer Republik. Düsseldorf 1966 (Beiträge zur Geschichte des Parlamentarismus und der politischen Parteien, Bd. 34).

Rüss, Gisela: Anatomie einer politischen Verwaltung. Das Bundesministerium für gesamtdeutsche Fragen – Innerdeutsche Beziehungen 1949–1970. München 1973 (Münchner Studien zur Politik, Bd. 23).

Sabrow, Martin: Die verdrängte Verschwörung. Der Rathenau-Mord und die deutsche Gegenrevolution. Frankfurt/M. 1999.

Saul, Klaus: Der Kampf um die Jugend zwischen Volksschule und Kaserne. Ein Beitrag zur »Jugendpflege« im Wilhelminischen Reich 1890–1914. In: MGM 9 (1971), S. 97-143.

Ders.: Staat, Industrie und Arbeiterbewegung im Kaiserreich. Zur Innen- und Sozialpolitik des Wilhelminischen Deutschland 1903–1914. Düsseldorf 1974 (Studien zur modernen Geschichte, Bd. 16).

Schildt, Axel: Die Republik von Weimar. Deutschland zwischen Kaiserreich und »Drittem Reich« (1918–1933). Erfurt 1997.

Ders.: Konservatismus in Deutschland. Von den Anfängen im 18. Jahrhundert bis zur Gegenwart. München 1998.

Schley, Cornelius: Die Sozialistische Arbeiterjugend Deutschlands (SAJ). Sozialistischer Jugendverband zwischen politischer Bildung und Freizeitarbeit. Frankfurt/M. 1987 (Quellen und Beiträge zur Geschichte der Jugendbewegung, Bd. 30).

Schmeitzner, Mike: Genossen vor Gericht. Die sowjetische Strafverfolgung von Mitgliedern der SED und ihrer Vorläuferparteien 1945–1954. In: Hilger, Andreas/Schmeitzner, Mike/Schmidt, Ute (Hg.): Sowjetische Militärtribunale. Bd. 2: Die Verurteilung deutscher Zivilisten 1945–1955. Köln u.a. 2003 (Schriften des Hannah-Arendt-Instituts für Totalitarismusforschung, Bd. 17/2), S. 265-344.

Schmidt, Robert: Der gesetzliche Arbeiterschutz für Jugendliche. Hg. von der Zentralstelle für die arbeitende Jugend Deutschlands. 2., erw. Ausg. Berlin 1913.

Schneider, Dieter Marc: Renaissance und Zerstörung der kommunalen Selbstverwaltung in der sowjetischen Besatzungszone. In: VfZ 37 (1989), S. 457-497.
Schneider, Michael: Unterm Hakenkreuz. Arbeiter und Arbeiterbewegung 1933 bis 1939. Bonn 1999 (Geschichte der Arbeiter und der Arbeiterbewegung in Deutschland seit dem Ende des 18. Jahrhunderts, Bd. 12).
Scholz, Michael F.: Herbert Wehner in Schweden 1941–1946. München 1995 (Schriftenreihe der Vierteljahrshefte für Zeitgeschichte, Bd. 70).
Schoßig, Bernhard (Hg.): Die studentischen Arbeiter-Unterrichtskurse in Deutschland. Bad Heilbrunn 1987.
Schröder, Frank/Ehlers, Ingrid: Zwischen Emanzipation und Vernichtung. Zur Geschichte der Juden in Rostock. Rostock 1988 (Schriftenreihe des Stadtarchivs Rostock, H. 9).
Schröder, Heike: Zur Geschichte der sozialdemokratischen Arbeiterjugendbewegung von ihren Anfängen bis 1923. 2 Bde. Diss. Rostock 1989.
Schröder, Karsten: Druckerei- und Verlagsgebäude der »Mecklenburgischen Volkszeitung«. In: Verschwunden – Vergessen – Bewahrt? Denkmal und Erbe der Technikgeschichte in Mecklenburg und Vorpommern. Rostock 1997, S. 166-168.
Ders./Koch, Ingo (Hg.): Rostocker Chronik. Ein Streifzug durch das 20. Jahrhundert in Bildern und zeitgenössischen Pressestimmen. 2., durchges. Aufl. Rostock 2000.
Schröder, Wilhelm Heinz: Sozialdemokratische Parlamentarier in den deutschen Reichs- und Landtagen 1867–1933. Biographien – Chronik – Wahldokumentation. Düsseldorf 1995 (Handbücher zur Geschichte des Parlamentarismus und der politischen Parteien, Bd. 7).
Ders.: Politik als Beruf? Ausbildung und Karrieren von sozialdemokratischen Reichstagsabgeordneten im Kaiserreich und in der Weimarer Republik. In: Dowe, Dieter/Kocka, Jürgen/Winkler, Heinrich August (Hg.): Parteien im Wandel vom Kaiserreich zur Weimarer Republik. Rekrutierung – Qualifizierung – Karrieren. München 1999 (Schriftenreihe der Stiftung Reichspräsident-Friedrich-Ebert-Gedenkstätte, Bd. 7), S. 27-84.
Schroeder, Friedrich-Christian: Fünfzig Jahre Königsteiner Kreis. In: Deutschland-Archiv 31 (1998), S. 709-711.
Ders.: Das Sowjetrecht als Grundlage der Prozesse gegen deutsche Kriegsgefangene. In: Hilger, Andreas/Schmidt, Ute/Wagenlehner, Günther (Hg.): Sowjetische Militärtribunale. Bd. 1: Die Verurteilung deutscher Kriegsgefangener 1941–1953. Köln u.a. 2001 (Schriften des Hannah-Arendt-Instituts für Totalitarismusforschung, Bd. 17/1), S. 69-92.
Schulze, Hagen: Otto Braun oder Preußens demokratische Sendung. Eine Biographie. Frankfurt/M./Berlin/Wien 1977.
Ders.: Die Biographie in der »Krise der Geschichtswissenschaft«. In: GWU 29 (1978), S. 508-518.
Schumacher, Martin (Hg.): M.d.R. Die Reichstagsabgeordneten der Weimarer Republik in der Zeit des Nationalsozialismus. Politische Verfolgung, Emigration und Ausbürgerung 1933–1945. 3., erhebl. erw. u. überarb. Aufl. Düsseldorf 1994.
Ders. (Hg.): M.d.L. Das Ende der Parlamente 1933 und die Abgeordneten der Landtage und Bürgerschaften der Weimarer Republik in der Zeit des Nationalsozialismus. Politische Verfolgung, Emigration und Ausbürgerung 1933–1945. Düsseldorf 1995.
Schuster, Kurt G. P.: Der Rote Frontkämpferbund 1924–1929. Beiträge zur Geschichte und Organisationsstruktur eines politischen Kampfbundes. Düsseldorf 1975 (Beiträge zur Geschichte des Parlamentarismus und der politischen Parteien, Bd. 55).
Schwabe, Klaus: Verfassungen in Mecklenburg zwischen Utopie und Wirklichkeit. 3., unveränd. Aufl. Schwerin 1996 [1992] (Reihe: Geschichte Mecklenburg-Vorpommern, Bd. 3).
Ders.: Zwischen Krone und Hakenkreuz. Die Tätigkeit der sozialdemokratischen Fraktion im Mecklenburg-Schwerinschen Landtag 1919–1932. Sindelfingen 1994.

Ders.: Albert Schulz. Ein Leben für soziale Gerechtigkeit und Freiheit. 2., unveränd. Aufl. Schwerin 1997 [1995] (Reihe: Geschichte Mecklenburg-Vorpommern, Bd. 7).
Ders.: Die Zwangsvereinigung von KPD und SPD in Mecklenburg-Vorpommern. 4. Aufl. Schwerin 1998 [3., erw. Aufl. 1996/1. Aufl. 1992] (Reihe: Geschichte Mecklenburg-Vorpommern, Bd. 2).
Ders.: Landtagswahl in Mecklenburg-Vorpommern 1946. Begleitheft zu einer Ausstellung im Landtag Mecklenburg-Vorpommern vom 28. August bis 20. Oktober 1996. Schwerin 1996.
Ders.: Arroganz der Macht. Herrschaftsgeschichte von KPD und SED in Mecklenburg und Vorpommern 1945–1952. Schwerin 1997.
Ders.: Wurzeln, Traditionen und Identität der Sozialdemokratie in Mecklenburg und Pommern. Schwerin 1999 (Reihe: Geschichte Mecklenburg-Vorpommern, Bd. 9).
Schwarz, Max: MdR. Biographisches Handbuch der Reichstage. Hannover 1965.
Selzer, Rolf: Albert Schulz. In: Demokratische Geschichte. Jahrbuch zur Arbeiterbewegung und Demokratie in Schleswig-Holstein III (1988), S. 638-639.
Sens, Ingo: Geschichte der Energieversorgung in Mecklenburg und Vorpommern von ihren Anfängen im 19. Jahrhundert bis zum Jahr 1990. Rostock 1997.
Ders.: Rostock als Kraftwerksstandort. Chronik des Steinkohlekraftwerkes. Ein Beitrag zur Technikgeschichte der Region. Rostock 2000.
Sieber, Horst: Vor 40 Jahren: Neue Stadtverordnetenversammlung nach ersten demokratischen Wahlen. In: Beiträge zur Geschichte der Stadt Rostock N.F. 1986, H. 6, S. 11-20.
Ders.: Josef Schares. Ein Arbeiterleben für den Sozialismus. In: Beiträge zur Geschichte der Stadt Rostock N.F. 1987, H. 7, S. 35-53.
Soell, Hartmut: Helmut Schmidt 1918–1969. Vernunft und Leidenschaft. München 2003.
Stahl, Joachim: Neptunwerft – ein Rostocker Unternehmen im Wandel der Zeit. Rostock 1995 (Schriften des Schiffahrtsmuseums der Hansestadt Rostock, Bd. 1).
Staritz, Dietrich: Die Gründung der DDR. Von der sowjetischen Besatzungsherrschaft zum sozialistischen Staat. 3., überarb. u. erw. Aufl. München 1995.
Steiner, André: Die Deutsche Wirtschaftskommission – ein ordnungspolitisches Machtinstrument. In: Hoffmann, Dierk/Wentker, Hermann (Hg.): Das letzte Jahr der SBZ. Politische Weichenstellungen und Kontinuitäten im Prozeß der Gründung der DDR. München 2000 (Schriftenreihe der Vierteljahrshefte für Zeitgeschichte, Sondernummer), S. 85-105.
Strobel, Dietrich/Dame, Günter: Schiffbau zwischen Elbe und Oder 1945–1992. Herford 1993.
Stunnack, Grit: Willy Jesse – Eine Biographie. Magisterarbeit. Rostock 1997.
Sühl, Klaus: Schumacher und die Westzonen-SPD im Vereinigungsprozeß. In: Staritz, Dietrich/Weber, Hermann (Hg.): Einheitsfront – Einheitspartei. Kommunisten und Sozialdemokraten in Ost- und Westeuropa 1944–1948. Köln 1989, S. 108-128.
Sywottek, Arnold: Deutsche Volksdemokratie. Studien zur politischen Konzeption der KPD 1935–1946. Düsseldorf 1971 (Studien zur modernen Geschichte, Bd. 1).
Tenfelde, Klaus: Arbeitersekretäre. Karrieren in der deutschen Arbeiterbewegung vor 1914. Heidelberg 1993 (Kleine Schriften der Stiftung Reichspräsident-Friedrich-Ebert-Gedenkstätte, Nr. 13).
Ders.: Krupp – der Aufstieg eines deutschen Weltkonzerns. In: ders. (Hg.): Bilder von Krupp. Fotografie und Geschichte im Industriezeitalter. München 1994, S. 13-39.
Ders.: Historische Milieus – Erblichkeit und Konkurrenz. In: Hettling, Manfred/Nolte, Paul (Hg.): Nation und Gesellschaft in Deutschland. Historische Essays. München 1996, S. 247-268.
Ders.: Milieus, politische Sozialisation und Generationskonflikte im 20. Jahrhundert. Bonn 1998 (Gesprächskreis Geschichte der Friedrich-Ebert-Stiftung, H. 19).
Tormin, Walter: Die Geschichte der SPD in Hamburg 1945 bis 1950. Hamburg 1994 (Forum Zeitgeschichte, Bd. 4).

Tyrell, Albrecht: Auf dem Weg zur Diktatur: Deutschland 1930 bis 1934. In: Bracher, Karl Dietrich/ Funke, Manfred/Jacobsen, Hans-Adolf (Hg.): Deutschland 1933–1945. Neue Studien zur nationalsozialistischen Herrschaft. 2., erg. Aufl. Bonn 1993, S. 15-31.

Ullrich, Volker: Die Hamburger Arbeiterbewegung vom Vorabend des Ersten Weltkrieges bis zur Revolution 1918/19. 2 Bde. Hamburg 1976.

Ders.: Die nervöse Großmacht. Aufstieg und Untergang des deutschen Kaiserreichs 1871–1918. Frankfurt/M. 1999 [1997].

Urbschat, Kerstin: Die Arbeiterbewegung in Mecklenburg im Kampf gegen die Errichtung einer faschistischen Diktatur in Deutschland 1931/1932. 2 Bde. Diss. Rostock 1989.

Dies.: Zur Bildung der Eisernen Front in Mecklenburg (Dezember 1931 bis März 1932). In: Wissenschaftliche Zeitschrift der Universität Rostock (G) 39 (1990), H. 7/8, S. 80-96.

Dies.: Mecklenburg-Schwerin in den letzten Jahren der Weimarer Republik. In: Bajohr, Frank (Hg.): Norddeutschland im Nationalsozialismus. Hamburg 1993 (Forum Zeitgeschichte, Bd. 1), S. 83-98.

Varain, Heinz Josef: Parteien und Verbände. Eine Studie über ihren Aufbau, ihre Verflechtung und ihr Wirken in Schleswig-Holstein 1945–1958. Köln/Opladen 1964 (Staat und Politik, Bd. 7).

Vierhaus, Rudolf/Herbst, Ludolf (Hg.): Biographisches Handbuch der Mitglieder des Deutschen Bundestages 1949–2002. 3 Bde. München 2002/2003.

Vom Werden und Wachsen der Neptunwerft. Eine Chronik der 130jährigen Entwicklung. Hg. von der Leitung der Grundorganisation der SED. Kommission für Betriebsgeschichte VEB Schiffswerft »Neptun«. Rostock 1979.

Voß, Eberhard: Wilhelm Höcker. Der erste Ministerpräsident Mecklenburgs nach der Befreiung vom Faschismus. In: Archivmitteilungen 36 (1986), S. 149-151.

Voßke, Heinz: Zum Kampf um die Vereinigung der KPD und SPD zur SED in Mecklenburg/Vorpommern (Mai 1945 bis April 1946). Diss. Berlin 1964.

Wagner, Andreas: Arbeiter und Arbeiterexistenz im Wandel. Zur Geschichte der Belegschaft der Rostocker Brauerei Mahn & Ohlerich 1878–1955. Bremen 1997 (IBL-Forschung, Bd. 5).

Walter, Franz: Schloß Tinz: eine Schule der Jungsozialisten. In: SPW 7 (1984), S. 430-434.

Wasser, Ulrike: Das Wirken der Sozialdemokratischen Arbeiterjugend Deutschlands in Mecklenburg in den Jahren 1924 bis 1933. Rostock 1997 (Rostocker Beiträge zur Deutschen und Europäischen Geschichte, Bd. 1).

Weber, Angrit: Die Auswirkungen der Industrialisierung auf die Entwicklung der Stadt Rostock. Das Leben in der Kröpeliner-Tor-Vorstadt zu Beginn des 20. Jahrhunderts. In: Möller, Kathrin [Hg.]: Beiträge zur Geschichte der Industrialisierung in Mecklenburg und Vorpommern. Schwerin 2000 (Reihe: Geschichte Mecklenburg-Vorpommern, Bd. 10), S. 63-67.

Weber, Hermann: Geschichte der DDR. Akt. u. erw. Neuausg. München 1999.

Weber, Jürgen: Joachim Steffen – Der »rote« Jochen. In: Demokratische Geschichte. Jahrbuch zur Arbeiterbewegung und Demokratie in Schleswig-Holstein III (1988), S. 597-602.

Wehler, Hans-Ulrich: Zum Verhältnis von Geschichtswissenschaft und Psychoanalyse. In: ders. (Hg.): Geschichte und Psychoanalyse. Köln 1971, S. 9-30.

Weichlein, Siegfried: Sozialmilieus und politische Kultur in der Weimarer Republik. Lebenswelt, Vereinskultur, Politik in Hessen. Göttingen 1996 (Kritische Studien zur Geschichtswissenschaft, Bd. 115).

Ders.: Multifunktionäre und Parteieliten in Katholizismus und Sozialdemokratie zwischen Kaiserreich und Republik. In: Dowe, Dieter/Kocka, Jürgen/Winkler, Heinrich August (Hg.): Parteien im Wandel vom Kaiserreich zur Weimarer Republik. Rekrutierung – Qualifizierung – Karrieren. München 1999 (Schriftenreihe der Stiftung Reichspräsident-Friedrich-Ebert-Gedenkstätte, Bd. 7), S. 183-209.

Wieden, Helge bei der: Die mecklenburgischen Regierungen und Minister 1918–1952. Köln/Wien 1977 (Schriften zur mecklenburgischen Geschichte, Kultur und Landeskunde, H. 1).
Winkler, Heinrich August: Von der Revolution zur Stabilisierung. Arbeiter und Arbeiterbewegung in der Weimarer Republik 1918 bis 1924. 2., vollst. durchges. u. korr. Aufl. Berlin/Bonn 1985 (Geschichte der Arbeiter und der Arbeiterbewegung in Deutschland seit dem Ende des 18. Jahrhunderts, Bd. 9).
Ders.: Der Schein der Normalität. Arbeiter und Arbeiterbewegung in der Weimarer Republik 1924 bis 1930. 2., vollst. durchges. u. korr. Aufl. Bonn 1988 (Geschichte der Arbeiter und der Arbeiterbewegung in Deutschland seit dem Ende des 18. Jahrhunderts, Bd. 10).
Ders.: Der Weg in die Katastrophe. Arbeiter und Arbeiterbewegung in der Weimarer Republik 1930 bis 1933. 2., vollst. durchges. u. korr. Aufl. Bonn 1990 (Geschichte der Arbeiter und der Arbeiterbewegung in Deutschland seit dem Ende des 18. Jahrhunderts, Bd. 11).
Witt, Horst u.a.: Chronik der Stadt Rostock von 1945–1979. Teil 1: 1945–1970. Rostock 1978 (Kleine Schriftenreihe des Stadtarchivs Rostock, Sonderheft 3).
Witte, Siegfried: Der Königsteiner Kreis 1949–1959. 10 Jahre Mitarbeit an der Wiedervereinigung Deutschlands in Frieden und Freiheit. Frankfurt/M. 1959.
Woyke, Meik: Die »Generation Schumacher«. In: Schönhoven, Klaus/Braun, Bernd (Hg.): Generationen in der Arbeiterbewegung. München 2005 (Schriftenreihe der Stiftung Reichspräsident-Friedrich-Ebert-Gedenkstätte, Bd. 12), S. 87-105.
Wulf, Peter: Kiel wird Großstadt (1867 bis 1918). In: Jensen, Jürgen/Wulf, Peter (Hg.): Geschichte der Stadt Kiel. Neumünster 1991, S. 207-271.
Wulff, Reimer: Die Deutschvölkische Freiheitspartei 1922–1928. Marburg 1968.
Ziemann, Benjamin: Republikanische Kriegserinnerung in einer polarisierten Öffentlichkeit. Das Reichsbanner Schwarz-Rot-Gold als Veteranenverband der sozialistischen Arbeiterschaft. In: HZ Bd. 267 (1998), S. 357-398.
Zimmermann, Peter: Theodor Haubach (1896–1945). Eine politische Biographie. Diss. Hamburg 2002.
Zur Mühlen, Patrik von: Die SPD zwischen Anpassung und Widerstand. In: Schmädeke, Jürgen/ Steinbach, Peter (Hg.): Der Widerstand gegen den Nationalsozialismus. Die deutsche Gesellschaft und der Widerstand gegen Hitler. München/Zürich 1985, S. 86-98.
Zwangsvereinigung von SPD und KPD in Mecklenburg-Vorpommern. Hg. vom Parteivorstand der SPD. [Schwerin] [1996].

Anhang

Abbildungsnachweis

Abb. 1: Albert Schulz als junger Mann (etwa 1914). S. 27.
Abb. 2: Friedrich Jenßen, Martha Planeth, Alfred Starosson, Paul Schulz, Emma Munck, Albert Schulz beim Wandern (1921). S. 49.
Abb. 3: Der Vorstand des Reichsbanners im Gau Mecklenburg-Lübeck. Rechts neben Albert Schulz: Hermann Janzen (1924 oder später). S. 80.
Abb. 4: Albert Schulz als Reichstagsabgeordneter (1932). S. 108.
Abb. 5: Emma Schulz im Zigarrenladen in Rostock (1933 oder später). S. 136.
Abb. 6: Albert Schulz als Oberbürgermeister mit Stadträten (1947). Von links: Paul Schwanke, Walter Petschow, [Richard Heuer], Günter Matern, Albert Schulz, [?], Martin Müller, Hans Griem, Heinrich Heydemann (Leiter des Rechtsamtes). S. 202.
Abb. 7: Albert Schulz (etwa 1955). S. 288.
Abb. 8: Emma und Albert Schulz auf dem SPD-Parteitag in Dortmund (1966). S. 299.

Sämtliche Abbildungen befinden sich im Nachlass Albert Schulz im Privatarchiv Peter Schulz, Hamburg. Trotz intensiver Recherchen konnten nicht alle Rechteinhaber ermittelt werden. Falls doch noch Rechte geltend gemacht werden können, bitten wir darum, sich mit dem Verlag in Verbindung zu setzen.

Personenregister

A

Achenbach, Ado von 222, 223
Ackermann, Anton 234
Ackermann, Robert 102, 126
Adenauer, Konrad . . . 268, 280, 281, 291, 295
Adler, Eduard 35
Adler, Heinz 286
Ahrens, Bernhard 272
Asch, Julius 42, 71, 73, 194

B

Bade, Paul 77, 96
Ballerstaedt, Franz 19, 153, 154, 166, 205
 263
Bartosch, Karl 80, 93
Bebel, August 46, 76, 119, 126, 180
Bebel, Julie 126
Becker, Herbert 296
Beese, Grete 154, 167
Beese, Heinrich . . 53, 112, 138, 154, 207, 221
 224, 246, 249, 252, 253, 290
Beims, Hermann 52
Bernitt, Hans 119
Bernstein, Eduard 36
Blachstein, Peter 7, 262
Bloch, Marie 132
Bohm, Erna 167
Brandenstein, Joachim Freiherr von . . . 66, 69
 77
Brandt, Willy 20, 300, 301
Brauer, Max 286
Braun, Otto 91, 106, 116, 194
Braunthal, Alfred 63
Bredel, Willi . . . 145, 146, 148, 150, 153, 154
 163, 169, 175, 254
Brehmer, Karl 43, 50, 58, 85, 86, 93
Breitscheid, Rudolf 194
Brie, Horst 248
Bromme, Paul 277, 278, 279, 280, 287
Brüning, Heinrich 87, 90, 91
Budach 241
Buddenhagen, Hermann 95

Bugdahn, Paul 26
Bürger, Kurt . . . 178, 185, 196, 215, 243, 244
 248
Burwitz, Max 252

D

Dahrendorf, Gustav 148, 156, 167, 168
 191, 197
Damm, Walter 285, 288, 290, 295, 296
 297
Delacroix, Eugène 30
Diederich, Helmuth 115
Diekmann, Bruno 282, 287, 302
Dittrich, Wilhelm 44, 119
Düwel, Paul 222

E

Ebert, Friedrich 44, 61, 64, 194
Eggerstedt, Otto 98
Engelbrecht, Wilhelm 119
Engels, Friedrich 30, 54, 175, 194
Erythropel, Heinrich 60
Erzberger, Matthias 78
Esch, Arno 267
Eschenburg, Karl Gustav 85, 90

F

Fechner, Max 146, 181
Franck, Max 131
Franke, Egon 259
Freienstein, Isidor 209, 228
Frenzel, Jürgen 297
Frick, Wilhelm 104, 123

G

Gayk, Andreas 272, 273, 275, 276, 277
 280, 281, 282, 285, 286
Genscher, Hans-Dietrich 300
Glaser, Leo 209
Glückauf, Erich 185
Gniffke, Erich W. . . . 146, 167, 168, 207, 234
Goebbels, Joseph 104

Goerdeler, Carl Friedrich 138
Goethe, Johann Wolfgang von 76
Göring, Hermann 117
Grabow, Robert 120
Granzow, Walter 105, 111
Greiner, Oskar 63
Griem, Hans . . . 201, 202, 210, 211, 228, 250
    251
Griesinger 59, 60
Großherzog Friedrich Franz IV. 39
Grotewohl, Otto 147, 150, 169, 170, 174
    178, 179, 186, 190, 191, 194, 207, 234
    251, 252
Grünberg, Gottfried 234
Grzesinski, Albert 89, 106

H

Haase, Hugo 36
Haller, Wilhelm 80
Harder, Paul 153, 170
Haubach, Theodor 89
Heine, August 276, 277, 279, 280
Heine, Heinrich 76
Hennecke, Hans 70, 71, 135, 140, 224
Herholz, Kurt 174, 187
Herzfeld, Joseph 23, 30, 36, 72
Heuer, Richard 202
Heydemann, Heinrich . . . 163, 202, 204, 211
    213, 214
Hildebrandt, Friedrich . . . 66, 77, 90, 98, 104
    111, 129, 130, 140
Hindenburg, Paul von . . 82, 93, 103, 115, 120
Hitler, Adolf . . 10, 77, 98, 103, 104, 105, 109
    112, 113, 114, 120, 124, 125, 131, 138
    139, 140, 147, 152, 160, 308
Höcker, Grete 72
Höcker, Wilhelm . . . 13, 14, 15, 71, 72, 81, 97
    101, 103, 111, 118, 121, 131, 141, 149
    150, 176, 181, 182, 190, 195, 198, 200
    205, 210, 214, 215, 230, 233, 248, 255
    259, 260, 303, 304, 305, 306
Höltermann, Karl . . . 100, 105, 106, 112, 125
    132
Hörning, Wilhelm 143, 144, 175
Hörsing, Otto 82, 87, 100
Huchthausen, Theodor 67
Hugenberg, Alfred 91, 114

J

Janzen, Else 135
Janzen, Hermann 80, 84, 119, 124
Jaspers, Karl 89
Jenßen, Friedrich 49, 95, 248
Jenssen, Otto 63
Jesse, Willy 13, 14, 15, 53, 54, 55, 65, 68
    81, 86, 93, 101, 102, 104, 105, 110, 115
    117, 118, 119, 121, 122, 123, 124, 129
    130, 131, 133, 136, 138, 139, 140, 148
    150, 156, 171, 172, 178, 179, 180, 181
    183, 185, 190, 193, 194, 195, 196, 198
    199, 207, 208, 215, 254, 255, 257, 260
    283, 284, 290, 299, 303, 304, 305, 306
    307
Jöhren, Werner 231

K

Käber, Wilhelm 282, 283, 286, 298
Kahr, Gustav Ritter von 64
Kaiser Wilhelm II. 32
Kalbitzer, Hellmut 7, 262
Karl, Xaver 158, 159, 161, 170, 171, 183
    193, 195
Kautsky, Karl 36
Keilhack, Irma 262
Ketelhohn, Margarete . . 13, 14, 15, 43, 45, 48
    55, 59, 68, 75, 86, 93, 97, 101, 102, 111
    119, 121, 124, 167, 181, 255, 303, 304
    305, 306
Klabunde, Erich 262, 267
Kleesaat, Walter 199, 201, 202, 209
Kleinert, Hans 119, 135
Knoop, Wilhelm 80, 86, 92
Koch, Karl 231, 232
Kohl, Karl Heinz 225, 252, 269
Kollwitz, Hans 59, 60
Kröger, Carl 153, 221
Kröger, Ida 119
Kröger, Wilhelm . . . 23, 25, 36, 52, 56, 62, 74
    75, 87, 93, 107, 110, 194
Kronprinz August Wilhelm 104
Krüger, Auguste 21
Krüger, Franz 57
Krüger, Hermann 24
Krüger, Paul 183
Kruse, Albert 264, 265, 266
Kruse, Erwin 189

Kukil, Max 271, 273, 274, 275, 276, 278 283, 287, 290
Künder, Paul 271
Kundermann, Erich 244, 248, 250
Kuphal, Otto 143, 163, 168, 175, 186 189, 197, 201
Kurfürst, Nanny 75

L

Landahl, Heinrich 259, 261
Lange, Hans E. 44
Langerstein, Julius 137
Lau, Paul 292
Leber, Julius ... 10, 57, 75, 87, 89, 91, 92, 101 107, 110, 116, 138, 140, 148, 180
Lechner, Eugen 279, 282, 283
Lenz, August 187
Lenz, Friedrich 241, 242, 243, 246, 248
Lersow, Richard 248
Leske, Rudolf 252, 253
Lettow, August 92, 119
Lettow-Vorbeck, Paul von 44, 45
Liebknecht, Karl 36, 181
Lindenberg, Hans 84
Löbe, Paul 103, 109, 122, 123, 294
Lockmann, Gertrud 267
Löwigt, Paul 84
Lüdemann, Hermann 160, 161, 162, 170 171, 172, 173, 174, 175, 176, 277, 278 281
Luxemburg, Rosa 36, 181

M

Mahncke, Hans 157
Major Serdjukoff 219
Marx, Karl 30, 54, 114, 194, 289
Marx, Wilhelm 82
Matern, Günter 202, 220, 222
Meitmann, Karl 258, 261, 262, 263
Mellies, Wilhelm 278, 279, 283, 285
Mertineit, Werner 251, 254, 259, 264
Methling, Richard 206, 207
Mewis, Karl 188, 189, 247, 248, 249
Moeller, Richard 71, 84, 101, 102
Möller, Karl 204, 205
Möller, Walther 203
Moltmann, Carl ... 13, 14, 15, 46, 47, 53, 55 56, 59, 61, 72, 75, 76, 81, 83, 93, 101, 104

107, 110, 116, 118, 121, 131, 158, 159 161, 170, 171, 172, 174, 176, 177, 183 185, 186, 189, 190, 191, 193, 194, 195 196, 207, 208, 210, 215, 217, 230, 248 249, 255, 259, 260, 303, 304, 305, 306
Moritz, Karl 57, 159, 170, 171, 185, 193 195, 236
Müller, Carl 189
Müller, Hermann 75, 90, 91
Müller, Martin 119, 131, 143, 144, 150 153, 157, 170, 201, 202, 221, 226, 238 239, 240, 241, 242, 245, 246, 248
Munck, Emma (bzw. Emmi) [i.e. Schulz, Emma] ... 48, 49, 51, 64, 68

N

Nau, Alfred 276, 302
Nespital, Robert 17, 18, 47, 57, 119, 124 131, 253
Neumann, Franz 64
Neumann, Siegmund 270
Nudow, Willi 230, 236

O

Oberst Prjadko 143
Oberstleutnant Kiritschenko 184, 198
Oertzen, Dietrich von 90
Oertzen, Wilhelm von 70, 77
Ollenhauer, Erich ... 139, 147, 257, 258, 259 271, 276, 278, 279, 280, 284, 296, 297
Osterroth, Franz 19, 300

P

Pagel, Max 183, 184
Papen, Franz von 105, 106, 109, 115
Passarge, Otto 80, 277, 279, 280
Pawlow, Iwan 101
Petschow, Walter 175, 186, 189, 198, 200 201, 202, 213, 226, 239, 249
Pieck, Wilhelm 147, 171, 172, 186, 194 207, 215, 217, 226
Planeth, Martha [s.a. Starosson, Martha] .. 49
Planeth, Sonja 163, 251
Pollok, Hans 170, 187
Puls, Rudolf 41, 111

Q

Quandt, Bernhard 196, 215

333

Quandt, Günther 105

R
Rathenau, Walter 78, 81, 106
Rebe, Alfred 49, 50
Reif, Hans 300
Reincke-Bloch, Hermann 49, 56, 132
Renger, Annemarie 280
Reuter, Fritz..................... 129
Roland, Jürgen 267

S
Saling, Werner 210
Säverin, Herbert 193, 241, 242
Schäfer, Friedrich 245, 246, 247, 248
Schares, Josef ... 150, 154, 155, 162, 168, 198, 202, 209
Scheffler, Paul Friedrich 198
Scheidemann, Philipp 51
Schiller, Friedrich 26, 76
Schleicher, Kurt von 111, 112
Schlicker, Wilhelm 254
Schmedemann, Willi 258, 269
Schmidt, Helmut 8, 20, 302
Schmidt, Max 212, 213, 214, 254, 260
Scholz, Alfred 207
Schönfelder, Adolph 278
Schröder, Karl ... 94, 114, 120, 123, 138, 153
Schroeder, Paul 48, 70, 71, 74, 75, 84, 85, 101, 104
Schult, Wilhelm 274
Schultz, Walter 104, 136, 153, 222
Schulz, Berthold 21, 24, 25
Schulz, Emma (bzw. Emmi) [s.a. Munck, Emma (bzw. Emmi)] 76, 87, 94, 95, 109, 113, 119, 124, 126, 127, 128, 129, 130, 131, 132, 133, 134, 135, 136, 137, 140, 190, 251, 254, 255, 257, 264, 299, 300
Schulz, Lisel 74, 124, 127, 137, 251, 254, 258, 259, 260, 264
Schulz, Paul 21, 42, 49, 50, 54, 55, 68, 86, 118, 119, 121, 124, 131, 132
Schulz, Peter 87, 124, 127, 132, 137, 163, 164, 251, 264, 298, 301, 302
Schumacher, Kurt ... 123, 147, 169, 190, 191, 196, 215, 221, 222, 244, 251, 253, 266, 280, 284

Schwanke, Paul 166, 186, 199, 201, 202, 218, 221, 222, 226
Schwiesow, Max 212, 213, 214, 217
Seitz, Christoph 144, 150, 151, 157, 163, 168, 170, 175, 189, 203, 266
Semper, Johannes 151, 152
Sepke, Otto 246
Serebriski, Arkadi D. 217, 218
Severing, Carl 71, 84, 194
Shukow, Georgij K. 146
Skossyrew, Michail A. 197, 198, 200, 230
Sobottka, Gustav ... 148, 149, 153, 154, 166, 174, 175, 178
Spreche, Wilhelm ... 151, 162, 163, 168, 175
Stalin, Jossif 147, 148, 186, 218, 220
Starosson, Alfred 41, 42, 43, 49, 53, 101, 112, 119, 124, 130, 131, 153, 154, 180, 182, 187, 192, 193, 195, 198, 208, 215, 236
Starosson, Franz 26, 39, 42, 76, 194
Starosson, Martha [i.e. Planeth, Martha] 130
Steffen, Jochen 288, 289, 293, 300, 301
Steinfatt, Friedrich 96, 97
Steinfeldt, Heinrich 269
Stelling, Johannes 48, 52, 57, 59, 60, 61, 92, 122, 194
Strack, Gerhard 284, 296, 297
Strasser, Gotthilf 232
Strauß, Heinrich 225
Suhrbier, Max 206
Susemihl, Stefan 134

T
Tarnow, Fritz 139
Tessenow, Heinrich 202
Thälmann, Ernst 103, 194
Thape, Ernst 300
Thomas, Stephan 264, 265, 266, 271
Thomaschewski, Günther Robert ... 242, 243, 245, 246, 248
Traede, Paul 183
Trost, Friedrich 222, 228
Tschachotin, Sergej 101

U
Ulbricht, Walter 145, 147, 192
Uplegger, Richard 104

V

Vogel, Hans 139, 147

W

Warnke, Johannes . . . 166, 194, 197, 198, 203 205, 215, 228, 233, 243, 244, 245, 247
Wegener, Lothar 199, 209, 223, 228
Wehner, Herbert . . . 7, 20, 188, 258, 259, 261 262, 265, 266, 267, 268, 269, 270, 271 272, 296, 297, 298, 300, 301
Wehner, Lotte 300
Weichmann, Herbert 298, 299
Weimar, Hans 153
Wels, Otto 44, 56, 90, 120, 122, 147
Wendhausen, Albrecht von 44, 45
Wendorff, Hugo 40, 46
Wendt, Albert 138
Wenzel, Hugo 46, 67
Westphal, August 209, 226
Wiesner, Erich 175
Witte, Siegfried 174, 249, 250, 270
Witteborn, Hermann 260
Wulff, Heinrich 298

335

Danksagung

Die vorliegende Arbeit ist die stark gekürzte Fassung meiner im Wintersemester 2004/05 vom Fachbereich Philosophie und Geschichtswissenschaft der Universität Hamburg angenommenen Dissertation. Bei der Recherche und Niederschrift der Arbeit habe ich vielfältige Unterstützung erfahren.

Besonders herzlich danke ich Prof. Dr. Barbara Vogel, die meine Forschungen kritisch begleitet und immer wieder gefördert hat. Eine bessere und engagiertere akademische Betreuung kann ich mir nicht vorstellen. Prof. Dr. Axel Schildt hat freundlicherweise das Zweitgutachten übernommen. Ihm verdanke ich außerdem einige wichtige weiterführende Hinweise.

Die Familie von Albert Schulz, insbesondere Lisel Meyer und Peter Schulz, stand mir stets für Auskünfte zur Verfügung. Manch kontroverse Diskussion hat mir geholfen, meine Argumente zu schärfen oder aber auch zu überdenken.

Ebenso bedanke ich mich bei den Mitarbeiterinnen und Mitarbeitern der Archive und Bibliotheken, die ich in den letzten Jahren besucht habe. Auch die von mir interviewten Zeitzeugen haben sich viel Zeit für meine Fragen genommen.

Bei der bisweilen mühevollen Arbeit des Korrekturlesens haben mir Dr. Holger Martens, Christel Oldenburg, Ralf Schmitt, Armin Stüwe, Ann-Katrin Thomm sowie mein Bruder Jörg Woyke geholfen. Ihnen sei dafür herzlich gedankt. Die russischen Quellen, die ich ausgewertet habe, wurden zuverlässig von Natalia Fedossenko, Hannelore Georgi und Dr. Klaus Kilimann übersetzt. Auf ganz verschiedene Weise unterstützt haben mich Thomas Balzer, Arne Benkendorf, Dieter Conradt, Prof. Dr. Lord Ralf Dahrendorf, Dr. Martin Handschuck, Fritz Heine (†), Dr. Johanna Jawinsky, Sven Klüsener, Thoralf Menzlin, Dr. Christoph Meyer, Dr. Frank Moraw, Dr. Fred Mrotzek, Prof. Dr. Werner Müller, Prof. Dr. Karl Rohe, Bert Rösch, Dr. Mike Schmeitzner, Dr. Solveig Simowitsch, Greta Wehner und nicht zu vergessen: Heiko Glandt.

Der Friedrich-Ebert-Stiftung danke ich für das dreijährige Graduiertenstipendium, das sie mir gewährt hat. Nur dadurch war es mir möglich, mich voll auf meine Arbeit zu konzentrieren. Dass sich Prof. Dr. Dieter Dowe und Prof. Dr. Michael Schneider entschieden haben, meine Dissertation in die Schriftenreihe »Politik- und Gesellschaftsgeschichte« aufzunehmen, freut mich sehr.

Meine Eltern haben mir geholfen, wann immer sie konnten. Ihnen danke ich dafür ebenso herzlich wie Karin und Siegfried Günter für ihre Gastfreundschaft während meiner Forschungsaufenthalte in Bonn. Anika Wewer habe ich anders zu danken.

Hamburg, im März 2006   Meik Woyke